A HORA DOS ECONOMISTAS

A HORA DOS ECONOMISTAS

FALSOS PROFETAS, LIVRE MERCADO
E A DIVISÃO DA SOCIEDADE

Binyamin Appelbaum

SEXTANTE

Título original: *The Economists' Hour*

Copyright © 2019 por BKMT LLC
Copyright da tradução © 2023 por GMT Editores Ltda.

Todos os direitos reservados. Nenhuma parte deste livro pode ser utilizada ou reproduzida sob quaisquer meios existentes sem autorização por escrito dos editores.

tradução: Teresa Dias Carneiro
preparo de originais: Melissa Lopes
revisão: Luis Américo Costa e Luíza Côrtes
diagramação: Valéria Teixeira
capa: Jonathan Bush
imagem de capa: koya79 | Getty Images
adaptação de capa: Ana Paula Daudt Brandão
impressão e acabamento: Lis Gráfica e Editora Ltda.

Os editores agradecem ao professor José Francisco de Lima Gonçalves, da Faculdade de Economia e Administração da Universidade de São Paulo, pelos esclarecimentos.

CIP-BRASIL. CATALOGAÇÃO NA PUBLICAÇÃO
SINDICATO NACIONAL DOS EDITORES DE LIVROS, RJ

A656h

Appelbaum, Binyamin, 1978-
 A hora dos economistas / Binyamin Appelbaum ; tradução Teresa Dias Carneiro. - 1. ed. - Rio de Janeiro : Sextante, 2023.
 432 p. ; 23 cm.

Tradução de: The economists' hour
ISBN 978-65-5564-571-2

1. História econômica. I. Carneiro, Teresa Dias. II. Título.

23-82178
CDD: 330.9
CDU: 330(09)

Meri Gleice Rodrigues de Souza - Bibliotecária - CRB-7/6439

Todos os direitos reservados, no Brasil, por
GMT Editores Ltda.
Rua Voluntários da Pátria, 45 – Gr. 1.404 – Botafogo
22270-000 – Rio de Janeiro – RJ
Tel.: (21) 2538-4100 – Fax: (21) 2286-9244
E-mail: atendimento@sextante.com.br
www.sextante.com.br

Para meus pais, minha companheira e meus filhos

SUMÁRIO

INTRODUÇÃO — 9

PARTE I

CAPÍTULO 1   Mercados para tudo — 26
CAPÍTULO 2   Friedman versus Keynes — 51
CAPÍTULO 3   Uma nação subempregada — 71
CAPÍTULO 4   Representação sem taxação — 97

PARTE II

CAPÍTULO 5   Nas grandes empresas confiamos — 134
CAPÍTULO 6   Libertação da regulação — 163
CAPÍTULO 7   O valor da vida — 187

PARTE III

CAPÍTULO 8   Dinheiro, problemas — 218
CAPÍTULO 9   Fabricado no Chile — 254
CAPÍTULO 10   Peixes de papel — 285

CONCLUSÃO — 315
AGRADECIMENTOS — 333
NOTAS — 346

INTRODUÇÃO

"Quando a ciência moderna surgiu, o cristianismo medieval era um sistema abrangente e completo que explicava tanto o homem quanto o universo. Servia de base para o governo, inspirava o conhecimento e a arte, decidia sobre a guerra e a paz, constituía o poder por trás da produção e da distribuição de riqueza, porém nada disso foi suficiente para impedir seu desmoronamento."

– Michel Houellebecq, *Partículas elementares* (1998)[1]

"Consigo calcular o movimento dos corpos celestes, mas não a loucura das pessoas."

– Isaac Newton (1720)

No início da década de 1950, um jovem economista chamado Paul Volcker trabalhou como calculadora humana em um escritório enfurnado no Federal Reserve Bank de Nova York. Ele processava números para outras pessoas que tomavam decisões e dizia para a esposa que via pouca chance de subir na carreira.[2] A liderança do banco central era composta por banqueiros, advogados e um criador de porcos de Iowa, mas nem um único economista.[3] O presidente do Fed, William McChesney Martin, era um corretor da Bolsa que tinha uma má impressão sobre esse tipo de gente. "Temos cinquenta econometristas trabalhando para nós no Fed", disse a um visitante. "Eles estão todos no subsolo deste prédio, e há um motivo para isso." Eles estavam no prédio, disse ele, porque faziam boas perguntas. E estavam no subsolo, continuou, porque "não conhecem suas limitações e possuem uma confiança em suas análises muito maior do que considero razoável".[4]

A antipatia de Martin pelos economistas era amplamente compartilhada entre a elite americana de meados do século passado. O presidente Franklin Delano Roosevelt demitiu pessoalmente John Maynard Keynes, o mais importante economista de sua geração, por ser um "matemático" sonhador.[5] O presidente Dwight D. Eisenhower, em seu discurso de despedida, incitou os americanos a manter os tecnocratas longe do poder, advertindo que "as políticas públicas poderiam ficar cativas de uma elite científico-tecnológica". O Congresso recebia pareceres de economistas, mas, via de regra, não os levava muito a sério. "A ciência econômica era vista entre os principais formuladores de políticas públicas, sobretudo no Capitólio, como um campo esotérico que não conseguiria fazer a ponte para a resolução de problemas preocupantes específicos", escreveu um assessor do senador do Wisconsin William Proxmire, um líder democrata, no início dos anos 1960.[6]

Quando C. Douglas Dillon, secretário do Tesouro dos Estados Unidos, encomendou dois estudos em 1963 sobre potenciais melhorias do sistema monetário internacional, ele sugestivamente recusou-se a consultar economistas acadêmicos. Outro funcionário explicou que o conselho deles "era praticamente inútil para os responsáveis pela tomada de decisões".[7]

Naquele mesmo ano, a Suprema Corte manteve a decisão do governo de impedir a fusão de dois bancos da Filadélfia a despeito da evidência de que a fusão geraria benefícios econômicos. A Corte descreveu os dados econômicos como irrelevantes.[8]

Porém, uma revolução estava a caminho. Os economistas que acreditavam no poder e na glória dos mercados estavam no limiar de um aumento de influência que transformaria a atividade do governo, a conduta nos negócios e, em consequência, os padrões da vida cotidiana.

Conforme o quarto de século de crescimento que se seguiu à Segunda Guerra Mundial chegava ao fim na década de 1970, esses economistas convenceram líderes políticos a reduzir o papel do Estado na economia – e a confiar que os mercados iriam gerar melhores resultados do que os burocratas.

A economia é com frequência chamada de "ciência triste" por sua insistência de que é preciso fazer escolhas diante da escassez de recursos. No entanto, a verdadeira mensagem da economia, e o motivo de sua popularidade, é a promessa sedutora de que ela pode ajudar a humanidade a afrouxar as amarras da escassez. Os alquimistas prometiam transformar chumbo em ouro; os economistas disseram que poderiam fazer isso do nada, por meio da formulação de políticas melhores.

Nas quatro décadas transcorridas entre 1969 e 2008, um período que chamo de a "Hora dos Economistas" tomando emprestada a expressão do historiador Thomas McCraw, os economistas tiveram um protagonismo em limitar a tributação e os gastos públicos, desregulando amplos setores da economia e abrindo caminho para a globalização.[9] Foram eles que convenceram o presidente Richard Nixon a pôr fim ao serviço militar obrigatório. Pressionaram o Judiciário federal a abandonar a observância das leis antitruste. E até mesmo persuadiram o governo a atribuir um valor em dólares à vida humana – cerca de 10 milhões de dólares em 2019 – para determinar se as regulamentações eram válidas.

Os economistas também se tornaram formuladores de políticas. Arthur F. Burns substituiu Martin como presidente do Fed em 1970, inaugurando uma era em que economistas – incluindo Volcker – dirigiram o banco central.[10] Dois anos depois, em 1972, George Shultz se tornou o primeiro economista a atuar como secretário do Tesouro, cargo anteriormente ocupado por Dillon.[11] O número de graduados em economia empregados pelo governo dos Estados Unidos aumentou de cerca de 2 mil em meados da década de 1950 para mais de 6 mil no fim da década de 1970.[12]

Os Estados Unidos foram o epicentro da efervescência intelectual e o principal laboratório para a tradução de ideias em políticas, mas o endosso dos mercados como a cura para a estagnação econômica foi um fenômeno global, arrebatando a imaginação de políticos em países como Reino Unido, Chile e Indonésia. Os Estados Unidos começaram a eliminar a regulação de preços pelo governo em meados da década de 1970. Ao fim da década, a França permitiu que os padeiros definissem o preço das baguetes pela primeira vez na história desse país.[13]

Até mesmo o maior país comunista do mundo se juntou à revolução. Em setembro de 1985, o líder chinês Zhao Ziyang convidou oito proeminentes economistas ocidentais para um cruzeiro de uma semana no rio Yang-tse com boa parte da elite de formuladores de políticas econômicas da China. Mao Tsé-tung pregara que considerações econômicas estavam sempre subordinadas a considerações políticas. As discussões daquela semana ajudaram a convencer uma nova geração de líderes chineses a pôr mais fé nos mercados, catalisando a construção pela China de sua versão de uma economia baseada no mercado.[14]

ESTE LIVRO É UMA biografia da revolução. Alguns protagonistas são relativamente famosos, como Milton Friedman, que teve uma influência maior sobre a vida americana que qualquer outro economista da sua era, e Arthur Laffer, que, ao esboçar uma curva em um guardanapo de papel em 1974, ajudou a tornar cortes fiscais um produto básico da política econômica republicana. Outros podem ser menos conhecidos, como Walter Oi, um economista cego que ditou para sua esposa e seus assistentes alguns dos cálculos que convenceram Nixon a pôr fim ao serviço militar obrigatório; Alfred Kahn, que desregulamentou as viagens aéreas e desfrutou as cabines apertadas e lotadas em voos comerciais como prova de seu sucesso; e Thomas Schelling, um pioneiro da teoria dos jogos que convenceu o governo Kennedy a instalar uma linha direta com o Kremlin – e descobriu uma forma de definir um valor em dólares para a vida humana.

Este livro é também uma apuração das consequências.

Esse endosso dos mercados tirou bilhões de pessoas no mundo todo da extrema pobreza. Nações se uniram pelos fluxos de bens, dinheiro e ideias, e a maior parte dos 8 bilhões de pessoas no mundo vive uma vida mais próspera, mais saudável e mais feliz graças a isso. Empresários chineses comem salmão chileno; crianças na Índia tomam medicamentos produzidos em Israel; camaroneses veem seus conterrâneos jogarem basquete na NBA. A mortalidade infantil é mais baixa hoje do que em 1950 em todos os países.

Os mercados fazem com que seja mais fácil as pessoas obterem o que querem quando querem coisas diferentes, uma virtude particularmente importante em sociedades pluralistas que valorizam a diversidade e a liberdade de escolha. E os economistas têm usado os mercados para prover soluções elegantes para problemas relevantes, como fechar o buraco na camada de ozônio e aumentar o número de rins disponíveis para transplante.

Mas a revolução dos mercados foi longe demais. Nos Estados Unidos e em outras nações desenvolvidas, ela chegou em detrimento da igualdade econômica, da saúde da democracia liberal e das futuras gerações.

Os economistas orientaram formuladores de políticas a focar na maximização do crescimento sem levar em conta a distribuição dos ganhos – a se concentrar mais no tamanho do bolo do que no tamanho das fatias. Charles L. Schultze, presidente do Conselho de Consultores Econômicos do presidente Jimmy Carter, afirmou que os economistas deveriam lutar por políticas eficientes "mesmo quando resultam em perdas de rendimento significativas para grupos específicos – o que normalmente acontece".[15] Keith Joseph, um dos principais assessores da primeira-ministra britânica Margaret Thatcher, declarou que o Reino Unido precisava de mais milionários e mais falências. "Se quisermos reduzir a pobreza neste país e elevar nosso padrão de vida", disse ele, "precisamos de mais desigualdade do que temos agora."[16]

O remédio não funcionou. Nos Estados Unidos, o crescimento desacelerou a cada nova década durante o meio século descrito neste livro, de uma média anual de 3,13% nos anos 1960 para 0,94% nos anos 2000, considerando a inflação e o aumento da população.[17]

Algumas poucas pessoas ficaram mais ricas do que Creso ousaria sonhar, mas a classe média agora possui motivos para acreditar que seus filhos terão vidas menos prósperas.* Meu pai nasceu em 1951. Cerca de 75% dos homens americanos nascidos naquele ano ganhavam mais dinheiro aos 30 anos do que seus pais na mesma idade. Eu nasci em 1978. Apenas 45% dos homens americanos nascidos naquele ano ganhavam mais do que os pais aos 30 anos. Para meus filhos e a geração deles, a perspectiva é ainda mais desanimadora.[18]

Na busca por eficiência, os formuladores de políticas também subordinaram os interesses dos americanos como produtores aos interesses dos americanos como consumidores, trocando empregos bem remunerados por produtos eletrônicos de baixo custo. Isso, por sua vez, esgarçou o tecido social e a viabilidade de governança local. Comunidades atenuam as consequências da perda de empregos individuais; uma das razões pelas quais demissões em massa são tão penosas é que a comunidade também é com frequência destruída. A perda total é maior do que a soma das partes.

E a ênfase no crescimento, agora, tem vindo em detrimento do futuro: cortes fiscais geraram pequenas explosões de prosperidade momentânea em prejuízo dos gastos com educação e infraestrutura; limitações à regulamentação ambiental preservaram os lucros das empresas, mas não o meio ambiente.

Talvez a medida mais gritante do fracasso de nossas políticas econômicas, porém, seja a de que a expectativa de vida do americano médio está em

---

* A desigualdade aumentou em todo o mundo desenvolvido, refletindo vários fatores, inclusive a marcha do progresso tecnológico e da globalização. Este livro argumenta que a política econômica – e a dos Estados Unidos em particular – desempenhou um papel de protagonismo, tanto por encorajar essas tendências quanto por fracassar em amenizar as consequências. Compartilho a visão do historiador econômico Karl Polanyi de que uma função crucial do governo é limitar o ritmo da mudança.

declínio, já que a desigualdade de riqueza foi cada vez mais se tornando desigualdade de saúde. Entre os americanos mais ricos, a expectativa de vida aumentou em 20% de 1980 a 2010. No mesmo período, esse mesmo indicador diminuiu para os 20% mais pobres. Um dado chocante é que a diferença de expectativa de vida entre as mulheres americanas pobres e as ricas foi ampliada nesse período de 3,9 anos para 13,6 anos.[19]

As ORIGENS DA ECONOMIA como disciplina estão intimamente ligadas à ascensão da democracia liberal. Governos do povo, pelo povo e para o povo começaram a substituir coerção por persuasão. Em sua história cultural da República Holandesa no século XVII, Simon Schama descreveu uma mudança marcante nas cerimônias de Estado, que se tornaram "públicas em vez de privativas, empoladas em vez de mágicas, didáticas em vez de ilusionistas". O economista inglês William Petty, a quem Karl Marx chamou de "fundador da economia política", se mostrou útil, primeiramente para a Commonwealth e depois para o rei Carlos II, ao mensurar o patrimônio privado para embasar e justificar a crescente dependência do Estado da tributação.[20]

Simpatizantes começaram a se basear na linguagem da economia a fim de reunir apoio público para suas ideias e mudar as políticas governamentais. A primeira grande obra de economia, publicada em 1776, foi intitulada *A riqueza das nações* porque Adam Smith detinha uma receita para aumentar essa riqueza: livres mercados e livre-comércio. Poucas décadas depois, em 1817, o economista David Ricardo aprimorou o argumento, defendendo que as nações prosperariam abandonando a produção de algumas mercadorias e concentrando-se em áreas com "vantagem comparativa". O restante poderia ser importado. Essa ideia eletrizou os oponentes das Leis dos Cereais na Grã-Bretanha, que limitavam as importações de grãos. Eles divulgaram o evangelho de Ricardo usando uma nova tecnologia, o selo postal, que facilitou a distribuição de uma nova revista, *The Economist*.[21] A decisão do primeiro-ministro Robert Peel em 1846 de acabar com as Leis dos Cereais é provavelmente o primeiro exemplo de economistas reformulando políticas públicas.

A influência dos economistas cresceu com a disponibilidade de dados, como uma planta trepadeira se enroscando em um pé de milho. Os governos sabiam pouco sobre as próprias nações na aurora da era moderna. Eles tinham apenas uma vaga ideia de quantas pessoas viviam em seus países, quanto ganhavam, qual era seu patrimônio.[22] Em um trecho memorável e indignado do livro *A democracia na América* (1835), Alexis de Tocqueville zombou até mesmo da ideia de que se pudesse quantificar a riqueza dos Estados Unidos. Afinal, escreveu ele, esse tipo de informação não estava disponível nem mesmo acerca dos países europeus. No entanto, as nações aos poucos começaram a coletar estatísticas – uma palavra que originalmente significava "informações sobre o Estado". Em 1853, o governo americano contratou um dos primeiros professores de economia do país, James D. B. De Bow, para analisar os resultados do censo decenal, que havia reunido mais dados do que edições anteriores, incluindo a primeira contagem rigorosa do número de hectares cultivados.[23]

O trabalho estatístico de De Bow ajudou a transformar o debate político sobre a escravidão. Em um livro polêmico de grande sucesso de vendas e altamente influente de 1857, *The Impending Crisis of the South* (A crise iminente do Sul), um jovem sulista chamado Hinton Helper usou os dados do censo para argumentar que a escravidão era ruim para o Sul. Na visão de Helper, o problema fundamental com a propriedade privada de escravos não era a imoralidade, mas a ineficiência.[24]

Nos 75 anos seguintes, os formuladores de políticas depositaram sua fé no mercado. O governo aos poucos expandiu seu papel na economia, criando uma moeda nacional e depois um banco central; estabelecendo reguladores federais, primeiro para ferrovias e depois para uma gama crescente de outros ramos; e legislando limites sobre monopólios. Contudo, o governo continuou a ser um ator pequeno e periférico. No momento em que o país começou a afundar na Grande Depressão, o Congresso continuava a carecer de informações básicas sobre a economia. Em 1932, encomendou uma estimativa do declínio da atividade econômica ao economista Simon Kuznets, que relatou em janeiro de 1934 que a renda nacional havia sido reduzida pela metade de 1929 a 1932. Os dados eram de dois anos antes, mas ainda pareceram preciosos. O governo imprimiu 4.500 exemplares do relatório, que rapidamente se esgotaram.[25]

A PARTIR DA PRIMEIRA metade do século XX surgiu um consenso político de que os governos deveriam desempenhar um papel muito maior na administração da economia durante a segunda metade. Os excedentes e desigualdades das décadas anteriores e depois os cataclismos dos anos 1930 e 1940 haviam diminuído a fé das pessoas nos mercados. A economia fora tratada como uma cadeira de balanço que pode se mover para a frente e para trás, mas que confiavelmente voltava para o mesmo lugar. Keynes deixou sua marca ao defender que a economia se assemelhava mais a uma cadeira de rodas: depois de disrupções inevitáveis, a mão do governo era necessária para fazer a cadeira voltar ao seu lugar. A economia exigia gestão cuidadosa tanto nos tempos bons, para evitar a distribuição desigual da prosperidade, quanto nos tempos ruins, para limitar o sofrimento. Os conservadores daquele tempo defendiam aumentos menores na regulação estatal e nos gastos com programas de bem-estar social.

O governo dos Estados Unidos estendeu a regulação a grandes áreas da atividade econômica. Caminhoneiros autorizados pela Comissão Interestadual de Comércio a transportar filme exposto precisavam de uma licença específica para carregar filme não exposto. Reguladores antitruste impediram que empresas de porte médio fizessem fusões e tentaram desmembrar empresas dominantes como a Aluminum Company of America. Empresas de tecnologia como a AT&T eram obrigadas a compartilhar descobertas com suas concorrentes. O setor bancário, acusado de causar a Depressão, foi colocado em "liberdade condicional".

Os formuladores de políticas buscavam conscientemente limitar a desigualdade. Em 1946, o Congresso aprovou uma lei que exigia que o governo reduzisse o desemprego. Além disso, impôs um imposto de renda acentuadamente progressivo, entre outros tributos, que coletava mais da metade da renda dos que ganhavam mais. A ascensão do movimento trabalhista, legitimada pelo governo durante a Grande Depressão, ajudou a garantir que os trabalhadores prosperassem junto com os acionistas. Mais de um quarto dos assalariados americanos era sindicalizado na década de 1950, inclusive um decadente astro do cinema chamado Ronald Reagan, que esteve à frente do Sindicato dos Atores de Cinema.

O governo também buscava mitigar os efeitos da desigualdade garantindo que as pessoas tivessem oportunidades de ascensão social e auxiliando aquelas em dificuldades. Os gastos federais como parcela da atividade econômica total do país dobraram de 1948 a 1968, passando de 10% para 20%. Os Estados Unidos construíram um sistema de rodovias interestaduais, subsidiaram a expansão da aviação comercial e assentaram as bases para a ascensão da internet. O governo também investiu pesadamente em educação, assistência de saúde e previdência: ele queria mostrar que poderia melhorar a vida das pessoas comuns ainda mais do que seus rivais comunistas.

Por cerca de um quarto de século os americanos viveram uma era de grande prosperidade. Houve vários problemas – inclusive a subordinação jurídica, social e econômica de mulheres e afro-americanos –, mas os ganhos econômicos foram amplamente compartilhados. Os estrangeiros notavam o verniz igualitário da sociedade americana: chefes e funcionários dirigiam carros semelhantes, usavam roupas semelhantes e sentavam-se nos mesmos bancos de igreja. Os Estados Unidos eram uma cidade industrial e Wall Street era a parte dessa cidade onde homens modestamente remunerados geriam o dinheiro de outras pessoas. Cerca de um quinto da população americana se mudou para uma casa nova em algum ano desse período e a maioria dos americanos conseguiu ascender na escala econômica durante a vida. Em Detroit, a indústria automobilística elevou uma geração de trabalhadores à classe média e os carros os transportaram para viver nos subúrbios, os bairros residenciais mais ricos nos arredores das cidades.

Os ECONOMISTAS COMEÇARAM A entrar para o serviço público em grande quantidade durante o New Deal e a Segunda Guerra Mundial. Eles ajudaram a definir onde estradas e pontes deveriam ser construídas e quais deveriam ser destruídas. O economista Arnold Harberger se recorda de que um amigo chegou a Washington durante a guerra e encontrou o parque National Mall cheio de abrigos militares metálicos. "O que é isso?", perguntou ele. "Ah, é onde ficam os economistas", foi a resposta.[26]

Como os formuladores de políticas e os burocratas estavam enfrentando dificuldades para gerir a rápida expansão do governo federal, começaram a confiar nos economistas para racionalizar a administração das políticas públicas. Aos poucos os economistas também passaram a exercer influência sobre as metas dessas políticas. Os discípulos de Keynes convenceram os formuladores de que o governo poderia aumentar a prosperidade desempenhando um papel maior na economia. O apogeu dessa "economia ativista" nos Estados Unidos ocorreu em meados da década de 1960 sob as presidências de John F. Kennedy e Lyndon B. Johnson, que reduziram impostos e aumentaram investimentos em um esforço agressivo para estimular o crescimento econômico e diminuir a pobreza.

Por alguns anos, o efeito pareceu quase mágico. Então o desemprego e a inflação começaram a aumentar juntos. No início da década de 1970, a economia americana titubeava – e o Japão e a Alemanha Ocidental ressurgiram. "Não podemos competir na fabricação de automóveis, de aço ou de aviões", disse o presidente Nixon, irritado. "Então vamos acabar só fabricando papel higiênico e pasta de dentes?"[27] Nixon e seus sucessores, Gerald Ford e Jimmy Carter, continuaram tentando pôr em prática as prescrições intervencionistas dos keynesianos até que alguns dos próprios keynesianos desistiram. Juanita Kreps, uma economista que ocupou o cargo de secretária de Comércio no governo Carter, contou ao *The Washington Post* que, quando se afastou do cargo em 1979, sua confiança na teoria econômica keynesiana estava tão abalada que não planejava retomar seu cargo de professora do quadro permanente na Universidade Duke. "Não sei mais o que ensinar", disse ela. "Perdi a fé."[28]

OS ECONOMISTAS QUE LIDERARAM a contrarrevolução frente à teoria econômica keynesiana marcharam carregando uma faixa com os dizeres "Nos mercados confiamos". No fim da década de 1960, começaram a convencer os formuladores de políticas de que a livre flutuação de preços em uma economia de mercado daria melhores resultados do que os obtidos pelos burocratas. Acreditavam que os defensores da economia ativista haviam superestimado a influência do governo e a própria competência. Diziam ainda que a gestão do capitalismo para melhorar a vida no planeta tinha acabado por piorar a situação.

Era necessária certa arrogância para anunciar uma forma melhor de fazer tudo, mas também havia um elemento contundente de modéstia. Os novos economistas não estavam alegando ter todas as respostas. Na verdade, estavam alegando não ter todas as respostas. Eles afirmavam que os formuladores de políticas deveriam sair do caminho em vez de tentar fazer boas escolhas. Os governos precisavam reduzir os gastos e a tributação, limitar a regulação e permitir que produtos e dinheiro se movimentassem livremente através das fronteiras. Quando políticas fossem necessárias – por exemplo, ao imputar o custo da poluição –, os governos deveriam se aproximar do funcionamento dos mercados com a maior fidelidade possível. "Se for factível criar um mercado para implementar uma política, nenhum formulador de políticas poderá se dar ao luxo de viver sem um", escreveu J. H. Dales, um dos primeiros defensores do uso de mercados para reduzir a poluição, em 1968.[29]

Essa convocação à fé nos mercados atraiu o apoio crucial de outros setores conservadores da vida americana no século XX.³⁰ O apelo foi particularmente profundo para o segmento da direita que se definia em oposição ao comunismo e defendia menos gastos públicos com tudo, exceto com defesa nacional. Liberais de meados do século escreveram sobre a ressurgência do conservadorismo como uma patologia roendo as bordas da sociedade. Porém, a historiadora Lisa McGirr observou que os focos do conservadorismo econômico se localizavam nos subúrbios do Sun Belt, o Cinturão do Sol, engordados pelos gastos com defesa nacional, incluindo Orange County, na Califórnia; Colorado Springs, no Colorado; e Cobb County, na Geórgia. Seus apoiadores eram pessoas cultas e prósperas que viam a si mesmos como "totalmente modernos".³¹ Para eles, as coisas estavam indo muito bem e continuariam assim se o governo parasse de se meter. (Os dentistas de Orange County não reconheciam sua dependência do governo, que pagava os funcionários que realizavam uma limpeza dental com eles duas vezes ao ano.)

A economia era uma religião convicta. As fés anteriores viam a riqueza com maus olhos, porque, em geral, pressupunham que o prazer de uma pessoa vinha às custas do sofrimento de outras. E isso fazia sentido em um mundo no qual a produtividade pouco crescia com o passar do tempo: o sistema medieval de guildas limitava o ingresso de trabalhadores especializados porque, por exemplo, não havia tanta demanda de pão em Rouen assim.³² No entanto, Adam Smith reconheceu que a Revolução Industrial alterou essa realidade. Conforme a produtividade foi crescendo, a riqueza pôde ser acumulada, aumentando o tamanho da economia. Ser egoísta poderia ser bom para todos. É importante enfatizar que Smith não achava que o egoísmo era *sempre* bom para a sociedade. Mas a economia tem uma relação com seus textos fundadores bem parecida com a estabelecida por outras grandes religiões do mundo. O relato distorcido das palavras de Smith se tornou "A cobiça é boa", que se provou um credo de sucesso mundial tanto entre os ricos quanto entre os muitos que aspiravam a se juntar a eles.

Os defensores da fé no mercado também desenvolveram uma íntima relação com a elite empresarial, o que não era tão inevitável quanto pode parecer olhando em retrospecto. Economistas conservadores como Friedman e seu amigo George Stigler de início expressaram temor pelo poder empresarial e argumentaram que a limitação da concentração empresarial era uma das poucas funções legítimas do governo. Alguns economistas conservadores ainda fazem o mesmo, mas muitos decidiram se unir à causa das corporações contra o poder governamental. Os economistas forneceram ideias e as empresas forneceram dinheiro: financiando pesquisas, cátedras universitárias e *think tanks* como o National Bureau of Economic Research (Departamento Nacional de Pesquisas Econômicas dos Estados Unidos), o American Enterprise Institute e a Hoover Institution, na Universidade Stanford.

Em um famoso artigo de 1972, os economistas da Universidade da Califórnia em Los Angeles (UCLA) Armen Alchian e Harold Demsetz descreveram as corporações como a apoteose do capitalismo – o melhor mecanismo possível para garantir que as pessoas fossem empregadas com eficiência e remuneradas de modo justo. Uma nota de rodapé informava aos leitores que os professores tinham chegado a essas conclusões com financiamento da gigante da indústria farmacêutica Eli Lilly.[33] Executivos de empresas e outros americanos abastados ficaram muito felizes de ver suas crenças e seus interesses formulados como verdades científicas.

ADEPTOS DO CONSERVADORISMO ECONÔMICO tinham uma relação mais complicada com o conservadorismo social da "direita religiosa" e com opositores a direitos civis para minorias. Alguns dos primeiros e mais importantes defensores da fé no mercado, em especial Friedman, vítima de antissemitismo na própria carreira acadêmica, declararam que os grupos minoritários deveriam acolher a virada para a lógica de mercado como a melhor defesa disponível contra a perseguição majoritária.[34] Os mercados facilitavam a harmonização de diversas necessidades e preferências, inibindo qualquer discriminação que não fosse pela capacidade de pagamento. Friedman e outros economistas renomados também expressaram pontos de vista que afligiam adeptos do conservadorismo social, incluindo o apoio à imigração, à legalização das drogas e aos direitos dos homossexuais.

Muitos apoiadores do conservadorismo social hesitaram em relação à campanha presidencial de 1964 do libertário Barry Goldwater; e muitos que abraçavam o conservadorismo econômico se incomodaram com a pauta racista da campanha presidencial de George Wallace em 1968. Porém, na década de 1970, os dois lados encontraram um consenso: tanto os defensores do conservadorismo social (que temiam por seus valores morais) quanto os do conservadorismo econômico (que temiam pelo valor de suas propriedades) sentiram-se profundamente ameaçados pela expansão do Estado. Líderes religiosos, incluindo Robert Schuller, pastor da Igreja Comunitária Garden Grove, no Orange County, sintetizaram os dois tipos de conservadorismo ao caracterizarem a busca de riqueza como uma empreitada moral. Schuller chamava sua igreja de "shopping center de Deus" e dizia aos fiéis: "Vocês têm o direito concedido por Deus de serem ricos." Um membro da congregação contou a Lisa McGirr que o pastor anterior "falava de Cesar Chavez [um líder sindical americano de ascendência mexicana, ativista dos direitos humanos] e do boicote contra os produtores de uvas e que ninguém quer ir à igreja para ouvir isso em lugar do Evangelho".[35]

O conservadorismo foi uma coalizão dos poderosos, defendendo o status quo de ameaças reais ou imaginárias. Essa aliança foi crucial para a geração de apoio político suficiente a políticas orientadas pelo mercado. Para o conservadorismo social, porém, os resultados foram mistos. A virada para a lógica de mercado tornou os Estados Unidos uma sociedade mais diversa e tolerante, mas também ajudou a limitar a velocidade e a magnitude desses avanços. A priorização da eficiência e do crescimento econômico proporcionou uma justificativa imparcial para a resistência a políticas redistributivas e programas de bem-estar social. E a discriminação econômica – não apenas tolerada, mas celebrada – foi em si um substituto poderoso e duradouro de outras formas de discriminação.

O historiador Daniel T. Rodgers observou que os economistas iniciaram uma mudança no discurso público: de disputas entre grupos para transações entre indivíduos.[36] Os economistas retratavam a sociedade como um campo nivelado e igualitário onde empresas e trabalhadores, por exemplo, interagiam em pé de igualdade. Os indivíduos eram reimaginados como seres totalmente informados e empoderados, senhores dos próprios destinos. O gráfico mais icônico na economia, que ilustra a relação entre oferta e demanda, mostra um par de linhas curvas que se cruzam em um ponto X em um âmbito desprovido de história ou contexto.

A proeminência do mercado de capitais – talvez a coisa real mais próxima do ambiente de negócios ideal dos livros-texto – ajudou a solidificar a visão popular dos mercados como sendo cruéis porém justos, um estereótipo que tem combatido os esforços para tornar o mundo real um pouco menos injusto. Se uma família negra pegasse um empréstimo hipotecário de alto risco (*subprime*), a visão de mercado não levaria em consideração os pais e avós que não conseguiram acumular riqueza, nem os credores tradicionais que se recusavam a conceder empréstimos no bairro, nem a dificuldade de encontrar e manter empregos que paguem salários decentes. A visão de mercado era a de que um credor e um mutuário fizeram negócio porque ambos esperavam se beneficiar com isso.

O CLUBE DOS ECONOMISTAS é um grupo diversificado. Qualquer lista que se preze inclui tanto Milton Friedman quanto Karl Marx, o que significa que a condição de membro não pode ser definida em termos do apoio a um conjunto específico de políticas. Ao descrever a influência de economistas sobre as políticas públicas, estou ciente de que alguns economistas se opuseram vigorosamente a cada uma das mudanças descritas neste livro. De fato, é bem provável que poucos economistas – se é que houve algum – tenham apoiado todas as mudanças relatadas aqui.

No entanto, penso ser possível falar dos economistas, em especial nos Estados Unidos da segunda metade do século XX, como uma comunidade homogênea. A maioria dos economistas americanos – e, em particular, aqueles que foram participantes influentes dos debates sobre políticas públicas – ocupou uma faixa estreita do espectro ideológico.

Os economistas americanos costumam ser divididos em dois grupos. Um deles está sediado em Chicago e defende a lógica de mercado para tudo, ao passo que o outro está sediado em Cambridge, Massachusetts, e defende a mão pesada do Estado. Por mais que se enfatizem essas distinções, os líderes dos dois grupos apoiam as mudanças-chave descritas neste livro. Apesar de a natureza tender para a entropia, eles compartilharam a confiança de que as economias tendem para o equilíbrio. Concordaram que a meta primordial da política econômica era aumentar o valor em dólares da produção econômica do país. Tiveram pouca paciência com esforços para tratar da desigualdade.

Uma pesquisa de 1979 com os membros da Associação Econômica Americana revelou que 98% se opunham a controles nos valores dos aluguéis, 97% se opunham a tarifas no comércio entre países, 95% defendiam taxas cambiais flutuantes e 90% se opunham a leis de fixação do salário mínimo.[37] As diferenças entre eles eram uma questão de grau e, apesar de essas diferenças serem significativas – e estarem descritas neste livro –, o grau de consenso também era significativo. Críticas ao capitalismo, que permaneceram um elemento básico do debate predominante na Europa, raramente foram ouvidas nos Estados Unidos. A distinção é bem resumida pelo cientista político Jonathan Schlefer: "Cambridge, na Inglaterra, viu o capitalismo como inerentemente problemático; Cambridge, em Massachusetts, acabou vendo o capitalismo como meramente carente de um 'ajuste fino.'"[38]

Em tempo: o consenso americano mudou os limites do debate em outros países também.

As verdadeiras diferenças entre liberais e conservadores em relação à política econômica tenderam a obscurecer o tamanho do apoio dado pelo Partido Democrata – e pelos principais partidos de centro-esquerda em outros países desenvolvidos – à priorização da eficiência econômica. Os conservadores foram com frequência os reformadores mais eficazes, o que um dinâmico Benjamin Disraeli resumiu na frase "Homens conservadores, medidas liberais". Porém, nas últimas décadas, conforme as reformas foram tomando um rumo conservador, os liberais com frequência conduziram a marcha para metas que os conservadores não conseguiriam atingir por si sós. Nos Estados Unidos, a redução da tributação começou no governo Kennedy e a redução da regulação, no governo Carter. Na Grã-Bretanha, o primeiro-ministro trabalhista James Callaghan declarou mortas as ideias keynesianas em 1976. Na França, o presidente François Mitterrand, um socialista, impôs austeridade fiscal para preparar o país para a união monetária com a Alemanha.

O colapso da União Soviética solidificou esse consenso político. A divisão do mundo entre sociedades comunistas e capitalistas foi um dos grandes experimentos naturais da história, e os resultados pareceram claros. "Acabou a Guerra Fria, e a Universidade de Chicago foi a vencedora", exultou o colunista americano conservador George Will em 1991.[39] Os líderes de partidos de centro-esquerda que chegaram ao poder na década de 1990, como Bill Clinton nos Estados Unidos e Tony Blair no Reino Unido, deram, em grande medida, prosseguimento às políticas econômicas de seus predecessores conservadores. O capitalismo assumiu o monopólio no mercado de ideias, com consequências previsíveis: na falta de alternativas, ficou difícil reunir a determinação para lidar com as deficiências evidentes.

Nos últimos anos do século XX e na primeira década do século atual, a revolução da confiança no mercado chegou ao apogeu. Restrições políticas e sociais ao papel dos mercados foram postas de lado. Os governantes recuaram dos esforços de regular o mercado, investir na prosperidade futura ou limitar a desigualdade. A importância do crescimento econômico se tornou a coisa mais próxima de um éthos americano – como o presidente George W. Bush disse à nação após os ataques do Onze de Setembro: "Precisamos confrontar o terror voltando ao trabalho."

O triunfo da economia de livre mercado é às vezes ilustrado por uma imagem de satélite da península coreana à noite – com a metade sul iluminada por energia elétrica e a metade norte às escuras como o oceano ao redor. É uma imagem poderosa, mas sua importância tem sido com frequência deturpada. Assim como outras nações ricas, a Coreia do Sul alcançou a prosperidade guiando cuidadosamente sua economia. Esta é a história do que aconteceu quando as nações decidiram tirar as duas mãos do volante.

PARTE I

CAPÍTULO 1

Mercados para tudo

"Para manter vivo e fresco o peixe que transportavam durante longas jornadas, os capitães dos navios costumavam colocar uma enguia dentro do barril. Entre os economistas, Milton Friedman é essa enguia."

– PAUL SAMUELSON (1969)[1]

No final de 1966, Martin Anderson, um jovem professor de economia da Universidade Columbia com inclinações libertárias, se viu em um jantar ao lado de um advogado do escritório jurídico de Richard Nixon. Nixon tinha entrado para a firma de Nova York depois de anunciar sua primeira aposentadoria da política dizendo aos repórteres: "Vocês não vão ter mais Nixon como saco de pancada." O advogado não gostava de Nixon e, ao fim da noite, também não gostava de Anderson. "Com essas ideias", disse ele a Anderson, "é você quem deveria estar trabalhando para o meu chefe, e não eu."

Poucos dias depois, Anderson recebeu um telefonema de Leonard Garment, sócio do mesmo escritório e conselheiro próximo de Nixon. Garment contou a Anderson que ficara sabendo de um professor da Universidade Columbia que andava dizendo umas coisas loucas e o convidou para uma conversa. Logo depois, Anderson estava se encontrando regularmente com o pequeno grupo que planejava a ressurreição política de Nixon na eleição presidencial de 1968.[2]

Em uma reunião em março de 1967, o grupo de Nixon voltou sua atenção para o serviço militar obrigatório. Os Estados Unidos tinham recrutado homens para lutar na maioria de suas guerras, mas, após a Segunda Guerra Mundial, o Congresso, pela primeira vez, havia autorizado um alistamento contínuo. A nação estava arcando com responsabilidades globais e ninguém tinha muita certeza de quantos soldados seriam necessários para fazer frente à Guerra Fria. Nos 25 anos seguintes, o governo recrutou dezenas de milhares de homens todo ano.

O apoio popular ao alistamento começou a declinar na década de 1960. Apesar de o serviço militar ser descrito como uma obrigação universal, bem menos da metade dos homens americanos servia nas Forças Armadas. Com a intensificação da luta no Vietnã, também recrudesceram as objeções à injustiça de se escolherem alguns homens para servir e possivelmente morrer. Reformistas disseminavam ideais como substituir as juntas locais de alistamento por uma loteria nacional ou exigir que todos os homens fizessem treinamento militar, mas esses planos não solucionavam a iniquidade básica.

"Tenho uma ideia", disse Anderson aos homens de Nixon. Ele acabara de ler um artigo, escrito pelo economista da Universidade de Chicago Milton Friedman, que defendia o fim do serviço militar obrigatório pelo governo e um recrutamento totalmente voluntário, oferecendo salários competitivos. "E se eu pudesse demonstrar como acabamos com o alistamento e aumentamos o contingente militar ao mesmo tempo?", perguntou Anderson ao grupo. "Vou colocar isso no papel."[3]

O mundo muda e é difícil explicar o motivo. Os Estados Unidos acabaram com o serviço militar obrigatório em 1973 porque os americanos tiveram muitos filhos na década de 1950, porque um homem inseguro chamado Lyndon Baines Johnson dobrou a aposta em uma jogada ruim, porque ficava cada vez mais difícil ensinar aos recrutas como operar a nova tecnologia militar, porque a idade mínima para votar caiu para 18 anos e porque os jovens em uma nação cada vez mais próspera não queriam lutar. Tudo isso foi importante. Porém, também é verdade que os Estados Unidos acabaram com o serviço militar obrigatório porque Milton Friedman convenceu Anderson, que, por sua vez, persuadiu Nixon, que venceu a eleição presidencial de 1968.

Friedman foi um acadêmico formidável, laureado com o Prêmio Nobel de Economia em 1976, mas merece ser lembrado em primeiro lugar por ter sido um dos ideólogos mais influentes do século XX, o contundente profeta de uma contrarrevolução conservadora que reconfigurou a vida nos Estados Unidos e no mundo inteiro.

Ele escreveu em suas memórias, em 1998, que os economistas exercem influência "ao oferecer opções quando algo precisa ser feito em tempos de crise" – garantindo que a geladeira esteja bem abastecida quando os formuladores de políticas abrirem a porta.⁴ Seu papel no fim do serviço militar obrigatório marcou a primeira vez que ele mudou uma política de acordo com suas crenças. Triunfos mais celebrados se seguiram, mas Friedman, ao fim da vida, disse que continuava mais orgulhoso daquele primeiro. "Nenhuma atividade em políticas públicas em que me engajei me deu tanta satisfação", afirmou ele.⁵

MILTON FRIEDMAN DEU SALTOS disruptivos ao longo do século XX feito um elétron solto, deixando um mundo reconfigurado por suas ideias. Era um homem baixo, usava óculos grandes e tinha o entusiasmo juvenil de um vendedor nato. Muitos dos grandes cientistas têm a reputação de serem péssimos na comunicação com outros seres humanos; na verdade, isso é considerado uma marca de seu brilhantismo. Grandes economistas, por outro lado, tendem a ser disseminadores de suas ideias e, nessa arte, poucos rivalizam com Friedman. A ideia que o movia era simples e universal: o livre mercado era o melhor sistema possível de governança humana, e certamente muito melhor do que formas tradicionais de governo, o qual precisava ser mantido em um mínimo absoluto. Ele brincava que, se os burocratas do governo algum dia obtivessem o controle do Saara, logo haveria escassez de areia.

Num dos dez episódios de *Free to Choose* (Livre para escolher), um programa de TV exibido pela PBS em 1980, o economista segura um simples lápis amarelo com uma borracha na ponta e fala com extravagante entusiasmo sobre sua obra. "Literalmente milhares de pessoas contribuíram para fazer este lápis", diz Friedman aos espectadores. Ele lista os trabalhadores que forneceram madeira e grafite, tinta amarela e preta, a borracha e a faixa de metal. "Pessoas que não falam a mesma língua, professam religiões diferentes e que poderiam até se odiar caso se conhecessem. E o que as uniu?", pergunta ele batendo na ponta do lápis. "Foi a magia do sistema de preços."

Ele também foi um debatedor feroz. Certa vez, um colega observou que era melhor argumentar com Friedman quando ele não estava na sala.⁶ Ouvia seus adversários com o sorriso enigmático do gato de Cheshire em *Alice no País das Maravilhas*, só esperando que se calassem para explicar a eles por que estavam errados.

Durante a primeira metade de sua carreira, Friedman produziu a maior parte de sua expressiva pesquisa acadêmica. Durante a segunda metade, despontou como "o mais criativo pensador político-social de sua era", segundo

Daniel Patrick Moynihan, senador de Nova York e intelectual bem habilitado para julgar Friedman, já que trabalharam na mesma linha de raciocínio.[7] Mesmo os que discordavam de Friedman se viam incapazes de ignorar seus ataques verbais. "Só uma pequena minoria dos economistas está convencida das opiniões dele", disse o economista liberal Robert Solow na década de 1960, mas "em qualquer almoço onde haja acadêmicos ao redor de uma mesa, é mais provável que a conversa gire em torno de Milton Friedman do que de qualquer outro economista."[8]

Meio século depois, os economistas ainda estavam falando sobre Friedman, mas muitos mais vieram a concordar com sua visão. Lawrence H. Summers, um economista de Harvard que trabalhou no alto escalão dos governos Clinton e Obama, escreveu em 2006 que Friedman fora uma "figura demoníaca" em sua juventude, mas que acabou desenvolvendo grande admiração por ele. "Teve mais influência sobre a política econômica tal qual é praticada no mundo todo hoje do que qualquer outra personalidade da era moderna", escreveu Summers.[9] Um colega de Harvard, Andrei Shleifer, afirmou em 2009 que o período entre 1980 e 2005 tinha sido "a Era de Milton Friedman".[10]

Os PAIS DE MILTON Friedman vieram de uma cidadezinha austro-húngara chamada Beregovo, mas se conheceram no Brooklyn, onde Milton nasceu em 31 de julho de 1912. Ele foi criado em Rahway, Nova Jersey, onde a família teve vários pequenos negócios, entre eles uma confecção de roupas, uma mercearia e uma sorveteria. Aos 16 anos, Milton saiu de casa para cursar a Universidade Rutgers, onde teve seu único contato com o serviço militar. A faculdade exigia que os estudantes se alistassem no Treinamento de Oficiais da Reserva. Milton concluiu os dois anos obrigatórios e se desligou do programa.* Anos depois ele escreveu: "Encarei o treinamento militar como um

---

* A Lei Morrill, de 1862, que concedia uma dotação de terrenos federais a faculdades de cada estado, exigia que as instituições receptoras ensinassem táticas militares. Em 1916, o programa de Treinamento de Oficiais da Reserva foi criado para padronizar esses esforços. Em muitas instituições que receberam esses terrenos, o treinamento foi obrigatório até a década de 1960, o que era compatível com a ideia mais antiga do serviço militar como uma responsabilidade. Em 1960, a Rutgers foi uma das primeiras universidades a tornar a participação voluntária.

peso a ser carregado, sem qualquer benefício significativo nem para mim nem para o país."[11]

Ele começou estudando matemática, querendo se tornar atuário. Mas, no meio da Grande Depressão, decidiu que economia era mais interessante e um de seus professores o ajudou a garantir uma vaga no programa de doutorado da Universidade de Chicago.[12] Friedman foi para o Meio-Oeste em 1932 com pouco dinheiro no bolso; durante o curso de graduação, ele e um colega haviam obtido permissão do reitor da Rutgers para vender aos calouros meias brancas e gravatas verdes, que eram de uso obrigatório na época.[13] Logo depois, expandiram o negócio e passaram a vender livros-texto usados, gerando um protesto da livraria do campus. Para sorte de Friedman, a carta de autorização do diretor não especificava quais itens eles poderiam vender.

Esse dinheiro, no entanto, não seria suficiente para custear a pós-graduação. Em 1935, Friedman e a moça que viria a se tornar sua esposa, uma aluna da pós-graduação em economia chamada Rose Director, se mudaram para a capital, Washington, onde se reuniram ao crescente exército de economistas empregado na administração dos programas do New Deal do governo federal. "Ironicamente, o New Deal foi um salva-vidas para nós", escreveu Friedman. "Os novos programas do governo criaram um mercado em expansão para os economistas, sobretudo em Washington. Se não fosse o New Deal, nada garantiria que teríamos conseguido emprego como economistas."[14]

Rose, nascida na Rússia em 1910 ou 1911, se mudou para os Estados Unidos com a família um pouco antes da Primeira Guerra Mundial. Ela cresceu em Portland, no Oregon, e se inscreveu na Reed College antes de ir para a Universidade de Chicago e se juntar ao irmão, Aaron Director, que na época era aluno de pós-graduação em economia e depois se tornou um dos mais importantes e intransigentes libertários de sua geração. Rose conheceu Milton no seminário do professor Jacob Viner sobre teoria econômica; eles se sentaram lado a lado porque Viner organizou os alunos pelo sobrenome.

Casaram-se em 1938. Quando Rose escreveu para o irmão a fim de dar a notícia, Aaron respondeu: "Diga-lhe que eu não vou usar suas fortes inclinações New Deal – autoritárias, para usar um termo abusivo – contra ele."[15] Foi um casamento de economistas. Disse Milton: "Lembro-me de uma noite de verão muito agradável que passamos discutindo teoria e dados sobre consumo diante de uma fogueira." Os Friedman também atribuíam números a suas brigas frequentes, porque assim era mais eficiente. Até o fim da vida, diziam

"Número 2" em vez de "Eu estava errado(a) e você certa(o)".[16] Rose nunca terminou a dissertação. Acabou se tornando colaboradora de Milton, principalmente em questões de políticas públicas; sua editora, em especial de suas obras populares; e sua mentora intelectual. Mesmo depois de meio século de casamento, Rose disse que nunca perdoara Milton por seu papel como jovem funcionário do Departamento do Tesouro no início da década de 1940, por ter facilitado o crescimento da máquina pública com a criação da exigência de que os empregadores retivessem impostos na folha de pagamento.[17]

Durante os anos de guerra, Friedman também trabalhou em uma *think tank* financiada pelo governo que aplicava matemática a questões militares. Por exemplo: era melhor para um avião de combate ter oito metralhadoras pequenas ou quatro armas maiores?[18] Um dos projetos de Friedman envolveu testar ligas para pás de turbinas de jatos. Friedman viu um atalho: ele processou os dados, descobriu uma nova liga e pediu a um laboratório no Instituto de Tecnologia de Massachusetts (Massachusetts Institute of Technology, MIT) que a misturasse e testasse. Os cálculos de Friedman indicavam que a pá deveria durar 200 horas. Mas só durou duas.[19] Friedman mais tarde contou que a experiência moldou seu ceticismo de uma vida inteira em relação a fórmulas e previsões. Na verdade, um tema básico em suas prescrições de políticas públicas era que os governos operavam no escuro e que a resposta apropriada para a maioria dos problemas era fazer muito pouco, mas com calma e firmeza. Intervenções ambiciosas, disse ele, tendiam a piorar as coisas.[20]

Em contraste com seu ceticismo sobre o futuro, ele tinha uma visão profundamente romântica do passado, sempre comparando a condição decaída da sociedade moderna a uma época anterior em que, imaginava, as pessoas se importavam umas com as outras e prosperaram por darem o melhor de si. A meritocracia é uma ideia que atrai forasteiros talentosos, e Friedman escolheu ver o papel da iniciativa individual em vez de o contexto da assistência pública. Celebrava os motoristas e desconsiderava as estradas.

Durante toda a sua carreira, ele usufruiu do apoio de ricos patrocinadores ávidos por encontrar intelectuais que pudessem defender a causa do governo limitado. O Departamento Nacional de Pesquisas Econômicas, que publicou sua tese de doutorado e depois endossou sua obra mais influente sobre política monetária, foi o primeiro e mais importante. Fora criado em 1920 para coletar e publicar dados econômicos, antes de o governo ter assumido esse papel, com apoio financeiro dos Rockefeller e de outros barões do petróleo. A tese de Friedman criticou as exigências de certificação para médicos, argumentando que o governo estava ajudando esses profissionais a limitar a concorrência às custas de seus pacientes. Isso foi um pouco excessivo para a instituição. A certificação era amplamente vista como necessária para o controle de qualidade e a instituição se recusou a publicar o estudo até Friedman abrandar a linguagem. O trabalho só saiu em 1945, permitindo que Friedman obtivesse seu doutorado.[21]

Naquele mesmo ano, Friedman fez parte, por um curto período, do quadro docente da Universidade de Minnesota, onde dividiu uma sala com outro jovem professor, George Stigler. Os dois, que já se conheciam do tempo da pós-graduação em Chicago, escreveram em coautoria um ataque ao controle dos aluguéis com o título espirituoso de *Roofs or Ceilings?* (Telhados ou tetos?) para a libertária Fundação para Educação Econômica. Friedman e Stigler começaram descrevendo a rápida reconstrução de São Francisco após o terremoto de 1906, que devastou grande parte da cidade. Depois deram um salto de quarenta anos, afirmando que São Francisco precisava de uma nova onda de construções imobiliárias para abrigar uma população crescente. Mas, dessa vez, diziam, o governo estava atrapalhando. Eles argumentaram que o controle dos aluguéis desestimulava a construção de novos apartamentos e a manutenção dos existentes. Ao restringir os lucros dos proprietários de imóveis, segundo eles, o governo estava prejudicando os inquilinos também.[22]

A Fundação para Educação Econômica fez objeção a uma passagem em que Friedman e Stigler escreveram que a redução da desigualdade econômica era uma meta legítima de política pública, mesmo acrescentando que o controle dos aluguéis era a forma errada de buscar alcançar essa meta. A fundação inseriu uma nota, sem a permissão dos autores, dizendo que o livreto era ainda mais convincente pelo fato de mostrar que até mesmo um par de corações moles como Friedman e Stigler se opunha ao controle de aluguéis. Uma associação comercial de corretores imobiliários distribuiu meio milhão de exemplares.[23]

No momento em que o livreto surgiu, no outono de 1946, Friedman já tinha deixado Minnesota para se tornar membro do quadro docente de economia na Universidade de Chicago. Logo depois de sua chegada, na primavera de 1947, ele viajou com Aaron Director e Stigler até a Suíça para a primeira reunião da Mont Pelerin Society, um grupo criado pelo economista libertário Friedrich Hayek no intuito de reunir os apóstolos solitários do livre mercado, que trabalhavam em um ambiente de contínua hostilidade a suas ideias, vistas em geral como perigosas e antiquadas. "Ninguém na Europa acredita no estilo de vida americano, isto é, na empresa privada, ou, ainda, os que acreditam nisso formam um grupo vencido que parece não ter mais futuro do que os jacobinos na Inglaterra depois de 1688", disse o comentarista político britânico A. J. P. Taylor em um programa de rádio da BBC em 1945.[24] Nos primeiros anos após a Segunda Guerra Mundial, também era difícil encontrar americanos que acreditassem nessa versão do estilo de vida americano.

Hayek, que nasceu na Áustria em 1899 e cuja carreira se consolidou antes da Grande Depressão, foi criado na fé no livre mercado e nunca a abandonou. Em seu livro mais famoso, *O caminho da servidão*, publicado em 1944, Hayek investiu contra a linha intervencionista na economia associada a John Maynard Keynes. Argumentou que o socialismo era ruim e que a expansão do papel do Estado na gestão da economia era uma ladeira escorregadia que descambaria para essa doutrina.

O ataque de Hayek à lógica do socialismo foi poderoso e persistente. Ele declarava que os preços em um mercado aberto transmitiam muito mais informações do que qualquer burocracia poderia compilar e que as transações baseadas nesses preços alocavam recursos de forma muito mais eficiente do que qualquer burocracia poderia alcançar. Sua tese da ladeira escorregadia, ao contrário, era uma informação alarmista equivocada: como Keynes observou em uma refutação mordaz, Hayek reconheceu a necessidade de algumas funções do governo, mas ofereceu pouco esclarecimento acerca da linha divisória entre suas formas preferidas de intervenção e os tipos que levavam ao socialismo. Keynes achava que era não apenas possível mas também necessário que as sociedades equilibrassem mercado e gestão estatal.*

---

* As democracias ocidentais encerraram a discussão teórica ao expandirem maciçamente os gastos com programas de bem-estar social após a guerra. Nem mesmo a Suécia descambou para a servidão. Hayek, contudo, ainda é citado por aqueles preocupados que a próxima intervenção governamental se mostrará um passo longo demais.

Friedman encontrou amigos e um respiro na reunião da Mont Pelerin, que se tornou um evento anual. Ele se recorda de que "o evento proporcionava uma semana em que pessoas como ele poderiam se reunir e dizer o que pensavam, sem ter que se preocupar se alguém iria enfiar uma faca nas suas costas".[25]

Em um ensaio de 1951, Friedman previu que o público logo começaria a perder a paciência com o que descreveu como a virada do mundo ocidental para o coletivismo. Ele detectou um apetite latente pelo liberalismo, no velho sentido de um compromisso com livres mercados e governo mínimo. "O palco está montado para o crescimento de uma nova corrente de opinião que substitua a antiga e forneça a filosofia que guiará os legisladores da próxima geração apesar de dificilmente afetar os desta", escreveu. "Ideias têm pouca chance de abrir caminho contra uma maré forte; a oportunidade surge quando a maré perdeu força mas ainda não virou. Se eu estiver certo, a hora é esta."[26]

A GUERRA DE WALTER OI

Friedman condenou pela primeira vez o serviço militar obrigatório em um discurso em 1956 na Wabash College, no estado de Indiana. Ele foi a atração principal no acampamento de verão para jovens professores de economia organizado pelo William Volker Fund, uma fundação financiada por um fabricante de cortinas e persianas de Kansas City que foi uma das mais importantes fontes de recursos para a disseminação de ideias sobre livre mercado em meados do século passado nos Estados Unidos. O discurso foi um amplo ataque ao governo. A crítica ao serviço militar obrigatório era o 11º item em uma lista de 14 políticas públicas mal orientadas que também incluíam parques nacionais, o serviço postal e habitação social. Friedman disse que o governo estava "interferindo na liberdade dos jovens de moldar as próprias vidas".[27]

Rose Friedman pegou esse discurso e vários outros e os transformou no primeiro livro de Friedman, *Capitalismo e liberdade*. Sua publicação em 1962 marcou o surgimento de Friedman como personalidade intelectual. O livro se transformou em um dos mais importantes do século XX, até porque Ronald Reagan engrossou a fileira dos fãs. Os royalties bancaram os custos da construção da casa de veraneio em Vermont, que eles apelidaram de "Capitaf" [referência ao título em inglês do livro]. Porém, primeiramente, *Capitalismo e liberdade* ajudou a ligar Friedman ao senador Barry Goldwater.

Candidato republicano à presidência em 1964, Goldwater era a versão beta de Reagan. Sua campanha fazia oposição ao governo, propondo acabar com a fiscalização federal das empresas de energia e telefonia e das companhias aéreas; cortar impostos; e privatizar a Tennessee Valley Authority, que fornecia eletricidade barata para grande parte da região Sudeste do país.

Goldwater endossou o livro de Friedman, impulsionando as vendas. Friedman escreveu partes do discurso que Goldwater proferiu no lançamento formal de sua campanha eleitoral em 3 de setembro de 1964. "Os republicanos vão acabar com o alistamento o mais rápido possível", afirmou Goldwater. "Isso eu prometo a vocês."[28] Ele afirmava que o serviço militar deveria ser uma carreira como qualquer outra.

Poucas semanas depois, Friedman desenvolveu o tema em um artigo para a *The New York Times Magazine* intitulado "The Goldwater View of Economics" (A visão de Goldwater sobre economia).[29] Ele descreveu o serviço militar obrigatório como um imposto: o governo estava tirando o tempo das pessoas e as compensando claramente de forma inadequada, com base no fato de que elas não tinham se voluntariado. Do ponto de vista de Friedman, era o mesmo sistema de trabalhos forçados que os faraós egípcios tinham usado para construir as pirâmides e a Britânia empregara para dominar os mares na Antiguidade – e isso era inconcebível. O filho de Friedman, David, completara 19 anos em 1964, contribuindo para a indignação do pai. "Como podemos justificar pagar a ele menos do que a quantia pela qual ele se disporia a servir?", Friedman escreveu poucos anos depois em um ensaio que chegou até Anderson e depois até Nixon. "Como podemos justificar a servidão involuntária exceto em tempos de grande emergência nacional? Um dos grandes ganhos no progresso da civilização foi a eliminação do poder dos nobres ou dos soberanos exatamente sobre essa servidão compulsória."[30]

O argumento de Friedman teria deixado os fundadores dos Estados Unidos perplexos. Thomas Jefferson escreveu sobre "a necessidade de obrigar todos os cidadãos a serem soldados; era assim com os gregos e romanos, e deve ser assim com todos os Estados livres".[31] George Washington acreditava que um exército de soldados profissionais apresentava um perigo maior para a democracia do que um exército de alistados obrigatórios. Porém, a oposição ao serviço militar obrigatório é uma tradição antiga. Durante a Guerra Civil Inglesa no século XVII, os *Levellers* radicais – um movimento político enraizado na classe média urbana e comprometido com o governo republicano – propuseram pôr fim ao serviço militar obrigatório como uma de suas reformas mais marcantes. Eles argumentavam que nenhum homem deveria ser obrigado a lutar a menos que fosse "favorável à justeza da causa que pode pôr em risco sua vida, bem como a de outros".[32]

Mesmo logo após a Segunda Guerra Mundial, o apoio ao alistamento não foi de forma alguma uniforme. O senador Robert A. Taft, um republicano de Ohio, foi ao Cemitério Nacional de Gettysburg em 1946, no feriado em que se homenageiam os mortos em combate, para fazer um discurso condenando a continuidade do alistamento como algo "essencialmente totalitário".[33] O economista liberal John Kenneth Galbraith ajudou a convencer Adlai Stevenson, o candidato democrata em 1956, a considerar o fim do alistamento obrigatório em um discurso proferido poucos meses depois da fala de Friedman em Wabash.[34] Há quem diga que esse foi o único ponto de concordância de todos os tempos entre Friedman e Galbraith.*

No entanto, em 1964, os que se opunham ao serviço militar obrigatório ainda eram sólida minoria. Havia muitos fazendo campanha pela mudança, mas poucos pensando numa forma de eliminá-lo. O comunismo estava à espreita, os militares eram o baluarte da democracia e especialistas em geral concordavam que não havia outra forma de arregimentar soldados em número suficiente. Após o discurso de Goldwater, o presidente Johnson criou um grupo de estudo para mitigar o que seus assessores viam como outro exemplo de promessa de almoços grátis para eleitores oferecidos pelo candidato republicano. A conclusão do grupo foi inequívoca: "Aumentos na remuneração militar suficientes para atrair uma força voluntária não podem ser justificados."[35]

Porém, como cantou Bob Dylan naquele mesmo ano, *"the times were a-changin'"* (os tempos estavam mudando). O famoso apelo do presidente Kennedy em seu discurso de posse em 1961 – "Não pergunte o que seu país pode fazer por você. Pergunte o que você pode fazer por seu país" – teve muita repercussão justamente porque a tendência oposta estava se consolidando. As pessoas estavam cada vez mais inclinadas a priorizar os direitos dos indivíduos em relação às necessidades da comunidade.

---

* Na verdade, Friedman e Galbraith concordavam sobre diversas questões políticas. Suas diferenças tendiam a ser pequenas, mas apareciam muito aos olhos da opinião pública. Galbraith uma vez descreveu Friedman como "um homem que não está seriamente errado, exceto quando se trata de política monetária".

Algumas das primeiras manifestações do novo estado de espírito foram pequenos atos de desobediência local. Os moradores de Richardson, subúrbio de Dallas, votaram no início da década de 1960 a favor de cobrar 7 centavos de dólar pelo leite nos refeitórios escolares em vez de aceitar o subsídio federal e cobrar 2 centavos. O prefeito de Lakeland, na Flórida, recusou verba federal para reconstruir o sistema de água da cidade, explicando: "Isso nutre a apatia, destrói a iniciativa e abre uma porta para a violação dos direitos individuais."[36] O pesquisador Samuel Lubell, entre os primeiros a se dar conta do fenômeno, escreveu que as prioridades dos americanos estavam mudando "daqueles que obtêm para aqueles que mantêm".[37] Nixon, entre os primeiros políticos a captar as implicações, retrabalhou o desafio de Kennedy no discurso de posse de 1973: "Que cada um de nós se pergunte não apenas o que o governo fará por mim, mas o que eu posso fazer por mim mesmo."

Outras mudanças também estavam em jogo. Após a Segunda Guerra Mundial, os americanos começaram a ter muitos filhos. Em 1964, no 19º aniversário desse baby boom, o contingente de jovens aptos com idade para se alistar aumentou drasticamente. Entre o 1,2 milhão de americanos nascidos em 1938, 42% serviram o Exército. Entre o 1,9 milhão de homens nascidos em 1947, apenas 27% serviram o Exército, mesmo com a convocação para a Guerra do Vietnã.[38] Um dos muitos grupos que se reuniram para estudar o alistamento levantou a questão óbvia contida no título de seu relatório, "Who Serves When Not All Serve?" (Quem serve quando nem todos servem?).

Em 1964, a resposta estava nas juntas locais de alistamento. Em Wisconsin, as juntas com frequência rejeitavam mecânicos especializados em equipamentos agrícolas. No Alasca, descartavam oftalmologistas "porque estavam enfrentando muitos problemas de vista por lá".[39] A Administração do Serviço Seletivo celebrava esse processo idiossincrático, alardeando, por exemplo, que estava enchendo as salas de aula da nação ao oferecer adiamentos a homens que ocupassem o cargo de professor.[40] Mas alguns desses homens não queriam ser professores. As juntas de alistamento também exibiam uma preferência por mandar minorias para a guerra, o que talvez estivesse ligado ao fato de que nenhuma junta local de alistamento no estado do Mississippi tinha um afro-americano em seus quadros.

A tecnologia também vinha reduzindo a necessidade de trabalho manual, tanto na guerra como nas fábricas, e o trabalho que restava cada vez mais dizia respeito à operação de máquinas sofisticadas. Os militares precisavam de mãos experientes e bem treinadas, não de recrutas que partiriam após dois anos de serviço militar.

E ainda havia o Vietnã. Na manhã do dia 8 de março de 1965, cerca de 3.500 fuzileiros navais desembarcaram em uma praia da cidade de Da Nang, onde foram recebidos por mulheres vietnamitas segurando guirlandas de flores e uma grande faixa em que se lia "Bem-vindos, intrépidos fuzileiros!". O presidente Johnson tinha decidido enviar tropas terrestres para a guerra em expansão e mais de 2,7 milhões de americanos acabariam indo para lá. A revolta popular contra o alistamento obrigatório e a aversão à guerra se entrelaçaram e cresceram até que Nixon teve que pôr fim aos dois.

NA NOITE DE 11 de maio de 1966, centenas de alunos da Universidade de Chicago ocuparam o prédio da administração do campus, barrando a entrada de todos exceto repórteres, faxineiros e telefonistas, que calhavam de estar no subsolo. Inclinado a não levá-los a sério, o *The New York Times* relatou que os alunos tinham trazido comida, colchonetes e "pelo menos um banjo", ilustrando o relato com a fotografia de uma mulher com uma criança chorando no colo e a legenda "Filho de manifestante protesta".[41] Os alunos, e talvez também a criança, estavam reivindicando uma mudança nas regras do alistamento militar. Lewis Hershey, o general de 72 anos que chefiara a Administração do Serviço Seletivo desde quase a sua criação em 1940, decidira pôr fim à dispensa generalizada para quase todos os inscritos em cursos universitários. Os melhores e mais brilhantes poderiam permanecer na universidade, o restante faria melhor ao país se servisse o Exército.

Em reação aos protestos, o conselho universitário anunciou que realizaria uma conferência sobre o alistamento militar. O evento de três dias, realizado no início de dezembro de 1966, atraiu um elenco de estrelas: o general Hershey e o secretário executivo do Comitê Central de Opositores Conscientes; o cartunista Bill Mauldin, famoso por desenhar soldados sitiados; uma freira que se deleitou em contar que representava um dos mais antigos exércitos voluntários; e dois dos mais jovens membros do Congresso, o senador Edward Kennedy, de Massachusetts, democrata, e o deputado Donald Rumsfeld, de Illinois, republicano.

Houve apresentações de artigos e palestras, mas principalmente uma discussão descompromissada em torno de uma série de questões: o que havia de bom no alistamento? O que poderia ser melhorado? O que deveria substituí-lo? No início, a grande maioria dos 120 participantes demonstrara não ver uma alternativa para o serviço militar obrigatório. No final, Friedman e seus aliados convenceram metade deles a assinar uma petição exigindo uma força totalmente composta por voluntários.[42]

O principal responsável por convencer a multidão foi Walter Oi, um economista que tinha começado a ficar cego ainda criança e, no momento em que levantou para discursar em Chicago, quase não podia mais diferenciar o dia da noite. Oi nasceu em Los Angeles em 1929, filho de imigrantes japoneses.[43] A família ficou aprisionada durante a Segunda Guerra Mundial no campo de detenção de Granada, no sudeste do Colorado, uma experiência que suscitou em Oi uma preocupação duradoura sobre os exageros do governo. Apesar de sua visão deteriorada, ele concluiu o bacharelado e o mestrado na UCLA e depois, em 1962, terminou o doutorado em economia do trabalho na Universidade de Chicago. Em 1964, obteve uma bolsa do Pentágono para trabalhar no estudo sobre recrutamento que Johnson havia encomendado em resposta a Goldwater.

Oi não se abalou com a perda da visão. Assistentes gravavam para ele a leitura de artigos. Ele ditava cálculos a jovens pesquisadores ou a sua esposa, a quem ensinou a fazer regressões e outras técnicas estatísticas. Proferia discursos de cor, discorrendo sobre fatos e cifras como se estivesse lendo um roteiro, e talvez houvesse mesmo um em sua mente. Para se divertir, sentava-se nas arquibancadas de corridas de stock car, embalado pelas ondas de calor e pelo ruído dos carros ao passar. Certa vez, conseguiu uma carona em um carro de corrida no Atlanta Motor Speedway para ter a sensação da velocidade no circuito.

Nos últimos anos, Oi disse à filha que decidira não trilhar uma carreira em ciência experimental em laboratório porque temia provocar alguma explosão, mas gostava de causar um pouco de caos. Uma de suas piadas preferidas envolvia dois dignitários assistindo a um desfile militar. Ao fim, depois que todos os tanques, mísseis e soldados em marcha haviam passado, vinha uma carroça com uns poucos civis maltrapilhos. "Quem são eles?", o primeiro perguntou ao segundo. "Ah", o segundo replicou, "esses são os economistas. Você não imagina o estrago que eles são capazes de fazer." Oi desestabilizava visitantes ao fazer pronunciamentos sem sentido, depois pedia que seus assistentes descrevessem a cara deles. Essa forma de beligerância agradava aos estudiosos da economia, uma disciplina com uma parcela desproporcional de intelectuais homens. Por muitos anos, o departamento de economia da

Universidade de Chicago concedeu um prêmio anual em nome de Oi para o aluno de pós-graduação que fizesse a pergunta mais ridícula.

A apresentação de Oi na conferência da Universidade de Chicago foi um ataque detalhado ao estudo do Pentágono que ele ajudara a realizar. O Pentágono tinha definido o custo adicional de uma força voluntária em um mínimo de 5,5 bilhões de dólares – um aumento de cerca de 10% nas despesas anuais com defesa. Oi argumentou que isso era ao mesmo tempo exagerado e induzia ao erro. O custo efetivo, segundo ele, não ultrapassaria 4 bilhões, pois o Pentágono havia desconsiderado a probabilidade de que voluntários servissem por mais tempo, reduzindo a necessidade de novos recrutas. O estudo do Pentágono também ignorou os benefícios econômicos de se permitir que as pessoas seguissem outras linhas de trabalho, o que Oi estimava em mais de 5 bilhões de dólares. Em outras palavras, ter Forças Armadas compostas somente por voluntários seria bom para a economia.[44]

Sol Tax, um professor de antropologia que organizou a conferência de Chicago, escreveu que Oi convenceu os presentes de "que o abandono do serviço militar obrigatório poderia não ser uma alternativa descabida".[45] Outros enalteceram a ideia de modo semelhante. "Graças às sessões, aos artigos e aos argumentos apresentados nos últimos dias, me converti à ideia de um Exército voluntário, de assumir como meta real o fim do alistamento militar obrigatório", disse Harris Wofford, diretor-adjunto do Corpo de Paz. Após retornar a Washington, o congressista Rumsfeld apresentou um projeto de lei para acabar com o serviço militar obrigatório e leu a apresentação de Oi, deixando-a gravada nos registros do Congresso.

No entanto, o governo Johnson não tinha interesse nisso. Em março de 1967, ele solicitou uma extensão de quatro anos do alistamento militar, insistindo que não havia alternativa realista. O projeto de lei passou por ambas as casas do Congresso com amplas margens de aprovação. Apenas nove membros da Câmara dos Deputados e dois membros do Senado votaram contra. "Uma porcentagem substancial dos congressistas naquele momento era de veteranos do serviço militar", lembrou John J. Ford, então diretor de pessoal da Comissão das Forças Armadas na Câmara.* "Eles tinham convivido com a lei de Serviço Seletivo em vigor por praticamente toda a sua

---

* Em 1967 e 1969, 75,1% dos membros do Congresso eram veteranos, o mais alto nível nos tempos modernos. Depois começou um longo declínio. Em 2015, eram apenas 17%.

vida adulta. Havia um sentido de retidão moral, por assim dizer, de serviço a seu país, ou pelo menos se responsabilizavam por esse serviço."[46]

O PROFESSOR MERCENÁRIO

Entre os economistas que desempenharam um protagonismo no fim do serviço militar obrigatório, Martin Anderson foi o único que serviu: ele se inscreveu no programa de Treinamento de Oficiais da Reserva na Dartmouth College e depois ficou de 1958 a 1959 como segundo-tenente na inteligência do Exército.[47] Então voltou para a universidade, obteve um doutorado em economia no MIT e foi dar aulas de finanças na faculdade de administração da Universidade Columbia. Perspicaz e gregário, Anderson tinha a tendência a ser do contra. Em 1964, publicou *The Federal Bulldozer* (A escavadeira federal), que apelava para o fim de projetos de renovação urbana, então amplamente vistos como o epítome da política urbana progressista. Anderson argumentava que o governo estava destruindo muito mais habitações do que criando e zombava da premissa de que famílias pobres estavam encontrando moradias melhores. Se essas moradias existiam, escreveu ele, "não seria muito mais simples e mais barato informar as pessoas dessas barganhas atraentes sem se dar ao trabalho de derrubar suas casas?".[48] Anderson também gostava de atacar o establishment presencialmente. Naquele outono, ele e sua futura esposa, Annelise, fizeram campanha de porta em porta para Goldwater no Upper West Side de Manhattan.

Milton Friedman chegou à Universidade Columbia naquele mesmo outono para passar um ano como professor visitante, e ele e Anderson ficaram amigos. Uma noite, no apartamento de Friedman, começaram a discutir por volta das 11 da noite. Três horas depois, Anderson disse que estava cansado demais para continuar. "Tudo bem", respondeu Friedman com um sorriso largo. "Eu venci."[49] Anderson também se juntou ao círculo informal de libertários que gravitava em torno da romancista Ayn Rand. O grupo incluía um economista espalhafatoso chamado Alan Greenspan que escolhera ir para o mundo dos negócios em vez do acadêmico e, por isso, tinha um apartamento sofisticado e um Cadillac Eldorado conversível azul.

Na primavera de 1967, Anderson leu uma versão impressa dos argumentos que Friedman e Oi elaboraram contra o serviço militar obrigatório na conferência de Chicago e levou a ideia aos assessores de Nixon. Depois recrutou Greenspan para ajudá-lo a redigir um memorando para o presidente. Os dois homens entregaram uma versão de sete páginas em abril e uma versão de 30 páginas no Quatro de Julho. Começaram afirmando que ninguém gostava do serviço militar obrigatório. "Ele foi tolerado com relutância", escreveram, "só porque vinha sendo considerado absolutamente necessário para preservar e proteger a segurança nacional dos Estados Unidos." O memorando então descrevia o trabalho de Oi: o ônus efetivo imposto aos alistados e o custo relativamente modesto de recrutar voluntários. Anderson e Greenspan concluíram: "Porque é moral e justo, porque aumenta a segurança nacional e porque é economicamente viável, devemos dar alta prioridade à meta de estabelecimento de um Exército totalmente voluntário com salários justos e decentes que oferecerão aos jovens de nosso país a oportunidade de participar de sua defesa com dignidade e honra e como homens livres."[50]

Nixon descreveu o memorando como "muito interessante" e distribuiu cópias entre seus assessores. Alguns gostaram da ideia, outros responderam com apreensão, advertindo Nixon de que despertaria a ira de eleitores conservadores. Essa preocupação aumentou no fim de setembro de 1967, quando 320 liberais proeminentes – inclusive o Prêmio Nobel Linus Pauling, o poeta Robert Lowell e o Dr. Benjamin Spock, autor da bíblia dos cuidados infantis da época – assinaram a declaração "Um apelo para resistir à autoridade ilegítima", em apoio a homens que se recusaram a servir ao Exército. Em seguida, em meados de outubro, houve uma semana de protestos contra o alistamento obrigatório no país inteiro, culminando com uma marcha até Washington. Patrick Buchanan, um dos principais assessores de Nixon, alertou o chefe de que endossar o fim do serviço militar obrigatório equivalia a se alinhar com os manifestantes. Ele escreveu: "Vão dizer que Richard Nixon está dando a esses caras os mcios para cvitar o scrviço militar?" No pé da página do memorando, Nixon rabiscou: "Ike [Eisenhower] acha que sim."[51] Não obstante as reservas de Dwight Eisenhower, Nixon decidiu correr o risco.

Na Universidade de Wisconsin, no dia 17 de novembro de 1967, um estudante perguntou sobre o alistamento. Nixon respondeu clamando por "uma abordagem totalmente nova" ao recrutamento. A nação, segundo ele, precisava "se mover na direção de um Exército voluntário, remunerando quem quisesse servir as Forças Armadas numa base comparável à das carreiras civis".[52] Houve uma ressalva importante: ele disse que só iria acabar com o alistamento obrigatório após o fim da Guerra do Vietnã. Ainda assim Nixon assumiu uma posição arriscada. O Congresso acabara de votar pela reautorização do alistamento e o serviço militar obrigatório continuava popular entre o público em geral. Pelos três anos seguintes, as pesquisas de opinião não penderiam em favor da posição de Nixon.[53]

Em sua autobiografia publicada em 1978, Nixon afirmou que sua decisão tinha se baseado em ideologia econômica. "Quando assumi a presidência, uma das restrições mais severas e mais injustas ao livre mercado era o alistamento militar obrigatório, que é uma forma de forçar o serviço militar de todos em vez de contratar o serviço de quem o quer prestar voluntariamente", escreveu ele. "Assim, a eliminação do alistamento e a introdução do Exército voluntário em janeiro de 1973 também foram passos importantes para uma liberdade econômica significativa."[54]

Em agosto de 1968, quando o Partido Republicano escolheu Nixon para seu candidato presidencial, acabar com o alistamento se tornou um elemento distintivo na plataforma de campanha do partido.[55]

Hubert Humphrey, o candidato democrata, denunciou a ideia como "altamente irresponsável", ecoando a linguagem usada por Eisenhower em 1956 e por Johnson em 1964. Humphrey disse que o custo era proibitivo e que Nixon estava importunando os jovens americanos com "esperanças vãs".[56] Nixon respondeu fazendo um discurso pela estação de rádio nacional, declarando de maneira ainda mais enfática que pretendia acabar com o alistamento obrigatório. "É nisso que eu acredito", disse Nixon no dia 17 de outubro de 1968. "Depois que nosso envolvimento na Guerra do Vietnã ficar para trás, avançaremos na direção de Forças Armadas totalmente voluntárias."[57]

Três semanas depois, Nixon foi eleito o 37º presidente dos Estados Unidos.

NIXON LEVOU PARA A Casa Branca um grupo de assessores que eram mais velhos do que o pessoal de campanha, mais incorporados ao establishment político e menos inclinados a acabar com o serviço militar obrigatório. Henry Kissinger, seu assessor de segurança nacional, e o coronel Alexander Haig, seu assessor militar, se opunham fortemente à ideia. "O único motivo pelo qual não estou preocupado com essa promessa de campanha é saber que um orçamento republicano não poderia amparar os gastos com esse tipo de força militar, mesmo que o conflito no Vietnã fosse resolvido amanhã", escreveu Haig para Kissinger em um memorando que descrevia o fim do alistamento obrigatório como "totalmente incompatível com as tradições dos militares e da nossa sociedade".[58]

Anderson, que se tornou assistente de Arthur F. Burns, principal assessor em assuntos econômicos de Nixon, imediatamente começou a trabalhar, lembrando aos quatro ventos que o presidente tinha feito uma promessa, e mobilizou outros para a causa. Em meados de dezembro de 1968, mesmo antes de Nixon tomar posse, Burns recebeu um telefonema de W. Allen Wallis, reitor da Universidade de Rochester. Wallis era um prodígio em economia, tão talentoso que nem sequer tinha feito doutorado. Ele estava prestes a concluir seu trabalho na Universidade de Chicago em 1946 quando a universidade lhe ofereceu um cargo de professor com a condição de que largasse a faculdade, porque Chicago não concedia graus a membros do próprio corpo docente. Durante a Segunda Guerra Mundial, ele fora chefe de Friedman na Universidade Columbia e os dois tinham permanecido amigos e aliados. Em Rochester, Wallis começara a construir um novo centro de economia voltado para o mercado. Entre seus recrutas estava Walter Oi, que se juntou ao corpo docente em 1967. Wallis encarava o alistamento como "irreversivelmente imoral" e ineficiente, e se ofereceu para enviar a Burns um resumo da última pesquisa sobre o assunto. Burns concordou em compartilhar o material com Nixon, mas avisou que ele precisava caber em uma única página, tinha que mostrar que o custo seria inferior a 1 bilhão de dólares por ano e deveria ser entregue até o fim do ano.

Oi já tinha saído de Rochester para uma viagem à Califórnia, a fim de apresentar sua noiva ao pai. O casal voltou para Rochester no primeiro voo disponível. Oi e alguns colegas acabaram o relatório na véspera de Natal e pagaram um aluno de pós-graduação para levá-lo até Burns na cidade de Nova York. Incapazes de se restringir a uma única página, os economistas encheram 25. O jeito foi incluírem um resumo de uma página na frente e chamar o restante de apêndice.[59]

Nixon pôs a ideia em prática logo depois de tomar posse. "Concluí que seria desejável pôr fim ao alistamento tão logo isso pudesse ser feito de forma responsável", escreveu o novo presidente a seu secretário de Defesa, Melvin Laird, no dia 2 de fevereiro de 1969, instruindo-o a reunir um painel de especialistas.[60] Comissões presidenciais eram muito populares no fim da década de 1960 (assim como festivais de música e maconha). O presidente Johnson criou cerca de duas dúzias delas. Em 27 de março de 1969, Nixon formou sua primeira: a Comissão Presidencial sobre Forças Armadas Totalmente Voluntárias, conhecida como Comissão Gates por causa de seu presidente, Thomas S. Gates Jr., que tinha sido o último secretário de Defesa de Eisenhower. A Casa Branca foi cautelosa ao incluir uma diversidade de visões, mas o resultado estava predeterminado. "Quero avançar nessa direção", disse Nixon a Gates durante uma reunião privada no Salão Oval.[61] Para assessorar a comissão, o grosso da equipe – incluindo Oi – foi importado de Rochester, o viveiro de acadêmicos antialistamento.

AINDA ASSIM, HOUVE UM debate genuíno. Lauris Norstad, um general aposentado da Força Aérea e ex-comandante supremo das forças aliadas na Europa, simplesmente não via um problema que precisasse ser resolvido: ele tinha servido e isso não o tinha prejudicado de forma alguma. Também se preocupava com o fato de que usar dinheiro como estímulo pudesse atrair uma qualidade inferior de pessoas para as Forças Armadas. Crawford Greenewalt, ex-CEO do conglomerado químico DuPont, na primeira reunião pediu garantias de que não precisaria apoiar o fim do alistamento e continuou hesitante até a última reunião. Assim como Friedman, Greenewalt era membro da Mont Pelerin Society de Hayek. No entanto, a concepção minimalista de Greenewalt de obrigação social incluía o serviço militar. Ele sugeriu que o governo deveria aumentar o salário dos militares sem mexer no serviço militar obrigatório, eliminando os impostos sobre quem servia.

Friedman e a equipe de pesquisa, que tinham uma resposta pronta para cada inquietação, ressaltaram que pagar um salário mediano ainda não remuneraria adequadamente homens que poderiam ganhar mais na vida civil – um grupo que incluía tipos como o soldado raso Willie Mays e o sargento Elvis Presley. Friedman também buscou humanizar o debate. Durante uma reunião, pediu à equipe que distribuísse uma carta de um jovem alistado. "O clima da minha nova unidade é bem deprimente", escreveu o jovem. "Não tem ninguém aqui que dirija uma palavra ou até mesmo um pensamento gentil para o Exército – todo mundo odeia este trabalho, os oficiais e a obrigação de acordar de manhã cedo."[62]

Um momento definidor aconteceu em uma manhã de domingo em dezembro de 1969. Gates convidou os líderes dos vários ramos das Forças Armadas para se reunirem com a comissão. O general William Westmoreland, chefe do Estado-Maior do Exército, encarava o trabalho da comissão como um atentado ao Exército, o único ramo do serviço militar que dependia do recrutamento obrigatório.

– Não aprecio a perspectiva de comandar um exército de mercenários – disse Westmoreland aos membros da comissão.

Sentindo cheiro de sangue na água, Friedman retrucou:

– General, o senhor preferiria comandar um exército de escravizados?

– Não gosto de ouvir alistados patriotas serem chamados de escravizados – afirmou Westmoreland.

– Não gosto de ouvir voluntários patriotas serem chamados de mercenários. Afinal, nesse sentido, sou um professor mercenário, que corta cabelo com um barbeiro mercenário, que é curado por um médico mercenário e que tem seus assuntos jurídicos tratados por um advogado mercenário. E, com o perdão da má palavra, o senhor é um general mercenário – concluiu Friedman.[63]

Dois meses depois, a comissão votou unanimemente pelo fim do alistamento obrigatório. Eles apresentaram um relatório ao presidente em 21 de fevereiro de 1970. A reunião fora programada para durar 30 minutos, mas Nixon, embalado, reteve-os por 45 minutos.[64] O cão-guia de Oi, Genie, tinha o hábito de rosnar para estranhos, mas deixou o presidente acariciar sua cabeça.

O relatório, esboçado por Friedman e lapidado por Richard J. Whalen, um escritor conservador contratado para esse fim, era um texto polêmico e enérgico contra o serviço militar obrigatório, e o governo conseguiu publicar 100 mil cópias.[65] A enumeração de queixas, em particular, tinha o sabor da Declaração de Independência: "Tem sido um procedimento custoso, iníquo e um elemento de discórdia para o recrutamento de homens para as Forças Armadas. Impôs pesados ônus a uma pequena minoria de jovens, enquanto alivia levemente o ônus para o restante de nós. Introduziu uma incerteza desnecessária na vida de todos os nossos jovens. Sobrecarregou juntas de alistamento com decisões penosas sobre quem deve ser compelido a servir e quem será dispensado. Enfraqueceu o tecido político de nossa sociedade e prejudicou a delicada teia de valores compartilhados que juntos possibilitam a existência de uma sociedade livre. Esses custos do serviço militar obrigatório teriam sido suportados se fossem um preço necessário para a defesa de nossa paz e segurança, mas são intoleráveis quando há uma alternativa compatível com nossos valores nacionais básicos."⁶⁶

A alternativa, é claro, era uma força voluntária, garantindo que os soldados quisessem ser soldados – e que outros homens pudessem perseguir seus sonhos.

DE "QUEM LUTA?" PARA "QUEM SE IMPORTA?"

A marcha em defesa de um Exército voluntário encontrou a primeira resistência séria quando chegou ao Congresso. O deputado F. Edward Hébert, da Louisiana, presidente da Comissão das Forças Armadas da Câmara, deu o tom: "A única forma de se ter um Exército todo voluntário é por meio do alistamento", disse ele ao abrir as audiências.⁶⁷ O Vietnã ardia no plano de fundo, e, nas mentes de muitos manifestantes, as duas questões, alistamento e guerra, estavam fundidas em um ultraje incandescente. Mas essa não era a opinião dominante no Capitólio. Os políticos mais comprometidos em acabar com o alistamento tendiam a ser defensores da guerra. Na verdade, alguns viam o final do alistamento como uma forma de calar as críticas à guerra. Em contraste, muitos dos que se opunham à guerra ainda viam o serviço militar obrigatório como uma instituição cívica importante. "Acabar com o alistamento não vai acabar com esta guerra e não evitará guerras futuras. Tudo que vai acontecer é fazer desta e de futuras guerras um negócio de pobres", disse o senador Thomas F. Eagleton, um democrata do Missouri. "Se permitirmos que isso aconteça, o Vietnã vai ser uma tragédia ainda maior."⁶⁸

O governo tinha complicado seu trabalho de vendas ao convencer o Congresso em novembro de 1969 a substituir o julgamento de juntas de alistamento locais por um sorteio nacional. O primeiro sorteio foi televisionado à nação no dia 1º de dezembro. O deputado Alexander Pirnie, de Nova York, um coronel aposentado, tirou uma cápsula azul de uma tigela de vidro. Dizia "14 de setembro", o que significava que jovens nascidos nessa data estavam na linha de frente para o Vietnã.⁶⁹ Porém, como apenas os com números de alistamento altos estavam em risco, o sorteio também teve o efeito de instantaneamente acalmar grande parte da população de jovens adultos do sexo masculino ao informar que eles não estariam indo para a guerra.

Anderson estava irritado com o fato de que o sorteio aliviaria a pressão política para acabar com o alistamento sem resolver as deficiências econômicas e ideológicas. Mas Nixon permaneceu comprometido em acabar com o alistamento e o governo tentou barganhar com o Congresso. A primeira negociação estendeu o alistamento por dois anos enquanto ia aumentando os salários aos poucos, o que permitiu ao Congresso fazer um teste. Também limitou a elevação das despesas totais, já que o salário dos militares crescia conforme os Estados Unidos fossem deixando o Vietnã. O "dividendo da paz" financiaria o Exército voluntário.[70]

A segunda negociação foi um "acordo particular" com Hébert. O governo concordou em construir instalações para treinamento de médicos militares: a Escola de Medicina F. Edward Hébert.[71]

Enquanto o Congresso deliberava, a opinião pública foi se movendo contra o serviço militar obrigatório. O tenente William Calley foi condenado na primavera de 1971 por assassinar 22 civis vietnamitas no vilarejo de My Lai. Poucos meses depois, o *The New York Times* começou a publicar os "Pentagon Papers" – trechos de um registro governamental interno que documentava a fraude dos governos Kennedy e Johnson ao aumentarem secretamente o escopo da guerra. E, em 1º de junho de 1971, a 26ª Emenda à Constituição foi promulgada, permitindo que americanos de 18 a 21 anos pudessem votar na eleição nacional seguinte.[72]

A Câmara votou no dia 4 de agosto pelo fim do serviço militar obrigatório, mas a margem foi tão estreita no Senado que a morte do senador Winston Prouty, de Vermont, no dia 10 de setembro deixou o governo com um voto a menos. O governador de Vermont rapidamente nomeou o deputado Robert Stafford, um apoiador antigo do serviço militar voluntário que já tinha votado pela legislação na Câmara, para ocupar o cargo vacante. A Casa Branca enviou um avião para trazer Stafford de volta a Washington, onde ele votou pelo projeto de lei de novo, dessa vez no Senado. Nixon promulgou a lei em 28 de setembro de 1971.

O último alistado a servir o Exército americano foi Dwight Elliott Stone, um aprendiz de bombeiro de 24 anos nascido em Sacramento, na Califórnia, que só se apresentou para o treinamento básico no Forte Polk, na Louisiana, no dia 30 de junho de 1973 – o último dia, até o presente momento, em que o serviço militar obrigatório foi legal nos Estados Unidos. Stone não queria estar lá. Ele faltou aos compromissos e datas de convocação até ser indiciado pelo governo, que lhe ofereceu uma escolha entre dois tipos de uniforme. Stone escolheu o verde de má vontade e passou 16 meses e 15 dias no Exército, na maior parte do tempo consertando rádios. "Eu não teria entrado", disse ele a um jornalista. "Não recomendaria a ninguém. Não gostei."⁷³

Os MILITARES DOS ESTADOS Unidos não compartilhavam a opinião de Oi, Friedman e outros economistas de que recrutas tomavam decisões racionais. Em vez disso, vendiam o Exército como uma marca de estilo de vida. "Vamos deixar que a publicidade faça pelo Exército o que vem fazendo com sucesso pelos negócios", disse William K. Brehm, secretário-adjunto para recursos humanos, a seus superiores no fim da década de 1960, enquanto o Exército começava a se preparar para o fim do serviço militar obrigatório.⁷⁴ Os primeiros esforços não foram sutis. "Faça o tour militar de 16 meses pela Europa", incitava uma propaganda que mostrava um homem sentado em uma cafeteria com uma loura levando um batom à boca.* A campanha para o Exército inspirou um slogan publicitário famoso. O Corpo de Fuzileiros Navais respondeu soltando anúncios com o seguinte lema: "Se você só quiser ser um dos garotos, fique com os garotos. Os Fuzileiros Navais estão procurando bons homens."⁷⁵

Os críticos advertiram que os militares preencheriam suas fileiras com americanos que não tinham outras opções. "Poderíamos quase acusar esse grupo de conspirar para desenvolver um sistema de autoexclusão", disse J. Timothy McGinley, um jovem funcionário da Secretaria do Trabalho, na conferência de Chicago em 1966.⁷⁶ Em vez disso, os militares continuaram a ser um empregador seletivo. A tecnologia e o fim da Guerra Fria reduziram a necessidade de recrutas, ainda que a população crescesse e um número maior de mulheres passasse a se alistar.⁷⁷ Também foi ficando mais difícil achar empregos na indústria. Os recrutas hoje em dia vêm em grande maioria de camadas da classe média e os militares excluem aqueles que ficam no terço mais baixo da população em testes de aptidão. Em 1989, o filho mais velho de Dwight Elliott Stone se alistou na Marinha.⁷⁸

Quando os Estados Unidos eliminaram o alistamento pela primeira vez, Helmut Schmidt, da Alemanha Ocidental, reclamou que eles estavam dando

---

* Os economistas da Universidade de Chicago Gary Becker e George Stigler demonstraram em um famoso artigo de 1977, "De Gustibus Non Est Disputandum", que o objetivo da publicidade era transmitir informações a consumidores racionais. A empresa que criou o anúncio para o Exército aparentemente tinha uma teoria diferente a respeito do comportamento humano.

mau exemplo.[79] Desde o fim da Guerra Fria, a maior parte dos países europeus decidiu que eles também não precisavam de alistamento. A Alemanha acabou com o serviço militar obrigatório em 2011.

A eliminação da obrigação de servir o Exército tem tido consequências.

No Dia das Forças Armadas em 1970, milhares de pessoas acorreram ao Rowan Park, em Fayetteville, na Carolina do Norte, para protestar contra a Guerra do Vietnã. Entre os manifestantes, estavam a atriz e ativista pacifista Jane Fonda e várias centenas de soldados lotados no Forte Bragg, a enorme base localizada nos limites da cidade. De fato, alguns soldados estavam envolvidos com o planejamento do protesto. E assim foi em bases pelo país todo naquele sábado de maio: militares de uniforme protestando contra a guerra que tinham que travar. Um estudo de 1971 encomendado pelo Exército concluiu, de forma surpreendente, que 37% do pessoal alistado tinha se envolvido em algum ato de dissidência.[80]

Mais de três décadas mais tarde, em março de 2005, vários milhares de pessoas se reuniram no mesmo parque em Fayetteville para protestar contra a guerra no Iraque. Eles envolveram caixões feitos de papelão com bandeiras americanas para marcar as mortes de soldados baseados no Forte Bragg. Repetiram muitas das palavras que seus predecessores tinham dito sobre o Vietnã. Mas, dessa vez, nenhum soldado de uniforme estava entre os manifestantes.[81] Desde que o serviço militar se tornou voluntário, há menos divergência interna.

Cada vez mais, soldados com salário de mercado lutam lado a lado com contratados com salário de mercado. Nos três últimos grandes engajamentos de militares americanos, nos Bálcãs, no Iraque e no Afeganistão, os Estados Unidos empregaram militares de carreira e contratados quase na mesma proporção.[82]

A Comissão Gates argumentou que um militar com salário de mercado inibiria conflitos. "A história recente", escreveu a comissão, "sugere que o aumento de impostos geraria muito mais discussão do que o aumento de convocações para alistamento."[83] Em vez disso, ao tornar a guerra mais eficiente e mais afastada das vidas da maioria dos americanos, o fim do alistamento pode também ter tornado a guerra mais provável. Vivemos em uma era de permanente conflito de baixo nível. A ocupação do Afeganistão foi a mais longa guerra sustentada na história americana, mas atraiu pouca atenção pública. Outrora um ato anormal com propósito nacional, a guerra se tornou uma linha de trabalho regular.

CAPÍTULO 2

Friedman versus Keynes

"A atitude de bom senso em relação à mudança foi substituída por uma disposição mística a aceitar as consequências sociais do progresso econômico, quaisquer que fossem elas. As verdades elementares da ciência política e da arte de governar foram primeiro desacreditadas e depois esquecidas."

– Karl Polanyi, *A grande transformação* (1944)[1]

No último dia de 1933, o economista britânico John Maynard Keynes publicou uma carta aberta no *The New York Times* pedindo ao presidente Franklin Delano Roosevelt que inaugurasse uma época de gastança. Ele aconselhou o presidente a construir mais ferrovias – apesar de que, na verdade, qualquer coisa serviria. O governo, disse ele mais tarde, podia até enterrar dinheiro em velhas minas e vender direitos de escavação.[2]

A posse de Roosevelt em março de 1933 animou o estado de espírito após três longos anos de depressão, assim como a revogação da Lei Seca no início de dezembro de 1933. A multidão que se reuniu na véspera do ano-novo na praça ao lado do prédio do *Times* no centro de Manhattan foi a maior desde o fim da Primeira Guerra Mundial. Mas a situação econômica permanecia sombria. Um em cada quatro trabalhadores estivera desempregado durante o ano de 1933, a mais alta taxa na história moderna da nação.

A maioria dos americanos – certamente a maioria dos membros da elite política – não responsabilizava o governo federal. Eles não achavam que o governo poderia fomentar o crescimento tomando dinheiro emprestado de cidadãos e gastando com obras públicas. Isso em geral era visto como passar dinheiro do bolso esquerdo para o direito da mesma calça.

A carta de Keynes foi um ataque a essa fé nos mercados. Segundo ele, nenhuma mão invisível garantia que os mercados automaticamente gerariam os melhores resultados possíveis. As empresas, incertas quanto ao futuro, refreariam os investimentos e as pessoas continuariam sem emprego. O governo, disse ele, precisava tomar emprestado e gastar até que os "espíritos animais" fossem revividos.³

Keynes escreveu que, se Roosevelt seguisse suas instruções, poderia estimular uma recuperação global. "Se você conseguir, métodos novos e mais ousados serão experimentados em todo lugar", escreveu ele, "e poderemos marcar o primeiro capítulo de uma nova era econômica com a data da sua ascensão ao poder."

Em 1936, Keynes detalhou essa nova economia em *A teoria geral do emprego, do juro e da moeda*, um livro cuja influência superou significativamente o seu índice de leitura. "*A teoria geral* abateu a maioria dos economistas com menos de 35 anos com a virulência inesperada de uma doença atacando e dizimando uma tribo isolada de ilhéus dos Mares do Sul", escreveu o economista americano Paul Samuelson, uma das vítimas mais influentes.⁴ Se a humanidade tinha a capacidade de remediar recessões e promover a prosperidade, quem negaria o imperativo moral para fazê-lo?

No entanto, a nova era despontou aos poucos. Roosevelt foi cauteloso em relação ao déficit público. Depois que a carta de Keynes apareceu no *Times*, Roosevelt pediu a um amigo em comum, Felix Frankfurter, que dissesse ao "professor" que o presidente concordava que a economia precisava de ajuda, mas que "existe um limite prático para o que o governo pode tomar emprestado".⁵ Frankfurter combinou um encontro entre os dois na Casa Branca alguns meses depois, em maio de 1934. Isso só serviu para reforçar a impressão inicial de Roosevelt. "Encontrei-me com seu amigo Keynes", disse ele a Frances Perkins, a secretária do Trabalho. "Ele soltou uma ladainha de números. Devia ser matemático e não economista político."⁶

O desemprego nos Estados Unidos ainda estava em 17% no início da Segunda Guerra Mundial.⁷

PARA KEYNES, FALECIDO EM 1946, seu trabalho significava um esforço para salvar o capitalismo como uma alternativa viável ao comunismo – para mostrar que a economia de mercado necessitava de ajuda, mas não precisava ser substituída. Depois da Segunda Guerra Mundial, esse projeto ficou ainda mais urgente para as democracias ocidentais ao se confrontarem com a ascensão da União Soviética.

Na Grã-Bretanha, os dois principais partidos incluíram pleno emprego em suas plataformas no pós-guerra. O manifesto de 1950 do Partido Conservador declarou: "Vemos a manutenção do pleno emprego como primeira meta de um Governo Conservador."[8] Nos Estados Unidos, em 1946 os democratas forçaram a aprovação no Congresso de uma lei histórica, que instruía os formuladores de políticas federais "a promover o máximo de emprego, produção e poder de compra". A lei também estabeleceu um papel especial para os economistas, criando o Conselho de Consultores Econômicos da Casa Branca: três economistas assessorando o presidente.[9] Porém, os conservadores – então em números substanciais nos dois partidos – nunca aderiram a essa ideia. Os mais sinceros depreciavam o keynesianismo como sendo um primo do comunismo.

Um desses críticos foi Rose Wilder Lane, uma libertária feroz que editou e concebeu a biografia de sua mãe, Laura Ingalls Wilder, como parte da série de livros infantis *Little House*.[10] Famílias de pioneiros haviam viajado em ferrovias subsidiadas pelo governo, reivindicado terras públicas e confiado na proteção do Exército; os livros celebravam a autossuficiência. Em 1947, Lane publicou uma crítica fulminante ao primeiro livro-texto de economia keynesiana,[11] que ela descreveu como propaganda marxista. Mostrou-se particularmente enfurecida com a celebração do gasto público. "Esse não é de jeito nenhum um livro de economia; é um tratado político e religioso pagão", escreveu Lane. "Ele inspira uma fé irracional e incita à ação política. Da capa à contracapa, não há sequer uma ação que não seja política – e federal." Uma campanha por meio de cartas desencorajou a adoção do livro-texto, abrindo espaço para Paul Samuelson, que publicou uma obra de economia mais centrista no ano seguinte.

De início, não havia muita necessidade de conselhos keynesianos. Uma onda de inovação reprimida impulsionou um rápido crescimento econômico no pós-guerra e a prosperidade foi amplamente compartilhada: as máquinas afastaram as mulheres do trabalho doméstico mais rápido do que eliminavam empregos nas fábricas. Os economistas pareciam tão úteis quanto técnicos para consertos das indestrutíveis máquinas de lavar Maytag. Em 1952, os republicanos tentaram extinguir o Conselho de Consultores Econômicos. O Conselho sobreviveu, mas sem grande entusiasmo.

Sem se abalarem com a indiferença dos formuladores de políticas, durante a década de 1950 os economistas continuaram a aprimorar suas ideias e a fazer reivindicações cada vez mais audaciosas. Ao fim da década, a economia keynesiana tinha atingido o ápice de sua autoapreciação. Economistas em posição de destaque insistiam que os governos poderiam ajustar as condições econômicas como regulavam um termostato. O economista A. W. Phillips traçou a relação entre desemprego e salários no Reino Unido durante o século anterior e descobriu que os salários tendiam a aumentar quando o desemprego estava baixo. Combinando correlação e causalidade de forma entusiástica, os economistas concluíram que os governos poderiam subir e descer em uma "curva de Phillips", fazendo uma compensação entre desemprego e inflação.

Em um artigo influente publicado em 1960, Samuelson e Robert Solow, dois dos economistas mais importantes do pós-guerra, afirmaram que o governo americano poderia escolher uma opção em um "menu" de taxas de desemprego e inflação. As opções disponíveis incluíam de 5% a 6% de desemprego com inflação zero ou, se preferisse, 3% de desemprego com 4% a 5% de inflação.[12] Na Grã-Bretanha, um economista lembrou-se de uma reunião no início da década de 1960 que descambou para um confronto acalorado entre os que queriam limitar o desemprego a 1,25% e os que defendiam 1,75%: "Um sujeito chamado Frank Paish propôs 2,5% e foi encarado mais ou menos como um nazista."[13]

A ECONOMIA COMEÇOU A ser acolhida em Washington na casa das máquinas do governo. Lutando para gerir a rápida expansão do papel do governo na vida americana, os burocratas e os formuladores de políticas se voltaram para os economistas, principalmente em áreas complexas como tributação. "A matéria estava acima das minhas capacidades", disse um membro do Comitê de Métodos e Recursos da Câmara dos Deputados, encarregado de redigir as leis tributárias da nação. Outro disse: "Era como estudar cálculo sem ter tido aula de aritmética ainda."[14] A tendência instigou o alerta do presidente Eisenhower em seu discurso de despedida quanto a permitir que tecnocratas tomassem decisões políticas. Porém, outros políticos viram aí oportunidades. Wilbur Mills, presidente do Comitê de Métodos e Recursos do fim da década de 1950 até meados da década de 1970, achava que a economia poderia ajudar a superar diferenças entre partidários fornecendo fatos claros e indiscutíveis aos formuladores de políticas.

Mills, nascido em 1909 e filho do personagem mais influente de uma cidadezinha do Arkansas, era às vezes descrito como o homem mais poderoso de Washington por pessoas que não estavam totalmente de brincadeira. Ele estudou direito em Harvard antes de entrar para o Congresso em 1939, na tenra idade de 29 anos. Pouco tempo depois, em 1942, passou a ocupar um assento cobiçado no Comitê de Métodos e Recursos, bem na aurora da moderna tributação federal sobre a renda.

O governo começou a tributar as rendas dos ricos em 1913, mas, até a Segunda Guerra Mundial, apenas cerca de 6% dos lares americanos haviam contribuído com alguma quantia.[15] Uma ampla tributação sobre a renda foi iniciada para financiar a guerra, depois continuou para financiar a corrida armamentista dos Estados Unidos contra a União Soviética, bem como para a expansão dos gastos com programas de bem-estar social nos anos do pós-guerra. Mills mergulhou nas complexidades da legislação. Também buscou qualificação em economia; consta que seus professores se divertiam ao ouvi-lo mudar para um sotaque do Sul quando atendia ao telefone na sua mesa. Mills era uma estrela em ascensão entre os democratas sulistas, que dominavam o Congresso, e, em 1957, com 48 anos, recebeu o bastão do Comitê de Métodos e Recursos depois que o presidente anterior morreu de ataque cardíaco.

O código tributário que ele herdou era uma bagunça. O governo federal tributava a renda pessoal a taxas que chegavam a mais de 90%: para cada dólar de renda tributável acima de 200 mil dólares em 1957, o governo ficava com 91 centavos e o contribuinte, com 9 centavos.* Porém, as palavras-chave eram "renda tributável". As regras estavam crivadas de brechas. Apenas cerca de 40% da renda pessoal estava sujeita a tributação federal.[16] A situação era semelhante em outras nações desenvolvidas. A tributação alta no Reino Unido irritou os Beatles de tal forma que eles escreveram uma canção sobre um "Taxman" (coletor de impostos) ganancioso que queria cobrar 95% sobre a renda. A letra da música dizia: "Se 5% lhe parecerem pouco, fique agradecido por eu não ficar com tudo." Mas, assim como a maioria dos ricos, os Beatles evitavam legalmente a maior parte do ônus.[17]

Mills contratou um economista chamado Norman B. Ture, um dos primeiros alunos de pós-graduação de Milton Friedman na Universidade de Chicago. Ture começou a trabalhar em um plano para tornar o sistema tributário mais justo e eficiente. Mills comparou o sistema a um triângulo alto

---

* Uma renda de 200 mil dólares em 1957 equivalia a uma renda de cerca de 1,8 milhão de dólares em 2019.

e fino, que o governo havia construído com altas taxas e uma base tributária estreita. Ele disse que o governo poderia levantar a mesma quantidade de dinheiro criando um triângulo baixo e largo – reduzindo as alíquotas dos impostos enquanto ampliava a parcela da renda sujeita a tributação. Para ele, alíquotas mais baixas estimulariam a atividade econômica, uma articulação do que mais tarde seria chamado de economia pelo lado da oferta.

UM MOMENTO GLORIOSO

O lançamento em 1957 do Sputnik, o satélite soviético visível no céu noturno ao passar pelos Estados Unidos, acirrou a preocupação de que a União Soviética estivesse tomando a dianteira em uma corrida econômica vista pelo grande público como um referendo sobre o mérito de sistemas políticos rivais. Kennedy jogou com esses temores na corrida presidencial de 1960, prometendo aumentar o crescimento econômico em 5% ao ano – cerca do dobro do ritmo médio durante a segunda metade da década de 1950.

Ele tinha poucas ideias sobre como cumprir essa promessa. Como senador, havia se esforçado para integrar o prestigioso Comitê Econômico Conjunto e depois faltou a quase todas as reuniões.[18] Durante a campanha, disse aos consultores que tinha tirado C na única disciplina de economia que cursou na faculdade, então eles deveriam começar do início e explicar tudo.[19] Kennedy, entretanto, tinha ideias formadas sobre professores universitários: ele colecionava suas obras, os respeitava e às vezes até lhes dava ouvidos. Assim, contratou as melhores mentes disponíveis e pediu instruções. Quando o economista de Yale James Tobin expressou relutância em ser contratado porque era "um economista em torre de marfim", Kennedy retrucou: "Tudo bem, professor. Sou o que se pode chamar de presidente em torre de marfim."[20] Samuelson, que atuou como consultor informal, pediu ao assistente presidencial que Kennedy parasse de chamá-lo de "professor".[21]

O maior responsável por moldar as políticas do governo Kennedy foi um homem alto e direto, nascido no Meio-Oeste, chamado Walter W. Heller. Tinha 45 anos em 1960, era professor do quadro permanente da Universidade de Minnesota e renomado especialista em tributação, mas não estava em nenhuma lista dos maiores economistas da nação – ele foi descrito por um contemporâneo como "um coronel no exército keynesiano" – e quase perdera o trem da notoriedade. Quando Kennedy passou rapidamente por Minneapolis para um comício de campanha em outubro de 1960, Heller, no último minuto, decidiu vestir um terno e ir ao centro da cidade para vê-lo. No saguão do antigo Leamington Hotel, ele topou com Hubert Humphrey, então senador do estado, que o levou para conhecer o candidato.

Kennedy estava trocando de camisa quando os dois homens entraram na sala. Humphrey apresentou Heller brincando que havia pessoas inteligentes a oeste do rio Mississippi. Kennedy então começou a fazer perguntas.[22] Era realista prometer um crescimento de 5%? Como pequenas mudanças na política fiscal afetavam a economia? Por que a Alemanha Ocidental estava prosperando apesar das altas taxas de juros? "Ele só ficou lá coçando o peito enquanto conversávamos e todo mundo se afastava", recorda-se Heller.[23]

Poucos meses depois, Kennedy pediu a Heller que dirigisse o Conselho de Consultores Econômicos. O presidente gostou da sagacidade e do estilo informal do economista, e as raízes do Meio-Oeste de Heller aumentavam a diversidade da Casa Branca de Kennedy. Mas era óbvio que Heller desempenharia um papel especialmente significativo. Os economistas nunca tinham feito isso. Um conhecido perguntou inocentemente a ele: "Você vai poder trabalhar à distância em Minnesota ou vai ter que se mudar para Washington?"[24]

HELLER, FILHO DE IMIGRANTES alemães, nasceu em Buffalo, no estado de Nova York, em 1915 e foi criado em Wisconsin, para onde seu pai, um engenheiro, se mudou com a família em busca de trabalho. Fez doutorado na Universidade de Wisconsin e em 1941 defendeu uma tese sobre a administração da tributação estadual sobre a renda. Rejeitado pelo Exército por não enxergar direito, assumiu um cargo no Tesouro para trabalhar no mesmo projeto de Milton Friedman: a administração da tributação federal sobre a renda. Depois da guerra, se estabeleceu em Minnesota, onde constituiu família e desenvolveu uma reputação de orador eloquente. O presidente Johnson uma vez brandiu um memorando de Heller, dizendo aos demais consultores: "É assim que eu quero que todos vocês escrevam memorandos."[25] A língua de Heller poderia ser bem afiada também, como na descrição que tempos depois faria do presidente Reagan como "charmoso, cativante e às vezes alarmante".[26]

Em Washington, Heller defendeu incansavelmente que o governo deveria cortar impostos para promover o aumento no emprego. A economia estava crescendo, mas ele disse que poderia estar crescendo mais rápido se o governo deixasse mais dinheiro no bolso das pessoas. Heller descreveu a diferença entre o crescimento econômico real e o limite do que era possível como um "hiato do produto", e impressionou Kennedy ao afirmar que o hiato era quase do tamanho da economia italiana.

As ideias de Heller marcaram uma pausa tática na ênfase keynesiana tradicional no aumento do gasto público. Na visão tradicional, o governo poderia revigorar a economia tomando dinheiro emprestado do setor privado e gastando-o.[27] Heller propunha pegar dinheiro emprestado do setor privado e depois devolvê-lo, para tornar a gastá-lo. Nos dois casos, a ideia era retirar dinheiro da poupança privada vendendo títulos do Tesouro a investidores e depois colocar o dinheiro de volta em circulação.

Heller reconheceu que seu plano era menos direto e menos eficaz do que a abordagem keynesiana padrão. Mas Kennedy já tinha descartado um grande aumento de gastos como algo politicamente insustentável e Heller reconheceu que os conservadores poderiam estar mais dispostos a cortar impostos. Eles gostavam da ideia de uma intervenção governamental menor ser o melhor que o governo poderia fazer.[28] Heller também adoçou seu discurso de vendas prevendo que o estímulo seria tão eficaz que se pagaria. Conforme a economia crescesse, disse ele, as receitas fiscais aumentariam mesmo com alíquotas de impostos mais baixas. De fato, o governo estaria obtendo uma fatia menor de um bolo econômico maior. Havia um precedente. Na década de 1920, o plutocrático secretário do Tesouro Andrew W. Mellon tinha arquitetado uma série de cortes na alíquota do imposto de renda; com a prosperidade econômica, a receita fiscal federal aumentou.[29]

Kennedy resistiu de início. Ele tinha tomado posse conclamando os americanos a se sacrificarem pelo bem comum e um corte de impostos parecia tocar um acorde dissonante. Mas a taxa de desemprego permanecia em torno de 5,5% e, com a eleição presidencial se aproximando, Kennedy começou a flertar com a premissa de que a economia não estava funcionando em seu pleno potencial.[30] Em dezembro de 1962, propôs a ideia de uma redução de impostos em um discurso perante líderes empresariais em Nova York, prometendo "cortar as amarras que retinham o investimento privado".[31] A plateia reagiu com entusiasmo. Posteriormente, Kennedy ligou para Heller e disse com flagrante empolgação: "Dei a eles Keynes e Heller, e eles amaram."[32]

Wilbur Mills estava pronto para fazer um acordo. Ele viu uma oportunidade para aumentar a eficiência da tributação e estava disposto a aceitar um déficit maior como preço a pagar por alíquotas de impostos mais baixas. O governo Kennedy, por sua vez, concordou com cortes permanentes em alíquotas de impostos como o preço a pagar por um déficit maior. Historiadores e apoiadores brigam desde então quanto à natureza do plano de Kennedy, alguns descrevendo-o como o apogeu do keynesianismo, outros, como o nascimento da economia pelo lado da oferta. As duas formulações são verdadeiras. O secretário do Tesouro, Douglas Dillon, em particular, chamou isso de uma "feliz coincidência".[33]

Boa parte do establishment político, contudo, hesitava diante da premissa de que um déficit orçamentário maior poderia ser bom para a economia. Equilibrar o orçamento – equiparando receita e despesa – permanecia a medida padrão de uma governança responsável. Eisenhower escreveu a um membro da liderança republicana da Câmara que o plano era uma "imprudência fiscal". O ex-presidente Harry Truman disse a jornalistas: "Sou antiquado. Acho que se deve ganhar mais do que se gasta."[34] E o senador Harry Byrd, o democrata da Virgínia que presidiu o Comitê de Finanças do Senado – e que acreditava que Roosevelt tinha sido um presidente sério até que "esse tal de Keynes se apoderasse dele" –, se recusou a propor o projeto de lei. "Ele odiava déficit público com todas as forças", disse um colega.[35]

Foi preciso a morte de Kennedy e a proeza legislativa de Lyndon Baines Johnson para o plano se tornar lei. Johnson tranquilizou Byrd ao concordar com um pacote de cortes de gastos que reduziam o tamanho do déficit. Mills contou aos colegas conservadores que os cortes de impostos forçariam cortes de gastos adicionais, uma articulação prévia da estratégia mais tarde chamada de "Starving the Beast" (Deixar a fera morrer de fome).[36]

Heller, que tinha permanecido no governo Johnson, ficou desconsolado. Ele não queria cortar o investimento público e, em sua opinião, aumentar o déficit era o ponto principal do plano. Porém, Johnson garantiu a Heller, em particular, que seria fácil aumentar o gasto após a contagem de votos. "Depois que você tiver o corte de impostos", disse Johnson, "poderá fazer o que quiser."[37]

Johnson fez. Com o corte de impostos garantido, os gastos federais aumentaram consideravelmente enquanto o governo continuava a guerra no Vietnã, a que Johnson chamou de "guerra incondicional à pobreza".

Cerca de um quinto da população americana, aproximadamente 30 milhões de pessoas, vivia na miséria sem a menor perspectiva de melhoria. Tanto os governos liberais quanto os conservadores acreditavam que buscar crescimento econômico generalizado[38] seria a melhor forma de atacar a pobreza. Porém, no início da década de 1960, acadêmicos e jornalistas apontavam para a inadequação dessa estratégia – um projeto ligado à ascensão do movimento pelos direitos civis, já que a privação estava concentrada em comunidades minoritárias.

A crença de Heller de que políticas redistributivas eram necessárias para atacar a desigualdade era rara entre economistas de sua geração.[39] Em sua primeira reunião com Johnson, Heller descobriu que seu novo chefe concordava com ele. Criado na pobreza, Johnson acrescentou 500 milhões de dólares ao orçamento como verba inicial para programas de combate à miséria. Nas férias de inverno em 1964, ele levou Heller a seu rancho no Texas, acomodou-o em um chalé com outro consultor e pediu que criassem um plano. "Queria ideias originais e inspiradoras", escreveu Johnson em sua autobiografia.[40] Três esforços principais acabaram surgindo: os programas de seguro-saúde Medicare e Medicaid, o auxílio-alimentação (*food stamps*) e subsídios para escolas em comunidades pobres.

O corte de impostos de Heller cumpriu o que prometera. O crescimento vicejou graças ao aumento de gastos dos americanos com a renda inesperada, e a taxa de desemprego teve uma forte queda, estabelecendo-se em um novo patamar de cerca de 3,5% ao fim da década de 1960 – dois pontos percentuais mais baixos que no início da década. A diferença significava que mais de 1,6 milhão de americanos conseguiu encontrar um emprego. A longa expansão econômica também estimulou um otimismo palpável de que a "economia moderna" poderia perpetuar o crescimento para todo o sempre, amém. "Não acredito que as recessões sejam inevitáveis", disse Johnson ao Congresso em janeiro de 1965. No final daquele ano, a revista *Time* estampou Keynes na capa e atribuiu à adoção de suas ideias a "prosperidade mais considerável, prolongada e amplamente distribuída da história".[41]

Os novos programas de bem-estar social também tiveram êxito, reduzindo nitidamente a pobreza.[42]

Ninguém perguntou aos economistas que sucederam Heller como consultores presidenciais se planejavam trabalhar em Washington.[43] Como Johnson observou na cerimônia de posse de James Duesenberry, a quem nomeou para o Conselho de Consultores Econômicos em 1966: "O Dr. Duesenberry é, como todos sabemos, um dos principais economistas do país. Quando eu estava crescendo, isso não parecia querer dizer muita coisa, mas, desde que me tornei adulto, entendemos o erro de nossa forma de atuar."[44]

Mas o triunfo dos keynesianos teve vida curta. No fim de 1965, a economia estava começando a superaquecer e a inflação subia. Os esforços agressivos do governo Johnson para estimular o crescimento econômico e seus gastos na Guerra do Vietnã estavam reprisando uma das mais antigas descobertas da humanidade: bote lenha na fogueira e ela queimará com mais brilho; bote lenha demais e ela queimará descontroladamente.

Inflação significa perda de poder de compra. Se a inflação anual for de 2%, uma pessoa com dinheiro suficiente para comprar 100 hambúrgueres no primeiro dia do ano só conseguiria comprar 98 no Natal. Os consumidores não gostam da ideia de que o dinheiro em seu bolso está perdendo valor. Os credores também não gostam de inflação: significa que o dinheiro que receberão de volta terá menos valor do que o dinheiro que emprestaram. E os economistas não gostam de inflação porque reduz o valor informativo dos preços de mercado.

Os keynesianos sugeriram que o governo elevasse os impostos para conter a inflação. Mas uma teoria enraizada no que seus proponentes descreviam como "uma avaliação mais realista do comportamento humano" estava curiosamente cega às realidades da política. Johnson não queria elevar os impostos e só concordou com um aumento em 1967.

William McChesney Martin, presidente de longa data do Federal Reserve, era o Shakespeare dos banqueiros centrais durões, lembrado até hoje por sua descrição do banco central como sendo o adulto responsável da nação. Sua tarefa, disse ele, era tirar a bebida de perto "bem quando a festa estava esquentando".[45] Em junho de 1965, Martin sinalizou que era chegado o momento. Em um discurso na Universidade Columbia, ele comparou o otimismo da década de 1960 aos anos antes da Grande Depressão. "Naquela época, como agora", observou, "muitos funcionários públicos, acadêmicos e empresários estavam convencidos de que uma nova era tinha sido inaugurada, uma era em que as flutuações econômicas haviam se tornado coisa do passado."[46] O Fed começou a subir as taxas de juros, o que enfureceu Johnson. Em dezembro de 1965, ele convocou o presidente do Fed a comparecer a seu rancho no Texas e saiu empurrando Martin pela sala, gritando: "Garotos estão morrendo no Vietnã e Bill Martin não se importa!" Martin captou a mensagem. O Fed elevou as taxas um pouco mais e depois parou.[47]

O único método de controle da inflação que tinha algum atrativo para Johnson era a ideia de *Alice no País das Maravilhas* de que o governo poderia ditar quais seriam os preços das coisas. Em vez de elevar os impostos ou permitir que o Fed aumentasse as taxas de juros, o presidente partiu para suprimir a inflação pessoalmente. "Os preços dos calçados subiram, então LBJ [Lyndon Baines Johnson] lançou controles aduaneiros de exportação sobre peles para aumentar a oferta de couro", lembrou Joseph A. Califano Jr., um assessor sênior. "O preço doméstico da carne de cordeiro subiu. LBJ instruiu McNamara [secretário de Defesa] a comprar cordeiro mais barato na Nova Zelândia para as tropas no Vietnã."[48] Quando o preço da madeira subiu, Johnson ordenou que o governo comprasse móveis de metal para os escritórios das repartições federais. Quando o preço do ovo subiu na primavera de 1966, Johnson pediu à maior autoridade de saúde pública do país que emitisse advertências sobre os perigos do colesterol.

Porém, a inflação, tal como o Vietnã, provou ser uma guerra que Johnson não conseguiria vencer. Ao fim de 1968, ela chegou a 4,7%, o ritmo anual mais acelerado desde a Guerra da Coreia.

NÃO BASTA FAZER. TEM QUE AGUENTAR FIRME.

Milton Friedman nunca conheceu John Maynard Keynes. A única interação dos dois ocorreu em 1935, quando Friedman submeteu seu primeiro artigo acadêmico a um periódico britânico editado por Keynes e este recusou-se a publicá-lo.[49] Porém, conforme os governos assumiam a responsabilidade pela gestão ativa das condições econômicas, e principalmente por minimizar o desemprego, Friedman construiu um argumento para uma contrarrevolução. Ele queria restaurar o consenso pré-keynesiano de que os governos não conseguiriam estimular o crescimento econômico nem deveriam tentar. Apresentou sua ideia de modo surpreendente: por meio de uma campanha para aumentar o poder de uma agência governamental, o Federal Reserve.

O Fed é o banco central dos Estados Unidos, uma caução para o sistema financeiro criada pelo Congresso em 1913 para evitar crises financeiras que várias vezes haviam mergulhado a economia na recessão. Seu grande poder é a capacidade de imprimir dinheiro ou retirar moeda de circulação. Cada nota de dólar traz impressas as palavras "Federal Reserve Note".

Keynes e seus seguidores achavam que o Fed havia fracassado em seu grande teste: ele tinha tentado acabar com a Grande Depressão injetando dinheiro na economia, mas seus esforços se revelaram inúteis. Keynes chegou à conclusão de que se basear na política monetária para retomar o crescimento econômico era como "tentar engordar comprando um cinto mais largo". O que realmente importava, disse ele, não era a quantidade de dólares que o Fed punha em circulação, mas o número de transações: um dólar poderia ficar esquecido durante anos em um porquinho de porcelana ou poderia ser gasto várias vezes por donos sucessivos em um único dia. Isso significava que a influência do Fed sobre as condições econômicas era bem limitada, enquanto as autoridades fiscais poderiam estimular o crescimento tomando emprestado e gastando. O principal consultor econômico de Truman, Leon Keyserling, desprezava o controle do Fed sobre a oferta de moeda como sendo "nada mais do que uma ferramenta branda entre muitas na conquista da estabilidade econômica".[50]

A obra acadêmica mais famosa de Friedman na área econômica foi uma história da Grande Depressão, que ele escreveu com a economista Anna Jacobson Schwartz. Na obra, argumentam que os keynesianos estavam errados em relação aos fatos e, portanto, tinham tirado conclusões erradas. O Fed, escreveram eles, havia permitido que a oferta de moeda caísse em mais de um terço de agosto de 1929 a março de 1933. A causa da contração não foi a impotência do Fed, mas sua imperícia: o órgão tinha colocado um travesseiro no rosto da economia. "A contração", escreveram os autores, "é de fato um testemunho trágico da importância das forças econômicas."[51]

Ao preservar o poder do Fed, Friedman buscava mostrar, de modo consciente, que o que acontecia com a moeda após sua emissão não tinha importância. Os keynesianos afirmavam que o Congresso e o presidente, ao gastarem dinheiro, poderiam retirar a economia da recessão e livrar as pessoas do desemprego. Friedman negava que isso fosse possível. Ele dizia que a única forma eficaz de política macroeconômica era prover uma oferta apropriada de moeda.

O economista britânico A. A. Walters, que ajudou a traduzir as ideias de Friedman em políticas públicas e foi consultor de Margaret Thatcher, posteriormente observou que a ideia tinha um "apelo óbvio" para Friedman, porque era a forma menos intrusiva de política macroeconômica.[52]

FRIEDMAN COMEÇOU A BRIGAR com o fantasma de Keynes no fim da década de 1940. De início, o debate não era sobre a melhor maneira de fomentar o crescimento, porque a economia americana vinha crescendo de forma robusta. Tratava-se, em vez disso, de uma discussão sobre o outro lado da moeda: como reduzir a inflação.

Os keynesianos encaravam a inflação como um fenômeno complexo com muitas causas potenciais e muitas soluções possíveis. O problema poderia ser excesso de gasto público, uma queda brusca na oferta de petróleo ou sindicatos pressionando por salários mais altos. E cada causa tinha a própria cura.

Friedman, ao contrário, tinha uma visão radicalmente simples: os governos causavam inflação ao emitirem moeda em excesso – ao expandirem a quantidade de dinheiro em circulação em ritmo mais rápido do que o crescimento da economia – e poderiam reduzir a inflação simplesmente emitindo menos moeda.* Em janeiro de 1948, Friedman e outros sete membros do corpo docente de economia da Universidade de Chicago publicaram uma carta no *The New York Times* afirmando que a causa principal do aumento de preços era a quantidade de moeda em circulação nos Estados Unidos, que tinha quase triplicado de 1939 a 1948. Essa visão acabou ficando conhecida como monetarismo.[53] Friedman mais tarde resumiria a ideia nesta famosa frase: "A inflação é sempre e em todo lugar um fenômeno monetário."[54]

Mais tarde naquele mesmo ano, Friedman recebeu um convite precioso para provar seu argumento. Arthur F. Burns, seu ex-professor, tinha assumido o Departamento Nacional de Pesquisas Econômicas, que financiava pesquisas sobre os altos e baixos da economia. A Fundação Rockefeller, que provia grande parte do financiamento do órgão, queria um estudo sobre o papel do crédito bancário nos ciclos econômicos – refletindo a visão keynesiana de que o importante era a circulação de moeda, e não a quantidade. Burns pediu a Friedman que assumisse o projeto juntamente com Anna Schwartz,

---

* Os contemporâneos keynesianos de Friedman estavam focados na construção de modelos econômicos que captassem a complexidade do mundo real. O monetarismo de Friedman estava enraizado em uma abordagem muito diferente. Ele argumentava que o teste de uma teoria econômica não era a verossimilhança de seus pressupostos, mas a exatidão de suas previsões. Essa ênfase em resultados se tornou uma característica definidora da economia moderna, ajudando a justificar a ascensão de modelos cada vez mais abstratos que tratavam as pessoas como atores racionais – não porque todos pensassem que as pessoas eram racionais, mas porque se acreditava que a fantasia produzia resultados melhores. Veja FRIEDMAN, Milton. "The Methodology of Positive Economics". In: *Essays in Positive Economics*. Chicago: University of Chicago Press, 1953.

na época aluna de pós-graduação na Universidade Columbia e dona de uma reputação de fazer mágica na coleta de dados.

Friedman aceitou o cargo, mas reescreveu as ordens. Em uma carta ao presidente da Fundação Rockefeller em janeiro de 1949, ele explicou sua visão de que a quantidade era mais importante do que a velocidade e que, portanto, a política monetária era importante, ao passo que a política fiscal ao estilo keynesiano não era. Friedman esboçou pela primeira vez a ideia de que o Fed transformou uma recessão econômica do tipo mais comum na Grande Depressão ao deixar de injetar moeda suficiente na economia. Ele também previu que a pesquisa levaria oito meses. Levou 14 anos.[55]

Mesmo enquanto ainda buscava evidências, Friedman continuou a divulgar suas conclusões. "A função principal de nossas autoridades monetárias é promover a estabilidade econômica controlando o estoque de moeda", disse ele no Congresso em março de 1952.[56] No ano seguinte, Friedman publicou uma versão atualizada de um ensaio sobre inflação que havia escrito no início da década de 1940. A primeira versão descrevera a inflação em termos keynesianos, como resultado de excesso de gasto público. A nova versão enfatizava que a causa principal da inflação era a superexpansão da oferta de moeda. Friedman incluiu uma nota de rodapé escusatória: "Como acho que o novo material deixa claro", escreveu, "a omissão daquela versão dos efeitos monetários é um sério erro que não é desculpável, mas pode talvez ser explicado pela visão keynesiana predominante na época."[57]

A estatura profissional de Friedman era suficiente para arrebanhar-lhe uma audiência cativa para suas ideias sobre política monetária, mas não houve muitos convertidos nessa primeira hora.* A economia keynesiana estava em alta. Per Jacobsson, presidente do Fundo Monetário Internacional (FMI), que personificava a confiança prevalecente na mecânica keynesiana, convidou

---

* Em 1951, Friedman foi o terceiro ganhador da Medalha John Bates Clark, criada para honrar o mais importante economista americano com menos de 40 anos. Ele era pouco conhecido do público, mas, entre os economistas, era considerado uma estrela em ascensão. Foi premiado por seus primeiros trabalhos na interseção de estatística e matemática, contribuições que não tinham nada a ver com sua obra sobre política monetária. Na verdade, Friedman foi ficando cada vez mais desconfiado do uso de técnicas matemáticas e estatísticas sofisticadas. Onze dos primeiros 21 ganhadores da Medalha Clark depois ganharam o Prêmio Nobel de Economia. Friedman é o único no grupo que recebeu os dois prêmios por obras com temas diferentes.

Friedman para dar uma palestra em seu instituto de pesquisa na Basileia, na Suíça. A visita evoluiu para a versão acadêmica de uma briga de bar, com os dois "de pé, gritando, gesticulando e batendo com a cadeira no chão".[58]

O ambiente na Grã-Bretanha era ainda mais hostil. Roy Harrod, biógrafo oficial de Keynes e consultor econômico chefe do primeiro-ministro conservador Harold Macmillan, escreveu para seu chefe em 1957 a respeito do monetarismo: "Espero sinceramente que nenhum porta-voz do governo use palavras que impliquem que o governo assine embaixo de uma doutrina tão antiquada." No ano seguinte, Macmillan aceitou a demissão de três funcionários do Tesouro que tinham proposto a regulação da oferta de moeda.[59] No ano seguinte, 1959, uma comissão do governo emitiu um relatório concluindo que "a política monetária tinha pouco a ver com a inflação e era bem ineficaz como instrumento de gestão da demanda".[60]

Mesmo enquanto lutava para convencer seus contemporâneos, Friedman se dispôs a instruir a nova geração de economistas, lançando um "workshop" sobre moeda e sistema bancário na Universidade de Chicago. Os participantes faziam pesquisa sobre questões monetárias sob a orientação de Friedman. A ideia, logo adotada por outros membros do corpo docente de economia, foi uma tentativa de emular a estrutura que o modelo de laboratório fornecia para a pesquisa científica. Friedman dirigiu o workshop por 25 anos, criando um exército de monetaristas.[61]

EM 1963, FRIEDMAN E Schwartz finalmente levaram sua pesquisa para a arena pública, lançando *A Monetary History of the United States, 1867–1960* (Uma história monetária dos Estados Unidos, de 1867 a 1960). O livro encontrou um público receptivo, em parte porque, no início da década de 1960, a reputação do Fed estava se recuperando. A impotência do banco central tinha sido uma questão de política federal durante a Segunda Guerra. O Fed operava sob a direção do Tesouro, com a missão de emitir moeda suficiente para que o governo pudesse emprestar a taxas de juros baixas. Porém, em 1951, o Fed havia estabelecido independência operacional com o apoio do Congresso.[62] Na década intermediária, o Fed começara a demonstrar sua capacidade de influenciar as condições econômicas.

Os keynesianos não aceitaram o relato de Friedman sobre a mecânica de funcionamento. Na perspectiva deles, o Fed encorajava (ou desencorajava) a atividade econômica reduzindo (ou elevando) a taxa de juros, e não controlando a oferta de moeda. Porém, eles estavam prontos para reconhecer a importância da política monetária. "A doutrina econômica dominante só muito recentemente – impulsionada pelo professor Friedman, entre outros – mudou de uma visão de que os fenômenos monetários não eram muito importantes para uma visão de que talvez o fossem", escreveu o economista keynesiano Robert Solow em uma resenha de *A Monetary History*.[63]

Mas o triunfo de Friedman não estava completo. Duas diferenças importantes permaneciam. Em primeiro lugar, apesar de os keynesianos aceitarem cada vez mais a importância da política monetária, eles rejeitavam a impotência da política fiscal. "A questão não é se a moeda tem importância – todos nós admitimos isso –, mas se apenas a moeda importa", disse Walter Heller.[64] Paul W. McCracken, o primeiro presidente do Conselho de Consultores Econômicos de Nixon, descreveu suas visões sobre política macroeconômica como "friedmanesca" – a quantidade de moeda era importante, mas não era a única coisa.

O Fed também estava relutante em aceitar responsabilidade exclusiva pela política macroeconômica. Friedman e Paul Samuelson começaram a se alternar na redação de colunas para a *Newsweek* em 1966, levando as ideias de Friedman para um público mais amplo.[65] Alguns membros do Congresso logo começaram a fazer perguntas sobre o monetarismo. Em resposta, funcionários do Fed minimizaram a ideia de que a política monetária sozinha poderia desacelerar a inflação. Eles insistiam que o restante do governo ainda precisava ajudar. Tempos depois, um funcionário do Fed fez uma observação cáustica de que o Congresso tinha uma afinidade natural com o monetarismo porque deslocava sua responsabilidade para o Fed.[66]

A segunda controvérsia dizia respeito aos limites da política monetária. O livro de Friedman e Schwartz foi interpretado pela maioria como um manual de combate a incêndios. A conclusão deles, de que o Fed causara a Grande Depressão por ter deixado de emitir moeda suficiente, implicava que o Fed poderia estimular o crescimento econômico emitindo mais moeda. Os keynesianos começaram a falar sobre política monetária como outra ferramenta que poderia ser usada para gerir a economia.

Para Friedman, isso foi pior do que ser ignorado. Ele pretendera combater a política econômica ativista; em vez disso, convencera formuladores de políticas de que a emissão de moeda era outra forma de criar empregos.

Quando um editorial conservador do *The Wall Street Journal* endossou essa interpretação, em 1963, Friedman perdeu as estribeiras. "Não tem ninguém no seu jornal que seja perspicaz o bastante para perceber do que trata de fato o nosso livro?", escreveu ele a Vermont Connecticut Royster, o editor do texto. Friedman insistiu que a lição da Grande Depressão era que os bancos centrais deveriam evitar crises aumentando a oferta de moeda em um ritmo constante aproximando-se da taxa de crescimento econômico.[67] O trabalho do Fed, disse ele em um discurso alguns anos depois, era "evitar que a própria moeda fosse a principal fonte de perturbação econômica".[68] O mercado proveria um crescimento econômico estável; o papel do governo, segundo ele, era sair do caminho. Friedman sugeriu que o Fed deveria ser substituído por três funcionários em uma repartição do Tesouro. Anos mais tarde ele atualizou essa imagem, dizendo ao público de suas palestras que o Fed deveria ser substituído por um computador. "Estabilidade econômica é uma questão séria demais para ficar nas mãos de dirigentes de bancos centrais", afirmou.[69]

Aquele era um argumento falho, e Friedman sabia disso. Todos concordariam que as crises deveriam ser evitadas, mas ocorreriam de qualquer forma. Friedman não explicara por que o governo deveria permanecer passivo em tempos de crise – ou, na verdade, por que deveria se abster de emitir mais moeda como solução para qualquer período de crescimento econômico medíocre.

Em dezembro de 1967, em um discurso histórico para a Associação Econômica Americana, Friedman acrescentou a parte que faltava em seu argumento. Um de seus principais críticos, James Tobin, afirmou depois, em tom de lamento, que a versão impressa do discurso de Friedman era "provavelmente o artigo mais influente jamais escrito em um periódico econômico".[70] Tratava-se do discurso presidencial de Friedman à associação, proferido em sua reunião anual em Washington, D. C. Falando a poucos quilômetros do Congresso, a sede da política fiscal, e do Fed, a sede da política monetária, Friedman concordou com seus críticos que os dois tipos de política econômica deveriam ser vistos sob a mesma luz. Segundo ele, ambos eram inúteis para consertar as circunstâncias econômicas do país.

O foco, no entanto, estava na política monetária. Ele reconheceu que emitir moeda poderia impulsionar o emprego e o crescimento, mas apenas se fosse possível levar as pessoas a pensar que a economia estava crescendo. Friedman dizia que o público logo perceberia o que tinha acontecido e a única maneira de manter um crescimento mais rápido seria tapeá-lo de novo emitindo ainda mais moeda. O aumento no crescimento e no emprego seria efêmero, segundo ele. O preço a pagar não seria só inflação, mas a aceleração da inflação.[71]

Imagine que amanhã o governo dê a cada americano 10 notas de 100 dólares. De repente, há mais dinheiro em circulação e as pessoas vão fazer compras. Conforme os livros vão se esgotando nas prateleiras da livraria do bairro, a proprietária faz um pedido de mais livros e contrata um aluno do ensino médio para arrumá-los nas estantes, porque conclui que os ventos estão soprando a seu favor, o que faz sentido. Porém, sua boa sorte é uma ilusão. A oferta de bens e serviços permanece inalterada. Conforme a livraria vai ficando sem livros para vender, a proprietária aumenta os preços. Boa providência também, pois quando vai à mercearia percebe que o preço do leite também subiu. A moeda emitida pelo governo causou inflação, mas não crescimento econômico. A livraria vende o mesmo número de livros a preços mais altos, o que permite que a proprietária compre a mesma quantidade de leite. Ela demite o aluno do ensino médio. Todos têm mais dinheiro, mas ficaram no zero a zero, apenas trocando esse dinheiro.[72]

Friedman admitia que a jornada da confusão ao esclarecimento, e, portanto, os benefícios da emissão de moeda, poderia levar anos. Mas aconselhou a não tentar tirar vantagem disso. Os registros históricos, disse ele, mostravam que os efeitos da política monetária se disseminavam a um ritmo imprevisível. Os governos lutavam para equilibrar seus esforços: ou faziam de mais, ou de menos.[73]

Friedman e os keynesianos estavam discutindo sobre a melhor maneira de atravessar a escuridão. Friedman insistia que, diante da incerteza, era melhor escolher uma rota e navegar em linha reta tanto quanto possível. Os keynesianos insistiam que era melhor percorrer cada parte da travessia nos próprios termos. Debatendo com Friedman em 1969, Heller reconheceu que a gestão ativa da economia era imperfeita, mas afirmou que o histórico da década de 1960 falava por si só. "Quanto mais ativas, bem embasadas e autoconscientes as políticas fiscais e monetárias se tornaram, mais as economias afetadas tiveram pleno emprego e estabilidade."[74] Heller afirmou que a abordagem de Friedman sacrificaria claras oportunidades de melhorar o bem-estar a curto prazo – e tinha razão. Também apontou para problemas mecânicos com o monetarismo – e estava certo de novo. Os bancos centrais teriam dificuldade para mensurar a oferta de moeda, que dirá controlar seu crescimento.

Porém, conforme as condições econômicas foram azedando, assim também azedou a fé na "economia ativista" de Heller.

O DISCURSO PRESIDENCIAL DE Friedman em 1967 eletrizou muitos dos economistas reunidos em Washington. "Ficou instantaneamente claro que aquilo era importante", recordou-se o economista Robert Hall, que disse que as conversas se animavam conforme as pessoas passavam pelos corredores do hotel onde estava ocorrendo a conferência debatendo os méritos e analisando as implicações.[75]

O exibicionismo de Friedman atiçou o debate. Ele opôs publicamente suas previsões monetaristas às previsões dos keynesianos. Em 1967, por exemplo, Friedman disse que o Fed estava estimulando a economia porque a oferta de moeda vinha aumentando; já as autoridades do Fed insistiam que estavam metendo o pé no freio porque as taxas de juros estavam aumentando. Friedman estava certo e a economia viveu um boom.[76] Em 1968, ele previu que um aumento temporário nos impostos não iria travar o crescimento porque a oferta de moeda continuava a se expandir. Mais uma vez, ele foi vingado. Uma testemunha observou que as coincidências estavam ficando cada vez mais difíceis de ser explicadas pelos keynesianos.[77]

A notícia cruzou o oceano também. A. A. Walters convidou Friedman para discursar no Reino Unido em 1969 nos seguintes termos: "Você precisa entender que virou quase que o nome de um eletrodoméstico na Grã-Bretanha."[78] No ano seguinte, ele fez a viagem. Keynes tinha levado suas ideias para os Estados Unidos; agora Friedman retribuía o favor. Ele disse ao público que, se Keynes tivesse vivido o bastante para ler *A Monetary History*, "com certeza ele estaria na linha de frente da contrarrevolução".[79]

Em dezembro de 1969, Friedman foi capa da *Time* – quatro anos depois de Keynes.

O enfoque claro da política econômica federal no fim da década de 1960 ainda era garantir que os americanos tivessem empregos, mesmo que isso resultasse em inflação. No início dos anos 1980, o enfoque claro da política econômica seria se livrar da inflação, mesmo em detrimento dos empregos.

Essa mudança, que se espalhou pelo mundo, foi o legado mais importante de Friedman.

CAPÍTULO 3

Uma nação subempregada

"Uma taxa de desemprego alta representa um desperdício de recursos tão colossal que ninguém verdadeiramente interessado em eficiência pode ser complacente com isso. É ao mesmo tempo irônico e trágico que, ao buscar soluções para melhorar a eficiência econômica, parece que ignoramos a maior ineficiência de todas."

– Alan Blinder, *Hard Heads, Soft Hearts* (1987)[1]

Richard Nixon fez campanha para candidaturas republicanas no Congresso em 1966 protestando contra "o alto custo de Johnson" e os republicanos distribuíram panfletos em forma de notas de dólar intituladas "Dinheiro de Mentira" para salientar a ameaça da inflação. Durante a campanha presidencial de 1968, Nixon disparou de novo, invocando estereótipos de democratas perdulários e republicanos prudentes. Mas ele não estava falando sério. Nixon não era muito versado em economia; no entanto, como a maioria dos americanos de sua geração, seu referencial básico era keynesiano. Ele acreditava que o governo precisava fazer uma escolha entre inflação e desemprego e sabia o que queria escolher no menu. Ele explicou a assistentes que ninguém perdia eleição por causa da inflação, dizendo a eles: "O desemprego é sempre um problema maior."[2]

Quando a economia fraquejou em 1971, Nixon puxou a alavanca chamada déficit orçamentário. Em janeiro de 1972, o presidente ordenou que os departamentos do governo gastassem sua verba o mais rápido possível para impulsionar o crescimento econômico em um ano de eleição. Eles tinham que documentar os esbanjamentos em reuniões semanais.[3] "Esta é uma administração ativista", disse ele a um jornalista alguns meses depois.

"Se eu achar que algo pode ser feito para estimular a economia, acredite: iremos fazê-lo."[4]

Grande parte da Europa também dobrou a aposta no keynesianismo. Helmut Schmidt, então ministro das Finanças da Alemanha Ocidental, disse que os alemães poderiam suportar melhor 5% de inflação do que 5% de desemprego. A Grande Depressão, afinal, era um trauma mais recente do que a hiperinflação da República de Weimar.

Em busca do crescimento, Nixon nomeou seu economista favorito, Arthur Burns, para substituir William McChesney Martin como presidente do Federal Reserve. Burns era um estranho amálgama dos tipos de pessoa que Nixon confessava odiar: urbano, professoral, judeu. Ele dava sermões a todos, inclusive ao presidente. "Arthur era um magnífico orador, mas não se pode dizer que fosse do tipo conversador", observou um amigo sarcástico.[5] Contudo, para grande espanto dos outros assistentes, Nixon o ouvia. Burns "fala devagar, mas pensa rápido", disse Nixon ao presidente da França.[6] Burns, por sua vez, achava que a política era inebriante – "Arthur teria sido um grande economista se não fosse tão interessado em política", Milton Friedman certa vez opinou –, e Nixon era o político que levava Burns mais a sério.[7] A relação tinha se consolidado durante a campanha presidencial de 1960. Burns advertiu que a economia estava se enfraquecendo e que precisava imediatamente de um corte fiscal. Eisenhower se recusou, uma recessão se seguiu e Nixon perdeu a eleição por pouco. Nixon, que nunca perdoou Eisenhower, concluiu que Burns era "um bom profeta".[8]

Friedman ficou muito satisfeito com a escolha de Burns por Nixon. Ele celebrou imprimindo notas de dólar de mentira com o rosto de Burns no lugar do de Washington.[9] Burns foi o primeiro economista a dirigir o Fed e entendia o monetarismo: Friedman costumava mandar seus artigos para Burns antes de publicá-los, buscando obter comentários de seu antigo professor.[10]

Porém, Burns não acreditava em keynesianismo nem em monetarismo. Ele vinha de uma tradição mais antiga que encarava a economia como um organismo complexo que não se podia reduzir a fórmulas estáveis. Sua economia pertencia à era da biologia e ele não via a era da física como um aprimoramento. "A compreensão sutil da mudança econômica vem de um conhecimento de história e de grandes questões, não da estatística ou do seu processamento apenas – para o qual nossa era perturbada se voltou de forma tão ávida em sua busca por certezas", escreveu Burns em 1969.[11]

O mundo estava diversificado e confuso, e o trabalho do dirigente de um banco central era necessariamente o de um crítico. Ele amava coletar dados, mas via neles respostas para problemas específicos, não eternas verdades. "A disputa entre os friedmanistas e os keynesianos é uma falsa disputa", disse ele a um amigo na década de 1970. "É um debate sobre a habilidade de um ou outro grupo de economistas de prever o futuro. Eles não conseguem fazer isso, graças a Deus."[12]

Burns disse ao Congresso que duvidava que o Fed tivesse o poder de controlar a inflação, que ele imputava às demandas excessivas de aumento de salários pelos sindicatos.[13] Ele também sabia que Nixon não queria que se esforçasse demais. O presidente havia acolhido a versão keynesiana do monetarismo – segundo a qual a emissão de moeda era mais uma forma de estimular o crescimento do emprego – e pressionou Burns incansavelmente para manter as máquinas rodando, sobretudo antes da eleição presidencial de 1972.[14] "Peque por mais inflação", disse Nixon a Burns durante uma reunião no Salão Oval.[15] O consultor-chefe para assuntos internos de Nixon, John Ehrlichman, convocou dois dos tenentes de Burns e lhes disse: "Quando os senhores se levantarem pela manhã e se olharem no espelho enquanto estiverem se barbeando, quero que pensem com cuidado em uma coisa. Perguntem-se: 'O que posso fazer hoje para elevar a oferta de moeda?'"[16]

Para controlar a inflação sem aumentar as taxas de juros ou reduzir o crescimento da oferta de moeda, Burns e Nixon concordaram que o governo deveria tentar conter os preços diretamente. Em agosto de 1971, Nixon anunciou as primeiras restrições de salários e preços em época de paz na história americana.[17] Sabendo que isso enfureceria Friedman, Nixon despachou George Shultz, um ex-professor de economia da Universidade de Chicago então atuando como diretor do Escritório de Gestão e Orçamento, para dizer a Friedman que o governo estava impedindo que os democratas no Congresso fizessem algo pior. Nixon ensaiou uma brincadeira quando Friedman o visitou no mês seguinte. "Não ponha a culpa em George", disse ele, apontando para Shultz. Friedman respondeu: "Não ponho a culpa em George. Ponho a culpa no senhor, presidente." Foi a última visita de Friedman à Casa Branca de Nixon.[18]

O controle de preços era popular e foi eficaz por um tempo, mas as distorções logo surgiram. Em junho de 1973, o noticiário vespertino mostrou trabalhadores em um aviário no leste do Texas afogando 43 mil pintos em barris porque o custo de alimentar os frangos superara o preço do frango. "É mais barato assim", explicou o proprietário.[19]

Em meados da década de 1960, quando o Reino Unido sofria com crescimento lento e inflação em alta, o político britânico Iain Macleod cunhou uma nova palavra para descrever o problema. "Agora temos o pior dos dois mundos – não apenas inflação de um lado ou estagnação de outro, mas os dois juntos", disse Macleod à Câmara dos Comuns. "Temos uma espécie de situação de 'estagflação.'"[20]

Em meados da década seguinte, os americanos também foram apresentados à estagflação. A crise do petróleo, motivada pelo embargo que as nações árabes impuseram aos aliados de Israel em 1973, mergulhou a economia americana em sua pior recessão desde a Grande Depressão. Para grande surpresa da maioria dos economistas keynesianos, tanto o desemprego quanto a inflação aumentaram. Foi como se os dois pratos de uma balança se movessem para cima ao mesmo tempo. O controle de preços de Nixon tinha sido descartado, mas a ideia de que a inflação poderia ser refreada continuava irresistível para os políticos. Em outubro de 1974, em uma nova tentativa, o presidente Gerald Ford foi ao Congresso e disse à nação: "Precisamos derrotar a inflação imediatamente." O plano de Ford consistia em cunhar a sigla WIN (que significa vencer) para "Whip Inflation Now" (derrotar a inflação agora), impressa em milhões de bótons vermelhos, e estimular as pessoas a plantar hortas, usar suéteres feitos em casa e se deslocar de carona. Nada disso funcionou. A taxa de desemprego atingiu 9% em maio de 1975. A inflação já estava acima dos 10% havia mais de um ano.

Para Friedman, a explicação era óbvia. O desemprego crescia porque a economia estava fraca e a inflação aumentava porque o governo continuava a emitir moeda. A oferta de moeda norte-americana cresceu 23% na década de 1950, 44% na década de 1960 e 78% na década de 1970.[21]

O aparente fracasso da economia keynesiana fez crescer o interesse pelas ideias de Friedman.[22] Em 1974, o banco central da Alemanha Ocidental, o Bundesbank, que estava mais isolado da influência política do que seu congênere americano, tornou-se a primeira instituição a implementar a mecânica monetarista. O Bundesbank anunciou que pretendia expandir a oferta de moeda em 8% em 1975.[23] Em 1976, Friedman foi agraciado com o Prêmio Nobel de

Economia pelo "renascimento do papel da moeda na inflação e o consequente entendimento renovado dos instrumentos de política monetária".[24]

A combinação das ideias americanas com o exemplo da Alemanha Ocidental exerceu uma forte influência sobre Keith Joseph, um político britânico conservador que foi uma espécie de João Batista na ascensão ao poder de Margaret Thatcher. Em 1974, Joseph proferiu um discurso histórico declarando que a inflação era um problema maior do que o desemprego. Dois anos depois, em abril de 1976, propôs pela primeira vez que a Grã-Bretanha adotasse a abordagem da Alemanha Ocidental, que ele disse já estar provando seu valor na redução da inflação.[25] Surpreendentemente, isso logo se tornou consenso bipartidário. James Callaghan, o novo primeiro-ministro trabalhista, fez um louvor ao keynesianismo durante a conferência do partido em setembro de 1976, no balneário de Blackpool. "Costumávamos pensar que a solução para uma recessão e o aumento do desemprego era cortar impostos e aumentar o gasto público", discursou Callaghan para a liderança do partido, que provavelmente ficou confusa com o uso do tempo verbal no passado para descrever uma crença ainda existente. "Digo-lhes com toda a sinceridade que essa opção não existe mais e, se ela em algum momento existiu, só funcionou para injetar uma dose maior de inflação na economia a cada momento, seguida de níveis mais altos de desemprego como próximo passo. Isso desde a guerra." O governo de Callaghan voltou-se para o monetarismo, instruindo o Bank of England pela primeira vez a regular o aumento da oferta de moeda.[26]

Mas Friedman ainda tinha que convencer os líderes de seu país. Quando o presidente Ford o convidou para uma conferência na Casa Branca sobre inflação, em 1974, o economista de Chicago fez um discurso lamuriento televisionado: "Se essa doença não for controlada", disse, referindo-se à inflação, "o preço a pagar será muito alto, incluindo, na minha opinião, a destruição muito provável de nossas liberdades pessoais, políticas e econômicas." Friedman afirmou que só havia "uma, e apenas uma, forma de curar a doença": emitir menos moeda.[27] Ele foi, no entanto, o único economista na conferência que defendeu o foco na redução da inflação. Em meio à recessão, a maioria acreditava que a criação de empregos era mais importante.[28]

Friedman ficou especialmente frustrado com a própria inabilidade de convencer Burns. Cada vez mais afastado de seu ex-professor, às vezes usava o artifício de escrever para amigos e mandar cópias para ele. As cartas eram longas, prescritivas e cheias de frustração. "Sinto-me como um ignorante sem imaginação dizendo a mesma coisa mil vezes", escreveu Friedman. Ele insistiu que o Fed se ocupasse da oferta de moeda. "Como vocês sabem, essa era a minha opinião há um ano, há dois anos e há mais tempo ainda." Ele simplesmente não conseguia entender por que não era a opinião de Burns também. "Nunca houve desculpa", escreveu, "e ainda não há."²⁹

JIMMY CARTER DEIXOU BEM claro durante a campanha presidencial de 1976 que não tinha interesse no monetarismo. "Acredito que tornar o dinheiro escasso não é a melhor forma de controlar a inflação", afirmou em setembro de 1976. Em vez disso, ele defendia o crescimento econômico como cura para a inflação.³⁰ No mês seguinte, poucas semanas antes da eleição, Carter fez uma promessa inspirada no menu de Samuelson-Solow de redução do desemprego para 4% e da inflação para menos de 4% até o final do seu mandato.³¹

Uma vez empossado, Carter respaldou sua retórica sobre desemprego substituindo Burns como presidente do Fed por um executivo do setor industrial gentil e bem-apessoado chamado G. William Miller, que às vezes ria tão alto das próprias piadas que não conseguia chegar ao final delas. Miller expressou uma determinação apaixonada por estimular a criação de empregos, principalmente para minorias.³²

Os democratas também tentaram, com firmeza, inserir a economia keynesiana na legislação, promulgando em 1978 a Lei do Pleno Emprego Humphrey-Hawkins, que consagrava "pleno emprego" e "estabilidade de preços razoáveis" como metas das políticas fiscal e monetária. Para os proponentes da economia ativista, isso pareceu um segundo nascer do sol. Confiantes, previram uma recuperação econômica.

Em vez disso, deu-se o último ato da era keynesiana. A inflação subiu inexoravelmente durante os dois primeiros anos do mandato de Carter. Depois, a revolução iraniana criou a centelha para a segunda crise do petróleo e os preços se elevaram ainda mais rápido. No verão de 1979, a inflação mais uma vez chegou a 10%, ao passo que o desemprego pairava persistentemente em torno de 6%. Caminhoneiros revoltados com a alta dos preços dos combustíveis realizaram greves; manifestantes em Levittown, na Pensilvânia, construíram uma fogueira de carros e pneus no meio desse subúrbio icônico do pós-guerra.³³

Os formuladores de políticas tinham tolerado a inflação porque a cura era considerada mais dolorosa do que a doença. Os salários tinham aumentado quase tão rápido quanto os preços durante a década de 1970, preservando de modo geral o poder de compra das famílias.³⁴ Havia mais americanos devedores que credores e a inflação reduzia o ônus de suas dívidas: pagar uma hipoteca de trinta anos exigia uma parcela menor da renda a cada ano que passava. A quantidade de casas próprias aumentou durante a década de 1970 – de fato, em 1978 a parcela de americanos que tinham imóvel residencial era maior do que seria em 2018.³⁵ Ninguém gostava da inflação, mas a ideia de levar a economia para uma recessão parecia um remédio desnecessariamente forte, que "amputa a mão para aliviar a cutícula inflamada", disse o economista keynesiano Joseph Minarik.³⁶

Mas os americanos estavam perdendo a paciência com a inflação. As pessoas tendiam a ver os salários mais altos como recompensas e os preços mais altos como roubo. Elas sonhavam com o que o aumento de salários poderia ter comprado se os preços houvessem permanecido no mesmo patamar. Terry McLamb, dono de uma padaria em Raleigh, na Carolina do Norte, contou a um jornalista em 1978 que havia desistido de seu sonho de comprar uma casa. Ele parecia não perceber que sua renda tinha excedido a inflação em 14% nos cinco anos anteriores.³⁷

Muitos americanos também não gostavam da sensação de mudança rápida. Os conservadores descreviam a inflação tanto como sintoma quanto como causa de decadência moral. Em um ensaio de 1977, os economistas conservadores James M. Buchanan e Richard E. Wagner culparam a inflação por uma lista de moléstias, inclusive "uma erosão generalizada dos costumes públicos e privados, atitudes cada vez mais liberalizadas em relação a atividades sexuais, declínio da vitalidade da ética de trabalho puritana, deterioração na qualidade dos produtos, explosão do número de beneficiários de programas de assistência social, corrupção disseminada tanto no setor privado quanto no público".³⁸

E havia uma sensação crescente de desgaste das promessas de formuladores de políticas. A narrativa simples de Friedman de que a Grande Depressão e a Grande Inflação eram fracassos do governo – muito pouca moeda da primeira vez; moeda de mais da segunda – pareceu um diagnóstico esclarecedor para muita gente.

Reconhecendo o risco político, Carter abandonou sua promessa anterior de priorizar empregos e declarou que a inflação era o principal problema interno do país. Ele só não sabia para onde correr. Henry Thomassen, que tinha sido o principal consultor econômico de Carter durante seu mandato como governador da Geórgia, contou-lhe que os esforços do governo para convencer empresas e sindicatos a conter preços e salários não estavam funcionando. Carter respondeu: "Hank, com isso entendo o que não vai funcionar. Mas o que vai?"[39] Em julho de 1979, o presidente, acuado, se retirou para Camp David por vários dias, ressurgindo no domingo, 15 de julho, para dizer à nação que estava sofrendo de uma crise de confiança. Sugeriu que os americanos deveriam acolher a austeridade para fugir da inflação e de outros problemas. "Descobrimos que ter coisas e consumir coisas não satisfaz nosso anseio por significado", afirmou Carter. Seu discurso foi uma prescrição keynesiana em uma roupagem religiosa. O presidente estava defendendo a ideia de que a inflação desaceleraria se as pessoas comprassem menos.

Carter também decidiu substituir Miller no Fed por alguém que inspirasse maior confiança entre os investidores.[40] Decidiu-se por Paul Volcker, que, desde 1975, ocupava o cargo de diretor do Federal Reserve Bank de Nova York, o segundo cargo de maior poder no banco central. Carter fez a escolha com alguma relutância: Volcker era conhecido por defender a repressão à inflação. Ele passara os quatro anos anteriores atuando como uma chaleira sobre chama quente, cada vez mais raivoso com os esforços incoerentes do Fed para controlar a inflação, até que o vapor saiu apitando pela tampa. Em uma reunião do comitê de elaboração de políticas do Fed em julho de 1978, Volcker disse aos colegas que a política do banco central tinha se tornado "uma espécie de farsa".[41] Alguns assistentes de Carter advertiram o presidente de que ele estava colocando suas chances de reeleição nas mãos de Volcker. Antes de aceitar o cargo, Volcker também tentou dar esclarecimentos. Aboletado em um sofá no Salão Oval, com um charuto na mão, ele fez um gesto na direção de Miller, que estava na sala, e disse: "Você precisa entender que, se me nomear, defenderei uma política mais estrita do que o colega."[42] Carter falou que tinha entendido. "Eu de fato disse a ele que precisava de alguém aqui para tomar conta da economia – da política cuidaria eu", escreveria mais tarde.[43]

REVOLUÇÃO VOLCKER

Paul Adolph Volcker Jr. tinha mais de 2 metros de altura e parecia um poste – com uma cara rabugenta no lugar da luminária. Também tinha uma presença marcante em termos intelectuais.

Volcker nasceu em 5 de setembro de 1927 e foi criado em Teaneck, Nova Jersey, onde seu pai atuara como administrador municipal contratado depois que a cidade entrou em crise financeira. Ao concluir o ensino médio em 1945, foi rejeitado pelo Exército por ser alto demais, então se matriculou em Princeton. Seu pai o advertiu de que os outros alunos seriam brilhantes e o estimulou a escolher uma universidade menos exigente. O jovem Volcker observou mais tarde: "Eles não eram tão inteligentes quanto meu pai achava."[44]

O departamento de economia de Princeton, onde Volcker encontrou um lar intelectual, era dominado por imigrantes austríacos formados e calejados pela hiperinflação que se seguiu à Primeira Guerra Mundial. Eles nunca deixaram de acreditar na importância da oferta de moeda e não viam utilidade nos ensinamentos de John Maynard Keynes. Nos quatro anos de aulas de economia, Volcker disse que raramente escutou esse nome. Sua monografia, defendida em 1949, foi uma análise de 256 páginas da política do Federal Reserve no pós-guerra, argumentando que o Fed deveria ter adotado medidas mais fortes para controlar a inflação. O jovem Volcker não era muito diferente do Volcker que se tornou presidente do Fed três décadas depois. "Uma oferta de moeda inchada apresentava uma grave ameaça inflacionária para a economia", escreveu ele em uma passagem prodigiosa. "Havia necessidade de controlar a oferta de moeda para evitar os efeitos desastrosos de uma brusca alta nos preços."[45]

Volcker também teve uma lição pessoal sobre os perigos da inflação durante os anos em Princeton. Quando sua irmã mais velha, Ruth, foi para a Simmons College no fim da década de 1930, os Volcker lhe mandavam 25 dólares por mês. Quando Paul foi para Princeton uma década mais tarde, o mesmo valor lhe foi oferecido. Paul reclamou – o dólar tinha perdido 40% de seu poder de compra nesse período –, mas os Volcker foram irredutíveis. Ruth mais tarde caçoou do irmão: "Ele aprendeu as funções do banco central tendo que viver com 25 dólares."[46]

Volcker foi cursar a pós-graduação em Harvard, onde recebeu uma dose completa de keynesianismo. Mas não reteve nada. "Lembro-me de ficar sentado na aula em Harvard ouvindo [o professor] Arthur Smithies dizer: 'Um pouco de inflação é bom para a economia.' E depois disso só consigo me lembrar de uma palavra passando pela minha cabeça como um sinal amarelo de advertência: 'Bobagem'", contou Volcker a um biógrafo.[47] Com o passar dos anos, ele descreveu as ideias keynesianas como uma "bobagem" com tanta frequência que essa acabou se tornando sua posição oficial.

Ele foi para Londres para escrever sua tese de doutorado, mas acabou viajando pelo continente. Ao voltar para os Estados Unidos em 1952, conseguiu um emprego no departamento de pesquisa do Fed de Nova York, no setor britânico. Passou os cinco anos seguintes nas entranhas do Fed antes de concluir que suas chances ali eram limitadas e aceitar um emprego no Chase Manhattan.

A eleição de John F. Kennedy trouxe Volcker de volta ao setor público: seu ex-chefe no Fed de Nova York aceitou um emprego no Tesouro e convenceu Volcker a se juntar a ele. Volcker chegou a Washington em 1962, justo quando a hegemonia dos Estados Unidos no pós-guerra começava a desmoronar. Ele passou grande parte dos cinquenta anos seguintes tentando limitar os danos. "Um dos meus velhos amigos estrangeiros me disse uma vez – acho que ele pensou que seria um elogio irônico – que achava que a minha carreira era uma longa saga de tentativas de tornar respeitável e organizado o declínio dos Estados Unidos no mundo", disse Volcker.[48]

Muitos o consideravam distante e intimidador, mas quem o conhecia dizia que ele era tímido. Sua primeira esposa esperou em vão por um pedido de casamento até que, finalmente, ela fez a proposta. Volcker tinha fama de ser frugal, de gostar de ternos baratos e charutos comprados em drogarias.[49] Durante anos, dirigiu um velho Nash Rambler com uma cadeira espremida atrás do assento do motorista para que não desabasse. Às vezes dividia comida chinesa em embalagem para viagem com um velho amigo, Robert Kavesh, que se lembra: "Eu pagava e ele comia."[50]

Volcker trabalhou no Departamento do Tesouro nos governos Kennedy, Johnson e Nixon antes de deixar Washington em 1974. Pretendia voltar para o setor bancário, mas Arthur Burns pediu-lhe que assumisse a direção do Fed de Nova York. Volcker pensou a respeito enquanto pescava salmão no Canadá, depois ligou a cobrar para Burns e aceitou o convite.

EM DEZEMBRO DE 1970, a revista *Time* estampou a imagem de uma nota de dólar na capa, com uma lágrima caindo no rosto de Washington e um rabisco vermelho escrito "Vale 73 centavos". No momento em que Volcker tomou posse como diretor do Fed em agosto de 1979, esse dólar valia apenas 39 centavos. A inflação tinha corroído o restante. Os americanos relatavam a entrevistadores de pesquisas de opinião que esse era o maior problema do país.

Durante seu mandato como diretor do Fed de Nova York, tentando fortalecer a resolução do Fed de combater a inflação, Volcker começara a flertar com o monetarismo de Friedman. Ele não queria ser substituído por um computador, mas há muito tempo dava importância à quantidade de moeda. Em um discurso de 1976, defendeu o "monetarismo prático" – formuladores de políticas estabeleceriam metas para o crescimento da oferta de moeda mantendo seu poder de decisão ao tratar de mudanças nas condições econômicas.[51]

Volcker achava que a inflação estava aumentando em parte porque os americanos esperavam que ela continuasse subindo. Um compromisso público com o monetarismo poderia redefinir essas expectativas. O monetarismo, dizia ele, era "um novo e, de muitas formas, mais sensível e compreensível símbolo de política responsável".[52] Ele também estava pronto para a provação. O senador William Proxmire, um populista na antiga tradição de Wisconsin, abriu a audiência de confirmação de Volcker em julho de 1979 pedindo garantias de que ele não elevaria as taxas de juros a níveis "muito pesados para pequenos empresários, agricultores e trabalhadores". Volcker, mastigando ruidosamente um charuto barato, não ofereceu muito consolo. "Acho que não temos no contexto da disciplina monetária um substituto na busca de respostas para nossos problemas", retrucou.

No fim de setembro de 1979, em uma conferência internacional em Belgrado poucas semanas após Volcker ser empossado, Arthur Burns fez uma apologia do próprio fracasso em controlar a inflação. Burns culpou a todos, inclusive o povo americano, que, segundo ele, não queria que ele controlasse a inflação.[53] Volcker chegou tarde e encontrou um lugar para sentar no chão, encostado na parede do fundo. Mais tarde contou a um biógrafo, William Silber, que tinha ouvido o discurso de Burns com tristeza. O pensamento de Volcker vagou para um fim de semana em Camp David no início da década de 1970, quando Burns recomendou com insistência a Nixon que incluísse mais uma redução fiscal em um pacote de estímulo à economia. O presidente tinha sorrido e dito: "Você é muito coração mole, Arthur, para ser um banqueiro."[54]

Dois dos principais assistentes de Volcker tinham permanecido nos Estados Unidos para bolar um plano que derrubasse a inflação. Depois do discurso de Burns, sentindo-se "entediado e impaciente", Volcker deixou Belgrado e pegou um avião para voltar para casa a fim de finalizar os detalhes.[55] Na manhã de sexta, 5 de outubro, ele informou aos diretores dos 12 bancos regionais do Fed que eles precisariam estar em Washington no dia seguinte para uma reunião. Cada diretor foi alojado em um hotel diferente e Volcker os encorajou a mentir sobre o objetivo da viagem de última hora se alguém lhes perguntasse sobre isso, até mesmo pessoas de suas equipes.[56]

No dia seguinte, 6 de outubro, Volcker disse às autoridades do Fed que era chegada a hora de acolher o monetarismo.

Em termos técnicos, isso significava uma mudança relativamente pequena. Antes do monetarismo, o Fed buscou influenciar as condições econômicas gerenciando o nível das taxas de juros de curto prazo. Durante a primeira metade de 1979, por exemplo, o Fed estabeleceu como meta uma faixa entre 9,75% e 10,5% para sua taxa de referência, a taxa de fundos federais.* Ao manipular as taxas de juros, o Fed também estava manipulando a oferta de moeda, mas não tentava estabilizar o crescimento da oferta de moeda. O Fed controlava a taxa de fundos como um pai que segura a mão de um filho. A oferta de moeda seguia como um cachorro na coleira, livre para vaguear de um lado para outro.

Sob a direção de Volcker, o Fed tentou dar a mão ao cachorro, buscando estabilizar o crescimento da oferta de moeda enquanto permitia que a taxa de fundos federais vagueasse. O Fed adotou o conselho de Friedman de focar na quantidade de moeda e deixar que os mercados determinassem os preços.

Na opinião de Volcker, a mecânica era menos importante do que a mensagem. O Fed havia iniciado campanhas anti-inflação em 1965, 1969, 1973 e 1975, elevando as taxas de juros e apertando com as mãos o pescoço da economia. Assim que a economia começava a sufocar, ele aliviava um pouco. Volcker precisava convencer a opinião pública de que dessa vez ia ser diferente.

Ele esperava, na verdade, tomar emprestada a credibilidade de Friedman.[57]

---

* O Fed manipulava as taxas de juros de curto prazo por meio de um canal estreito. Os bancos comerciais tinham que manter algum dinheiro em reserva na proporção dos depósitos que recebiam dos clientes. Ao final de cada dia de expediente bancário, os bancos que precisassem de mais reservas poderiam tomar emprestado de outros bancos que tivessem sobra. A taxa de juros prevalecente sobre esses empréstimos, determinada pela disponibilidade de reservas, era chamada de "taxa de fundos federais". O Fed controlava a disponibilidade de reservas e a taxa de fundos federais como o dono de uma banheira determinando o nível da água. Para aumentar a oferta de reservas, o Fed comprava títulos do Tesouro de bancos e pagava com a criação de reservas. A disponibilidade de reservas reduzia a taxa de fundos, estimulando os bancos a expandir seus empréstimos. Estes, por sua vez, buscavam atrair clientes oferecendo taxas de juros mais baixas, e o crescimento econômico se acelerava. De forma contrária, para reduzir a oferta de reservas, o Fed vendia títulos do Tesouro para os bancos. Isso aumentava a taxa de fundos federais, incitando os bancos a reduzir os empréstimos e desacelerando o crescimento econômico.

Depois que Volcker encerrou a reunião com as autoridades do Fed, Joseph Coyne, o porta-voz da instituição, correu para convocar os jornalistas para uma coletiva de imprensa à noite. Porém, quando conseguiu falar com um produtor no escritório da CBS em Washington, esbarrou em um problema. O produtor educadamente contou a Coyne que o escritório só tinha uma equipe de filmagem de plantão e que o papa João Paulo II estava visitando a Casa Branca. "Mande sua equipe para cá", insistiu Coyne. "Muito tempo depois que o papa se for, você ainda vai se lembrar dessa coletiva."[58]

Na hora marcada, cerca de 12 jornalistas haviam se materializado na sala do conselho, no segundo andar da sede do Fed. Volcker entrou e brincou em tom de resmungo que não estava morto nem pedindo demissão.[59] Então declarou guerra à inflação. "A mensagem básica que tentamos transmitir era de uma simplicidade total", disse ele mais tarde. "Queríamos matar o dragão inflacionário."[60]

A execução foi dolorosa. Conforme o Fed foi apertando a oferta de moeda, as taxas de juros subiram abruptamente. A taxa preferencial (*prime rate*) – que os bancos cobram dos melhores clientes – aumentou em mais de 20%. Outras taxas subiram ainda mais. Os consumidores pararam de comprar carros e máquinas de lavar; milhões de trabalhadores perderam o emprego. Sem emprego, muitos perderam suas casas e a esperança de uma aposentadoria confortável.[61]

Os operários das fábricas foram os que mais sofreram. O desemprego na indústria automobilística alcançou 23%. Entre os metalúrgicos, atingiu 29%. E o estrago foi duradouro: um estudo sobre trabalhadores da Pensilvânia que perderam o emprego em demissões em massa descobriu que seis anos depois ainda estavam ganhando 25% menos do que antes da recessão.[62]

Na reunião de julho de 1980 do comitê de formulação de políticas do Fed, Nancy Teeters, a mais liberal entre os dirigentes, perguntou quanto ainda o Fed precisaria restringir a oferta de moeda.

– Não sabemos – respondeu o diretor Emmett Rice. – Vamos continuar baixando até descobrirmos.

– Não sabemos – repetiu Teeters, e a história não registrou se seu tom foi de sarcasmo ou de espanto.

– Deve ser mais baixa do que antes – sugeriu Volcker.

– Ou vai ter que ser por mais tempo – disse outro diretor.[63]

Volcker insistiu que uma inflação baixa valia o preço a pagar. "Você só precisa dizer a si mesmo que, de alguma forma, é do interesse do país – e até mesmo das pessoas – deixar isso em ordem", disse ele ao jornalista William Greider.[64] Revertendo a doutrina keynesiana, ele disse que inflação baixa era a melhor forma de gerar desemprego baixo. "Tenho uma certeza", disse Volcker. "Com o passar do tempo, pode-se baixar ainda mais o desemprego se expurgarmos a inflação e as expectativas inflacionárias do que se não fizermos isso."[65] Porém, ele não estava certo se o remédio amargo seria suficiente. Anos depois, revelou que deixou marcas no tapete do escritório andando para lá e para cá perguntando-se quando a inflação iria finalmente parar de subir.[66]

Com as provações pelas quais estavam passando, os americanos perceberam que um novo tipo de piloto estava conduzindo a economia. Vendedores de carros mandavam para Volcker as chaves dos veículos que não estavam conseguindo vender. Construtores de imóveis enviavam toras de madeira para ele. "Prezado Sr. Volcker", escreveu um deles em uma tábua, "estou começando a me sentir tão inútil quanto este nó na madeira. Onde nossos filhos vão morar?"[67] Uma associação de construtores de imóveis residenciais de Kentucky publicou um cartaz de "Procura-se" para Volcker. Seu crime: Assassinato do Sonho Americano.

Em 20 de dezembro de 1981, os senadores democratas organizaram um debate público cujo tema eram as altas taxas de juros. O noticiário vespertino da CBS pôs no ar vários minutos da discussão, quase totalmente dedicados à explosão demorada de um construtor de Detroit chamado Manny Dembs, que disse aos senadores que Volcker o estava tirando dos negócios. "Temos o Executivo, temos o Legislativo, temos o Judiciário, mas não temos o conselho do Federal Reserve como quarto poder do governo", gritou Dembs. "Nem sei quem são essas pessoas – esses Milton Friedmans e esses... Volckers! Estou lendo sobre eles. E eles me assustam! Estou preocupado com o meu país e estou preocupado que vou entrar pelo cano."[68]

LIBERTAÇÃO DA INFLAÇÃO

Mais de 8 milhões de americanos estavam sem emprego quando Ronald Reagan proferiu seu discurso de posse em 20 de janeiro de 1981, mas o foco do novo presidente estava em um problema diferente. "Estamos sofrendo com a mais longa e uma das piores inflações contínuas da história do país", disse Reagan. "Ela distorce nossas decisões econômicas, penaliza a poupança e esmaga da mesma forma o jovem batalhador e o idoso que possui uma renda fixa. Ela ameaça destroçar as vidas de milhões de pessoas." Ele listou esses problemas antes mesmo de falar no ônus dos altos impostos e, para ambos, oferecia a mesma prescrição, pela qual ficou famoso: "O governo não é a solução para nosso problema; o governo é o problema."

Carter havia colocado a culpa pela inflação no desregramento do povo americano; Reagan estava culpando o desregramento do governo. O monetarismo tinha alcançado a Casa Branca. O novo secretário do Tesouro, Donald Regan, disse que continuava procurando pelo "melhor monetarista que eu conseguir encontrar" para ocupar o cargo de subsecretário para assuntos monetários. Sua escolha, Beryl Sprinkel, era um economista formado em Chicago e um monetarista da mais pura fé. Numa ocasião, Sprinkel brincou, perante um público de formuladores de políticas e economistas franceses, que suas ideias poderiam ser facilmente resumidas: "Só a moeda importa. Controle a oferta de moeda e tudo mais se encaixa. Obrigado e boa noite."[69] Ao explicar a visão de política monetária do novo governo para uma comissão do Congresso, Sprinkel reformulou a metáfora de Keynes de que imprimir moeda era como comprar um cinto maior. Na verdade, disse Sprinkel, era como alimentar uma criança. "Entupir uma criança de comida não a fará crescer mais rápido", disse ele. "Só vai deixá-la doente."[70]

Alguns conservadores queriam que Reagan combatesse a inflação adotando um padrão-ouro, o que significava que os Estados Unidos prometeriam trocar ouro por dólares a uma taxa fixa. Jude Wanniski, o principal editorialista do *The Wall Street Journal* em questões econômicas durante a maior parte da década de 1970, disse a Reagan em uma carta de 1981 que um padrão-ouro acabaria com a inflação de forma indolor, convencendo o público de que o governo manteria o valor do dólar. Reagan sentia saudade do padrão-ouro, que Nixon tinha encerrado em 1973, mas respondeu a Wanniski que não poderia abraçar a ideia "pois uma das pessoas de quem eu mais gosto, Milton Friedman, opõe-se a ela". Reagan havia aprendido monetarismo diretamente com Friedman, a quem conhecia desde o início da década de 1970, e incorporou as ideias dele nos comentários de rádio que fez em meados da década de 1970, após dois mandatos como governador da Califórnia.[71] Nos primeiros tempos do governo Reagan, Bryce Harlow, um ex-assistente de Nixon que servia como consultor informal, advertiu colegas da Casa Branca contra deixar Friedman sozinho com o presidente "porque ele era persuasivo demais".[72] Porém, com relação à política monetária, era tarde: o presidente já estava convencido. Reagan jogou um osso aos defensores do padrão-ouro ao criar uma comissão, mas manipulou o resultado ao nomear Anna Schwartz, parceira de pesquisa de Friedman, diretora. Wanniski ficou furioso. "Milton Friedman é meu adversário", escreveu ele a um amigo em 1982. "Em alguns momentos sinto uma aversão por ele tão grande quanto sinto pelo Kremlin."[73]

Em essência, Reagan estava disposto a aceitar o sofrimento exigido pela abordagem monetarista. Após a eleição presidencial de 1976, ele explicara que o país enfrentava uma grande "dor de barriga" como punição pelo excesso inflacionário. Em meados de 1978, Reagan disse a um jornalista que estava visitando sua casa no sul da Califórnia: "Sinceramente, temo que este país tenha que sofrer dois ou três anos de dificuldades para pagar a conta da farra em que se meteu."[74] Os assessores de Reagan lutavam para atenuar suas observações públicas durante a campanha de 1980 – ele era o candidato da alegria; que deixasse Carter falar de dores de barriga –, mas não conseguiram fazê-lo mudar de opinião.[75] Volcker duvidava que Reagan entendesse os detalhes do monetarismo, mas não duvidava da determinação do presidente. "Ele me disse diretamente", lembrou-se Volcker, "que, na faculdadezinha que frequentou, seu professor de economia lhe ensinou que a inflação era o fim do mundo."[76]

Mais tarde, Volcker disse que uma das mais importantes contribuições para a guerra à inflação foi sua decisão de demitir centenas de controladores de tráfego aéreo em greve, um duro revés para o movimento trabalhista enfraquecido. "Foi importante que alguém finalmente enfrentasse e dissesse não a um sindicato agressivo e bem organizado", declarou Volcker.[77] Friedman, o papa do monetarismo, por muito tempo pregara que as demandas salariais não provocavam inflação, mas Volcker achava que isso ia contra o bom senso e levava no bolso um cartão no qual anotava as negociações salariais com os sindicatos. Assim como muitos economistas das duas inclinações políticas, ele encarava os sindicatos como chantagistas que interferiam nas forças de mercado, reduzindo assim a eficiência e o crescimento econômicos. Acreditava que o livre mercado beneficiaria a todos. "As perspectivas para um crescimento econômico sustentado e aumentos nos salários reais para todos os americanos melhorarão conforme atingirmos maior produtividade e moderação na demanda por aumentos de salários nominais", disse ele em setembro de 1981.[78]

Na verdade, os trabalhadores americanos não se recuperaram do choque provocado por Volcker. Em 1978, a renda média anual de um trabalhador do sexo masculino em regime de tempo integral, corrigida pela inflação, era de 54.392 dólares. Essa cifra não foi igualada nem superada em nenhum momento nas quatro décadas seguintes. Os dados disponíveis mais recentes, de 2017, mostram que a renda média de um trabalhador do sexo masculino em regime de tempo integral era de 52.146 dólares.[79]

O produto do país, corrigido pela inflação, quase triplicou nessas mesmas quatro décadas. Porém, o trabalhador do sexo masculino mediano ganhava menos.

Na outra extremidade do espectro econômico, a recessão de Volcker foi imensamente lucrativa para o setor financeiro. Com o aumento estratosférico das taxas de juros, os bancos, já deleitados com margens de lucro de 4%, se viram ganhando o percentual espantoso de 9%. Os lucros do setor bancário aumentaram em um quarto nos anos de recessão, ao passo que outras empresas viram sua lucratividade declinar em um terço.[80] Esse momento de ouro não durou, mas, na era da inflação baixa, os credores continuaram a prosperar – e o setor financeiro se tornou o motor de uma nova economia.

VOLCKER COMEÇOU A RELAXAR sua campanha contra a inflação no verão de 1982, dizendo a uma comissão do Senado: "Há evidências aparentemente fortes no momento de que a maré inflacionária virou."[81] Conforme o Fed baixou as taxas de juros, a economia foi se recuperando e Reagan começou a comemorar. "O longo pesadelo da inflação descontrolada ficou para trás", afirmou o presidente em janeiro de 1983. Logo ele estaria falando sobre o "amanhecer na América".

Porém, o monetarismo não sobreviveu à celebração. O Fed abandonou as metas monetárias sem alarde e voltou a uma política de foco nas taxas de juros. As instruções simples de Friedman tinham se mostrado difíceis de seguir. Além disso, uma de suas afirmações mais básicas estava errada. Friedman dissera que os formuladores de políticas poderiam contar com a estabilidade na velocidade da moeda – a frequência com a qual o dinheiro era usado. De fato, a velocidade ficou estável de 1948 a 1981.[82] Contudo, conforme o Fed mirava na oferta de moeda, a velocidade começou a dar um salto. Ironicamente, a estabilidade que Friedman tinha dado como certa foi solapada pelo afrouxamento de regras que ele via como desnecessárias: a desregulação financeira estava mudando os padrões de uso do dinheiro. A instabilidade significava que Friedman havia superestimado o poder do banco central de influenciar as condições econômicas. Significava também que Friedman tinha errado em menosprezar o potencial da política fiscal de influenciar essas condições.

Outros bancos centrais também deram com os burros n'água. O Bank of Canada, que adotou metas monetárias em 1975, descartou-as em novembro de 1982. "Não abandonamos os agregados monetários, foram eles que nos abandonaram", disse Gerald Bouey, presidente do banco.

NA GRÃ-BRETANHA, MARGARET THATCHER havia intensificado o compromisso do governo com o monetarismo. "Aprendemos com o mestre Milton Friedman", disse ela, "que a inflação é um fenômeno monetário; ela só pode ser controlada e reduzida por um aperto gradual na oferta de moeda."[83] Como nos Estados Unidos, o resultado foi uma recessão que baixou a inflação ao custo de alto desemprego. Em 1980, Thatcher se encontrava sob pressão política crescente para relaxar um pouco o aperto.* Em outubro, durante uma conferência do Partido Conservador, ela declarou que o monetarismo era a única solução possível. "Você vira a casaca se quiser", disse ela. "Mas eu não sou dessas."[84] No entanto, a Grã-Bretanha logo começou a se afastar de metas de crescimento monetário. Só o Bundesbank persistiu, publicando metas monetárias até a criação do euro em 1999.[85]

Quem tinha sofrido com as agressões verbais de Friedman agora revidava. "Sinto muito por ele", disse o membro do conselho do Fed J. Charles Partee. "Ele agora está idoso. Passou a vida desenvolvendo sua teoria. E agora ela está destruída."[86] Friedman reagiu culpando falhas de execução. Sua formulação amarga era que a condução da política monetária "não teria sido diferente se eles tivessem deliberadamente atribuído uma má reputação ao monetarismo".[87] Ele também previu que abandonar as metas

---

* Depois que Friedman se encontrou rapidamente com Thatcher, em fevereiro de 1980, o líder do Partido Trabalhista, James Callaghan, disse ao Parlamento que estava "grato que a primeira-ministra só tivesse conseguido passar pouco tempo ontem com o professor Milton Friedman".

monetárias levaria a uma ressurgência da inflação, um erro que encorajaria ainda mais seus críticos.

Porém, Friedman vencera a guerra, mesmo que parecesse incapaz de celebrar. Ele persuadira os formuladores de políticas de que os bancos centrais deveriam desempenhar um papel fundamental na política macroeconômica e se ocupar do controle da inflação mesmo que isso trouxesse desemprego. Assim Reagan apresentou a questão em 1982: "Tenho a maior compaixão, acho que todos têm, por quem está desempregado... mas as pessoas hoje têm uma taxa de juros mais baixa do que tinham quando começamos. A inflação é significativamente menor." No Reino Unido, o ministro das Finanças Norman Lamont celebrou o mesmo uma década mais tarde, dizendo ao Parlamento em 1991: "Aumentar o desemprego e a recessão foi o preço que tivemos que pagar para baixar a inflação. Um preço que vale a pena ser pago."[88]

Um registro convincente da vitória de Friedman ficou preservado nas edições sucessivas do livro-texto de economia best-seller de Samuelson. A edição de 1955 apresentou a visão keynesiana, então em alta conta, de que a política monetária era uma questão secundária. Em 1973, Samuelson admitiu que "ambas as políticas, fiscal e monetária, são muito importantes". A edição de 1995 concluiu a mudança, informando a seus leitores que "a política fiscal não é mais a maior ferramenta de política de estabilização dos Estados Unidos. No futuro previsível, a política de estabilização será realizada pela política monetária do Federal Reserve".[89]

(DES)REGRAMENTO

Um substituto para a mecânica monetarista surgiu de um lugar inesperado: a Nova Zelândia. A nação insular havia crescido e prosperado enviando carne de carneiro, lã e manteiga para a Grã-Bretanha, mas o acesso a esse mercado ficou limitado depois que o Reino Unido se juntou à Comunidade Europeia em 1973. Com a economia abalada, o governo neozelandês conservador administrou doses de estímulo ao estilo keynesiano e congelou salários e preços para controlar a inflação. De nada serviu. Quando o Partido Trabalhista assumiu o poder em 1984, o novo ministro das Finanças, Roger Douglas, embarcou em um programa de livre mercado logo chamado de "Rogernomics". Ele adotou o câmbio flutuante para o dólar neozelandês, cortou subsídios agrícolas e – na tentativa de fazer baixar a inflação, que chegou a 15% em 1985 – enviou colaboradores mundo afora para procurar uma abordagem melhor à política monetária. Eles trouxeram uma nova moda, uma política tão nova que nenhum outro país jamais a implementara. Chamava-se metas de inflação.[90]

A ideia era simples: em vez de tentar controlar a inflação criando metas para as taxas de juros ou para a oferta de moeda, os bancos centrais deveriam estabelecer metas para a própria inflação. Assim como a arquitetura modernista, dizia-se que isso eliminava a ornamentação, deixando uma forma de política definida por sua função. Os economistas estavam cada vez mais convencidos de que as expectativas do povo sobre a inflação tinham a propriedade de uma profecia autorrealizada. Os credores queriam uma taxa de juros suficiente para cobrir a inflação durante o prazo de um empréstimo. Um país com 2% de inflação anual não perceberia plenos benefícios a menos que os credores se convencessem de que a inflação permaneceria em 2%. Alemanha e França tiveram uma inflação semelhante no fim da década de 1980, mas as taxas de juros permaneceram significativamente mais altas sobre a dívida pública francesa. O presidente do Bundesbank, Karl Otto Pöhl, contou a um dos grupos de observadores neozelandeses que a explicação era simples: "Os poupadores ainda não têm certeza se podem confiar naqueles franceses canalhas."[91]

Em dezembro de 1989, a Nova Zelândia aprovou uma lei tornando a estabilidade de preços a única responsabilidade de seu banco central. Com isso, desfazia-se de uma lei de 1964 que, em conformidade com sua época, havia instruído o banco central a perseguir uma lista de metas, incluindo crescimento econômico, emprego, bem-estar social e promoção do comércio. O indivíduo escolhido para liderar o experimento na Nova Zelândia foi um economista chamado Don Brash, que dirigiu um dos maiores bancos do país e depois uma das maiores associações comerciais, a Kiwifruit Authority.[92] A descrição de seu cargo era simples: deixar a inflação entre 0% e 2%. Se falhasse, poderia ser demitido.[93]

Brash acreditava na estabilidade de preços. Depois de ler o livro de Milton e Rose Friedman de 1980, *Livre para escolher*, descrito como "incrivelmente influente" na formulação de suas visões, ele havia convidado os Friedman para visitar a Nova Zelândia para uma temporada de palestras e os acompanhara pelo país todo.[94]

Na nova função, Brash fez sua temporada de palestras, comparecendo diante de qualquer grupo que quisesse escutá-lo. Em um esforço espetacular, ele deu 21 palestras em duas semanas. Com frequência, falava ao público sobre seu tio, um produtor de maçãs que tinha vendido seus pomares em 1971 e investido o dinheiro da venda em títulos do governo que pagavam 5,4% de juros. Infelizmente, nas duas décadas seguintes a inflação subiu para cerca de 12% ao ano, corroendo as economias para a aposentadoria do tio.[95]

Brash começou a aumentar as taxas de juros e, como era de esperar, a economia entrou em convulsão. A taxa de desemprego alcançou um pico de 11%, a mais alta desde a Grande Depressão. Um grupo de fazendeiros relatou que 52 agricultores em dificuldades financeiras haviam cometido suicídio no pior ano da recessão econômica.[96] Um construtor civil escreveu perguntando qual era o peso de Brash a fim de construir uma forca. Mas Brash manteve o emprego. A inflação caiu e acomodou-se no intervalo da meta no final de 1991. A Nova Zelândia colheu os benefícios em forma de taxas de juros mais baixas, que caíram pela metade de 1987 a 1997.

Os dirigentes de bancos centrais são membros de uma fraternidade pequena e próxima – eles se reúnem uma vez a cada dois meses nos escritórios opulentos do Bank of International Settlements na Suíça[97] –, e outros países logo começaram a imitar a Nova Zelândia, concedendo a seus bancos centrais a mesma combinação de independência operacional e uma meta de inflação. Em 1994, Austrália, Canadá, Chile, Israel, Espanha e Suécia já estavam fazendo isso. Brash teve um prazer especial em aconselhar a Grã-Bretanha na revisão de seu regime de política monetária em 1997. Quando o Banco Central Europeu foi criado, em 1998, ele também adotou uma meta de inflação de 2%.

O impulso para a eliminação da inflação tinha se tornado um fenômeno religioso. A elegante teoria de Friedman fora testada e deixara a desejar, mas isso parecia não importar. Os dirigentes dos bancos centrais do mundo todo haviam decidido que inflação era pior que desemprego.

ALAN GREENSPAN, O ECONOMISTA que sucedeu Volcker na presidência do Fed em 1987, resistiu à adoção de uma meta de inflação, mas suas objeções eram táticas. Ele se comprometera a esmagar a inflação, mas duvidava do poder das palavras. Em uma reunião do comitê de formulação de políticas do Fed em 1989, Greenspan descartou uma proposta para adotar uma meta de inflação. Don Kohn, seu homem de confiança, então atuando como chefe do departamento de assuntos monetários do Fed, se contrapôs à promessa de campanha de 1988 do presidente George H. W. Bush de não aumentar os impostos. "É o que fazemos mais do que o que falamos", disse ele aos funcionários do Fed. "Leiam nossos atos em vez de nossos lábios."[98]

O que Greenspan tentou fazer foi eliminar a inflação. Quando ela caiu abaixo de 3% na década de 1990, ele insistiu que declínios subsequentes aumentariam a prosperidade. "Quanto menor a inflação, maior a taxa de crescimento da produtividade", disse Greenspan ao Congresso em 1994.[99] Sua teoria era que a inflação baixa dificultava o aumento de preços, forçando as empresas a tornar-se mais eficientes para buscar o crescimento da receita. A dificuldade, que Greenspan admitia em particular, é que não tinha evidências disso. Ele contou aos colegas que a teoria "provavelmente seria considerada correta no final".[100] Nesse ínterim, em público, Greenspan não admitia incertezas. "Não só é importante baixar a taxa de inflação de 10% para 5%, com o que todos concordam", disse ele ao Congresso, "como está ficando cada vez mais evidente que quanto mais abaixo de 5% estivermos, mais a economia ficará estável em crescimento." Greenspan insistia que reduzir a inflação de 3% para 2% aumentaria o crescimento econômico e que reduzir a inflação de 2% para 1% aumentaria ainda mais o crescimento econômico. O preço dessa cruzada foi pago por milhões de americanos. Segundo uma estimativa, em sua obsessão pela inflação baixa, o Fed deixou mais de um milhão de pessoas desnecessariamente desempregadas, numa média mensal, entre 1979 e 1996.[101]

Bill Clinton disputou a presidência em 1992 com o slogan não oficial "É a economia, burro". No dia em que tomou posse, em janeiro de 1993, a taxa de desemprego estava em 7,3% e o novo presidente estava ávido por começar a gastar dinheiro para estimular o crescimento do emprego. Porém, um grupo de consultores de centro o convenceu a abandonar seus instintos keynesianos e botar fé na política monetária. O líder do grupo era Robert Rubin, ex-executivo do Goldman Sachs que Clinton nomeou chefe de uma nova fábrica de políticas chamada Conselho Econômico Nacional.[102] Rubin sustentava que Clinton deveria focar na redução de déficits públicos anuais aumentando impostos e restringindo os gastos. Ao tomar menos dinheiro emprestado, o governo reduziria a concorrência por fundos disponíveis, permitindo que as pessoas e as empresas tivessem acesso a taxas de juros mais baixas. O governo também aliviaria as pressões inflacionárias, permitindo que o Fed mantivesse taxas de juros menores. A reação inicial de Clinton foi de descrença. "Você quer me dizer que o sucesso do programa e da minha reeleição depende do Federal Reserve e de um bando de especuladores?"[103] Mas ele aprendeu rápido e, pouco tempo depois, curvava-se diante do altar do minimalismo macroeconômico.

Clinton bem que tentou fazer com que o Fed demonstrasse mais consideração para com o sofrimento dos desempregados, indicando um keynesiano importante, Alan Blinder, para o cargo de vice-presidente em junho de 1994. Blinder, professor de Princeton, era autor de um ataque vigoroso à indiferença do Fed ao sofrimento humano. Em um livro de 1987, Blinder havia argumentado que a cura de Volcker para a inflação fora muito pior que a doença. Ele descreveu os efeitos da inflação como "bem modestos – mais como uma gripe forte do que um câncer para a sociedade". Em contraste, Blinder citou a descrição de Martin Luther King Jr. do desemprego como "assassinato psicológico". E acrescentou: "O Fed matou a economia a fim de salvá-la da inflação." Ele também se dirigia aos economistas nos termos deles: se a meta do governo era a eficiência, certamente sua prioridade máxima deveria ser a criação de empregos. O desemprego, segundo ele, era "a maior ineficiência de todas".[104]

Greenspan pediu ao vice-presidente substituído, David W. Mullins Jr., que desse uma olhada no trabalho de Blinder. Mullins voltou com um relatório completo, dizendo a Greenspan: "Ele não é comunista nem nada disso." O jornalista Bob Woodward contou que Greenspan respondeu: "Preferia que ele fosse comunista."[105]

Porém, Blinder deixou sua munição em Princeton. Em vez de acusar seus novos colegas do Fed de assassinato psicológico, adotou a linguagem fria dos bancos centrais.[106] E, na verdade, não importava o que Blinder achava. Greenspan comandava o Fed, e Clinton, que poderia tê-lo substituído, deixou suas prioridades claras em fevereiro de 1996 ao nomear Greenspan para um terceiro mandato.[107]

UM ESFORÇO MAIS BEM-SUCEDIDO para examinar o movimento rumo a inflação zero foi organizado por outra pessoa designada por Clinton para o conselho do Fed, uma professora da Universidade da Califórnia em Berkeley chamada Janet Yellen.

Em julho de 1996, tentando obter consenso, Greenspan pôs de lado a rotina mecânica das reuniões de políticas do Fed para debater o nível ideal de inflação. Ele pediu a Yellen que explicasse a seus colegas por que ela achava que um pouco de inflação era bom.

A explicação de Yellen estava enraizada em sua experiência de contratar uma babá para seu filho no início da década de 1980. Yellen e seu marido, o economista George A. Akerlof, decidiram pagar mais do que o valor habitual, raciocinando que uma babá mais satisfeita prestaria serviços melhores. Generalizando a partir dessa experiência, Yellen e Akerlof apresentaram evidências em seus trabalhos acadêmicos de que as empresas com frequência procuram melhorar o ânimo e a produtividade dos funcionários pagando mais do que o custo de uma substituição.* De maneira semelhante, durante as recessões os patrões deixam de cortar salários porque o desânimo diminuiria a produtividade. Eles preferem demitir os funcionários a reduzir a remuneração, porque não poupariam dinheiro se a produtividade caísse também. Em modelos econômicos, as pessoas sempre podem encontrar empregos oferecendo-se para ganhar menos, pois os patrões estão sempre tentando pagar o menor salário possível. Porém, essa lógica se rompe se os patrões não quiserem reduzir salários. E é aí que um pouco de inflação entra: ela permite que os patrões reduzam aos poucos o custo da mão de obra sem mexer na quantidade de dólares que seus funcionários levam para casa. Por exemplo, o conselho escolar em Anchorage, no Alasca, concordou em dar aos professores um aumento anual de 1% de 2013 a 2018. Nesse período, a inflação anual ficou no patamar de 1,25%. A quantidade de dólares, ou salário nominal, aumentou, ao passo que o poder de compra, ou salário real, diminuiu.[108]

Em 1996, Yellen alegou que as pesquisas disponíveis sugeriam que o Fed não deveria tentar reduzir a inflação a níveis inferiores a 2%. De fato, ela sugeriu que o Canadá, que baixara sua inflação para cerca de 1%, já estava sofrendo os efeitos negativos. Outras autoridades do Fed acharam Yellen convincente. "Ela foi a primeira a levantar a hipótese de que a inflação poderia estar baixa demais, e foi muito eficaz. Depois que disse isso, tudo pareceu muito óbvio e sensato", contou o membro do conselho do Fed Laurence H. Meyer.[109] Greenspan não deu o braço a torcer, mas, reconhecendo que não

---

* No início da década de 1990, o economista de Yale Truman Bewley tomou a iniciativa extraordinária de conversar com outros seres humanos, viajando pela Nova Inglaterra durante uma recessão regional aguda para entrevistar executivos de empresas e trabalhadores. Ele achou exatamente o que Akerlof e Yellen tinham previsto. "A inflexibilidade dos salários decorre de um desejo de estimular a lealdade", escreveu Bewley. Veja BEWLEY, Truman. *Why Wages Don't Fall During a Recession*. Cambridge: Harvard University Press, 1999, p. 1.

poderia rebater o argumento, propôs que o Fed cortasse a inflação para 2% e depois decidisse os próximos passos.[110]

O AZAR DESEMPENHOU UM papel subvalorizado nos fracassos do keynesianismo na década de 1970. A Guerra do Vietnã, dois choques do petróleo e uma queda no crescimento da produtividade contribuíram para diminuir a confiança na "economia ativista". Por outro lado, nos anos 1990 os ventos pareciam encher as velas da economia da confiança nos mercados. O "dividendo da paz" a partir do final da Guerra Fria facilitou a redução do gasto federal; a globalização pesou sobre salários e preços; novas tecnologias impulsionaram um incremento de produtividade e prosperidade. Nos primeiros anos do século XXI, a vitória sobre a inflação parecia completa. No mundo desenvolvido, ela havia declinado de uma média anual de 9% entre 1980 e 1984 para apenas 2% de 2000 a 2006. No mundo em desenvolvimento, a inflação caíra de uma média anual de 31% para apenas 7% nos mesmos períodos.[111]

O jornalista Greg Ip observou em 2005 que os dirigentes de bancos centrais não se diferenciavam mais por sua tolerância à inflação, mas apenas por suas previsões acerca da provável trajetória da inflação.[112] Havia também pouca variação remanescente entre os dois partidos políticos nos Estados Unidos. A maioria dos democratas não defendia mais que o governo deveria priorizar o desemprego. Eles também queriam focar na inflação. "Qualquer democrata sincero admitirá que somos agora todos friedmanistas",[113] escreveu em 2006 Larry Summers, o economista de Harvard que ocupara o cargo de secretário do Tesouro no governo Clinton.

Ben S. Bernanke, que sucedeu Greenspan como presidente do Fed em 2006, falou de uma "Grande Moderação", uma nova era na qual a inflação estável se tornara o eixo de uma estabilidade econômica mais ampla. Os economistas mais uma vez celebraram o triunfo da economia, ignorando as lições da história. O ganhador do Prêmio Nobel Robert Lucas, um dos fundadores do novo minimalismo, observou em seu discurso para a Associação Econômica Americana em 2003 que a macroeconomia tinha iniciado um esforço para desenvolver o conhecimento e a expertise de modo a evitar a recorrência da Grande Depressão. "A macroeconomia em seu sentido original venceu", declarou Lucas. "Seu problema central de prevenção da depressão foi resolvido, para todos os objetivos práticos."[114] No ano seguinte, Lucas redigiu um ensaio celebrando o sucesso da economia em proporcionar prosperidade – e advertindo contra qualquer retorno a políticas públicas focadas na distribuição de riqueza. "Das tendências que são prejudiciais para uma economia sólida, a mais sedutora, e na minha opinião a mais venenosa, é focar em questões de distribuição", escreveu ele. "Nenhuma parcela do vasto aumento no bem-estar de centenas de milhões de pessoas ocorrido nos duzentos anos desde a Revolução Industrial até hoje pode ser atribuída à redistribuição direta de recursos de ricos para pobres."[115]

Mesmo na época, essas comemorações deveriam ter soado um pouco vazias. A taxa de desemprego média nos países desenvolvidos entre 1992 e 2007 foi de 7% – mais que o dobro da taxa média de 3% entre 1959 e 1975.[116] Os benefícios da inflação baixa nesse período ficaram concentrados nas mãos da elite. Nos Estados Unidos, em 2007, os 10% mais ricos detinham 71,6% da riqueza da nação.[117] Ao punir os empregados e recompensar os credores, a política monetária estava contribuindo para o aumento da desigualdade econômica.

Havia ainda outro problema: a inflação baixa não tinha gerado estabilidade econômica. A Grande Moderação estava prestes a dar lugar à Grande Recessão.

Mesmo com a economia chegando à beira do precipício, algumas autoridades do Fed ainda estavam de olho nos preços. "Conter a inflação é a meta do navio que eu comando", declarou Richard Fisher, diretor do Federal Reserve Bank de Dallas, em março de 2008, três meses depois do início da recessão nos Estados Unidos. "Se precisamos enfrentar uma desaceleração econômica temporária enquanto atingimos o objetivo, então é, na minha opinião, um fardo que precisamos carregar."[118]

CAPÍTULO 4

Representação sem taxação

*"Aquilo que é chamado de economia séria é com
frequência o que espelha as necessidades dos mais ricos."*
– John Kenneth Galbraith, *Moeda: De onde veio, para onde foi* (1975)[1]

Em abril de 1971, alguns dos mais importantes economistas e banqueiros do mundo se reuniram em Bolonha, na Itália, para falar de estagflação. O mundo desenvolvido encontrava-se em um impasse. Os remédios conhecidos para a inflação tendiam a aumentar o desemprego, ao passo que os remédios conhecidos para o desemprego tendiam a aumentar a inflação.

Enquanto os participantes refletiam, o economista da Universidade de Chicago Robert Mundell surpreendeu o público insistindo que ambos os problemas poderiam ser resolvidos de imediato. Ele disse que tinha uma receita para reduzir a inflação e o desemprego ao mesmo tempo. Melhor ainda, a prosperidade poderia ser restaurada sem sofrimento.

O principal ingrediente desse elixir, segundo ele, era um grande corte de impostos.

Mundell era um acadêmico brilhante, cáustico e excêntrico cujos insights tinham transformado o estudo da economia internacional, mas suas observações em Bolonha foram encaradas com incredulidade. Os keynesianos concordavam que cortes de impostos poderiam estimular o crescimento do emprego, mas apenas à custa de inflação. Já os monetaristas achavam que os cortes de impostos não tinham nada a ver com a inflação. Os dois lados concordavam que a fala de Mundell não fazia sentido.

A resposta foi tão hostil que Mundell se comparou a São Sebastião, um dos primeiros mártires cristãos, a quem os romanos crivaram de flechas. Willard Thorp, o venerável presidente da conferência, que havia ajudado a escrever o Plano Marshall e não via motivo para se arrepender desse ato de alto keynesianismo, permitiu algumas saraivadas finais antes de concluir: "Como já está na hora de encerrar a reunião, o presidente vai poupar São Sebastião de ser alvejado com mais flechas."[2]

Mas Mundell não estava destinado ao martírio. No intervalo de uma única década, sua proposta saiu dos recônditos da academia para se tornar a tendência majoritária da política americana. Meio século depois, o argumento de Mundell do corte de impostos visto pelo lado da oferta permanece um pilar da ideologia econômica republicana.

Nascido em Ontário, no Canadá, em 24 de outubro de 1932, Mundell se interessou por economia ao estudar na Universidade da Columbia Britânica. Fez a pós-graduação na Universidade de Washington e iniciou uma rápida ascensão profissional, concluindo seu doutorado no MIT e depois se tornando membro do corpo docente de Stanford. Lá, "naquela tarde de domingo de novembro de 1958, em meu apartamento do Menlo Park, um mês antes do nascimento do meu primeiro filho", Mundell teve a epifania que moldou sua carreira. O jovem professor estava debruçado sobre uma mesa, desenhando gráficos, quando surgiu em sua cabeça a semente de um novo modelo de economia global. Mais tarde ele escreveu: "Fiquei tão impactado pela ideia – eufórico deve ser uma palavra melhor – que baixei lápis e papel a fim de prolongar o prazer do suspense sobre o que, com um pouco mais de trabalho, se desdobraria."[3]

Os economistas da época estudavam economias nacionais como sistemas estanques, como se cada país fosse uma ilha. O modelo de Mundell fornecia uma estrutura para a análise de interações entre países. Uma de suas conclusões foi que alguns países poderiam se beneficiar compartilhando uma mesma moeda, uma ideia que iria, mais tarde, influenciar a criação do euro.

Outra conclusão, que ele apresentou em um artigo de 1962, foi que o governo Kennedy estava gerindo mal a economia dos Estados Unidos. A Casa Branca buscava manter a disciplina fiscal para conter a inflação, reduzindo simultaneamente as taxas de juros para encorajar o crescimento econômico. Mundell escreveu que a política deveria ser invertida. O governo deveria cortar impostos para estimular a economia e aumentar as taxas de juros para controlar a inflação.[4] Mundell escreveu o artigo durante uma passagem pelo Fundo Monetário Internacional, e alguns de seus colegas de lá se opuseram à publicação dessas heresias. Eles estavam certos em se preocupar, pois o artigo teve ampla circulação. O secretário do Tesouro, Douglas Dillon, compartilhou com o presidente um exemplar cheio de anotações. Em dezembro, depois que Kennedy propôs um corte de impostos diante de líderes empresariais em Nova York, o chefe de Mundell no Fundo parou à mesa dele e disse: "Imagino que esteja feliz."[5]

Porém, a felicidade foi fugaz. Kennedy e os keynesianos tinham calhado de concordar com Mundell sobre a necessidade de um corte de impostos, mas eles não haviam aceitado sua crítica subjacente da mecânica keynesiana. Mundell queria cortar impostos em vez de baixar taxas de juros e aumentar o gasto. Durante o restante da década de 1960, economistas keynesianos convenceram formuladores de políticas americanos a fazer as três coisas ao mesmo tempo, liberando uma descarga massiva de estímulos.

No fim dos anos 1960, a inflação estava em alta, mas, ainda assim, ninguém tinha muito interesse na mecânica alternativa de Mundell. Quando o governo Johnson aumentou os impostos em 1968, apostando em controlar a inflação, Mundell previu que o governo só conseguiria desacelerar o crescimento. Após a vitória de Nixon na eleição presidencial de 1968, Mundell incitou o novo governo a reverter o aumento de impostos e, em seu lugar, adotar taxas de juros mais altas e impostos mais baixos. No entanto, Friedman e outros economistas conservadores se opuseram firmemente a qualquer movimento para cortar impostos, e Mundell não conseguiu atrair a atenção de Nixon.[6] Frustrado e convencido da sabedoria de seus conselhos, ele pagou 10 mil dólares por um *palazzo* decadente nos arredores de Siena, na Itália, em 1969, imaginando que a inflação era inevitável e que um imóvel seria uma boa estratégia de compensação ao risco.[7]

A conferência em Bolonha, dois anos depois e a cerca de 160 quilômetros do *palazzo* de Mundell, lhe deu a oportunidade de tentar de novo. Seu principal alvo foi a visão keynesiana de que o Federal Reserve poderia estimular o crescimento econômico freando as taxas de juros – basicamente aceitando mais inflação como o preço a pagar por mais empregos. Mundell, como Friedman, argumentou que a inflação "não é necessária nem propícia para o pleno emprego".[8] De fato, ele declarou que a inflação aumentaria o desemprego. Porém, Mundell também se opunha à visão monetarista de que o remédio para a inflação era restringir drasticamente o crescimento da oferta de moeda, conduzindo a economia a uma recessão. Ele observou secamente que, se os monetaristas estivessem certos sobre o remédio anti-inflacionário, o povo americano iria preferir viver com a doença. Em vez disso, Mundell descreveu sua terceira via: um corte de impostos para estimular a atividade econômica, combinado com taxas de juros mais altas.

O ponto-chave do argumento de Mundell era a defesa do corte de impostos. Ele afirmava que o crescimento era uma força natural e a tributação era a rolha. Todos concordavam que distribuir dinheiro aumentaria a demanda por bens e serviços. Mundell defendeu que aumentaria também a oferta. As empresas investiriam mais, buscando obter lucros sujeitos a alíquotas mais baixas de impostos.

Os cortes de impostos também aumentariam o déficit público. Há um temor disseminado de que os déficits forçam os governos a imprimir moeda, pressionando a inflação para cima, ou a tomar empréstimos do setor privado, pressionando as taxas de juros para cima. Mundell disse que os Estados Unidos poderiam tomar dinheiro emprestado de outros países, evitando os dois problemas. "Suponham que isso signifique um déficit orçamentário nos Estados Unidos", disse ele na conferência de Bolonha. "Mas quem se importa com isso?"[9] Mais tarde ele detalhou melhor a questão, dizendo a um amigo que levantou o problema: "Os sauditas vão financiar esses empréstimos."[10]

Depois da conferência de Bolonha, um Mundell ferido trocou Chicago pela Universidade de Waterloo, em Ontário. Ex-colegas brincaram que Waterloo encontrara seu Napoleão. Lá, Mundell achou um público mais receptivo. O Canadá, como a maioria dos países com imposto de renda, usava um sistema de faixas de renda que impunha alíquotas progressivamente mais altas sobre níveis mais altos de renda. Esse sistema automaticamente aumentava as receitas governamentais conforme a inflação subia, porque a elevação da renda nominal empurrava as pessoas para faixas de alíquotas mais altas. Porém, a inflação não aumentava a renda real – o número de hambúrgueres que se poderiam comprar –, então, conforme as pessoas eram tributadas com alíquotas mais altas, seu poder de compra de hambúrgueres declinava. Os keynesianos não encaravam esse sistema de faixas como um peso para o crescimento, porque alternativamente o governo poderia gastar o dinheiro. No entanto, Mundell argumentava que incentivos eram importantes também: impostos mais altos tornavam cada hora de trabalho menos lucrativa, portanto os empregados trabalhavam menos.

Em 1973, o Parlamento canadense votou por reajustar as faixas de impostos automaticamente a fim de acompanhar a inflação. A legislação foi apresentada como uma aplicação direta do trabalho de Mundell: o Canadá estava cortando impostos porque estes impediam o crescimento. "Essa proposta é uma inovação importante na filosofia e na prática da tributação", disse John Turner, o ministro das Finanças, no Parlamento ao apresentar a medida. "Levará um tempo para as pessoas e os governos se ajustarem a isso."[11]

Quando Mundell voltou aos Estados Unidos, em 1974, para assumir um cargo na Universidade Columbia, em Nova York, a economia americana tinha entrado em estagflação. Enquanto os keynesianos se inquietavam e Milton Friedman bufava, Mundell renovou sua campanha por cortes de impostos.

Em uma conferência em Washington naquela primavera, Mundell sugeriu que o governo deveria cortar cerca de 15 bilhões de dólares em impostos. Em setembro, estava defendendo um corte de 30 bilhões. O presidente Ford propôs, em vez disso, um aumento de impostos de 5%, aderindo ao remédio keynesiano padrão para a inflação.

Felizmente para a causa da economia pelo lado da oferta, dois seguidores entusiasmados surgiram para ajudar Mundell a vender suas ideias para os Estados Unidos. O primeiro foi Arthur Laffer, um economista animado e imperturbável diante das tendências de sua tribo a ver um e outro lado. Ao oferecer aconselhamento econômico, Laffer só via um lado.

Laffer nasceu em 1940 em uma família rica de Cleveland, foi criado em um bairro residencial abastado dessa poderosa cidade industrial e educado em Yale e Stanford. Ele gostava da vida como ela era e via pouco sentido em o governo se meter na economia. "Minha visão de mundo não é tentar encontrar todas as falhas no modelo competitivo do mundo", disse-me Laffer quando fui visitá-lo em 2018 em Nashville, onde morava em uma casa grande entulhada de antiguidades e fósseis. "As pessoas têm esse incrível desejo de consertar o sistema. Tirem suas mãos sujas da economia!"

Laffer seguiu o caminho de Mundell, estudando economia internacional em Stanford e se tornando professor titular da Universidade de Chicago na tenra idade de 28 anos. Quando o Congresso aumentou os impostos em 1968 para conter a inflação, Laffer se juntou a Mundell ao condenar a decisão.

Dois anos depois, em 1970, Laffer foi para Washington trabalhar com George Shultz, o ex-diretor da faculdade de administração de Chicago, a quem Nixon nomeara para liderar a nova agência de fiscalização da burocracia federal, o Escritório de Gestão e Orçamento da Casa Branca.¹² Shultz estava empenhado no esforço inútil de dissuadir Nixon de tentar estimular a economia. Laffer construiu um modelo de previsão simples e sustentou que a economia cresceria a um ritmo saudável no ano seguinte sem qualquer ajuda federal adicional – uma conclusão que o tornou alvo de ataques de proponentes do plano de estímulo fiscal.

O *The New York Times* publicou um poema zombeteiro na seção de negócios de domingo que começava assim: "Eles riram da máquina de dinheiro de Laffer/ Um modelo econométrico antiquado como aquele raramente é visto." Paul Samuelson deu uma palestra em Chicago com o título "Por que estão rindo de Laffer". O tormento do jovem professor piorou quando seus críticos descobriram que ele não tinha completado o doutorado em Stanford. Laffer rapidamente terminou o processo em 1971 e voltou para a Universidade de Chicago no ano seguinte.¹³

Em meio ao bafafá das previsões, Laffer foi entrevistado por Jude Wanniski, naquela época um jovem jornalista que fazia Mundell parecer convencional e Laffer, tímido. Nascido em 1936, Wanniski vinha de uma linhagem de mineradores de carvão da Pensilvânia com tendências socialistas. Ele começou sua carreira no jornalismo em Las Vegas, antes de chegar a Washington em 1962 em um terno de lamê, dirigindo um Buick conversível com uma dançarina de Las Vegas no banco do carona.¹⁴ Incansável, bajulador e esperto, Wanniski prosperou no mundo jornalístico em Washington. Começou escrevendo sobre questões econômicas e, em 1972, recebeu uma oferta de emprego para trabalhar na cobiçada página editorial do *The Wall Street Journal*. Wanniski surpreendentemente hesitou, dizendo ao novo chefe que não sabia escrever editoriais. "Jude", respondeu o editor, "você só precisa de arrogância."¹⁵ Isso ele tinha de sobra. Compartilhava suas opiniões em editoriais – e em cartas a formuladores de políticas. Uma, para o chefe de gabinete do presidente Ford, começava assim: "Primeiro quero que se acostume com a ideia de que talvez eu seja o homem mais inteligente dos Estados Unidos."¹⁶

Wanniski, sagaz o bastante para saber que precisava estudar mais economia, cultivou uma amizade com Laffer. "Art era o único economista que eu conhecia que respondia a perguntas bobas", disse Wanniski. Quando pediu a Laffer que dissesse qual era o maior economista vivo, Laffer respondeu que era Mundell.¹⁷ Na primavera de 1974, Laffer apresentou os dois em uma conferência em Washington. Wanniski, que não fazia nada pela metade, depois escreveu que passou várias horas naquela tarde no quarto de hotel de Mundell, crivando-o de perguntas. Acrescentou que tinha encontrado seu propósito na vida: ele seria o maior promotor do movimento da economia pelo lado da oferta.[18]

EM DEZEMBRO DE 1974, Wanniski apresentou a economia pelo lado da oferta a um público popular em uma coluna do jornal chamada "Está na hora de cortar impostos". Os pensamentos eram os de Mundell, que revisava com cuidado cada palavra antes da publicação. Mas não dava para confundir: a voz era a de Wanniski. "A economia nacional está sendo sufocada por impostos, ou melhor, asfixiada", escreveu.[19]

Nos cinco anos seguintes, Wanniski usou o megafone do *The Wall Street Journal* para defender seus argumentos sempre que possível. Ele também publicou um livro, *The Way the World Works* (Como o mundo funciona), explicando melhor o tema. Foi um sucesso de vendas. E Laffer disse que era o melhor livro jamais escrito sobre economia.

A propaganda mais eficaz de Wanniski, porém, foi sua imortalização de um guardanapo de coquetel. Em novembro de 1974, Laffer e Wanniski convidaram Dick Cheney, o subchefe de gabinete do presidente Ford, para tomar uns drinques no Two Continents, um restaurante em frente ao Departamento do Tesouro. A economia tinha mergulhado em uma recessão profunda e os republicanos, manchados pelos crimes do governo Nixon, tinham acabado de sofrer uma derrota massacrante nas *midterms* – as eleições que ocorrem durante a metade do mandato presidencial. Laffer e Wanniski, retomando do ponto em que Mundell tinha parado, contaram a Cheney que a economia precisava de um corte de impostos. Laffer disse a Cheney que reduzir alíquotas de impostos geraria tanta atividade econômica que o governo na verdade recolheria mais receita. Para ilustrar o argumento, Laffer pegou um guardanapo e esboçou uma curva que parecia o nariz de um avião. Wanniski chamou-a de "curva de Laffer" e tornou-a tão famosa que o Museu Smithsonian atualmente exibe uma réplica.

A curva ilustrava a afirmação de que altas alíquotas de impostos são contraproducentes. Alíquotas de impostos mais altas produzem receitas mais altas até certo ponto – o nariz do avião –, mas, conforme as alíquotas forem aumentando a partir desse ponto, as receitas cairão. Se um governo aumentar as alíquotas de impostos para 100%, as pessoas vão parar de trabalhar e logo não haverá arrecadação alguma. Na curva de Laffer, o número que corresponderia ao nariz do avião não foi indicado. Ele disse que não sabia a alíquota a partir da qual a tributação se tornava contraproducente, mas estava confiante de que as alíquotas de impostos nos Estados Unidos estavam acima desse nível e, portanto, os cortes aumentariam a receita. Ele escreveu uns versinhos no guardanapo do Smithsonian: "Se você tributa um produto, menos resultados/ Se você subsidia um produto, mais resultados/ Estamos tributando o trabalho, a produção e a renda, e subsidiando o não trabalho, o lazer e o desemprego./ As consequências são óbvias!"[20]

A ênfase de Laffer na ideia de que cortes de impostos estimulariam as pessoas a ganhar mais dinheiro era uma simplificação da teoria original de Mundell. Laffer ainda lapidou a tese ao dizer que o governo deveria focar na redução das alíquotas de impostos mais altas. Isso era um ataque direto ao uso da tributação pelo governo como uma ferramenta poderosa de redistribuição de renda. Em vez de ajudar os mais necessitados, Laffer e Mundell argumentavam que o governo deveria focar em ajudar os menos necessitados. Eles afirmavam que os benefícios viriam em cascata: os ricos trabalhariam com mais afinco e investiriam mais, a economia cresceria e todos prosperariam. "A economia pelo lado da oferta criou o argumento de que alíquotas de impostos acentuadamente progressivas reduziam o tamanho do bolo a ser distribuído", disse Mundell. "Os pobres se sairiam melhor com uma fatia menor de um bolo maior do que com uma fatia maior de um bolo pequeno."[21]

P. DA VIDA

Lewis F. Powell, um dos advogados corporativos mais notáveis dos Estados Unidos, redigiu um memorando alarmista para a Câmara de Comércio Americana em agosto de 1971 advertindo: "Nenhuma pessoa ponderada pode questionar que o sistema econômico americano esteja sob amplo ataque." O memorando de Powell era um catálogo de desgraças: o capitalismo, dizia ele, estava ameaçado por radicais como Ralph Nader, que queria que o governo federal protegesse os consumidores. Estava ameaçado pelos ambientalistas e pelos liberais, que defendiam alíquotas mais altas; pelos universitários, cujas mentes estavam envenenadas por professores radicais. Os alunos da Universidade da Califórnia em Santa Bárbara tinham empurrado uma caçamba em chamas na direção da agência local do Bank of America em fevereiro de 1970, incendiando o banco. Um dos alunos explicou: "Era a coisa mais capitalista que tinha por perto."[22] Powell lastimou essa falta de respeito à propriedade privada. As empresas gastavam grandes somas em publicidade para suas marcas; ele dizia que elas precisavam fazer propaganda do capitalismo também. Tinham que reformar a opinião pública para reformar as políticas públicas.[23]

O magnata da cerveja Joseph Coors disse que foi inspirado pelo memorando de Powell a criar a Heritage Foundation.[24] No ano seguinte, 1972, a Associação Nacional da Indústria se mudou para Washington. "Estávamos em Nova York desde antes da virada do século, porque para nós era o centro dos negócios e da indústria", disse ele. "Mas o que mais afeta os negócios hoje é o governo."[25]

Powell e seus clientes estavam especialmente aborrecidos com a tributação, que, segundo eles, pesava sobre o crescimento econômico. A produção econômica é determinada pela produtividade do trabalhador médio e o crescimento da produtividade estava desacelerando no início da década de 1970. Em 1974, a produtividade do trabalhador americano médio caiu pela primeira vez em duas décadas. A teoria econômica padrão tratava o crescimento da produtividade como uma consequência direta do investimento, e os principais empresários reclamavam que a tributação estava desestimulando o investimento. Eles afirmavam que as propostas para redução da carga tributária das empresas, amplamente retratadas como brindes para os ricos, trariam prosperidade para todos. A Câmara de Comércio contratou Norman Ture, o economista que ajudara Wilbur Mills a formular os cortes de impostos nos governos Kennedy e Johnson no início dos anos 1960. Ture deveria coletar exemplos de empresas oprimidas por altas taxações.

Cortar impostos para estimular o investimento é uma medida míope. Uma empresa com cinco funcionários pode ser capaz de aumentar a produtividade comprando cinco computadores, mas não conseguirá continuar aumentando a produtividade se comprar mais computadores. Em algum momento, ganhos continuados só virão com computadores melhores. O crescimento da produtividade, em última instância, é motivado pela inovação, e a promoção da inovação exige investimento público em educação, pesquisa e infraestrutura. Exige dinheiro de impostos. Mas as empresas estavam focadas no problema imediato; os custos dos cortes de impostos estavam muito adiante no futuro.

As preocupações da comunidade empresarial encontraram um defensor em Jack Kemp, que levou o Buffalo Bills a ganhar dois campeonatos da

Liga Nacional de Futebol Americano como *quarterback* do time e obteve um assento no Congresso enquanto a comoção ainda era forte. Kemp era um político em busca de uma causa e, em dezembro de 1974 – no mês em que Wanniski apresentou a economia pelo lado da oferta no *The Wall Street Journal* –, submeteu um projeto de lei para reduzir impostos sobre empresas. Ele mencionou um anúncio em um jornal de Buffalo que dizia: "Vagas para operadores de torno – Traga seu torno."[26] O projeto de lei não atraiu muito apoio, mas atraiu Paul Craig Roberts, um economista com doutorado na Universidade da Virgínia, que se uniu à equipe de Kemp no ano seguinte. Roberts, por sua vez, contratou Ture e juntos elaboraram um projeto de lei mais sofisticado. Kemp chamou-o de Lei da Criação de Empregos e insistiu que o aumento do crescimento econômico "geraria receitas fiscais adicionais que eliminariam a perda de receita inicial".*

Focado na tributação da renda das pessoas físicas, Wanniski inicialmente ignorou o projeto de lei, mas, em janeiro de 1976, surgiu no escritório de Kemp sem hora marcada. Kemp apareceu quase de imediato. "Wanniski!", disse ele. "Estava mesmo pensando em como ia te encontrar!" Os dois começaram a conversar às 10 da manhã e, quando chegou a hora de ir embora, Wanniski foi para casa com Kemp e lá comeram macarrão com queijo e conversaram até a meia-noite.[27]

Foi também no início de 1976 que o economista Herbert Stein descreveu os proponentes desses cortes de impostos como "fiscalistas pelo lado da oferta", e ele não estava sendo gentil. Radiante por ter sido notado, Wanniski pegou o apelido e tomou-o para si.[28] Ele e amigos, agora apelidados de "defensores das teorias econômicas pelo lado da oferta", começaram a se reunir no escritório de Kemp, traçando planos para a revolução.

---

* Para a opinião pública, a afirmação de que cortar impostos era como um almoço grátis acabou sendo encarada como a reivindicação central da economia pelo lado da oferta, mas os defensores dessa abordagem não viam uma recuperação de receita de 100% como uma propriedade universal dos cortes de impostos. A curva de Laffer subia e descia – alguns cortes se pagariam, outros, não. E o argumento era em geral mais complicado do que "o governo vai arrecadar mais receita". Na verdade, ele tinha três partes: alguma receita seria recuperada a partir do crescimento econômico mais rápido; esse crescimento também reduziria o gasto público com programas de assistência social; e o aumento da poupança frearia as taxas de juros, reduzindo os custos de tomada de empréstimos pelo governo. Veja ROBERTS, Paul Craig. *The Supply-Side Revolution*. Cambridge: Harvard University Press, 1984, p. 31.

O CONGRESSO CRIOU O Gabinete de Orçamento em 1974 para arrancar o controle da análise econômica da Casa Branca.[29] Os senadores democratas queriam nomear como primeira diretora Alice Rivlin, uma economista liberal da Brookings Institution, mas o presidente da Comissão de Orçamento da Câmara, Al Ullman, disse que não aceitaria uma mulher. O impasse foi resolvido por Wilbur Mills. Em uma noite de segunda-feira no início de outubro de 1974, a polícia de Washington, D. C., parou um carro em alta velocidade. Entre os passageiros estavam um embriagado Mills e sua amante, uma dançarina exótica chamada Fanne Foxe, que saiu do carro e pulou no lago Tidal Basin. Quando Mills foi forçado a renunciar à presidência do Comitê de Métodos e Recursos da Câmara, Ullman assumiu o cargo – e o sucessor de Ullman na Comissão de Orçamento concordou em contratar Rivlin.[30]

Rivlin era uma mulher de baixa estatura cheia de uma força e uma energia apenas parcialmente ofuscadas por sua calma e seu estilo conciso. Nasceu na Filadélfia em 1931 e cresceu em Bloomington, Indiana, onde seu pai era professor na universidade estadual. Ela se matriculou na faculdade Bryn Mawr com a intenção de estudar história, mas, nas primeiras férias de verão, fez um curso introdutório de economia e mudou de ideia. "O apelo da economia era sua importância para o futuro do mundo e não um retorno ao passado, como a história", disse ela.[31] Passou seu último verão na faculdade trabalhando no Plano Marshall, escreveu sua dissertação sobre a integração econômica da Europa e se matriculou na Radcliffe College para fazer doutorado em economia. Enquanto esteve em Boston, casou-se com o advogado Lewis A. Rivlin e o acompanhou a Washington no verão de 1957 "com uma tese inacabada e um bebê de cinco meses". Incapaz de conseguir emprego como professora de economia – "Naquele tempo", lembrou-se ela, "as faculdades simplesmente não contratavam mulheres" –, ela acabou indo parar na instituição de pesquisa Brookings.[32]

Na época, no máximo uma em cada três mulheres nos Estados Unidos tinha um emprego assalariado, e a situação de Rivlin era ainda mais incomum por manter uma carreira enquanto criava três filhos.

Os economistas na década de 1950 estavam só começando a estudar a influência em rápida expansão do governo na economia. Rivlin trabalhava nessa área, analisando os gastos públicos em programas de assistência social. Em 1965, o presidente Johnson ordenou que as agências federais começassem a analisar seus orçamentos – uma história contada no Capítulo 7 – e as agências reagiram contratando centenas de economistas, esvaziando as *think tanks* de Washington. Rivlin se tornou secretária assistente adjunta de planejamento de políticas do Departamento de Saúde, Educação e Bem-Estar Social. Quando Nixon pôs fim ao programa de Johnson, Rivlin voltou para a Brookings, onde se juntou ao economista que havia supervisionado o programa orçamentário, Charles Schultze, na criação de um departamento paralelo para calcular o orçamento. Eles publicavam um relatório anual analisando os gastos públicos, da mesma forma que fizeram quando trabalhavam para o governo.

Quando o Congresso decidiu que queria seus próprios economistas, Rivlin agarrou a oportunidade. Ela contou ao *The Washington Star* que fazia jantar todo dia para o marido e os três filhos. Com o novo emprego, avisou que eles teriam que pedir mais delivery de comida.[33]

Uma parte essencial do novo trabalho de Rivlin era avaliar o impacto econômico da legislação proposta, beneficiando-se da capacidade crescente dos computadores de rodar simulações.[34] Rivlin e os programas de computador eram confiavelmente keynesianos; ao calcularem os efeitos do corte fiscal, nunca deram crédito à teoria de Mundell de que as pessoas reagiriam a alíquotas de impostos mais baixas trabalhando com mais afinco, aumentando assim o crescimento econômico. Como o departamento de orçamento não aceitava a premissa da economia pelo lado da oferta, concluiu que cortes de impostos reduziriam a receita fiscal.

Paul Craig Roberts, profundamente frustrado, convenceu John Rousselot, um deputado republicano do sul da Califórnia, a enviar uma carta para Rivlin perguntando sobre a omissão de efeitos pelo lado da oferta nas análises do departamento de orçamento. Rivlin respondeu que esses efeitos eram pequenos demais para alterar significativamente os resultados.[35] Em seguida, Roberts convenceu o senador Orrin Hatch, um jovem republicano de Utah que tinha chegado ao Senado em 1976, a pedir que a Comissão de Orçamento fizesse audiências sobre os modelos do departamento de orçamento. Hatch insistiu na questão com o presidente da comissão, Edmund Muskie, um democrata do Maine, que disse que faria audiências de bom grado, mas vivia adiando a data. Quando Hatch declarou que havia algo de podre nessa história, Muskie o acusou de ser "paranoico". Logo depois, alguém deu a Hatch um memorando que Rivlin enviara à equipe de Muskie descrevendo os defensores das teorias econômicas pelo lado da oferta como uma "claque de extrema direita indigna de plateia". Na reunião seguinte da comissão, Hatch leu o memorando para que ficasse registrado.³⁶

A ferocidade da luta refletia uma verdade desconfortável: as premissas usadas nos modelos econômicos ditavam os resultados. Cortes de impostos pelo lado da oferta não pareciam palatáveis até os modelos serem reajustados. Nas palavras do senador Russell Long, um democrata da Louisiana que queria cortar impostos: "Tem que encontrar alguém que saiba melhor como colocar a resposta no computador para que saia correta."³⁷ Long, o presidente da Comissão de Finanças do Senado, decidiu que a comissão pagaria pela construção de seu próprio modelo pelo lado da oferta.³⁸

MILTON FRIEDMAN NÃO ACEITAVA a lógica pelo lado da oferta para justificar o corte de impostos, mas era favorável a uma intervenção menor do Estado e concluíra que os liberais estavam se beneficiando do compromisso conservador com a disciplina fiscal. Os liberais continuaram a aumentar o gasto, confrontando os conservadores com uma escolha entre aumentar impostos ou aceitar déficits. Friedman achava que os conservadores deveriam adotar a estratégia do espelho: reduzir impostos e confrontar os liberais com a escolha entre cortar gastos ou aceitar déficits. "Ao se concentrar na coisa errada, o déficit, em vez de na certa, o gasto público total, os conservadores na área de tributação têm sido os serviçais involuntários dos grandes gastadores", escreveu Friedman em um ataque violento à Heritage Foundation.³⁹ Ele chegara a uma nova conclusão: "Agora digo: 'Vamos cortar impostos sob toda e qualquer circunstância.'"⁴⁰

Como um general sitiando uma cidade, ele tentara a via da negociação e agora estava pronto para testar a via da inanição. Previa que os liberais iriam se render e que os cortes de impostos levariam a cortes de gastos.

Em meados da década de 1970, Friedman ajudou a formar uma Comissão Nacional de Limitação de Impostos para pressionar por restrições constitucionais sobre tributação em nível estadual. Em 14 de outubro de 1976, viajou de Chicago para Detroit para um dia de campanha por uma proposta de emenda constitucional estadual que limitasse o gasto estadual. Ao chegar à primeira entrevista coletiva agendada, surpreendeu-se ao encontrar um número extraordinariamente grande de jornalistas esperando por ele.

"Qual é a sua reação à premiação?", perguntou um dos jornalistas.

E foi assim que Friedman soube que havia ganhado o Prêmio Nobel de Economia.[41]

No ano seguinte, Friedman fez 65 anos e se aposentou da Universidade de Chicago, reunindo-se a seu cunhado, Aaron Director, na Hoover Institution, no campus de Stanford.

Laffer também trocara Chicago pela Califórnia, fugindo de seus críticos, para se tornar professor na Universidade do Sul da Califórnia em 1976.[42] Seus pares na academia continuavam a descrever suas ideias como meio cruas, o que aborrecia Laffer, mas ele encontrou consolo na florescente área da consultoria empresarial. Comprou uma ampla casa nos arredores de Los Angeles e equipou-a com trezentos tipos de cacto e uma coleção de animais de estimação, incluindo uma arara verde chamada Molly que vivia empoleirada em seu ombro. Ele estava se tornando uma celebridade. A revista *People*, uma publicação que normalmente não dá destaque a economistas, fez um perfil bem elogioso dele, apesar de incluir uma citação da esposa de Laffer dizendo que ela gostava de dar longas corridas porque "é a única forma de se manter casada com um lunático".[43]

Em 1978, tanto Laffer quanto Friedman – novos acréscimos ao cadastro de contribuintes da Califórnia – concordaram em apoiar a Proposição 13, uma emenda à constituição estadual para restringir a tributação sobre imóveis. Uma subida rápida nos valores das casas, em parte motivada pela inflação, estava causando grandes aumentos no imposto sobre imóveis. A emenda reduzia a carga tributária média de 2,67% sobre o valor de um imóvel para um máximo de 1%.

Howard Jarvis, o empresário combativo que encabeçou a campanha, disse que seu objetivo era proteger os proprietários de imóveis, mesmo que em detrimento de serviços públicos. "O mais importante neste país não é o sistema escolar, nem os policiais, nem os bombeiros", disse Jarvis. "O direito de ter bens neste país, o direito de ter uma casa neste país, isso é importante." Ele disse ter se inspirado no filme *Rede de intrigas*, de 1976, em que o protagonista grita de maneira memorável: "Estou p. da vida e não vou mais aguentar isso!"[44]

A CAMPANHA TOMOU EMPRESTADO um pouco da aura de Laffer e Friedman. Laffer disse que a medida "contribuiria para a revitalização da economia da Califórnia". Friedman a chamava de "a melhor oportunidade que temos para controlar o gasto público". Jarvis exibia-se dizendo aos críticos que os dois mais importantes economistas da Califórnia estavam do lado dele. O *Appeal-Democrat*, jornal local de Marysville, uma cidadezinha ao norte de Sacramento, observou em abril de 1978: "Quando um economista do status de Milton Friedman endossa a iniciativa de tributação sobre imóveis de Jarvis-Gann, os que rejeitaram a proposta como sendo uma ideia maluca que levaria à falência o governo da Califórnia se veem forçados a analisá-la com mais atenção."[45]

A medida foi aprovada por uma margem de 2 para 1. O economista liberal John Kenneth Galbraith, opondo-se à indiferença de Jarvis para com a segurança pública, escreveu para a *Newsweek* sugerindo que as pessoas telefonassem para Friedman se o corpo de bombeiros não atendesse seus telefonemas. "Seria bem inconveniente não ter ninguém para atender o telefone em caso de incêndio", disse ele.[46]

DURANTE A CAMPANHA PRESIDENCIAL de 1976, Jimmy Carter prometeu reviver o crescimento econômico à moda antiga e os deputados democratas rapidamente propuseram à Câmara um keynesiano pacote de estímulo já em fevereiro de 1977. O projeto de lei incluía um incentivo de gasto público e um abatimento de 50 dólares para contribuintes que ganhassem menos de 30 mil dólares por ano. Quando Rousselot, o deputado do sul da Califórnia que questionara Rivlin, se levantou para se pronunciar na Câmara durante o debate final, os democratas esperaram uma fala contra o esbanjamento. Em vez disso, Rousselot propôs substituir o plano dos democratas por um estímulo pelo lado da oferta: uma redução uniforme de 5% nas alíquotas do imposto de renda.

Democratas espantados rejeitaram a ideia como sendo uma "teoria econômica de gotejamento" e a emenda foi vetada com facilidade, mas os defensores da economia pelo lado da oferta estavam só começando.

Kemp, tentando ofuscar Rousselot, apresentou um projeto de lei com o senador William Roth alguns meses depois. A ideia era reduzir as alíquotas de impostos em 10% ao ano por três anos: "10-10-10."[47] Em setembro de 1977, a Comissão Nacional Republicana endossou o projeto de lei a despeito do desconforto dos conservadores em política fiscal. Greenspan se lembrou de um almoço em que Kemp lhe perguntou: "Por que a gente não pode ser um pouco irresponsável? Por que a gente não pode cortar impostos e dar uns mimos antes deles?"[48] Essa é uma citação do livro sobre investimentos escrito por Wanniski e não agradou a Greenspan, que era avesso a déficits. Outros estavam meio cautelosos também, inclusive Dick Cheney, que se candidatava para a Câmara dos Representantes em 1978. "Estou espalhando a novidade sobre Kemp-Roth", escreveu Cheney para Wanniski durante a campanha. "Espero que vocês saibam do que estão falando."[49]

O apoio político aos cortes de impostos aumentou conforme a segunda crise do petróleo, em 1979, aprofundava os sintomas de estagflação. Monetaristas e defensores das teorias econômicas pelo lado da oferta encararam as ideias deles como tratamentos alternativos para as doenças econômicas da nação; políticos impacientes pegaram os dois frascos de remédio da prateleira, aplicando tanto disciplina monetária quanto cortes de impostos.

O primeiro projeto de lei a vingar foi uma medida reduzindo a tributação sobre ganhos de capital com rendimentos de investimentos, apresentado por William Steiger, republicano de Wisconsin preocupado que a economia americana estivesse perdendo seu espírito empreendedor. Steiger queria estimular o investimento no setor de tecnologia revertendo um aumento em 1969 nos impostos sobre ganhos de capital. Ele citou a pesquisa de Martin Feldstein, um economista de Harvard despontando nos círculos de políticas conservadoras, que achava que o aumento de 1969 desencorajara esse tipo de investimento.[50] Steiger era um jovem moderado e ambicioso, autor da lei que criara a Administração de Saúde e Segurança Ocupacional. Seu interesse em cortes de impostos era um sinal claro de que ideias econômicas pelo lado da oferta estavam se tornando a tendência dominante. A Casa Branca atacou a pesquisa de Feldstein como "fundamentalmente equivocada" e Carter protestou contra "benefícios fiscais para milionários", mas o Congresso estava decidido a tentar algo novo. Em novembro de 1978, o corte de impostos virou lei.[51]

Em 1980, o Comitê Econômico Conjunto, presidido pelo senador democrata do Texas Lloyd Bentsen, emitiu seu relatório anual de forma unânime, descumprindo sua prática usual de emitir dois relatórios, um para cada partido. "O relatório anual de 1980 assinala o início de uma nova era de pensamento econômico", eram as primeiras palavras. "O passado foi dominado por economistas que focaram quase exclusivamente no lado da demanda da economia e que, em consequência, ficaram aprisionados na crença de que existe uma permuta inevitável entre desemprego e inflação." A nova economia, afirmava o relatório, "pode reduzir a inflação significativamente durante a década de 1980 sem aumentar o desemprego".

Bentsen também organizou as tão aguardadas audiências sobre modelos econômicos, forçando Rivlin a se render da forma clássica em Washington – fingindo que nunca tinha havido nenhuma controvérsia.

"Estamos muito interessados no lado da oferta", disse ela.[52]

REAGANOMICS

Ronald Reagan não fez muita menção à tributação durante sua fracassada campanha presidencial em 1976 nem nos primeiros meses de sua campanha em 1980. Porém, após perder na convenção partidária em Iowa para George H. W. Bush, Reagan seguiu para as primárias em New Hampshire em fevereiro de 1980 precisando de uma vitória para se restabelecer como favorito. Ele ganhou força entre os eleitores prometendo cortar impostos, inaugurando uma série de anúncios que ficou muito popular.

> Anunciante: Ronald Reagan acredita que, quando aplica um imposto sobre algo, sobra menos para você. Estamos tributando o trabalho, a poupança e o investimento como nunca antes. Em consequência, temos menos trabalho, menos poupança e menos investimento.
> Reagan: Nem sempre concordo com o presidente Kennedy, mas, quando seu corte de impostos federais de 30% virou lei, a economia teve um desempenho tão bom que todos os grupos no país avançaram. Até mesmo o governo ganhou 54 bilhões de dólares em receitas inesperadas. Se eu me tornar presidente, vamos tentar isso de novo.[53]

Os adversários de Reagan não disfarçaram a frustração com o fato de os eleitores o levarem a sério. Bush, defensor de uma disciplina fiscal à moda antiga, zombou da "economia vodu" de Reagan. John Anderson, um deputado republicano moderado de Illinois, descreveu Reagan como charlatão. Ele disse que a única forma de Reagan realizar suas promessas de cortar impostos, aumentar o investimento em defesa e equilibrar o orçamento era com "embustes e trapaças".

Porém, o momento político era propício. O governo coletava a maior parcela da produção econômica da nação desde a Segunda Guerra Mundial. Isso foi em parte resultado de um aumento na tributação sobre a folha de pagamento para levantar mais recursos para a Seguridade Social e o Medicare.[54] Foi em parte o resultado da inflação, que levou as pessoas a faixas mais altas de imposto de renda. E a população da faixa de impostos mais alta estava em ascensão graças a uma tendência que só foi atrair mais atenção na década de 1980: os americanos mais bem pagos estavam ganhando muito mais dinheiro, principalmente no mercado financeiro, criando uma nova classe de contribuintes influentes e infelizes.

Carter não percebeu a mudança no clima político. Ele disse aos eleitores que cortar impostos seria irresponsável, escrevendo em seu diário em junho de 1980: "Vamos continuar a sufocar Reagan com a proposta Kemp-Roth da melhor forma que pudermos."[55]

Os eleitores gostaram do cara que estava tão envolvido com os cortes de impostos. Eles gostaram da mistura de leveza e inflexibilidade de Reagan. E, em 20 de janeiro de 1981, os americanos ouviram quando o primeiro presidente defensor das teorias econômicas pelo lado da oferta do país prometeu: "Nos dias que virão, proponho retirar os bloqueios que desaceleraram a nossa economia e diminuíram a produtividade." A taxa de desemprego estava em 7,5% e a de inflação, em 11,4%. O povo, cansado da estagflação, aprovou ruidosamente.

Reagan continuou: "É hora de redespertar esse gigante industrial, tirar o governo do vermelho e aliviar nossa carga tributária punitiva. Essas serão nossas primeiras prioridades e, quanto a esses princípios, não haverá concessões."

Reagan quebrara a antiga tradição de os presidentes serem empossados no lado leste do Capitólio. Ele se postou do lado oeste naquela manhã fria de janeiro, olhando na direção do progresso americano ao prometer um retorno à prosperidade. "E, afinal de contas", perguntou, "por que não deveríamos acreditar nisso? Somos americanos".

As festividades naquela noite contrastaram com a descrição que o presidente fizera dos sérios apuros da nação. Uma delegação de republicanos de Indiana chegou em um vagão de trem particular que tinha sido de J. P. Morgan. O Aeroporto Nacional de Washington ficou com o estacionamento lotado de jatos particulares.* Empresas de limusines tiveram que alugar carros de lugares tão distantes quanto Atlanta. "Essas pessoas têm um gosto bem sofisticado", disse um fornecedor de serviço de bufê. "Em vez de salada de camarão, eles querem camarão inteiro."[56] O governo Reagan disse que

---

* Em 1998, este foi renomeado Aeroporto Nacional de Washington Ronald Reagan.

doadores privados bancaram tudo; dois anos depois, veio à tona que a conta final foi quase o dobro do que fora divulgado e grande parte da diferença fora paga pelo Departamento de Defesa.[57]

Aqueles oito anos podem ser resumidos em poucas palavras: proclamações de prosperidade, esbanjamento – uma nova Era de Ouro. Reagan pediu ao staff da Casa Branca que pendurasse um retrato do presidente Calvin Coolidge na Sala do Gabinete.

A AVERSÃO DE REAGAN pela tributação precede a ascensão da economia pelo lado da oferta na década de 1970, a epifania de Mundell na década de 1960 e até mesmo a pesquisa de Ture na década de 1950. Segundo Reagan, ela estava enraizada em sua experiência como ator de Hollywood muito bem pago durante uma época em que o governo tributava a renda em 90%. Reagan disse que recusou papéis porque não trabalharia "por 6 centavos por dólar". A história não bate – entre outras coisas, ele estava no Exército no único ano em que a alíquota chegou a 94% –, mas o sofrimento aparentemente era bem real.[58]

Reagan irrompeu na cena política nacional em 1964 quando fez uma defesa veemente do conservadorismo em rede nacional de televisão durante os últimos dias da campanha presidencial de Barry Goldwater. "Nenhum país na história sobreviveu a uma carga tributária que chegou a um terço da renda nacional", declarou. (Isso não é verdade: a França recolhia na época cerca de um terço da renda nacional em impostos; em 2017, a média nos países desenvolvidos era de 34%.)[59]

Dois anos depois, Reagan prometeu cortar impostos durante sua bem-sucedida campanha para governador da Califórnia. Não conseguiu, em parte por causa da oposição da legislatura estadual. Em 1973, chegando ao fim do segundo mandato, ele convocou uma votação especial de uma emenda constitucional estadual que estabelecia um teto para a parcela da renda pessoal que a Califórnia poderia coletar de impostos. Friedman ajudou a redigir a emenda e passou um longo dia com Reagan visitando vários lugares da Califórnia rural de avião. Foi a primeira vez que os dois tiveram uma conversa mais demorada.

A emenda foi solenemente derrotada em novembro de 1973, mas Reagan faria uma segunda tentativa. "Esta ideia vai se tornar realidade", disse ele. "Ela prevalecerá porque, se isso não acontecer, a sociedade livre que conhecemos há duzentos anos, o ideal de um governo pelo consentimento dos governados, simplesmente deixará de existir."[60]

Depois que Arthur Laffer se mudou para o sul da Califórnia em 1976, Justin Dart, um magnata de uma rede de drogarias e membro do círculo de velhos amigos de Reagan, apresentou o economista ao ex-governador.[61] Laffer se tornou visitante regular do rancho de Reagan. No outono de 1977, Reagan estava oferecendo justificativas pelo lado da oferta para cortes de impostos em seus comentários no rádio. No ano seguinte, depois que o projeto de lei de Kemp foi derrotado, Reagan contou a seus ouvintes: "A proposta Kemp-Roth não está morta. Ideias não morrem. Só está esperando pelo bom senso das pessoas para ser aceita pela maioria do Congresso."[62]

Laffer ainda tinha dúvidas sobre o compromisso de Reagan com a economia pelo lado da oferta. Ele estimulou Kemp a concorrer nas primárias do Partido Republicano em 1980. Kemp, depois de uma visita ao rancho de Reagan, decidiu apoiar Reagan, julgando-o "90%" ao lado das teorias econômicas pelo lado da oferta.[63] Sua fé foi recompensada. Depois que Reagan chegou à Casa Branca, o secretário do Tesouro Donald Regan, um executivo de Wall Street pouco interessado na economia pelo lado da oferta, preencheu os cargos mais altos da área fiscal do Tesouro com economistas que tinham trabalhado para Kemp, inclusive Norman Ture. "Li o que o presidente Reagan disse durante a campanha e ele deixou claro que era a favor do que é chamado de cortes de impostos pelo lado da oferta", disse Regan. "Tentei achar os melhores homens com essa visão."[64]

O governo trabalhou rápido, evitando disputas internas confusas ao propor grandes cortes tanto no imposto de renda das pessoas físicas quanto no das pessoas jurídicas. Contribuiu para isso o fato de que os republicanos que se elegeram graças à onda Reagan tivessem assumido a maioria no Senado em 1981, pela primeira vez em 26 anos. A resistência entre os democratas da Câmara enfraqueceu depois que Reagan levou um tiro em março daquele ano.

Porém, alguns democratas e republicanos ainda expressavam uma preocupação persistente de que o corte de impostos resultaria em déficits orçamentários maiores. O presidente reagiu sustentando o que já tinha ouvido muito de Laffer e outros defensores das teorias econômicas pelo lado da oferta. Ele disse que os cortes de impostos catalisariam um crescimento econômico tão grande que as receitas fiscais também aumentariam. Alguns dos consultores mais próximos de Reagan, principalmente o economista Martin Anderson, seu principal assistente para política interna, mais tarde insistiu que Reagan jamais alegou que os cortes de impostos de 1981 se pagariam. Trata-se de um revisionismo risível. Reagan fez essa alegação tanto durante a campanha quanto na Casa Branca. "É verdade que acredito, assim como o presidente Kennedy acreditava, que nosso tipo de corte de impostos estimulará tanto a economia que aumentaremos de fato a receita pública", afirmou ele em um discurso em 7 de julho de 1981, quando o debate no Legislativo estava em sua fase final.[65]

Reagan assinou o corte de impostos em 13 de agosto de 1981, no pátio do seu rancho na Califórnia, vestindo jeans e botas de caubói. Ele escreveu em seu diário que foi "a maior vitória política em meio século".[66]

Os CORTES DE IMPOSTOS de Reagan deveriam ter desacreditado a economia pelo lado da oferta.[67] A prova do fracasso não foi a recessão de Volcker, que já estava em progresso quando os cortes foram aprovados em lei. Foi mais o fato de que, mesmo após a retomada do crescimento perto do fim de 1982, os prometidos benefícios pelo lado da oferta não se materializaram. Todos concordavam que dar dinheiro iria impulsionar o crescimento econômico. A alegação pelo lado da oferta era que baixar as alíquotas de impostos também estimularia as pessoas a trabalhar mais e investir mais. O governo previu especificamente que os americanos poupariam cerca de 40% do corte de impostos – um percentual impressionante, dada a taxa de poupança de 6% para os outros tipos de renda. Ao contrário do que se imaginava, a taxa média de poupança não se mexeu.[68]

O projeto de lei também tentou encorajar o investimento cortando os impostos sobre pessoas jurídicas, principalmente das indústrias. De 1960 a 1980, a alíquota de impostos real sobre maquinário já tinha sido reduzida de 59% para 18%. De acordo com a lei de 1981, a alíquota real caiu para -5,5%. O Governo Federal estava essencialmente subsidiando investimento em maquinário.[69] Um estudo com 250 grandes empresas descobriu que um pouco mais da metade não pagara imposto nenhum em pelo menos um ano de 1981 a 1983. A General Electric – que o estudo sucintamente descrevia como "ex-empregadora de Ronald Reagan" – ganhou 6,5 bilhões de dólares e não pagou nem um centavo em impostos.[70] Porém, o investimento declinou por toda a economia. Em um momento marcante, a U. S. Steel anunciou em novembro de 1981 que compraria a Marathon Oil por 6,3 bilhões de dólares em vez de fazer melhorias em suas fundições antigas.

Os impostos mudam o comportamento: até 45% dos cigarros fumados em Nova York são importados ilegalmente de outros estados porque Nova York tem os impostos mais altos sobre cigarros do país.[71] Mas os defensores das teorias econômicas pelo lado da oferta superestimaram a influência da tributação. Milton e Rose Friedman construíram sua casa de verão, Capitaf, no lado de Vermont do rio Connecticut apesar de reconhecerem que, "como economistas, deveríamos ter procurado um terreno em New Hampshire", onde os impostos eram mais baixos.[72] Depois da eleição de Reagan, William J. DeLancey, CEO da Republic Steel, de Cleveland, afirmou exultante que os cortes de impostos abririam "uma era totalmente nova de maior produtividade e lucratividade para a indústria do aço".[73] A Republic Steel não sobreviveu ao primeiro mandato de Reagan.

Mesmo o impacto dos cortes de impostos sobre a demanda – o benefício direto de distribuir dinheiro – se mostrou modesto. Quando a poeira baixou no fim da década, a combinação de recessão com recuperação produzira um crescimento anual médio de 2,2% durante a década de 1980, descontada a inflação e com ajuste para a população – levemente mais baixo do que a média anual para os anos 1970.[74] "Não estou convencido de que os cortes de impostos de Reagan funcionaram", disse Dick Cheney a um amigo no fim da década de 1980.[75]

O FRACASSO DOS CORTES de impostos de Reagan em promover um crescimento econômico mais rápido forçou o governo a conceder empréstimos na mais larga escala desde a Segunda Guerra Mundial. Alguns conservadores, inclusive Friedman, não ficaram surpresos com o dilema do governo: eles tinham zombado das previsões dos defensores das teorias econômicas pelo lado da oferta. Também não ficaram desanimados. Tinham apoiado o corte de impostos porque queriam causar um buraco no orçamento federal e depois fechá-lo reduzindo os gastos.[76]

David Stockman, diretor de orçamento de Reagan, sabia exatamente o que ele queria cortar. Stockman era um homem magro, porém musculoso, de 34 anos, que ainda se vestia como o diligente funcionário do Capitólio que um dia fora. Não era economista, mas um exemplo de como a economia de confiança nos mercados tinha evoluído de um conjunto de críticas esotéricas até se tornar um movimento político, um desfile em que qualquer pessoa poderia marchar.

Criado em uma fazenda no Michigan, Stockman foi parar na Harvard Divinity School no fim da década de 1960, quando foi babá dos filhos de Daniel Patrick Moynihan, trabalho que ele transformou em uma vaga em um seminário do jornalista David Broder, que por sua vez o apresentou ao deputado John Anderson, uma estrela em ascensão no Partido Republicano que precisava de um assistente versado em questões econômicas. Stockman não sabia nada do assunto, mas começou a ler e assim deparou com as ideias de Hayek e Friedman em meados dos anos 1970. Relembrando, ele disse: "Tudo que os acadêmicos do livre mercado disseram que iria acontecer – escassez, gargalos, distorções de investimentos, desperdício, irracionalidade e mais inflação – aconteceu bem diante dos meus olhos."[77]

Stockman obteve um dos assentos na Câmara por Michigan em 1977 e fez amizade com Kemp, conversando até altas horas da noite sobre assuntos como as reformas econômicas do pós-guerra da Alemanha Ocidental. Mas nunca fez parte do círculo de amigos mais íntimos dele.[78] Os defensores das teorias econômicas pelo lado da oferta não ligavam para déficits. Já Stockman se descrevia como um "defensor total das teorias econômicas pelo lado da oferta". Ele queria cortar impostos e gastos.

No entanto, ele ficou desconsolado. Reagan e a maioria dos membros do Congresso gostavam mais de cortes de impostos do que de cortes de gastos. O presidente se recusou a apoiar os planos de cortes de Stockman em programas de benefícios federais; ao mesmo tempo, apoiou grandes aumentos nos gastos militares. "Ouvi o presidente dizer mais de uma vez: 'Entre cortar gastos com defesa e incorrer em déficit, prefiro incorrer em déficit'", disse James C. Miller III, que substituiu Stockman como diretor de orçamento.[79]

Conforme a tomada de empréstimos pelo Governo Federal aumentava, os defensores das teorias econômicas pelo lado da oferta pediam paciência, argumentando que os déficits anuais não durariam e não eram importantes. William Niskanen, membro do Conselho de Consultores Econômicos de Reagan, encarnou Mundell, declarando em uma aparição em dezembro de 1981 no American Enterprise Institute que havia pouca conexão entre déficits maiores e inflação ou taxas de juros maiores. Vários senadores republicanos, comprometidos com a visão antiquada de que déficits eram perigosos, pediram a demissão dele.[80]

Niskanen tinha alguma razão. Os japoneses se mostraram particularmente ávidos por conceder empréstimos aos Estados Unidos.[81] O governo Reagan ajudou a apressar o processo ao estimular o Congresso em 1984 a criar um novo tipo de título do Tesouro para compradores estrangeiros.[82] Esses títulos extraordinários foram criados para facilitar a fraude fiscal contra governos estrangeiros ao permitir que seus detentores recebessem juros anonimamente. Bastava declarar que não eram americanos. Isso, por sua vez, permitiu que os Estados Unidos pagassem taxas de juros mais baixas. O Tesouro enviou funcionários graduados para o Japão e a Europa a fim de comercializar os títulos. Reagan aclamou os Estados Unidos como sendo "a capital mundial dos investimentos". No entanto, os americanos pagaram um preço por isso: a grande confiança em recursos externos erodiu a base industrial do país, uma história que será contada no Capítulo 8.

No fim de 1981, Bob Dole, o republicano do Kansas que presidiu a Comissão de Finanças do Senado, se viu em um jantar com o vice-presidente do Federal Reserve, Frederick Schultz, que via com horror a prodigalidade do governo, e Walter Wriston, CEO do Citicorp, que era um defensor ferrenho da Reaganomics. Poucos dias depois, ao encontrar Schultz em um elevador, Dole confidenciou: "Você ganhou o debate. Acho que vamos ter que fazer alguma coisa pelo lado fiscal."[83] Dole também acrescentou uma nova piada a seu repertório: "A boa notícia é que um ônibus cheio de defensores das teorias econômicas pelo lado da oferta caiu de um despenhadeiro na noite passada. A má notícia é que havia três assentos vagos."[84]

Foram necessárias quase duas décadas inteiras para consertar os estragos nas finanças do governo.

AINDA ASSIM REAGAN E OS defensores da economia pelo lado da oferta obtiveram uma vitória política duradoura. A mudança mais visível foi a redução permanente das alíquotas de impostos para os contribuintes de renda alta. A lei de 1981 reduziu a alíquota mais alta para 50%. Em 1986, o Congresso reduziu ainda mais, para 33%.[85] Desde a década de 1980, a alíquota mais alta esteve inclinada a aumentar nos governos democratas e a cair nos republicanos, mas permaneceu abaixo dos 40%.

Em meados do século XX, o governo usara o imposto sobre a renda como um corretivo para a desigualdade econômica. A tributação era uma escavadeira que tornava as montanhas mais altas perceptivelmente mais baixas e as montanhas mais baixas um pouco mais altas. Em 1979, no governo Carter, a desigualdade da distribuição de renda após a tributação era 10,2% menor do que antes da tributação. Os cortes de impostos de Reagan tomaram o lugar de uma escavadeira bem menor. Em 1986, a desigualdade da distribuição de renda após a tributação era apenas 5,1% menor do que a desigualdade antes da tributação.[86]

A desigualdade de renda após a tributação nos Estados Unidos aumentou mais rápido em meados da década de 1980 do que durante qualquer outro período no pós-guerra.[87] O abismo entre os ricos e as outras pessoas estava se alargando – e o Governo Federal tinha parado de combatê-lo.

Outras nações desenvolvidas imitaram os Estados Unidos, apesar de poucas terem ido tão longe. O ideólogo conservador britânico Keith Joseph endossou abertamente a necessidade de reduções nas alíquotas de impostos mais altas em um discurso de 1976 com o título "O monetarismo não basta":

> Por meio da tributação, da inflação, do dilúvio impiedoso de regulamentações e leis, dos controles e das intervenções constantes e arbitrárias das autoridades, governos sucessivos desde a época da guerra foram cada vez mais tirando tanto o prazer quanto as recompensas que no passado faziam com que correr riscos valesse a pena.[88]

Sob o governo da primeira-ministra Margaret Thatcher, o Reino Unido reduziu a alíquota mais alta de tributação da renda pessoal de 80% para 40%. A alíquota mais alta no Japão caiu de 75% para 50%. A alíquota mais alta média em um grupo de 25 nações desenvolvidas caiu de 66% em 1979 para 50% uma década mais tarde.[89] "O principal", disse Mundell em um discurso de despedida em 2011, "é que ninguém está defendendo a volta das alíquotas de impostos aos patamares do fim da década de 1970. E acho que isso é uma vitória."[90]

O PERÍODO DAS VACAS MAGRAS

Os cortes de impostos de Reagan marcaram o fim de uma era na qual a intervenção do Estado na economia aumentara progressivamente. O gasto federal como parcela da produção econômica do país cresceu de menos de 10% antes da Grande Depressão para 22,8% em 1983. Esse foi o ápice. Nas duas décadas seguintes, as negociações que democratas e republicanos estabeleceram para restaurar as finanças governamentais reduziram significativamente a mordida econômica do governo federal.⁹¹

Dole e outros republicanos se uniram a democratas em 1982 para forçar o governo Reagan a voltar atrás em alguns cortes de impostos aprovados havia menos de um ano. A pressão do Congresso expôs diferenças entre os defensores das teorias econômicas pelo lado da oferta no governo. Alguns deles, como Ture, queriam preservar os cortes de impostos para empresas. Ele via evidências mais fortes de que fazê-lo para pessoas jurídicas poderia estimular o crescimento econômico a longo prazo e zombava da ênfase de Laffer nos cortes do imposto de renda das pessoas físicas. "O guardanapo não tem nada a ver com a economia pelo lado da oferta", disse Ture de forma depreciativa.⁹²

Porém, a versão de Laffer da economia pelo lado da oferta era mais atraente politicamente. Reagan concordou em reverter cerca de metade dos cortes em impostos sobre as empresas e sobre investimentos promulgados havia apenas 11 meses. Para selar o acordo, ele prometeu enviar aos democratas da Câmara que tinham votado a favor do plano uma carta de agradecimento que poderiam divulgar durante as *midterms* de 1982, como um escudo contra a raiva dos eleitores.⁹³

A defesa pelas empresas de um benefício fiscal, que o governo e o Congresso tinham recebido com tanto entusiasmo, de repente parecia inviável. "O mérito fundamental de nossa proposta nem sequer foi debatido", disse um lobista corporativo indignado.⁹⁴

Em 1984, a maioria dos congressistas republicanos mais uma vez votou com os democratas por um projeto de lei, mais uma vez endossado por Reagan, que reduzia déficits principalmente por meio do aumento da tributação.⁹⁵

Porém, em 1987, a maioria dos congressistas republicanos votou contra uma terceira rodada de subida de impostos.* O vice-presidente George H. W. Bush, concorrendo para a sucessão de Reagan, levou em conta a mudança no humor de seu partido e disse à multidão barulhenta na Convenção Nacional Republicana de 1988: "Leiam meus lábios: nenhum imposto novo."

---

* O projeto de lei de 1986 que reduziu a alíquota de imposto mais alta para 33% foi concebido para ser neutro em termos de receita: nem aumentando nem diminuindo o déficit. Ele foi a corporificação da meta primeiramente articulada por Wilbur Mills na década de 1950: cortar alíquotas de impostos enquanto se ampliava a base fiscal. A legislação ainda é vista como um triunfo do bipartidarismo – e da formulação de políticas econômicas. Mas não fez nada para resolver o descompasso básico entre gasto e receita públicos.

Bush, no entanto, ainda era um republicano das antigas, mais preocupado com déficits do que com impostos, e, em 1990, conseguiu um acordo com os democratas sobre um novo pacote de aumentos de impostos e cortes de gastos. Apenas um terço do dinheiro viria de aumentos de impostos, mas a maioria dos republicanos ainda se opunha à medida. Bush quase não conseguiu reunir o apoio necessário para levá-lo ao Congresso. O último voto, em uma tarde de sábado de outubro de 1990, acabou entrando para os livros de história. O senador Pete Domenici, voltando de uma conversa no plenário do Senado, chamou a atenção de um escrivão levantando a mão direita e com isso assinalou seu voto a favor. Foi a última vez por mais de um quarto de século que um congressista republicano votou a favor do aumento de impostos.

EM 1993, O PRESIDENTE Clinton passou pelo Congresso a aprovação de um aumento de impostos sem um único voto republicano. Os defensores das teorias econômicas pelo lado da oferta insistiam que o aumento não elevaria as receitas federais. Jack Kemp contou a ativistas conservadores que a subida de impostos de Clinton seria um tiro pela culatra: "O aumento de impostos vai reduzir o déficit? Não, vai enfraquecer a economia e aumentar o déficit."[96] Isso foi intelectualmente consistente, mas também errado. No governo Clinton, a economia floresceu e os déficits desapareceram.

Os republicanos obtiveram alguns cortes de gastos. O deputado Richard Armey, do Texas, um ex-professor de economia, desempenhou um papel muito importante nisso. Armey nasceu em 1940 em uma cidade da Dakota do Norte chamada Cando. Seu pai era o prefeito; sua mãe fazia a contabilidade do armazém de grãos da família e insistia que seria inútil para o serviço público. Armey parecia ter puxado à mãe. "O mercado é racional e o governo é burro", gostava de dizer. Fez doutorado em economia na Universidade de Oklahoma e começou uma carreira docente que atingiu o auge quando se tornou chefe de departamento na Universidade Estadual do Norte do Texas. Ele era, como dizia, "um professor de segunda categoria em uma universidade de segunda categoria". Mas, ao longo do percurso, passou o verão de 1969 na Universidade de Chicago, que ele descreveu como sendo "minha primeira exposição real à disciplina da economia".[97] No início da década de 1980, um grande doador republicano chamado Eddie Chiles, membro do conselho da Universidade Estadual do Norte do Texas, perguntou a um funcionário da instituição se havia no corpo docente "alguém do tipo economista de livre mercado".⁹⁸ Chiles ajudou Armey a entrar na política.

Quando Armey aterrissou em Washington, em 1985, tentou dormir em um colchonete na academia da Câmara, para deixar claro que não queria ficar confortável. Criou fama em 1990 ao organizar a oposição ao plano fiscal do presidente Bush, em desafio à liderança do partido. Três anos depois, como membro da liderança, ajudou a garantir que nem um único republicano na Câmara votasse a favor do plano fiscal do presidente Clinton.

Armey estava falando sério em relação aos cortes de gastos, apoiando reduções em subsídios agrícolas e o fechamento de bases militares ao fim da Guerra Fria. Porém, Armey, que tinha uma carta de Milton Friedman entre suas posses mais preciosas, concordava com Friedman que o Congresso carecia de firmeza para cortar gastos. Ele e seus aliados tentaram resolver o problema com dois contratos. O primeiro foi concebido por Grover Norquist, um ativista anti-impostos que dizia que queria reduzir o tamanho do Estado até que fosse pequeno o bastante para afogar em uma banheira. Começando em meados dos anos 1980, ele convenceu candidatos republicanos a assinar uma "Garantia de Proteção ao Contribuinte" na presença de duas testemunhas, prometendo não votar a favor de aumentos de impostos de qualquer tipo em momento algum. Durante a campanha das *midterms* de 1994, Norquist coletou declarações assinadas da vasta maioria dos candidatos republicanos ao Congresso. Ele disse que as mantinha em um cofre à prova de balas.⁹⁹

O segundo contrato, redigido por Armey e Newt Gingrich como uma plataforma de campanha para as *midterms* de 1994, foi chamado de "Contrato com a América". Incluía uma emenda constitucional exigindo um orçamento equilibrado, no qual esperavam forçar cortes de gastos significativos. Depois que os eleitores deram aos republicanos a maioria no Congresso pela primeira vez em quarenta anos, Armey levou a emenda do orçamento equilibrado até quase a aprovação no Congresso. A derrota foi por um único voto no Senado em 2 de março de 1995 – mas o presidente Clinton escapou das amarras em parte prometendo cortes de gastos. "A era do Estado inchado está encerrada", disse ele em seu pronunciamento de 1996. Os gastos federais declinaram de 21,2% da atividade econômica do país em 1990 para 17,6% em 2000.¹⁰⁰

A austeridade do governo sob o mandato de Clinton é quase sempre citada entre os motivos pelos quais a economia floresceu, porque ajudou a segurar as taxas de juros. Porém, a maior contribuição do governo para o crescimento econômico na década de 1990 foi seu investimento nas décadas precedentes em educação, pesquisa e infraestrutura. Os americanos que entraram no mercado de trabalho nos anos 1990 tinham uma probabilidade muito maior de ter diplomas de ensino superior do que os adultos no resto do mundo desenvolvido. A ascensão do Vale do Silício foi um triunfo da pesquisa patrocinada pelo governo, do investimento público em infraestrutura e do desenvolvimento de capital humano também pelo governo.

A austeridade da era Clinton, por outro lado, significava a redução de investimento no crescimento futuro.

O investimento federal em pesquisa declinou. Samuel Broder, presidente do Instituto Nacional do Câncer, foi para o setor privado em 1995. "Quando cheguei aqui há 22 anos, o serviço público era algo que as pessoas ainda admiravam", contou ele ao *The Washington Post*. "E acho que pode ser bom dar alguns passos para trás e lembrar que, apesar da necessidade de tornar o governo mais eficiente e enfrentar realidades fiscais... existem algumas funções essenciais do governo que são extremamente importantes, incluindo a pesquisa científica para alívio do sofrimento."[101]

O investimento federal em infraestrutura declinou. O imposto federal sobre a gasolina, uma fonte importante para o financiamento da melhoria nos transportes, não teve aumento desde 1993. Em uma base corrigida pela inflação, a mordida dos impostos diminuiu em 40% durante esse período. No entanto, apesar do apoio ao gasto com estradas e pontes – e do apoio a um aumento de impostos sobre grupos empresariais –, a oposição ideológica à tributação evitou qualquer mudança até os dias de hoje.

O investimento federal em programas de bem-estar social declinou. De fato, a diminuição global do papel do Estado na economia ofuscou um declínio ainda maior no gasto com assistência aos pobres, já que os formuladores de políticas transferiram o gasto com assistência social para idosos e a classe média. Um marco na mudança foi a promessa de Clinton de "acabar com o bem-estar social tal como o conhecemos". Em vez de fornecer ajuda direta a famílias pobres, o governo federal começou a dividir 16,5 bilhões de dólares entre os estados a cada ano. Mais de duas décadas depois, o montante permanece o mesmo, mas a inflação corroeu o valor em mais de um terço.

E os Estados Unidos perderam a dianteira na educação. O custo de um curso universitário nos Estados Unidos está atualmente entre os mais altos no mundo desenvolvido, e não é uma coincidência que os americanos que entraram no mercado de trabalho na década de 2010 tivessem menor probabilidade de ter diplomas universitários que os cidadãos de 11 outros países desenvolvidos. Quatro décadas após Wanniski advertir que a tributação estava asfixiando a economia americana, foi a falta de tributação que se mostrou mais danosa.

SE DE INÍCIO VOCÊ NÃO TIVER SUCESSO...

Às vezes as ideias se libertam de suas amarras. A economia pelo lado da oferta foi desenvolvida como um corretivo para a depressão econômica do fim dos anos 1950 e retomada como um corretivo para a estagflação no fim dos anos 1970. A terceira geração de defensores das teorias econômicas pelo lado da oferta dispensou aquele tipo de contexto no fim da década de 1990. Na opinião deles, os cortes de impostos eram como lenha que poderia ser jogada na fogueira a qualquer momento.

Quando George W. Bush propôs pela primeira vez um corte de impostos significativo, em dezembro de 1999, como candidato nas primárias presidenciais do Partido Republicano, a economia vinha crescendo havia quase uma década. Tanto a inflação quanto o desemprego estavam baixos e, ainda que os mais ricos continuassem a usufruir de uma parcela desproporcional dos ganhos, os salários dos trabalhadores também estavam aumentando.

Bush defendia que um corte de impostos era necessário para que os bons tempos continuassem. "Pôr mais riqueza nas mãos de quem produz riqueza – agora, antes que nossos problemas comecem – daria um segundo gás à nossa expansão atual", disse o governador do Texas em um discurso em Iowa.[102] Ele tinha um bom motivo político para esse argumento: precisava convencer eleitores republicanos de que era um outro Reagan e não um outro Bush. "Não se trata apenas de 'Nenhum imposto novo', mas sim de 'Cortes de impostos, com a graça de Deus'", disse ele durante um debate em janeiro de 2000.

A controversa vitória de Bush na eleição de 2000 fortaleceu sua determinação. O novo presidente e seus consultores decidiram que a melhor maneira de deixar para trás as questões sobre legitimidade era fazer avançar sua pauta. No dia da posse, em 2001, o desemprego era de apenas 4,2%; a inflação, 2,6%; o investimento estava crescendo e a produtividade, aumentando – e ainda assim Bush declarou que iria batalhar por cortes de impostos "para recuperar o impulso de nossa economia e recompensar o esforço e o afinco dos trabalhadores americanos".

No mês seguinte, Bush acrescentou outra justificativa. O governo federal coletou em impostos 20% da produção econômica do país em 2001 – a maior parcela desde a Segunda Guerra Mundial –, enquanto o gasto ficou em apenas 17,6%. "O povo americano tem sido sobretaxado", afirmou Bush, "e, em nome dele, estou pedindo um reembolso."

Nada disso fazia sentido. A economia não precisava de ajuda. Reagan havia mostrado que cortes de impostos não tinham proporcionado ajuda significativa, ao menos não pelo lado da oferta. E os americanos não tinham sido sobretaxados. Pondo de lado a questão de se o governo deveria estar gastando mais em 2001, ele claramente precisava de mais dinheiro para financiar totalmente os benefícios de aposentadoria que haviam sido prometidos aos baby boomers.

O secretário do Tesouro de Bush, Paul O'Neill, um conservador em matéria fiscal, defendia que cortes de impostos deveriam estar condicionados a superávits orçamentários continuados e buscou o apoio do presidente do Fed, Alan Greenspan. A oposição de Greenspan tinha ajudado a matar um plano republicano de cortes de impostos em 1999 que era apenas metade do plano de 2001, e O'Neill, cuja amizade com Greenspan datava do governo Ford, tentou convencê-lo de que um corte maior era ainda mais irresponsável.[103] Porém, o vice-presidente Cheney, também ex-colaborador de Ford e amigo de Greenspan, rebateu dizendo que superávits eram perigosos porque o Congresso gastaria o dinheiro.[104]

Greenspan disse aos dois que concordava com eles. Diante do Congresso, em 25 de janeiro de 2001, ele endossou grandes cortes de impostos condicionados à saúde fiscal do governo. O que todos entenderam foi que Greenspan tinha mudado de ideia. "Sou batista. Em nosso livro de hinos há a canção 'The Anchor Holds' (A âncora segura)", falou o senador Robert Byrd, um democrata octogenário da Virgínia Ocidental. "Ouvi você dizer nos últimos anos que precisávamos pagar a dívida, que é a necessidade básica. Acredito que você estava certo naquele momento e estou surpreso com o fato de que a âncora parece estar balançando."[105]

Quando a economia entrou em leve recessão na primavera de 2001, Bush acrescentou uma lógica keynesiana ao seu acervo, alinhavando cheques de restituição de 600 dólares para ampliar o apoio político. Isso foi o bastante para estimular a aprovação dos cortes pelo Congresso.

A SAÚDE FISCAL DO governo se deteriorou rapidamente em 2001, replicando o resultado dos cortes de impostos de 1981. O ambiente político, porém, era muito diferente. Bush se recusou a repetir o recuo de Reagan. "Nem sobre o meu cadáver eles vão aumentar os impostos", disse Bush a uma multidão em júbilo em janeiro de 2002. Líderes democratas reagiram com indignação. Tom Daschle, o líder da maioria no Senado, insistiu que também não queria aumentar impostos.

Naquele momento, não havia tampouco esforços para cortar gastos. Ao contrário, Bush esbanjava. Em uma imitação surpreendentemente fiel de Lyndon Johnson, mergulhou em uma guerra invencível na Ásia, dessa vez no Iraque, e apoiou o acréscimo de um benefício de medicamentos controlados no programa Medicare de Johnson, que fornecia seguro-saúde a cidadãos da terceira idade.

E então o presidente anunciou que a economia precisava de mais cortes de impostos.

Cheney assumiu a dianteira na construção de um plano de ação pelo lado da oferta focado em estimular os investimentos. "Ele pegou essa ideia de Art Laffer de reduções de impostos sobre ganhos de capital e estava indo com tudo", disse seu principal assistente econômico, Cesar Conda.[106] Cheney estava menos cauteloso em relação às ideias econômicas pelo lado da oferta, pois esta não era mais uma posição viável para um republicano. "Acreditávamos que os impostos tinham que ser os mais baixos possíveis", escreveu mais tarde Cheney, "principalmente quando se tratava daqueles elementos do código fiscal que afetavam a poupança e o investimento, o crescimento econômico e a criação de empregos."[107] Na verdade, Cheney queria ir mais longe do que Bush, que retirou o corte de impostos sobre ganhos de capital do pacote que o governo enviou ao Congresso. Então Cheney convenceu os republicanos do Senado a aprovar o corte sobre ganhos de capital. Depois de aprovada a versão de Bush do plano, Cheney e o presidente se reuniram, sozinhos, no Salão Oval e decidiram apoiar a versão de Cheney.[108]

O'Neill, por sua vez, estava determinado a combater com mais vontade a segunda rodada de cortes. Ele contou a Bush em setembro de 2002 que o plano "não era responsável", o que freou seu avanço por um tempo. Porém as vitórias republicanas nas *midterms* encorajaram a Casa Branca a seguir em frente. A confrontação interna final veio em 15 de novembro de 2002, em uma reunião convocada por Cheney. O'Neill argumentou incansavelmente que o país "estava se movendo rumo a uma crise fiscal". O governo acabara de divulgar seu primeiro déficit fiscal anual em cinco anos. "Reagan provou que os déficits não têm importância", reagiu Cheney.[109]

Tanto os defensores quanto os opositores do plano de redução de impostos insistiram que a ciência econômica validava sua posição. Um total de 450 economistas assinou uma declaração, impressa como um anúncio de página inteira no *The New York Times*, que se opunha ao plano, concluindo que ele expandiria a dívida pública mas não a economia americana. Outros 250 economistas reagiram com uma declaração de apoio ao plano, assumindo o ponto de vista oposto de que iria expandir a economia mas não a dívida.

A população em geral tinha mais informações do que nunca para julgar esses conflitos mutuamente destrutivos, inclusive o histórico de cortes de impostos de Reagan, mas, como o historiador Michael Bernstein observou de maneira perspicaz, a profusão de dados nas últimas décadas tende mais a confundir que esclarecer. A disponibilidade de quantidades espantosas de informações não apenas fez com que as pessoas desconfiassem do próprio julgamento como também contribuiu para uma suspeita de que ninguém estaria à altura do desafio.[110]

Greenspan estava entre os economistas que vieram a público se posicionar contra a segunda rodada de cortes de impostos, ainda que em seu habitual estilo ambíguo.[111] Ele brigou mais em particular, levando até Cheney uma análise que concluía que déficits maiores elevariam as taxas de juros e reduziriam o crescimento.[112]

Cheney pediu a Conda que preparasse um texto crítico argumentando que Greenspan estava soando um alarme falso.[113] O memorando, que circulou pela Casa Branca, retomava o argumento de Niskanen de 1981. Afirmava que vários fatores determinavam o nível das alíquotas e havia poucas evidências de que o déficit fosse especialmente importante. Em maio de 2003, os cortes foram aprovados com a margem mais estreita possível. Cheney deu o voto de desempate, brincando depois que ele não votava com frequência, mas, quando votava, sempre vencia. "O Partido Republicano é agora um partido que defende a economia pelo lado da oferta. É um partido defensor do corte de impostos", anunciou em júbilo Stephen Moore, um paladino antitributação de longa data. "Evoluiu nos últimos quarenta anos de um partido de defensores do orçamento equilibrado como Eisenhower para um partido de defensores do crescimento ao estilo Reagan."[114]

Os CORTES DE IMPOSTOS mais uma vez foram um triunfo político e um fracasso econômico. Bush se reelegeu em 2004, mas o crescimento foi morno, o investimento declinou e os americanos, principalmente homens na faixa etária mais produtiva, continuaram a ser expulsos da força de trabalho. Andrew Samwick, o economista-chefe do Conselho de Consultores Econômicos de Bush em 2003 e 2004, mais tarde concluiu: "Em suma, não existe evidência de primeira ordem nos dados agregados de que aqueles cortes geraram crescimento."[115]

Quando o endividamento público disparou, os Estados Unidos mais uma vez encontraram credores de prontidão. Dessa vez, a China desempenhou o papel principal em vez do Japão, mas os efeitos foram os mesmos. A relação de codependência com a China minou a indústria americana, eliminando milhões de empregos.

Os cortes de impostos de Bush também continuaram a achatar a distribuição da tributação. Em 1961, cerca de 112 mil americanos com renda mais alta pagaram uma média de 51,5% desse dinheiro em impostos federais, estaduais e municipais. Em outras palavras, de cada dólar da renda, o governo ficava com cerca de metade. Por outro lado, a grande massa de americanos – os 90% inferiores, classificados de acordo com a renda – pagava uma média de 22,3% da renda. De cada dólar da renda, o governo ficava com menos de um quarto. Meio século mais tarde, a diferença era muito menor – quase totalmente por causa de uma redução massiva na tributação dos ricos.* Em 2011, os do topo da pirâmide pagavam 33,2% de sua renda em impostos, ao passo que os 90% inferiores pagavam 26%.[116]

É um fato importante – um indicador do sucesso político do movimento da economia pelo lado da oferta – que muitos americanos menos prósperos apoiaram essa mudança na carga tributária. A parcela de americanos que disse que as famílias de alta renda pagavam muito pouco em impostos caiu de 77% em 1992 para 62% em 2012, mesmo quando a desigualdade aumentou para os níveis mais altos desde a Grande Depressão.[117]

---

* Por causa do rápido crescimento da renda no topo da escala econômica, a parcela de impostos paga pelos americanos mais prósperos aumentou mesmo quando a porcentagem de sua renda paga em impostos declinou. Por "redução massiva" quero dizer que os ricos teriam pagado muito mais impostos se ainda estivessem sujeitos às leis de 1960 ou de 1980.

Laffer surpreendeu os amigos ao se mudar em 2006 de sua casa na Califórnia, onde morava havia muitos anos, para Nashville, no Tennessee. Ele disse que queria encontrar um estado que compartilhasse sua visão sobre tributação, e poucos estados pedem menos de seus habitantes do que o Tennessee. Apenas Alasca, Dakota do Sul e Wyoming cobram uma parcela menor da renda em impostos estaduais e municipais.[118] Laffer gosta de dizer que o dinheiro que ele poupou em impostos só no primeiro ano pagou sua mansão de 1,55 milhão de dólares na luxuosa Belle Meade, onde também vive Al Gore. "É uma boa tirada e está bem perto da verdade", disse-me Laffer. Logo depois de se mudar, no entanto, Laffer fez uma descoberta alarmante: o Tennessee ainda tinha um imposto de transmissão por morte. "Era um bom lugar para morar", declarou Laffer, "mas não um bom lugar para morrer." Então ele lançou uma campanha que convenceu os legisladores do Tennessee a eliminar o imposto. "Agora também é bom morrer aqui", disse-me ele.

PARTE II

CAPÍTULO 5

Nas grandes empresas confiamos

"Existe um ditado que diz que os economistas produzem as balas que os advogados atiram uns nos outros."

– MERTON J. PECK (1978)[1]

Em abril de 1952, dezenas de engenheiros de algumas das maiores empresas do mundo e de empresas tão novas que ainda nem tinham produtos embarcaram em um ônibus na cidade de Nova York e seguiram rumo a Nova Jersey. Eram convidados da AT&T, que havia patenteado um novo dispositivo eletrônico chamado transistor poucos meses antes e convidara seus concorrentes em potencial para passarem nove dias aprendendo exatamente como poderiam fazer transistores também. A empresa proporcionou até mesmo um tour de dois dias por suas instalações fabris de última geração em Allentown, na Pensilvânia. Depois, para completar, a AT&T publicou as instruções completas em dois volumes, uma obra de referência conhecida por uma geração inteira de engenheiros eletricistas como "Mother Bell's Cookbook" (Livro de receitas da mamãe Bell).[2]

Um grupo que participou do simpósio da AT&T vinha da Texas Instruments, uma empresa pequena que tinha acabado de mudar da área de petróleo para a de eletrônicos. Dois anos depois, em 1954, ela produziu o primeiro transistor de silício, o que levou ao desenvolvimento dos microprocessadores, permitindo a criação de computadores pessoais. A companhia japonesa Tokyo Tsushin Kogyo não mandou engenheiros para o simpósio da AT&T, que foi restrito a empresas de países da OTAN, mas licenciou a tecnologia em 1953 e logo começou a fabricar um dos primeiros produtos de grande sucesso da era dos bens de consumo eletrônicos: o rádio transistorizado Sony.

Na verdade, o transistor é a peça básica de quase todos os dispositivos eletrônicos modernos. Mas a AT&T colheu frutos apenas modestos: as empresas pagavam 25 mil dólares para licenciar a tecnologia.

Havia uma explicação simples para a generosidade da AT&T: o governo federal forçou a empresa a compartilhar suas invenções como parte de uma campanha ampla, agressiva e cuidadosamente arquitetada para evitar que empresas grandes e poderosas acumulassem inovações.[3]

Para "abrir a área de eletrônicos", os reguladores exigiram que mais de 100 empresas licenciassem suas patentes de 1941 a 1959.[4] A General Electric compartilhou os segredos de suas lâmpadas; a IBM publicou a receita de seu computador mainframe.[5] Uma geração depois, o governo federal interveio de novo, forçando a IBM a deixar que outras pessoas criassem software para seus computadores. Novas empresas surgiram, inclusive a Microsoft, fundada por Bill Gates e Paul Allen em abril de 1975.

A mitologia da revolução dos computadores, de libertários desenvolvendo ideias em garagens no Vale do Silício, é normalmente contada sem qualquer menção ao papel desempenhado pelo governo. Foi a regulação antitruste que abriu o mercado e permitiu que essas ideias florescessem.

LIMITAR O PODER DE mercado de grandes empresas era uma tradição marcadamente americana.

Os americanos no século XIX se viam como uma nação de pequenos agricultores donos da própria terra, artesãos e comerciantes, em que cada homem era seu patrão ou tinha razões para acreditar que poderia ser um dia. Isso não era pura fantasia: apesar de o ideal de autonomia econômica excluir negros e mulheres e um bom punhado de homens brancos, a propriedade da terra e do capital nos Estados Unidos, especialmente no Nordeste e no Meio-Oeste, estava distribuída muito mais ampla e igualitariamente do que na Europa.

A ascensão das ferrovias e de grandes empresas na segunda metade do século XIX atingiu muitos americanos como uma ameaça direta a essa forma de vida. O tamanho em si era o problema: as novas gigantes engoliam as concorrentes menores, pressionavam fornecedores e cobravam mais caro dos clientes. Alguns poucos homens obtinham lucros descomunais e exerciam uma influência política desmedida. Para todos os outros, o sonho da independência financeira parecia estar se desvanecendo. Os Estados Unidos estavam se tornando uma sociedade de desiguais. Ao fim do século XIX, dois terços dos bens manufaturados eram produzidos por grandes empresas e dois terços dos trabalhadores assalariados trabalhavam para elas.[6]

A reação política deu origem em 1890 à Lei Sherman Antitruste, a primeira lei antitruste do país, que criminalizava o abuso do poder de mercado. "Se não vamos tolerar um rei como poder político, não devemos tolerar um rei sobre a produção, o transporte e a venda de qualquer um dos itens necessários à vida", disse o senador John Sherman, o republicano de Ohio que propôs a legislação.[7]

Com o tempo, a lei viria a ser retratada como uma tentativa precoce e mal orientada de maximizar a eficiência da economia americana. Foi uma reescrita da história. A lei era um esforço consciente para subordinar a eficiência econômica à política. Pretendia preservar a autonomia de pequenos empresários. Mais do que isso, destinava-se a salvaguardar a viabilidade do governo democrático.[8]

Duas décadas depois, em 1911, o governo federal usou seu poder para dividir a Standard Oil Company de John D. Rockefeller em 34 partes.[9] Rockefeller tinha incorporado e celebrado uma nova visão da vida americana, escrevendo em 1882: "O dia da associação veio para ficar. O individualismo se foi, para nunca mais voltar." A Suprema Corte, ao preservar a pulverização da empresa, deixou claro que o governo não estava pronto para admitir esse argumento. Três anos depois, em 1914, o Congresso proibiu uma variedade mais ampla de práticas anticompetitivas, incluindo fusões de empresas rivais que reduzissem substancialmente a concorrência.

As PREOCUPAÇÕES ACERCA DA concentração de empresas foram reaquecidas pela Grande Depressão. O jogo de tabuleiro Monopoly (ou Banco Imobiliário) – inventado em 1904 como propaganda antitruste – foi repensado para um público de massa na década de 1930 e se tornou um sucesso de vendas.[10] O presidente Franklin Roosevelt, clamando que os americanos "têm que ter oportunidades iguais no mercado", expandiu a equipe antitruste do Departamento de Justiça de 18 para quase 500 pessoas.

Depois da Segunda Guerra Mundial, a observância das leis antitruste também foi defendida como um antídoto tanto para o fascismo quanto para o comunismo. Em um discurso muito citado de 1947, o deputado Estes Kefauver, um democrata do Tennessee, advertiu que a concentração de grandes empresas estimularia demandas populistas por cada vez mais intervenção governamental, até que o capitalismo e a liberdade estivessem perdidos. Kefauver fez o alerta em uma linguagem que pareceria espantosamente contemporânea em quase todas as décadas desde os anos 1940.

> O controle de empresas americanas está sendo consistentemente transferido de comunidades locais para umas poucas cidades grandes em que administradores centrais decidem as políticas e o destino das empresas dispersas que eles controlam. Milhões de pessoas dependem irremediavelmente de seu julgamento. Por meio de fusões monopolísticas, elas estão perdendo o poder de dirigir seu bem-estar econômico. Quando perdem esse poder, também perdem os meios de dirigir seu futuro político.[11]

O governo Truman, concluindo que os monopólios alemães tinham desempenhado um papel-chave na ascensão de Hitler ao poder, desmembrou alguns dos maiores conglomerados daquele país. O mais importante, I.G. Farben, foi dividido em nove partes, incluindo a BASF e a Bayer. Porém, a Alemanha Ocidental desenvolveu uma abordagem diferente da dos Estados Unidos para restringir o poder das empresas. O governo, influenciado pela escola de pensamento econômico "ordoliberal" – que entendia que o governo precisa regular os mercados para garantir os melhores resultados –, adotou a prática de preservar empresas menores por meio da criação de cartéis sancionados pelo Estado. Também tentou contrabalançar o poder das corporações por meio do apoio do Estado a sindicatos fortes.

Os Estados Unidos exigiram que o Japão criasse uma lei antitruste também, mas ela teve ainda menos efeito.

Durante esse período, os formuladores de políticas americanos mostravam pouco interesse pelas opiniões dos economistas. Quando, em 1920, o governo teve a ideia inovadora de convocar um economista para testemunhar em um processo antitruste contra a U. S. Steel, a Suprema Corte zombou das "deduções filosóficas" do homem como sendo uma prova de qualidade inferior.[12] Em uma decisão de 1963 bloqueando a fusão de dois bancos da Filadélfia, o tribunal ofereceu uma explicação mais cortês para sua aversão, explicando que os juízes não tinham competência para avaliar evidências econômicas. Foi a versão jurisprudencial para o "Não é você, sou eu".

Nesse ínterim, o governo continuou a tratar o tamanho em si como algo antiamericano. Uma empresa dominante poderia prestar o melhor serviço pelo menor preço, mas a eficiência econômica não era a meta das políticas públicas. Em 1962, a Suprema Corte decidiu por unanimidade que a Brown Shoe Company não poderia comprar a G. R. Kinney Company porque a negociação permitiria que a empresa fundida vendesse sapatos a preços mais baixos e isso colocaria os concorrentes menores em desvantagem. "Não podemos deixar de reconhecer o desejo do Congresso de promover a concorrência por meio da proteção de empresas viáveis, pequenas e locais", escreveu o juiz presidente da Suprema Corte, Earl Warren. "O Congresso entendeu que custos e preços mais altos ocasionais poderiam resultar da manutenção de setores e mercados fragmentados. E resolveu essas considerações divergentes em favor da descentralização."[13]

A ASCENSÃO DA CIÊNCIA econômica transformou o papel da lei antitruste na vida americana. Durante a segunda metade do século XX, os economistas aos poucos convenceram o poder judiciário federal – e, em menor medida, o Departamento de Justiça – a pôr de lado as metas originais da lei antitruste e substituí-las pelo objetivo único de fornecer bens e serviços a consumidores aos preços mais baixos possíveis.

Como em outras áreas das políticas públicas, os economistas começaram a ganhar influência no início da década de 1960 declarando que os princípios econômicos poderiam ser usados para racionalizar a administração da lei antitruste. Esse argumento encontrou um público receptivo porque havia uma preocupação crescente entre os formuladores de políticas de que o governo não estava aplicando um padrão claro em suas decisões para a observância da lei. O ministro da Suprema Corte Potter Stewart, divergindo de uma decisão de 1966 para evitar a fusão de duas cadeias de mercearias de médio porte de Los Angeles, comentou que a "única consistência" nos processos judiciais do governo federal contra propostas de fusões era que "o governo sempre vencia".[14]

Tentando lidar com essas reclamações, o governo Johnson colocou Donald Turner para dirigir a divisão antitruste do Departamento de Justiça. Como seus predecessores, Turner era advogado. Porém, à distinção de todos eles, era também um economista formado. Antes de se matricular na faculdade de direito de Yale, havia feito doutorado em Harvard. Em um livro de 1959 que chamou a atenção dos assessores de Johnson, Turner defendeu que o governo estabelecesse um padrão antitruste uniforme para disciplinar suas intervenções no mercado. Turner passou três anos no Departamento de Justiça pelejando com sua equipe de advogados para criar as primeiras diretrizes antitruste do órgão, que consagravam a análise econômica como o método apropriado para julgar a legalidade da conduta corporativa. As consequências imediatas foram limitadas. Na opinião de Turner, a teoria econômica justificava restrições amplas à conduta empresarial. O departamento começou a contratar economistas e a explicar suas decisões no linguajar econômico, mas as decisões, em sua maioria, ficaram inalteradas: o governo continuou a bloquear diversas fusões.

O papel dos economistas foi captado em um relatório de 1972:

> Há outro tipo de profissional na Divisão: os economistas. São cidadãos de segunda classe. Eles não têm nada ou muito pouco a dizer em relação ao tipo de processo instaurado, às teorias jurídicas usadas ou às tutelas solicitadas. Em geral, nem realizam estudos de amplo escopo nem trabalham junto com a equipe de planejamento de políticas. Em sua maioria, auxiliam os advogados na preparação de dados estatísticos para julgamento e eventualmente testemunham. São técnicos – "estatísticos", como quase todos os advogados os chamam – e agem como tal. Um deles saiu correndo de uma entrevista conosco porque, explicou ele ao se apressar para se encontrar com um advogado, "meu mestre chamou".[15]

No entanto, as instruções de Turner criaram um caminho inequívoco para mudanças no entendimento acadêmico da concentração de empresas se tornarem mudanças na observância das leis antitruste. E, na década de 1970, os economistas que pregavam a confiança no mercado aproveitariam essa oportunidade.

"ANTIANTITRUSTE"

O economista George Stigler, principal responsável por derrubar a visão do pós-guerra da concentração de empresas, era conservador por natureza, uma vez descrito por sua assistente de longa data como o último homem no campus da Universidade de Chicago que persistia em usar chapéu fedora quando saía à rua.¹⁶

Algumas das mais brilhantes mentes de sua geração foram atraídas para a economia por verem-na como uma caixa de ferramentas para a melhoria da condição humana. Para Stigler, a beleza austera da economia era a confirmação de que esses esforços eram inúteis: o trabalho dos economistas era "proferir o veredito severo da lógica econômica" a respeito de esquemas para a melhoria social.¹⁷ Ele acreditava que os mercados proporcionavam os melhores resultados e que políticos, filantropos e outros tipos de intermediário só pioravam as coisas.

Essa fé encontrou sua expressão mais pura no "princípio da sobrevivência" de Stigler – sua afirmação de que as práticas comerciais lucrativas eram também, falando de modo geral, as ideais. As empresas sobreviviam adaptando-se às condições do mercado.¹⁸ A analogia com a evolução era explícita: a megaempresa, como o ornitorrinco, poderia ofender as sensibilidades estéticas, mas sua existência era sua justificativa. O governo deveria parar de tentar consertar o que não estava quebrado.

STIGLER NASCEU EM UMA cidadezinha nos arredores de Seattle em 1911, o ano em que o governo despedaçou a Standard Oil. Seu pai, um imigrante alemão, foi cervejeiro, afastado do seu negócio pela Lei Seca, depois um modesto investidor no mercado imobiliário que se mudou com a família 16 vezes até George fazer 16 anos. Stigler se formou na Universidade de Washington em 1931, um ano ruim para conseguir emprego, então ele rumou para o leste, matriculando-se na faculdade de administração da Northwestern. Lá descobriu a economia e depois concluiu o doutorado na Universidade de Chicago em 1938.¹⁹

Stigler conheceu Friedman em Chicago, mas os dois se tornaram amigos durante a Segunda Guerra Mundial, ao trabalharem juntos na Universidade Columbia. Em 1945, foram contratados pela Universidade de Minnesota, onde escreveram seu livreto sobre controle de aluguéis. No ano seguinte, foram entrevistados para o mesmo emprego na Universidade de Chicago. Friedman foi contratado e Stigler ficou exilado na Brown e depois em Columbia. Apesar de nunca mais publicarem em coautoria, permaneceram próximos. Eles se correspondiam com frequência, cada um servindo como editor e crítico para o outro, apesar de Stigler às vezes repreender o amigo por economizar nas fofocas. Anos mais tarde, também compartilharam um carro e um armário na academia de ginástica.

George Shultz, que conhecia bem os dois, disse que Friedman insistiria na lógica de um argumento ao passo que Stigler faria "todos rirem da sua cara".[20] O economista liberal Robert Solow, que calhou de tirar um ano sabático em Stanford com os dois, achava Friedman um ideólogo inveterado – "Não resta um pingo de humor nele", escreveu Solow a um amigo –, mas não conseguia deixar de gostar de Stigler. "Ele é muito espirituoso", reconheceu Solow, "e não deixa seu laissez-faire quieto nenhum minuto do dia."[21] Quando um jornalista comentou com Stigler que ele escrevera cem artigos, ao passo que outro economista, Harry Johnson, escrevera cerca de quinhentos, Stigler retrucou: "Os meus são bem diferentes entre si."[22] Stigler, que era alto, falou do economista liberal John Kenneth Galbraith, também alto, e de Friedman, que não era: "Todos os grandes economistas são altos. Há duas exceções: John Kenneth Galbraith e Milton Friedman."

Stigler gostava de argumentar que o trabalho de economistas acadêmicos tinha pouco impacto sobre políticas públicas e que Friedman estava perdendo tempo tentando ensinar economia ao público em geral. "Milton quer mudar o mundo; eu só quero entendê-lo", afirmou Stigler.[23] Mas quem conhecia Stigler percebia a magnitude de sua ambição. "Ele achava que ia mudar o mundo", contou seu colega de longa data Ronald Coase.[24] A diferença era que Stigler se concentrava em vencer seus colegas economistas. Ele continuou a produzir trabalhos significativos e a combater adversários acadêmicos com prazer muito depois de Friedman ter se voltado para uma vida de personalidade intelectual. "Um acadêmico é um evangelista tentando converter seus irmãos da boa-nova que ele está pregando", escreveu Stigler em sua autobiografia. "Uma nova ideia proposta de forma ligeira e casual está quase fadada ao esquecimento."[25]

Convenientemente, Stigler lançou sua defesa dos mercados em 1948 com um ataque mordaz a um colega economista, transmitido em uma série de palestras na London School of Economics. O alvo, Edward Chamberlin, professor de Harvard, tinha criado fama na década de 1930 por afirmar que o poder monopolístico era uma característica generalizada da paisagem econômica. Relativamente poucos setores eram dominados por grandes empresas, mas Chamberlin argumentava que mesmo nos setores aparentemente competitivos as empresas costumavam ter algum grau de poder monopolístico – alguma capacidade de pressionar seus fornecedores, seus concorrentes ou seus clientes. Considere o exemplo de um calçadão de uma praia com uma banca de sorvetes, um quiosque vendendo *frozen yogurt* e uma carrocinha de raspadinha. Nenhum desses negócios monopoliza o comércio de doces gelados. Se a sorveteria dobrasse os preços, as pessoas poderiam tomar mais *frozen yogurt* e raspadinha. Porém, Chamberlin disse que a sorveteria poderia cobrar preços um pouco mais altos, porque alguns fregueses preferem sorvete, e ela poderia cultivar essas preferências, por exemplo, por meio de propaganda ou de um cartão fidelidade que oferecesse a décima casquinha de graça. Isso tinha o efeito de segmentar o mercado, criando o que Chamberlin chamou de "concorrência monopolística". E ele advertia que a economia estava se movendo rumo a mais monopólio e menos concorrência.

A visão que Chamberlin tinha dos mercados como altamente fragmentados e imperfeitamente competitivos ofendia as sensibilidades estéticas de Stigler e suas inclinações políticas. Sua principal objeção, contudo, era que a visão que Chamberlin tinha dos mercados era inútil. O modelo de Chamberlin poderia se assemelhar superficialmente ao mundo real, no qual postos de gasolina vizinhos cobravam preços diferentes, mas Stigler disse que isso era literatura. Assim como Friedman, ele queria julgar modelos econômicos pela exatidão de suas previsões. A economia, na opinião dele, exigia a destilação de teorias gerais, e não retratos cuidadosamente tirados de realidades idiossincráticas. Os mercados não eram perfeitamente competitivos, mas Stigler disse que os economistas – e os formuladores de políticas – alcançariam melhores resultados fingindo que a maioria dos mercados era assim.[26]

Nesse estágio inicial de sua carreira, Stigler ainda olhava as situações relativamente raras de monopólios reais como perigos para a economia. Em um ensaio de 1952 na revista *Fortune*, ele convocou o governo a desmembrar essas empresas.[27] A motivação de Stigler, porém, era distinta da lógica tradicional para a observância das leis antitruste. Em vez da corrupção do governo e da sociedade, Stigler temia a corrupção do mercado. Ele advertiu que a ascensão de grandes corporações estava sendo usada para justificar a ascensão de sindicatos e da regulação. "Cada vez mais", escreveu ele, "grandes empresas estão sendo instadas a atuar no 'interesse social' e cada vez mais o governo está interferindo em suas operações rotineiras."

STIGLER E FRIEDMAN VOLTARAM a se reunir em 1957 combinando anos sabáticos simultâneos em Stanford, onde dividiram o custo de 300 dólares de um Buick 1950 para dirigir até a quadra de tênis em que praticavam o esporte durante a semana.[28]

No ano seguinte, Stigler foi admitido como professor na Universidade de Chicago com um salário principesco de cerca de 25 mil dólares anuais* mais uma boa verba para pesquisa.[29] Essa verba foi dada por Charles Walgreen, um magnata local das drogarias que fizera fortuna vendendo uísque com prescrição médica durante a Lei Seca. Walgreen tinha tirado a sobrinha da Universidade de Chicago em 1935, acusando a instituição de ensinar comunismo e amor livre. O poder legislativo de Illinois investigou devidamente, mas achou poucas evidências das duas coisas na universidade. Dois anos depois, Walgreen se emendou doando 550 mil dólares para "estimular uma maior apreciação da vida e dos valores americanos entre os alunos da Universidade de Chicago".[30]

Plantada na estufa de Chicago, a crítica de Stigler da observância das leis antitruste floresceu. Em sua refutação de Chamberlin, ele não dera uma explicação para as disparidades de preços. Como drogarias na mesma cidade poderiam vender a mesma pasta de dente a preços diferentes? Como consumidores racionais buscariam o melhor preço? Em 1961, ele ofereceu uma resposta em um artigo que descreveu como sua "contribuição mais importante para a teoria econômica".[31] Começava assim: "Ninguém deveria ter que ficar repetindo aos acadêmicos que a informação é um recurso valioso: conhecimento é poder. Ainda assim, ela ocupa um lugar na favela da cidade da economia. De modo geral, é ignorada."[32] Stigler disse que as pessoas tomavam decisões imperfeitas porque a informação tinha um preço, como tudo mais. Elas dificilmente investiriam o tempo e a energia necessários para pesquisar de modo minucioso o preço da pasta de dente.

Uma implicação disso, segundo Stigler argumentou em um artigo de 1964, era que o governo deveria se preocupar menos com a concentração de empresas. O artigo era uma refutação direta de um texto sagrado, *A riqueza das nações*, de Adam Smith, em que este fez a famosa observação: "Quando pessoas do mesmo ramo de negócios se encontram, mesmo para fins de lazer e diversão, a conversa termina em conspiração contra o interesse público

---

* O salário médio de um professor universitário do sexo masculino em 1957 era 7.971 dólares, de acordo com o censo de 1960. Professores de economia ainda não eram considerados especialmente valiosos. O economista de Columbia John M. Clark reclamou em meados da década de 1950 que ganhava quase o mesmo que um carpinteiro qualificado.

ou em algum incitamento para aumentar os preços." Na década de 1960, essa observação tinha sido formalizada por acadêmicos que compartilhavam a desconfiança predominante nos mercados e adotada como política pelo governo federal, que pressupunha que a probabilidade de conluio aumentava com o declínio da concorrência.

Em sua decisão de 1963 impedindo a fusão de dois bancos da Filadélfia, a Suprema Corte estabeleceu uma presunção de que qualquer aumento na fatia de mercado acima de 30% era anticoncorrencial. Stigler concordou que as empresas em setores relativamente concentrados poderiam aumentar lucros simulando um monopólio – ao chegarem a um acordo para restringir a produção e aumentar preços. Mas era ainda mais lucrativo para qualquer empresa participar da criação de um cartel desse tipo e depois trapacear oferecendo descontos sem alarde. Construindo seu raciocínio com base em seu trabalho anterior, Stigler argumentou que evitar essa trapaça era custoso – porque exigia aquisição de informações sobre as vendas dos outros –, então as empresas evitariam trapacear ao se recusarem a participar de cartéis. O medo de que os cartéis destruiriam os mercados estava indo ao contrário da realidade; eram os mercados que destruíam os cartéis. "A concorrência", escreveu Stigler, "é uma erva daninha resistente, não uma flor delicada."[33]

UM DOS PRIMEIROS E mais importantes tradutores da teoria da confiança nos mercados para a teoria jurídica foi Aaron Director, cunhado de Friedman, que se tornou um dos primeiros economistas a ensinar em uma faculdade de direito americana ao se tornar professor da Universidade de Chicago em 1946.

Nascido em 1901 no Leste Europeu, Director chegou a Portland, no Oregon, com a família em 1913, sem falar quase nada de inglês. Oito anos depois, ganhou uma bolsa para estudar em Yale.[34] Ele foi para o Leste com um amigo chamado Mark Rothkowitz, que depois abandonou os estudos, retirou as últimas quatro letras do sobrenome e se tornou um artista famoso. Director se formou e, após mergulhar no socialismo por alguns anos, matriculou-se na pós-graduação em economia da Universidade de Chicago em 1927. Nunca concluiu o doutorado, mas deixou Chicago em 1934 com uma fé fervorosa de convertido na causa da economia de livre mercado.

Durante a Segunda Guerra Mundial, Director convenceu a editora University of Chicago Press a publicar uma edição americana do livro de Hayek,

O caminho da servidão. Em 1946, Hayek retribuiu o favor ao convencer seus amigos no Volker Fund – um fundo sem fins lucrativos de Kansas City dedicado a causas libertárias – a custear a contratação de Director para a faculdade de direito da Universidade de Chicago.[35]

Assim começou uma carreira acadêmica incomum. Durante suas duas décadas como membro do corpo docente de Chicago, Director não publicou quase nada, porém a marca que deixou em uma geração de advogados fez dele um dos mais importantes pensadores jurídicos de sua época. Durante anos, Director ministrou a disciplina sobre antitruste na faculdade de direito com Edward H. Levi, mais tarde procurador-geral dos Estados Unidos no governo Ford. Levi dava quatro aulas e depois Director dava uma. "Aaron Director nos dizia que tudo que Levi tinha falado nos quatro dias anteriores era um disparate", lembra-se um dos alunos. Para alguns, era uma experiência religiosa. "Nós nos tornamos janízaros", contou Robert Bork, um aluno dos primeiros tempos que foi um dos maiores divulgadores das ideias de Director.* Ronald Coase, um colega que depois ganhou o Prêmio Nobel de Economia por seu trabalho integrando a economia à teoria jurídica, também se considerava discípulo de Director, dizendo: "Eu via o meu papel como o de São Paulo para com o Cristo, que no caso era Aaron Director. Ele doutrinava e eu levava a boa-nova aos gentios."[36]

A marca registrada de Director era seu ceticismo de que o comportamento das empresas fosse anticoncorrencial. Ele começava supondo que os mercados eram eficientes, depois tentava deduzir explicações para o comportamento das empresas. Na visão padrão, grandes corporações rondavam o mercado à espreita de rivais mais fracos, fornecedores e consumidores; na visão de Director, as empresas estavam apenas tentando sobreviver. Até mesmo gigantes como a AT&T ou a Alcoa, que não enfrentavam uma concorrência óbvia, eram cerceadas pelo temor de que a ineficiência atrairia novas empresas rivais.

Veja o caso clássico da Standard Oil. O governo acusou a empresa de tentar criar um monopólio ao vender querosene com prejuízo em cidades onde enfrentava concorrência, para tirar rivais menores do mercado. Director argumentava que isso era ilógico. Uma empresa que busca o monopólio

---

* Os janízaros eram cristãos capturados pelos otomanos, convertidos ao Islã e enviados para a batalha.

poderia simplesmente chegar a um acordo para adquirir suas rivais, oferecendo-se para dividir os lucros extras que poderiam ser ganhos operando como um monopólio. Ele argumentava que só fazia sentido para a Standard Oil vender querosene a preços mais baixos se a empresa realmente obtivesse uma vantagem em forma de custos mais baixos.

Em 1953, Director insistiu que John McGee, um aluno de pós-graduação em economia na Universidade de Chicago, examinasse as provas do governo contra a Standard Oil. McGee estava cético. "Como todo mundo, eu sabia muito bem o que a Standard havia feito de fato", escreveu ele, mas, depois de mergulhar nos arquivos, concluiu que Director tinha razão. Em 1958, McGee publicou um artigo célebre afirmando que a Standard Oil era inocente. A empresa vendia querosene a preços mais baixos, afirmou McGee, porque produzia querosene a um custo mais baixo. O artigo foi publicado na primeira edição do *Journal of Law and Economics*, criado por Director para divulgar suas ideias.[37] A Universidade de Chicago, que recebia verbas dos Rockefeller, havia encontrado uma forma de retribuir o favor.

Director e seus sectários passaram a década de 1960 atirando a esmo em advogados que os ignoravam solenemente. Eles se sentiram bastante insultados quando em 1967 a Suprema Corte se dispôs a resgatar a Utah Pie Company. Com os americanos começando a comprar geladeiras com compartimento de congelador nos anos 1950, houve um rápido aumento nas vendas de tortas congeladas para assar em casa. A Utah Pie, enfrentando um declínio igualmente rápido nas vendas de tortas frescas, construiu uma fábrica em 1958 para produzir tortas congeladas nos sabores maçã, cereja, amora, pêssego, abóbora e carne, entre outros.

A empresa vendia seus produtos para supermercados locais por 4,15 dólares a dúzia, abaixo dos preços cobrados por marcas de alcance nacional, como Carnation e Pet Milk. Essas marcas reagiram cortando preços e o capitalismo seguiu seu curso: nos quatro anos seguintes, o número de tortas vendidas na área de Salt Lake City mais do que quadruplicou, ao passo que o preço médio caía em um terço. As vendas e os lucros da Utah Pie aumentaram a cada ano, mas suas margens de lucro encolheram. Em 1961, a empresa processou suas rivais pela prática de preços predatórios, alegando que as maiores tinham cortado os valores das tortas em um esforço para expulsar a Utah Pie do mercado.

O processo apresentava uma escolha clara: a concorrência estava reduzindo o preço da torta, mas também ameaçava reduzir o número de concorrentes. A Suprema Corte, tomando o partido da Utah Pie, mais uma vez enfatizou que a lei fora escrita para proteger as empresas.[38] De fato, em 1936 o Congresso tinha reforçado a Lei Sherman ao aprovar a Lei Robinson-Patman, que proibia especificamente que empresas grandes cobrassem preços mais baixos para minar as rivais locais.

Robert Bork descreveu o veredito como uma violação às leis da economia. Os réus, afirmou ele, "foram condenados não por prejudicarem a concorrência, mas apenas por fazerem concorrência".[39] Stigler, ao testemunhar no Capitólio, incitou o Congresso a reescrever as leis dos Estados Unidos. Ele disse: "Espero que o subcomitê reflita sobre o fato de que, se todos os economistas de renome favoráveis à Lei Robinson-Patman forem colocados em um fusca, ainda haveria espaço para um motorista corpulento."[40]

DIRECTOR SE APOSENTOU DA Universidade de Chicago em 1965 e mudou-se para a Califórnia, onde manteve uma sala em Stanford. No outono de 1968, Richard Posner, um novo professor da faculdade de direito, viu o nome conhecido na porta da sala e aproveitou a oportunidade para se apresentar. Posner, na qualidade de escrivão do juiz da Suprema Corte William Brennan, havia redigido o parecer da maioria no processo do Philadelphia National Bank em 1963, em que o tribunal declarou que carecia de capacidade para avaliar a análise econômica. Mas ele desenvolvera um interesse pelo assunto ao trabalhar como advogado na Comissão Federal de Comércio e depois no gabinete do advogado-geral, que representa o governo perante a Suprema Corte. Ao chegar a Stanford como um menino prodígio de 29 anos, ansiava pelos ensinamentos de Director. O velho economista e o jovem advogado passavam longas horas na sala de Posner, Director empoleirado em um gaveteiro, ensinando, enquanto Posner ficava sentado atrás de uma máquina de escrever, tomando notas.[41]

Naquele inverno, Stigler chegou a Stanford como professor visitante e dois viraram três. Stigler e Director faziam aparições quase que semanais no seminário de Posner sobre leis antitruste. Posner depois desenvolveu uma reputação de professor temível que se deleitava em atormentar os alunos, mas naquele primeiro ano os estudantes escaparam incólumes. Os professores passavam mais tempo conversando entre si.[42]

Na primavera, Director e Stigler arranjaram um casamento entre Posner e a

Universidade de Chicago. Um ano após ter cruzado o país vindo de Washington para a Califórnia, Posner percorreu quase todo o caminho de volta.

Poucos anos depois, em 1973, Posner publicou *Economic Analysis of Law* (Análise econômica do direito), que um resenhista comparou ao grande clássico da literatura americana *Huckleberry Finn*, descrevendo o livro de Posner como uma aventura em série em que o herói (a economia) encontrava um novo problema a cada capítulo e o resolvia de modo hábil.[43] Posner insistia que o *common law*, o direito que evoluiu em certos países a partir das decisões dos tribunais, não dos poderes legislativo ou executivo, tinha economia em sua medula. Séculos de jurisprudência anglo-americana, grande parte dela anterior à economia como modo de pensar, quase toda formulada sem qualquer contribuição de economistas, tinham produzido um conjunto de precedentes que, na opinião de Posner, eram praticamente o que se obteria vestindo economistas com togas. Posner expressou essa opinião com cautela na primeira edição do livro, mas na segunda, em 1977, escreveu que a eficiência econômica é "talvez o mais comum" sentido de justiça.

> Veremos, entre muitos outros exemplos, que, quando as pessoas descrevem como "injusta" a condenação de alguém sem julgamento, a tomada de bens sem indenização ou a incapacidade de exigir que um condutor negligente de veículo responda com indenização por danos à vítima de sua negligência, uma interpretação despretensiosa pode ser de que a conduta em questão desperdiça recursos.[44]

Além disso, Posner argumentou que, se em algum ponto a lei era ineficiente, deveria ser mudada.

Em um segundo livro, *Antitrust Law* (Lei antitruste), publicado em 1976, Posner aplicou essa lição, defendendo que a eficiência econômica deveria ser o único padrão da política antitruste, o que, em sua opinião, fazendo eco a Director, significava que o governo deveria deixar que as empresas fizessem o que lhes aprouvesse.

Professores de direito que escreviam e pensavam sobre teorias do direito em sua maioria reagiram ultrajados à tentativa de Posner de retirar a palavra "Justiça" da frente dos tribunais da nação e entalhar "Eficiência" em seu lugar. Muitos endossavam alguma versão da teoria de que justiça significava equidade, que o filósofo John Rawls havia elegantemente atualizado em seu livro de

1971, *Uma teoria da justiça*. Rawls introduziu uma virada na Regra de Ouro, sugerindo que o teste da equidade era perguntar o que a pessoa pensaria de uma política se não conhecesse as próprias circunstâncias, uma perspectiva que ele descreveu como um "véu de ignorância". Ele também rejeitava a ideia de que os ganhos de uma pessoa poderiam justificar as perdas de outra. A justiça, escreveu ele, "não permite que os sacrifícios impostos a uns poucos sejam compensados pela soma maior das vantagens desfrutadas por muitos".

O ultraje serviu ao propósito de Posner. Olhando retrospectivamente para o que se seguiu, Douglas Baird, professor veterano da faculdade de direito de Chicago, disse que Posner e seus aliados escreveriam artigos afirmando que a visão padrão de algumas questões jurídicas estava cem por cento errada – por exemplo, que, ao julgar processos de falência, os tribunais precisavam levar em conta o conceito de que um dólar hoje vale mais do que um dólar amanhã – e as refutações insistiriam que a abordagem convencional só estava 80% errada. "Posner nunca teve um entendimento totalmente correto das coisas", disse Baird, "mas ele sempre virava tudo de cabeça para baixo, e as pessoas começaram a falar do direito de forma diferente."[45]

"POSNER, BAXTER, BORK"

O apoio à observância das leis antitruste começou a declinar na década de 1970. Em parte, a lei era vítima do próprio fracasso. Estava cada vez mais difícil ignorar que o impedimento às fusões não tinha evitado a ascensão de grandes corporações. Veja o caso da cerveja.

Em meados do século, havia várias centenas de pequenas e médias empresas que fabricavam cerveja nos Estados Unidos, e o governo tentava evitar que elas fizessem fusões. Em 1959, impediu que a Anheuser-Busch comprasse a cervejaria Florida. No mesmo ano, a Suprema Corte forçou duas cervejarias de médio porte de Milwaukee, a Pabst e a Blatz, a reverter uma fusão. "Se não for impedido", justificou o tribunal, "esse declínio no número de concorrentes individuais e o crescimento da parcela de mercado controlada pelos maiores fabricantes de cerveja levarão a uma concentração cada vez maior da indústria nas mãos de cada vez menos pessoas."[46] Porém, os esforços do governo foram inúteis. O setor se fortaleceu sem fusões. Nas duas décadas seguintes, a Anheuser-Busch consolidou uma rede nacional de cervejarias sem fazer qualquer aquisição. Nesse meio-tempo, a Blatz e muitas outras menores saíram do mercado. Em 1960, as quatro principais empresas do setor eram responsáveis por 27% da produção de cerveja; em 1980, as quatro maiores cervejarias detinham 67% do mercado.[47] E os economistas ressaltaram que o preço da cerveja tinha caído gradualmente.

Defensores dos consumidores como Ralph Nader foram cada vez mais dando por certa a existência de grandes corporações. Em vez de tentar pulverizar as empresas, eles procuraram fortalecer a regulação federal.

A ascensão da economia japonesa também começou a mudar a opinião pública. O Japão tratava os conglomerados industriais como uma fonte de poder, não como uma ameaça à sociedade e ao Estado. As grandes corporações americanas argumentavam que a consolidação era necessária para competir e alguns políticos passaram a se solidarizar com essas ideias. "O mundo está mudando, e precisamos mudar com ele", disse John Connally, um consultor econômico do presidente Nixon, em um discurso de 1973 defendendo o relaxamento das regras antitruste. O discurso foi notável por seu pessimismo sobre as perspectivas econômicas dos Estados Unidos. Connally perguntou ao público:

– Continuaremos a existir diante da concorrência de outros países que não estão enfrentando as mesmas restrições que nós?

– Por que não? – alguém perguntou.

– Por que não? – repetiu Connally. – Vou lhe dizer: porque não é possível.[48]

No ENTANTO, A LEI antitruste não foi reescrita pelo Congresso, e sim dilapidada pelo Judiciário.

Quatro conservadores defensores das empresas entraram na Suprema Corte no primeiro mandato de Nixon. Um deles, Lewis Powell, era o famoso advogado corporativo que escreveu o memorando alarmista de 1971 para a Câmara de Comércio advertindo que o capitalismo estava sob ataque.

Em 1976, Powell convenceu seus colegas a aceitar um processo aberto por uma empresa varejista de São Francisco, a Continental T.V. A corte de início votou contra a admissão do processo, mas Powell insistiu, vendo uma oportunidade de minar a lei antitruste. Uma fabricante de televisões, a GTE Sylvania, tinha decidido limitar a concorrência entre seus revendedores dividindo o país em territórios de vendas. Quando a Continental pediu autorização para vender televisões em Sacramento, a GTE Sylvania negou e a Continental abriu um processo judicial com base na lei antitruste. Um tribunal inferior decidiu contra a GTE Sylvania, observando que a Suprema Corte tinha feito o mesmo contra a fabricante de bicicletas Schwinn em um processo semelhante uma década antes. O tribunal então entendeu que os fabricantes não poderiam impor restrições a empresas varejistas. Se a Continental T.V. queria vender TVs a um preço mais baixo do que outras empresas varejistas em Sacramento, essa era justamente a definição de concorrência.

No fim da década de 1950, Director havia encorajado um de seus alunos, Lester G. Telser, a analisar por que os fabricantes tentavam impor tais restrições aos varejistas. A teoria de Telser, publicada no periódico de Director em 1960, era de que os fabricantes queriam que os varejistas gastassem dinheiro com publicidade e instalações para manutenção, tentando evitar que as lojas que concediam grandes descontos operassem livremente "à custa de quem tinha convencido os consumidores a comprar o produto".[49] Posner descreveu o raciocínio de Telser em seu livro de 1976, acrescentando que a regra da Schwinn era "um fracasso intelectual de enormes proporções".[50]

Powell concordou com Posner. Ele disse a seu assessor que era "importante demonstrar o analfabetismo econômico do caso Schwinn".[51] Em sua opinião majoritária, Powell foi além da legitimação de territórios de vendas. Ele escreveu que foi errado fazer com que a Continental provasse que estava agindo legalmente. O ônus da prova era do governo, segundo ele.[52] A importância não estava apenas nos detalhes, mas na disposição para considerar os detalhes. Powell estava adotando a visão de Stigler de que os mercados deveriam obter o benefício da dúvida. O processo inaugurou uma nova era na qual a corte pôs de lado proibições gerais a práticas anticoncorrenciais em favor de avaliações caso a caso. Os juízes estavam prontos para ouvir o parecer de economistas.

Para reforçar essa tendência, Henry Manne, outro discípulo de Director, criou um "campo de treinamento" para professores de direito em 1971 na Universidade de Rochester. Manne pagou 1.000 dólares a professores de prestigiosas faculdades de direito para frequentarem as aulas de economia. A verba vinha de empresas como Exxon, General Electric e IBM. Manne explicou: "Assessores jurídicos de muitas dessas empresas estavam cientes de como a 'Economia de Chicago' era útil em processos antitruste."[53] Ele insistia em doações anuais em vez de benefícios prolongados porque dizia que queria prestar contas ao mercado. Manne logo levou o programa para a Universidade de Miami, um destino mais atraente, e em 1976 acrescentou um curso de duas semanas para juízes federais.

Manne recrutava alguns dos mais proeminentes economistas do país para atuarem como palestrantes. Armen Alchian, coautor do artigo de 1972 descrevendo as grandes empresas como a apoteose do capitalismo, normalmente ficava com os três primeiros dias. Um jornalista visitante narrou uma das performances do professor: "Andando para lá e para cá diante dos juízes fascinados, Alchian gritou: 'Estou tentando mudar a visão de mundo de vocês, mostrar-lhes que o que vocês pensavam ser ruim talvez não seja.'"[54] Milton Friedman discursou para os juízes após receber o Prêmio Nobel em 1976. Paul Samuelson também era um palestrante assíduo. Depois de um dos discursos de Samuelson, alguns dos juízes pediram a Manne que explicasse a diferença entre economistas liberais e conservadores, "já que Paul Samuelson parecia estar ensinando a mesma economia que Armen Alchian".[55]

Em 1980, quase 20% dos juízes federais tinham frequentado o curso de Manne; em 1990, o percentual chegou a 40%. Uma análise das decisões dos juízes antes e depois de fazer o curso mostrou uma mudança significativa no que diz respeito à confiança nos mercados.[56] A. Andrew Hauk, um juiz do Tribunal Distrital da Califórnia, disse ao *The Washington Post* que as lições aprendidas em Miami o induziram a proferir uma decisão que encerrava o sistema federal de cotas para contratos com fornecedores minoritários. "Cada vez mais", disse Hauk, "a vida é mais bem explicada não pela religião nem pela lei, mas pela economia."[57]

PARA JUSTIFICAR A INSERÇÃO da economia na lei antitruste, Robert Bork reescreveu a história. Depois de se formar em Chicago, ele se tornou professor da faculdade de direito de Yale – onde seus alunos apelidaram sua aula sobre lei antitruste de "pró-truste" – e depois atuou como advogado-geral de Nixon.[58] De volta a Yale, ele escreveu *The Antitrust Paradox* (O paradoxo antitruste), um livro popular de 1978 que afirmava que o objetivo original da Lei Sherman Antitruste era maximizar o bem-estar dos consumidores. Bork insistia que nada nos registros do Congresso sugeria que legisladores tivessem optado por impor preços mais altos a consumidores para preservar pequenas empresas ou para impedir a concentração de poder político.[59]

Isso era academicismo fajuto. Para lembrar apenas um exemplo, considere as observações do deputado William Mason, de Illinois, um grande defensor da Lei Sherman, um pouco antes da votação final em 1890: "Alguns dizem que os trustes baratearam produtos, reduziram preços, mas, se o preço do petróleo, por exemplo, fosse reduzido para 1 centavo de dólar o barril, isso não compensaria o mal feito às pessoas deste país pelos trustes que destruíram a concorrência legítima e fizeram com que homens honestos fossem expulsos de negócios legítimos."[60]

Mesmo assim, formuladores de todo o espectro político queriam acreditar que Bork estava certo. Os americanos, que tinham se definido de início como uma nação de agricultores e depois como uma nação de operários, cada vez mais se definiam como uma nação de consumidores. E, conforme o consumo substituiu o trabalho como quintessência da identidade americana, uma consequência foi a crescente intolerância a políticas públicas que visassem preservar a prosperidade de produtores.

Os juízes também queriam acreditar em Bork. Estavam lutando para lidar com processos antitruste cada vez mais complexos e a abordagem da "Escola de Chicago" de Director e seus discípulos oferecia um padrão claro e consistente, até mesmo para juristas mais liberais. Stephen Breyer, que se tornaria juiz da Suprema Corte, escreveu em 1983, ao trabalhar no Tribunal de Recursos da Primeira Circunscrição, que a economia "oferece objetividade – terra firme – sobre a qual podemos basear nossas decisões".[61]

No ano seguinte à publicação do livro de Bork, o governo Carter interveio em um processo antitruste contra um fabricante de aparelhos auditivos, Sonotone, para reivindicar que a legalidade da conduta empresarial deveria se basear no bem-estar do consumidor. O tribunal concordou por unanimidade. "O Congresso concebeu a Lei Sherman como uma 'prescrição para o bem-estar do consumidor'", escreveu o presidente da Suprema Corte Warren Burger. Na nota de rodapé está a referência a "R. Bork, *The Antitrust Paradox*".[62]

Alguns legisladores tentaram evitar a mudança, mas não tiveram votos. O senador Philip A. Hart, de Michigan, apresentou um projeto de lei em 1976 pedindo que os tribunais ignorassem a economia, mas não foi adiante.[63] Quando autoridades reguladoras apresentavam processos, os tribunais cada vez mais decidiam em favor das empresas acusadas. A Comissão Federal de Comércio, que compartilhava com o Departamento de Justiça o poder de instaurar processos antitruste, ganhou 88% de seus processos durante a primeira metade da década de 1970. De 1976 a 1981, a agência venceu 43% das vezes.[64]

No início do século XX, o grande curral de Chicago, 130 hectares com vacas no meio de uma cidade populosa, era o lar de cinco dos maiores frigoríficos do país, e felizmente eles não estavam cientes da máxima de Stigler de que o conluio era quase impossível. Eles pagavam mal seus fornecedores e cobravam preços excessivamente altos de seus clientes, até que, em 1920, o governo os enquadrou na Lei Sherman. Pelas seis décadas seguintes, até os anos 1970, as cinco maiores empresas de abate bovino supriram no máximo 25% da carne do país.

Esse capítulo se encerrou em 24 de junho de 1981, quando William French Smith, ex-advogado pessoal de Ronald Reagan e novo procurador-geral do país, subiu a um palanque em Washington e declarou que o governo federal planejava sair do caminho da concentração de empresas. "Precisamos reconhecer que o fato de uma empresa ser grande não necessariamente significa que ela é nociva e que o sucesso não deve ser considerado suspeito por automatismo", afirmou Smith, cujos ternos caros e cabelo branco cuidadosamente penteado diziam muito de sua vida pregressa como advogado corporativo.

Em 1982, o Departamento de Justiça emitiu novas diretrizes antitruste que incorporavam a visão tolerante de Chicago sobre a concentração de empresas.[65] Os frigoríficos aceitaram o convite. A gigante do agronegócio Cargill concordou em comprar três frigoríficos do Meio-Oeste de uma cooperativa agrícola. Quando uma empresa rival, a Kenneth Monfort, abriu um processo para impedir a negociação, o Departamento de Justiça correu em defesa da Cargill, descrevendo a fusão como boa para a economia. A Suprema Corte concordou e, por precaução, limitou questionamentos a futuras fusões. A Monfort foi prontamente vendida para outra gigante do agronegócio, a ConAgra.[66] Em 1992, a parcela de mercado das maiores empresas frigoríficas era superior a 71%.

Há poucas evidências de que a consolidação no setor de empresas frigoríficas tenha ocorrido em prejuízo dos criadores de gado ou dos consumidores de carne. Só havia um grupo de perdedores óbvios: os trabalhadores dos frigoríficos. Os salários por hora diminuíram 35%, descontada a inflação, conforme as empresas foram fechando unidades onde os sindicatos tinham força e usando a ameaça de fechamento para arrancar concessões dos trabalhadores.[67]

Outros setores econômicos também se consolidaram. Robert Tollison, o economista-chefe da Comissão Federal de Comércio, contou a uma publicação da área de comércio no início do governo Reagan que pretendia conduzir "um experimento natural na economia". Em teoria, disse, as fusões eram boas, então "seria permitido que várias se realizassem. Seria permitido que muitas pessoas investissem nisso, e vamos ver o que acontece".[68] Se não desse certo, continuou Tollison, o governo poderia "tentar botar o ovo de volta na casca". De 1981 a 1984, a Comissão endossou nove das maiores fusões da história americana até então.

Reagan também reformulou o Judiciário federal. No outono de 1981, o presidente nomeou Posner e Bork juízes federais, parte de uma troca geracional da guarda. Quando acabou o mandato de Reagan em janeiro de 1989, ele tinha nomeado quase metade do Judiciário federal.[69]

O governo Reagan, por outro lado, concluiu um longo esforço para desmembrar a AT&T. William F. Baxter, um professor de direito de Stanford designado por Reagan para chefiar a divisão antitruste do Departamento de Justiça, estava comprometido com a visão de Chicago a respeito da lei antitruste, mas via o desmembramento da AT&T sobretudo como um ato de desregulação. Ele queria separar os monopólios regulados de telefonia local do negócio de ligações interurbanas da AT&T, abrindo caminho para a concorrência no mercado de interurbanos.[70]

A equipe da divisão antitruste foi reduzida pela metade no governo Reagan. Dezenas de advogados foram despachados para atuar na "guerra às drogas"; o restante foi matriculado em cursos de economia obrigatórios. A filiação à divisão antitruste da Ordem dos Advogados americana chegou a um auge de 13.500 advogados no período de 1982 a 1983. Conforme a observância da lei prescrevia, também caía a demanda das empresas pelos serviços deles.[71]

James C. Miller III, o primeiro economista a dirigir a Comissão Federal do Comércio (antes ele sucedera David Stockman como diretor de orçamento da Casa Branca), encerrou investigações de conluio entre as três maiores montadoras de automóveis, as grandes empresas de petróleo e as grandes empresas de cereais matinais. Em vez disso, acionou Minneapolis e Nova Orleans para porem fim à regulação de táxis.[72]

Miller disse que a mudança de prioridades era uma reação à expansão de uma economia de serviços. Mas ele não foi atrás dos médicos, a quem Friedman via como o mais notável exemplo de um cartel nocivo, nem dos corretores de imóveis, que cobravam todos as mesmas comissões. Em vez disso, a Comissão Federal de Comércio processou um grupo de advogados de Washington, D. C., que representavam réus indigentes e haviam encenado uma greve de duas semanas em 1983 demandando 35 dólares por hora do município, que, desde 1970, vinha pagando 30 dólares por cada hora que os advogados passavam no tribunal. A Comissão levou o caso para a Suprema Corte, que proibiu que advogados se organizassem para pedir aumento.[73]

Algumas disputas corporativas ainda eram escandalosas demais para serem ignoradas, mas foram tratadas com gentileza. Howard Putnam, o CEO da Braniff Airways, deu ao governo uma gravação de uma conversa telefônica com Robert Crandall, presidente da American Airlines. Crandall ligou para Putnam para reclamar sobre a concorrência de preços entre as duas companhias aéreas em relação a voos vindos de Dallas. "Acho que é uma estupidez, pelo amor de Deus, ficar sentados aqui brigando um com o outro enquanto nenhum dos dois está ganhando um centavo sequer", começou Crandall.

Putnam: Você tem alguma sugestão para mim?
Crandall: Sim, tenho uma sugestão para você. Aumente a droga das suas tarifas em 20%. Eu aumentarei as minhas na manhã seguinte.
Putnam: Robert, nós...
Crandall: Você vai ganhar mais dinheiro e eu também.
Putnam: ... não podemos falar de preços.
Crandall: Ah, qual é, Howard, a gente pode falar de qualquer assunto que quiser.[74]

O governo, incapaz de evitar a conclusão de que essa conversa era ilegal, teve que tomar alguma providência, então pegou pesado com Crandall, exigindo que ele mantivesse registros de suas conversas com outros executivos de companhias aéreas durante dois anos.

Duas semanas depois de Reagan encerrar o mandato, o governo aprovou a maior fusão da década de 1980, permitindo que a firma de *private equity* Kohlberg Kravis Roberts se juntasse à RJR Nabisco and Beatrice em uma negociação de 25 bilhões de dólares que criou uma das maiores empresas alimentícias do mundo. Em uma demonstração de preocupação com a integridade do mercado, os reguladores exigiram que a empresa fundida abrisse mão de três linhas de produtos: comida chinesa, ketchup e amendoim.

"A LEI ANTITRUSTE ESTÁ MORTA, NÃO ESTÁ?"

Em uma manhã gelada de novembro de 1992, um executivo da gigante do agronegócio Archer Daniels Midland (ADM) se sentou em um carro do lado de fora de sua casa, a mais sofisticada de Moweaqua, no Illinois, ao lado de um agente do FBI. O executivo, Mark Whitacre, havia solicitado a reunião porque tinha uma confissão a fazer. Ele contou ao agente atônito que a ADM e suas concorrentes ostensivas estavam fixando o preço da lisina, um aminoácido acrescentado à ração animal para aumentar o crescimento dos músculos. Whitacre se reunia regularmente com seus congêneres das outras quatro grandes produtoras de lisina para dividir o mercado internacional. A ADM tinha um ditado, contou Whitacre ao agente do FBI: "Os concorrentes são nossos amigos e os clientes são nossos inimigos."[75]

Whitacre concordou em gravar as conversas sobre fixação de preços com as outras empresas, baseadas no Japão e na Coreia do Sul, criando um registro incrivelmente detalhado da conspiração descarada. O governo desmantelou o cartel em 1995. Três executivos da ADM foram condenados por infringir a Lei Sherman Antitruste e mandados para uma prisão federal.

Durante sua investigação, o FBI descobriu que a ADM também fazia parte de um cartel que fixava o preço do ácido cítrico, matéria-prima de sabão em pó e refrigerantes. Isso levou os investigadores a outro cartel, criado por alguns dos maiores fabricantes de medicamentos do mundo, que fixava os preços de uma variedade de aditivos alimentares. Os membros o chamavam de "Vitaminas Ltda.".

O artigo escrito por Stigler em 1964 tinha popularizado a visão de que conluios eram raros e instáveis. O governo Reagan admitira essa premissa em suas diretrizes permissivas de fusões em 1982. Agora o mundo real estava se intrometendo. "Fiquei chocado", disse Robert Litan, o economista e advogado que fiscalizou a disputa judicial civil antitruste de proibição a fusões no início do governo Clinton. "Fiquei chocado com a quantidade de atividades de cartel acontecendo. Achei que fosse quase impossível. Pensava que as pessoas não faziam mais isso. A maioria dos economistas – inclusive eu – não achava que isso existia. Não só existia como era gigantesco. Estava por toda parte."[76]

Em 1994, enquanto a investigação da ADM estava em curso, os sócios de um escritório de advocacia da Filadélfia viajaram para Washington a fim de se encontrarem com Litan e sua chefe, Anne K. Bingaman. Eles levaram uma pesquisa realizada por dois economistas financeiros identificando um padrão suspeito nos honorários cobrados por corretores de ações na NASDAQ. A bolsa permitia fixação de preços em incrementos de um oitavo de dólar, mas, sobre transações maiores, os corretores estavam arredondando seus honorários para o quarto de dólar mais próximo, cobrando sistematicamente a mais de seus clientes. A consistência desse padrão – e a falta de concorrência de preços – sugeria conluio em grande escala. Litan perguntou quantos corretores negociavam, por exemplo, ações da Microsoft. A resposta foi 36. "Eu disse: 'Não é possível manter uma conspiração de fixação de preços entre 36 pessoas!'", lembrou-se Litan. A investigação subsequente, incluindo registros de conversas, deixou claro que era possível, sim.[77]

A evidência de que conluios eram comuns levou o Departamento de Justiça a anunciar um novo programa que oferecia leniência à primeira empresa em um cartel que abrisse a boca. Jim Loftis, um importante advogado antitruste, recorda-se de ter persuadido um cliente a correr até Dallas para se reunir com promotores de justiça. Ao deixar o prédio com os executivos da empresa, eles depararam com um advogado que ele conhecia acompanhando executivos de uma empresa do mesmo cartel. "Que droga, Jim", disse o outro advogado. "Você chegou primeiro."[78]

O que o governo não fez, contudo, foi reconsiderar sua tolerância para com a consolidação de empresas. Uma razão para isso foi que a desregulação de finanças, transportes e telecomunicações estava aumentando nitidamente a concorrência em vários setores bastante visíveis.[79]

Os economistas também argumentavam que a globalização diminuía a importância da observância das leis antitruste nacionais: se uma empresa americana tentasse aumentar preços, empresas estrangeiras poderiam entrar no mercado americano. E, mesmo que os Estados Unidos estivessem se dividindo politicamente no fim da década de 1990, estavam unidos em priorizar a eficiência econômica. Quando Posner publicou uma nova edição de *Antitrust Law* em 2001, retirou o subtítulo da edição anterior, "Uma perspectiva econômica", porque, segundo ele, "outras perspectivas tinham se desvanecido."[80]

O DECLÍNIO DA OBSERVÂNCIA das leis antitruste liberou as empresas americanas para seguir o conselho de Jack Welch, CEO da General Electric, que pregava que você deveria ser o primeiro ou o segundo em seu mercado ou então cair fora. A onda de fusões nos anos Clinton foi ultrapassada pela onda de fusões nos anos Bush, que, por sua vez, foi ultrapassada pela onda de fusões nos anos Obama. Restaram no país quatro grandes companhias aéreas, três grandes locadoras de veículos e duas grandes fabricantes de cerveja – a lista de setores emulando o negócio de frigoríficos não parava de crescer.

Enquanto isso, os tribunais continuavam a reduzir o poder da lei antitruste. Cada precedente tinha que ser "estourado" individualmente, como em uma peça de plástico-bolha, mas o padrão era o mesmo. Os juízes substituíam a presunção de culpa por uma presunção de inocência e depois definiam o crime de forma estreita, tornando a conduta ilegal improvável. Em 1993, por exemplo, a Suprema Corte julgou um processo de fixação de preços predatórios pela primeira vez desde a Utah Pie. A Liggett, a menor das principais empresas de tabaco, lutando para sobreviver, tinha introduzido uma linha de cigarros mais baratos em 1980 chamados "preto e branco", que ela vendia em um maço simples por 30% menos do que seus cigarros de marca. Foi um sucesso, incitando uma empresa rival, a Brown and Williamson, a introduzir os próprios cigarros genéricos, vendidos a distribuidores a um preço mais baixo do que o da Liggett. As vendas dos dois produtos explodiram, mas as margens de lucro diminuíram e a Liggett instaurou um processo, exatamente como a Utah Pie havia feito 25 anos antes.

A Brown and Williamson, representada por Robert Bork, argumentou que a Liggett estava tentando suprimir a concorrência e que uma decisão a seu favor ensinaria às empresas que "é perigoso competir".[81]

Ao decidir contra a Liggett, a Suprema Corte concordou, argumentando que a tática da Brown and Williamson poderia ter prejudicado a Liggett, mas não havia provas de que os consumidores tinham sido prejudicados ou que seriam prejudicados com menos concorrência.[82]

Em 1998, o governo Clinton processou a Microsoft por usar a posição dominante no mercado de seu sistema operacional Windows para estimular a adoção de seu navegador, o Internet Explorer. Esse tipo de coerção, conhecido como venda casada, estava na lista cada vez menor de práticas ainda oficialmente vistas como anticoncorrenciais, então um juiz federal decidiu contra a Microsoft e exigiu que a empresa fosse dividida em duas. Democratas e republicanos se revezaram nas reclamações contra a decisão. "Só os Estados Unidos considerariam dividir uma empresa que tem feito tanto economicamente para promover nosso interesse nacional", disse o senador Robert Torricelli, democrata de Nova Jersey. "Eu preferiria desmembrar o Departamento de Justiça", afirmou o deputado Dick Armey, republicano do

Texas.⁸³ Mas os políticos não precisavam ter se preocupado: um tribunal de recursos indeferiu a ordem.*

George Stigler morrera em 1991. Porém, na esteira do processo da Microsoft, Milton Friedman comprou a briga. Ele disse ter concluído que o governo deveria eliminar a observância da lei antitruste. "Fui um grande apoiador de leis antitruste", escreveu ele. "Eu achava que impor essas leis era uma das poucas coisas convenientes que o governo poderia fazer para promover a concorrência." Isso mudou. "Com o passar do tempo, aos poucos cheguei à conclusão de que as leis antitruste fazem muito mais mal do que bem e que ficaríamos em melhor situação se as eliminássemos de vez."⁸⁴

As políticas públicas tinham se movido nessa direção nas últimas duas décadas. Os reguladores instauravam um número exíguo de ações de execução e os tribunais seguiam minando a lei.

Em março de 2017, o Centro Stigler da Universidade de Chicago organizou uma conferência sobre a lei antitruste. O palestrante escalado para a hora do almoço foi Richard Posner, o último representante da vanguarda revolucionária. Posner, a poucos meses da aposentadoria, de forma provocativa confessou estar confuso com o encontro.

"A lei antitruste está morta, não está?", disse ele.⁸⁵

Vivemos numa era de corporações gigantes e há pouca evidência de que os consumidores estejam sofrendo com isso.

Porém, o foco estreito das políticas públicas na proteção do consumidor está causando outros tipos de dano econômico. A concentração empresarial desequilibra o poder entre empregadores e trabalhadores, permitindo que as empresas demandem mais e paguem menos.⁸⁶ Os trabalhadores têm menos força porque têm menos alternativas. Em 2007, Steve Jobs, CEO da Apple, soube que o Google estava recrutando um de seus engenheiros, então mandou um e-mail para seu equivalente no Google, Eric Schmidt. "Ficaria muito satisfeito se o Google parasse de fazer isso", escreveu Jobs. Schmidt encaminhou o e-mail para seu departamento de recrutamento e seleção. "Acredito

---

* A ação penal da Microsoft teve consequências. A empresa foi impedida de usar tática semelhante para rebater a ascensão de novas rivais como o Google. É fácil imaginar um universo alternativo em que o Bing da Microsoft se tornasse a principal ferramenta de busca do mundo.

que temos uma política de não recrutar funcionários da Apple, e esta é uma solicitação direta que chegou a mim", escreveu Schmidt. "Será que poderiam parar com isso e me informar por que isso está acontecendo? Preciso enviar uma resposta rápida à Apple, então me deem um retorno quanto antes." Responderam-lhe que o recrutador do Google tinha sido demitido. Jobs replicou com uma carinha sorridente.[87]

A concentração empresarial também estava causando estragos à democracia. Na conferência de 2017 do Centro Stigler, o economista da Universidade de Chicago Luigi Zingales disse ao público que vinha estudando uma nova versão das leis falimentares do país de 2004. As revisões anteriores tinham exigido uma negociação cuidadosa de compromissos entre defensores de credores e de devedores. Dessa vez, disse ele, o setor financeiro simplesmente tinha vencido. A magnitude dos maiores bancos, segundo ele, estava se traduzindo em poder político. Os temores do senador Sherman estavam se tornando realidade.

O foco na proteção do consumidor pode até mesmo estar prejudicando a própria eficiência econômica ao reduzir a inovação. Empresas grandes, principalmente no setor de tecnologia, cada vez mais reagem ao surgimento de jovens rivais imitando o deus grego Cronos, que devorava seus filhos recém-nascidos. A Amazon engoliu a Zappos. O Facebook engoliu o WhatsApp. De 2010 a 2018, o Google anunciou uma média de 18 aquisições por ano. O YouTube, que poderia ter atrapalhado o duopólio de publicidade on-line formado por Google e Facebook, agora faz parte do Google.

Os Estados Unidos também aumentaram continuamente as proteções a titulares de patentes, revertendo seu esforço de meados do século XX de fazer com que empresas dominantes no mercado compartilhassem inovações. O governo forçou a AT&T a abrir espaço para a IBM, forçou a IBM a abrir espaço para a Microsoft, forçou a Microsoft a abrir espaço para o Google. Mas o governo federal não forçou o Google a abrir espaço.

A PROPRIEDADE ESTATAL DE empresas dominantes em seu setor foi algo disseminado na Europa Ocidental na maior parte do século XX – ser grande era política de governo. "Em comparação com a Europa, temos a mais perfeita concorrência", escreveu Friedman a Stigler durante uma visita na década de 1950.[88] Porém, no século XXI, a Europa vem atuando cada vez mais em discordância com a tolerância americana à concentração empresarial.

A divergência é especialmente gritante no setor de tecnologia. Em 2017, reguladores europeus impuseram ao Google uma multa recorde de 2,4 bilhões de euros por manipular resultados de busca a fim de exibir o próprio site de comparação de preços de forma destacada em relação a serviços concorrentes. No ano seguinte, 2018, a Europa multou o Google em 4,3 bilhões de euros por exigir que fabricantes de telefones instalassem softwares do Google, incluindo sua ferramenta de busca, em aparelhos que usassem seu sistema operacional Android.

Em um artigo de 2017 no site do *The Yale Law Journal*, uma aluna de direito de Yale chamada Lina Khan defendeu a revitalização da observância da legislação antitruste nos Estados Unidos, destacando a Amazon como exemplo máximo de empresa que poderia abusar do poder de mercado que estava acumulando em detrimento de seus fornecedores, funcionários e clientes.[89] O texto chamou a atenção de uma geração mais jovem de acadêmicos preocupados com a erosão da observância da legislação antitruste. "Estamos vivendo dentro desse experimento natural durante os últimos quarenta anos e devemos concordar que tem algo errado", disse-me Khan. "Sei muito bem que as épocas anteriores da imposição das leis antitruste não eram perfeitas, mas acredito que deveríamos conversar sobre o que fazer de diferente."[90]

As empresas de tecnologia e seus defensores dizem que estão sob ataque pelo pecado de criar produtos de qualidade superior, exatamente como a Standard Oil. Elas argumentam que o Google domina o segmento de buscas on-line porque tem a melhor ferramenta de busca e é gratuito, então não faz sentido usar a segunda melhor ferramenta. E as empresas de tecnologia gostam de enfatizar a própria fragilidade. Elas vivem ascensão e queda. A verdade, segundo elas, é que sua dominância vai durar até que alguém apareça com uma ideia melhor. Nas palavras de Larry Page, cofundador do Google: "A concorrência está a um clique."

No entanto, a imagem popular de uma perpétua revolução na internet é uma lembrança de coisas do passado. A revolução chegou ao fim; as principais empresas de tecnologia são robustas senhoras de meia-idade. E o melhor argumento para uma observância mais rígida das leis antitruste não é dizer que a história atingiu algum tipo de ponto final, mas que ninguém sabe como será o amanhã.

CAPÍTULO 6

Libertação da regulação

"O mercado tem alguns pontos positivos. Ele mantém as pessoas em alerta e premia o melhor. Mas, ao mesmo tempo, cria injustiças, estabelece monopólios, favorece os trapaceiros. Portanto, não fique cego ao mercado. Não se pode imaginar que ele sozinho resolverá todos os problemas. Não é algo que está acima da nação nem do Estado. Cabe ao Estado, à nação, manter um olhar atento ao mercado."

– CHARLES DE GAULLE, carta a Alain Peyrefitte (1962)[1]

Em meados da década de 1930, o nascente segmento de companhias aéreas contratou o coronel Edgar Gorrell, um aviador do Exército condecorado, para convencer o Congresso de que a concorrência estava ameaçando a sobrevivência do setor. Gorrell pintou um quadro sombrio para os congressistas: novas companhias aéreas continuavam a entrar no mercado, pois para isso bastava ter um piloto e um avião; as companhias existentes continuavam a acrescentar rotas; as empresas competiam vigorosamente para oferecer os melhores preços e serviços. Era uma "anarquia econômica", disse Gorrell – caótica, implacável e deficitária. Ele pleiteou que o governo abrigasse as companhias aéreas sob suas asas.[2]

O Congresso acatou a demanda de Gorrell em 1938, criando a Agência de Aviação Civil, que emitiu licenças para 16 companhias aéreas e depois recusou a entrada de qualquer outra no mercado nas quatro décadas seguintes.[3] "Pela primeira vez", declarou a agência em seu relatório inicial em 1940, "as companhias aéreas americanas e o público estão protegidos da concorrência destrutiva e pouco rentável."[4]

Mesmo quando os Estados Unidos buscaram aumentar a concorrência em grande parte da economia em meados do século XX por meio da observância revigorada das leis antitruste, era amplamente aceito que alguns setores fossem "monopólios naturais" – em que a concorrência saudável era impossível. Empresas de eletricidade, por exemplo, poderiam competir apenas operando várias linhas para as mesmas casas, e todas essas linhas, com exceção de uma, seria desperdiçada. O resultado seria ou concorrência de mais, o que era ruim para as empresas, ou concorrência de menos, o que era ruim para os consumidores. Então o governo intervinha.*

Em alguns casos, principalmente em outros países desenvolvidos, o governo se tornou o principal fornecedor de serviços públicos e transportes. Na década de 1950, até mesmo o pequeno Luxemburgo tinha sua companhia aérea nacional. Nos Estados Unidos, a aversão popular à propriedade estatal fez com que a maior parte das empresas de serviços públicos e transportes permanecesse nas mãos do setor privado. Em vez de empresas estatais, o governo estabeleceu vastas burocracias fiscalizatórias para limitar a concorrência e proteger os consumidores. A regulação econômica começou com a República – a 11ª lei aprovada pelo Congresso, em 1789, um pouco antes da lei de criação do Departamento do Tesouro, restringia o comércio costeiro a navios construídos e possuídos por americanos –, mas foi a criação de uma agência regulatória ferroviária um século mais tarde, em 1887, que abriu uma nova era de regulação intensiva.[5]

Em meados do século XX, caminhoneiros tinham que obter licenças federais que especificavam tanto as rotas em que poderiam rodar quanto os produtos que poderiam transportar. Uma empresa reclamou que seus caminhões, autorizados a carregar tomates da Califórnia para uma fábrica de pizzas no Tennessee, não tinham permissão para transportar pizzas na viagem de volta para a Califórnia.[6] A legislação federal impedia que os bancos operassem em mais de um estado e

---

* Os economistas em meados do século definiram monopólios naturais como setores nos quais a produção por várias empresas era mais cara do que a produção por uma única empresa. O governo não observava os pontos mais sutis dessa teoria ao selecionar quais setores seriam regulados. O presidente Theodore Roosevelt propôs colocar a Standard Oil sob regulação federal antes de tentar desmembrá-la. O transporte rodoviário de carga foi regulado a pedido das ferrovias, que temiam a ascensão de um concorrente. As companhias aéreas foram incluídas a seu próprio pedido, mas o Congresso foi receptivo em parte porque elas eram vistas como "ferrovias aéreas". Os preços foram fixados no mesmo nível das tarifas de passageiros de primeira classe nas mesmas rotas ferroviárias e os mapas aéreos iniciais se pareciam com mapas ferroviários: linhas grossas e retas acompanhando o solo em vez dos arcos usados em mapas modernos.

15 estados não permitiam que os bancos tivessem mais de uma localização. Em um processo, a Suprema Corte definiu o significado de "geleia".[7]

Poucos setores foram supervisionados tão de perto quanto o de aviação. Um conselho de cinco burocratas se reunia todo dia em um escritório de Washington para decidir as rotas nas quais as companhias aéreas poderiam operar e os preços que poderiam cobrar. Um membro do conselho contou ter recebido um telefonema desesperado de um pecuarista da Virgínia sobre uma solicitação de transportar ovelhas para a Inglaterra. A questão era urgente: as ovelhas estavam no cio.[8]

A era da regulação é com frequência lembrada como uma era de ouro para os passageiros: jantares sofisticados servidos em porcelana; muito espaço para os joelhos; muitos voos diretos e vazios.[9] Menos lembrado é o fato de que os passageiros pagavam por assentos vazios, bem como pelos próprios. Viajar de avião era exótico e caro. O americano médio hoje viaja de avião cerca de oito vezes mais do que na década de 1960.[10]

EM DEZEMBRO DE 1964, George Stigler se apresentou diante da Associação Econômica Americana como seu presidente e queixou-se de que seus pares não estavam prestando atenção suficiente no papel do Estado na economia. Como era possível, perguntou ele, que os economistas ainda soubessem tão pouco sobre os custos e benefícios da regulação?

Stigler desencadeara a controvérsia em 1962 ao publicar um artigo no periódico de Aaron Director concluindo que a regulação de companhias de eletricidade não tinha provocado redução de preços. O estudo, escrito em coautoria com Claire Friedland, baseava-se em uma comparação de preços em mercados regulados e não regulados no início do século XX, antes de a regulação se tornar universal. Stigler especulou que as forças de mercado tinham impedido que serviços públicos não regulados elevassem preços, talvez porque os serviços públicos temessem que clientes industriais construíssem usinas elétricas próprias ou se mudassem para uma área servida por um serviço público diferente.[11]

Na primavera de 1964, Stigler tinha publicado um segundo artigo sobre regulação, atacando um assunto mais delicado. "Duvido que qualquer outro tipo de regulação pública da atividade econômica tenha sido tão admirado quanto a regulação do mercado de capitais pela Comissão de Títulos e Câmbio [SEC]", escreveu ele, concluindo que essa comissão também era impotente.[12]

O primeiro artigo, em especial, tinha grandes furos. Os preços eram bem diferentes nos estados regulados e não regulados e a conclusão do texto – de que isso poderia ser explicado por outros fatores além da regulação – se baseava em pressuposições esdrúxulas. As mudanças de preços nos três anos após o início da regulação, por exemplo, não foram atribuídas a ela. Duas décadas depois, um aluno de pós-graduação de Chicago pediu os dados a Friedland e descobriu um erro básico de matemática.[13] O discípulo mais importante de Stigler, Sam Peltzman – que Stigler considerava "a melhor aquisição que a Fundação Walgreen já fez" –, mais tarde descreveu o trabalho de Stigler sobre regulação como propaganda política.[14] "Ele era bem o tipo de pessoa que diria: 'Afirmo esse resultado com todas as minhas forças, mesmo que não esteja completamente apoiado em evidências'", contou Peltzman a respeito de Stigler. "Ele estava usando um púlpito de intimidação que adquirira por sua notoriedade na profissão."[15]

A propaganda funcionou. Pesquisadores começaram a analisar a regulação em vários setores da economia. Em 1967, a Brookings Institution lançou uma iniciativa importante sobre o impacto econômico da regulação, com suporte financeiro de 1,8 milhão de dólares da Fundação Ford e dirigida por uma comissão que incluía Stigler. De 1967 a 1975, a Brookings publicou 22 livros, 65 artigos e 38 teses atacando a regulação.[16]

O economista Roger Noll, que realizou um desses estudos, afirmou perante o Congresso no início da década de 1970 que não conhecia nenhum estudo financeiro confiável publicado na década anterior que fosse favorável à regulação. Ele brincava dizendo que o trabalho era fácil: "Você nunca vai correr o risco de estar redondamente enganado ao dizer que a regulação é estúpida."[17]

Porém, essa onda de pesquisas contradizia um aspecto importante da teoria original de Stigler. Ele afirmara que a regulação era ineficaz, mas as evidências acumuladas mostravam que a regulação poderia ser bem poderosa. Peltzman, por exemplo, estimou em sua tese de 1965 que a regulação tinha reduzido a criação de novos bancos em quase a metade desde a Grande Depressão. Outro economista ressaltou o exemplo das permissões para táxis na cidade de Nova York: era bem óbvio que o governo determinava o valor delas ao decidir quantas permissões iria emitir.[18]

A nova crítica era de que a regulação estava fazendo mais mal do que bem. Em 1971, Stigler voltou ao começo do desfile que tinha iniciado, publicando um segundo artigo histórico em que se apropriava da sabedoria convencional.

"Via de regra", escreveu Stigler, "a regulação é obtida pelo setor e é concebida e operada principalmente em seu benefício." A inovação do artigo de Stigler foi sua conclusão de que o governo devia parar de tentar. Ele escreveu que as agências reguladoras inevitavelmente acabavam se tornando servas dos setores econômicos. Criticar as agências reguladoras por protegerem as empresas, escreveu ele, "me parece exatamente tão apropriado quanto uma crítica à Great Atlantic and Pacific Tea Company por vender gêneros alimentícios".[19]

O historiador William J. Novak considerou a exigência de Stigler ao governo para que se rendesse como um afastamento notável da tradição política americana. No ensaio *Federalist No. 10*, James Madison afirmou que os interesses particulares eram a grande ameaça à democracia americana e que a limitação desses interesses era a grande obra do governo. Gerações de legisladores tinham aceitado esse dever: eles escreviam as regras e, quando essas regras eram insuficientes, tentavam escrever regras melhores.[20]

A alternativa que Stigler estava propondo era confiar nos mercados.

O SETOR AÉREO DOS ESTADOS UNIDOS

Da primeira vez que Michael Levine viajou de avião para a Califórnia, no início da década de 1960, ficou surpreso com a diversidade dos passageiros no aeroporto de São Francisco. Na Costa Leste, onde Levine era estudante da faculdade de direito de Yale, as pessoas se arrumavam para andar de avião. Era um acontecimento. Mas, em São Francisco, muitas pessoas vestindo roupas informais esperavam voos da Pacific Southwest Airlines (PSA).

A surpresa de Levine era compreensível: ele estava olhando para a primeira companhia aérea de baixo custo dos Estados Unidos. A PSA oferecia voos regulares entre o sul e o norte da Califórnia a preços bem inferiores aos das companhias aéreas principais, como United e Western. Ao fim da década, a PSA tinha tornado a ponte aérea Los Angeles–San Francisco a rota aérea mais utilizada do mundo.

Levine era aficionado por aviação: quando criança, passava por baixo das cercas do Aeroporto Idlewild, em Nova York, para ter uma visão melhor; quando era universitário, lia a revista *Aviation Week* nas horas vagas. E um de seus professores preferidos na faculdade de direito, Robert Bork, tinha provocado seu interesse pela aplicação da economia em questões jurídicas. Como resultado, Levine passara um bom tempo pensando sobre a regulação das companhias aéreas e estava inclinado a aceitar que valia a pena. "Era a época de Bob McNamara", lembrou ele, referindo-se ao político que foi secretário de Defesa de 1961 a 1968, durante as presidências de John Kennedy e Lyndon Johnson. "Eu achava que pessoas realmente inteligentes poderiam descobrir o modo como o mundo deveria funcionar."[21] Porém, Levine também estava familiarizado com o argumento desenvolvido por alguns economistas de que a regulação aérea havia criado um cartel patrocinado pelo Estado, elevando preços e restringindo serviços. Esses economistas diziam que o governo estava protegendo as empresas quando deveria estar protegendo a concorrência.[22] Ao saber mais sobre a PSA, Levine decidiu que a companhia aérea de baixo custo era a prova viva de que esses economistas estavam certos.

Fundada em 1949, a PSA não estava sujeita à legislação federal porque nenhum de seus voos ultrapassava os limites do estado da Califórnia. Ela lançou um serviço de viagem semanal de ida e volta entre San Diego e Oakland – ida na sexta-feira, volta no domingo. Os bilhetes no início eram vendidos em um toalete reformado no aeroporto de San Diego; as malas eram pesadas em uma balança de banheiro e as tarifas eram menos da metade das cobradas por United e Western, as companhias aéreas com licença para voar de San Diego para a Bay Area. Em meados da década de 1960, a companhia aérea tinha acrescentado outras rotas norte–sul e os negócios estavam prosperando no que tinha acabado de se tornar o mais populoso estado do país.[23]

Levine tinha ido para a Califórnia visitar a namorada. Misturando motivos pessoais e profissionais, ele convenceu o diretor da faculdade de direito de Yale a lhe pagar outra viagem para a Califórnia. Em 1965, publicou suas conclusões no *Yale Law Journal*: "A regulação do transporte aéreo nos Estados Unidos se baseia em pressupostos econômicos equivocados e resulta em tarifas desnecessariamente altas."[24] A solução era bem objetiva: abrir os céus à concorrência.

O presidente do Conselho de Aviação Civil (Civil Aeronautics Board, CAB) ofereceu emprego a Levine, explicando que queria ouvir diferentes opiniões. Mas Levine se demitiu após um ano. A única pessoa no conselho que parecia interessada em sua opinião era um colega, que começou a manter um retrato de Milton Friedman sobre a mesa de trabalho.[25]

SEM CONDIÇÕES DE COMPETIR cortando preços, as companhias aéreas aumentavam o gasto. Na primavera de 1971, a American Airlines tirou 40 assentos da classe econômica de alguns de seus 747s e instalou um lounge de uma parede a outra, com bar, poltronas e mesinhas para passageiros em voos transcontinentais. A United reagiu instalando dois lounges em seus 747s. Então a American colocou um piano em cada avião. Anúncios mostravam pessoas sorridentes em festas em pleno ar, com a legenda "Nossos passageiros têm o melhor de tudo". Isso fez com que a United anunciasse que, em seus 747s, haveria apresentações musicais ao vivo. Um jornalista do *The Wall Street Journal* enviado para entrevistar gestores da United encontrou guitarristas esperando para fazer um teste.[26]

Esse tipo de concorrência também encolhia as margens de lucro, e as companhias aéreas reclamavam que não estavam ganhando dinheiro suficiente. Então Robert D. Timm, nomeado pelo presidente Nixon para dirigir o CAB, decidiu aumentar as tarifas. Ele explicou que estava focado na manutenção de um "setor saudável".[27] Os economistas advertiram, acertadamente, que aumentar preços não melhoraria os lucros porque as companhias aéreas gastariam o dinheiro a mais. Em meados da década de 1970, o conselho estava falando da necessidade de outra rodada de aumentos nas tarifas aéreas. Em uma conferência de 1974 sobre economia da regulação, um economista desesperado sugeriu que todos deveriam levar os mesmos artigos para outra conferência dez anos depois e apresentá-los de novo, porque havia pouca possibilidade de que alguma coisa mudasse.[28]

Aquela não foi uma boa previsão. Alguns políticos de esquerda acabaram concordando com Stigler que os americanos poderiam se beneficiar de menos regulação. A figura mais influente foi Ralph Nader, o esguio zelote que surgira como ícone do nascente movimento de proteção ao consumidor. Nader construíra sua reputação defendendo mais regulação nas áreas de saúde e segurança. No início da década de 1970, também defendeu menos regulação econômica, que, em sua opinião, protegia empresas em detrimento dos consumidores. Ele descrevia as agências reguladoras econômicas como servas da elite capitalista, ecoando as ideias de Marx, exceto pelo fato de que o proletariado de Nader era composto por consumidores em vez de trabalhadores.

A elite capitalista, nesse ínterim, começava a ter suas dúvidas quanto à regulação econômica. As lutas perpétuas do setor aéreo não eram as únicas, ainda que as pressões variassem de acordo com o setor. O transporte ferroviário, por exemplo, vinha lutando havia anos para se adaptar à ascensão do transporte de carga rodoviário, um processo dificultado pelas restrições federais ao aumento de preços ou ao corte de custos. Quando a Southern Railway introduziu em 1961 um vagão tipo *hopper* gigante que poderia carregar um terço a mais de grãos do que os vagões de frete existentes, a empresa pediu autorização para oferecer descontos para transporte de grãos. As agências reguladoras recusaram o pedido. Poucos anos depois, em 1968, o governo aprovou a fusão de duas ferrovias do Nordeste em dificuldades, talvez com base na teoria de que o sofredor deve buscar consolo nos braços de outro alguém. A empresa resultante, a Penn Central, durou dois anos, depois entrou com o maior pedido de falência da história dos Estados Unidos.

TED KENNEDY CONSEGUIA INTERPRETAR os ventos políticos. Na segunda década de sua carreira no Senado, o democrata de Massachusetts tinha comandado uma subcomissão da Comissão Judiciária para realizar amplas investigações. Um membro da equipe descreveu-a como uma "brigada de incêndio para causas liberais", sempre chegando com luzes e sirenes na cena do mais recente insulto ao homem comum.[29] Em 1974, Kennedy convenceu Stephen Breyer, uma estrela em ascensão na faculdade de direito de Harvard, a passar um ano sabático em Washington. Breyer propôs duas possíveis investigações. A primeira, sobre reformas pós-Watergate, que ele descreveu como "mais provável de receber publicidade". A segunda, desregulação das companhias aéreas, que descreveu como "um 'bom trabalho governamental' não glamouroso, detalhado e intricado".[30] Kennedy escolheu a desregulação. Quando a comissão convocou uma audiência em Boston poucos meses depois, uma moradora da cidade perguntou ao senador: "Por que o senhor está realizando audiências sobre companhias aéreas? Nunca consegui viajar de avião." Kennedy respondeu: "É por isso que estou realizando as audiências."[31]

Logo depois de começar no emprego novo, Breyer leu no *The Washington Post* que o secretário de Transportes do presidente Ford, Claude Brinegar, estava se reunindo com executivos de companhias aéreas para discutir a situação da Pan American Airways, que estava em dificuldades com o aumento dos preços dos combustíveis. Breyer entrou de penetra na reunião, chegando a tempo de ouvir Brinegar defender aumentos uniformes nas tarifas aéreas para restaurar a lucratividade da Pan Am. Breyer se lembrou do momento, admirado: "Era um cartel, um simples cartel sendo organizado pelo governo."[32] Ele convenceu Kennedy a realizar uma audiência em novembro de

1974 para apresentar Freddie Laker, um risonho empresário britânico que vinha pedindo sem sucesso autorização para fundar um companhia aérea transatlântica de baixo custo.³³ Laker denominou pejorativamente o plano de Brinegar de "PanAmania", definindo-o como a loucura de sustentar uma companhia aérea moribunda com dinheiro público.

As audiências principais, realizadas em fevereiro de 1975, foram mais moderadas. Breyer evitou testemunhos sobre o que chamou de histórias de "cachorro congelado" – casos sobre péssimo atendimento ao cliente – em favor de explorações detalhadas da economia da regulação das companhias aéreas. O segundo dia de audiência ressaltou o contraste entre tarifas aéreas intraestaduais na Califórnia e no Texas e o custo de viagens interestaduais em distâncias semelhantes.* Incentivado por Breyer, Kennedy pressionou executivos e agências reguladoras a explicar por que um bilhete de São Francisco para Los Angeles na PSA custava 18,75 dólares em 1974, ao passo que um bilhete de Boston para Washington na American Airlines custava 41,67.³⁴ Os voos cobriam quase a mesma distância, as companhias usavam os mesmos aviões. Depois de analisar e descartar várias explicações, restou apenas uma: regulação.

Breyer resumiu as audiências em um relatório de 328 páginas, que ele disse, trinta anos depois, que tinha sido "provavelmente a melhor coisa que escrevi".³⁵ As audiências e o relatório repercutiram entre políticos e eleitores cada vez mais céticos em relação ao valor dos esforços do Estado para fiscalizar o mercado. O presidente Ford falou de 100 mil reguladores empregados pelo governo em um "paraíso dos burocratas" e disse que eles estavam impedindo que pequenas empresas se tornassem grandes. "Normas e regulamentações produzidas por agências federais estavam tendo um efeito nocivo em quase todos os aspectos da vida americana", escreveu Ford em seu livro de memórias. "A burocracia nos rodeava e nos abafava; nós, como nação, estávamos prestes a sufocar."³⁶

O governo colocara as companhias aéreas sob regulação federal na década de 1930 porque havia um consenso de que a concorrência era destrutiva. Agora se formava um consenso de que a concorrência era a única coisa de que a economia precisava. O pêndulo estava oscilando para o lado oposto.

---

* O Texas conseguiu uma companhia de baixo custo em 1971, quando a Southwest Airlines começou a voar entre Dallas, Houston e San Antonio. A nova empresa tomou emprestado o plano de negócios da Pacific Southwest e metade do seu nome. Também tomou emprestado equipamento e práticas, inclusive manuais para pilotos.

A CARREIRA POLÍTICA DE Jimmy Carter foi construída convencendo eleitores de que ele era um tipo diferente de democrata. Uma das mudanças mais notáveis era sua ênfase nos americanos como consumidores em vez de nos americanos como trabalhadores. Durante a campanha presidencial de 1976, ele aceitou um convite de Ralph Nader para falar em um encontro com defensores do consumidor e lhes disse: "Os consumidores agora terão voz no Salão Oval." Ele não compareceu ao comício do Dia do Trabalho na Cadillac Square, em Detroit, onde os candidatos democratas tradicionalmente abriam suas campanhas para a eleição geral.[37]

Carter e Nader queriam que o governo parasse de proteger setores econômicos da concorrência. Os dois homens introvertidos também formaram um vínculo pessoal. Carter convidou Nader para passar a noite em sua casa em Plains, na Geórgia. Quando Carter e seu staff jogaram uma partida de softbol contra a equipe da imprensa, Nader atuou como árbitro, acompanhando lançamentos e jogadas de terno e gravata. Assim que Carter ganhou a eleição, o presidente nomeou vários assistentes de Nader para cargos de chefia nas agências reguladoras.

Carter tinha particular ojeriza pela regulação das empresas de transporte rodoviário de carga, que lhe trouxera prejuízos financeiros como fazendeiro. A Austrália desregulara o setor em 1954, reduzindo preços em um país com importantes semelhanças com o mercado americano em expansão. "Empresas novatas entraram no setor no mesmo ritmo em que novos caminhões eram comprados ou liberados de outros compromissos", relatou um observador.[38] Em 1969, a Grã-Bretanha tinha começado a desregular o setor de transporte rodoviário de carga com sucesso semelhante. Porém, os assistentes de Carter temiam a política de desregulação de um setor com centenas de empresas espalhadas por todo o país. Eles aconselharam Carter a começar pelas companhias aéreas.[39] O glamouroso setor atraía a atenção pública, mas não era especialmente grande, e as audiências de Kennedy tinham começado a preparar o terreno. Simon Lazarus, que conhecia Breyer desde a faculdade de direito e tinha recebido um exemplar do relatório dele, e Mary Schuman, ex-membro da Comissão de Comércio do Senado, disseram a Carter que a desregulação das companhias aéreas poderia servir como trampolim para batalhas sobre transporte por caminhões e telecomunicações.

Em fevereiro de 1977 – no mesmo dia em que o primeiro projeto de lei de corte de impostos pelo lado da oferta foi apresentado à Câmara dos Deputados –, a Casa Branca deu o empurrão para desregular a aviação comercial. Baseando-se em um novo relatório governamental que estimava que a regulação das companhias aéreas estava inflando os custos dos bilhetes aéreos em 1,8 bilhão de dólares ao ano, Carter enviou uma mensagem ao Congresso exortando os legisladores a liberar o setor.[40] "A regulação, outrora concebida para servir aos interesses do público, agora sufoca a concorrência", escreveu o presidente.

Para acelerar o processo, escolheu um novo chefe para o conselho de aviação. Carter poderia ter escolhido Breyer ou um advogado com ideias semelhantes, mas Schuman pressionou por alguém novo: o economista Alfred E. Kahn, que, como professor da Universidade Cornell e presidente da Comissão de Serviços Públicos do estado de Nova York, era tanto um acadêmico da desregulação quanto um praticante da reforma. Quando o chefe de gabinete de Carter insistiu em uma lista de três possíveis candidatos, Schuman respondeu: "Alfred Kahn, Alfred E. Kahn e Fred Kahn."[41]

Kahn era um excêntrico agitado. Andava por seu escritório em Nova York de meias, dava aulas diárias para sua equipe enquanto nadava e realizava audiências nas quais se divertia, e às vezes também divertia o público, reeducando os peritos.

Ele mantinha uma distância cínica dos políticos a quem servia. Durante seu período em Washington, chamou o presidente de "ingênuo" e os membros da OPEP de "moscas mortas". Quando a Casa Branca pediu encarecidamente a Kahn que parasse de prever uma recessão iminente, ele reuniu os jornalistas e avisou que iria começar a se referir às recessões como "bananas". Isso gerou um protesto da United Fruit Company, uma grande empresa importadora de bananas, então Kahn disse à imprensa que tinha escolhido uma nova palavra em código: "*kumquat*".

Uma placa em seu escritório dizia: "Sou professor do quadro permanente de Cornell."[42]

KAHN NASCEU EM 17 de outubro de 1917 em Paterson, Nova Jersey, uma cidade fabril criada por Alexander Hamilton como um dos primeiros exemplos da industrialização patrocinada pelo Estado. Os pais de Kahn eram imigrantes judeus vindos da Rússia. Seu pai trabalhava em uma das muitas fábricas de seda da cidade. Kahn, um aluno brilhante, se formou na Universidade de Nova York aos 18 anos e depois fez doutorado em Yale em 1942. Seu tema foi o "enrijecimento progressivo" da economia britânica, que ele atribuía a "um abandono quase unânime da concorrência de preços".⁴³ Durante o período da pós-graduação, também trabalhou para uma série de agências governamentais, lançando as fundações para sua longa carreira na interseção entre a academia e as políticas públicas. Serviu o Exército por pouco tempo e depois ingressou em Cornell, onde permaneceu por mais de seis décadas, cantando em operetas estudantis com a mesma frequência com que era convidado a discursar.

Como estudioso da desregulação, Kahn se manteve na tendência dominante, rejeitando ideias que estavam sendo criadas pela Escola de Chicago. Ele aderiu à visão convencional de que grandes empresas eram ruins para a economia. Em um artigo de 1940, advertiu que megaindústrias como a General Electric estavam se beneficiando de leis de patentes para impedir o crescimento de potenciais concorrentes. Os "grandes laboratórios de pesquisa são apenas incidentalmente centros tecnológicos", afirmou ele. "Do ponto de vista dos negócios, são fábricas de patentes: fabricam a matéria-prima do monopólio."⁴⁴

Em um livro de 1954, *Fair Competition* (Concorrência leal), ele defendeu a ideia de que o governo deveria proteger pequenas empresas em detrimento dos consumidores. "Não se pode simplesmente igualar 'interesse público' em uma democracia com o 'interesse do consumidor'", escreveu. Adam Smith afirmara que o consumo era o objetivo da produção. Kahn retomou a frase, mas disse que "não era verdade, apesar de ter sido Adam Smith que disse". Segundo ele, as pessoas também tinham interesses como produtores e como "cidadãos de uma civilização urbanizada".⁴⁵ Não era bom para uma cidade industrial perder suas fábricas.

O livro mais importante de Kahn, *The Economics of Regulation* (A economia da regulação), de 1970, foi uma crítica contundente à prática da regulação – e uma defesa do valor da regulação eficaz. O livro pareceu um pouco com uma solicitação de emprego. As agências reguladoras eram dirigidas por advogados, e Kahn defendeu que os economistas fariam um trabalho melhor. Ao descrever as virtudes dos economistas, e certamente com um economista específico em mente, escreveu: "Quem teria refletido mais do que ele sobre as implicações éticas e políticas fundamentais de políticas públicas econômicas alternativas?"⁴⁶

Em 1974, Kahn conseguiu o que queria: foi nomeado regulador-chefe de serviços públicos de Nova York. Thomas McCraw afirmou em seu brilhante *Prophets of Regulation* (Profetas da regulação) que a chegada de Kahn marcou o advento de uma nova era, a "hora dos economistas". McCraw calculou que, em 1974, os advogados ocupavam mais da metade dos cargos em todas as comissões reguladoras federais.[47] Os economistas ficavam quase sempre de fora. Conforme esses profissionais foram conquistando esses cargos, a condução da regulação começou a mudar. Os advogados enfatizavam a importância de um processo justo que produzia resultados justos. Economistas como Kahn, por sua vez, consideravam a eficiência da economia o objetivo principal da regulação.

O foco de Kahn como regulador de serviços públicos estava em ligar mais intimamente os preços aos custos. Ele exigiu que a empresa telefônica cobrasse 10 centavos de dólar pela consulta à lista telefônica e permitiu que as concessionárias de eletricidade alterassem os preços de acordo com a demanda: elas poderiam cobrar mais pela eletricidade em dias quentes de verão e oferecer descontos a fábricas que funcionassem à noite. Os custos aumentavam durante períodos de alta demanda porque as concessionárias precisavam usar seus geradores menos eficientes. Na opinião de Kahn, cobrar um preço constante pela eletricidade sem considerar a geração de custos estimulava o uso ineficiente da eletricidade e também implicava que todos acabassem pagando preços mais altos.

Críticos do novo sistema argumentavam que Kahn estava permitindo que os serviços públicos explorassem os clientes justamente quando precisavam mais de eletricidade. A primeira concessionária a adotar a ideia, a Long Island Lighting Company, logo estaria cobrando dos consumidores 12 vezes mais pela eletricidade durante as horas mais quentes nos dias mais quentes. Nova York, por sua vez, não copiou outros estados que ofereciam tarifas reduzidas a famílias de baixa renda. Kahn se opunha ao uso da regulação para redistribuir riqueza. "Se os preços são determinados de outra forma que não com base nos custos", disse ele, "então é o processo político que determinará os preços."[48] Ele não achava necessário explicar que, em sua opinião, a economia era superior à política como método de tomada de decisões.

A NOVA AGÊNCIA DE Kahn, o CAB, era, em grande medida, uma força policial dedicada a um único crime: a venda de bilhetes de companhias aéreas com descontos.[49] Em 1972, o conselho de aviação relatou que uma "investigação de quatro dias" tinha descoberto escândalos como uma mulher de 81 anos viajando com tarifa para jovens. As companhias de voos fretados respondiam pelas transgressões mais espantosas, oferecendo preços por um terço das tarifas reguladas. Isso era legal desde que as operadoras de voos charter não vendessem bilhetes para passageiros individuais. Elas tinham que vender todos os assentos em um voo a um único grupo, que, por sua vez, poderia vender assentos apenas para pessoas que fossem membros do grupo há pelo menos seis meses – e a publicidade era proibida. No mundo real, as agências de viagens anunciavam voos fretados publicamente. Em 1971, o *The New York Times* relatou em uma matéria chocante que uma agência de viagens de Manhattan estava vendendo bilhetes pela metade do preço para a Inglaterra a quem pagasse 10 dólares para obter uma filiação instantânea na "Sociedade dos Amigos da Caledônia".[50]

Para mudar o foco da regulação, Kahn primeiramente tomou providências para mudar os reguladores. Ao declarar que era "simplesmente inacreditável" que a agência incumbida da análise de políticas fosse composta apenas de advogados, ele criou um novo Departamento de Análises Econômicas dirigido por Darius Gaskins, um economista que ele contratou, trazido da Comissão Federal de Comércio. A explicação de Kahn não tinha a intenção de elogiar a profissão de advogado: "Eu queria ter economistas objetivos observando cuidadosamente o que estamos fazendo e como tudo funciona, preparados para identificar problemas em vez de simplesmente fechar os olhos e confiar na fé."[51]

Kahn também fez objeções à ênfase do CAB no devido processo legal, que declarou ser injusto porque atrasos preservavam o status quo em detrimento dos consumidores.[52] Ele disse que os advogados eram "insetos medrosos", sempre fazendo objeções a todas as mudanças. Mas fazia uma exceção. Ao concluir que precisava de um advogado para confrontar advogados, Kahn contratou Michael Levine, que dava aulas na USC e passeava nos fins de semana em seu avião laranja de quatro lugares.[53]

Kahn fazia objeções até mesmo à forma como os advogados falavam. Ele emitiu um memorando em junho de 1977 pedindo que as declarações públicas do CAB fossem escritas "como se vocês estivessem falando e se comunicando com pessoas de verdade". Essa era uma questão de princípios para Kahn, que disse a um jornalista: "Se você não consegue explicar o que está fazendo para as pessoas de um jeito simples, provavelmente está fazendo algo errado."[54] O memorando de Kahn continuava por três páginas, supostamente para se certificar de que estava sendo claro. "Sempre que for tentado a usar 'neste instrumento', 'como supracitado' ou 'nos termos do presente', 'naquele instrumento' e suas variantes correspondentes, tente dizer 'aqui', 'lá', 'acima' ou 'abaixo' e veja se não faz o mesmo sentido."[55] O memorando causou sensação. "Alfred Kahn, eu te amo", começava assim uma nota publicada no *Boston Globe*. "Não me importa se você tem 59 anos, é casado e diretor do CAB. Vamos fugir juntos."[56] O *American Heritage Dictionary* convidou Kahn a compor um conselho consultivo. Kahn, exultante, permaneceu no conselho pelo resto da vida.

A HORA

A desregulação começou pelo setor de transporte aéreo de carga. Em meados da década de 1960, um aluno de Yale chamado Frederick W. Smith escreveu um trabalho para uma matéria de economia propondo a criação de um serviço de entrega aérea expressa. O plano de negócios era literalmente ilegal: na época, o governo autorizava três companhias aéreas de carga, que podiam cobrar por peso e distância, mas não pela rapidez. Mas Smith encontrou uma brecha. Em 1973, ele fundou a Federal Express, usando uma frota de 14 aviões de carga tão pequenos que não estavam sujeitos à regulação federal. Infelizmente para Smith, logo ele percebeu que os aviões eram pequenos demais para sustentar um negócio lucrativo. Quando solicitou uma licença para operar aviões maiores, o CAB, como era previsto, negou.

Smith pediu a intervenção de políticos e o governo Carter viu aí uma oportunidade. Em 1977, conseguiu que o Congresso aprovasse o projeto de lei abrindo o mercado de transporte aéreo de carga à concorrência e permitindo que as empresas fixassem os próprios preços. Smith comprou sete Boeings 727 e iniciou uma rápida expansão. Em 1985, a United Parcel Service, uma empresa de entregas por terra, lançou seu serviço aéreo, aumentando a concorrência. O preço real do despacho aéreo caiu em média 2,52% ao ano durante os 15 primeiros anos de desregulamentação.[57] E preço é uma medida inadequada do impacto. As empresas desenvolveram modelos de negócios que as agências reguladoras nunca tinham imaginado: cadeias de abastecimento *"just in time"* que entregavam peças em chãos de fábrica conforme a necessidade; a ascensão da Amazon.com e do comércio varejista on-line; e o fato surpreendente de que, em 2017, restaurantes da China consumiam mais de 100 milhões de dólares em lagostas transportadas vivas do estado americano do Maine.[58]

Kahn não esperou que a legislação começasse a desregulamentar as viagens de passageiros, declarando que estava determinado a "retirar a mão morta do CAB".[59] Sua filosofia era simples: as leis da economia aplicadas à aviação. Ele se recusou a aderir à mística das viagens aéreas. Em 1978, a Eastern Air Lines apresentou seu jato mais novo e mais silencioso em uma cerimônia no Aeroporto Nacional de Washington. Kahn, presente ao evento, foi indagado do que achava. "Não diferencio um avião de outro", respondeu ele. "Para mim, são todos custos marginais com asas."[60]

Para começar, o CAB de Kahn autorizou descontos em tarifas. A Continental Airlines respondeu reservando 30% dos assentos a preços promocionais. Em um ano, metade dos passageiros da classe econômica estava voando com bilhetes promocionais. Quando o senador Barry Goldwater, aquele antigo defensor de menos intervenção do governo, escreveu para Kahn para reclamar que os voos estavam lotados demais, Kahn respondeu: "Quando tiver outras dúvidas sobre a eficiência de um sistema de livre mercado, não hesite em encaminhá-las para mim. Também recomendo fortemente alguns discursos e textos anteriores de um tal senador Barry Goldwater."[61]

Depois o CAB concedeu permissão irrestrita para as companhias aéreas estabelecerem novas rotas de e para o aeroporto subutilizado de Oakland, na Califórnia. Fez o mesmo com Milwaukee, com o aeroporto de Baltimore, que tinha sido rebatizado de Aeroporto Internacional Baltimore/Washington em 1973, e com o Aeroporto Midway, em Chicago, que na época oferecia um serviço programado para um único destino: St. Louis.

A United Airlines, a maior companhia aérea do país, começou a apostar todas as fichas na desregulação, percebendo a oportunidade em um mercado competitivo. Isso aumentou os temores entre companhias menores, mas Kahn tinha abandonado sua visão anterior de que o governo deveria preservar as pequenas empresas. Ao anunciar as normas de Oakland, o CAB declarou: "Não podemos concordar em definir concorrência saudável como aquela condição em que o destino dos concorrentes oscila, mas nenhum vai à falência."[62] Kahn tinha adotado o bem-estar do consumidor como a meta da regulação. "Meu padrão é, obviamente, o que é bom para o consumidor", disse ele em uma entrevista de 1981.[63]

William Thomas Beebe, CEO da Delta, tentou passar por cima de Kahn escrevendo diretamente a Carter, seu conterrâneo da Geórgia, para dizer que a desregulação prejudicaria os consumidores. "Ao abarrotar aviões de pessoas em grande desconforto e reduzir a frequência de voos, para que os passageiros viajem quando você quiser que eles viajem e não quando eles quiserem viajar, é possível reduzir tarifas", escreveu Beebe. "Todos nós no setor sabemos disso há muito tempo." Mas era isso que Carter queria de verdade? Seria, disse Beebe, "para constrangimento de todos e tragédia de muitos".[64]

Carter assumiu o risco. Conforme Kahn ia improvisando, o governo pressionava o Congresso a legislar. O presidente fez um lobby agressivo e bem-sucedido, desmentindo sua reputação de defensor fraco das próprias prioridades.[65] Quando ele sancionou a versão final da lei em 24 de outubro de 1978, declarou: "Pela primeira vez em décadas, nós desregulamos um setor essencial."

Funcionários enviados pelas companhias aéreas já estavam acampados na calçada em frente à sede do CAB em Washington, esperando pela manhã seguinte, quando o conselho começaria a emitir novas licenças de rotas no esquema "Quem chegar primeiro leva". A Eastern Air Lines tinha chegado cedo, mas sua equipe perdeu a vaga para a United quando um funcionário azarado precisou ir ao banheiro no momento em que mais ninguém estava disponível para segurar o lugar da companhia.[66]

Nos cinco meses seguintes, o CAB emitiu 3.189 novas licenças de rotas; os preços dos bilhetes caíram e a quantidade de passageiros aumentou. "Por qualquer padrão de mensuração econômica, os resultados da desregulação das companhias aéreas têm sido um sucesso fenomenal", disse Ted Kennedy entusiasmado.[67]

O Conselho de Aviação Civil fechou as portas em 31 de dezembro de 1984. Um corneteiro dos Fuzileiros Navais tocava "Evening Colors" enquanto um funcionário retirava cerimoniosamente a placa da agência da parede da sala do conselho. O último presidente, C. Dan McKinnon, anunciou o encerramento das atividades e bateu o martelo de juiz que ganhara, anos antes, de presente de Sam Rayburn, o senador do Texas que apoiou a legislação criando o CAB em 1938. "A concorrência é a regra, e, por causa disso, os consumidores estão mais bem servidos do que nunca", declarou McKinnon. Ele acrescentou ter esperança de que outras agências reguladoras também fechassem as portas.[68]

No FULGOR DA VITÓRIA, o governo Carter passou a mirar um prêmio mais espinhoso: o transporte rodoviário de carga.

O setor empregava três vezes mais trabalhadores do que o transporte aeroviário e não estava em dificuldades financeiras. Em 1977, as oito maiores empresas de transporte rodoviário de carga eram duas vezes mais lucrativas do que a empresa média listada entre as quinhentas maiores pela *Fortune*.[69] Contribuía para isso o fato de que as empresas de transporte rodoviário de carga, ao contrário das companhias aéreas, podiam fixar seus preços. A tímida agência reguladora do setor, a Comissão de Comércio Interestadual (Interstate Commerce Commision, ICC), permitia que 10 escritórios regionais controlados por transportadoras mantivessem audiências secretas e depois fixassem preços obrigatórios. Esse sistema também era lucrativo para os trabalhadores do setor, representados pelo agressivo sindicato Teamsters, que, em 1976, negociou um aumento de salário de 30% acima da inflação.

No entanto, Carter precisava de mais vitórias. "Goste ou não, falhamos em convencer o público de que o presidente é um forte líder econômico", escreveu o secretário do Tesouro, Michael Blumenthal, em março de 1979 ao chefe de gabinete da Casa Branca, Hamilton Jordan.[70] E os economistas de novo previram benefícios tentadores. Um estudo realizado por economistas do Departamento de Transportes afirmou que era 10% a 25% mais barato transportar produtos dentro de Nova Jersey, que não regulava preços de transporte rodoviário de carga, do que expedir esses mesmos produtos à mesma distância para o estado da Pensilvânia.[71] O primeiro secretário de Transportes de Carter, Brock Adams, se opunha à desregulação e ameaçou demitir seu chefe de políticas regulatórias por publicar esse tipo de pesquisa. Mas foi Adams que perdeu o emprego. Quando o novo secretário, Neil Goldschmidt, chegou ao Salão Oval carregando um bloco de notas amarelo com uma lista de prioridades, Carter pegou-o e escreveu "transporte rodoviário de carga" no topo.[72]

A. Daniel O'Neal, a escolha inicial de Carter para chefiar a ICC, também tinha dúvidas acerca da desregulação. "Há algo de arrogante nas atitudes daqueles que parecem querer que outras pessoas sofram sérios prejuízos para que possamos testar algumas teorias econômicas", dissera ele em 1975.[73] Carter o substituiu também – por Darius Gaskins, o economista-chefe do conselho de aviação de Kahn, que se tornou o primeiro economista a dirigir a ICC.[74]

O sindicato Teamsters declarou que não havia necessidade de mudanças, enfatizando o argumento ao oferecer um suborno ao presidente da Comissão de Comércio do Senado, Howard W. Cannon, de Nevada.*

---

* Cannon e seus vizinhos em Nevada queriam comprar um terreno adjacente à sua subdivisão, a fim de evitar a construção de prédios altos. O fundo de pensão do sindicato, que tinha adquirido o terreno, se propôs a vendê-lo para Cannon por 1,4 milhão de dólares, bem abaixo do valor de mercado. Cinco membros do Teamsters acabaram sendo condenados por tentativa de suborno. O governo não indiciou Cannon, mas o escândalo custou-lhe a tentativa de reeleição.

Porém, o Congresso estava em um estado de espírito de livre mercado. "Não há motivo para controlar atos capitalistas praticados por adultos maiores de idade", disse o senador Bob Packwood, republicano do Oregon.[75] A desregulação do setor de transporte rodoviário de carga começou em 1980; a do transporte ferroviário começou mais tarde naquele mesmo ano.

Um dos funcionários afirmou: "A noção de desregulação é a nova religião nesta cidade."[76]

A desregulação dos transportes gerou em grande medida os benefícios que os economistas previram. O transporte de mercadorias ficou muito mais barato: a logística como parcela da economia norte-americana caiu de 18% em 1979 para 7,4% em 2009.[77] O preço das viagens também diminuiu. Os valores médios dos bilhetes aéreos em voos domésticos haviam caído 45% 25 anos após a desregulação. O volume de passageiros aumentou e a segurança de voo melhorou.[78]

Em geral, era uma experiência ruim, é claro. As companhias aéreas americanas tratavam os clientes tão mal que o governo Obama introduziu uma "Declaração dos Direitos dos Passageiros" em 2009 para desestimular alguns dos piores abusos. Porém, o serviço ruim era o argumento para a desregulação. A teoria era que as pessoas trocariam menos serviços por preços mais baixos. E assim fizeram. "Não houve uma guerra na Europa nos últimos cinquenta anos porque todos estavam muito ocupados voando de Ryanair", disparou Michael O'Leary, CEO da companhia aérea de baixo custo, em 2011. "Eu deveria ganhar o Prêmio Nobel da Paz."[79]

A desregulação também foi bem-sucedida na transferência de recursos de trabalhadores para consumidores, uma meta que Kahn e outros reconheceram em particular na época. "Adoraria que o Teamsters estivesse em piores condições", disse Kahn em um relato gravado em 1981 que só veio a público anos depois. "Adoraria que os trabalhadores do setor automobilístico estivessem em piores condições. Você pode dizer que isso é desumano; vou ser bem direto: quero eliminar uma situação em que certos trabalhadores protegidos em setores isolados da concorrência possam aumentar seus salários muito mais rapidamente do que a média, sem levar em conta seu mérito ou o que um livre mercado proporcionaria e, ao fazê-lo, explorar outros trabalhadores."[80]

Assim, os ganhos de um motorista de caminhão americano médio caíram 20% em termos reais de 1980 a 2017. O comissário de bordo médio em 2017 ganhava 31% menos. Nesse mesmo período, os executivos viram sua remuneração subir bastante. O CEO da American Airlines ganhava 373.779 dólares ao ano em 1980. Em 2017, o salário anual para o mesmo cargo era 11,33 milhões de dólares.

Kahn, que morreu em 2010, se alegrou com tudo isso. "Foi a maior conquista da minha vida, além de ter filhos", afirmou ele.[81] Michael Levine, que morreu em 2017, também não tinha arrependimentos, apesar de expressar um veredito mais moderado, dizendo que a escolha foi entre mercados imperfeitos e regulação imperfeita, e que ele ainda preferia as falhas do mercado.[82]

MARGARET THATCHER DUVIDAVA DA sabedoria política da desregulação, então pouco mencionou o assunto durante a campanha de 1979 que fez dela a primeira mulher a ocupar o cargo de primeiro-ministro da Grã-Bretanha. Seus aliados, porém, estavam ansiosos para testar as possibilidades, principalmente Keith Joseph, conhecido como "Monge Louco" pelo fervor de sua fé nos mercados.[83]

Joseph era filho de um baronete que dirigia a Bovis, uma das maiores construtoras do país. Eleito para o Parlamento como conservador em 1956, ele iniciou a carreira política como uma voz convencional para os interesses empresariais, mas foi ficando cada vez mais frustrado com a falta de inovação nas ideias disponíveis. Em 1964, um Joseph muito bem-vestido entrou nos escritórios despojados do Instituto de Assuntos Econômicos, uma *think tank* criada por um grupo de jovens economistas que compartilhavam um entusiasmo pela obra de Friedrich Hayek e estavam tentando construir propostas de políticas baseadas nas ideias dele. "Estávamos lá para nos divertir", disse Ralph Harris, um dos membros do grupo. "Éramos uns garotos de 30 anos querendo soltar uns foguetes e depois ver no que dava."[84]

Joseph não se converteu de imediato. O Partido Conservador passou o início da década de 1970 dobrando a aposta em ideias liberais, ao estilo dos governos Nixon e Ford. A plataforma do partido declarou que o "problema fundamental" das políticas públicas era a necessidade de mais gasto público, e Joseph, nomeado ministro de Serviços Sociais, estava na linha de frente. No entanto, depois que o partido perdeu o poder em 1974, em meio a uma recessão econômica aguda, Joseph voltou à pequena *think tank*, declarando que queria lançar uma "cruzada" pela iniciativa privada.[85] Joseph renasceu, voltando-se publicamente contra suas ideias anteriores e escrevendo colunas em jornais com títulos como "Igualdade: Um argumento contra". Ele disse que a Grã-Bretanha precisava de mais milionários e mais falências. "Se quisermos reduzir a pobreza neste país e elevar o padrão de vida", disse, "precisamos de mais desigualdade do que temos agora."[86]

Em meados da década de 1970, Joseph criou uma nova *think tank*, o Centro de Estudos de Políticas, como um parceiro mais pragmático do Instituto de Assuntos Econômicos. "Minha meta era converter o Partido Conservador", disse ele.[87] A serviço desse objetivo, ele recrutou uma colega da política conservadora, Margaret Thatcher, como vice-presidente. Joseph logo acabou com suas chances de liderar o partido ao questionar publicamente se mulheres pobres tinham que dar à luz tantos filhos. Thatcher aproveitou o vácuo de liderança, mantendo Joseph como um assistente-chave e contando com Harris e o instituto para obter ideias.

Na Grã-Bretanha, onde o governo era dono de empresas de serviços públicos e de grande parte do setor industrial, o primeiro passo na desregulação foi privatizar as empresas públicas. Nomeado secretário de Estado para a indústria no novo governo Thatcher, Joseph mirou na British Telecom, o monopólio impopular que fazia com que as pessoas às vezes precisassem esperar meses por uma nova linha de telefone. Em 1981, o Parlamento autorizou o funcionamento de uma segunda companhia telefônica, a Mercury Communications, e exigiu que a British Telecom permitisse que as pessoas comprassem aparelhos de telefone de outras empresas. Os executivos da British Telecom, vendo isso como o primeiro passo em um caminho que não queriam trilhar, previram que as mudanças resultariam em acidentes com os funcionários que consertavam os cabos de telefonia.[88] O que aconteceu, na verdade, foi que o serviço começou a melhorar.

Em 1984, o governo Thatcher vendeu uma participação majoritária na companhia, a maior oferta até o momento na história da Bolsa de Valores de Londres. Na esteira da transação bem-sucedida, o governo privatizou a Autoridade Aeroportuária Britânica, a Companhia de Gás Britânica, a Companhia Ferroviária Britânica, a Siderúrgica Britânica – praticamente tudo. "Visto como um todo", escreveu um apoiador eufórico, "o programa de privatizações na Grã-Bretanha provavelmente marcou a maior transferência de poder e propriedade desde a dissolução dos mosteiros sob Henrique VIII."[89] De 1979 a 1997, a parcela da produção econômica britânica gerada por empresas estatais caiu de 12% para 2%.[90]

O governo Thatcher fez questão de vender ações das empresas privatizadas aos funcionários. Como muitos conservadores, ela encarava os sindicatos como outra forma de monopólio e não hesitou em usar a força para brecar seu poder – mais especialmente, nos confrontos brutais do governo com os mineradores de carvão. Porém, também tentou realinhar os interesses dos trabalhadores, transformando-os de uma só vez em pequenos capitalistas e operários. De modo semelhante, o governo vendeu grande parte das habitações públicas da Grã-Bretanha para seus ocupantes. Cerca de um terço das famílias britânicas vivia em habitações públicas em 1980; elas foram autorizadas a comprar as próprias casas com descontos de até 50% em relação ao valor de mercado, dependendo do número de anos de ocupação.

A plataforma do Partido Trabalhista por muito tempo reivindicou a propriedade pública dos meios de produção, mas o partido desistiu da luta. Em 1995, seu novo líder, Tony Blair, conseguiu remover do estatuto do partido a cláusula de compromisso com a propriedade estatal, no mesmo salão em Westminster onde o partido o tinha aprovado em 1918.

No INÍCIO DA DÉCADA de 1980, as companhias aéreas americanas e canadenses que voavam para a Irlanda eram obrigadas a aterrissar na pequena Shannon, na costa oeste do país, antes de seguir para Dublin. A parada inconveniente pretendia proteger a Aer Lingus, a companhia aérea de bandeira irlandesa. E não era só isso: a KLM, a companhia aérea de bandeira holandesa, era paga pelo governo irlandês para não voar para a Irlanda.

Em termos de distância percorrida, as tarifas da Aer Lingus eram quatro vezes mais altas do que as tarifas médias nos Estados Unidos. Um executivo da Aer Lingus, afastando a ideia de desregulação, explicou que os americanos tinham uma obsessão doentia por preços baixos. "O importante conceito de serviços públicos foi abandonado por esses fanáticos e substituído por um consumismo míope", disse ele.[91]

Era difícil se ver livre dos fanáticos: as companhias aéreas americanas de voos charter viam a Irlanda como um mercado maduro. Em 1984, o governo irlandês propôs criminalizar a venda de bilhetes aéreos de companhias de baixo custo. A penalidade por concorrer com a Aer Lingus era de dois anos de prisão e multa de 100 mil libras irlandesas.[92] A legislação acabou esgotando a paciência dos eleitores irlandeses, que queriam ser consumidores míopes. Punido pela derrota do projeto de lei, o governo concedeu uma permissão a Tony Ryan, ex-executivo da Aer Lingus, para fundar uma segunda companhia aérea comercial na Irlanda.[93]

Ryan, que havia anos buscava aprovação do governo irlandês, achou bem mais fácil obter permissão do governo britânico para voar entre Dublin e Luton, um pequeno aeroporto ao norte de Londres. O governo Thatcher estava ansioso pela oportunidade de estender a desregulação para a aviação comercial, mas, na Europa, ao contrário dos Estados Unidos, a maioria dos voos cruzava fronteiras internacionais. A Grã-Bretanha precisava que outros países embarcassem nesse empreendimento.

Um bilhete na primeira rota da Ryanair custava 95 libras irlandesas, menos da metade do preço de 208 libras irlandesas da Aer Lingus. As viagens entre Dublin e Londres saltaram 65% no primeiro ano. A visitação de turistas à Irlanda subiu pela primeira vez em duas décadas. Os trabalhadores irlandeses da construção civil passaram a se deslocar para Londres, onde havia mais emprego, e os padres católicos em Londres começaram a espalhar a boa-nova sobre uma forma barata de celebrar casamentos e funerais.[94]

Os DEFENSORES DOS CÉUS abertos, inclusive Kahn, previram que a concorrência prosperaria porque cada rota era um mercado distinto no qual companhias aéreas de vários tamanhos concorreriam em termos equitativos.[95] Eles não previram como as companhias aéreas maiores transformariam o tamanho em vantagem competitiva, incluindo o aumento dos sistemas de rotas *hub-and-spoke* e programas de fidelização de passageiros. O governo dos Estados Unidos permitiu que o setor se consolidasse: sob a presidência de Obama, as oito maiores companhias aéreas do país formaram pares e se tornaram as quatro maiores do país, transportando mais de 80% dos passageiros domésticos.[96]

As agências reguladoras europeias, em contraste, impuseram limites à consolidação. Elas se recusaram a deixar a Ryanair comprar a Aer Lingus em 2007 e depois se recusaram de novo em 2013. Em 2018, as quatro maiores companhias aéreas europeias – uma lista que inclui a Ryanair – controlavam 45% do mercado. Os preços médios dos bilhetes aéreos nos Estados Unidos, corrigidos pela inflação, pararam de cair por volta de 2005.[97] Pela primeira vez desde a aurora da aviação, em geral é mais barato voar dentro da Europa do que dentro dos Estados Unidos.

A diferença é sintomática. Desde a virada do século, a Europa tem sido mais agressiva e mais bem-sucedida do que os Estados Unidos na promoção e manutenção da concorrência.

Durante a década de 1990, os governos britânico e americano tentaram exigir que os monopólios de telefonia local compartilhassem o uso de suas linhas com as rivais. Nos dois países, a experiência inicial falhou.

Em 2005, os Estados Unidos decidiram que as companhias telefônicas não precisavam mais compartilhar. O governo Bush disse que a concorrência viria do setor de cabos. O resultado foi desregulação sem concorrência. Três quartos dos lares americanos podem escolher, na melhor das hipóteses, entre dois fornecedores potenciais de serviços de internet de alta velocidade.[98]

No mesmo ano, o Reino Unido tentou de novo, adotando uma nova fórmula para arrendar linhas telefônicas com base na obra do economista francês Jean Tirole. O ato de equilíbrio básico é fixar tarifas altas o bastante para recompensar o investimento pela empresa que detém as linhas, mas baixas o bastante para estimular concorrentes a arrendar as linhas. A resposta de Tirole se mostrou bem-sucedida e foi adotada por um número crescente de países. Quando Tirole recebeu o Prêmio Nobel em 2014, um membro da comissão julgadora disse aos jornalistas: "Os políticos serão muito burros se não seguirem o conselho dele."[99] Os Estados Unidos não seguiram, então os americanos pagam mais pelo acesso à internet.[100]

É fácil esquecer que os mercados são criações humanas, justamente porque criamos tantos mercados. No mundo pré-moderno, eles eram cuidadosamente circunscritos. Um mercado era um local físico: em cidades britânicas, os limites eram quase sempre sinalizados com uma cruz. Um mercado também era um evento com começo e fim, quase sempre marcado com um tilintar de sinos. Hoje vivemos em um mercado que está sempre aberto e não possui fronteiras físicas.

A ubiquidade dos mercados, contudo, só aumentou a importância da regulação eficaz. A experiência de décadas recentes é um lembrete de que assim como regras ruins podem prejudicar os mercados e a sociedade, o mesmo também pode acontecer com a ausência de regras e de observância das leis.[101]

CAPÍTULO 7

O valor da vida

"Não devemos considerar a economia política um assunto para estadistas. Ela interessa a todo mundo."
– Jean-Baptiste Say, *Catechism of Political Economy* (1815)[1]

As Forças Armadas dos Estados Unidos, responsáveis por mais da metade dos gastos federais a cada ano de 1941 a 1969, costumavam decidir o que era necessário comprar e só depois olhar o preço. Os militares diziam que estavam apenas tentando não perder terreno para a União Soviética. "Os comunistas não ficam de olho na caixa registradora, mas na vitória", disse Ira C. Eaker, um general que virou fornecedor do Departamento de Defesa.[2]

Os políticos não estavam inclinados a discutir o assunto. Durante a maior parte da década de 1950, o Congresso permitiu que tanto o Exército quanto a Força Aérea esbanjassem centenas de milhões de dólares em esforços separados para desenvolver mísseis antiaéreos, apesar do consenso de que apenas um tipo era necessário. Em 1958, o Congresso finalmente instruiu o Pentágono a escolher um, mas o Exército e a Força Aérea se recusaram a ceder. O Congresso não conseguia reunir a força necessária para aniquilar um programa de armas. Em vez disso, demonstrando menos sabedoria do que Salomão, os legisladores cortaram alguns financiamentos dos dois programas.[3]

Durante a campanha presidencial de 1960, John F. Kennedy disse várias vezes aos eleitores que os Estados Unidos estavam perdendo a corrida armamentista para a União Soviética, mesmo com a política de verbas esbanjadora do governo. Para reformular os gastos com defesa, Kennedy procurou Robert McNamara, o prodígio de 44 anos que tinha ganhado fama recuperando a Ford Motor Company. "Você não pode tomar decisões simplesmente se perguntando se seria bom ter algo", disse o novo secretário de Defesa. "Você tem que saber julgar quanto basta."[4] E McNamara sabia de que tipo de pessoa precisava para fazer esses cálculos: um economista.

Ele contratou Charles Hitch, chefe do departamento de economia da Rand Corporation, uma *think tank* criada pela Força Aérea após a Segunda Guerra Mundial para manter algumas das melhores mentes do país trabalhando em problemas militares. Apesar de os acadêmicos não poderem mais ser obrigados a aceitar ordens, eles poderiam ser induzidos a trabalhar com questões interessantes em escritórios de frente para o mar em Santa Mônica, na Califórnia.

Hitch, um dos primeiros recrutas, era um homem claramente brilhante. Nascido no Missouri em 1910, tornou-se o primeiro bolsista Rhodes a quem foi oferecido um cargo de professor na Universidade de Oxford, então permaneceu na Grã-Bretanha no início da Segunda Guerra Mundial, trabalhando em uma equipe que escolhia alvos para bombardeiros aliados. Depois de ingressar na Rand em 1948, foi pioneiro na análise econômica do gasto público com defesa. Poucos meses antes da eleição de 1960, publicou *The Economics of Defense in the Nuclear Age* (A economia da defesa na era nuclear), explicando como os Estados Unidos poderiam exercer uma força maior com o mesmo orçamento. Começava assim: "Os problemas militares são, sob um aspecto importante, problemas econômicos de alocação e uso eficientes de recursos."

McNamara, que passava férias em Aspen no inverno de 1960, convidou Hitch para um encontro no Brown Palace Hotel de Denver. O plácido, rechonchudo e ligeiramente desgrenhado Hitch e o enérgico McNamara, com o cabelo esticado como se para minimizar a resistência ao vento, passaram uma longa noite conversando. Um amigo descreveu o encontro como "amor à primeira vista".[5]

A abordagem de Hitch à elaboração do orçamento pareceu inusitada: ele simplesmente exigia que os diferentes ramos das Forças Armadas escrevessem suas metas, as opções para alcançar essas metas e os custos e benefícios de cada opção. Porém, Hitch não estava substituindo algum sistema anterior de fazer escolhas – ele estava introduzindo a disciplina de fazer escolhas. Estava impondo aos militares uma versão inicial do que atualmente se conhece como análise custo-benefício. E Hitch e seus assessores tinham pouca paciência com a insistência dos militares de que suas decisões não poderiam ser julgadas por economistas. Alain Enthoven, um assistente de 31 anos, doutor pelo MIT, encerrou uma discussão com um oficial da Força Aérea declarando: "General, eu lutei tantas guerras nucleares quanto o senhor."[6]

Os resultados foram recebidos com encantamento. Quase se poderiam ver lágrimas de gratidão rolando pelas faces de Carl Vinson, o presidente da Comissão das Forças Armadas da Câmara, ao se dirigir a McNamara: "Quero dizer uma coisa, do fundo do meu coração", começou Vinson. "Estou aqui lidando com esses problemas desde 1919. Esta é a demonstração mais abrangente e mais factual que tive o privilégio de receber de qualquer departamento do governo. Há mais informação aqui do que qualquer comissão do Congresso já recebeu sobre o que vem sendo tratado. São tantas informações que só nos resta estudá-las."[7]

O Governo Federal descontinuou o desenvolvimento do bombardeiro B-70 e acelerou a construção do submarino Polaris, adotando o parecer da Rand de que era um veículo superior para lançamento de ogivas nucleares. Vários sistemas de mísseis com nomes que pareciam saídos de histórias em quadrinhos – Skybolt, Snark, Jupiter, Regulus, Hound Dog – foram descartados em favor de um, o Minuteman.

Os soviéticos, curiosos acerca da nova abordagem do Pentágono à elaboração do orçamento, imprimiram 10 mil cópias do livro de Hitch – mas não pagaram royalties.[8] Charles Schultze, o economista que assumiu a elaboração do orçamento da Casa Branca em 1965, também ficou impressionado.* Semanas após sua posse, ele propôs que o resto do governo deveria adotar o novo processo de elaboração de orçamentos. O memorando parou na mesa de Joseph Califano, principal assessor do presidente Johnson para assuntos domésticos. Califano estava insatisfeito com o estado "assistemático, caótico e anárquico" da elaboração do orçamento no resto do poder executivo e repassou o memorando a Johnson endossando-o fortemente.[9] Duas semanas depois, o presidente emitiu a ordem solicitada, "para que, por meio das ferramentas de gestão moderna, a promessa total de uma vida mais agradável possa ser levada a todos os americanos ao menor custo possível".[10]

Os Estados Unidos tinham lançado seu primeiro experimento com análise custo-benefício em 1902, quando o Congresso criou um conselho de cinco

---

* A divisão de orçamento, atualmente conhecida como Departamento de Gestão e Orçamento, foi criada em 1921. Os predecessores imediatos de Schultze foram os primeiros líderes da divisão com alguma formação em economia. David E. Bell, nomeado em 1961, fez mestrado em Harvard. Kermit Gordon, nomeado no ano seguinte, ensinou economia na Williams College. Schultze foi o primeiro diretor da divisão a ter doutorado em economia.

engenheiros para analisar os custos e benefícios de projetos fluviais e portuários realizados pelo Corpo de Engenheiros do Exército, a corporação de construção do país.[11]

Durante a Grande Depressão, conforme o gasto do governo com obras públicas foi alcançando patamares mais altos, o Congresso apertou as normas, tentando demonstrar que o dinheiro estava sendo bem investido. As novas normas, tornadas leis em 1936, instruíram o Corpo de Engenheiros a construir projetos apenas "se os benefícios a quem quer que seja ultrapassarem os custos estimados".

Esses esforços iniciais não serviram de muita coisa. A capacidade do governo de quantificar benefícios era bem limitada e sua disposição para reduzir o gasto com obras públicas, mais ainda. Em 1946, o Congresso autorizou um plano para tornar o rio Arkansas navegável desde o rio Mississippi até Tulsa, em Oklahoma – uma via fluvial com aproximadamente a mesma extensão da estrada de Boston a Washington, D. C. As ferrovias reclamaram que o governo, pelo mesmo preço, poderia construir duas ferrovias ao longo das margens e operar os trens como despesa pública. Melhor ainda, já havia uma linha férrea lá. Porém, o governador de Oklahoma, Robert S. Kerr, incitou o Congresso a ter uma perspectiva mais ampla. "Não restrinjamos essa audiência ao assunto de menor importância da comparação de custos de frete hidroviário e ferroviário", disse ele. "Em vez disso, pensemos na construção de uma nação maior."[12]

Naquele mesmo ano, o Corpo de Engenheiros preparou uma análise especialmente criativa para justificar uma proposta de barragem no rio Rappahannock, na Virgínia. Ao calcular os hectares de terra de cultivo que seriam poupados das inundações sazonais, incluiu as terras no fundo do reservatório que seria criado pela barragem.[13]

Os economistas no início no século XX tinham duvidado da validade da análise custo-benefício, argumentando que era impossível comparar as preferências subjetivas dos indivíduos e, portanto, era impossível agregar custos e benefícios. Considere, por exemplo, uma política de redução do preço do milho. É provável que as pessoas passem a gastar menos com milho e mais com outras mercadorias. Os produtores de milho ganharão menos dinheiro, ao passo que outros produtores ganharão mais. Mas quem seria capaz de dizer que as dificuldades vividas pelos agricultores superam os benefícios a outros produtores?

Em 1939, o economista da Universidade de Cambridge Nicholas Kaldor contornou esse problema. Em uma nota curta no periódico da Royal Economic Society, Kaldor afirmou que qualquer política pública que aumentasse a produção econômica poderia ser estruturada de modo a não reduzir o bem-estar de ninguém. Considere novamente o exemplo de uma redução no preço do milho. A quantidade de dinheiro na economia não mudou, mas a política muda a distribuição desse dinheiro. Acontece que o governo pode compensar essa mudança – por exemplo, tributando outros produtores e dando o dinheiro para produtores de milho. Mas, mesmo que o faça, o preço do milho ainda será mais baixo, proporcionando um benefício claro. "Em todos esses casos", escreveu Kaldor, "é *possível* deixar todos melhor do que antes ou, de qualquer forma, deixar alguns melhor sem piorar a situação de ninguém."[14]

Esse ainda é o fundamento lógico da análise custo-benefício das políticas públicas.

É importante reconhecer que Kaldor não se importava se todos *tinham* saído ilesos. Em sua opinião, bastava que todos *pudessem* sair ilesos. Ele achava que o governo deveria reduzir o preço do milho mesmo que não tentasse atenuar as dificuldades dos agricultores. Conforme o filósofo econômico Amartya Sen observou, o único objetivo desse padrão, atualmente conhecido como Kaldor-Hicks, é justificar políticas que prejudiquem as pessoas. Se todos de fato se beneficiarem, a justificativa é irrelevante. Às vezes é necessário ou desejável que o governo prejudique as pessoas, mas o padrão Kaldor-Hicks oculta tanto o prejuízo quanto a identidade das vítimas. Como em diversas situações na economia, a formulação ignora a questão da distribuição. É uma teoria para alegrar os corações dos vencedores. Fica menos claro se os perdedores serão confortados com a posse de benefícios teóricos.[15]

JIM TOZZI SE MUDOU para Nova Orleans em 1963 após fazer doutorado em economia na Universidade da Flórida. Ele dava aulas de dia e tocava jazz à noite, mas logo concluiu que não era talhado para nenhuma das duas atividades. Decidiu se alistar no Exército – para logo se ver enviado a Washington e alocado como economista. Os militares, com o orçamento sob ataque de McNamara, estavam desesperados buscando especialistas próprios para fortificar suas defesas.

Em 1966, Tozzi foi promovido à liderança de uma equipe de economistas que supervisionava o trabalho do Corpo de Engenheiros em projetos não ligados à defesa. O Corpo encarava a análise econômica como um estorvo. Um oficial escreveu na década de 1950 que escolhera o membro mais fraco de seu staff de engenheiros para realizar a análise econômica para uma barragem no alto do rio Columbia, no Noroeste, porque queria manter o retardatário "bem longe dos engenheiros de projeto".[16] O trabalho de Tozzi era atender às demandas do governo Johnson por um rigor maior. Como tenente, estava no ponto mais baixo da hierarquia do Pentágono, mas, como economista, gozava de poder considerável. Ele me contou que obteve permissão para usar terno no escritório em vez de uniforme, para que os funcionários o levassem mais a sério.

A. Allan Schmid, um economista do estado do Michigan que estudava projetos hídricos, juntou-se à equipe de Tozzi como professor visitante em 1968. Antes do seu primeiro dia de trabalho no Pentágono, a esposa de Schmid o lembrou de retirar o broche que usava em protesto ao desenvolvimento de mísseis antibalísticos.[17] Schmid passou a maior parte do ano tentando sem sucesso evitar a construção de uma maquete gigante da baía de Chesapeake, projetada para estudar os fluxos hídricos mas obsoleta na era dos computadores. Porém, mesmo quando lutava para impor a análise custo-benefício em projetos de construção, Schmid argumentava que o escritório de Tozzi deveria expandir suas ambições e analisar também as regulamentações que o Corpo impunha ao setor privado, como normas que regem a construção em várzeas. "Uma norma também direciona o uso de recursos", escreveu Schmid em um memorando, que se tornou um artigo, que se tornou tema de uma audiência no Congresso.[18] A ideia, agora convencional, era nova para Tozzi e sua equipe de economistas. "O grupo todo ficou perplexo", recordou-se ele. Porém, quanto mais Tozzi pensava nisso, mais ele gostava. Com permissão de seus superiores – mas sem clara autoridade legal –, Tozzi começou a revisar as regulamentações propostas. "Ainda bem que não sou advogado", disse ele com uma risada, "porque um advogado nunca teria feito isso."[19]

Essa primeira expansão da análise custo-benefício não sobreviveu muito além da presidência de Johnson. Após a eleição de Nixon, o deputado L. Mendel Rivers, sucessor de Vinson como presidente da Comissão das Forças Armadas, contou ao governo Nixon que queria que o poder retornasse às mãos dos generais. Rivers, que adorava um drama quase tanto quanto odiava economia, afirmou, a respeito da análise custo-benefício: "Juramos por tudo que é mais sagrado que ela não vai mais dirigir este país."[20] O novo secretário de Defesa, Melvin Laird, concordou em limitar os economistas a um papel consultivo. Tozzi foi realocado do Pentágono para uma unidade do Corpo de Engenheiros que ficava em um prédio antigo não muito distante.

Entretanto, cerca de mil pessoas, muitas delas economistas, tinham sido contratadas para atender às demandas do governo Johnson ou para defender as agências contra elas.[21] E a maioria, inclusive Tozzi, permaneceu na folha de pagamento. A guerra no Vietnã – que McNamara conduzira como um exercício de contagem, enumerando as mortes de inimigos como passos rumo à vitória – diminuiu a confiança dos cidadãos no governo, mas, ironicamente, aumentou a demanda por análises custo-benefício. Os números proporcionavam uma sensação reconfortante de transparência e responsabilização. Em poucos anos, Tozzi estava trabalhando em um prédio comercial mais importante.

A BALANÇA

Mais de 50 mil americanos morriam por ano em acidentes de carro em meados da década de 1960, uma carnificina espetacular que inspirou a própria trilha sonora, como a famosa canção "Last Kiss" (último beijo), na qual o cantor sai "para namorar no carro do papai". O governo tentou durante anos reduzir as mortes em acidentes de carro ressaltando a responsabilidade pessoal dos motoristas, mas a própria palavra "acidente" mostra os limites dessa abordagem.

Em 1965, o best-seller de Ralph Nader *Unsafe at Any Speed* (Sem segurança em qualquer velocidade) reformulou o debate público. Nader argumentou que as vítimas de acidentes se machucavam não na primeira batida, e sim na "segunda colisão" com o interior de seus veículos. Os acidentes eram inevitáveis, mas as lesões poderiam ser evitadas – e os fabricantes de automóveis não estavam fazendo muito para evitá-las. O setor tinha um histórico aterrador de indiferença em relação às vidas de seus consumidores.[22]

O ataque de Nader aos fabricantes de automóveis era um ataque à primazia dos mercados. Ele estava rejeitando a ideia de que consumidores insatisfeitos deveriam simplesmente comprar outros produtos. No mundo idealizado dos modelos econômicos, a escolha dos consumidores era um mecanismo suficiente para forçar melhorias na segurança dos automóveis. Em um país com três grandes montadoras, em que dirigir um carro há muito tinha se transformado de luxo em necessidade para a maioria das pessoas, Nader reconhecia a necessidade de encontrar outra forma de forçar as empresas a fabricar produtos mais seguros. Ele reconhecia a necessidade de regulação.

Em 1966, por insistência do governo Johnson, o Congresso criou o Departamento de Transportes e ordenou que a agência tornasse a condução de veículos algo menos perigoso. Normas exigindo cintos de segurança, barras de direção articuladas e para-brisas que não se estilhaçam, entre outras mudanças, rapidamente começaram a salvar vidas. As mortes em acidentes de automóvel atingiram o ápice no fim dos anos 1960 e início dos anos 1970. Apesar de a população dos Estados Unidos ter crescido significativamente, o número de mortes por ano na última metade do século XX permaneceu abaixo desse ápice sangrento.

Baseando-se no exemplo da regulação do setor automotivo, o governo federal criou uma sopa de letrinhas de agências para fiscalizar o povo americano – 11 agências de saúde e segurança de 1964 a 1977, inclusive a Agência de Proteção Ambiental (Environmental Protection Agency, EPA) e a Administração de Segurança e Saúde Ocupacional (Occupational Safety and Health Administration, OSHA). O governo assumiu a responsabilidade por proteger a saúde e a segurança dos consumidores e a qualidade do meio ambiente, mesmo quando começou a se afastar de seu papel como regulador econômico. Em 1970, o governo federal empregava 18 mil reguladores econômicos e 9.700 reguladores de saúde e segurança. Uma década depois, empregava 24.100 reguladores econômicos e 66.400 reguladores de saúde e segurança.[23]

Essa regulação não era totalmente nova. A invenção de barcos a vapor no início do século XIX foi seguida pela invenção dos inspetores federais de barcos a vapor.[24] Porém, a intensificação foi dramática, refletindo um consenso amplo de que mercados sem restrições estavam produzindo resultados inaceitáveis. O pó de carvão escurecia as roupas dos alunos das escolas de Pittsburgh. Em Cleveland, o rio Cuyahoga continuava a pegar fogo. A ascensão da comunicação de massa, principalmente dos noticiários noturnos, que as principais redes expandiram de 15 para 30 minutos a partir de 1963, transformou problemas locais em nacionais. Quando um derramamento de petróleo em alto-mar atingiu o litoral da Califórnia em 1969, pássaros cobertos de óleo morreram diante das câmeras. Uma nação cada vez mais próspera, que no passado adotara chaminés como símbolo de prosperidade, agora via essas chaminés como ameaças à sua qualidade de vida.

O apoio público a Nader aumentou depois que a General Motors admitiu que tinha contratado detetives particulares para investigar a vida pessoal de Nader, na esperança de desacreditá-lo. A empresa concordou em pagar 425 mil dólares a ele, que usou o dinheiro para lançar um pequeno exército de jovens e ávidos advogados que pressionavam por mais regulações a fim de manter as pessoas a salvo.

Conforme o governo foi expandindo a regulação, as grandes corporações tentaram brandir a economia como um escudo. Fabricantes de automóveis pressionaram o Congresso para estipular que normas de segurança só poderiam ser impostas se as agências reguladoras demonstrassem que os benefícios, medidos em dólares e centavos, excediam o custo de conformidade a leis e normas. Nader conseguiu evitar esse uso da economia para limitar a regulação, convencendo o Congresso de que as empresas deveriam ser obrigadas a fazer o que era possível, não o que era lucrativo.[25]

A vitória estipulou um padrão. Os marcos legais do fim da década de 1960 e início da de 1970, em sua maior parte, não exigiam que agências calculassem custos e benefícios. Alguns davam instruções específicas de que as agências ignorassem custos. "Pode-se muito bem perguntar: 'Caro demais para quem?'", esbravejou o senador do Texas Ralph Yarborough, o último em uma linhagem de senadores democratas populistas desse estado, durante o debate em relação à criação da OSHA. "É caro demais para o empregado que perde a mão, a perna ou a visão? É caro demais para a viúva tentando criar os filhos com uma pensão irrisória recebida como indenização trabalhista e seguridade social? E quanto ao bom trabalhador preso a uma cadeira de rodas ou a uma cama de hospital pelo resto da vida? É com isso que lidamos quando tratamos de segurança industrial. Estamos falando da vida das pessoas, não da indiferença de alguns contadores de custos."[26]

Nos PRIMEIROS ANOS NA presidência, Richard Nixon aderiu à ampla expansão da regulação federal, principalmente para proteger o meio ambiente. "A grande questão da década de 1970", disse ele em seu primeiro discurso sobre o Estado da União, em janeiro de 1970, "é se devemos nos render ao nosso entorno ou se devemos fazer as pazes com a natureza e começar a fazer as reparações de danos que causamos ao nosso ar, à nossa terra e à nossa água."[27]

A enorme popularidade das celebrações do primeiro Dia da Terra em abril de 1970 pareceu responder à questão de forma decisiva. Imagens da Terra vista do espaço – como um objeto pequeno e frágil – foram amplamente exibidas. Também havia a experiência da vida na Terra: "No verão de 1970, se você olhasse para o horizonte em Washington, D. C., veria uma camada marrom bem escura de poluição. E sentiria um cheiro forte. Não há indústrias em Washington. Eram somente carros", lembra-se Christopher DeMuth, na época um jovem assistente na Casa Branca de Nixon.[28]

No último dia de 1970, Nixon assinou a Lei do Ar Limpo, que exigia que o governo estabelecesse padrões de qualidade do ar sem levar o custo em consideração. DeMuth ajudou a traçar os planos para uma nova agência ambiental, a EPA.[29] Seu primeiro diretor, William Ruckelshaus, um advogado com experiência em direitos civis, apresentou-se à nação exigindo que a Union Carbide reduzisse drasticamente as emissões da fábrica em Marietta, no estado de Ohio. A EPA, segundo Ruckelshaus, "não tinha obrigação de promover a agricultura ou o comércio, apenas a obrigação fundamental de proteger e melhorar o meio ambiente".

Porém, logo Nixon mudaria de ideia. O crescimento econômico começou a tropeçar, desviando a atenção dos eleitores. Quando as novas normas entraram em vigor, os executivos do país chiaram de forma bem audível em Washington. E alguns dos setores mais poluentes, como os fabricantes de automóveis e as siderúrgicas, eram os mesmos que estavam sendo mais pressionados por concorrentes estrangeiros.

O presidente assinalou a rápida evolução de seu posicionamento em agosto de 1971, em um relatório anual sobre o meio ambiente que dizia que o governo precisava pesar os custos e benefícios da regulação. "É simplista buscar a perfeição ecológica ao custo de falir as mesmas empresas contribuintes que precisam pagar pelos avanços sociais que a nação busca", dizia o relatório.

Em outubro de 1971, George Shultz, o economista que Nixon tinha empossado como uma espécie de mordomo palaciano no recém-criado Departamento de Gestão e Orçamento, emitiu um memorando exigindo que as agências submetessem análises custo-benefício das principais regulamentações para seu gabinete.[30] Jim Tozzi, um dos poucos profissionais no mundo com experiência prática no uso de análises custo-benefício para avaliação de regulações, foi contratado para o emprego crucial de avaliar propostas de normas ambientais.

O Congresso, por exemplo, havia instruído a EPA a tornar as hidrovias do país "aptas para a pesca e o banho até 1983", e a agência propôs alcançar essa meta com a eliminação de alguns poluentes. "Eles não queriam descarga nenhuma", disse-me Tozzi, "e eu retruquei: 'Vocês estão loucos?' Não é preciso ter doutorado em economia para entender que não podemos bancar essa merda toda."

Ambientalistas disseram que Tozzi estava focado no que era de fato em vez de no que poderia ser. A Lei do Ar Limpo, por exemplo, exigia cortes drásticos em emissões de carros que eram impossíveis usando as tecnologias disponíveis. Lee Iacocca, então vice-presidente da Ford, advertiu que a imposição das normas "poderia descontinuar a produção de automóveis".[31] Em vez disso, a General Motors criou um filtro chamado conversor catalítico para neutralizar a poluição.*

O VALOR DA VIDA

Uma das primeiras missões que a Força Aérea deu à Rand Corporation no fim da década de 1940 foi descobrir a melhor maneira de acabar com a União Soviética. Os especialistas da Rand analisaram com atenção o problema e aconselharam os militares a atacar as defesas soviéticas com ondas sucessivas de bombardeiros baratos e lentos. Eles tinham precificado bombas e aviões, mas não pilotos.

O endosso das táticas kamikaze não agradou a Força Aérea, que é dirigida por pilotos, e a Rand se viu no sufoco para salvar a própria credibilidade com seu único grande cliente. Alguns economistas da Rand defenderam a

---

* Os que acreditam nos mercados dão como certo que as empresas perseguirão qualquer oportunidade lucrativa de inovação, com a mesma convicção de que ninguém deixa dinheiro largado no chão. Em uma breve nota publicada na *Scientific American* em 1991, o economista de Harvard Michael Porter descartou essa visão considerando-a um contrassenso "panglossiano". Ele afirmou que a regulação poderia incitar a inovação, ressaltando, por exemplo, um programa da EPA que encorajava as empresas a instalar iluminação com eficiência energética. Uma análise descobriu que cerca de 80% desses projetos produziam economia em dois anos ou menos. As evidências apresentadas por Porter e outros aos poucos superaram a teoria.

necessidade de dar um passo radical: atribuir um preço à vida humana. Disse um deles: "Sob muitos aspectos, vidas e dólares são incomensuráveis, mas, infelizmente, os planejadores precisam compará-los."[32]

Os economistas, contudo, não conseguiam descobrir como precificar a vida humana. Naqueles primeiros anos, a Rand mudou suas análises para apresentar custos em dólares e custos em vidas lado a lado, permitindo que formuladores de políticas estipulassem a taxa de câmbio. Porém, conforme o uso da análise custo-benefício foi se expandindo, os economistas aos poucos inventaram métodos cada vez mais inteligentes para estimar os preços das coisas não compradas nem vendidas. Com o tempo, afirmariam saber o valor em dólares de uma mão perdida, de uma hora passada no trânsito, de uma vista desimpedida das montanhas – e o valor da vida humana.

A expansão da análise custo-benefício começou no Serviço de Parques Nacionais. A lei de 1936 que exigia que o Corpo de Engenheiros justificasse o custo dos projetos de obras públicas pressionou defensores de novas barragens a quantificar os benefícios. O benefício mais valioso – evitar mortes em inundações – não podia ser quantificado. Então os defensores buscaram outras formas de apoiar-se nas escalas. Em 1946, o Departamento do Interior, que fiscalizava a construção de uma barragem, ordenou ao Serviço de Parques Nacionais que precificasse o lazer, estimando o valor recreativo de reservatórios criados por novas barragens. Isso ofendeu os funcionários do Serviço de Parques, que os viam como inestimáveis, mas o diretor da agência instruiu, de má vontade, a equipe a atestar que os benefícios do lazer eram iguais ao custo de quaisquer benfeitorias, como as feitas nas rampas dos barcos. Dois anos depois, ainda sob pressão, o Serviço de Parques concordou em avaliar o lazer como duas vezes o custo de quaisquer benfeitorias.

Ao buscar proteção contra posteriores agravamentos da situação, o Serviço de Parques também enviou cartas para dez economistas famosos pedindo que dessem sua opinião sobre o assunto. Nove deles se alinharam com o Serviço de Parques. "Não acho que a utilidade ou a justificativa geral do sistema de parques possa ser medida de forma alguma em termos estatísticos", escreveu um deles, "e seria perigoso tentar discutir a questão em termos de dólares e centavos."[33] O décimo, Harold Hotelling, professor da Universidade da Carolina do Norte, comprovou que sempre existe um economista do outro lado da discussão. Ele disse que o governo poderia estimar o valor de um parque nacional calculando quanto as pessoas estariam dispostas a gastar para visitar o parque. Isso, por sua vez, poderia ser deduzido calculando o valor máximo que qualquer pessoa gastou para visitá-lo e pressupondo que qualquer outra pessoa estaria disposta a gastar a mesma quantia. Por exemplo, se o passeio mais caro tivesse custado 100 dólares e 10 mil pessoas visitavam o parque em determinado ano, o valor do parque para o público era então de 1 milhão de dólares.[34]

O Serviço de Parques ignorou Hotelling, mas, em 1956, dois economistas da Califórnia aplicaram essa ideia a uma análise custo-benefício de uma proposta de projeto de barragem no rio Feather, nesse mesmo estado. O relatório deles atraiu o interesse de Marion Clawson, um economista de uma organização sem fins lucrativos chamada Resources for the Future (Fundos para o futuro). A organização foi criada com financiamento da Fundação Ford após a comissão federal concluir que os Estados Unidos poderiam ficar sem matérias-primas como minerais e petróleo. Clawson, um dos primeiros a serem contratados, se interessava por outro tipo de escassez: ele achava que o país precisava de mais parques e refinou a abordagem de Hotelling para demonstrar que "é tanto teoricamente possível quanto praticamente administrável estabelecer um valor monetário ao lazer ao ar livre".[35] Ele se mostrou um defensor fervoroso dessa ideia. Em 1973, o governo federal autorizou o uso do método de Hotelling.

ADVERSÁRIOS DA REGULAÇÃO FEDERAL foram os primeiros a realizar análises custo-benefício para estabelecer um valor para a vida humana. Em 1971, o governo Nixon discretamente criou uma força-tarefa para avaliar reclamações de fabricantes de automóveis quanto à regulação. Um membro, Howard P. Gates, pesquisador da Marinha que tinha trabalhado para McNamara, pressionou o painel a produzir uma análise custo-benefício. Essa ainda era uma ideia nova, mas Gates foi além, insistindo que uma análise significativa exigia que o painel estimasse o valor da vida humana. "As pessoas ficaram chocadas", disse Daniel K. Benjamin, então economista júnior do Conselho de Consultores Econômicos, que tinha sido destacado para a força-tarefa e se uniu a Gates na argumentação a favor da análise. "Estava muito claro em nossas discussões, a partir da reação negativa que tivemos, que estávamos fazendo algo considerado estranho pelas pessoas que formulavam políticas no governo dos Estados Unidos."[36]

A ideia de atribuir um valor monetário à vida humana é muito antiga. O Código de Hamurábi é essencialmente uma lista dos valores que precisam ser pagos por matar pessoas. A avaliação também é inerente ao ato de comprar uma pessoa escravizada. E conforme o trabalho assalariado foi se tornando mais comum, no início da Era Moderna, o valor de uma vida foi igualado ao valor de mercado da produção da pessoa. "O Valor ou o Mérito de um homem", escreveu Thomas Hobbes em seu livro de 1651, *Leviatã*, "é, como todas as outras coisas, seu Preço; isto é, quanto seria dado para o uso de sua Potência."

Talvez o precursor mais importante da atribuição do valor de uma vida na análise custo-benefício tenha sido o desenvolvimento dos seguros de vida, que se popularizaram primeiro na Grã-Bretanha no século XVIII. De início, o seguro espantou muitas pessoas que o consideraram moralmente questionável, sobretudo porque as primeiras apólices eram quase sempre adquiridas sobre a vida de outros indivíduos, como uma forma de aposta. Durante a Rebelião Jacobita de 1745, agentes fizeram grandes negócios em contratos referentes ao príncipe Carlos Eduardo Stuart.

A França proibiu o seguro de vida em 1793. Nos Estados Unidos, era amplamente considerado imoral até meados do século XIX. Porém, o setor aos poucos prosperou, elevando seu produto de uma especulação imoral a uma obrigação moral, e fez isso equiparando explicitamente o valor de uma apólice de seguro ao valor de uma vida: um adulto responsável era impelido a adquirir um seguro de vida em um valor calculado para compensar as consequências econômicas de uma morte inesperada. "Nesta era do consumismo, é adequado e justificável que tudo, inclusive a vida humana, seja reduzido a um equivalente monetário", disse um palestrante no primeiro Congresso Mundial de Seguros, em São Francisco, em 1915. Solomon S. Huebner, um dos primeiros acadêmicos a estudar os seguros, foi especialmente influente na popularização da ideia de que a vida tinha um valor em dólares. "O mais importante novo desenvolvimento no pensamento econômico", disse ele em 1924, "será o reconhecimento do valor econômico da vida humana."[37]

Ao atribuir um valor a vítimas de acidentes quase meio século mais tarde, Gates tomou emprestada a lógica do setor de seguros. Ele calculou a diferença entre a idade da vítima média e a expectativa de vida média e multiplicou esse valor pela renda anual per capita. O resultado foi uma cifra de 140 mil dólares, ou cerca de 885 mil em dólares de 2019.[38] A Administração Nacional de Segurança Rodoviária acrescentou alguns outros itens aos registros contábeis naquele mesmo ano, inclusive o preço de um funeral e o incômodo para o empregador da vítima, o que aumentou o valor da vida para 200.700 dólares. A agência descreveu isso como valor mínimo. "Não estamos defendendo que é insensato gastar mais do que os valores calculados", declarou.[39] Mas números têm o hábito de escapar das notas de rodapé.

Dois anos depois, em 1974, o governo federal rejeitou uma regulação alegando que o custo excedia o valor das vidas que seriam salvas. A história começou com a morte da atriz Jayne Mansfield em 1967 em um acidente pavoroso nos arredores de Nova Orleans. O carro que transportava Mansfield entrou debaixo da traseira de um caminhão que tinha ficado oculto por uma nuvem de pesticida. As três pessoas no banco da frente morreram. Em meio à indignação provocada pela morte de uma celebridade, o governo Johnson propôs exigir a instalação de uma barra de metal na traseira de caminhões grandes. As agências reguladoras estimaram que essas "barras Mansfield" salvariam 180 vidas por ano. Porém, após anos de discussões, o governo Ford engavetou a ideia em 1974. Estimando o valor da vida em 200 mil, o governo concluiu que as barras teriam que salvar quatro vezes mais vidas para justificar seu custo.[40]

DEVERIA SER ÓBVIO QUE a vida vale mais do que o seguro de vida: as pessoas seguradas normalmente preferem não morrer e seus beneficiários costumam concordar. Mas vale quanto mais? Thomas Schelling, um economista que deparou com a questão ao trabalhar como pesquisador visitante na Rand na década de 1950, nunca deixou de refletir sobre isso. Schelling era um teórico da economia com um interesse permanente pelo comportamento humano, uma esquisitice em uma área então dominada por matemáticos. Foi pioneiro na área da teoria dos jogos, que pode ser descrita grosseiramente como a arte de se colocar no lugar dos outros. Um exemplo esclarecedor, que ele usava nas aulas, era: amanhã você tem que se encontrar com um estranho na cidade de Nova York. Vocês concordaram em se encontrar, mas não definiram local e horário. Para onde você iria, e em que momento do dia, para ter mais chance de encontrá-lo?*

---

* A resposta mais comum entre os alunos de Schelling na década de 1960 foi: meio-dia, Grand Central Station, debaixo do relógio grande.

Nascido em 1921, Schelling era dez anos mais novo do que Friedman e Stigler, e, ao concluir o doutorado em Harvard em 1951, a ameaça de recessão tinha sido ofuscada pela ameaça de guerra nuclear. Os estudos de Schelling sobre a dinâmica da Guerra Fria o levaram a sugerir ao governo Kennedy que estabelecesse uma linha direta com o Kremlin para limitar as chances de falhas na comunicação. Sua expertise também fez com que o diretor de cinema Stanley Kubrick o procurasse em sua casa nos arredores de Boston. Os dois passaram um longo dia em 1962 discutindo o enredo da comédia de humor ácido de Kubrick, *Dr. Fantástico*. E, em 1965, isso fez com que a Brookings Institution convidasse Schelling para contribuir com um artigo sobre o problema incômodo de atribuir um valor à vida humana.

A questão prática com que os formuladores de políticas se confrontavam, disse Schelling, era quanto gastar com problemas que apresentavam riscos relativamente pequenos para um grande número de pessoas, como a ameaça de uma doença, acidentes de trânsito ou poluição. Em uma sociedade democrática, afirmou ele, essa era uma decisão que deveria ser tomada pela organização política. Eles queriam menos risco? "Certamente deveria ser seu privilégio ter o programa se estiverem dispostos a arcar com o custo coletivamente", escreveu Schelling. "Se não estiverem, talvez seja um erro pedir que qualquer outra pessoa arque com o custo para eles."

Estimativas anteriores do valor da vida estavam baseadas no valor para outras pessoas: o dono de um escravizado, o empregador de um trabalhador, os dependentes de um assalariado. Schelling, por contraste, argumentava que o valor da vida deveria ser determinado pelas "pessoas que podem morrer".[41]

Schelling sugeriu perguntar aos indivíduos diretamente; vários economistas mais jovens inspirados por seu artigo tentaram, em vez disso, arrancar a resposta de dados sobre salários. Empregos mais arriscados tendiam a pagar salários mais altos: as pessoas que limpam o lado de fora de janelas em arranha-céus ganham mais do que as que limpam o lado de dentro das mesmas janelas. Os economistas estimaram o valor que os trabalhadores atribuíam às próprias vidas ao compararem a diferença no risco com a diferença no pagamento.[42]

A nova abordagem debutou na esfera federal no fim da década de 1970. Warren Prunella, professor de economia da Canisius College, em Buffalo, acompanhou um amigo a Washington para trabalhar em uma agência reguladora da nova safra, a Comissão de Segurança de Produtos de Consumo. De início, o trabalho de Prunella era justificar decisões tomadas por advogados. Como outro membro dessa primeira geração observou: "Você tinha que pisar em ovos para deixar claro que não levava a economia em consideração."[43] Porém, Prunella aos poucos se tornou mais influente. A comissão criou um sistema nacional para hospitais relatarem ferimentos causados por produtos de consumo e Prunella usou os dados para calcular quais produtos estavam causando mais danos. Ele argumentou que a comissão deveria priorizar a ação sobre esses produtos. "Foram necessários quase cinco anos de estudos para convencer o restante da equipe e os membros da comissão de que fazer análises custo-benefício era a forma de maximizar a proteção à vida e a proteção a danos", disse ele.[44]

Em 1978, pediram a Prunella que avaliasse propostas de padrões para inflamabilidade de tecidos para decoração. Entre os benefícios, ele incluiu o valor das vidas que poderiam ser salvas, usando o valor de 1 milhão de dólares por vida. A norma foi rejeitada. Mas, em 1981, o Congresso exigiu que a agência realizasse análises custo-benefício para normas futuras e ela adotou esse mesmo valor de 1 milhão.

REGULANDO OS REGULADORES

Os trabalhadores que manuseavam o algodão bruto com frequência desenvolviam problemas respiratórios que os médicos na década de 1970 atribuíam à inalação de pó de algodão. A doença foi chamada de pulmão marrom, por causa dos pulmões pretos dos mineradores de carvão. No governo Nixon, as agências reguladoras passaram a exigir sistemas de filtragem do ar em tecelagens, mas a Casa Branca deixou que a proposta de regulação se enfraquecesse. Quando Jimmy Carter foi eleito em 1976, os sindicatos têxteis imaginaram que a vitória fosse iminente. Eula Bingham, a nova diretora da Administração de Segurança e Saúde Ocupacional, se reuniu com um grupo de operários têxteis que sofriam de pulmão marrom. Um dos trabalhadores pediu-lhe que se unisse a eles em oração. Bingham disse que, no silêncio, conseguia ouvir a respiração ruidosa das pessoas se esforçando para inalar um pouco de ar.[45] Determinada a ajudar, ela pôs de lado as preocupações com o custo de filtros de ar e afirmou que a economia não podia ser a "consideração primordial" para definir padrões de segurança e saúde.[46]

Em maio de 1978, no entanto, o governo Carter pisou no freio de novo. Carter havia criado um sistema de análise regulatória chefiado por Charles

Schultze, o economista que convencera Johnson a adotar a análise custo-benefício para orçamento e que acreditava que o trabalho de um economista no governo era atuar como "defensor da eficiência".⁴⁷ Um de seus colegas, o economista William Nordhaus, tinha sinalizado a norma do pulmão marrom como um exemplo perfeito da indiferença do governo para com a eficiência. Nordhaus argumentou que máscaras protegeriam os trabalhadores a um custo mais baixo e incitou Schultze a assumir uma posição "dramática e agressiva".⁴⁸

A briga entre Bingham e os economistas logo vazou para o público, assim como vários esforços correlatos feitos por economistas para atrasar ou enfraquecer as propostas de regulações. O senador Edmund Muskie, autor da Lei do Ar Limpo, convocou Schultze a comparecer perante um Comitê do Senado e atacou o economista por obstruir a vontade do Congresso. "Manifesto minha oposição à ideia de que precisamos ter uma extensa análise econômica antes de podermos ter um ar limpo e uma água limpa", disse Muskie. "Nossos padrões do que é saudável estão sendo comprometidos pela economia."

Muskie declarou que o Congresso já tinha pesado os méritos das leis do país – em suas palavras, "Charlie Schultze não está nos dizendo nada que já não se saiba" – e que não era democrático os economistas substituírem suas próprias verificações de custos e benefícios.⁴⁹ Em um discurso de 1979, Muskie advertiu que a maior ameaça ao meio ambiente não era a poluição, mas "antirreguladores que afirmam que é caro demais e oneroso demais proteger as pessoas dos perigos da poluição".⁵⁰

Os democratas da Câmara também encenaram uma audiência para expressar suas reclamações em relação à análise custo-benefício, convidando Ralph Nader para fornecer o entretenimento. Ele não desapontou, difamando o que chamou de "aritmética ideológica" de elitistas que viviam em "prédios com ar condicionado".⁵¹

Carter agonizava, então decidiu a favor de Bingham, permitindo que a norma avançasse. Porém, ele achava que seus economistas também tinham razão. Pressionou para que os legisladores criassem em 1979 um processo de análise regulatória formal, dizendo ao Congresso: "Os recursos da sociedade são vastos, mas não são infinitos." A mensagem velada era de que a análise custo-benefício era uma linguagem para lidar com a realidade. As escolhas seriam feitas; a questão era apenas como.

O partido de Carter rejeitou seu plano, mas uma reação contrária à regulação estava se desenvolvendo e, mais uma vez, Milton Friedman surgiu como principal porta-voz. Um assunto-chave de *Free to Choose*, de Friedman, a série de televisão que foi ao ar pela primeira vez em janeiro de 1980, era o vício da regulação. Friedman disse que a concorrência era a melhor reguladora: a qualidade de um restaurante era assegurada pela disponibilidade de outros restaurantes; o preço do aço era limitado pela existência de outras siderúrgicas. "Fontes de suprimento alternativas protegem o consumidor de forma muito mais eficaz do que todos os Ralph Naders do mundo", escreveu Friedman no livro que se seguiu à série.[52]

E a visão de Friedman estava prestes a se tornar política pública.

"Boa noite", disse Ronald Reagan olhando para as câmeras poucas semanas após a sua posse em 1981. "Estou me dirigindo a vocês hoje para fazer um relato da situação da economia do nosso país. Lamento dizer que estamos na pior condição econômica desde a Grande Depressão." Haveria cortes de impostos, mas Reagan contou que também estava atribuindo ao vice-presidente George H. W. Bush a missão de "remover cuidadosamente os tentáculos da regulação governamental excessiva que está estrangulando a nossa economia".

Reagan e seus assessores não compartilhavam da ambivalência de Nixon a respeito da utilidade da regulação em saúde e segurança. Eles estavam bem certos de que era ruim. O presidente do Conselho de Consultores Econômicos de Reagan, Murray Weidenbaum, era o autor de uma estimativa muito citada de que as regulações impunham um ônus anual de 100 bilhões de dólares às grandes empresas. O trabalho de Weidenbaum fora financiado por empresas como a General Electric e suas técnicas incluíam a dupla contagem.[53] Porém, o novo governo entendia que o ônus da prova cabia aos proponentes da regulação. "Não há motivo para pensar que as imposições do governo podem funcionar melhor para aumentar o bem-estar econômico do indivíduo do que o indivíduo pode fazer ao tomar decisões por si mesmo", dizia o *Economic Report of the President* (Relatório econômico do presidente) de 1982. De fato, cada vez mais a literatura sugeria que a regulação tinha com frequência consequências adversas inesperadas. Um dos primeiros clássicos do gênero foi o artigo de 1975 de Sam Peltzman, discípulo de George Stigler, argumentando que o cinto de segurança matava pedestres porque os motoristas se sentiam mais seguros e, assim, assumiam maiores riscos.

Em fevereiro de 1981, a Casa Branca convocou representantes de agências reguladoras para uma reunião no antigo prédio de escritórios localizado na margem oeste da Casa Branca, uma construção estranha ao estilo Segundo Império em uma cidade de templos neoclássicos. Seu anfitrião foi James C. Miller III, que tinha sido convocado por Reagan para dirigir um novo gabinete com uma nova missão: regular os reguladores.*

Os advogados receberam cópias de uma ordem executiva exigindo uma análise custo-benefício das normas propostas e permitindo que o escritório de Miller obstruísse as que considerasse ineficientes. Miller ficou observando enquanto os advogados começavam a tomar notas e a atacar pontos questionáveis. Então, ao chegarem à última página, viram a assinatura de Reagan e perceberam que sua opinião não estava sendo solicitada. Eram ordens sumárias. Um dos reguladores pousou a caneta na mesa, olhou para Miller e disse: "Jim, você tem uma cópia limpa?"[54]

Nascido em 1942 em Atlanta, na Geórgia, Miller era filho do movimento do livre mercado. Como aluno de pós-graduação no fim da década de 1960 na Universidade da Virgínia – então um viveiro de economistas ao estilo de Chicago –, ele causou sensação ao editar uma coleção de ensaios defendendo o fim do serviço militar obrigatório. Sua tese foi uma crítica à regulação das companhias aéreas, um tema que atraía seu interesse porque o pai era piloto da Delta Air Lines. A tese valeu a Miller um emprego de economista nos governos Nixon e Ford. Quando perdeu o trabalho antes do que esperava, voltou para o American Enterprise Institute, onde passou o resto dos anos 1970 aperfeiçoando planos para manejar a economia contra a regulação.

Sulista atarracado com uma voz tonitruante, Miller era um defensor obstinado do livre mercado, insistindo, por exemplo, que os consumidores deveriam ser livres para comprar produtos de qualidade mais baixa e descrevendo a ascensão da regulação dos consumidores como "paternalismo nacional".[55]

Era moda entre os reaganistas, principalmente os economistas, usar gravatas estampadas com camafeus em miniatura de Adam Smith, mas poucos usavam as gravatas tão religiosamente quanto Miller. Quando ele apareceu em um evento em Nova York no verão de 1982 usando uma gravata de outro

---

* O cargo foi o primeiro emprego de Miller no governo Reagan. A Divisão de Informações e Assuntos Regulatórios estava abrigada dentro do Departamento de Gestão e Orçamento. Mais tarde no governo Reagan, Miller foi nomeado chefe da Comissão Federal de Comércio e depois retornou à Casa Branca como diretor do Departamento de Gestão.

tipo, um informativo federal relatou que era a primeira vez em 18 meses que Miller tinha sido visto em público sem a gravata de Smith.[56]

Miller observara o governo Carter encontrar motivos confiáveis para suavizar suas objeções econômicas à regulação; ele estava determinado a estabelecer um tom diferente. "No governo anterior, havia boa vontade, mas faltava firmeza", disse. No início de 1981, um funcionário do Tesouro testemunhou que a Receita Federal não submeteria suas regulamentações à análise de Miller, que imediatamente quis falar com o funcionário pelo telefone. "Eu disse com todas as letras: 'Agora são 10h30 e por volta das 12h30 chegará uma carta ao gabinete de cada membro da comissão com a sua confissão de que obteve a informação totalmente incorreta'", disse ele. E foi o que o Tesouro fez. "E lá estava eu", lembrou-se Miller décadas mais tarde, ainda alegre, "um economista de 37 anos dizendo às agências o que fazer."[57]

Miller contratou Jim Tozzi, que permanecera no governo nos anos Ford e Carter, como substituto responsável pela análise das regulamentações propostas. Tozzi adorou a função, trabalhando sete dias por semana e lendo normas no ônibus em seus deslocamentos de ida e volta para sua casa modesta na Virgínia. "Eu ficava muito animado, cara", disse Tozzi, "toda vez que ia para o trabalho. Dava para sentir. Eu estava regulando os reguladores."[58]

Miller deixou a Casa Branca em outubro de 1981 para dirigir a Comissão Federal de Comércio, um bastião do ativismo regulatório nos anos Carter. "Cheguei sob fogo cerrado e foi um combate homem a homem por um tempo", contou-me Miller. Em 1982, o escritório da comissão em Seattle propôs um recall dos "macacões de proteção" da Bayley. Muito usados por pescadores e trabalhadores em plataformas de petróleo em águas profundas, esses macacões deveriam manter os homens ao mar com temperatura corporal estável e boiando, mas um estudo da Guarda Costeira descobriu que 90% deles tinham defeitos que punham a vida em risco. Em um memorando interno que vazou para a imprensa, um funcionário do escritório da comissão em Seattle disse que o departamento de economia da agência tinha demorado a pedir o recall, advertindo: "Se de fato ocorrerem mortes, as forças de mercado – isto é, processos judiciais instaurados por herdeiros sobreviventes – podem ser adequadas para remediar o problema."* Miller, arrastado diante de uma

---

* Vale a pena observar que o sistema judicial não é um exemplo de "forças de mercado". É uma forma de regulação governamental.

comissão horrorizada do Congresso, defendeu o departamento de economia, declarando que tinha levantado "uma questão relevante".[59]

A MENINA JOY GRIFFITH, de 2 anos, subiu na poltrona reclinável do avô em outubro de 1984 e caiu entre o assento e o apoio para as pernas, o que fez com que o apoio se fechasse e a estrangulasse. Sem conseguir respirar, ela sofreu danos cerebrais permanentes.[60] As lesões de Joy Griffith, e vários incidentes semelhantes, instigaram a Comissão de Segurança de Produtos de Consumo a emitir um "alerta nacional ao consumidor" em junho de 1985 advertindo sobre poltronas reclináveis. Porém, em dezembro, os funcionários da comissão concluíram que a agência não deveria exigir modificações nas cadeiras já vendidas nem em novos modelos.

Warren Prunella calculou que 40 milhões de poltronas reclináveis estavam em uso, sendo que cada uma durava cerca de dez anos. Mudanças no design poderiam evitar uma morte por ano, então, a 1 milhão de dólares por vida – o valor que a agência tinha adotado no início da década de 1980 –, o benefício estimado de um recall bem-sucedido seria de 10 milhões. Por esse valor, as mudanças só valeriam a pena se cada poltrona reclinável pudesse ser consertada por menos de 25 centavos de dólar. Além das advertências de segurança, Prunella escreveu: "(...) recomendamos que nada seja feito".[61]

Mesmo o setor foi pego de surpresa: os fabricantes concordaram voluntariamente em mudar o design das poltronas a partir de outubro de 1986. Os móveis antigos, contudo, não foram retirados de circulação e, em 1987, uma criança de 1 ano e meio subiu em uma poltrona reclinável em uma creche do Orange County, na Califórnia, caiu entre o assento e o apoio para pernas e sofreu danos cerebrais permanentes.[62]

A crescente confiança do governo na análise custo-benefício significava que economistas como Prunella estavam exercendo uma influência considerável sobre as decisões de vida ou morte. Cass Sunstein, um professor da faculdade de direito de Harvard que é um dos principais defensores da análise custo-benefício – e que supervisionou a regulação no governo do presidente Obama –, diz que o processo aperfeiçoou a democracia porque serviu "para traduzir problemas sociais em termos que desvelaram as variáveis subjacentes, tornando-as claras para todos".[63] Porém, a análise custo-benefício também deslocou a democracia ao elevar os julgamentos de economistas acima dos julgamentos dos políticos. E, em vez de esclarecer essas decisões, o governo vestiu as escolhas-chave de eufemismos e depois embrulhou os eufemismos em centenas de páginas de linguajar obscuro.

Na década de 1980, a mídia, vagamente ciente de que o governo estava fazendo algo novo, tentou refletir sobre essa matemática de vida e morte. Uma matéria no *The New York Times* em 1985 pedia a uma ampla gama de pessoas que precificasse a vida, entre elas um professor de anatomia que calculou que as matérias-primas em um corpo mediano, incluindo 2,3 quilos de cálcio, valiam cerca de 8,37 dólares, e um policial que testemunhou que o valor cobrado por matadores de aluguel começava em cerca de 10 mil dólares.[64] Foi engraçado, mas os fatos centrais não foram tratados: os economistas estavam de fato decidindo se poltronas deveriam poder continuar machucando crianças e a decisão residia no valor em dólares que o governo atribuía à vida humana.

Os críticos continuaram focados em tentar fazer desaparecer a análise custo-benefício. "Não gostamos de nada que precifique a vida humana", disse um porta-voz da AFL-CIO, a maior central sindical dos Estados Unidos e do Canadá, em 1981.[65] No mesmo ano, Al Gore, senador do Tennessee em seu terceiro mandato, atacou a análise custo-benefício como sendo "uma tentativa cínica de alijar importantes atividades do governo". Balançando a cabeça diante da arrogância dos economistas, ele perguntou: "Qual valor em dólares pode ser atribuído para se evitarem deformidades de nascença?"[66] Os críticos impediram que fosse aprovada uma lei que exigia a avaliação econômica de todas as regulamentações propostas. Também obtiveram algum sucesso nos tribunais. Em 1981, por exemplo, a Suprema Corte rejeitou os esforços do governo Reagan para acabar com a norma do pulmão marrom. O tribunal salientou que o Congresso não tinha exigido que a OSHA equilibrasse custos e benefícios.[67]

De maneira similar, juízes rejeitaram esforços para anular as restrições ao lançamento de produtos químicos em hidrovias públicas e para reverter uma exigência de airbags em veículos de passageiros. As regulações podem ter infringido as leis da economia, mas não infringiram as leis dos Estados Unidos. Os juízes até mesmo ordenaram que as agências voltassem a trabalhar em novas regulações. No fim da década de 1980, o ritmo da redação de normas foi retomado.[68] Mas as novas regulamentações eram cada vez mais moldadas por análises custo-benefício.[69] "Qual é a alternativa?", perguntou Christopher DeMuth, que ajudara a criar a Agência de Proteção Ambiental enquanto jovem assessor de Nixon e sucedeu Miller como regulador dos reguladores de Reagan. "Vai tirar cara ou coroa? Consultar um oráculo?"[70] Sem dúvida havia imperfeições e deficiências teóricas, mas, segundo Cass Sunstein, "uma vantagem clara da análise custo-benefício é que podemos nos envolver com ela".[71] Ao se recusarem a se envolver, os adversários da análise custo-benefício estavam permitindo que outras pessoas determinassem as normas usadas para fazer as normas.

PARALISIA POR ANÁLISE

W. Kip Viscusi estava determinado a convencer os liberais a aceitar a análise custo-benefício.

Nascido em Nova Jersey em 1949, Viscusi desenvolveu um interesse pela análise custo-benefício durante os anos iniciais na graduação em Harvard, no fim da década de 1960. Ele escreveu sua monografia sobre a avaliação econômica de projetos de recursos hídricos e depois conseguiu um emprego para trabalhar com Ralph Nader, publicando em 1973, em coautoria, *Damming the West* (Represando o Oeste), uma crítica da tendência do governo de construir barragens em rios do Oeste. O livro não apresentou a crítica liberal padrão que considerava a análise custo-benefício inerentemente repreensível. Viscusi acreditava no valor da quantificação. Seu argumento era de que o governo precisava quantificar um leque mais amplo de custos. Ele advertiu que os ambientalistas estavam cometendo um erro estratégico ao combater o uso da análise custo-benefício em vez de batalhar para moldar a metodologia do governo. "Os impactos ambientais permanecerão impactos negligenciados até que sejam quantificados em dólares", disse ele.[72]

A tese de doutorado de Viscusi em 1976 foi um dos primeiros textos que usaram dados de salários para estimar o valor da vida humana. Ele aproveitou a oportunidade de trabalhar no governo Carter, mas considerou frustrante essa experiência. Da primeira vez que tentou convencer um regulador federal a determinar um valor para a vida humana, em 1980, o funcionário respondeu: "Não se pode fazer isso. É imoral."[73] Na opinião de Viscusi, a contabilização incompleta dos benefícios da regulação é que era o pecado real.

Durante a década de 1980, Viscusi continuou a refinar sua avaliação do valor da vida humana e as agências federais começaram a se interessar. Em

1982, o gabinete de DeMuth na Casa Branca rejeitou uma norma da OSHA exigindo rótulos de advertência nos produtos químicos usados no local de trabalho. Tanto os sindicatos quanto os grupos industriais apoiavam a norma, mas DeMuth a comparou ao que via como a exigência inútil de rótulos de advertência em maços de cigarros.

Mary Ellen Weber, diretora de análise regulatória da OSHA, buscou uma análise independente de Viscusi. "Precisava de alguém que os democratas não achassem que fosse uma ferramenta da direita e os republicanos não achassem que fosse um 'liberal esquerdista comunista'", contou ela ao *The Washington Post*. A análise original da agência tinha avaliado a vida humana com base em salários perdidos, chegando a um número de algumas centenas de milhares de dólares. Viscusi definiu o valor entre 2 e 3 milhões, ou cerca de 10 vezes a cifra original da agência – e o bastante para mostrar que os benefícios da norma excederiam os custos. DeMuth continuou a fazer objeção, mas os números estavam agora do lado da regulação e a norma passou a vigorar.[74]

O debate sobre atribuir um valor à vida estava mudando da hipótese de se isso deveria ser feito para quanto seria. Em 1985, a OSHA indexou o preço da vida em 3,5 milhões de dólares para justificar novas exigências de segurança para equipamentos de construção. A Casa Branca pressionou a OSHA para usar um valor de 1 milhão, uma diferença crucial, porque o custo estimado da norma era de cerca de 1,1 milhão para cada vida salva. Quando a EPA propôs banir o amianto – um mineral que se despedaça em pequenas partes facilmente inaladas e altamente cancerígenas –, a Casa Branca argumentou que a agência deveria descontar o valor de cada vida que seria salva porque às vezes demorava décadas até que o câncer se desenvolvesse.*

---

* O desconto é uma formalização do conceito de que mais cedo é melhor do que mais tarde. Uma pessoa com um dólar pode tanto gastá-lo quanto investi-lo e ter mais dinheiro amanhã. A taxa de desconto é o retorno sobre o investimento que uma pessoa tem por esperar; uma taxa de desconto mais alta implica uma preferência mais forte pelo consumo imediato. Mas mesmo a taxa de desconto mais modesta implica que as pessoas atribuem um valor muito baixo no futuro. Por exemplo, se poupar uma vida humana vale 10 milhões de dólares hoje, uma taxa de desconto de 3% implica que só vale a pena gastar 2,3 milhões no presente para salvar uma vida daqui a cinquenta anos. Os tribunais americanos, em última instância, endossaram o argumento de que futuras mortes causadas por amianto deveriam ser pesadamente descontadas. Como consequência, o amianto continua a ser legal nos Estados Unidos, apesar de ser ilegal em muitos outros países industrializados.

Viscusi poderia jogar esse jogo também. Durante o governo do presidente George H. W. Bush, a Administração de Aviação Civil pediu a Viscusi que atualizasse a estimativa do valor da vida. Ele voltou com um número de 5 milhões de dólares, fundamentado em parte no argumento de que os passageiros de companhias aéreas costumavam ser relativamente ricos. Os fabricantes de carros protestaram, temendo que o restante do Departamento de Transportes adotasse o valor. Em 1992, o departamento fechou com um valor conciliatório de 2,5 milhões, ainda um aumento significativo. Uma das consequências foi que, em 1998, citando o trabalho de Viscusi, o departamento finalmente exigiu as "barras Mansfield" na traseira dos caminhões grandes.

MUITOS LIBERAIS TINHAM ESPERANÇA de que o presidente Clinton renunciasse à análise custo-benefício depois de tomar posse em 1993. Porém, Clinton reconheceu que a atividade regulatória compreendia uma parcela crescente do trabalho do governo e que a Casa Branca poderia exercer maior influência ao exigir que as agências submetessem normas para análise.[75] Sally Katzen, a advogada conhecida como o czar regulatório de Clinton, reviveu uma antiga linha do governo Carter de que a regulação era boa e que a análise custo-benefício a tornava ainda melhor. Para traçar um contraste com Reagan, ela passou meses construindo um consenso para mudanças no processo de análise regulatória. "Não dava para viver com ele. Não dava para descartá-lo. Só havia outra alternativa: reescrevê-lo", disse ela.

Antes de endossar, Clinton abriu espaço para objeções. "Lá estava eu com o coração na boca", contou Katzen. Mas não houve nenhuma. Até mesmo o vice-presidente Gore tinha se declarado um convertido ao valor da análise custo-benefício. Então Clinton assinou a ordem executiva criando o novo processo e passou a caneta para Katzen.[76]

Depois de assumirem o controle da Câmara em 1994, os republicanos mais uma vez tentaram aprovar uma lei tornando obrigatória a análise custo-benefício de regulamentações ambientais e de outras normas em que ainda não era exigida. O economista de Harvard John Graham argumentou que criar normas sem levar em consideração o custo era "assassinato estatístico", já que o governo poderia ser capaz de salvar mais vidas ao fazer regulações mais eficientes.[77] O novo porta-voz (presidente) da Câmara, Newt Gingrich, disse que as regulamentações ambientais "distribuíam mal os recursos com base em relações emocionais e públicas sem levar em consideração a racionalidade científica, econômica ou da engenharia".[78]

Clinton, em uma observação seca de que "o meio ambiente ainda não é capaz de proteger a si próprio", reuniu os democratas contra as mudanças. Mas o governo também anunciou que a EPA começaria voluntariamente a precificar as vidas salvas por suas regulações. Grupos ambientais se recusaram a participar. "Ambientalistas sem doutorado em economia no MIT não farão nenhum progresso em uma sala cheia de economistas neoclássicos", explicou o líder de um importante grupo de lobistas.[79] A abstinência se mostrou ineficaz. Carol Browner, diretora da agência no governo Clinton, fez um discurso no 30º aniversário do Dia da Terra, em 2000, enfatizando a missão da EPA de reduzir alguns tipos de poluição sem levar em consideração o custo. "Deixe-me repetir essas últimas palavras: sem levar em consideração o custo", declarou ela. Depois a EPA publicou suas diretrizes, que Browner defendia como necessárias para demonstrar o valor da regulação. A agência considerou 26 estudos – cinco deles elaborados por Viscusi – e decidiu avaliar a vida em 4,8 milhões, em dólares de 1990.

NO GOVERNO DO PRESIDENTE George W. Bush, a EPA reduziu o valor da vida humana em dólares. O primeiro e mais divulgado golpe veio em 2003, quando a agência propôs aplicar um desconto de 37% às vidas das pessoas com mais de 70 anos. Havia certa lógica: uma intervenção que acrescentasse dez anos à vida certamente era mais valiosa do que uma que acrescentasse cinco anos, e daí se seguia que poupar a vida de uma pessoa de 20 anos era, em média, mais valioso do que salvar a vida de uma pessoa de 25 anos. Também havia contra-argumentos razoáveis: por exemplo, as pessoas chegando ao fim da vida podem atribuir um valor maior a seus anos restantes. Esses argumentos foram cuidadosamente considerados... Não, na verdade a AARP (Associação Americana dos Aposentados) protestou ruidosa e furiosamente até que o porta-voz da Casa Branca foi destacado para dizer ao povo americano: "O comprometimento do governo Bush não deve ser questionado."[80]

A lição aprendida foi baixar o valor de todas as vidas. Em 2004, a EPA silenciosamente cortou 8% do valor da vida em uma análise de regulações da qualidade do ar. Em 2008, a agência tirou outros 3% ao não aplicar correção pela inflação a uma análise de normas de poluição do ar para barcos e trens.

No total, o valor da vida humana foi reduzido para 6,9 milhões (em dólares de 2008) – um corte de cerca de 1 milhão em relação às diretrizes de 2000, com correção pela inflação.[81]

Após a eleição do presidente Obama em 2008, o valor da vida se recuperou. O governo Bush rejeitara um plano para dobrar a resistência do teto exigida para carros de passeio, o que poderia ter evitado 135 mortes por ano em acidentes de capotamento. Em vez disso, o governo exigiu um aumento menor e mais barato na resistência do teto, o que se estimou evitar não mais do que 44 mortes por ano. O governo Obama, referindo-se ao valor mais alto que atribuía à vida, exigiu tetos mais fortes. Em 2016, a EPA estava usando um valor de 10,1 milhões de dólares – e havia se comprometido a corrigir o valor pela inflação regularmente. A agência também lançou um estudo para determinar se deveria atribuir um valor mais alto para evitar mortes por câncer, baseando-se na teoria de que o câncer é uma forma especialmente desagradável de morrer e que, portanto, as pessoas poderiam se dispor a pagar mais para reduzir o risco.

Após o fracasso de uma proposta de lei radical sobre mudança climática em 2009, o governo também tentou fortalecer a regulação ambiental expandindo o universo de benefícios quantificáveis. Muitas regulamentações ambientais federais são justificadas principalmente por um tipo singular de dano: os efeitos sobre a saúde da emissão de pequenas partículas. O governo se dispôs a quantificar um segundo tipo de dano, o das emissões de carbono. Em 2010, uma força-tarefa concluiu que uma tonelada de emissões de carbono causava cerca de 21 dólares em prejuízos econômicos, inclusive efeitos sobre a saúde, impactos agrícolas e enchentes. Em 2013, o governo aumentou esse "custo social do carbono" para 33 dólares por tonelada.

Ambos os lados aceitaram que as batalhas em relação à regulação seriam lutadas na linguagem da economia. "Os Estados Unidos vivenciaram uma revolução", escreveu Sunstein. "Nenhuma arma foi disparada. Nenhuma vida foi perdida. Ninguém fez manifestações na rua. A maior parte das pessoas nem percebeu. Não obstante, ela aconteceu."[82]

A MAIOR PARTE DAS nações industrializadas estava sofrendo de uma degradação ambiental semelhante por volta da década de 1960, mas, de início, os Estados Unidos foram os únicos a reagir de forma enérgica. "Vimos os americanos indo de uma ameaça de poluição para outra e nos divertimos um pouco com isso", escreveu o jornalista britânico Stanley Johnson em 1972, observando do Reino Unido. "Lá eles pareciam se mover de forma aleatória por toda a tabela periódica."[83]

Nas últimas décadas, a dinâmica mudou. Os Estados Unidos foram a primeira nação a regular o arsênico na água potável, mas, quando a Organização Mundial da Saúde recomendou na década de 1990 um novo limite de 10 partes por bilhão, um índice consideravelmente mais estrito do que o padrão norte-americano de 50 partes por bilhão, a União Europeia se moveu mais rapidamente para o novo padrão. O governo Clinton propôs acompanhar, mas a norma não foi finalizada antes da eleição de 2000 e o governo Bush bloqueou sua implementação. "As comunidades que enfrentam a tarefa assustadora de arrumar dinheiro para aderir a padrões mais rígidos podem dar um suspiro de alívio", disse o senador Pete Domenici, republicano de Albuquerque, no Novo México, que na época tinha os maiores níveis de arsênico na água entre as maiores cidades americanas.[84]

Em 2002, Jeff Immelt, na época CEO da General Electric, previu que "quase 99%" das regulações mais difíceis que a empresa enfrentaria ao avançar viriam da União Europeia e não dos Estados Unidos. A empresa abriu uma filial europeia em Bruxelas, a sede da União Europeia, o melhor local para cultivar seus novos supervisores.[85]

Um motivo para a divisão foi a diferença de opiniões sobre o papel da economia. A União Europeia assumiu uma visão ponderada do valor da análise custo-benefício, particularmente na criação de políticas ambientais. O Tratado de Maastricht de 1992 consagrou um "princípio cautelar" como padrão para a regulação, significando que os reguladores não exigiam evidências claras de dano para impor restrições. Os reguladores europeus pesavam custos e benefícios, mas colocavam mais peso do que seus colegas americanos em riscos que não podem ser medidos. "Quem ocupa cargo público tem o dever de não esperar até que seus piores temores se concretizem", disse Robert Coleman, o diretor-geral para saúde e proteção do consumidor da Comissão Europeia (o braço executivo da União Europeia), em 2002.[86]

Em 2010, por exemplo, a União Europeia proibiu mamadeiras contendo bisfenol A (BPA), um ingrediente comum em plásticos transparentes e duros, mencionando a "incerteza" quanto a seus efeitos sobre a saúde. A FDA (Food and Drug Administration), agência americana de vigilância sanitária, ao contrário, mencionou a mesma incerteza como motivo para não proibir o BPA.

A FDA só retirou o produto químico de uma lista de ingredientes aprovados depois que os fabricantes de mamadeiras pararam de usá-lo por vontade própria. A Europa também impôs restrições mais rígidas a antibióticos na alimentação animal, emissões a partir de incineradores de resíduos e ingredientes em cosméticos.[87]

Críticos, incluindo o governo dos Estados Unidos, advertem que a Europa está estorvando a marcha do progresso. "A cautela excessiva pode ser o maior de todos os riscos", advertiu a indústria farmacêutica Pfizer, proibida de vender hormônios para bovinos, em uma propaganda de 2000. A Europa, a empresa dizia, "poderia suprimir as mesmas forças de inovação econômica e técnica que tornam o mundo atual possível".[88]

Porém, como o próprio anúncio sugeria, a análise custo-benefício é inerentemente política. A precisão dos resultados obscurece a subjetividade das suposições subjacentes. É um método para fazer escolhas com deliberação, e sua ampla adoção aumentou o rigor da formulação de políticas, no mínimo exigindo que os formuladores de políticas reconhecessem compensações inerentes. Mas a sociedade pode olhar para o mesmo conjunto de custos e benefícios e fazer escolhas diferentes de forma razoável. E as sociedades podem decidir quem faz essas escolhas. A observação de Schelling de que a análise custo-benefício substitui o julgamento da organização política pelo julgamento do especialista é uma oportunidade, não uma garantia.

PARTE III

CAPÍTULO 8

Dinheiro, problemas

> *"O cidadão [britânico] comum acorda de manhã ao som de um despertador americano, põe de lado os lençóis da Nova Inglaterra e se barbeia com sabonete de Nova York e barbeador ianque. Calça botas de Boston sobre meias West Carolina, veste suspensórios de Connecticut, coloca o relógio Waterbury no bolso... Ele se senta em uma cadeira giratória de Nebraska diante de uma escrivaninha de Michigan, escreve cartas em uma máquina de escrever de Syracuse, assinando-as com uma caneta-tinteiro de Nova York e secando-as com um mata-borrão da Nova Inglaterra. As cópias das cartas são separadas em pastas fabricadas em Grand Rapids."*
>
> – F. A. MACKENZIE, *The American Invaders* (1902)[1]

Nos últimos anos da Segunda Guerra Mundial, mesmo enquanto os Estados Unidos e seus aliados arrasavam os centros industriais da Europa e do Japão, os formuladores de políticas econômicas traçaram planos para o renascimento do comércio global. Eles queriam unir as nações, tanto para impulsionar o crescimento econômico quanto para tornar a guerra uma despesa impensável. O comércio promoveria cortesia. "O principal prêmio da vitória das Nações Unidas é o poder limitado e temporário para estabelecer o tipo de mundo em que queremos viver", registrou o Departamento de Estado americano em novembro de 1945 em um documento "apresentado para análise dos povos do mundo". O texto falava de uma nova era em que os países "trabalhariam juntos em todas as áreas de interesses comuns, em particular a econômica".[2]

A peça central desse plano foi um acordo negociado no verão de 1944 no refúgio de Bretton Woods, localizado nas White Mountains de New Hampshire, para fixar as taxas de câmbio das moedas mais importantes. Para os arquitetos do plano – liderados pelo economista americano Harry Dexter White –, taxas de câmbio fixas eram necessárias para fornecer um ambiente estável para o comércio mundial.* Quando consumidores estrangeiros compram mercadorias americanas, eles precisam primeiro trocar sua moeda por dólares, ou, se o comprador compra em moeda estrangeira, é a empresa que precisa fazer o câmbio. Nos termos do Acordo de Bretton Woods, não haveria necessidade de painéis listando as taxas de câmbio mais recentes. O valor da libra esterlina, por exemplo, estava fixado em 4,03 dólares.

O acordo também pretendia evitar que países buscassem obter vantagens às custas de parceiros comerciais reduzindo unilateralmente o valor do câmbio de sua moeda para baratear as próprias exportações e torná-las mais atraentes. White e seus colegas estrangeiros, incluindo John Maynard Keynes, que representou a Grã-Bretanha na conferência de Bretton Woods, achavam que as desvalorizações cambiais competitivas no início da década de 1930 haviam causado um colapso no comércio, o que mergulhou o mundo na Depressão e pavimentou o caminho para a guerra. Como dizia o velho ditado: "Quando as mercadorias não cruzam as fronteiras, os soldados certamente o farão."[3]

E White tinha mais um objetivo em mente: o acordo foi concebido para reforçar a dominância econômica dos Estados Unidos.[4] White configurou os termos de modo a fazer com que o dólar chegasse ao mais próximo possível de ser uma moeda universal. Antes da Segunda Guerra Mundial, as principais nações comerciais tinham fixado as taxas de câmbio com garantia de conversibilidade de suas moedas para quantidades específicas de ouro. Bretton Woods foi um substituto do padrão-ouro: outras nações garantiam a conversão de suas moedas para dólares e os Estados Unidos garantiam a conversão de dólares para ouro.[5]

---

* Poucas teorias obtêm um consenso tão amplo entre os economistas quanto a afirmação de que o livre-comércio beneficia todas as nações. Um dos meus exemplos preferidos é um vídeo no YouTube que mostra Andy George, um homem que decidiu fabricar o próprio sanduíche. George documentou o processo de plantar alface e trigo, fazer evaporar a água do mar para produzir sal, ordenhar uma vaca e matar uma galinha. O sanduíche levou seis meses para ficar pronto e custou 1.500 dólares. Enquanto isso, o McDonald's vende o McChicken por menos de 5 dólares. A moral da história é que a especialização poupa tempo e dinheiro. Uma pessoa escreve para ganhar dinheiro e comprar comida, outra produz comida e compra livros; o resultado é mais comida e mais livros. A mesma lógica serve para uma comunidade, para uma nação e para a economia global.

O sistema foi bastante bem-sucedido na estabilização das taxas de câmbio por três décadas. O mundo vivenciou um recrudescimento de prosperidade que os franceses afetuosamente chamaram de *Les Trente Glorieuses*. Mas o sistema de Bretton Woods, em última instância, abalou a dominância econômica dos Estados Unidos.

A RAIZ DO PROBLEMA estava no fato de que o resto do mundo precisava de dólares. De certa forma, esse era um tipo de problema bom, pois significava que o resto do mundo estava querendo trocar mercadorias por dólares, só que depois preferia guardá-los em vez de usá-los para comprar mercadorias dos Estados Unidos.*

Além disso, o poder de compra de cada dólar aumentou continuamente. As economias da Alemanha Ocidental e do Japão se recuperaram com ajuda americana. Como os dois países foram proibidos de gastar recursos em conflitos e colônias, seu crescimento econômico logo ultrapassou o dos Estados Unidos, ainda que o valor em dólares de marcos e ienes se mantivesse constante.[6] Para os consumidores americanos, o resultado foi uma liquidação permanente de produtos alemães e japoneses, pois cada dólar, na verdade, poderia ser trocado por uma porcentagem fixa da crescente produção econômica da Alemanha ou do Japão. "Os japoneses, em particular, fizeram mais pelo consumidor americano do que Ralph Nader jamais pensou em fazer", disse o economista formado em Chicago Martin Bronfenbrenner a uma comissão do Congresso em 1971.[7] Os japoneses ficaram satisfeitos também. O presidente da Toyota se referiu ao mercado norte-americano como sendo "a salvação da Toyota".[8]

Para os fabricantes americanos, no entanto, a ascensão do dólar foi duplamente penosa. Eles tinham que lidar com um afluxo de concorrentes estrangeiros no front doméstico ao mesmo tempo que enfrentavam dificuldades

---

* As nações se envolvem no comércio internacional para obter importações. A maior parte dos países tem que vender exportações para comprar importações, mas os Estados Unidos foram capazes de trocar dólares por importações – e muitos desses dólares permaneceram em mãos estrangeiras porque esses países precisavam construir reservas na moeda, assim como tinham construído reservas em ouro. O dinheiro americano é um crédito sobre o governo norte-americano. Se o dono se recusa a usar esse crédito, ele está de fato emprestando dinheiro àquele governo sem encargos.

nos mercados de exportação. A economia americana se inclinou para o consumo em detrimento da produção.

Bretton Woods proibia desvalorizações cambiais unilaterais, mas permitia que os países negociassem alterações nas taxas de câmbio quando fosse *necessário* se ajustarem a mudanças nas circunstâncias econômicas. Isso foi visto como uma melhoria importante na rigidez do padrão-ouro. Keynes comparou a medida à diferença entre viver sob uma monarquia absolutista e uma monarquia constitucional.[9]

Porém, o acordo não definia "necessidade". Per Jacobsson, diretor administrativo do Fundo Monetário Internacional, que foi criado para gerir o acordo, disse que a necessidade era como uma moça bonita: "Você consegue reconhecê-la quando a encontra." Uma declaração rude e ingênua. Um país desvalorizava sua moeda à custa de seus parceiros comerciais. Reduzir o valor cambial do dólar aumentaria as vendas de mercadorias americanas na Alemanha e no Japão e reduziria as vendas de mercadorias alemãs e japonesas nos Estados Unidos. Não era do interesse de outros países aceitar a desvalorização do dólar.[10]

Em vez disso, os Estados Unidos e seus ex-inimigos se enredaram em uma relação de codependência – alemães e japoneses produzindo e americanos consumindo –, consolidando padrões econômicos que persistem até hoje.

Sob pressão dos sindicatos, o governo Kennedy criou em 1962 um programa para indenizar e capacitar trabalhadores americanos que tivessem perdido o emprego por causa da concorrência estrangeira. Mas foi um gesto vazio: nem um dólar sequer foi distribuído aos trabalhadores nos sete anos seguintes.[11]

A DEMANDA ESTRANGEIRA POR dólares fez com que o sistema de Bretton Woods entrasse em colapso. Os Estados Unidos tinham prometido vender ouro para governos estrangeiros, mediante pedido, a 35 dólares por onça, mas o suprimento de dólares em mãos estrangeiras aumentou mais rápido do que a oferta de ouro nos cofres do governo federal. Em 1963, os governos estrangeiros detinham dólares suficientes para reclamar cada onça de ouro guardada em Fort Knox, reduzindo o Acordo de Bretton Woods a uma ficção conveniente que duraria apenas enquanto as nações estrangeiras se abstivessem de fazer essas reivindicações.[12]

Os Estados Unidos tentaram adiar a data do acerto de contas desacelerando a saída de dólares. No entanto, na tentativa de preservar o sistema de Bretton Woods, o país aos poucos retrocedeu de seu objetivo declarado de aumentar o comércio entre as nações. O governo limitou os empréstimos a estrangeiros concedidos por bancos americanos e instruiu o Pentágono a embarcar carvão americano para tropas em solo estrangeiro. Em uma coletiva de imprensa em 1º de janeiro de 1968, o presidente Johnson pediu aos americanos que por dois anos evitassem passar férias na Europa.[13]

Os Estados Unidos também buscaram desestimular os governos estrangeiros a converter os dólares que já detinham. A partir de 1963, o governo federal começou a vender títulos comprados com dólares mas pagavam juros em outras moedas – basicamente remunerando os investidores estrangeiros por concordarem em deixar o ouro americano em Fort Knox. Em 1966, o secretário de Defesa Robert McNamara sugeriu que os Estados Unidos poderiam retirar tropas da Alemanha Ocidental se os alemães continuassem a retirar ouro dos Estados Unidos. Karl Blessing, presidente do banco central da Alemanha Ocidental, respondeu com uma carta de garantia que o país ficaria muito satisfeito em guardar seus dólares.[14]

O governo federal até mesmo flertou com a prospecção de ouro. Em fevereiro de 1968, um republicano da Califórnia, o deputado Craig Hosmer, propôs o uso de explosivos nucleares para retirar ouro do solo. Hosmer considerou que essa melhoria na tecnologia de mineração poderia obter 100 milhões de onças de ouro, três vezes mais do que a quantidade que os Estados Unidos tinham embarcado para outros países no ano anterior. Ele tomou emprestada a ideia da Kennecott Copper, que estava buscando permissão para detonar uma bomba atômica em uma antiga mina de cobre no Arizona.[15] A opção nuclear não avançou. Em seu lugar, Washington lançou a Operação Goldfinger, uma busca por novas fontes de ouro. Entre outras ações, o governo federal pagou cientistas para reunir 22 amostras de um tipo de cavalinha-do-pântano com o intuito de investigar um boato de que ela continha ouro.[16]

Enquanto isso, o fim de Bretton Woods se aproximava. Os Estados Unidos tinham feito uma promessa que não poderiam manter. Em 1969, a Alemanha Ocidental sozinha detinha dólares suficientes para drenar Fort Knox.

MILTON FRIEDMAN BATALHOU PARA pôr fim ao sistema de Bretton Woods quase que desde o momento de sua criação, dizendo aos quatro ventos que os países deveriam deixar que os mercados financeiros determinassem as taxas cambiais.*

Ele estava entre os primeiros a chamar atenção para o fato de que Bretton Woods estava sendo sustentado e preservado pelas limitações ao comércio internacional. Também advertiu, em uma premonição digna de nota, que a estabilidade do sistema só era mantida por causa do adiamento dos ajustes econômicos necessários. Os países com taxas fixas poderiam ficar aprisionados como placas continentais tentando se mover em direções opostas – quanto mais tempo as placas ficassem travadas, maior o terremoto seguinte provavelmente seria.

Seu primeiro tiro veio em 1948, em um programa de rádio com o vice-presidente do Banco do Canadá, a quem Friedman deu o conselho não solicitado de que o Canadá deveria adotar uma taxa cambial flutuante, retirando-se do Acordo de Bretton Woods, que acabara de assinar.[17]

Friedman deu o mesmo conselho a todos os outros países em um artigo publicado em 1953, "The Case for Flexible Exchange Rates" (A defesa das taxas cambiais flutuantes). Cancelar Bretton Woods em favor de taxas flutuantes, escreveu ele, era "absolutamente essencial para alcançar nosso objetivo econômico básico: a conquista e manutenção de uma comunidade mundial livre e próspera, envolvida em um comércio multilateral irrestrito".[18]

Sob o sistema de Bretton Woods, uma empresa americana estava disposta a aceitar 360 ienes em vez de 1 dólar porque o governo japonês garantia que 360 ienes poderiam ser trocados por 1 dólar. Em um sistema de taxas flutuantes, os governos não garantiam taxas cambiais. A empresa americana precisa decidir por conta própria quantos ienes aceitar por cada dólar. É provável que vá tomar

---

* A defesa de Friedman das taxas flutuantes se distinguia de muitas de suas outras posições por não ser um esforço contrarrevolucionário para restaurar alguma versão do sistema econômico do pré-guerra. Estava defendendo algo verdadeiramente novo. Ele se opunha ao padrão-ouro por ser arbitrário, porque se baseava na oferta de ouro e por gerar desperdício, já que o ouro precisava ser retirado do solo e depois armazenado em cofres. Também argumentava que qualquer sistema de taxas de câmbio fixas era ineficaz, porque exigia reajustes de preços e salários em toda a economia. Achava que era mais fácil ajustar um único preço: a taxa de câmbio. Ele comparou essa questão ao horário de verão. Qualquer um poderia ajustar sua programação, disse ele, "mas é obviamente muito mais simples mudar a hora no relógio". Veja FRIEDMAN, Milton. "The Case for Flexible Exchange Rates". *Essays in Positive Economics*. Chicago: University of Chicago Press, 1953, pp. 157-203.

essa decisão verificando os preços mais recentes nos mercados cambiais em que operadores vendam dólares por ienes e vice-versa. Esses preços, por sua vez, teoricamente refletem o poder relativo das duas economias, porque cada dólar, ou cada iene, é um crédito sobre a produção econômica desse país.

Friedman afirmou que confiar nos mercados corrigiria a falha no cerne de Bretton Woods, porque as taxas de câmbio se ajustariam sem impedimentos políticos. Melhor ainda, ele disse que esses ajustes seriam graduais e suaves, refletindo o ritmo lento de mudança na solidez relativa das principais economias. A confiança nos mercados, segundo ele, apoiaria o comércio internacional e aumentaria a prosperidade. Em outras palavras, os mercados atingiriam os objetivos de Bretton Woods melhor do que Bretton Woods.

Friedman e o establishment da formulação de políticas mais uma vez estavam discutindo a melhor maneira de lidar com a incerteza. A interdependência das economias nacionais estava aumentando, assim como a complexidade e o ritmo do comércio global. Formuladores de políticas viam a necessidade de uma gestão mais forte da economia; Friedman e seus aliados defendiam a fé nos mercados.

Na primavera de 1967, Friedman debateu em público com Robert Roosa, uma escolha adequada para ser a voz do establishment.[19] Roosa fez doutorado na Universidade de Michigan e ensinou economia por pouco tempo em Harvard antes de atuar no governo Kennedy como subsecretário do Tesouro para assuntos monetários. Mais tarde, foi sócio do banco de investimento Brown Brothers Harriman, de Nova York. Com base nessa longa experiência, ele chegara à conclusão de que Friedman era ingênuo. Propostas como as de Friedman, disse ele, não eram "nem teoricamente sólidas nem operacionalmente viáveis". Os mercados cambiais fracassariam em convergir para uma única taxa cambial e as flutuações enfraqueceriam o comércio. Os governos poderiam tentar intervir unilateralmente, mas, na falta de um acordo, haveria "um convite contínuo à beligerância econômica" na forma de desvalorizações concorrenciais, numa reprise da década de 1930.

Friedman, incrédulo, perguntou se Roosa queria negar que os mercados iriam estabelecer preços.

Roosa: Nego que existirá um mercado de fato.
Friedman: Você nega que existirá um mercado após a mudança?
Roosa: Sim.
Friedman: Um mercado de câmbio de moedas estrangeiras?

Mais uma vez, Roosa assentiu. "Em resumo, o tráfego econômico entre as nações se tornou vasto e complexo demais", reforçou ele. "Os operadores de câmbio individuais e os investidores teriam uma missão quase impossível de buscar uma taxa que levasse todas essas influências conflitantes em consideração."[20]

EM 1968, PAUL SAMUELSON estimou que 90% dos economistas acadêmicos aceitavam o argumento de Friedman em favor de taxas ajustáveis (Samuelson se incluía entre os convertidos). O sistema de Bretton Woods, na opinião deles, estava reprimindo o comércio internacional, além de não permitir ajustes nas taxas cambiais. Samuelson disse, no entanto, que ainda não via possibilidade de convencer os políticos. "A chance de que o professor Friedman, mesmo com sua eloquência, possa fazer isso acontecer é menor do que uma em 10 bilhões", disse ele em um programa de televisão chamado *The Dollar in Danger* (O dólar em perigo). "Não sei se devemos desperdiçar o tempo de adultos discutindo isso."[21]

No entanto, os mercados não deixaram a decisão para os políticos. Os fluxos de investimentos transnacionais tinham crescido mais rapidamente do que o comércio internacional de bens e serviços. As mudanças erráticas nesses fluxos de capital forçaram o sistema de Bretton Woods a atingir o ponto de ruptura.

A Grã-Bretanha se rendeu primeiro, anunciando em 18 de novembro de 1967 que começaria a vender libras por apenas 2,40 dólares. A economia britânica estava ficando para trás em relação a seus rivais continentais e o preço alto da libra piorava tudo. A desvalorização tinha se tornado uma humilhação necessária.

O primeiro-ministro Harold Wilson tranquilizou o público de que "a libra aqui na Grã-Bretanha, no seu bolso ou na sua bolsa", não tinha sido desvalorizada porque ainda compraria a mesma quantidade de mercadorias britânicas. Era uma cortina de fumaça: o efeito da desvalorização seria encarecer as mercadorias estrangeiras. Ainda assim, o líder do Partido Conservador, Edward Heath, pode ter ido longe demais na declaração: "Essa afirmação será lembrada como a mais desonesta de todos os tempos."[22]

O governo Johnson correu para liberar um comunicado à imprensa "inequivocamente" apoiando Bretton Woods. Porém, Gardner Ackley, presidente do Conselho de Consultores Econômicos de Johnson, advertiu em particular que os Estados Unidos precisariam desvalorizar o dólar também. Era só uma questão de tempo.

NACIONALISMO ECONÔMICO

Durante a campanha eleitoral de 1968, Nixon pediu a Arthur F. Burns, seu principal consultor econômico, que sondasse os governos europeus sobre o futuro de Bretton Woods. Burns relatou que a situação era "muito precária", mas não estava perdida. Ele impeliu Nixon a buscar um novo conjunto de taxas fixas. "Não vamos desenvolver ideias românticas sobre a taxa de câmbio flutuante", instruiu Burns. Remontando à década de 1930, ele advertiu: "A história nos diz que uma taxa de câmbio flutuante, além de causar um sério encolhimento no comércio, também tende a suscitar instabilidade política internacional."[23] O principal assessor de Nixon para política monetária, Paul Volcker, concordou com Burns. Ao ser perguntado sobre taxas flutuantes durante sua primeira viagem oficial ao exterior, Volcker respondeu: "Essas ideias já foram muito discutidas nos círculos acadêmicos e é lá que devem permanecer."[24]

Friedman tentou ganhar a atenção de Nixon entregando um memorando no terceiro trimestre de 1968 em que o encorajava a adotar taxas flutuantes para o dólar assim que tomasse posse. O economista argumentou que o governo de saída poderia ser responsabilizado por qualquer turbulência inicial, ao passo que Nixon levaria crédito pelos benefícios. "No front econômico, parece haver apenas ganhos e não custos", escreveu Friedman. Por outro lado, ele alertou que, se Nixon esperasse, haveria uma crise "em um ano ou dois, no máximo".[25]

Nixon não estava interessado. Como a maioria das pessoas, ele queria que o encanamento funcionasse, mas não queria mexer nele. Em um memorando descrevendo suas prioridades em política externa, Nixon disse que queria se concentrar nas "grandes batalhas" – a saber, as relações com a União Soviética e a China. E também com a Europa. E com o Oriente Médio. E com o Sudeste Asiático. Na verdade, em se tratando de política externa, o assunto que Nixon mais amava, só havia uma área da qual nem queria ouvir falar, e isso ele deixava bem claro: "Não quero ser incomodado com assuntos monetários internacionais."[26] Então, por dois anos, Nixon deixou que Volcker conduzisse conversas avulsas com governos estrangeiros.

Nesse ínterim, o sistema de Bretton Woods continuava a desmoronar. A França seguiu a Grã-Bretanha, desvalorizando a moeda em agosto de 1969. Em maio de 1970, o Canadá se tornou o primeiro grande país a sair do sistema.[27] Friedman, tentando apressar o colapso, disse a um jornalista alemão que a Alemanha Ocidental estava "acorrentada ao dólar feito um prisioneiro".[28] Era mais como um cordão umbilical, bombeando prosperidade para a economia alemã em troca de uma pequena inflação, mas os alemães tinham um pavor arraigado da inflação. Em maio de 1971, a Alemanha Ocidental deu um tiro de advertência, permitindo que, por um breve momento, o marco flutuasse em relação ao dólar.

A fragilidade da posição dos americanos foi salientada por um relatório confidencial da Casa Branca no segundo trimestre de 1971, que avisava que os Estados Unidos provavelmente sofreriam o primeiro déficit comercial anual desde 1896 – o valor das importações excederia o das exportações pela primeira vez desde o surgimento dos Estados Unidos como potência industrial. O relatório observava que um em cada cinco carros vendidos em Los Angeles era japonês.

A decisão de pôr fim a Bretton Woods começou com Volcker, que concluiu no início de julho de 1971 que a crise tinha chegado: os Estados Unidos estavam prestes a ficar sem ouro. Volcker queria manter um sistema de taxas fixas, mas tinha desistido de convencer os outros países a aceitar uma desvalorização do dólar de 10% a 15%, a redução mínima que ele via como sustentável. Ele disse ao chefe, o secretário do Tesouro John Connally, que deveriam anunciar que não trocariam mais dólares por ouro, para forçar os outros países à mesa de negociação.

Connally, ex-governador do Texas, era um democrata conservador carismático que Nixon tinha trazido para o governo não como especialista em economia, mas como potencial sucessor.[29] Connally entendia a necessidade de tratar da crise, mas o que realmente atraiu a atenção dele foi a perspectiva de que a desvalorização pudesse criar empregos. A taxa de desemprego pairava em torno de 6% havia quase um ano e a Casa Branca estava sendo pressionada a tomar providências.

Em 15 de julho, Nixon revelou seus planos para se tornar o primeiro presidente americano a visitar a China comunista. Porém, quando ele compareceu diante do Congresso dias depois, as perguntas foram sobre a economia doméstica. "Connally e eu concluímos que era chegada a hora de agir", escreveu Nixon em sua autobiografia.[30] Duas semanas depois, Connally voltou com o esboço de um pacote: cortes de impostos, controle de preços e salários e o fim de Bretton Woods. Os Estados Unidos suspenderiam a conversão de dólares em ouro e convidariam outros países a negociar um novo conjunto de taxas de câmbio. Para estimular a cooperação, também imporiam uma tarifa de 10% sobre as importações até que se chegasse a um acordo. No dia 12 de agosto, Nixon se reuniu em seu escritório secreto, no prédio ao lado da Casa Branca, com Connally e George Shultz, ex-professor de Chicago que dirigiu o Departamento de Gestão e Orçamento e tinha desalojado Burns do lugar de economista favorito de Nixon. Eles concordaram que estava na hora de fechar a torneira do ouro. Shultz mais tarde descreveu o plano como "uma aliança com o próprio mercado".[31]

Durante a Grande Depressão, o governo federal comprou extensões de terras agrícolas áridas na parte leste das montanhas Allegheny, cerca de 100 quilômetros ao norte de Washington, D. C. As terras eram áridas e rochosas, mas não destituídas de charme. Naquele momento longínquo, o governo Roosevelt decidiu construir um retiro rústico para servidores federais. A maior parte das áreas de camping no Catoctin Mountain Park por fim foi aberta ao público, mas uma delas foi reservada para o presidente. Dwight Eisenhower a chamou de Camp David.

Na tarde de 13 de agosto de 1971, uma sexta-feira, o presidente Nixon escapou da quente e úmida Washington para passar um fim de semana no retiro das montanhas. Reunindo seus consultores pouco depois das três horas da tarde no Aspen Lodge, o chalé do presidente, ele solenemente pediu-lhes que assinassem o livro de visitas. Alguns já sabiam o motivo da reunião; os outros não tiveram que esperar muito. Nixon lhes disse que eles estavam prestes a embarcar na "ação econômica mais significativa desde a Segunda Guerra Mundial".[32] Desmantelariam outra coisa que Roosevelt construíra: o sistema monetário internacional.

O fim de semana em Camp David entrou para a posteridade em detalhes dramáticos relatados pelo autor dos discursos de Nixon, William Safire, e, portanto, é sempre retratado como um momento decisivo. Uma descrição mais precisa seria: 36 horas de Arthur Burns quebrando a cabeça para convencer o presidente a abandonar o plano de Connally.[33] Burns, que tinha tomado posse como presidente do Federal Reserve, advertiu que os mercados financeiros entrariam em convulsão e o comércio desmoronaria, assim como tinha acontecido na década de 1930. "O *Pravda* vai estampar essa notícia na primeira página como sinal do colapso do capitalismo", avisou ele. Em seu diário, ele usou um palavreado mais forte: "A torneira do ouro pode ter que ser fechada amanhã porque agora temos um governo que parece incapaz não apenas de uma liderança construtiva, mas também de qualquer ação que seja. Que tragédia para a humanidade!"[34]

Porém, Burns não era homem de honrar princípios. Ele se reuniu em particular com o presidente para fazer um último apelo pelo antigo sistema e depois se comprometeu a apoiar seu abandono. "Quando Arthur late, ele também balança o rabo", escreveu mais tarde um adversário.[35]

Enquanto Nixon trabalhava em seu discurso, os homens do presidente se reuniram para o jantar. Volcker, convencido de que alguns não captavam a enormidade da decisão, disse-lhes que, se ele tivesse 1 bilhão de dólares para investir antes que o presidente falasse, poderia ganhar o bastante para acabar com a dívida pública, então em cerca de 23 bilhões de dólares. H. R. Haldeman, o chefe de gabinete do presidente, se inclinou para a frente e, com um olhar zombeteiramente sério, disse: "Exatamente como?"[36]

O telefone tocou. Era o presidente, ligando para pedir a Safire que transmitisse a mensagem de que Burns era uma "joia rara" e um bom homem. O elogio continuou pela manhã: Burns escreveu em seu diário que, quando o presidente prometeu a todos os presentes um casaco de Camp David com o próprio nome na frente, ele, Arthur Burns, recebeu o presente adicional de um par de taças.[37]

NAQUELE DOMINGO À NOITE, Nixon começou seu discurso televisionado à nação declarando que a Guerra do Vietnã ia tão bem que estava na hora de falar de economia. Havia três problemas, disse ele: desemprego, inflação e Bretton Woods. Para criar empregos, Nixon anunciou bilhões de dólares em cortes de impostos. Para reduzir a inflação, anunciou os primeiros controles de salários e preços em tempo de paz na história americana. E, para reequilibrar o comércio, anunciou que os Estados Unidos não garantiriam mais o valor cambial do dólar. O valor de uma libra esterlina e de todas as outras moedas atreladas ao dólar de repente se tornou uma questão em aberto. "Não há mais necessidade de os Estados Unidos competirem com uma mão amarrada atrás das costas", disse Nixon.

O presidente fez questão de assegurar aos americanos que a desvalorização do dólar não afetaria os preços dos produtos domésticos – a mesma meia verdade que Wilson tinha contado ao povo britânico quatro anos antes. Nixon encerrou o discurso com um floreio, citando um jornalista da Filadélfia que escreveu no verão de 1775: "Muitas pessoas acreditam que os Estados Unidos já viveram seus melhores dias." Agora, como então, Nixon disse: "Nossos melhores dias ainda estão por vir."

Era uma declaração de nacionalismo econômico, e, nos Estados Unidos, a reação inicial beirou a euforia. O índice Dow Jones anunciou sua maior alta em um só dia; pesquisas de opinião mostraram um salto na popularidade de Nixon de tais proporções que um pesquisador o comparou à nação se unindo em apoio a Roosevelt após o ataque a Pearl Harbor.

Como Burns previra, os comunistas também ficaram encantados. Leonid Brejnev, o líder da União Soviética, aclamou "a possibilidade de uma profunda crise do sistema capitalista".[38]

O restante do mundo demonstrou menos entusiasmo. "Uma declaração de guerra à política comercial", ostentava a manchete de um dos principais jornais da Alemanha, o *Süddeutsche Zeitung*.[39] Os países produtores de petróleo, que havia muito insistiam no pagamento em dólar, ameaçaram subir os preços, o passo inicial para o primeiro "choque do petróleo" dois anos depois. O primeiro-ministro japonês, Eisaku Satō, já balançado com a decisão de Nixon de ir à China, recebeu assim uma ligação do secretário de Estado William P. Rogers, dez minutos antes do pronunciamento de Nixon: "De novo não!"[40]

Nos anos seguintes, as taxas cambiais enlouqueceram e os países desperdiçaram vastas quantias de dinheiro tentando fazer com que elas parassem de oscilar. O arcebispo de Canterbury exortou os britânicos a "orar com fervor" pela libra esterlina.[41] O periódico *The New Yorker* publicou tirinhas sobre as taxas de câmbio. O primeiro-ministro francês, Valéry Giscard d'Estaing, disse que o assunto do dinheiro havia sido retirado da obscuridade: "Em questão está a expansão do comércio internacional, ou seja, o crescimento da economia mundial."[42] Giscard d'Estaing também se sentiu elevado de uma relativa obscuridade a chefe de Estado, como outros ministros das Finanças de sua geração: Helmut Schmidt da Alemanha Ocidental, James Callaghan da Grã-Bretanha e Takeo Fukuda do Japão. A economia estava se movendo para o primeiro plano e os formuladores de políticas enfrentavam o desafio de definir uma nova relação entre governos e mercados.

VIRADAS E CHOQUES

"Bem, o que foi feito vocês sabem", disse Connally a uma sala cheia de economistas convocados a oferecer aconselhamento três dias após o discurso de Nixon. "E o que faremos em seguida?"[43]

Volcker ainda nutria esperanças de negociar um novo conjunto de taxas fixas, mas Shultz tinha outro plano. Ele não queria fazer nada. Achava que estava na hora de deixar os mercados definirem as taxas.

Shultz, gentil, educado e ponderado, foi difamado por alguns rivais do governo, que o chamaram de "carregador de piano" para Milton Friedman. Burns, um economista mais famoso que perdeu o lugar de confidente de Nixon, escreveu sobre Shultz em seu diário: "Que pena que esse ideólogo tranquilo e persuasivo, mas lamentavelmente ignorante, tenha tanta influência sobre o presidente."[44] Era uma avaliação equivocada. Shultz não era um pensador particularmente original, mas possuía uma rara combinação de sofisticação econômica e política. Henry Kissinger escreveu em sua autobiografia: "Se fosse para escolher um americano a quem eu confiaria o destino da nação durante uma crise, esse alguém seria George Shultz."[45] E Shultz tinha opiniões próprias. "Acho que ninguém deveria aspirar a gerir a economia", disse ele a um entrevistador. "Acredito que a ideia básica sobre a nossa economia é que ela é autogerida."[46]

Shultz nasceu em Nova York em 1920 e, assim como Friedman, se mudou para Nova Jersey ainda jovem. E é aí que as semelhanças terminam. O pai de George, que trabalhou em Wall Street, se mudou com a família para a arborizada Englewood.[47] Shultz foi para a escola preparatória e, em seguida, Princeton, mas adiou a pós-graduação no MIT para servir no Corpo de Fuzileiros Navais. Ele lutou no Pacífico e chegou ao posto de capitão antes de retomar os estudos em 1946.

No MIT, Shultz conheceu um grupo diversificado de acadêmicos interessados em mercados de trabalho, inclusive um ex-diretor de pesquisa do

United Steelworkers of America, o maior sindicato industrial dos Estados Unidos. A dissertação de Shultz analisou por que os fabricantes de sapatos da cidade de Brockton, ao sul de Boston, tinham demorado a cortar salários durante a Grande Depressão. Os keynesianos viam a inflexibilidade dos salários como prova da necessidade de intervenção do governo. Shultz achava que os mercados tinham funcionado de maneira surpreendente. Os salários estavam atrelados ao preço do sapato. Em vez de mexer nessa proporção, as empresas tinham reduzido a remuneração total mudando a produção de modo a fabricar sapatos mais baratos.

Shultz saiu direto da pós-graduação para o corpo docente do MIT e depois para a Universidade de Chicago em 1957. Sua sala ficava em frente à de George Stigler, com quem jogava golfe sempre que possível e por intermédio de quem se tornou amigo de Friedman. Ambos, mas especialmente Friedman, exerceram uma profunda influência sobre o pensamento de Shultz.

Chicago proporcionou a Shultz sua primeira experiência em gestão quando assumiu o cargo de diretor da faculdade de administração. Ele também estava ganhando reputação como mediador em disputas trabalhistas. Segundo ele, o segredo era fazer com que as pessoas parassem de falar de princípios e começassem a falar de problemas.[48]

Quando o presidente eleito Nixon convidou Shultz para ocupar o cargo de secretário do Trabalho no terceiro trimestre de 1968, Shultz aceitou com uma condição. Ele estava convencido de que a intervenção frequente do governo em disputas trabalhistas estava impedindo acordos porque os dois lados tinham se habituado a esperar pela mediação federal. Pediu a Nixon que apoiasse uma estratégia de não intervenção. O teste chegou quase que imediatamente. O governo Johnson conseguira uma liminar contra uma greve de estivadores, mas a decisão judicial expirou dias antes da posse de Nixon e os estivadores mais uma vez ameaçaram com paralisações. Shultz contou que disse ao presidente: "Isso vai causar muito bafafá em Nova York e parece uma emergência nacional, mas não é."[49] Ele previa que, se o governo esperasse algumas semanas, a administração e os trabalhadores entenderiam a mensagem. Nixon cumpriu a palavra, Shultz aguentou firme e a greve foi resolvida.

No entanto, Shultz se frustrou em seu objetivo mais amplo. Tanto os sindicatos quanto a administração das empresas continuariam a buscar ajuda do governo. Em uma reunião com executivos na cidade de Nova York no verão de 1970, ele foi pressionado a responder o que o governo faria para evitar aumento de salários. O governo? O bem-educado Shultz explodiu, dizendo aos executivos: "Vocês não passam de um bando de derrotistas."[50]

Nixon, notando os talentos de Shultz, pediu ao economista que mediasse o fim da segregação nas escolas em vários estados do Sul. Depois promoveu Shultz para dirigir o Departamento de Gestão e Orçamento. Logo após essa mudança, o senador Robert Dole contou a Nixon que estava tendo dificuldades para entrar em contato com John Ehrlichman, um dos principais consultores do presidente. "Ehrlichman?", retrucou Nixon. "Não se preocupe com ele. Vou colocá-lo em contato com quem realmente importa: George Shultz."[51]

EM SETEMBRO DE 1971, Shultz organizou o encontro de Friedman com Connally na casa deste último em Washington. Friedman parabenizou Connally por abandonar Bretton Woods e defendeu o não retorno às taxas fixas. Depois da reunião, Friedman escreveu para Connally: "Você merece um enorme crédito pela posição corajosa e determinada que assumiu." Duas semanas depois, quando soube que Connally estava negociando um novo conjunto de taxas fixas com os europeus e os japoneses, Friedman enviou uma segunda carta dizendo-se "extremamente deprimido" e avisando que o novo acordo "arrancaria a derrota das garras da vitória".[52]

Os esforços de Connally ilustram bem o problema básico com a negociação das taxas de câmbio: o processo era político, ao passo que o teste das decisões resultantes era econômico. Durante as conversações, realizadas no Smithsonian, Connally e seu colega japonês, Mikio Mizuta, submergiram em uma sala repleta de frascos com amostras. Connally queria que o Japão aumentasse o valor em dólares do iene em 20%, mas disse que precisava de pelo menos 18%. Mizuta respondeu que era impossível: o número final tinha que ficar abaixo de 17%. Qualquer coisa acima disso seria um "número muito, muito ameaçador para o Japão", disse Mizuta, porque aquela fora a magnitude da valorização do iene em 1930, quando o Japão voltou ao padrão-ouro um pouco antes de mergulhar em uma recessão histórica. Mizuta acrescentou: "O ministro das Finanças que decidiu esse retorno ao padrão-ouro foi assassinado."[53]

Esse foi o equivalente verbal a um soco no estômago de Connally. O secretário do Tesouro tinha levado um tiro e quase morrido quando Kennedy foi assassinado em Dallas oito anos antes. Connally aceitou uma valorização de 16,88%.

Quando Nixon anunciou o Acordo Smithsoniano em dezembro de 1971, chamou-o de "o mais significativo acordo na história mundial". Volcker se virou para outro assessor de Nixon e sussurrou: "Espero que dure três meses."[54]

Durou seis.[55] Os mercados permaneciam relutantes em aceitar valores arbitrários.

A VIRADA DECISIVA PARA as taxas flutuantes veio depois que Shultz substituiu Connally em junho de 1972, tornando-se o primeiro economista a atuar como secretário do Tesouro. Shultz não hesitou em aceitar o próprio conselho de que os Estados Unidos deveriam adotar taxas flutuantes. Ele acabou com as intervenções do governo no mercado de câmbio em apoio ao Acordo Smithsoniano. Então jogou com paciência, esperando que o acordo se desmantelasse.

Em fevereiro de 1973, Volcker passou quatro dias convencendo os japoneses e europeus a aceitar outra desvalorização do dólar. Essa negociação durou cerca de um mês. "Hoje percebo que eu estava em uma Missão Impossível", contou-me Volcker. "Ninguém, e certamente não um grupo de secretários assistentes, iria conceber um novo sistema monetário."

Nixon, por sua vez, deixou a questão quase totalmente nas mãos de Shultz. Estava farto de pensar em taxas cambiais. "O único objetivo que o vi expressar sobre a reforma do sistema monetário, e mais de uma vez, era que ele só não queria 'mais crises'", revelou Volcker.[56] Quando Haldeman disse ao presidente que a Grã-Bretanha tinha desvalorizado a libra, Nixon disse que não se importava. Haldeman então informou ao presidente que a Itália poderia ser a próxima. Nixon, gravando-se para deixar para a posteridade, respondeu: "Bem, não dou a mínima para a lira."[57]

Os europeus também estavam cansados de negociar. "O aspecto mais urgente da reforma monetária internacional", brincou um negociador, "é voltar para um sistema de fins de semana fixos."[58] Em março de 1973, as taxas de câmbio do iene, da lira e da libra esterlina estavam todas flutuantes em relação ao dólar. Os alemães continuavam comprando bilhões de dólares, tentando manter uma taxa fixa. Por fim, Shultz parou de retornar as ligações de seu colega da Alemanha Ocidental, Helmut Schmidt.[59] Em uma reunião em Paris no dia 16 de março, Shultz permitiu que os europeus abordassem a ideia de taxas flutuantes, depois a aceitou.[60]

Shultz deixou as formalidades para seu sucessor, William Simon, que concluiu um acordo legitimando as taxas flutuantes em 1976. Os europeus incluíram um mecanismo para reconsideração. Os americanos incluíram uma cláusula concedendo poder de veto aos Estados Unidos e, além disso, esclarecendo que se reservavam o direito de assumir taxas flutuantes para o dólar independentemente de qualquer voto. Washington tinha dado Bretton Woods ao mundo e Washington o tomara de volta.

Aqueles que, assim como Robert Roosa e Arthur Burns, tinham previsto que as taxas flutuantes causariam um colapso nas transações estavam espetacularmente errados. O valor das exportações e importações era equivalente a um quarto da produção econômica anual do mundo em 1971. Em 2008, com mercados consolidados como árbitros de taxas de câmbio, o valor das transações era 60% do PIB global.[61]

Porém, Shultz e Friedman também estavam errados. Taxas flutuantes não proporcionaram negócios equilibrados. Nem estabilidade.

A CHICAGO MERCANTILE EXCHANGE, a bolsa de valores de Chicago, era o segundo maior pregão da segunda maior cidade dos Estados Unidos. A Board of Trade operava o mercado de futuros para as commodities mais lucrativas, permitindo que vendedores de trigo e milho reduzissem o risco vendendo safras antes da colheita. A Merc era para o restante. Começou como mercado de ovos e manteiga, depois aos poucos acrescentou cebola, barriga de porco e gado. Leo Melamed, o ambicioso presidente da bolsa, estava desesperado por novos produtos. "Não se pode inventar uma nova carne", lamentou-se aos amigos. Então, em 1967, ele leu uma história sobre Milton Friedman no *The Wall Street Journal*. Dizia que Friedman, concluindo que era provável que a Grã-Bretanha desvalorizasse a libra, começara a ligar para os bancos de Chicago para ver se alguém apostaria contra. Ninguém quis, mas Friedman achou que alguém deveria ter se interessado.[62]

Melamed concordou. Ele contratou o primeiro economista da Merc e pediu-lhe que escrevesse para Friedman buscando aconselhamento, de economista para economista, sobre como criar um mercado assim. Friedman, que fazia questão de responder a quase todas as cartas enviadas por quase todo mundo, respondeu algumas semanas depois dando encorajamento, mas ressaltando que ainda não era o momento certo porque mudanças nas taxas de câmbio eram eventos raros no sistema de Bretton Woods.

Depois do discurso de Nixon, o próprio Melamed escreveu para Friedman, persuadindo o professor a viajar de sua casa de férias em Vermont para um café da manhã no hotel Waldorf-Astoria em Nova York. Lá ele ofereceu a Friedman 5 mil dólares para escrever um endosso de um novo mercado financeiro de futuros para moedas. Não foi difícil convencê-lo. Friedman defendia mercados de todos os tipos e achava que um mercado de futuros era um complemento necessário a um sistema de taxas cambiais flutuantes. Isso proporcionaria um veículo para investidores sinalizarem suas percepções da direção dos preços das moedas. E, assim como os agricultores se beneficiavam da proteção contra flutuações nos preços das safras, os negócios se beneficiariam da proteção contra as flutuações nas taxas de câmbio.

Quando Melamed anunciou a criação do Mercado Monetário Internacional em 20 de dezembro de 1971, o press release tinha o nome de Friedman em toda parte. Melamed chamou o acordo de endosso de 5 mil dólares de "o melhor investimento que a Merc já fez".[63]

Friedman havia previsto que as taxas de câmbio flutuantes mudariam lentamente com o passar do tempo porque o poder relativo das economias nacionais também mudava lentamente. Além disso, ele disse que os especuladores contribuiriam para a estabilidade, porque ganhariam dinheiro ao fazerem os preços retrocederem a níveis justificados por esses fundamentos.

Porém, em vez de flutuarem, as taxas cambiais disparavam e despencavam. Os economistas apelaram a várias teorias para essa volatilidade, evitando a explicação real e óbvia: havia apostas na mesa.[64] Em 1985, as transações diárias de moedas atingiram 150 bilhões de dólares; em 1995, 1,2 trilhão; em 2007, 3,3 trilhões de dólares.[65] Um novo setor surgiu: gestores de moedas para indústrias, banqueiros para aceitar suas instruções e especuladores para levar vantagem.*

Os perdedores não demoraram a aparecer. O Franklin National Bank, um credor de médio porte de Nova York, se deu mal em 1974 depois de perder

---

* Os defensores das taxas flutuantes com frequência argumentam que a disponibilidade de seguro reduz significativamente o risco do sistema. Mas seguro é caro. Susan Strange comenta com ironia a questão: "Ah, sim, é como o Hotel Ritz, que está aberto para ricos e pobres da mesma forma!" Veja STRANGE, Susan. *Casino Capitalism*. Oxford: Basil Blackwell, 1986, p. 116.

o dinheiro de seus investidores no novo mundo das transações cambiais. Também em 1974, as autoridades alemãs fecharam o Herstatt Bank – cujo lema era "Poupar não deve ser igual a apostar" – depois que este perdeu quase meio bilhão de marcos apostando nas oscilações do dólar.[66] E o pior ainda estava por vir: em maio de 2015, quatro dos maiores bancos do mundo se declararam culpados por manipular a taxa de câmbio do dólar em relação ao euro a fim de registrar lucros às custas dos clientes.[67]

Tudo isso – o seguro, as apostas, o roubo puro e simples – foi o preço cobrado pelo novo sistema.[68]

Um dos detalhes interessantes da história é que Keynes, que não confiava nos mercados, era um investidor bem-sucedido, ao passo que Friedman, que adorava os mercados, não teve seu amor correspondido. Melamed lembra-se de ter recebido uma ligação de Friedman dizendo que queria apostar na baixa do dólar canadense porque estava convencido de que os mercados puniriam o desregramento do primeiro-ministro Pierre Trudeau, do Partido Liberal. Melamed tentou dissuadi-lo – o dólar canadense estava subindo –, mas Friedman estava determinado. Ele só desistiu quando o valor do dólar canadense subiu mais 13%.[69]

CHIMÉRICA

O fim do sistema de Bretton Woods reduziu o valor comercial do dólar por um tempo, com consequências de longo alcance. O Japão se ajustou ao choque de Nixon voltando-se para a indústria de alta tecnologia. Estaleiros fecharam. Fabricantes de automóveis começaram a produzir carros melhores. A Toyota, outrora sinônimo de calhambeque, aos poucos se tornou alvo da inveja da indústria automobilística americana. Para as nações da Europa, o fim do sistema monetário internacional incitou a criação de um sistema monetário continental – e, com o tempo, a criação de uma moeda pan-europeia.

Os Estados Unidos, porém, não buscaram fazer nenhuma mudança radical na política econômica e o dólar logo se recuperou. O fim do status legal especial do dólar não refreou a demanda externa. Ao contrário, a dominância do dólar aumentou. No caótico mundo novo das taxas cambiais flutuantes, muitos países expandiram suas reservas em dólar para amortecer a volatilidade. O historiador econômico Barry Eichengreen observa que vilões do cinema continuaram a pedir pagamentos em dólares, assim como diversas empresas internacionais. Foi um efeito em rede, parecido com o Facebook: todos usavam o dólar porque todos usavam o dólar.

Alguns membros da OPEP, o cartel dos produtores de petróleo, tentaram encontrar uma alternativa viável e fracassaram. Tanto a Alemanha Ocidental quanto o Japão resistiram ao uso internacional de suas moedas, determinados a preservar sistemas econômicos voltados para a exportação. O Japão manteve rígidos controles de capital, enquanto a Alemanha Ocidental assumiu uma abordagem menos formal. Quando o Irã propôs em 1979 converter parte de suas reservas em dólares para marcos, o Bundesbank protestou publicamente. Ele insistiu que apenas os Estados Unidos poderiam desempenhar esse papel "sem prejudicar sua política econômica".[70]

O governo Carter tentou repreender a Alemanha Ocidental por sua moeda eternamente subvalorizada. Quando o secretário do Tesouro Michael Blumenthal comentou em uma entrevista que o dólar estava forte demais, o jornal alemão *Frankfurter Allgemeine Zeitung* opinou que os Estados Unidos estavam jogando "um jogo egoísta e arriscado, demonstrando irresponsabilidade em relação à economia mundial".[71]

QUANDO RONALD REAGAN FOI empossado em 1981, a cotação do dólar era praticamente a mesma que em 1973. No fim do primeiro mandato de Reagan, a cotação tinha tido uma elevação de cerca de 50%.[72]

Os cortes de impostos de 1981 exigiram um enorme aumento no endividamento federal mesmo quando o Fed restringiu a oferta de moeda para forçar a redução da inflação. As taxas de juros aumentaram e os investidores estrangeiros correram para comprar dólares, de modo a participar do negócio lucrativo de concessão de empréstimos aos Estados Unidos. Durante os anos de vigência de Bretton Woods, os Estados Unidos e outras nações dominantes tinham definido limites rígidos aos fluxos internacionais de capital para manter a estabilidade das taxas de câmbio. Mas os americanos haviam posto fim a essas restrições em 1974 e estimulado outros países a seguir seu exemplo. A interação dos cortes de impostos de Reagan com o monetarismo do Fed, as taxas flutuantes e a desregulação financeira fizeram o dólar escalar continuamente.[73]

As importações inundaram os Estados Unidos, criando uma farra inesperada para os consumidores americanos e um desastre para os fabricantes nacionais. A Kodak fabricava 80% de todo filme vendido nos Estados Unidos em 1979; sua principal concorrente, a Fuji do Japão, detinha 4% do mercado. Em 1985, a parcela da Kodak do mercado americano havia caído para 64%, e a da Fuji, subido para 11%.[74] A valorização do dólar também reduziu as vendas dos produtos americanos em outros países. A Caterpillar, fabricante de Illinois que dominara o mercado global no setor de veículos para construção pesada nas décadas após a Segunda Guerra Mundial, relatou em 1983 que a elevação do dólar tinha cortado suas vendas externas pela metade. A empresa demitiu 20 mil funcionários e transferiu alguns postos para o exterior. Um milhão de empregos domésticos em fábricas e na mineração foram perdidos durante o primeiro mandato de Reagan.

O declínio do emprego de operários nos Estados Unidos é uma tendência de longo prazo causada em sua maior parte mais pela automação do que pelo comércio exterior. Na década de 1880, fábricas e fazendas empregavam cerca de três quartos dos trabalhadores americanos. Nos anos 1980, esses setores empregavam um quarto dos trabalhadores americanos, mesmo conforme a produção de fábricas e fazendas continuou a subir. O aumento da produtividade permitiu que os trabalhadores mudassem para outros empregos.

No entanto, a valorização do dólar acelerou e distorceu a evolução da economia americana. Os Estados Unidos perderam fábricas e empregos que teriam permanecido viáveis a taxas de câmbio mais baixas. Por outro lado, o Walmart, que começou na década de 1980 com 276 lojas no Arkansas e no seu entorno, terminou a década como a maior rede varejista do país, gerindo um número quatro vezes maior de lojas, cada uma delas operada por uma equipe de trabalhadores mal remunerados e abastecida por mercadorias importadas baratas.[75]

O governo Reagan impôs alguns limites às importações de têxteis, automóveis e aço. Pela primeira vez desde a Segunda Guerra Mundial, as barreiras ao comércio exterior nos Estados Unidos, no todo, começaram a aumentar. Mas esses muros eram facilmente contornados. Para lembrar apenas um exemplo famoso, uma tarifa sobre motocicletas com motor de mais de 700 cilindradas incitou os japoneses a desenvolver, exclusivamente para o mercado americano, motocicletas com motores de 699cc.

Nesse ínterim, o governo se recusou a tomar uma medida que poderia ter limitado a velocidade das mudanças econômicas que varriam o país: ele não quis reduzir a cotação do dólar. Foi um exemplo notável de ideologia econômica ditando uma política pública. "Não há uma medida externa de quanto vale qualquer moeda exceto o que o mercado está dizendo que vale", foi o resumo oferecido por Donald Regan, o novo secretário do Tesouro.[76]

A aversão dos Estados Unidos à intervenção do governo não era compartilhada por seus principais parceiros comerciais. O Bundesbank comprou 25 bilhões de dólares entre 1981 e 1985, e as compras por outros bancos centrais chegaram a outros 25 bilhões. Durante esse mesmo período, os Estados Unidos compraram apenas 754 milhões de dólares em marcos e ienes.[77]

Lee Morgan, o CEO da Caterpillar, se reuniu cinco vezes com os funcionários do Tesouro e duas vezes com o presidente Reagan de 1982 a 1985 para pressionar o governo a reverter a alta do dólar. Sem sucesso. Os funcionários do Tesouro, incluindo Beryl Sprinkel, o subsecretário para assuntos monetários, "só ficavam repetindo que 'os mercados determinam os valores das moedas'", lembrou-se um dos participantes.[78]

Sprinkel era um homem jovial com uma mente rígida. Um representante do Fed lembrou-se de ter passado informações a Sprinkel sobre uma política de que ele não gostava: "A lógica estava do meu lado, assim pensava eu, mas uma crença inabalável estava do lado dele", disse o representante. "Nunca saímos muito desse impasse."[79] Quando Sprinkel foi nomeado presidente do Conselho de Consultores Econômicos de Reagan em 1985, contou ao *The New York Times* que só contrataria economistas que pensassem como ele. Aqueles de outro tipo, disse ele, "não são úteis para mim porque não vou escutá-los".[80] Pressionado pelo Congresso quanto à alta do dólar, Sprinkel respondeu modestamente que os mercados eram muito mais inteligentes do que os burocratas. "Os Estados Unidos dizerem aos mercados cambiais estrangeiros qual deve ser a taxa do dólar, do iene, do marco ou de qualquer moeda me soa como o cúmulo da arrogância", disse Sprinkel.[81]

A FÉ DOS ESTADOS Unidos nos mercados foi uma faca de dois gumes para muitas nações estrangeiras também. A alta do dólar causou o terceiro choque do petróleo para o resto do mundo, que tinha que comprar dólares para comprar petróleo. Pierre Mauroy, primeiro-ministro francês, reclamou amargamente que os Estados Unidos estavam se aproveitando de seu "privilégio exorbitante" de emissores da coisa mais próxima a uma moeda internacional, revivendo uma expressão cunhada por um de seus predecessores na década de 1960 – apesar de esse privilégio dúbio estar agora sendo conferido pelo mercado em vez de pelo sistema de Bretton Woods.[82]

Empresas estrangeiras que tinham tomado empréstimos em dólar também foram punidas. O empresário britânico do setor aeroviário Freddie Laker tinha lançado um serviço diário chamado Skytrain entre Londres e Nova York. Os voos eram baratos e populares. A rainha Elizabeth II deu o título de cavaleiro a Freddie em 1978. Porém, a maioria dos clientes de Laker pagava em libras, ao passo que ele pagava a maior parte de suas contas em dólares. Entre outras coisas, a empresa tinha tomado um empréstimo de 355 milhões de dólares para comprar aviões. Quando o dólar se valorizou em relação à libra, a Laker Airways não conseguiu ganhar libras suficientes para pagar suas contas em dólares. A companhia de sir Freddie pediu falência em fevereiro de 1982.

O pior prejuízo, no entanto, ocorreu na América Latina. A história começou logo depois do fim de Bretton Woods, em outubro de 1973, quando os membros da OPEP impuseram um embargo sobre exportações de petróleo a países aliados a Israel, incluindo Estados Unidos e Reino Unido. O preço do petróleo disparou, produzindo um ganho inesperado que os países produtores de petróleo, inclusive a Arábia Saudita, bem ironicamente depositaram em bancos americanos. Os bancos, por sua vez, bombearam os petrodólares para o mundo em desenvolvimento – principalmente para países latino-americanos como Chile, Brasil e México, que acolheram os investimentos estrangeiros como parte de programas de liberalização econômica. De 1979 a 1982, as dívidas externas na América Latina mais do que dobraram, passando de 159 bilhões de dólares para 327 bilhões de dólares.[83]

O CEO do Citicorp, Walter Wriston, disse que emprestar para governos era um negócio perfeito – imensamente lucrativo e bastante seguro. "Os países, diferentemente das empresas, não entram em falência", disse Wriston.[84] Mas, com a alta do dólar, o México anunciou, em agosto de 1982, que não conseguiria mais pagar os juros. Outros países latino-americanos seguiram o exemplo. Reguladores federais salvaram o Citicorp e alguns concorrentes, permitindo que os bancos contabilizassem os empréstimos como prováveis de serem quitados um dia.[85]

Foi a primeira ocorrência de um padrão que se tornou familiar: lucros privados e ajudas financeiras públicas. Um credor disse ao *The Wall Street Journal*: "Nós, bancos estrangeiros, defendemos o livre mercado quando estamos para ganhar uma grana e acreditamos no Estado quando estamos prestes a perder uma grana."[86]

DURANTE A CAMPANHA PRESIDENCIAL de 1984, um novo termo começou a ser usado para descrever uma vasta área de redutos industriais: "Rust Belt" (Cinturão da Ferrugem).[87] Esse foi o ano também em que Youngstown, em Ohio, perdeu seu carrossel. Uma atração exclusiva do parque de diversões por sessenta anos, ele foi leiloado quando o parque fechou e acabou encontrando um novo lar às margens do rio em Nova York, protegido por uma estrutura transparente criada pelo arquiteto francês Jean Nouvel.

Reagan se reelegeu em 1984, mas a pressão política para conter o declínio da produção industrial americana continuou a crescer. Um novo secretário do Tesouro, James Baker, convenceu Reagan a tratar o valor do dólar como uma questão de política pública. Baker começou a buscar concessões do Japão.

Em abril de 1985, o primeiro-ministro Yasuhiro Nakasone pediu a todos os japoneses que gastassem o equivalente a 100 dólares em produtos estrangeiros. Ele então foi às compras com jornalistas em seu encalço e gastou 280 dólares em uma camisa francesa, um paletó e uma gravata italianos, e um jogo de dardos britânico para o neto. Mas não comprou nada "*Made in the USA*".[88]

Poucos meses mais tarde, o Japão fez um gesto mais significativo, assinando um acordo com outras importantes nações desenvolvidas no Plaza Hotel, em Nova York, para provocar a baixa do dólar. Em seu pronunciamento anual no Congresso em 1986, Reagan chegou perto de reconhecer o seu erro. "Nunca mais poderemos permitir que oscilações incontroláveis da moeda prejudiquem nossos agricultores e outros exportadores", disse ele.

Para o Japão, o Acordo do Plaza acelerou um processo de desindustrialização – o termo japonês é *kudoka*, ou "esvaziamento". As empresas japonesas começaram a transferir mais fábricas para o exterior, inclusive para os Estados Unidos. A Honda tinha aberto sua primeira fábrica de automóveis americana em Marysville, Ohio, em 1982 e outras montadoras a seguiram.

Assim como aconteceu com a desvalorização de Nixon, o dólar permaneceu em um nível mais baixo por cerca de uma década e a produção industrial dos Estados Unidos encenou uma modesta recuperação. A Caterpillar emergiu da década de 1980 como uma empresa mais eficiente e lucrativa. Em 1988, sua receita excedeu o pico anterior, alcançado em 1981. Ela empregava menos americanos e muitos deles com salários mais baixos, mas retomou seu papel como uma das maiores exportadoras do país.

No entanto, os Estados Unidos logo retornaram ao seu padrão confortável de tomadas de empréstimos e consumo, e, dessa vez, acharam um parceiro estrangeiro ávido por financiar seu vício em uma escala ainda maior: a China.

EM BRETTON WOODS EM 1944, o governo Roosevelt tinha tomado a decisão fatídica de resistir à pressão, principalmente do Reino Unido, de impor limites a superávits comerciais. A dominância da produção industrial americana estava então em seu auge. Acreditava-se que o apetite estrangeiro por produtos americanos fosse superar o apetite americano por produtos estrangeiros no futuro previsível e os Estados Unidos poderiam atender à demanda concedendo empréstimos a compradores estrangeiros.

John Maynard Keynes defendeu limites a esses empréstimos. Seu argumento atendia a interesses próprios: ele queria que a Grã-Bretanha e suas colônias recuperassem sua parcela do mercado. Mas também alegava que, a longo prazo, manter um comércio relativamente equilibrado era do interesse de todos.

Os formuladores de políticas americanos viam certa sabedoria no argumento de Keynes. Os Estados Unidos buscaram algum equilíbrio abrindo seus mercados a produtos estrangeiros, enquanto permitiam que seus parceiros comerciais mantivessem maiores restrições a produtos americanos. O país, afinal de contas, precisava de aliados fortes, ao menos para deter a disseminação do comunismo. O apoio político à abertura do mercado americano a importações foi quase inconcebivelmente amplo para os padrões modernos, abrangendo grupos empresariais, agricultores e alguns sindicatos. Henry Ford II endossou a eliminação das tarifas sobre automóveis importados.[89] E a elite de formuladores de políticas demonstrava pouca paciência com quem se preocupava com a ameaça imposta pela concorrência estrangeira. George Ball, subsecretário de Estado para assuntos econômicos do presidente Kennedy, mostrou-se satisfeito em contar que tinha ido a uma reunião com executivos americanos do setor têxtil "vestido com um terno fabricado na Inglaterra, uma camisa fabricada na Inglaterra, sapatos feitos sob medida em Hong Kong e uma gravata francesa".[90] Porém, os Estados Unidos evitaram quaisquer limites permanentes a desequilíbrios comerciais.

Se outras nações queriam tomar dólares emprestados para comprar produtos americanos, eles estavam bem felizes em satisfazer a demanda.

Meio século depois, os Estados Unidos tinham se tornado o país que tomava dinheiro emprestado para comprar produtos estrangeiros – e que se viu incapaz de convencer seus parceiros comerciais, especialmente China e Alemanha, de que, em última instância, todos se beneficiariam de restrições a desequilíbrios comerciais.

A China vinculou sua moeda ao dólar em meados da década de 1990, na verdade assinando um acordo de Bretton Woods unilateral. De início, os chineses estavam tentando conter a inflação e evitar a volatilidade das taxas cambiais que no momento flagelavam outras nações asiáticas. Porém, conforme o crescimento da economia chinesa ultrapassava o da economia norte-americana, a decisão do governo chinês de manter a taxa de câmbio equivaleu a um subsídio cada vez maior às exportações.

A China estava emulando a estratégia exitosamente empregada pela Alemanha Ocidental e por vários de seus vizinhos, inclusive o Japão, a Coreia do Sul e Taiwan.

Para manter a taxa cambial, a China pegou a maior parte do dinheiro ganho com as vendas aos americanos e devolveu-o para os Estados Unidos na forma de investimentos em títulos do Tesouro e outros títulos denominados em dólares. O efeito desse programa de poupança foi postergar os benefícios do crescimento econômico, abdicando do consumo imediato em prol de uma prosperidade maior a longo prazo.

O impacto sobre os Estados Unidos foi de menor importância até 2000, quando o governo Clinton e o Congresso normalizaram as relações comerciais com a China. O investimento americano no país aumentou consideravelmente, assim como as importações da China.[91] Outras nações asiáticas, buscando manter suas cotas no lucrativo mercado americano, reagiram desvalorizando suas moedas em relação ao dólar também. A dívida pública detida por estrangeiros aumentou de 1 trilhão de dólares em 2000 para 2,5 trilhões de dólares em 2008.[92]

Os Estados Unidos mais uma vez acolheram a disposição de outras nações de financiar seu consumo. E, mais uma vez, sacrificaram suas fábricas. A manipulação cambial feita pela China e por outras nações – e a tomada de empréstimos pelos Estados Unidos – custou até 5 milhões de empregos americanos.[93]

A pressão também moldou e distorceu o crescimento da economia americana. Um estudo de 2011 descobriu que quase todo o aumento líquido do emprego nos Estados Unidos de 1990 a 2008, cerca de 27,3 milhões de postos de trabalho, estava em setores protegidos contra a concorrência estrangeira – principalmente assistência de saúde e varejo. Existe uma linha reta de Bretton Woods a Celina, em Ohio, onde um Walmart Supercenter se localiza bem perto de um prédio maior onde mil trabalhadores americanos chegaram a fabricar 2 milhões de bicicletas Huffy por ano. A Huffy se mudou para a China em 1998 para atender à demanda da Walmart por preços mais baixos. As bicicletas ficaram mais baratas; os bons empregos se foram.[94]

"CERTAMENTE TEM ALGO ESTRANHO com o fato de a maior potência mundial ser o maior devedor mundial", comentou Larry Summers em 2004. Advertências sobre a dívida pública, e sobretudo sobre a tomada de empréstimos da China, passaram a dar o tom de todas as discussões sobre as políticas econômicas americanas. Ainda assim não havia sinais de que o resto do mundo estivesse planejando uma intervenção. O único limite vinculante à tomada de empréstimos pelos Estados Unidos parecia ser o apetite do povo americano.

Milton Friedman tinha insistido em 1967 que ter um parceiro comercial como a China seria bom para os Estados Unidos. "Eles estão nos dizendo: 'Se quiserem comprar barato nossos produtos, podemos dá-los a vocês'", declarou ele. "Bem, vamos deixar de ser bobos e pegá-los." Ele também insistia que taxas flutuantes impediriam a manipulação contínua das taxas de câmbio. "Vocês estão com medo de a gente importar muito de fora? Não podemos ter medo", disse Friedman. Todo parceiro comercial gastaria o dinheiro que ganhou, provocando o ajuste das taxas de câmbio. O medo da manipulação das moedas, segundo ele, era um pesadelo "inventado para meter medo em criancinhas".[95]

Friedman estava errado, e houve consequências. O centro da produção industrial global, que tinha se mudado das Terras Médias da Inglaterra para o Meio-Oeste dos Estados Unidos, se mudou de novo, agora para o Sudeste da China. O comércio ajudou a tirar centenas de milhões de chineses da extrema pobreza e também aumentou o tamanho da economia americana. O problema estava na distribuição: conforme os formuladores de políticas americanos trocavam o sofrimento concentrado da perda de empregos pelos amplos benefícios de preços mais baixos, a maioria dos americanos saiu ganhando, mas uma minoria significativa ficou para trás.[96]

Um estudo calculou que cerca de dois terços dos trabalhadores americanos que perderam o emprego em consequência do aumento do comércio com a China acabaram encontrando novos empregos com pagamento igual ou melhor. Porém um terço dos trabalhadores não conseguiu e, em média, perdeu 30% de sua renda.[97]

George Carney operava empilhadeiras em uma fábrica de geladeiras no oeste de Illinois até que ela fechou em 2004. Quando o conheci uma década depois, em 2015, ele estava vivendo de auxílio-doença, bebendo cerveja em um bar sem janelas às margens do rio Mississippi. Carney disse que estava disposto a aceitar que o comércio internacional impulsionou a economia americana. Porém, o comércio é basicamente uma forma de desapropriação – o Estado tomou o emprego dele em nome de um bem maior. E isso, para Carney, não parecia justo. Ele me disse: "Não está certo demitir empregados, tirar a subsistência das pessoas, só para que outros possam ganhar mais dinheiro."[98]

Em sua autobiografia, publicada em 2018, Paul Volcker escreveu: "Fracassamos em reconhecer os custos do livre mercado e da rápida inovação para parcelas consideráveis de nossos cidadãos."[99] A verdade é mais amarga. Muitos economistas de fato previram os custos, inclusive Paul Samuelson, coautor de um artigo de 1941 mostrando que o comércio entre países desenvolvidos e em desenvolvimento poderia reduzir os salários da classe trabalhadora no mundo desenvolvido. Alguns assumiram a visão Kaldor-Hicks de que o comércio, assim como a análise custo-benefício, era justificado porque o governo poderia compensar os perdedores. Outros chegaram ao ponto de sugerir que o governo deveria compensar os perdedores. Contudo, 75 anos depois de os Estados Unidos terem embarcado em seu esforço de estimular o comércio exterior, a realidade é que o governo envidou poucos esforços para fazê-lo. "O argumento foi sempre que os ganhadores poderiam compensar os perdedores", disse-me o economista Joseph Stiglitz, um crítico feroz desse fracasso. "Mas os ganhadores nunca fazem isso."[100]

EUFONIA

Os países da Europa Ocidental compreensivelmente acolheram com especial fervor a ideia de que o aumento do comércio internacional desestimularia conflitos militares. Em 1951, França, Itália, Alemanha Ocidental e três países menores criaram a Comunidade Europeia do Carvão e do Aço como primeiro passo para a integração econômica. "A solidariedade na produção assim estabelecida deixará bem claro que uma guerra entre França e Alemanha se torna não apenas impensável, mas também materialmente impossível", disse Robert Schuman, o ministro de Relações Exteriores francês, que nasceu na fronteira da França com a Alemanha – uma região que é, ao mesmo tempo, o cerne das indústrias europeias de carvão e aço e território em que batalhas de muitas guerras haviam sido travadas.[101]

Em meados da década de 1950, conforme as nações iam negociando um acordo mais amplo, o economista britânico James Meade publicou um artigo muito repercutido afirmando que o Acordo de Bretton Woods impediria a integração europeia. Seu argumento se parecia muito com o apresentado por Friedman: Bretton Woods não permitia que as nações fizessem os ajustes necessários nas taxas de câmbio. O sistema impunha a mesma camisa de força do padrão-ouro: se a produtividade dos trabalhadores alemães aumentasse mais rapidamente que a produtividade dos trabalhadores franceses, a França seria forçada a reduzir salários e preços em toda a economia em vez de simplesmente ajustar a taxa de câmbio. Meade, assim como Friedman, defendia que as nações europeias deveriam deixar que o mercado estabelecesse as taxas cambiais.[102]

Robert Mundell era aluno de Meade na London School of Economics na época e considerou o argumento de Meade perverso. "Achei muito estranho que países empenhados em integrar suas economias passassem a tomar medidas para desintegrar seus sistemas monetários", disse ele.[103] Em um artigo de 1961, ele atacou Meade ao seguir o argumento do próprio em relação ao que ele via como sua conclusão lógica. Meade defendera que uma taxa de câmbio flexível era a melhor forma de facilitar uma relação econômica entre duas nações com diferentes circunstâncias econômicas. Mundell afirmou que a mesma lógica certamente se aplicava dentro dos países. Se Meade estivesse certo, os Estados Unidos se beneficiariam da criação de uma moeda para as regiões industriais do Nordeste e do Meio-Oeste e uma moeda separada para o Sul agrícola, permitindo que os mercados determinassem a taxa de câmbio. Além disso, segundo Mundell, algumas regiões economicamente integradas de diferentes países, como o Noroeste dos Estados Unidos e o Oeste do Canadá, tirariam proveito do compartilhamento de uma moeda.

Mundell estava querendo dizer que era contra as taxas flutuantes, e não a favor de várias moedas americanas – ou de moedas multinacionais. "Não seria viável politicamente que as moedas nacionais fossem abandonadas em favor de qualquer outro esquema", escreveu ele. Porém, acrescentou que havia uma parte do mundo em que a política e a economia poderiam apoiar uma experiência com uma moeda multinacional: a Europa Ocidental.[104]

Nem Mundell nem Meade causaram grande impressão nos formuladores de políticas da época. A Europa permanecia comprometida com o sistema de Bretton Woods. Mas o debate continuou em fogo baixo, e a Universidade de Chicago era inevitavelmente o lugar que mantinha as chamas acesas. Mundell, que tinha se tornado um dos especialistas mais notáveis do mundo em economia internacional, se reuniu a Friedman no quadro docente de Chicago em 1966. Um aluno se recorda do nítido contraste entre os dois professores. Friedman se vestia com desleixo, mas ensinava com grande cuidado, discutindo os trabalhos acadêmicos página por página. Mundell andava na última moda da Europa e ensinava como um músico de improviso, fazendo muitas perguntas e dando poucas respostas. Às vezes os dois professores batiam de frente. Friedman insistia que a economia internacional era simples: livre-comércio, taxas flutuantes e não intervenção. Mundell, cada vez mais cético em relação às taxas flutuantes, não escondia seu desdém. "Milton", disse ele durante uma dessas discussões, "o problema com você é sua falta de bom senso."[105]

AO FIM DA DÉCADA de 1960, Bretton Woods não estava mais proporcionando estabilidade para a Europa. Em agosto de 1969, a França desvalorizou o franco pela primeira vez em uma década. Alguns meses depois, a Alemanha aumentou o valor do marco. Mundell, observando de longe e achando sua teoria cada vez mais convincente, propôs a criação de uma nova moeda: a "EUROPA".

Assim como a defesa de Mundell dos cortes de impostos, esse plano foi rejeitado por muitos outros economistas. Mundell era visto como um teórico brilhante, mas muitos de seus pares achavam que entendiam melhor as implicações práticas dos modelos de Mundell que o próprio Mundell. Seu artigo de 1961, na opinião deles, tinha apresentado o argumento de que regiões economicamente integradas poderiam se beneficiar de uma única moeda, mas quem poderia afirmar que a França e a Alemanha eram economicamente integradas?

Mundell respondeu que a criação de uma moeda única fomentaria a integração. Ele achava que os economistas americanos, em particular, eram indiferentes demais aos benefícios políticos. "Se a Europa da década de 1930 tivesse tido uma moeda comum operada democraticamente", disse mais tarde, "a Segunda Guerra Mundial não teria acontecido."[106] Além disso – e aqui vinha a importância de Mundell ser canadense –, ele defendia que todos sairiam ganhando com uma Europa fortalecida, capaz de encarar os Estados Unidos como um igual e não como dependente, na área monetária e em todas as outras.

Mundell acabou seu discurso de 1969 propondo a EUROPA em uma linguagem muito diferente da matemática árida da economia moderna, declarando: "Está na hora de os europeus acordarem."[107]

Em vez disso, os europeus lutaram para preservar o sistema de Bretton Woods. Volcker, o líder americano nessas negociações, disse que o vice-diretor do banco central belga apontou o dedo na cara dele e advertiu: "Se toda essa conversa sobre taxas cambiais flexíveis destruir o sistema, vai ter sangue na sua cabeça americana."[108] Porém, depois do discurso de Nixon em 1971, a Europa começou a traçar seu próprio caminho. O Acordo Smithsoniano que Nixon anunciou naquele dezembro permitia que as moedas se desviassem das taxas de câmbio especificadas em até 9%. Um grupo central de países europeus – incluindo França, Alemanha Ocidental e Reino Unido – concordou em limitar as flutuações entre suas moedas em apenas 4,5%.

Essa primeira tentativa acabou em fracasso. O esquema foi chamado de "a cobra no túnel", já que dava espaço para serpentear, mas, em meio à volatilidade econômica de meados da década de 1970, as cobras logo começaram a sair do túnel. A Grã-Bretanha caiu fora depois de menos de dois meses. A Itália mal chegou ao fim do primeiro ano. A França se retirou e voltou, e depois se retirou de novo.

Mesmo assim, a Europa continuou tentando. O imperativo político para a unidade europeia era forte e, em 1979, um grupo central de países liderados por França e Alemanha Ocidental anunciou um novo acordo, o Sistema Monetário Europeu (SME). Isso durou mais tempo, em grande parte porque os franceses estavam dispostos a sofrer. Quando se elegeu presidente em 1981, o socialista François Mitterrand prometeu "romper com o capitalismo" e a França embarcou em uma última dança com o keynesianismo. Enquanto as nações anglófonas cortavam o gasto público e aumentavam as taxas de juros, a França buscava reviver a prosperidade gastando dinheiro. No momento em que as nações anglófonas iam no encalço da desregulação, Mitterrand nacionalizava grandes empresas, aumentava o salário mínimo em 10% e cortava uma hora da jornada semanal dos trabalhadores.

Porém, em 1983, com inflação crescente e a participação da França no Sistema Monetário Europeu sob pressão, Mitterrand se fechou com consultores por 10 dias no Palácio do Eliseu, onde uma "minoria modernizante", nas palavras do ministro das Finanças Jacques Delors, o convenceu a botar fé nos mercados. Mitterrand anunciou o que acabou ficando conhecido como a "virada rumo à austeridade". As empresas voltaram à iniciativa privada, o gasto público sofreu cortes e o crescimento dos salários desacelerou conforme o foco do Estado foi se voltando para a redução da inflação. A taxa de desemprego atingiu 10% e a França permaneceu no Sistema Monetário Europeu. "Os socialistas foram convertidos a ideias anteriormente consideradas suspeitas: a importância da iniciativa privada, a motivação do lucro e por aí vai", disse o cientista político René Rémond. "Substituir a ideia de socialismo pela ideia de modernização é uma mudança enorme."[109]

EM 1982, O ECONOMISTA italiano Tommaso Padoa-Schioppa, diretor de assuntos econômicos da Comissão Europeia, publicou um artigo ressuscitando a defesa da criação de uma moeda pan-europeia. Ele escreveu num espírito de frustração, perturbado com a ressurgência do nacionalismo. Como muitos europeus cultos e ricos de sua geração, tinha sido criado como cidadão da Europa. Falava quatro línguas fluentemente – ele preferia trabalhar em inglês porque dizia que essa língua era mais concisa e precisa – e tinha morado na Alemanha Ocidental e na Bélgica.[110]

Padoa-Schioppa escreveu que o Sistema Monetário Europeu, assim como o sistema de Bretton Woods, tinha falhas inerentes e basicamente pelas mesmas razões. O sistema não era flexível o bastante para resistir a mudanças nas relações econômicas entre as principais nações participantes nem era rígido o bastante para forçar mudanças em suas políticas domésticas. E a pressão sobre o sistema estava prestes a aumentar, porque os membros do SME estavam eliminando controles de capital, permitindo o livre fluxo de investimentos. A movimentação de dinheiro entre as nações europeias era um dos principais benefícios econômicos da integração, mas também dificultava a manutenção de taxas cambiais fixas. A longo prazo, só havia duas opções viáveis: deixar as taxas flutuarem ou adotar uma moeda única.[111]

A França queria que a Alemanha Ocidental aceitasse a responsabilidade pela saúde econômica do restante da Europa como um pré-requisito para uma moeda unificada, da mesma forma que os Estados Unidos conduziam uma única política fiscal para todos os 50 estados, transferindo dinheiro de regiões prósperas para regiões carentes. A Alemanha Ocidental queria que o restante da Europa emulasse suas frugalidade e eficiência. Porém, no início da década de 1990, os dois países estavam prontos para fechar um acordo. Os franceses desejavam uma moeda que conferisse mais respeito em mercados financeiros. Mitterrand disse ao primeiro-ministro italiano Giuliano Amato que estava farto de viver "à mercê do capital volátil que não representava qualquer riqueza real nem a criação de produtos reais. É uma imoralidade intolerável".[112] Os alemães ocidentais desejavam um acordo monetário que preservasse sua capacidade de sobreviver de exportações e precisavam do apoio político da Europa para o projeto de reunificação alemã.

O acordo foi assinado na cidade holandesa de Maastricht em 7 de fevereiro de 1992.[113] O anfitrião, Ruud Lubbers, primeiro-ministro holandês, era um economista por formação que chamava seu país de "The Netherlands, Inc." e que, com o slogan "mais mercado, menos governo", reduziu a regulação, privatizou empresas estatais e cortou gastos.[114] Porém, para Lubbers e seus convidados, o amor pelos mercados não se estendia às taxas de câmbio flutuantes. Enquanto uma orquestra tocava Mozart, Lubbers ergueu uma taça de champanhe e invocou o refrão do crupiê enquanto a roleta roda: "*Les jeux sont faits; rien ne va plus.*"[115]

A expressão pode ser traduzida livremente por "A sorte está lançada", mas a Europa ainda tinha que convencer os céticos. Um dos colegas de Mundell apostou com ele uma garrafa de vinho que o plano não seria bem-sucedido. Mundell venceu a aposta. Os céticos continuaram a subestimar o imperativo político. "A Comissão Europeia de fato convidava economistas para apresentarem suas opiniões", disse Paul De Grauwe, professor de economia política europeia na London School of Economics. "Foi um processo darwiniano. Fui convidado, mas, depois que externei minhas dúvidas, nunca mais repetiram o convite. No fim, sobraram apenas os entusiastas."[116] As nações participantes – mesmo a Alemanha – manipularam as exigências fiscais para que o euro pudesse debutar conforme programado.* Em 1º de janeiro de 1999, as 11 nações participantes fixaram taxas de câmbio em relação ao novo padrão do euro.

Mundell ganhou o Prêmio Nobel naquele mesmo ano. A citação do prêmio dizia que ele tinha fornecido o modelo usado tanto pelos defensores quanto pelos críticos do euro, mas a premiação foi amplamente interpretada como os louros pela criação de um novo tipo de moeda.[117] Mundell ficou de pé diante do público em Estocolmo e cantou "My Way", de Frank Sinatra. Três anos depois, a Europa colocou em circulação 6 bilhões de euros em cédulas e 40 bilhões em moedas. O ministro das Finanças belga levou jornalistas a um caixa eletrônico, sacou 150 euros e declarou: "Vou começar me dando de presente uma cerveja belga."[118]

O EURO É UMA moeda alemã sob os aspectos mais importantes. O Banco Central Europeu está localizado em Frankfurt e opera sob instruções para manter a inflação baixa. Por outro lado, na negociação que criou o euro, a Alemanha aceitou responsabilidade limitada pela saúde econômica de seus novos parceiros. O restante da Europa teve que dançar conforme a música da Alemanha e a Alemanha pôde escolher a música.[119]

De início, pareceu um bom negócio. O compartilhamento de uma moeda de fato aumentou o comércio. Um estudo interessante concluiu que ex-colônias francesas na África que adotaram o euro perceberam um aumento de 76% no comércio com membros da zona do euro.[120] Os países europeus descobriram que podiam tomar dinheiro emprestado a praticamente as mesmas taxas de juros que os alemães. Isso também pareceu um bom negócio de cara: eles pegaram emprestado vastas somas e gastaram grande parte do dinheiro com produtos alemães. A prosperidade aumentou na zona do euro, principalmente na periferia menos abastada, e a desigualdade diminuiu.[121]

Mas havia uma pegadinha. Padoa-Schioppa, que se tornou membro do conselho do BCE, estava entre os primeiros a descrever o euro como "uma moeda sem um Estado". Ainda não havia um mecanismo para as partes prósperas

---

* A Itália, por exemplo, anunciou um "imposto da Europa" único para reduzir seu déficit fiscal ao nível necessário por um ano. A França lançou mão de um pagamento único da France Telecom.

da Europa aliviarem o sofrimento das retrações econômicas inevitáveis. Se a economia tropeça no Mississippi, o Federal Reserve não corta taxas de juros para reavivar o crescimento, porque isso causaria inflação no Texas. Em vez disso, o governo federal gasta mais dinheiro no Mississippi. Mas, na Europa, o único recurso para os Mississippis como a Grécia e a Espanha era punir os trabalhadores. Um economista, analisando a cena europeia, observou: "Quando as coisas estão indo bem, um sistema de taxas de câmbio fixas canta feito um pássaro. Quando as coisas estão indo mal, ele caga feito um elefante."[122]

Após a crise de 2008, as nações europeias periféricas começaram a sentir o peso dessa lição. Como os Estados Unidos, elas tinham tomado emprestado, consumido e vivido acima de suas possibilidades. Diferentemente dos americanos, não poderiam reavivar o crescimento recorrendo a mais empréstimos ou reduzindo o valor de uma moeda nacional. O BCE forneceu alguma assistência em forma de taxas de juros mais baixas, mas suas políticas foram calibradas para toda a zona do euro, o que significava que o estímulo era gritantemente insuficiente para a Espanha e a Grécia. A Alemanha e outros países com economias mais fortes resistiram bastante a convocações para prover ajuda em forma de gasto público ou alívio da dívida. Exceto na Alemanha e em uns poucos vizinhos menores, o desemprego na zona do euro permaneceu alto e a desigualdade aumentou. A maior parte da Europa vivenciou uma década perdida.

Porém, o euro não apenas perseverou como continuou popular nas nações que mais sofreram. Na Finlândia, a produção econômica per capita em 2017 foi 5% menor do que dez anos antes, descontada a inflação, mas os finlandeses permaneceram mais ricos do que antes de o país se ligar à Alemanha duas décadas antes. Os líderes da nação continuaram a apostar nos benefícios da união monetária. "A desvalorização é meio como o doping nos esportes", disse Alexander Stubb, ministro das Finanças da Finlândia, em 2015. "Ela pode até lhe dar um impulso de curto prazo, mas, a longo prazo, não é benéfica. Como todo mundo, precisamos de reformas estruturais, ajustes estruturais; precisamos aumentar nossa competitividade e ter um pouquinho de sorte."[123]

CAPÍTULO 9

Fabricado no Chile

*"Dois anos atrás, um amigo economista observou
que ele e eu éramos os únicos economistas que ele conhecia
que não tinham desenvolvido um país subdesenvolvido.
Agora que ele passou o último ano fazendo isso,
estou me sentindo bem solitário."*

– CHARLES HITCH, "The Uses of Economics" (1960)[1]

Em 1942, os Estados Unidos embarcaram um aluno formado em Princeton chamado Albion Patterson para o Paraguai como parte de um esforço para ensinar os segredos da prosperidade ao restante do Novo Mundo.[2] O trabalho de Patterson era ajudar agricultores no país sul-americano a cultivar mais alimentos, mas ele viu sua tarefa dificultada pela falta das informações mais básicas sobre as condições agrícolas existentes. Escreveu para seu país solicitando a ajuda de um economista para coletar dados, mas não recebeu resposta. "A economia não tinha sido descoberta por Washington", recordou-se Patterson anos mais tarde.[3] Em seguida ele se dirigiu à universidade local, mas os economistas de lá não compartilhavam suas ideias sobre desenvolvimento econômico. A maioria dos economistas latino-americanos queria alcançar a prosperidade por meio da industrialização, como os Estados Unidos tinham feito no século anterior. Os Estados Unidos, por sua vez, queriam que a América do Sul se concentrasse na exportação de alimentos e matérias-primas – e na importação de mercadorias das fábricas americanas. A ganância dos formuladores de políticas americanos se entrelaçava com a convicção de que a industrialização promovida pelo Estado levava ao comunismo. Patterson considerava os economistas paraguaios "cor-de-rosa".[4]

Quando foi promovido e enviado para o Chile em 1953, Patterson decidiu que o primeiro passo para reformular a economia chilena era reformular os economistas locais. "O que precisamos fazer é mudar a formação dos profissionais, influenciar a educação, que é muito ruim", disse ele ao embaixador americano.[5] Casualmente, poucos meses depois Theodore W. Schultz, diretor do departamento de economia da Universidade de Chicago, entrou na sala de Patterson. Schultz estava visitando o Chile como chefe da comissão federal enviada para investigar as melhores formas de promover o desenvolvimento da América Latina, e sua nomeação prenunciava a conclusão: ele talvez fosse o maior defensor mundial da teoria de que a educação é o caminho para a prosperidade.

A educação tinha permitido que Schultz escapasse de uma fazenda árida nas Dakotas e ele estava convencido de que o restante do mundo poderia fazer o mesmo. "Menos siderurgias e outras grandes indústrias devem ser construídas nos países subdesenvolvidos e mais deve ser investido no povo desses países, como investimos em nós mesmos", escreveu ele.[6] Schultz, que mais tarde ganhou um Prêmio Nobel por essas ideias, causou forte impressão nos demais membros da delegação americana. William Benton, ex-senador de Connecticut, escreveu ao voltar para casa que havia "poucas formas de contribuir para o bem-estar da humanidade que pudessem se equiparar ao desenvolvimento necessário das universidades latino-americanas".[7]

Também enamorado dessas ideias, Patterson foi para a Universidade do Chile e propôs uma parceria com o departamento de economia da Universidade de Chicago, financiada pelo governo americano. Ele disse que escolhera Chicago não apenas por causa de Schultz, mas porque via o seu corpo docente de economia como "o melhor grupo defensor do livre mercado" nos Estados Unidos. Luis Escobar Cerda, diretor do departamento de economia da Universidade do Chile, declinou pelo mesmo motivo. Posteriormente, ele comparou a proposta de Chicago a "enviar todos os alunos para a Universidade Patrice Lumumba, na União Soviética".[8] Em busca de um meio-termo entre a fé nos mercados e a fé no planejamento estatal, Cerda recrutou um professor de economia da Universidade Columbia, de Nova York, para melhorar o currículo.

Patterson, inabalável, bateu em seguida na porta da Universidade Católica de Santiago, uma instituição menos rigorosa que atendia aos filhos da elite conservadora. O bispo que era reitor da universidade disse a Patterson que acolheria recursos financeiros para a capacitação agrícola.

"Esqueça a agricultura", replicou Patterson. "Vamos trabalhar juntos na economia."[9]

DE TODAS AS COLÔNIAS espanholas no Novo Mundo, o Chile era a mais remota: uma faixa de terra comprida espremida entre a cordilheira dos Andes e o oceano Pacífico, limitando-se, na extremidade norte, com o deserto do Atacama, o lugar mais seco da Terra. Os seus habitantes e visitantes falavam do Chile como de uma ilha; a versão local do espanhol continua difícil de ser compreendida por forasteiros.

Os primeiros colonos encontraram um pouco de ouro, depois passaram a criar animais e cultivar trigo, dividindo as terras disponíveis em um punhado de grandes propriedades cultivadas por agricultores arrendatários. Charles Darwin, ao visitar o Chile na década de 1830, observou que o sistema do "tipo feudal" mantinha a maior parte dos chilenos na extrema pobreza.

Nas décadas seguintes, os chilenos alcançaram certa prosperidade ao exportar o solo debaixo de seus pés, primeiro com a mineração de nitratos e depois com a de cobre.[10] Porém, enquanto os Estados Unidos se industrializaram e prosperaram, o Chile estagnou. Em 1913, a renda per capita no Chile era metade da renda per capita nos Estados Unidos. Em 1975, o percentual era 27%.[11]

Após a Segunda Guerra Mundial, com a explosão populacional no Chile – e a expansão dos direitos a voto –, os líderes políticos começaram a buscar o crescimento econômico com maior urgência, tentando fragmentar as grandes propriedades agrícolas e promover a industrialização.[12] Raúl Prebisch, um economista argentino contratado pelas Nações Unidas para dirigir um centro de pesquisas dedicado ao desenvolvimento na América do Sul, promoveu a visão influente de que o continente precisava se voltar para dentro. Ele disse que a prosperidade sustentável era construída sobre a produção industrial e recomendou que a indústria doméstica fosse protegida da concorrência externa por meio de medidas como tarifas altas sobre produtos importados.

Essa ênfase na produção, e no governo como babá da indústria, foi a receita que a Grã-Bretanha usou para se tornar a primeira potência industrial do mundo. Também foi a receita que Alexander Hamilton prescreveu para os jovens Estados Unidos em seu famoso "Relatório sobre as manufaturas" em 1791. "Ao aumentar os encargos sobre artigos estrangeiros", escreveu Hamilton, os formuladores de políticas vão "possibilitar que fabricantes nacionais ofereçam preços menores que todos os seus concorrentes estrangeiros." A economia moderna começou como um movimento de protesto contra essa ideia, conhecido como mercantilismo. O economista britânico David Ricardo insistiu que os países prosperariam ao abrir suas fronteiras ao comércio. Ele ficou famoso por aconselhar Portugal a se concentrar na fabricação de vinho e comprar roupas da Inglaterra. Porém, a prova de Ricardo de que o comércio era mais eficiente que o protecionismo só se aplicava a determinada época. Uma nação que seguisse o conselho de Ricardo permaneceria uma nação de fabricantes de vinho, ao passo que uma nação que investisse em desenvolvimento alcançaria uma prosperidade maior.

Os Estados Unidos seguiram o conselho de Hamilton e ultrapassaram a Grã-Bretanha como maior economia do mundo. O economista alemão Friedrich List absorveu as ideias de Hamilton ao passar vários anos na Pensilvânia como exilado político no fim da década de 1820 e início da de 1830. Depois ensinou à própria nação o valor da proteção de suas jovens indústrias da concorrência estrangeira. Sobre a defesa pela Grã-Bretanha do livre-comércio no século XIX, List ironicamente observou: "Um artifício sagaz muito comum usado pelas pessoas é, depois de atingirem o ápice de sua grandeza, chutarem a escada pela qual subiram a fim de privar os outros dos meios para subirem atrás delas. Nisso reside o segredo da doutrina cosmopolita de Adam Smith (...) e de todos os seus sucessores no governo britânico."[13]

List, por sua vez, influenciou bastante os líderes da restauração Meiji no Japão, que adotaram sua receita para construir outra potência industrial.[14] Vários vizinhos do Japão, inclusive Coreia do Sul e Taiwan, seguiram seu exemplo no século XX.

No entanto, os Estados Unidos, assim como a Grã-Bretanha, não queriam que outros países imitassem seu caminho para a prosperidade. O Império Americano, o maior e mais poderoso que o mundo tinha conhecido, era primordialmente um sistema de controles econômicos em vez de políticos. O objetivo não era dominar outros países, mas ganhar dinheiro. E, na busca desse objetivo, durante o século XX os Estados Unidos demonstraram repetidamente que o tipo de liberdade que mais lhes interessava promover era o livre-comércio. O país ajudou a derrubar governos democraticamente eleitos em países como Guatemala, Irã e Indonésia porque estes não estavam entusiasmados o bastante com o capitalismo americano.

Quando Thomas Jefferson copiou o filósofo político inglês John Locke no que se tornaria um de seus mais famosos ditados, ele mudou uma palavra crucial. Locke disse que os direitos inalienáveis da humanidade incluíam a vida, a liberdade e a propriedade; Jefferson substituiu a palavra "propriedade" pela "busca da felicidade". A política externa americana durante o Século Americano foi revertida para a versão de Locke.

O Chile tentou desenvolver uma base industrial. Durante as décadas de 1950 e 1960, o governo comprou uma parte das principais minas de cobre do país e fábricas subsidiadas pelo Estado produziram carros, rádios e geladeiras, entre outros produtos. Porém, Albion Patterson, a Universidade de Chicago e o governo dos Estados Unidos ajudaram a garantir que o Chile não tivesse sucesso. Atualmente a renda do chileno médio é metade da renda do taiwanês médio.

QUANDO OS PRIMEIROS ESTUDANTES chilenos chegaram à Universidade de Chicago no outono de 1956, eles ficaram sob a tutela de Arnold Harberger, um professor de economia especialista em desenvolvimento internacional e fluente em espanhol. Durante a Segunda Guerra Mundial, o Exército decidira que Harberger poderia servir melhor a seu país aprendendo espanhol, mas, após concluir a pós-graduação, ele foi destacado para trabalhar em um campo de prisioneiros de guerra alemães em Illinois. Seu espanhol se mostrou mais valioso durante a Guerra Fria. Ele supervisionou uma rápida expansão do programa universitário para estudantes latino-americanos. Durante a década de 1960, um terço dos alunos de pós-graduação em economia da universidade vinha do Chile e de outros países latino-americanos.

Harberger e outros professores de Chicago dissecavam as políticas econômicas da América Latina em suas aulas, elaborando alternativas de livre mercado e estimulando seus alunos a escrever na mesma linha. Harberger se descrevia como um "missionário" para o bem da economia. "Acredito, mais do que a maioria dos economistas, na grande potência e disseminação das forças econômicas e no poder que a política econômica tem de fazer todo tipo de coisa", disse ele. A maior lição que tentou transmitir foi uma "convicção firme e inabalável de que as forças de mercado realmente funcionam". A seu ver, essa era uma questão de fato e não de fé. A ideologia conduzia as pessoas ao erro; a economia estava ancorada na verdade. "É nosso dever garantir que a voz da economia sólida seja ouvida por aqueles que tomam decisões", afirmou ele. "É para isso que venho lutando durante quase toda a minha vida profissional."[15]

Os estudantes chilenos viam relativamente pouco de Milton Friedman. Todos os alunos de pós-graduação em economia se inscreviam em seu curso de teoria econômica e alguns dos alunos chilenos participaram de seu workshop de política monetária, mas somente um, Rolf Lüders, escreveu uma dissertação orientada por Friedman, com o título previsível de "Uma história monetária do Chile".[16] Mesmo nessa situação, Friedman era um mentor descomprometido – nem sequer leu a versão final do trabalho de Lüders. "Ele me disse: 'Há economistas que leem e economistas que escrevem, e eu sou um economista que escreve'", recordou-se Lüders.[17]

Em Chicago, os chilenos se chamavam de "Chicago Tigers" (Tigres de Chicago) e falavam de reformar não só o Chile, mas toda a América Latina. De volta ao Chile, encontraram um país com muito pouco interesse por suas ideias. Tiveram emprego de professor garantido na Universidade Católica, mas sua arrogância doutrinária e juvenil não combinou bem com alunos poucos anos mais novos. Os novos professores foram apelidados de "Los Chicago Boys". E ainda pior: fora da universidade, foram ignorados. "A comunidade chilena não aprecia o pleno valor potencial da descoberta do novo conhecimento sobre sua economia", continha uma avaliação de 1959 subestimando o impacto do programa.[18] James O. Bray, um economista que passou poucos anos na Universidade Católica, disse que os chilenos concluíram "que ou os chicagoanos eram ferramentas desonestas de política ianque, ou eram muito idiotas".[19]

Porém, conforme a política chilena foi pendendo para a esquerda, os Chicago Boys começaram a encontrar um público entre os conservadores que buscavam um contrapeso. Em 1967, um grupo de empresários forneceu verba para o departamento de economia abrir o próprio campus, a poucos quilômetros da sede da universidade. Em 1968, o principal jornal do país, *El Mercurio*, criou uma seção de economia escrita e editada pelos Chicago Boys. Mas eles continuaram a ser outsiders. Na eleição presidencial de 1970, os chilenos tiveram que escolher entre três candidatos: o socialista Salvador Allende, que queria aumentar a gestão da economia; Radomiro Tomic, um candidato de centro; e o conservador Jorge Alessandri, que se reuniu com alguns dos Chicago Boys e depois disse a um assistente: "Tire esses malucos daqui. Não quero vê-los nunca mais."[20]

Após a vitória apertada de Allende, alguns dos Chicago Boys deixaram o Chile. Um deles se lembra de ser revistado no aeroporto por um grupo de jovens comunistas e pensar: "Graças a Deus estou indo embora deste país de merda."[21]

LIBERTAÇÃO DA LIBERTAÇÃO

No Chile, assim como nos Estados Unidos, a ascendência da economia de livre mercado começou com a perda de confiança na gestão governamental da economia. Allende aumentou significativamente os gastos públicos, criando um breve boom econômico seguido de uma explosão da inflação. O governo reagiu impondo amplos controles de preços, com resultados previsíveis: o pão ficou tão barato que os criadores de porcos passaram a comprá-lo em grandes quantidades para alimentar os animais, enquanto milhares de donas de casa protestavam contra a escassez de alimentos diante do palácio presidencial batendo em panelas e frigideiras.

O país estava dividido entre os que buscavam compensação pela exploração e os que buscavam evitar a expropriação. Motoristas de caminhão, em pânico com os boatos de que o governo planejava tomar posse de seus veículos, iniciaram uma greve. A CIA, operando sob instruções do presidente Nixon de "fazer a economia gritar", fez o possível para aprofundar a desgraça do Chile – por exemplo, dando dinheiro aos caminhoneiros grevistas –, mas a mensagem de que os Estados Unidos queriam um novo governo provavelmente teve mais consequências do que a sabotagem em si.[22] No dia 11 de setembro de 1973, os militares chilenos tomaram o poder; Allende se matou com uma arma que lhe fora dada por Fidel Castro.

Um dos Chicago Boys, Sergio de Castro, lembra-se de sentir uma "felicidade infinita" ao observar os militares chilenos bombardearem o palácio presidencial.[23] Prevendo a probabilidade de um golpe, Castro tinha organizado um pequeno grupo para refinar as ideias econômicas que Alessandri rejeitara durante a campanha de 1970. Eles correram para imprimir e entregar aos novos líderes chilenos cópias do documento – que apelidaram de "*El Ladrillo*" (O tijolo), por causa de seu volume.

No entanto, a junta militar, liderada pelo general do Exército Augusto Pinochet, havia tomado o poder para reverter a revolução econômica de Allende, não para começar uma nova.[24] Alguns dias depois do golpe, Pinochet perguntou a um assessor o que era esse "tijolo" tão comentado por todos. O assessor disse que não se dera ao trabalho de trazê-lo à atenção de Pinochet "porque é o plano capitalista mais livre mercado e manchesteriano jamais escrito".* Os militares não estavam inclinados a deixar o mercado tomar decisões. Quando um consultor propôs pôr fim aos controles sobre o preço do pão, Pinochet o levou a um quartel e disse: "Agora explique para eles por que o preço do pão vai subir."[25]

Com a economia chilena seguindo ladeira abaixo, porém, a reversão das políticas de Allende começou a parecer insuficiente como medida corretiva. Pinochet contou aos consultores que nas últimas décadas o país havia tentado vários graus de gestão econômica e nenhum tinha funcionado.[26] Milton Friedman dizia com frequência que a melhor maneira de vender uma ideia é se certificar de que ela esteja pronta. Quando o general saiu procurando algo novo, os Chicago Boys estavam lá para providenciar.

Para buscar apoio, eles procuraram o próprio Friedman. Um dos Chicago Boys, que se tornara um empresário rico, bancou a viagem de Friedman e Harberger ao Chile em março de 1975 para uma semana de palestras e reuniões particulares, inclusive um encontro de 45 minutos com Pinochet. Como era seu costume, Friedman deu o mesmo conselho em público e em particular: o Chile deveria reduzir drasticamente a criação de dinheiro novo, o que, por sua vez, exigia uma redução drástica dos gastos públicos. Ele deixou para a posteridade essa prescrição monetarista, que chamou de "tratamento de choque", em uma carta a Pinochet depois da reunião. A mudança gradual "não era factível", escreveu ele, porque o sofrimento econômico pode induzir a dúvidas.[27] Como ele disse à *Business Week*: "Minha única preocupação é que eles pressionem forte o bastante e por tempo suficiente."[28]

A elite conservadora do Chile tinha um longo histórico de buscar aconselhamento com economistas estrangeiros, e o conselho sempre fora o mesmo: o governo precisava fazer uma dieta. Na década de 1850, o Chile contratou um economista francês para prestar consultoria. Nos anos 1920, foi Edwin Kemmerer, um professor de Princeton apelidado de "Doutor Dinheiro dos Andes".[29] Nos anos 1950, foi Julius Klein, um professor de Harvard a quem

---

* "Manchesteriano" é sinônimo de "livre mercado" e tem origem no papel desempenhado pela cidade industrial inglesa como berço da defesa de um fim a políticas protecionistas como as Leis dos Cereais e, mais amplamente, do comércio como motor da prosperidade.

a *Reader's Digest* chamou de "o doutor das empresas privadas para nações subdesenvolvidas".[30] A novidade da visita de Friedman não foi o conselho, mas o fato de Pinochet ter levado o conselho a sério.[31] Em abril de 1975, o general reuniu seus consultores econômicos no retiro presidencial em Cerro Castillo e decidiu submeter o Chile a um tratamento de choque.

Os economistas gostam de se comparar a médicos, dispostos a cuidar de todo tipo de paciente. Mas os médicos buscam o consentimento de seus pacientes. Os Chicago Boys fracassaram em obter o consentimento político do povo chileno. Eles convenceram um homem; o restante do país não teve escolha. A junta militar matou mais de 3 mil opositores e outros milhares foram para o exílio. Orlando Letelier, embaixador do Chile nos Estados Unidos durante o governo Allende, escreveu em um artigo de 1976 no *The Nation* que a reformulação brutal da economia no regime Pinochet foi possibilitada pela supressão de dissidência. Um mês depois, agentes chilenos agindo por ordem de Pinochet assassinaram Letelier, explodindo seu carro em Washington, D. C.[32]

Alguns dos mais proeminentes Chicago Boys, inclusive Castro e Lüders, concordavam com Letelier que as políticas implementadas no governo Pinochet exigiam um regime autoritário. Castro contou a um diretor de documentários em 2012 que ele não sabia das atrocidades do regime na época. E se soubesse? Ele fez uma pausa e respondeu: "Eu teria ajudado da mesma forma."[33]

POR QUASE SETE ANOS, Castro exerceu ampla autoridade para remodelar a economia chilena.

Ele nasceu em 25 de janeiro de 1930, filho de expatriados chilenos que viviam na vizinha Bolívia, embora a mãe de Castro tenha voltado a Santiago para dar à luz. O pai trabalhava em uma firma de importação especializada em produtos ingleses, depois teve sucesso na indústria mineradora. A Grande Depressão atingiu o Chile quase tão duramente quanto os Estados Unidos, tendo a Bolívia sofrido também, mas a infância de Castro quase não foi afetada por isso.[34] Aos 13 anos, foi mandado de volta a Santiago para estudar na The Grange School, uma escola particular de elite que enfatizava a importância do ensino de inglês. Depois de se formar, estudou no Canadá antes de retornar mais uma vez para Santiago e se matricular na Universidade Católica.

Ele estava no quarto ano da faculdade quando Schultz e Harberger chegaram para negociar o programa de intercâmbio com a Universidade de Chicago.

Castro atuou como intérprete, depois foi selecionado como um dos primeiros alunos a ir para Chicago. Ao voltar para a Universidade Católica com o título de mestre, liderou um golpe contra o antigo corpo docente e foi nomeado diretor do departamento de economia. Fez muito pouca pesquisa; desde o início, seu interesse estava no governo.

Sua elogiosa biógrafa, Patricia Arancibia Clavel, descreveu-o como "inteligente, sem ambição política e convencido de que suas ideias eram boas para o Chile".[35] Ele também teve a coragem de defender suas convicções. Em uma das primeiras reuniões com Pinochet, Castro defendeu a privatização de indústrias têxteis. Pinochet não se interessou e declarou: "Senhores, sou daqueles que segura a panela pelo cabo." Castro retrucou: "Bem, senhor presidente, cuidado para não acabar segurando só o cabo."[36]

Depois que chegou ao poder, primeiro como ministro da Economia e depois como ministro das Finanças, Castro começou como prometera, cortando os gastos públicos. A parcela do setor público na atividade econômica caiu de 40% em 1973 para 26% em 1979.

Castro também abriu o Chile às importações, reduzindo a maior tarifa para 10% e eliminando uma variedade de outras restrições. O país foi inundado por carros e motocicletas japoneses, em uma proporção de 2 mil unidades por semana, dobrando o número de veículos de passeio no Chile de 1975 a 1981.[37] As lojas no centro de Santiago exibiam roupas de grife nas novas vitrines; lojas em bairros menos abastados vendiam roupas usadas vindas dos Estados Unidos.

Ao aderir ao comércio exterior, no entanto, o Chile estava abandonando os sonhos de industrialização. Mais de 100 mil empregos em fábricas, cerca de um quinto do total, desapareceram durante a primeira década do regime militar.[38] Um jornalista analisou as 22 famílias em um único quarteirão na favela de Violeta Parra, em Santiago, em setembro de 1977 – os chilenos chamavam esses lugares de *callampas*, um termo local para cogumelos – e descobriu que apenas oito homens tinham empregos regulares. "Tem famílias que comem apenas mingau de fubá uma vez ao dia", disse Julio Rocha, um dos mais afortunados porque tinha um emprego de meio período como trançador de vime. "Ninguém aqui tem dinheiro para comprar esses aparelhos de TV japoneses que eles afirmam ser tão baratos."[39] Na *callampa* de Las Rejas, uma mãe sem dinheiro para comprar leite para os filhos disse que tinha medo de reclamar. "Você tem que entender que antes, apesar de serem tempos difíceis, a gente podia ir aonde quisesse e podia desabafar", disse ela. "Agora não podemos mais."[40]

Os Chicago Boys e Friedman tinham advertido Pinochet de que o tratamento de choque causaria um sofrimento considerável, mas também disseram que seria passageiro. "Vocês ficarão surpresos com a rapidez com que as pessoas serão absorvidas por uma economia privada em crescimento", afirmou Friedman aos chilenos durante uma de suas palestras em Santiago.[41] Lüders acrescentou que ele e seus colegas também tinham total esperança de que o crescimento reduziria a desigualdade econômica. Em vez disso, o desemprego oficial continuou acima dos 10% pelo restante da década de 1970 e a desigualdade se aprofundou.

Quando a economia finalmente se recuperou da recessão no fim dos anos 1970, apoiadores das políticas de livre mercado começaram a aplaudir o que chamaram de milagre econômico. Friedrich Hayek, depois de visitar o Chile em 1977, disse que o país estava se beneficiando em termos econômicos e políticos. "Ainda não consegui encontrar uma única pessoa, mesmo no tão caluniado Chile, que não concorde que a liberdade pessoal era muito maior no governo Pinochet do que no governo Allende", afirmou.[42] Mas sua metodologia talvez tenha ficado comprometida pela impossibilidade de entrevistar os milhares de chilenos já assassinados ou exilados.

Quatro anos depois, em 1981, a Mont Pelerin Society de livre mercado de Hayek realizou uma reunião no Chile, decisão vista por muitos como um selo de aprovação. Mas havia pouco motivo para comemoração. O crescimento do fim da década de 1970 e início da de 1980 só serviu para compensar a recessão dos primeiros anos sob Pinochet. Em 1973, quando Pinochet tomou o poder, a renda per capita no Chile era cerca de 12% mais alta do que a média da América Latina. Em 1981, a diferença mais uma vez estava se aproximando de 12%.[43]

Então Castro e os Chicago Boys arrasaram com a economia chilena pela segunda vez.

EM MEADOS DO SÉCULO XX, os economistas tinham apoiado a liberdade de fazer comércio para além das fronteiras, mas não a liberdade de investir para além das fronteiras. Eles achavam necessário haver limites ao movimento internacional de capitais como forma de preservar a estabilidade econômica, principalmente em países menores. A magnitude dos fluxos de capital poderia causar distorções; a volatilidade dos fluxos poderia provocar crises. "Nada é mais certo do que a necessidade de regulação do movimento de fundos de capital", escreveu Keynes na década de 1940.[44]

Pôr fim a essas restrições era um objetivo acalentado por Friedman e o setor financeiro. As objeções de Friedman iam além de sua aversão natural ao Estado. Ele observou que os nazistas tinham usado controles de capital para consolidar o poder político; em sua opinião, essa era uma das ferramentas mais poderosas disponíveis "para possibilitar que o Estado controle seus cidadãos".[45] Se qualquer coisa que não fosse o livre-comércio era um passo rumo ao comunismo, qualquer coisa que não fosse o livre fluxo monetário movia a sociedade para o totalitarismo.

Conforme o keynesianismo desmoronava na década de 1970, os controles do capital desmoronaram também – vítimas da mudança no clima ideológico e das dificuldades práticas de verificação da retomada das finanças. Em janeiro de 1974, o amigo de Friedman, o secretário do Tesouro George Shultz, anunciou a eliminação dos limites dos fluxos de capital nos Estados Unidos. "Eu me alegro", disse ele a investidores, com a restauração da "liberdade de investir seus fundos onde vocês acharem que as perspectivas são mais promissoras."[46]

Quando Friedman conheceu Margaret Thatcher, em um jantar em 1978, ele a incitou a colocar a eliminação dos controles do capital da Grã-Bretanha, em vigor desde a Segunda Guerra Mundial, no topo de suas prioridades ao tomar posse. Thatcher suspendeu os controles em outubro de 1979, alguns meses depois que se tornou primeira-ministra. "Um viva para Margaret Thatcher!", disse Friedman ao saber das novidades.[47]

O Chile foi um dos primeiros países pequenos a se livrar de seus controles do capital – justo quando a dívida latino-americana estava aumentando. O país também reduziu drasticamente a regulação financeira, entre outras coisas permitindo que os dois maiores conglomerados nacionais adquirissem os dois maiores bancos. A consequência previsível foi aumentar significativamente o custo dos empréstimos. No início da década de 1980, os pagamentos de juros do Chile a seus credores estrangeiros eram os mais pesados entre todos os países latino-americanos, exigindo 12,9% de sua produção econômica anual.[48]

O problema começou, um tanto ironicamente, porque os Estados Unidos aceitaram o conselho de Friedman sobre outro assunto. A campanha do

Federal Reserve contra a inflação fez subir as taxas de juros e os devedores chilenos acharam impossível pagar suas dívidas denominadas em dólares. Com o colapso da economia, Castro insistiu que o mercado deveria definir vencedores e perdedores. Porém, a opinião pública e Pinochet se posicionaram a favor da intervenção e Castro foi exonerado.

"Todos aqui foram um pouco além do que deveriam – e nisso o Estado tem muita culpa. Porque nada foi feito para deter essa situação", reclamou um empresário chileno.[49] Quando o governo entrou nacionalizando grande parte do setor bancário, aumentando tarifas e restaurando a regulação, os chilenos fizeram piada com a "estrada de Chicago para o socialismo".

Porém, Pinochet não permaneceu nessa nova estrada por muito tempo. Para começar, o Chile desprezara sua oferta de outros tipos de economista. O regime de Pinochet tinha esvaziado o corpo docente de economia das principais universidades, demitindo professores que não pregavam a linha do livre mercado. Na Universidade do Chile, seis estudantes de economia tinham sido baleados no campus nos dias seguintes ao golpe de 1973.[50] Herberto Aguirre, aluno na época, foi preso e torturado. Ele me contou que teve sorte, porque foi solto. Mas, quando saiu da prisão, achou melhor não voltar para o curso de economia. Acabou se formando em ciência da computação.

Quando a economia melhorou, Pinochet empossou um novo quadro de economistas do livre mercado. O governo chileno tinha socializado o custo da retração econômica; agora permitia que os ricos lucrassem com a recuperação. Esse caminho foi reforçado pelo Fundo Monetário Internacional e pelo Banco Mundial, que prestaram auxílio financeiro ao governo chileno.[51]

Essas instituições, criadas como parte do sistema de Bretton Woods para estimular o desenvolvimento da economia internacional, surgiram na década de 1980 como zelotes pela causa da liberdade dos mercados, inclusive do livre fluxo de investimentos em dólares para além das fronteiras. O fato de essa liberdade ser uma causa da crise no Chile não alterava a visão delas de que também era a solução.[52]

O interessante é que a radicalização do FMI foi catalisada por socialistas franceses – e não pelos governos conservadores dos Estados Unidos e da Grã-Bretanha.[53] O ministro das Finanças francês, Jacques Delors, argumentou que os controles do capital puniam principalmente a classe média, já que os ricos simplesmente infringiam as regras. Pôr fim aos controles, segundo ele, era um golpe contra a desigualdade.

A Alemanha Ocidental havia muito compartilhava a aversão de Friedman aos controles do capital, e pelas mesmas razões históricas.[54] Com os franceses a bordo, a Comunidade Europeia ordenou o fim de todos os controles em 1988. No ano seguinte, de novo a pedido dos franceses, a Organização para a Cooperação e o Desenvolvimento Econômico (OCDE), que busca coordenar as políticas econômicas de nações desenvolvidas com governos democráticos, adotou um compromisso informal, mas influente, para eliminar controles do capital.

Quando a OCDE começou a aceitar economias emergentes como membros na década de 1990, esses países precisaram eliminar seus controles do capital. Mas não foi preciso insistir na questão – eles estavam ávidos por adotar as armadilhas do sucesso. O México foi o primeiro país a atender às exigências e entrar para o clube, em 1994, e imediatamente sofreu uma crise financeira. A República Tcheca entrou em 1995 e também logo em seguida enfrentou o mesmo.

Michel Camdessus, o economista e socialista francês diretor do FMI, que também apoiou a eliminação de controles, reagiu argumentando vigorosamente contra a conclusão óbvia. "Seria um erro notório tentar evitar crises financeiras retrocedendo para um sistema econômico fechado com controles cambiais e menos mercados abertos", disse ele. "Fazer isso seria tentar atrasar o relógio e renunciar aos benefícios da globalização."[55]

Camdessus ganhou nesse ponto, mas, 25 anos depois, ainda faltava aos economistas achar evidências de que o livre fluxo de capital tinha fomentado o crescimento ou reduzido a desigualdade.[56] O que o mundo aprendeu, em várias lições, é que os fluxos de capital podem causar, e de fato causam, crises financeiras.[57]

MILTON FRIEDMAN FOI AMPLAMENTE retratado como o padrinho da transformação econômica do Chile. Alguns encararam isso como uma distinção. "Parece que, quando Milton Friedman falava, alguém no Chile ouvia", disse Ronald Reagan em um comentário no rádio em dezembro de 1976. "Não seria ótimo se pelo menos uma vez alguém em Washington perguntasse: 'O que foi mesmo que ele disse?'"[58]

Outros viam isso com desaprovação. Quando Friedman ganhou o Prêmio Nobel um ano depois de sua visita ao Chile, quatro agraciados em outras áreas escreveram cartas de protesto. A cerimônia foi interrompida por um manifestante.[59] As questões sobre o Chile perseguiram Friedman pelo resto da vida.

O foco em Friedman obscureceu o fato de que seu papel no Chile foi típico da política externa americana. A tomada sangrenta do poder por Suharto na Indonésia em meados da década de 1960 foi um precedente particularmente instrutivo. De fato, a palavra "Jacarta" foi pichada nos muros de Santiago em 1972 como uma advertência dirigida aos apoiadores de Allende.[60] A Fundação Ford tinha financiado um programa de formação para economistas indonésios na Universidade da Califórnia em Berkeley. Suharto teve um deles como professor na faculdade. Quando chegou ao poder, concedeu cargos públicos a vários desses economistas, conhecidos como a Máfia de Berkeley, para implementar o cardápio-padrão de abertura do comércio, privatização de empresas estatais e uma ofensiva dolorosa contra a inflação.[61]

Apesar de os tecnocratas da Indonésia não terem levado as medidas de livre mercado tão longe quanto seus colegas no Chile, a semelhança entre as lições ensinadas na Berkeley liberal e na Chicago conservadora é um lembrete de que as diferenças entre os economistas americanos do mainstream eram facilmente exageradas.

Pelos cálculos de Harberger, mais de 20 de seus alunos atuaram como diretores de bancos centrais ou ministros das Finanças em toda a América Latina. O governo Reagan considerava o programa da Universidade de Chicago tão bem-sucedido que, no fim da década de 1980, George Shultz, então atuando como secretário de Estado, lançou um programa para capacitar uma nova geração de economistas latino-americanos. Em consulta a Harberger, o governo selecionou quatro universidades, incluindo a Católica de Santiago, com faculdades de economia dominadas por professores formados nos Estados Unidos.[62]

No entanto, nem Reagan nem Thatcher – nem qualquer governo democraticamente eleito – buscaram realizar todas as reformas econômicas ao estilo chileno em seus países. Em 1982, Hayek escreveu para Thatcher enaltecendo o exemplo do Chile. Thatcher respondeu: "Tenho certeza de que você vai concordar que na Grã-Bretanha, com nossas instituições democráticas e a necessidade de um alto grau de consenso, algumas das medidas adotadas no Chile são completamente inaceitáveis."[63]

Os chilenos também aproveitaram a primeira oportunidade que tiveram para pôr fim à autoridade dos Chicago Boys. Em 1988, Pinochet promoveu um plebiscito esperando que a nação ratificasse mais oito anos de autocracia.

O general concorreu baseando-se em seus resultados econômicos; seus adversários concorreram contra eles e venceram por ampla margem, abrindo caminho para a eleição de um novo governo em 1990.

"CRESCIMENTO COM EQUIDADE"

Para a maior parte da América Latina, a crise da dívida de 1982 foi o início de uma "geração perdida". Foi só em 1998 que a renda do mexicano médio se recuperou.[64]

Para o Chile, ao contrário, a crise marcou o início de um boom econômico movido pela exportação de seus recursos naturais. Essa era a pedra angular do plano econômico dos Chicago Boys. Segundo Álvaro Bardón, um Chicago Boy que atuou como presidente do banco central do Chile no fim da década de 1970: "Se a vantagem comparativa determina que o Chile deve produzir somente melões, então não produziremos nada além de melões."[65]

As recompensas por essa estratégia são altamente visíveis. Santiago, a capital, o centro comercial e, de longe, a maior cidade do Chile, é uma metrópole moderna com prédios reluzentes, um distrito financeiro que os habitantes chamam de "Sanhattan" e ruas cheias de imigrantes que foram para o Chile em busca de uma vida melhor. Até mesmo os problemas crescentes do país são decorrentes da prosperidade: obesidade em vez de fome; endividamento dos consumidores em vez de privação.

O cobre continua a ser o mais importante produto de exportação, mas o Chile desenvolveu novas linhas comerciais de frutas, madeira e salmão. O peixe cor-de-rosa é nativo do hemisfério norte; não havia salmão na costa chilena há cinquenta anos. Mas, em 1974, a empresa americana Union Carbide identificou as águas frias e protegidas do litoral sul do Chile como um local promissor para o novo negócio de criação de salmão em cativeiro. O governo militar, ávido por atrair investimentos, logo fechou negócios com empresas japonesas e norueguesas. No fim do século, o Chile era o segundo maior produtor de salmão do mundo, só perdendo para a Noruega. Voos noturnos transportavam filés frescos para Miami e de lá para supermercados e restaurantes por todos os Estados Unidos.

O crescimento econômico do Chile reduziu drasticamente a extrema pobreza no país, e os viveiros de salmão têm desempenhado um papel dominante no litoral sul, onde essa atividade emprega mais de 70 mil pessoas.[66] Porém, os lucros são distribuídos de forma desigual. Transportar salmão do Chile para o hemisfério norte é caro. Para que o Chile consiga concorrer com os viveiros do norte, a produção tem que ser barata. Os trabalhadores do setor produtor do salmão na Noruega ganham três vezes mais que os do Chile.[67]

Sob o regime de Pinochet, os empregadores impediram a formação de sindicatos. Após a volta da democracia, alguns trabalhadores formaram sindicatos, mas a legislação chilena impõe alguns dos mais restritivos limites à negociação coletiva de todo o mundo desenvolvido. Em 2001, trabalhadoras de fábricas de processamento de salmão, que ganhavam uma média de 130 dólares por mês, entraram em greve pleiteando um aumento de 15 dólares. A empresa reagiu demitindo 10% das mulheres, literalmente uma dizimação.[68]

O Chile também vem batalhando para se desenvolver a partir de seus sucessos no negócio de relativo baixo valor de produção de alimentos. A gigante dinamarquesa do setor de transporte marítimo Maersk abriu uma fábrica de 200 milhões de dólares na cidade portuária chilena de San Antonio em 2015 para construir os contêineres refrigerados de que precisa para transportar frutas para mercados estrangeiros. A instalação da fábrica foi comemorada como um sinal de progresso – prova de que a economia chilena estava criando empregos mais bem remunerados.

Apesar de a constituição chilena, redigida no governo Pinochet, circunscrever com rigidez a capacidade do governo de apoiar empresas privadas, o Chile financiou programas de treinamento para a mão de obra da fábrica. Porém, menos de três anos depois, no segundo trimestre de 2018, a Maersk anunciou que estava fechando a fábrica e mudando a produção para a China. A empresa disse que teve dificuldades em encontrar no Chile fornecedores locais das peças necessárias à construção dos contêineres.[69]

De forma semelhante, uma parcela crescente do cobre extraído no Chile é refinada em outros países. A Codelco, a principal empresa produtora de cobre, é tão importante para a economia chilena que permaneceu sob controle estatal. No entanto, Patricio Meller, um ex-diretor da Codelco, afirmou que o Chile fracassou na visão de longo prazo. "Temos 30% do mercado mundial de cobre", disse. "Como é possível que 30% da pesquisa e desenvolvimento não sejam feitos aqui? Como é possível que 30% das máquinas não sejam fabricadas aqui? É aí que se deveria desenvolver uma vantagem competitiva."[70]

Em vez disso, o Chile tentou conter os custos em detrimento do futuro. Na província de Petorca, entre Santiago e o mar, abacateiros se espalham como tapetes verdes sobre as montanhas áridas. Os chilenos comem a fruta – os cachorros-quentes quase sempre vêm com purê de abacate –, mas a maior parte da colheita é exportada, e a demanda é tão grande que os agricultores estão drenando os rios da região, deixando os habitantes sem água. Em vez de restringir um setor importante, o governo entrega água nas cidadezinhas em caminhões-pipa e a água é normalmente suja. "Para mandar bons abacates para os europeus, acabamos bebendo água com cocô", disse um dos habitantes de uma dessas cidades.[71]

O CRESCIMENTO DESIGUAL, CONTUDO, não é a razão principal para Santiago continuar a ser uma cidade com abundância de heliportos nos tetos de arranha-céus no seu centro e favelas em seus arredores. A desigualdade do Chile é principalmente resultado da indiferença de líderes políticos.

As medidas-padrão de desigualdade avaliam a distribuição de renda familiar após o pagamento de impostos e o recebimento de benefícios. Isso é, no fim das contas, a realidade da desigualdade vivida. E, por essa medida, a proporção da desigualdade no Chile é discrepante entre as nações desenvolvidas.

Porém, a distribuição inicial de renda, antes dos impostos e subsídios governamentais, é altamente desigual entre os países do mundo desenvolvido. É, na realidade, menos desigual no Chile do que na França, na Alemanha ou nos Estados Unidos. O que torna o Chile diferente é que seu governo faz menos do que quase todos os outros países desenvolvidos para reduzir a desigualdade.[72]

O Chile, abençoado com recursos naturais, poderia usar o dinheiro para construir uma rede de proteção social mais generosa. O banco central chileno estimou que o gasto público como uma parcela da economia está significativamente abaixo da média.[73] Mas uma característica marcante da política chilena é o tamanho do consenso de que o governo não deveria fazer mais.

A volta da democracia produziu apenas uma modesta mudança na política econômica. O governo tomou algumas medidas para suavizar as desigualdades da era Pinochet, como aumentar o salário mínimo e impor controles sobre o capital estrangeiro. Porém, a ênfase estava na continuidade. De fato, o novo governo dobrou a aposta no livre-comércio, reduzindo tarifas, e os gastos com programas de bem-estar social permaneceram austeros para os padrões do mundo desenvolvido.

Os Chicago Boys e seus admiradores dizem que a prosperidade do Chile induziu a esquerda a acolher os mercados. Ainda assim, em 1990 o Chile era menos próspero do que Cuba.[74]

Alejandro Foxley, o ministro das Finanças do primeiro governo pós-Pinochet, me contou que o novo governo enfatizou a continuidade porque achava que os chilenos não queriam viver outro período de mudança disruptiva. "Eles não desejavam outro choque", disse ele. "Queriam ficar de bem com a vida."[75] O governo também estava de mãos atadas por leis redigidas durante o governo Pinochet – e pelo próprio Pinochet, que permaneceu chefe das Forças Armadas do país até 1998.

No entanto, a aversão do Chile à redistribuição durou mais do que Pinochet. Em 2000 o país elegeu um presidente socialista, Ricardo Lagos, pela primeira vez desde Allende. Mas Lagos, doutor em economia pela Duke, não se parecia com os socialistas de outros lugares. Ministro dos Transportes no início da década de 1990, ele havia expandido o sistema de rodovias do país recrutando empresas privadas para construir estradas com pedágios. Como presidente, declarou que estimular o crescimento econômico era sua prioridade, "então discutiremos como vamos distribuir o resultado desse crescimento, e não o contrário".[76] Acrescentou ainda: "Parece-me que é extremamente perigoso ter um general que gosta de golpe, mas talvez seja mais perigoso ter um ministro das Finanças populista." Até o principal socialista do Chile preferia Pinochet a Allende.[77]

A SITUAÇÃO NÃO MUDOU muito nas últimas duas décadas. O Chile alternou entre governos liberais e conservadores, mas a política econômica se manteve, em geral, constante.

As consequências dessa indiferença para com a desigualdade se estendem do nascimento à morte.

Chilenos ricos nascem em quartos particulares de hospitais particulares. O principal jornal, *El Mercurio*, publica os nomes dos nascidos nos hospitais mais chiques de Santiago. Do outro lado da cidade, no melhor hospital público local, 12 mães dividem uma enfermaria na maternidade. A mortalidade infantil declinou de 63 a cada 1.000 nascimentos em 1973 para 9,2 a cada

1.000 nascimentos no ano 2000 – apenas um pouco mais alta do que a dos Estados Unidos. Mas isso é uma média. Em Lo Espejo, um bairro de conjuntos populacionais densamente ocupados e bastante carente, a mortalidade infantil era quatro vezes maior em 2000 do que em Lo Barnechea, onde os ricos vivem em mansões nas encostas mais baixas dos Andes.[78]

O governo faz ainda menos pelos idosos. O sistema de previdência social foi privatizado no início da década de 1980. O arquiteto José Piñera fez parte da segunda geração de economistas chilenos do livre mercado. Estudou com os Chicago Boys, depois fez doutorado em Harvard e foi trabalhar no governo Pinochet em uma missão para a substituição do sistema chileno de aposentadorias financiado pelo governo.[79] Ele implantou o novo sistema no Primeiro de Maio de 1981 porque, a seu ver, o plano "dava liberdade e dignidade para os trabalhadores de nosso país".[80] O sistema foi copiado por mais de trinta nações, em sua maior parte países em desenvolvimento na América do Sul, Ásia e Europa Oriental.

Em 2001, o presidente George W. Bush recebeu Ricardo Lagos na Casa Branca e disse que os Estados Unidos poderiam "aprender algumas lições com o Chile".* De fato, é difícil imaginar uma lição melhor no âmbito das políticas de livre mercado. O sistema exige que os trabalhadores chilenos invistam pelo menos 10% de seus salários em empresas privadas, o que ajudou a consolidar os mercados financeiros e a estimular a expansão do setor empresarial. Contudo, o sistema de aposentadoria não fornece rendas adequadas. O benefício mensal médio, que está baseado nas contribuições individuais do trabalhador, é um pouco superior a 300 dólares – um valor abaixo do salário mínimo oficial. O motivo básico é a desigualdade econômica: a maioria dos chilenos não ganha o bastante ao longo da vida para prover suas necessidades na velhice. (Pinochet, prevendo o fracasso de seu sistema, insistiu que os militares continuassem a receber uma aposentadoria mínima garantida pelo governo.)

Uma questão agravante é que o governo chileno está patrocinando um cartel, um pequeno grupo de empresas de investimento que cobram tarifas exorbitantes em planos de previdência. O resultado é um sistema que transfere renda dos pobres para os ricos – exatamente o oposto do que ocorre com a previdência social nas nações desenvolvidas.

---

* Bush aprendeu. Em 2005 ele propôs a privatização parcial do sistema de Seguridade Social dos Estados Unidos.

Em 2016, quase 10% da população chilena saiu às ruas de Santiago e de cidades menores para protestar contra o sistema de aposentadorias na maior manifestação política desde a queda de Pinochet. "Trabalhei a vida inteira e gostaria de parar e descansar, mas não posso", disse Luis Montero, um trabalhador de 69 anos cujo benefício de aposentadoria equivale a apenas 150 dólares por mês. "Não tenho ideia do que vou fazer quando ficar mais velho."[81]

Os CHILENOS TÊM ORGULHO de seu país ter se tornado, sob muitos aspectos, o mais próspero da América Latina e tendem a ver os livres mercados como o ingrediente mágico. A agonia da Venezuela, que outrora deteve o título de "país mais próspero da América Latina", é vista por muitos no Chile como um exemplo prático dos perigos da intervenção do governo na política econômica. Durante as eleições nacionais no Chile em 2017, o candidato de direita, Sebastián Piñera – irmão mais novo de José Piñera e, como o irmão, economista com doutorado em Harvard –, advertiu que seu adversário transformaria o país em uma "Chilezuela". Piñera ganhou com alguma folga.

A política do Chile também é moldada pelo engajamento cada vez menor. O sociólogo Alberto Mayol diz que os chilenos de baixa renda se sentem impotentes para melhorar sua sorte. "Você pode dar um tiro em um senhorio, mas não pode dar um tiro em um banco", comentou ele. Os chilenos de classe média, entretanto, estatisticamente têm ainda menor probabilidade de votar do que os pobres. Mayol afirma que é porque a classe média tem pouca interação com o governo. A água e a eletricidade são fornecidas por empresas privadas, eles mandam os filhos para escolas particulares, tratam da saúde em clínicas particulares e dirigem em estradas de empresas privadas. Os ricos e os pobres querem favores do governo, mas a classe média chilena não se importa.

No entanto, há sinais visíveis de frustração entre a geração mais jovem. Em 2011, os estudantes foram às ruas para protestar contra o alto preço da educação, alguns carregando cartazes em que se lia "Menos Friedman e mais Keynes". Sete anos depois, no verão de 2018, estudantes de várias universidades entraram em greve, empilhando carteiras nos portões dos campi em um protesto deflagrado pela forma como casos de abuso sexual estavam sendo tratados, mas refletindo um sentido maior de privação de direitos. Abri caminho por uma barricada e me sentei com estudantes na escadaria em frente à faculdade de direito da Universidade do Chile, uma incubadora de longa data dos líderes políticos do país.

"Ninguém pode dizer que o país hoje não é mais próspero. Os dados estão aí", disse Maria Astudillo, uma estudante de 24 anos daquela faculdade. "Mas a forma como esse crescimento foi gerado implica que muitas pessoas não têm acesso a educação, saúde e comida." A esquerda, segundo ela, está "adormecida", concordando com as políticas de livre mercado em vez de lutar contra a desigualdade. Sua amiga Isidora Parra, de 21 anos, comentou que tem pouca esperança na atual geração de líderes políticos.

"Eles fazem as coisas sempre do mesmo jeito", disse Parra. "E nós estamos esperando que eles morram."

FABRICADO EM TAIWAN

As autoridades americanas nos anos pós-Segunda Guerra Mundial enxergavam o Chile como um país com considerável potencial econômico. Já Taiwan, uma ilha do outro lado do mundo, era vista como um caso de caridade. Os Estados Unidos tinham apoiado o lado vencido na Guerra Civil Chinesa. Os comunistas assumiram o controle da parte continental em 1949 e o líder do exército nacionalista, Chiang Kai-shek, bateu em retirada pelo estreito de Taiwan com mais de um milhão de soldados e apoiadores a reboque.

Chiang lançou o clássico pacto do ditador com a população de uma nação em frangalhos: prometeu prosperidade enquanto suprimia brutalmente os dissidentes, derramando mais sangue do que Pinochet.[82]

Os Estados Unidos estavam procurando saídas quando a China Comunista apoiou a invasão da Coreia do Sul pela Coreia do Norte em junho de 1950 e decidiram que Chiang poderia ainda ser um aliado útil afinal. Como aconteceu com o Chile, os americanos enviaram missionários para instruir Taiwan a respeito da gestão adequada de sua economia. A partir daí, porém, as histórias se desdobraram de maneira bem diferente. Em 1950, a produção econômica per capita de Taiwan era cerca de um quarto da chilena. Em 1980, deu empate. Em 2010, a renda per capita de Taiwan era duas vezes maior que a do Chile.[83]

Taiwan, em suma, deu o salto para a prosperidade que o Chile foi incapaz de completar. O taiwanês médio come duas vezes mais carne do que seus avós na década de 1950 e habita um espaço sete vezes maior.[84] Sua expectativa de vida é significativamente mais alta do que a de um americano da mesma idade. E Taiwan continua a ser uma das sociedades mais economicamente igualitárias do mundo desenvolvido.

Uma das razões para isso foi que Taiwan resistiu ao conselho dos economistas. A política econômica de Taiwan durante a segunda metade do século XX foi gerida por engenheiros.[85] Eles encaravam a economia como uma máquina e não tinham medo de fazer reparos. Um dos tecnocratas de Taiwan descreveu a economia como "um enorme sistema de engenharia que exige um planejamento extremamente cuidadoso e elaborado".[86] Eles pediam conselhos a economistas – e ouviam conselhos não solicitados. Sua admiração pelo poder dos mercados cresceu com o tempo. Mas, em Taiwan, os engenheiros permaneceram no controle.*

O ATO INICIAL DO desenvolvimento de Taiwan talvez tenha sido o mais importante, pois criou um ambiente propício para o crescimento econômico. O partido político de Chiang, o Kuomintang (KMT), dividiu as grandes terras de cultivo de arroz e cana-de-açúcar da ilha e distribuiu lotes entre antigos arrendatários. O fundador do partido, Sun Yat-sen, tinha pregado o conceito de "terra para o lavrador", o que significava que a pessoa que trabalhava a terra deveria possuir a terra. No continente, porém, onde o KMT estava em dívida com os proprietários feudais, o partido não fez o mesmo. Em Taiwan, a promessa era mais fácil de ser mantida.

A ilha fora uma colônia japonesa durante a primeira metade do século XX e os novos habitantes estavam ávidos por derrubar o poder da elite colonial.[87] O KMT colocou um teto para os arrendamentos de propriedades agrícolas em 37,5% da renda, bem abaixo da média prevalecente de 57%. Isso impulsionou um boom de casamentos entre arrendatários que de repente descobriram que tinham dinheiro suficiente para constituir uma família; as mulheres eram chamadas de "noivas 37,5%".[88] Em seguida, o governo vendeu

---

* Existem, é claro, outras diferenças relevantes entre os dois países. O Chile foi abençoado com recursos naturais abundantes, o que atenuou a urgência de seus esforços para desenvolver fábricas. Também era um país mais rico em 1950, e mais próximo dos Estados Unidos, e, assim, um alvo mais apetitoso como mercado para as exportações americanas. Taiwan, por sua vez, estava localizada em uma vizinhança em valorização e a chegada do Kuomintang promoveu uma infusão de capital e talentos.

terras públicas. Por fim, em 1953 começou a subdividir as terras particulares, aumentando a proporção de agricultores trabalhando nas próprias terras de 36% em 1949 para 82% no fim do processo.[89] Em um lance brilhante, os antigos proprietários de terras foram remunerados com ações de indústrias estatais, transferindo a riqueza da agricultura para o setor industrial.

A primeira geração de especialistas americanos enviados para Taiwan após a Segunda Guerra Mundial apoiou a redistribuição de terras; eles forçaram um programa semelhante na Coreia do Sul. Porém, o governo Eisenhower encerrou esses esforços, demitindo o economista americano que dirigia os trabalhos sob a suspeita de que fosse comunista. Isso pôs um fim abrupto ao que um congressista republicano, protestando contra a decisão, descreveu com propriedade como "talvez a única medida anticomunista bem-sucedida que tomamos na Ásia".[90]

Olhando retrospectivamente para o século XX, a diferença essencial entre os países que saltaram da pobreza para a prosperidade e os que não conseguiram chegar lá parece ter sido a redistribuição de terras: os países formados por arrendatários se deram melhor do que os formados por grandes fazendeiros.[91] Todas as sociedades mais prósperas da Ásia Oriental – Japão, Coreia do Sul e Taiwan – dividiram as terras de grandes proprietários e distribuíram os lotes entre as massas. As que deixaram os latifúndios intactos, como Tailândia e Malásia – e os países da América Latina –, não alcançaram um crescimento comparável.

A vantagem imediata da reforma agrária foi criar empregos. Mais braços sempre podem ser empregados em uma fazenda. Em meados da década de 1960, um hectare de terra agrícola taiwanesa produzia oito vezes mais alimentos do que um hectare de terra agrícola americana.[92] No longo prazo, a redistribuição de terras teve duas consequências importantes para o desenvolvimento de Taiwan. Em primeiro lugar, criou uma ampla base de consumidores – e pequenos capitalistas. Em segundo minimizou os números e o poder político tanto das *rent-seeking elites* (elites que se apropriam das riquezas sem ter contribuído para obtê-las) quanto das famílias pobres dependentes do Estado.

O economista do desenvolvimento Gustav Ranis observou que seus colegas tinham dificuldade para influenciar as políticas em muitos países em desenvolvimento porque suas prioridades estavam invertidas. Os economistas enfatizavam a eficiência como sendo a meta mais importante das políticas públicas, ao passo que viam a estabilidade política e a equidade distributiva como benefícios do crescimento resultante. Ranis disse que a ordem estava errada. As pessoas precisam concordar que as políticas são equitativas e conducentes à estabilidade antes de terem condições de tratar do aumento da eficiência. A redistribuição da riqueza em Taiwan criou uma ampla base de apoio para a busca do crescimento.

A MENTE BRILHANTE POR trás da industrialização de Taiwan foi K. Y. Yin, nascido na província de Hunan, no continente, em 1903. A mãe de Yin teve uma boa educação, o que era incomum para a época. Ele seguiu os passos dela, formando-se em engenharia elétrica em 1925 na prestigiosa Universidade Jiao Tong. Seu trabalho como jovem burocrata chamou a atenção de T. V. Soong, funcionário do alto escalão do governo que era cunhado de Sun Yat-sen e Chiang Kai-shek.

Durante a Segunda Guerra Mundial, Soong mandou Yin para Washington a fim de negociar ajuda. Depois da guerra, Soong levou Yin para os principais círculos de planejamento econômico do KMT. Buscando instrução, Yin viajou para o Japão em 1950 e de novo em 1951 para estudar a história da restauração Meiji, o período de desenvolvimento industrial inicial do Japão no fim do século XIX e início do século XX. A lição para uma "nação retrógrada", escreveu Yin mais tarde, era que "o governo precisa tomar a dianteira, pelo menos no início. Confiar totalmente em uma economia livre não basta".[93]

Yin decidiu focar especificamente em três setores: eletricidade, fertilizantes e têxteis. Ele os via, com razão, como os blocos de construção de uma economia moderna. Seus primeiros passos estabeleceram um padrão. O governo forneceu 2,5 milhões de dólares para o financiamento de uma fábrica de fertilizantes e 1 milhão de dólares para o financiamento de uma usina hidrelétrica para gerar energia para a fábrica de fertilizantes. Então aumentou drasticamente a tarifa sobre o fertilizante importado. Os agricultores tinham que pagar pelo fertilizante nacional com arroz, a uma taxa de conversão que favorecia o governo. E assim o desenvolvimento industrial foi financiado.[94]

Yin foi ainda menos sutil em sua construção da indústria têxtil de Taiwan, fornecendo fios dos Estados Unidos às empresas e empréstimos para compra de equipamentos, prometendo comprar o tecido acabado.

A proteção a essas indústrias nascentes contra a concorrência estrangeira deu o pontapé inicial para a industrialização de Taiwan: a produção quase dobrou de

1951 a 1954.⁹⁵ Porém, quase desde o início, economistas da tendência dominante tentaram convencer Yin – e seus chefes – a liberar a economia. Em 1953, os Estados Unidos enviaram uma missão para a ilha, incluindo dois economistas sino-americanos com relações estreitas com o governo de Chiang. O conselho básico deles era o mesmo que a prescrição que Milton Friedman gostava de passar aos governos estrangeiros: eles diziam que Taiwan deveria assumir um câmbio flutuante para facilitar o comércio e abrir o mercado à concorrência.⁹⁶

Yin não podia se dar ao luxo de ignorar os visitantes porque os Estados Unidos estavam financiando a industrialização de Taiwan. O país gastava muito mais em produtos estrangeiros e matérias-primas do que ganhava com as exportações de produtos agrícolas como açúcar, aspargos e cogumelos em conserva. Os americanos forneceram uma média anual de 100 milhões de dólares em ajuda militar a Taiwan de 1950 a 1965, o que cobria 91% do déficit na balança comercial do país asiático.⁹⁷ Então, em vez de ignorar os economistas visitantes, Yin ouvia, depois educadamente declinava do conselho. O economista taiwanês Mo-huan Hsing declarou, frustrado, que Yin era "um burocrata teimoso cheio de ideologia da economia de controle".⁹⁸

EM MEADOS DA DÉCADA de 1950, contudo, a forma de pensar de Yin começou a mudar. Ele perdeu brevemente o emprego em 1955 depois de ser implicado em um escândalo de corrupção. Foi inocentado e reinstalado no cargo, mas, durante as férias involuntárias, estudou economia. Um dia ele bateu na porta de Hsing querendo discutir um artigo que o economista havia escrito. Acabaram ficando amigos.

Yin tinha consciência de que sua estratégia de desenvolvimento estava atingindo os próprios limites. A produção de vestuário de Taiwan, por exemplo, superava a demanda doméstica, embora seu complicado sistema de controles comerciais desencorajasse empresas a buscar mercados estrangeiros. Algumas fábricas de tecidos tinham fechado as portas. E representantes dos Estados Unidos advertiram que a torneira da ajuda financeira não ficaria aberta para sempre. Taiwan precisava de dólares para comprar as máquinas e as matérias-primas necessárias para seu desenvolvimento, e isso significava que era preciso vender mais produtos para outros países.

Em 1957, Yin propôs que o governo estimulasse a exportação de têxteis e um pequeno número de outros bens manufaturados cuidadosamente selecionados.

Na época, isso foi visto como uma ideia surpreendente. Havia poucas histórias de sucesso óbvias que Taiwan pudesse imitar e muitos dos consultores de Chiang resistiram, argumentando que o desenvolvimento nacional deveria continuar a ser o foco. "Como Taiwan pode esperar concorrer com as nações avançadas?", perguntou um ministro de Estado.[99] Yin respondeu que Taiwan tinha uma vantagem importante: o país poderia, de fato, exportar mão de obra barata.

Yin venceu. Em 1960, o governo aprovou um plano quadrienal para investir mais de 1 bilhão de dólares no desenvolvimento de indústrias exportadoras, com cerca de um terço dos recursos vindo dos Estados Unidos.[100] O principal dirigente americano responsável pelo desenvolvimento em Taiwan fez um discurso exuberante em uma universidade local dizendo que o plano faria de Taiwan um modelo a ser seguido para o desenvolvimento da Ásia. Até mesmo os otimistas da ilha acharam isso simplista demais. "Ninguém fazia ideia que uma época de crescimento mais próspera estava se avizinhando", disse o principal assessor de Yin, K. T. Li.[101]

Nos trinta anos seguintes, porém, Taiwan ascendeu da pobreza à prosperidade exportando bens manufaturados.* A planície costeira foi coberta por uma densa colcha de retalhos de prédios residenciais de altura média e fábricas com teto metálico, uma paisagem que parecia um pouco com uma versão bem-sucedida de Cleveland. Quando Yin morreu em 1963, seus amigos culparam a exaustão e propuseram como seu epitáfio as palavras inscritas em uma impressionante variedade de bens de consumo: "Fabricado em Taiwan."

Por trás dos exportadores, a economia doméstica floresceu.[102] A empresa Chu Chen começou a operar na década de 1950 como fabricante de inseticida em spray, depois acrescentou produtos de limpeza ao portfólio. Conforme a economia foi crescendo, introduziu uma linha de cafés, chamada Mr. Brown, que era vendida em mercadinhos por toda parte na ilha. Depois a Mr. Brown abriu lojas próprias. E, quando Taiwan prosperou de verdade, a antiga empresa de inseticidas começou a fabricar um uísque puro malte chamado Kavalan.[103]

Os defensores da revolução do livre mercado saudaram a ascensão de Taiwan. A Mont Pelerin Society de Hayek se reuniu na capital Taipé em 1978, o que atraiu muito menos atenção do que sua reunião no Chile alguns anos antes, apesar de ambos os países serem governados por ditadores autoritários.

---

* Produtos agrícolas compreendiam 92% das exportações de Taiwan em 1952. Já em 1972, essa parcela era de 16,7%. Em décadas recentes, a parcela permaneceu bem abaixo de 1%.

Friedman escreveu na *Newsweek* que Taiwan e outros países do Leste Asiático tinham crescido "por confiarem primordialmente nas forças de mercado".[104] O Banco Mundial publicou um relatório influente em 1987 descrevendo a ascensão econômica da região em termos semelhantes.

É um pouco difícil entender como pessoas inteligentes podem ter chegado a essa conclusão. Talvez parte da explicação seja que Taiwan disse a seus patrocinadores nos Estados Unidos o que eles queriam ouvir enquanto fazia o que bem entendia.[105] O governo desvalorizou a moeda de 1958 a 1961 para tornar as exportações mais atraentes a compradores estrangeiros, mas não adotou taxas de câmbio flutuantes. Em vez disso, Taiwan manteve seu dólar equiparado ao dólar americano no quarto de século seguinte. A economia de Taiwan foi crescendo no mesmo ritmo que os descontos reais para compradores americanos de produtos taiwaneses. Em meados da década de 1980, quase metade das exportações de Taiwan era destinada aos Estados Unidos.

Taiwan também reduziu as barreiras comerciais de maneira estratégica. O país queria exportar quase tudo, mas as tarifas sobre as importações permaneceram praticamente inalteradas da década de 1950 até a de 1970.[106]

Empresas-chave permaneceram estatais e o governo não tinha nenhum pudor em direcionar as empresas privadas.[107] Para aumentar as exportações têxteis, por exemplo, exigiu que as empresas exportassem pelo menos 60% da produção ou seriam multadas. Também reservava os melhores termos de empréstimo para exportadores bem-sucedidos. Essas políticas injetavam disciplina de mercado na economia controlada de Taiwan: em vez de confiar em burocratas do governo para a seleção de quais empresas o Estado apoiaria, Taiwan usou o mercado internacional.

Yin deixou uma advertência a seus sucessores. Embora o governo desempenhasse um papel essencial em semear novas indústrias, ele disse que era preciso evitar a criação de "estufas". O governo poderia plantar as sementes e cuidar dos brotos, mas as empresas precisavam ser plantadas no mercado.[108]

Sun Yun-suan, que se tornou ministro da Economia em 1969, era, assim como Yin, formado em engenharia elétrica. Ele tinha trabalhado para a Autoridade do Vale do Tennessee, nos Estados Unidos, na década de 1940 e depois supervisionado a reconstrução da rede de Taiwan. Estava familiarizado com a teoria das vantagens comparativas de Ricardo, mas não se impressionava com ela. Essa teoria não falava nada sobre o que um país poderia se tornar ao desenvolver novas áreas de expertise.

Em uma visita à Coreia do Sul logo depois de assumir o ministério, Sun ficou admirado com um instituto de pesquisas financiado pelo governo cujo staff consistia, em sua grande maioria, de cientistas coreanos formados nos Estados Unidos. Em 1973, ele convenceu o governo de Taiwan a financiar a própria versão de instituto de pesquisas, o Instituto de Pesquisas de Tecnologia Industrial, que atualmente emprega mais de 5 mil pesquisadores com formação avançada, quase todos focados no desenvolvimento de ideias comercialmente viáveis, seja em parceria com empresas existentes, seja como sementes de novas empresas. Sun se referia ao instituto como seu sexto filho.[109]

O início da década de 1970 foi uma época difícil para Taiwan. A ilha enfrentou o isolamento conforme a China foi ganhando reconhecimento diplomático internacional, inclusive com a visita do presidente Nixon. Em 1971, Taiwan perdeu sua vaga de membro das Nações Unidas para a China. E esse revés se somou ao choque mundial do petróleo. Sun, fugindo do conselho dos economistas do livre mercado, decidiu reativar o crescimento por meio de um programa de investimento massivo em obras públicas, incluindo a construção de um novo aeroporto internacional, uma siderúrgica e um estaleiro.

Ele também decidiu criar uma nova indústria. Em fevereiro de 1974, Sun e vários de seus colegas tomaram café da manhã em Taipé com Wen Yuan Pan, um engenheiro chinês naturalizado americano que trabalhava para a empresa americana de eletrônicos RCA. Pan disse a Sun que Taiwan deveria entrar no negócio de fabricação de semicondutores. Foi uma sugestão audaciosa. As fábricas de Taiwan eram especializadas em falsificações baratas e não em tecnologia de ponta. Mas a história oficial registra que Sun só fez duas perguntas – Quanto tempo vai demorar? Quanto vai custar? –, depois assentiu com a cabeça e disse: "Ok."[110]

Por meio do novo instituto de pesquisas, Taiwan negociou um acordo de licenciamento com a RCA e enviou 37 engenheiros para fazer um treinamento nos Estados Unidos. Em 1977, o instituto abriu uma fábrica experimental. Dois anos depois, criou uma joint venture para construir uma fábrica em larga escala. O governo também financiou um novo parque industrial, com base em incentivos fiscais especiais, como um lar para os fabricantes que usavam semicondutores taiwaneses em seus produtos. Em 1983, empresas privadas taiwanesas estavam produzindo brinquedos, relógios, calculadoras e computadores – e os eletrônicos superaram os têxteis como principal produto de exportação da ilha. Mais de 35 anos depois, os semicondutores continuam no cerne da economia de Taiwan.[111]

O sucesso trouxe novos desafios. Para conservar a taxa de câmbio entre o dólar taiwanês e o dólar americano mesmo com o crescimento da economia, Taiwan precisava manter como reserva uma grande quantidade da moeda que havia ganhado dos Estados Unidos. Conforme o valor do dólar foi se elevando no início da década de 1980, Taiwan acumulou cerca de 1 bilhão de dólares por mês. As reservas em moedas estrangeiras da minúscula ilha superaram as do Japão e se aproximaram das da Alemanha Ocidental. Foi ficando cada vez mais difícil explicar ao povo taiwanês por que o governo não estava gastando esse dinheiro em serviços públicos. Um político de oposição propôs que todos os habitantes ganhassem de presente 2.200 dólares.[112] Também foi ficando mais difícil explicar aos Estados Unidos por que as importações americanas eram deixadas de fora do mercado taiwanês.

Taiwan tinha alcançado o fim da adolescência econômica e, sob o peso dessas pressões internas e externas, o governo começou a reduzir seu papel na economia: permitiu que o valor de sua moeda se elevasse em quase 40% em relação ao dólar e afrouxou os controles sobre os fluxos de capital. As tarifas foram drasticamente reduzidas e as importações aumentaram. E o Kuomintang começou uma lenta mudança na direção de um governo democrático.

Uma característica notável na ascensão de Taiwan para a prosperidade foi a distribuição relativamente equitativa da nova riqueza. O governo não atingiu esse resultado por meio de redistribuição. Tanto a tributação quanto o gasto público foram modestos para os padrões das nações desenvolvidas. Em vez disso, ao criar uma sociedade de pequenos proprietários e, depois, ao investir em educação, Taiwan forneceu a uma grande parcela de sua população tanto o capital financeiro quanto o intelectual que possibilitaram a construção de vidas prósperas. O economista Simon Kuznets costumava dizer que o crescimento econômico fazia com que a desigualdade aumentasse e depois diminuísse. Em Taiwan, ela diminuiu e permaneceu baixa.[113]

Muitos economistas continuaram convencidos de que Taiwan não era um modelo para outros países. Eles compartilhavam a opinião externada por Larry Summers no início da década de 1990, durante seu tempo como economista-chefe do Banco Mundial: "Para a maioria dos países em desenvolvimento, basear-se em mercados imperfeitos em vez de em governos imperfeitos cria uma chance maior de promover o crescimento."[114] Friedman não estava sozinho ao insistir que Taiwan e a Coreia do Sul teriam crescido ainda mais rápido com menos controle do governo.[115]

Essa opinião, no entanto, não é compartilhada pelo governo taiwanês, que continua a gerir o desenvolvimento. O campus atual do instituto de pesquisas estatal conta com dois prédios projetados para parecerem braços abertos – braços dispostos a acolher a indústria, disse-me meu guia na visita. Do lado de dentro, existe uma galeria exibindo os frutos das parcerias do instituto com empresas taiwanesas e estrangeiras: baterias de lítio que não explodem, um guarda-chuva que produz água potável, um novo dispositivo para testar a qualidade dos menores semicondutores do mundo. "Quanto menor o país, talvez mais ele deva centralizar as decisões", disse Stephen Su, responsável pelo relacionamento do instituto com a indústria. "Não podemos nos dar ao luxo de ser como os Estados Unidos."[116]

Nem os Estados Unidos. Os países sempre administraram o desenvolvimento industrial. O longo histórico de inovação auxiliada pelo Estado inclui telefones, ferrovias, aviões, vacinas e computadores. Se você estiver lendo este livro em papel, estará olhando para uma rara exceção (Gutenberg inventou a imprensa sozinho); se estiver lendo em qualquer tipo de dispositivo eletrônico, não estará.

A economista Mariana Mazzucato destaca que os governos possuem recursos inigualáveis para financiar a pesquisa de alto risco; as empresas, por outro lado, tendem a investir depois que o caminho já foi aberto. "Se for do interesse público que a inovação ocorra", escreveu ela, "há um papel a ser desempenhado pelo setor público para fazer com que isso aconteça em vez de ficar sentado esperando."[117]

CAPÍTULO 10

Peixes de papel

"Se, como parece possível, tanto o capitalismo quanto a democracia estão prestes a ser varridos para sempre por uma ressurgência do mercantilismo... então ao setor bancário comercial pertencerá a glória duvidosa de ter precipitado a transição para a nova era."
– Henry Simons, *A Positive Program for Laissez Faire* (1934)[1]

Um cliente que depositasse 5 mil dólares no Dollar Savings Bank de Nova York em junho de 1970 poderia escolher um brinde a partir de uma lista que incluía um liquidificador, uma cafeteira e um ferro de passar. O East New York Savings Bank oferecia facas para churrasco. No First National City, moças usando vestidos de listras douradas registravam novos clientes para um "sorteio dourado" cujo prêmio principal era de 2.500 dólares.[2]

Os bancos cortejavam os clientes com presentes porque não podiam cortejá-los com pagamentos de juros. O governo federal vinha mantendo amplos controles sobre o setor financeiro desde a década de 1930. Os formuladores de políticas culpavam o setor por causar a Grande Depressão e estavam determinados a evitar qualquer nova má conduta. As regras incluíam um limite máximo para as taxas de rendimentos que os bancos poderiam pagar sobre depósitos e os juros que os bancos poderiam cobrar sobre empréstimos.* Praticamente todos os bancos de Nova York em 1970 anunciavam que pagavam a taxa máxima, mas, para atrair clientes, tinham que oferecer algo mais.

---

* Os tetos de taxas de juros, também conhecidos como leis da usura, estavam em vigor bem antes da Depressão. Eles eram uma característica-padrão de códigos jurídicos pré-modernos e permaneceram vigentes na Idade Moderna. Nos Estados Unidos, porém, essas leis foram aos poucos sendo relaxadas ou suprimidas nas décadas antes da Depressão.

E, com o passar do tempo, a promessa de presentes deixou de ser suficiente. Conforme a inflação foi corroendo o valor dos rendimentos sobre depósitos bancários, os clientes foram transferindo grandes quantidades de dinheiro para alternativas como títulos do Tesouro.[3] Problemas semelhantes assolavam outros setores do sistema financeiro. Muitos governos estaduais e municipais estavam sujeitos a leis limitando as taxas de rendimentos que poderiam pagar sobre títulos, e também eles estavam com dificuldades para atrair investidores. Em outubro de 1969, prefeituras da Califórnia não conseguiram vender 1,3 bilhão de dólares em títulos, principalmente para a construção de escolas, à taxa de juros legal máxima de 5%. O cada vez maior subúrbio de Dublin, a leste de Oakland, foi forçado a suspender planos para a construção de duas novas escolas.[4]

Durante a maior parte da década seguinte, esforços pontuais para reformular as regras fracassaram em acompanhar a inflação crescente.[5] Os bancos continuaram a perder depósitos conforme empreendedores espertos iam criando formas mais recompensadoras de guardar dinheiro. Vastas somas eram acumuladas em contas bancárias em "eurodólares" do outro lado do Atlântico, fora do alcance dos reguladores americanos. Ainda mais dinheiro foi depositado em fundos mútuos do "mercado monetário" criados para se assemelharem a contas bancárias.[6] A corretora de valores Merrill Lynch, de Wall Street, criou produtos similares a contas-correntes que pagavam rendimentos maiores.[7]

Para o Citicorp, um dos maiores bancos de Nova York, a lenta crise chegou a uma nova fase depois que Paul Volcker se converteu ao monetarismo no último trimestre de 1979. Quando as taxas de juros aumentaram, os custos de tomada de empréstimos pelos bancos aos poucos foram excedendo as taxas que eles podiam cobrar sobre os empréstimos concedidos. O Citicorp ficou particularmente vulnerável porque seu CEO, Walter Wriston, apostou que as taxas de juros logo cairiam. Ele acreditava no monetarismo pregado por seu amigo e eventual parceiro de tênis Milton Friedman. Quando a realidade resistiu às suas expectativas, o banco perdeu dinheiro.[8]

Alguns dos maiores prejuízos foram em uma linha relativamente nova de negócios: empréstimos por cartões de crédito. No entanto, o lobista-chefe do Citicorp, Hans H. Angermueller, percebeu que a concessão de empréstimos por cartões de crédito talvez fosse o caminho mais fácil para recuperar a lucratividade, explorando uma brecha na legislação federal. Um ano antes, em 1978, a Suprema Corte tinha decidido que uma empresa de cartões de crédito poderia cobrar em qualquer parte dos Estados Unidos a mais alta taxa de juros permitida pelas leis de seu estado de registro.[9] O que a divisão de cartões de crédito do Citicorp precisava era de um novo estado de registro.

Charles E. Long, vice-presidente do Citicorp, chegou a uma lista de cinco estados que tinham leis lenientes ou que poderiam estar dispostos a redigir novas leis. Um dos cinco era a Dakota do Sul, que já vinha tomando providências para se livrar dos limites para as taxas de juros. Em novembro de 1979, a associação de bancos estaduais havia feito um pedido ao Legislativo para suspender o limite sobre as taxas de empréstimos, argumentando que a combinação de inflação alta com tetos de taxas estava sufocando os bancos locais. O projeto de lei avançou no Legislativo e foi aprovado em 19 de fevereiro de 1980.[10]

Essa medida, porém, não bastava. De acordo com a legislação federal, os bancos precisavam de um convite para entrar em um novo estado. Executivos do Citicorp partiram para a Dakota do Sul e prometeram gerar quatrocentos empregos. A empresa deu o texto com o esboço do convite para o governador da Dakota do Sul, Bill Janklow. A legislação necessária foi apresentada no último dia da sessão legislativa de 1980, passou por ambas as câmaras no mesmo dia e foi sancionada por Janklow antes de o sol se pôr. Ele também declarou que a necessidade de empregos era uma emergência, então a lei entrou em vigor de imediato.

O Citicorp manteve sua promessa mesmo depois que Nova York aprovou uma lei semelhante. A empresa transferiu quatrocentos empregos de Long Island para Sioux Falls. Com o tempo, acrescentou mais 2.600.

Outras empresas logo imitaram o Citi, desregulando efetivamente os empréstimos por cartões de crédito. Os resultados estabeleceram o padrão para rodadas de desregulação posteriores. A concessão de empréstimos aumentou drasticamente e, para alguns, a fácil disponibilidade de crédito, mesmo a juros altos, foi empoderadora. Para outros, no entanto, foi catastrófica. Em meados da década de 1990, conforme o uso de cartões de crédito se expandia, a parcela da população pedindo falência pessoal a cada ano tinha quase quintuplicado.[11]

Nesse ínterim, grupos de consumidores fizeram campanha pela desregulação das taxas de juros sobre depósitos. Os Gray Panthers, uma organização que representava cidadãos idosos, processaram os reguladores federais do setor bancário argumentando que limites a rendimentos eram uma forma de discriminação contra as pessoas de poucas posses, já que os ricos eram capazes de manter suas poupanças em investimentos mais lucrativos. Os Panthers sarcasticamente propuseram que os bancos deveriam ser obrigados a colocar placas nas janelas de suas agências dizendo: "Cuidado: cadernetas de poupança podem ser prejudiciais à saúde!" A campanha foi apoiada por Ralph Nader e pela Associação Americana dos Aposentados, entre outros grupos de consumidores.[12]

O presidente Carter, ampliando seu comprometimento com a desregulação econômica, pediu ao Congresso em maio de 1979 que eliminasse gradualmente os tetos das taxas de juros sobre depósitos bancários. O Congresso aprovou no ano seguinte uma legislação que poria fim aos limites em 1986. O governo Reagan então decidiu que não estava rápido o bastante. O novo secretário do Tesouro, Donald Regan, pressionou pela desregulação "o mais breve possível" e, em 1982, o Congresso concordou em acelerar o processo.[13]

A retirada dos tetos das taxas de juros impulsionou os bancos, mas promoveu uma devastação no universo paralelo dos *savings-and-loan* – bancos de poupança e empréstimo que focavam em empréstimos hipotecários e tinham permissão para pagar rendimentos mais altos sobre depósitos do que os outros bancos. Destituídas de seus privilégios, muitas dessas instituições tentaram sobreviver fazendo investimentos de risco.

O resgate, no fim dos anos 1980 e início dos anos 1990, custou aos contribuintes cerca de 210 bilhões de dólares. Pareceu muito dinheiro, mas a conta a ser paga pela desregulação estava só começando a chegar.

NÃO HÁ MUITO FUNDAMENTO para a narrativa nostálgica de que os formuladores de políticas poderiam ter evitado a era moderna de crises financeiras mantendo o sistema de regulações bancárias de meados do século. Essas regras, inclusive os limites das taxas de juros, estavam avariadas antes mesmo de serem desmontadas. O fracasso aconteceu porque os formuladores de políticas fizeram pouco esforço na criação de novas regras para um setor em rápida mudança. Os reguladores financeiros desdenhavam abertamente da regulação financeira. Eles insistiam na ideia de que os participantes do mercado fiscalizariam a má conduta e manteriam a estabilidade financeira.

Essa convicção foi profundamente influenciada pelos economistas, que amam mercados de todos os tipos, mas desenvolveram uma especial reverência por mercados financeiros. A expressão mais pura dessa fé é conhecida como "hipótese dos mercados eficientes". Ela trata os mercados financeiros como a coisa mais próxima do tipo de perfeição encontrado apenas em livros-texto. O economista da Universidade de Chicago Eugene Fama apresentou uma justificativa para essa fé em 1965. Fama examinou um banco de dados recém-criado de preços de ações relativo ao período de 1926 a 1960 e concluiu que os preços refletiam plenamente todas as informações disponíveis.[14] No jargão da economia, a precificação era "eficiente".[15] Isso, por sua vez, indicava que os mercados eram estáveis e se autocorrigiam, e que a regulação servia para pouca coisa.

Para o setor financeiro, o último quarto do século XX foi um período de inovação e crescimento explosivo, e a visão utópica de Fama a respeito dos mercados financeiros ajudou a convencer os formuladores de políticas de que os governos não precisavam criar novas regras para áreas emergentes da atividade financeira. Um dos maiores e mais importantes desses novos mercados era o florescente negócio de derivativos de crédito.

Um derivativo é uma aposta na movimentação de outros preços. Os primeiros exemplos conhecidos são quase tão antigos quanto as primeiras ocorrências de textos escritos: os contratos de agricultores mesopotâmios para vender futuras safras a preços específicos. Os derivativos modernos se originaram no "crescente fértil" dos Estados Unidos, com o estabelecimento de um mercado de futuros em Chicago logo depois da Guerra Civil. Esses contratos de cereais eram comercializados como uma forma de seguro, permitindo que os agricultores reduzissem o risco fixando preços antes da safra. Porém, os derivativos também podem ser usados para ampliar o risco. Um investidor, por exemplo, pode prometer entregar cereais que não tem, apostando que vai conseguir comprar os cereais prometidos a um preço mais baixo do que o preço acordado para venda.

Conforme a desregulação financeira foi abrindo novos mercados e gerando novos riscos, os engenheiros financeiros criaram novas formas de derivativos – tanto como seguro contra esses riscos quanto como novas oportunidades de aposta. A desregulação das taxas de câmbio em meados da década de 1970 desencadeou o primeiro grande boom. A desregulação das taxas de juros nos anos 1980 desencadeou o segundo. Ambos pareceram pequenos em comparação com a onda que se iniciou no começo da década de 1990, quando banqueiros astutos popularizaram os derivativos de crédito, possibilitando aos investidores apostar que os devedores não iriam quitar suas dívidas.[16]

O mercado de derivativos de crédito se provou enorme. O valor de apenas um tipo, conhecido como *credit default swaps* – *swaps* ou derivativos de crédito que remuneram o portador quando a instituição especificada não paga suas obrigações –, aumentou de literalmente zero no início da década de 1990 para cerca de 62 trilhões de dólares em 2007 – mais do que o valor da produção econômica mundial naquele ano.[17]

As regulações governamentais da era da Depressão limitaram com rigor as atividades dos bancos comerciais, mas os advogados do setor concluíram que essas leis não tinham previsto os novos derivativos e não impediam os bancos de mergulhar nesse mercado. Isso incitou alguns reguladores a sugerir a necessidade de novas regras. E. Gerald Corrigan, diretor do Federal Reserve Bank de Nova York – um dos mais importantes reguladores financeiros do país –, demonstrou inocência em um discurso a uma multidão de banqueiros em janeiro de 1992 ao dizer que estava tendo dificuldades para entender por que tantos investidores de repente estavam precisando de seguro de crédito. A mensagem era para pôr uma rédea nas apostas. "Espero que isto soe como uma advertência", disse ele, "porque de fato é."[18]

A resposta do setor, apresentada em 1993, foi um extenso relatório detalhando as melhores práticas para a negociação de derivativos e que deveria ter se chamado "Vejam como somos responsáveis". O ponto principal, expresso claramente, era que não havia necessidade de o governo intervir. Em vez disso, os banqueiros, muito prestativos, avisariam os clientes para tomarem cuidado ao lidar com banqueiros.[19]

Mark Brickell, líder da nova associação empresarial criada para representar o setor de derivativos, era um libertário fervoroso que gostava de citar a advertência de Hayek de que a regulação era a morte da inovação. "Os mercados podem corrigir os excessos muito melhor do que qualquer governo", disse Brickell. "A disciplina do mercado é a melhor forma de disciplina que existe."[20]

No ano seguinte, 1994, o Orange County, na Califórnia, abriu processo de falência depois que seu tesoureiro perdeu mais de 1 bilhão de dólares investindo em derivativos em busca de retornos mais altos. Foram necessários 23 anos para os contribuintes do condado ressarcirem os prejuízos.[21] Também em 1994, a Procter & Gamble perdeu mais de 150 milhões em derivativos e processou o Bankers Trust, líder no novo mercado. Uma prova usada no processo foi um vídeo de uma sessão de treinamento do Bankers Trust em que o instrutor apresentava o exemplo de uma transação de derivativos envolvendo duas empresas com ações de primeira linha e depois, solicitamente, explicava que o papel do Bankers Trust era "depená-las".[22]

Isso não era mera hipérbole. Paul Volcker conta ter perguntado a William Sharpe, laureado com o Prêmio Nobel de Economia por suas contribuições ao mercado financeiro, em que medida todas essas inovações estavam contribuindo para o crescimento econômico. "Em nada", respondeu Sharpe. Ele explicou que, em sua opinião, os derivativos apenas permitiam que algumas pessoas tirassem dinheiro de outras. Mas, acrescentou ele, "é muito divertido".[23]

Os casos de grande repercussão do Orange County e da P&G logo fizeram com que alguns membros do Congresso duvidassem das garantias do setor. Uns poucos propuseram legislações. Brickell atacou os projetos de lei com brutal desprezo, dizendo em alto e bom som que o Congresso não entendia de nada. Os responsáveis pela criação de políticas concordaram. "Os riscos nos mercados financeiros, incluindo mercados de derivativos, estão sendo regulados por partes privadas", disse calmamente o presidente do Fed, Alan Greenspan, ao Congresso.[24] Corrigan também tinha assumido uma nova perspectiva. Depois de deixar o Fed de Nova York por um emprego no alto escalão do Goldman Sachs, ele afirmou que o setor deveria ser autorizado a cuidar dos próprios problemas. Frank N. Newman, especialista do Tesouro na questão, pronunciou-se contra a regulação e depois assumiu um cargo no Bankers Trust. Os dois tiveram a sorte de fazer com que a adesão à ideologia predominante fosse a via expressa para o enriquecimento pessoal.[25]

Os projetos de lei não avançaram nem o interesse se reacendeu em 1995, quando um operador em Singapura arriscou em derivativos e destruiu o famoso Barings Bank da Grã-Bretanha. Ao ser perguntado sobre as lições aprendidas, Brickell sugeriu que o banco deveria ter geridos seus riscos de maneira mais cuidadosa.[26]

OS DOUTORES GRAMM

Phil Gramm, professor de economia da Universidade Texas A&M, conheceu Wendy Lee em 1969 quando ela foi entrevistada para uma vaga no corpo docente de economia. Seis semanas depois que ela chegou à College Station, eles se casaram.²⁷ Os dois compartilhavam o amor pelos mercados e o desprezo pelo governo.

Gramm disse a um entrevistador que suas opiniões estavam enraizadas em sua experiência de vida: "Não só tenho fé no sistema de livre-iniciativa como tenho provas."²⁸ Era um tipo curioso de prova. Nascido em uma família de militares na Geórgia em 1942, formou-se na universidade estadual, obteve uma bolsa de doutorado do governo e assumiu o emprego na Universidade Texas A&M, onde conseguiu entrar para o quadro permanente de professores com a tenra idade de 30 anos. O governo vinha sustentando Gramm havia três décadas e esse apoio estava garantido pelo resto da vida.

Então Gramm decidiu assumir um tipo diferente de emprego público. Em 1978 foi eleito para a Câmara. Chegou como democrata, mas causou seu primeiro rebuliço em 1981 ao formar parceria com a minoria republicana no Comitê de Orçamento da Câmara para passar um pacote de cortes de gastos. Quando o líder democrata, Tip O'Neill, retirou Gramm do comitê em 1983, ele renunciou ao mandato, registrou-se como republicano e disputou a mesma vaga em uma eleição especial cinco semanas depois. Disse aos eleitores: "Tive que escolher entre Tip O'Neill e vocês todos, e decidi ficar com vocês." O veredito de O'Neill: "Gramm, em minha opinião, é o maior responsável pela bagunça em que este país está, depois do sr. Reagan."²⁹

Em 1984 Gramm foi eleito senador. Mark McKinnon, consultor de uma campanha adversária, disse ao *The Washington Post* que Gramm era facilmente subestimado porque "tinha a aparência de uma tartaruga e soava como um galo". Porém, McKinnon acrescentou: "Ele tem uma estranha capacidade de intuir a opinião pública antes de qualquer pessoa."³⁰ Gramm era o provedor de um novo tipo de populismo, canalizando a frustração dos americanos cada vez mais dependentes do governo federal e cada vez com mais raiva dessa dependência.

De volta a Washington, em pouco tempo atraiu os holofotes para si, conseguindo passar em 1985 a primeira legislação federal que impunha limites a gastos públicos federais, apoiada por cortes automáticos de despesas. A legislação foi rejeitada pelos tribunais superiores, mas abriu caminho para novos esforços. Como foi possível que um novo senador apresentasse um projeto de lei inovador? "Esperei que os outros apresentassem uma forma de lidar com o problema", disse Gramm. "Ninguém se habilitou. Acabei com o número 97 e tive uma ideia. E as palavras mais poderosas em um debate político são: 'Tenho uma ideia.'"³¹

Wendy Gramm se mudou com o marido para Washington e conseguiu um emprego na linha de frente da campanha de Reagan contra a regulação, sendo admitida no governo como assistente de James C. Miller III na Comissão Federal de Comércio. Sua história de vida era mais coerente com a defesa da livre-iniciativa. Seus avós foram imigrantes coreanos que trabalharam nos campos de cana-de-açúcar no Havaí. Seu pai se tornou executivo de uma empresa de cana-de-açúcar. Wendy, nascida em 1945, formou-se em Wellesley e depois fez doutorado em economia na Northwestern.

Ela ascendeu rapidamente, assumindo o antigo emprego de Miller na análise de propostas de regulações. Era tão linha-dura que Reagan passou a descrevê-la como "minha economista favorita".[32] Em dezembro de 1987, Reagan nomeou Wendy Gramm presidente da Comissão de Operação de Futuros de Commodities (Commodity Futures Trading Commission, CFTC). Ela criou um programa de treinamento para os funcionários da agência, incluindo palestras feitas por operadores de commodities e economistas conservadores, para inculcar sua visão de que as regulações sufocavam o crescimento. "Um pouco de regulação aqui, um pouco lá e logo, logo a economia está estrangulada", afirmou ela.[33]

Wendy também trabalhou para limitar a supervisão da comissão em relação ao florescente mercado de derivativos. Um de seus últimos atos antes de deixar o cargo em janeiro de 1993 foi encerrar uma isenção para certos tipos de aposta em preços de energia, mudança essa que uma empresa de Houston em rápido crescimento chamada Enron vinha buscando. Cinco semanas depois, ela entrou para o conselho de administração da Enron, onde continuou a se opor à regulação de derivativos. Em setembro, escreveu um artigo para o *The Wall Street Journal* questionando as propostas de novas regras. Incitou seus ex-colegas e o Congresso a não "regular excessivamente o que não entendemos direito".[34]

LOGO DEPOIS QUE BROOKSLEY Born se tornou presidente da CFTC em agosto de 1996, assumindo o cargo outrora ocupado por Wendy Gramm, ela recebeu um convite para almoçar com Alan Greenspan, que explicou sua opinião de que os mercados fiscalizariam as fraudes. Born ficou perplexa: como advogada, costumava representar pessoas lesadas por fraudes financeiras. Entre seus clientes havia vítimas do lendário esforço dos irmãos Hunt, dois herdeiros do petróleo do Texas, de monopolizar o mercado de prata no fim da década de 1970. Ela sabia que os Hunt não tinham sido detidos pelo mercado; tinham sido detidos pela CFTC.[35]

O mercado de derivativos de crédito logo chamou a atenção de Born. Ela se surpreendeu com a oposição férrea do setor às formas mais básicas de regulação, como a manutenção de registros e a exigência de envio de relatórios. "Isso me intrigou", disse ela. "O que havia nesse mercado que precisava ser camuflado? Por que tinha que ser um mercado completamente oculto? Então fiquei desconfiada e preocupada."[36] No início de 1998, sua equipe começou a preparar um primeiro passo hesitante rumo à regulação: uma solicitação de debate público.

Antes mesmo que o setor tivesse a chance de apresentar objeções, o governo Clinton tentou calar o plano de Born. De acordo com o *The Washington Post*, Larry Summers, então vice do secretário do Tesouro, Robert Rubin, chamou Born e disse-lhe: "Estou com 13 banqueiros na minha sala e eles estão dizendo que, se você for adiante com isso, vai causar a pior crise financeira desde a Segunda Guerra Mundial."[37] Naquele mês de abril, Born foi convocada para uma reunião com Rubin, Greenspan e Arthur Levitt, presidente da Comissão de Títulos e Câmbio (Securities and Exchange Commission, SEC). Os três se revezaram dizendo-lhe que desistisse da questão.

A aversão à regulação tinha atingido tal ponto em Washington que uma proposta para falar sobre propostas de regras causara uma tempestade.

Born lançou a proposta, que não provocou a crise prevista. No entanto, incitou seus adversários em outras áreas do governo a emitir uma declaração pública extraordinária expressando "sérias preocupações", questionando a autoridade da CFTC e incitando o Congresso a intervir. Em uma audiência em julho, Summers disse ao Congresso que Born tinha "lançado a sombra da incerteza regulatória sobre um mercado próspero". Na plateia havia um espectador solidário: Phil Gramm. "Não vejo nenhuma evidência de que esse seja um mercado problemático", disse Gramm.[38]

Menos de dois meses depois, uma nova leva de evidências caiu com um baque. O Long-Term Capital Management, um importante hedge fund dirigido por alguns dos professores cujas teorias apoiavam a defesa da desregulação, quebrou de forma espetacular. A falta de regulação, em vez de sua hipótese, mais uma vez causara uma crise. Born descreveu a situação como um "sinal de alerta", mas ninguém mais se mexeu.

Summers e Greenspan já sabiam que os mercados eram propensos a colapsos. Nenhum deles acreditava que fossem perfeitamente eficientes.

Summers foi o autor de uma refutação imortal em cinco palavras: "Idiotas existem. Olhem em volta."³⁹ Greenspan, ao contrário de algumas caricaturas, tinha um medo saudável de crises financeiras. Mas os dois encaravam a disciplina do mercado como a melhor entre duas opções imperfeitas. Quando o Congresso convocou os sábios de novo no fim de 1998, após o colapso do Long-Term Capital, Greenspan testemunhou: "Não sei de nenhum conjunto de ações de fiscalização que possamos adotar que impeça as pessoas de cometer erros imbecis."⁴⁰

O governo Clinton pediu ao Congresso que suspendesse a autoridade de Born de escrever regras.⁴¹ Phil Gramm decidiu ir além. Ele havia se tornado presidente da Comissão do Setor Bancário do Senado em 1995, um papel no qual foi mais bem-sucedido na redução da regulação do que fora na redução do gasto público.* Escreveu um dispositivo, inserido sem alarde em um projeto de lei mais amplo em dezembro de 2000, que proibia o governo de regular grandes parcelas do mercado de derivativos. Brickell, o lobista do setor, declarou exultante que a lei "trancou a porta com pregos".⁴²

O APOIO À DESREGULAÇÃO floresceu pelo temor da concorrência estrangeira. O senador Charles Schumer, democrata de Nova York, disse aos colegas que "o futuro da dominância dos Estados Unidos como centro financeiro do mundo" estava em jogo em uma votação em 1999 para deixar que grandes bancos virassem supermercados financeiros.⁴³ Palavras semelhantes foram ditas contra a regulação de derivativos.

Do outro lado do Atlântico, formuladores de políticas apresentaram argumentos semelhantes. A Bolsa de Valores de Londres, centro nervoso do mercado financeiro global durante os anos gloriosos do Império Britânico, foi perdendo importância nas décadas após a Segunda Guerra Mundial. Sua

---

* Gramm propôs a Lei Gramm-Leach-Bliley, de 1999, que concluiu a demolição do muro entre a atividade bancária comercial e os mercados financeiros, permitindo que empresas como o Citigroup criassem "supermercados" visando lucros a partir de um leque mais amplo de atividades financeiras, de empréstimos hipotecários predatórios ao financiamento de consolidações de empresas. "Estamos aqui para revogar a Lei Glass-Steagall porque entendemos que a intervenção governamental não é a resposta", disse Gramm na época, referindo-se à lei da era da Depressão que o novo projeto de lei suprimia. "Aprendemos que a liberdade e a concorrência o são." Tanto as celebrações quanto as condenações da lei de 1999 foram exageradas. Os reguladores já tinham demolido a maior parte do muro.

composição ficou restrita às empresas britânicas, que transacionavam ações de companhias britânicas.

As corretoras, porém, ainda estavam ganhando muito dinheiro, em parte porque tinham concordado em não concorrer entre si com base em preço. Os clientes podiam escolher um corretor, mas os honorários eram os mesmos. Em meados da década de 1970, os reguladores americanos tinham forçado as firmas de Wall Street a parar de fixar preços coletivamente e a concorrência reduzira os preços. Inspirados por esse exemplo, os reguladores britânicos haviam lançado uma investigação do mercado de títulos mobiliários de Londres.

O governo Thatcher, que herdou o problema, preferiu deixar que o mercado de títulos mobiliários estabelecesse as próprias regras. John Redwood, chefe da Policy Unit, a *think tank* interna de Thatcher para formulação de políticas, era um defensor dedicado de políticas orientadas para o mercado. Em um discurso de junho de 1984, comparou os corretores de Londres a "um nobre grupo de cavaleiros em um grande castelo" que se tratavam com grande cortesia e roubavam todas as outras pessoas.[44] Estendendo a metáfora, ele disse que a solução não era conquistar o castelo, mas convencer os cavaleiros a baixar a ponte levadiça.

Em meados da década de 1980, os líderes do mercado de títulos mobiliários estavam prontos para se modernizarem. Eles concordaram em abandonar as comissões fixas e abrir o mercado para empresas estrangeiras.

Alguns dos consultores de Thatcher alertaram que a nova ênfase na concorrência de preços estimularia um comportamento antiético. Essa foi uma leitura aguçada da condição humana. Considere o exemplo da cidade israelense de Haifa na década de 1990, onde as creches normalmente fechavam às 16 horas. Os pais raramente chegavam atrasados para buscar as crianças, pois entendiam que estariam afetando os professores. Ainda assim, acontecia às vezes e tendia a envolver sempre os mesmos. Um economista chamado Uri Gneezy convenceu seis creches a anunciar que os pais que chegassem atrasados pagariam uma multa. Depois comparou os resultados delas com quatro creches que continuaram a funcionar no sistema da confiança. O que aconteceu? Os atrasos quase dobraram nas creches que puniam os atrasados: os pais submetidos a multa tinham mais tendência a chegar atrasados, pois achavam que poderiam comprar minutos extras para gastar no trabalho, no supermercado ou na academia. Eles não precisavam se sentir culpados porque tinham pagado por isso. E a mudança de comportamento sobreviveu à política: os pais continuaram a chegar atrasados mesmo depois que as multas foram eliminadas. Uma norma social tinha sido substituída por uma transação.[45]

Nos mercados financeiros, uma das mudanças que mais trouxeram consequências foi o fim da ideia de que um banqueiro tinha a obrigação de agir no interesse do cliente. Os banqueiros certamente tinham dedicado muita energia a roubar os clientes na era antes da desregulação. Mas é difícil evitar a conclusão de que eles fizeram isso com entusiasmo e sucesso maiores em décadas mais recentes. John Reed, ex-presidente do Citicorp, argumentou que a integração das corretoras de valores de Wall Street com bancos comerciais substituiu uma ênfase cultural em relações de longo prazo pelo foco na obtenção de lucros a curto prazo.[46] O prêmio por mau comportamento também se multiplicou à medida que as autoridades mostravam surpreendentemente pouco interesse em punir crimes de colarinho-branco.

Conforme os assessores de Thatcher foram debatendo a questão, contudo, muitos acabaram do lado da concorrência de preços. Nigel Lawson, o ministro das Finanças, insistiu que o Reino Unido precisava acompanhar o ritmo dos concorrentes. Redwood disse que os investidores fiscalizariam o mercado. "As pessoas são, em geral, muito prudentes com seu dinheiro", disse ele.[47]

A renovação da Bolsa de Valores de Londres, em 27 de outubro de 1986, foi chamada de "Big Bang". Os bancos americanos e continentais correram para a City, o bairro financeiro histórico, e devoraram corretoras britânicas respeitáveis como as bolinhas no jogo do Pac-Man.[48] Alguns compararam a City com Wimbledon, o torneio de tênis dominado por jogadores estrangeiros.[49]

As taxas de corretagem rapidamente caíram pela metade e o volume de transações no mercado de Londres quase dobrou.[50] O impacto de mais longo prazo foi Londres recuperar sua posição de centro financeiro. A cidade começou a ultrapassar Nova York como mercado preferido para negociar uma variedade de ativos financeiros denominados em dólares, câmbio e apostas altamente alavancadas no mercado imobiliário americano – tudo graças ao importante fato de que em Londres havia ainda menos regulação.

Pode parecer espantoso que qualquer outro governo superasse a atitude de laissez-faire do governo dos Estados Unidos. Mas foi o que aconteceu. Os britânicos consolidaram a regulação em uma só agência em 1997. Seu primeiro presidente mais tarde explicou que sua filosofia não era interferir em transações privadas: "O que adultos maiores de idade fazem em particular é problema deles."[51]

Conforme o dinheiro começou a fluir, Londres construiu um novo distrito financeiro nas docas em que outrora atracavam navios carregados. O fluxo de dinheiro tinha se tornado mais importante para a economia britânica do que o fluxo de produtos manufaturados. A parcela da receita fiscal que vinha de empresas do setor financeiro cresceu de cerca de 12% antes do Big Bang para um ápice de 36% em 2000.[52]

No entanto, os ganhos foram para poucos – para os cavaleiros no castelo, tomando emprestada a alegoria de Redwood. Em troca de todo esse dinheiro, os cavaleiros destruíram a economia global.[53]

BOLHA

Por quase uma década, a partir do fim dos anos 1990, defensores do consumidor apresentaram relatos de práticas abusivas em empréstimos hipotecários à sede do Fed em Washington, D. C. Eles contaram aos funcionários do Fed sobre idosas despejadas de casas que possuíam havia décadas e jovens famílias comprando seu primeiro imóvel sem ter condições de arcar com o financiamento. Mostraram cópias de documentos de empréstimos fraudulentos. Tudo isso em vão. A agência de regulação financeira mais importante do país simplesmente não estava interessada em um dos maiores surtos de crimes de colarinho-branco da história dos Estados Unidos.*

Os funcionários do Fed diziam aos defensores que só estavam interessados em abusos nos empréstimos se a saúde da economia no contexto mais amplo estivesse ameaçada. E, como economistas, eles não viam histórias como provas. Queriam dados.

Os casos foram se acumulando no mesmo ritmo da frustração dos defensores. Ao se recusar a lançar uma investigação sistemática, o Fed estava garantindo que não descobriria problemas sistêmicos.

---

* Esse ponto permanece surpreendentemente controverso. Muitos políticos e banqueiros preferem descrever a crise como resultado de um comportamento irresponsável, mas, na maior parte, legal. A evidência anedótica e estatística de fraude generalizada, contudo, é avassaladora. Veja, por exemplo, MIAN, Atif R.; SUFI, Amir. "Fraudulent Income Overstatement on Mortgage Applications During the Credit Expansion of 2002 to 2005", fevereiro de 2015, Departamento Nacional de Pesquisas Econômicas, Documento de trabalho 20.947.

"Eu me levantei em uma reunião no Fed em 2005 e disse: 'Quantos casos são necessários para virar realidade?'", recordou-se um desses ultrajados defensores do consumidor. "Quantas dezenas ou milhares bastarão para convencê-los?"[54]

A resposta foi que o presidente do Fed, Alan Greenspan, já tinha decidido não fazer nada. Quando Greenspan foi empossado como presidente do banco central americano em agosto de 1987, ele tinha aceitado a responsabilidade de fiscalizar os bancos e proteger seus clientes.

Só que não levou isso a sério.

Greenspan se tornou o regulador financeiro mais importante do país a despeito de uma convicção profunda e inabalável de que a regulação financeira era pior do que não fazer nada, porque encorajava uma falsa sensação de segurança. Ele criticava o que via como uma tendência entre os defensores da regulação de supor que identificar um problema era equivalente a solucioná-lo. Ele achava que os participantes do mercado deveriam se proteger.

"Com certeza não fui contratado para implementar uma política regulatória que achava ser equivocada", disse-me Greenspan em uma entrevista em 2018. "Os presidentes não teriam me nomeado chefe do Federal Reserve para promover regulação."

Ele declarou que decidiu honrar seu juramento de posse permitindo que o restante do conselho diretor do Fed estabelecesse a política sobre questões regulatórias. Contou que seguia uma política pessoal de votar com a maioria do conselho.

Porém, Greenspan não era passivo em questões regulatórias. Como no caso dos derivativos, ele defendia apaixonadamente que o governo saísse e permanecesse fora do mercado. Era como se o chefe da polícia local decidisse que nem ele nem ninguém mais faria qualquer policiamento.

ALAN GREENSPAN NASCEU EM 6 de março de 1926 na cidade de Nova York. Ele gostava de tocar instrumentos musicais, então estudou na Juilliard por dois anos, depois abandonou o curso para se juntar a uma banda de jazz. Descobriu que era bom o bastante para ter um emprego como músico, mas não para ser um astro. Lia livros de negócios no tempo livre, fazia as declarações de imposto de renda para os outros membros da banda e, em 1945, deixou o show business para se matricular na faculdade de administração da Universidade de Nova York.

A faculdade era um lugar prático que basicamente formava pessoas para carreiras nos negócios. As aulas de economia eram orientadas para trabalhos empíricos, uma abordagem depreciada por acadêmicos em torres de marfim como sendo "mensuração sem teoria".[55] Mas serviu bem aos propósitos de Greenspan. Ele era cético em relação aos economistas que escreviam teorias sem preocupação com a mensuração.

Greenspan se mudou para o norte da ilha de Manhattan para fazer pós-graduação na Universidade Columbia, depois abandonou o curso para ir trabalhar na National Industrial Conference Board, um grupo de pesquisa de Nova York financiado por grandes empresas. "Presumia-se que, se você estudasse economia a sério naquela época, você se tornaria professor", disse um amigo de longa data de Greenspan, Robert Kavesh, que fez exatamente isso. "Havia uma hierarquia: o mais alto nível era ensinar; o segundo, trabalhar para o governo; o terceiro, sujar as mãos no mundo dos negócios. Alan escolheu a última opção."[56]

Greenspan logo começou a se tornar valioso para os clientes do grupo. Em um relatório de ampla circulação, ele calculou a escala dos gastos federais com a Guerra da Coreia. Os números reais eram sigilosos, mas Greenspan trabalhou retrospectivamente a partir de registros públicos para descobrir, por exemplo, o impacto provável do aumento na demanda de alumínio. Anos depois, uma colega do Fed, Alice Rivlin, foi procurar Greenspan e o encontrou ocupado em uma pequena sala de reunião com um punhado de economistas do baixo escalão de várias agências federais, discutindo sobre dados. "Alan estava sem paletó e com as mangas arregaçadas, mas o que mais me impressionou foi que todos se chamavam pelo primeiro nome", lembra-se Rivlin. "Era uma reunião de trabalho dos analistas de dados, e era a turma dele."[57]

Em 1953, um operador de títulos mobiliários chamado William Townsend, impressionado com os relatórios de Greenspan para a Conference Board, propôs a ele uma parceria. Townsend morreu cinco anos depois, mas o grato Greenspan manteve seu nome na placa e transformou a Townsend-Greenspan em uma empresa de consultoria de economia líder de mercado.

A atividade de consultoria foi o elevador de Greenspan para o topo do mundo financeiro de Nova York. Ele era judeu e, na década de 1950, achava que suas oportunidades em grandes empresas eram limitadas. "Eu sabia que, se começasse nos degraus mais baixos da administração, ficaria lá", disse ele. "Achava que tinha que contornar o sistema, e foi o que fiz conscientemente."[58]

Em 1952, Greenspan se casou com Joan Mitchell, uma artista canadense, que o apresentou à romancista libertária Ayn Rand. O casamento acabou após cerca de um ano, mas a relação com Rand perdurou e mudou o foco da vida de Greenspan. Ela situou o entendimento dele da economia em um enquadramento político. "O que ela fez – por meio de longas discussões e muitas brigas que varavam a noite – foi me levar a pensar por que o capitalismo não é apenas eficiente e prático, mas também moral", contou ele.[59]

No inverno de 1964, Greenspan debutou como personalidade intelectual, proferindo uma série de dez palestras sobre "A economia de uma sociedade livre" no Roosevelt Hotel, em Manhattan. As palestras tinham sido editadas por Rand e Greenspan falava com cuidado, atendo-se ao texto preparado. O objetivo, segundo ele, era "mostrar como a economia do laissez-faire é a única forma moral e prática de organização econômica".[60] As palestras esboçaram um papel ainda mais limitado para o governo do que Milton Friedman havia proposto em *Capitalismo e liberdade*, publicado dois anos antes.

Digna de nota foi a denúncia por parte de Greenspan da existência do Federal Reserve como "um dos desastres históricos da história americana".[61] Ele também se opunha ferozmente aos esforços do governo para restringir o crescimento de grandes empresas. Em um ensaio de 1965, Greenspan atacou a acusação antitruste contra a gigante do alumínio Alcoa, uma de suas mais importantes clientes de consultoria. "A Alcoa está sendo condenada por ser bem-sucedida demais, eficiente demais e uma concorrente boa demais", atestou Greenspan.[62]

As convicções políticas de Greenspan influíam em seu trabalho de consultoria. "Havia uma regra absoluta na Townsend-Greenspan", disse Lowell Wiltbank, um funcionário de carreira, ao jornalista Michael Hirsh. "Nenhuma comunicação que saía da empresa deveria ser interpretada como favorável a qualquer expansão da interferência do Estado na economia. Se defendíamos algo em termos de política pública, era a desregulação."[63]

No fim da década de 1960, Greenspan pôs a empresa para trabalhar a serviço de suas convicções políticas. Ele se voluntariou para atuar como consultor na campanha presidencial de Nixon em 1968, destacando-se ao usar o computador da Townsend-Greenspan para analisar dados de sondagem de votos. Resistiu a aceitar um emprego no novo governo, apesar de ter atuado na comissão que recomendou o fim do recrutamento militar e na que sugeriu o fim da regulação das taxas de juros. No verão de 1974, porém, enquanto Nixon balançava à beira do impeachment, Greenspan concordou em assumir a presidência do Conselho de Consultores Econômicos do presidente. "Tenho um considerável interesse particular na sobrevivência de nosso sistema político e econômico livre... e acho que é isso que está em jogo agora", afirmou ele.[64]

Poucas horas depois da audiência de confirmação de Greenspan, Nixon renunciou. Greenspan se tornou então o economista-chefe de Gerald Ford. Ele convidou sua mãe e Ayn Rand para a cerimônia de posse.

Seu primeiro trabalho em Washington foi uma lição sobre os limites da influência de um economista. Ele ajudou a convencer Ford a se opor a um socorro financeiro à cidade de Nova York – uma posição imortalizada pela manchete do *New York Daily News*, "Ford para a cidade de Nova York: morra" –, mas a posição foi por fim revertida.[65] Greenspan foi contra uma lei exigindo que os bancos divulgassem as taxas de juros cobradas sobre empréstimos hipotecários, mas seu pedido foi indeferido. Ainda assim, achou o trabalho satisfatório e guardou profundo respeito por Ford. Mais tarde na vida, ele exibia fotos de apenas dois políticos em seu escritório: Thatcher e Ford.

Depois que Ford foi vencido por Jimmy Carter em 1976, Greenspan finalmente concluiu seu doutorado, submetendo uma coletânea de seus artigos publicados à Universidade de Nova York. Ele voltou para a antiga vida de consultor bem remunerado enquanto mantinha um papel ativo na política do Partido Republicano. Emprestou sua reputação à campanha presidencial de Ronald Reagan ao endossar o plano do candidato para cortar impostos e gastos públicos.

Reprisando sua relação com Nixon, contudo, Greenspan manteve distância da Casa Branca de Reagan, fazendo visitas regulares para oferecer consultoria, mas permanecendo no setor privado. No entanto, houve um cargo no setor público que ele esteve mais do que disposto a assumir. James Baker, então secretário do Tesouro, ligou para ele em 1987 e pediu-lhe que passasse em sua casa. Quando Greenspan chegou, encontrou outro Baker lá – Howard Baker, o chefe de gabinete do presidente. Os dois Bakers perguntaram a Greenspan se ele gostaria de substituir Paul Volcker no Fed.

Greenspan e Volcker tinham essencialmente a mesma visão da política monetária: ambos queriam eliminar a inflação. Porém, tinham opiniões muito diferentes a respeito da regulação do mercado financeiro.

Durante a Grande Depressão, o governo federal tinha criado um muro entre dois tipos de atividade bancária. O objetivo era proteger a atividade bancária comercial, dedicada aos negócios insípidos de atrair depósitos e fazer empréstimos. Do outro lado da divisória estava o mundo selvagem de Wall Street: corretoras que negociavam títulos mobiliários, bancos de investimento que organizavam fusões e, com o tempo, criaturas mais novas, como hedge funds.

Em meados da década de 1980, os maiores bancos comerciais do país estavam desesperados para curtir o clima festivo de Wall Street. No início de 1985, três dos maiores bancos de Nova York – J. P. Morgan, Citicorp e Bankers Trust – pediram permissão ao Fed para fazer um retorno limitado ao negócio da corretagem, pela primeira vez desde a Depressão. O governo Reagan foi totalmente a favor, mas Volcker arrastou o processo, recusando-se a marcar uma votação. Por fim, o governo pressionou nomeando novos membros para o conselho do Fed que compartilhavam o desejo de derrubar esse tal muro. O episódio azedou a relação de Volcker com a Casa Branca.[66]

Greenspan era membro do conselho do J. P. Morgan e tinha endossado publicamente a candidatura da empresa para entrar no mercado de títulos dizendo: "Ainda não vi uma regulação construtiva."[67] Na semana em que foi nomeado presidente do Fed, a Casa Branca pediu ao Congresso que reduzisse ainda mais as restrições, no intuito de ajudar os bancos americanos a concorrer com rivais estrangeiros. À espera da confirmação pelo Senado, Greenspan deixou claro que não compartilhava da apreensão de Volcker.[68]

O LONGO MANDATO DE Greenspan como presidente do Fed foi celebrado como uma era de desemprego baixo e inflação baixa. O jornalista de Washington Bob Woodward saudou Greenspan como o "maestro" de uma era de ouro na economia. Um canal a cabo novo, CNBC, exibia ao vivo a chegada de Greenspan ao Fed nas manhãs das reuniões de política e seus analistas tentavam fazer previsões a partir do tamanho da pasta dele. Seu rosto aparecia estampado em camisetas e revistas.

Seu sucesso convenientemente teve a ver com não fazer nada: ele resistiu à pressão de elevar as taxas de juros em meados da década de 1990, julgando, de modo correto, que a economia poderia crescer sem inflação porque a tecnologia estava aumentando a produtividade dos trabalhadores americanos mesmo com a globalização reprimindo os preços ao consumidor e o poder de barganha dos trabalhadores.

Seu grande fracasso também teve a ver com não fazer nada: ele sempre se recusou a frear os excessos do setor financeiro. Tinha uma explicação consistente: os mercados participantes aprenderiam com o fracasso. Porém, o próprio Greenspan nunca o fez.

Em 1984, um incorporador imobiliário do Arizona chamado Charles Keating contratou Greenspan para atestar a força financeira do Lincoln Savings and Loan, uma instituição financeira de poupança e empréstimo que Keating tinha acabado de adquirir para financiar projetos de desenvolvimento imobiliário. Greenspan concluiu que a gestão do Lincoln era "experiente e especializada na seleção e efetuação de investimentos diretos". Na verdade, Keating e sua empresa estavam envolvidos em uma fraude financeira de grandes proporções mesmo para os altos padrões dos anos 1980, uma década que testemunhou uma inovação considerável nessa área.

A instituição financeira faliu em 1989, custando aos contribuintes cerca de 2 bilhões de dólares. "É claro que estou envergonhado", disse Greenspan a um repórter após o fracasso do Lincoln. Depois ele se desculpou usando termos que espantosamente prenunciaram suas famosas observações após a crise financeira de 2008, quando disse ao Congresso que estava "muito perturbado" com o fracasso da disciplina dos mercados. "Não quero dizer que estou perturbado, mas a verdade é que estou, sim", afirmou ele em 1989. "Estou totalmente surpreso com o que aconteceu com o Lincoln."[69]

Em 1987, no rastro da crise da dívida latino-americana, Greenspan previu que "a concessão de empréstimos internacionais ficará muito mais prudente nos próximos anos". Em seguida acrescentou: "Não acho que novas políticas tenham que ser implementadas."[70] Após a primeira rodada de massacres de derivativos de crédito em 1994, Greenspan descreveu o prejuízo como instrutivo. "Como resultado", disse ele, "modelos de empresas e julgamentos devem ser mais sólidos hoje do que os prevalecentes no início de 1994."[71]

Depois do colapso do Long-Term Capital Management em 1998, Greenspan insistiu de novo que o governo não deveria apertar a regulação dos bancos que financiavam as apostas dos hedge funds, nem dos derivativos de crédito que permitiam que eles queimassem tanto dinheiro tão rápido. Foi uma visão que ele manteve até a crise de 2008. "No mundo de hoje, não consigo ver como aumentar a regulação do governo pode ajudar", escreveu em sua autobiografia de 2007. "Não temos outra opção sensata a não ser deixar os mercados agirem."[72]

EM MEADOS DA DÉCADA de 1990, os bancos estavam se aventurando na área de empréstimos hipotecários com taxas elevadas a clientes de alto risco ou "*subprime*" – pessoas que não se qualificavam para empréstimos às melhores taxas ou às taxas "*prime*". Eles criaram subsidiárias para fazer esses empréstimos: enquanto a maior parte dos mutuários contraía hipotecas no Fleet Bank ou no Wells Fargo, os de alto risco se dirigiam ao Fleet Finance ou ao Wells Fargo Financial. Os defensores do consumidor começaram a documentar outras diferenças também. As subsidiárias para empréstimos *subprime* cobravam taxas exorbitantes e impunham condições punitivas, além de focar em comunidades de mais baixa renda ou de minorias. Os bancos descreviam os novos negócios como um esforço sincero para atender aos clientes inelegíveis para empréstimos tradicionais. Os números contavam uma história diferente. Muitos mutuários *subprime* poderiam ter se qualificado para empréstimos de primeira linha. Mutuários de minorias acabavam contraindo empréstimos *subprime* com muito mais frequência do que mutuários brancos com perfis financeiros semelhantes.

Os defensores do consumidor pressionaram o Fed, que regulava os bancos, para regular as subsidiárias também. Em janeiro de 1998, o Fed apresentou uma recusa formal. Seu conselho diretor votou por unanimidade para não analisar as práticas de subsidiárias de bancos de empréstimos *subprime* nem investigar reclamações de consumidores contra elas. O governo Clinton criticou a decisão, mas o Fed não cedeu.

O setor bancário, tirando a conclusão lógica, expandiu com entusiasmo os empréstimos por meio de suas subsidiárias *subprime*. Em março de 1998, o First Union comprou a Money Store, uma instituição de empréstimos da Califórnia que contratou ex-jogadores de beisebol famosos para estimular as pessoas a ligar para o número gratuito 1-800-LOAN-YES. No mês seguinte, abril de 1998, o Citicorp anunciou uma fusão com a Travelers, companhia de seguros com uma área de empréstimos *subprime* rebatizada de CitiFinancial. Em 2004, pelo menos 12% de todos os empréstimos hipotecários com taxas de juros elevadas vinham de empresas que o Fed se recusara a regular. Em agosto de 2007, o ex-diretor do Fed Edward Gramlich lamentou que o mercado de hipotecas fosse "igual a uma cidade que tinha lei contra homicídios, mas não tinha policiais nas ruas".[73]

A ideia de um mercado regulado por seus participantes é fundamentalmente falha. Meio século de experiência com "autofiscalização" demonstrou que mesmo os clientes mais sofisticados são com frequência vitimados por profissionais do setor financeiro. Os mercados se alimentam de informações, e quem está dentro em geral tem mais acesso a elas. A falta de regulação é uma licença para roubar. Até a hora do almoço um banqueiro já concedeu mais empréstimos hipotecários que o adulto americano médio obtém no curso de uma vida inteira. A papelada é intimidadora, o linguajar é impenetrável. E os devedores mais vulneráveis são justamente aqueles menos preparados para analisar os detalhes.

A Beazer Homes vendia casas e empréstimos hipotecários para compradores de primeira viagem na década de 2000. "Basta 1 dólar para fechar negócio", dizia um cartaz na cerca de madeira em volta do Southern Chase, uma subdivisão da Beazer nos arredores de Charlotte. A cerca começou a despencar antes que o bairro ficasse pronto. Mark e Lea Tingley compraram uma casa lá em 2001. Lea ganhava 11 dólares por hora pesando caminhões em uma pedreira da empresa Martin Marietta. Mark ganhava um pouco menos dirigindo uma empilhadeira em uma loja de materiais de construção. Eles achavam que não conseguiriam comprar uma casa, mas a incorporadora, a Beazer, prometeu cuidar do pagamento do sinal e custear parte da hipoteca nos dois primeiros anos. "Vamos fechar negócio", disse o representante de vendas para Lea. "Você está grávida. Precisa de uma casa própria."[74]

Lea não fez perguntas quando o representante a instruiu a não incluir a prestação do carro na ficha de solicitação de empréstimo. Ela informou sua renda corretamente na solicitação que assinou, mas, na versão final preparada pela Beazer, sua renda foi inflada em 187 dólares por mês – o bastante para se qualificar para o empréstimo. O mais importante de tudo é que os Tingley disseram que não pensaram sobre o que aconteceria quando a Beazer parasse de ajudar a pagar a hipoteca dois anos depois. Milhões de americanos se viram, da mesma forma, em casas que não podiam bancar, e muitos deles acabaram perdendo seus imóveis.[75]

A educação é sempre prescrita como remédio para empréstimos predatórios, mas não basta. Os mutuários de mais baixa renda não só costumam ter menos instrução como também costumam levar uma vida mais estressante. O economista Sendhil Mullainathan mostrou que a pobreza é literalmente debilitante. "Ser pobre", escreve ele, "reduz a capacidade cognitiva da pessoa mais do que passar uma noite inteira sem dormir."[76] Ben S. Bernanke, presidente do Fed durante os anos da crise, escreveu em sua autobiografia que finalmente chegou a uma conclusão incompatível com sua formação intelectual. "Descobrimos que era quase impossível escrever informações claras o suficiente para alguns produtos financeiros", afirmou. "Assim como pijamas inflamáveis, alguns produtos devem simplesmente ser mantidos fora do mercado."[77]

Mas isso foi depois da crise. A abordagem do governo à regulação nos anos pré-crise pode ser resumida em uma única fotografia tirada em 2003. Ela mostra dois reguladores do setor bancário posando com dois lobistas de bancos e uma pilha de papéis amarrada com fita vermelha. Um regulador está segurando uma motosserra e o outro, uma tesoura de poda. Todos sorriem.

James Gilleran, um dos reguladores que aparecem na foto, disse que o papel de sua agência, o Departamento de Supervisão de Instituições de Poupança e Empréstimo, era deixar as instituições "funcionarem com ampla liberdade em relação a intervenção regulatória". Essas instituições de poupança e empréstimo ainda tendiam a se concentrar em empréstimos hipotecários. Com o florescimento do mercado imobiliário, Gilleran eliminou um quarto dos funcionários de sua agência. Ele também suspendeu análises de cumprimento de leis de proteção do consumidor, instruindo essas instituições a realizar "autoexames".

Foi durante esse período que a IndyMac, uma instituição de poupança e empréstimo da Califórnia, concedeu um empréstimo com um pagamento mensal de 1.482 dólares a um homem do Brooklyn chamado Simeon Ferguson, que tinha 85 anos, sofria de demência e vivia com uma renda de 1.126 dólares por mês.[78] Há várias dessas histórias antes da crise – inúmeros casos que foram desconsiderados por serem insignificantes.

Greenspan disse que a previsão econômica era "a qualificação mais importante para ser presidente do Fed".[79] A função do banqueiro central, na sua opinião, era prever o futuro e se preparar para ele. Mas ele não previu o colapso do mercado imobiliário. Disse várias vezes que não havia bolha nenhuma nos preços dos imóveis, que o setor imobiliário não se prestava a especulação e que um declínio nos preços dos imóveis, se ocorresse, "provavelmente não teria implicações macroeconômicas substanciais".[80]

Ele não entendeu que os grandes bancos de Wall Street tinham se tornado empresas de financiamento imobiliário – condutos trazendo dinheiro de investidores estrangeiros para empréstimos hipotecários à medida que vastos reservatórios de poupanças acumuladas por parceiros comerciais dos Estados Unidos eram bombeados de volta para os Estados Unidos, inflacionando os preços dos imóveis e os mercados financeiros.[81] Greenspan permitiu que esses mesmos bancos operassem como cassinos para investidores fazerem elaboradas apostas no futuro do mercado imobiliário, usando derivativos para aumentar muito a alavancagem – e a magnitude da crise que se seguiu.[82]

Ele não estava sozinho. Em uma conferência em agosto de 2005, um pouco antes de Greenspan se aposentar, foi saudado como grande servidor público. Quando um palestrante, um economista de Chicago chamado Raghuram Rajan, ousou sugerir que a inovação financeira estava tornando o mundo um lugar mais arriscado, Larry Summers chamou Rajan de "ligeiramente luddista". Summers, repetindo o ataque a Born alguns anos antes, acrescentou que até mesmo falar desse tipo de coisa era disruptivo.[83]

PEIXES DE PAPEL

Remota, austera, com baixa densidade populacional, a Islândia prosperou no século XX comercializando bacalhau em troca de todo o resto: pão e vinho, madeira e janelas, carros e gasolina.

O advento das viagens de avião a jato na década de 1950 permitiu que a Islândia desenvolvesse uma segunda linha de exportação lucrativa: os estrangeiros queriam ver o gêiser original, os glaciares, as fontes termais, a face rochosa que é a extremidade da placa continental da América do Norte. O país criou uma das primeiras companhias aéreas de baixo custo, a Loftleiðir, que anunciava voos baratos para a Europa continental com uma escala em Reykjavik; Bill Clinton estava entre os jovens passageiros.[84] No fim da década de 1960, a Islândia criou um terceiro produto para exportação. O país construiu represas em rios de água de degelo para gerar enormes quantidades de eletricidade e isso estimulou a construção de duas fundições de alumínio, uma atividade econômica que exigia enormes quantidades de energia elétrica.[85]

Peixe, turismo e alumínio – essa era a base da economia até os anos 1980, quando a Islândia descobriu Milton Friedman.

Nas duas décadas seguintes, o país adotou a desregulação financeira de forma mais plena do que qualquer outro havia feito antes. Um economista descreveu o boom que se seguiu como "a mais rápida expansão de um sistema bancário na história da humanidade".[86] Durante os anos de vacas gordas, de 2001 a 2007, a renda do islandês médio quase dobrou em termos reais, chegando ao correspondente a 61.930 em dólares de 2017. Então veio o colapso.

Tanto a expansão quanto a retração foram miniaturas da crise financeira mais ampla.

A ISLÂNDIA NÃO ERA uma candidata óbvia a um experimento de liberalização extrema. Era uma democracia com um Estado de bem-estar social ao estilo escandinavo e a economia era dominada por alguns conglomerados familiares. Porém, no fim da década de 1960, a Islândia estava ficando sem peixe.

Primeiro o país tentou afastar traineiras estrangeiras. Em 1972, a Islândia reclamou direitos de pesca exclusivos em uma área com até 80 quilômetros de distância da costa e, em 1975, moveu a fronteira para uma marca de 320 quilômetros. Quando pescadores britânicos se recusaram a seguir as regras, a Islândia destacou navios criados para cortar redes. As "Guerras do Bacalhau" acabaram com a vitória total da Islândia, mas não resolveram o problema da pesca predatória: o país estava indo à falência.

Em meados da década de 1980, os islandeses decidiram tentar algo novo: H. Scott Gordon, um economista da Universidade de Indiana, tinha concluído que os pescadores eram pobres porque era permitido que as pessoas pescassem tanto quanto quisessem. Para evitar a pesca predatória, o governo islandês estabeleceu um limite total de pesca e depois o dividiu em partes entre os pescadores. Em 1991, o governo introduziu outra novidade, permitindo que os pescadores comprassem e vendessem seus direitos, o que foi chamado de "peixes de papel". Os pescadores mais eficientes logo consolidaram o setor, porque conseguiam pagar mais por direitos de pesca. O uso de combustível pela frota declinou em 30%, porque os barcos que restaram eram melhores na captura dos peixes. O valor da captura aumentou em 44% porque eles também eram melhores na venda dos peixes. A pele era usada na fabricação de cosméticos. Enzimas eram extraídas do fígado dos peixes. Cabeças secas de bacalhau eram embarcadas para a Nigéria para virar sopa.[87]

As mudanças de 1991 foram introduzidas por um novo primeiro-ministro, David Oddsson, que também queria expandir reformas de mercado para o restante da economia islandesa. Oddsson era membro de uma geração em ascensão de intelectuais e políticos que admiravam as viradas americana e britânica para o mercado. Ele gostava de contar que, quando Milton Friedman visitou a Islândia em 1984 e lhe perguntaram sobre a solução para os problemas do país, ele tinha respondido: "A solução é a liberdade."[88]

Oddsson ouviu o conselho. Ele cortou a alíquota do imposto de renda de pessoas jurídicas de 45% para 18% e vendeu bancos, a companhia telefônica e fábricas de processamento de peixe estatais. A Islândia também entrou para o Espaço Econômico Europeu, um acordo de comércio permitindo a livre circulação de mercadorias, serviços, pessoas... e dinheiro. Em 27 de março de 2001, em meio a muitas conversas sobre maturidade econômica, o governo anunciou que deixaria que os mercados determinassem o valor comercial da moeda da Islândia, a coroa islandesa.

Essa foi uma medida ousada. A coroa islandesa era a menor moeda independente do mundo, e três décadas de experiência sugeriam que países pequenos eram facilmente sufocados pelo livre fluxo de dinheiro cruzando as fronteiras. Porém, os economistas insistiam que vítimas anteriores, como o Chile nos anos 1980 ou a Tailândia nos anos 1990, tinham fracassado em adotar plenamente a desregulação. Oddsson aceitou o argumento deles de que a Islândia precisava ir além, abrindo seus mercados financeiros e adotando taxas cambiais flutuantes.[89]

QUANDO ESTIVE NA ISLÂNDIA pela primeira vez, no verão de 2008, paguei o equivalente a 20 dólares por uma tigela de sopa em um restaurante em Reykjavik que não parecia especialmente sofisticado e me peguei me perguntando como os outros clientes ganhavam a vida.

Ármann Thorvaldsson poderia ter explicado. Nascido em uma família da classe trabalhadora, ele batalhou para se formar na Universidade de Boston no início da década de 1990. A Islândia tinha acabado de abrir seu mercado de ações e Thorvaldsson conseguiu emprego em uma das primeiras corretoras, a Kaupthing. No início dos anos 2000, Thorvaldsson respondia pelo escritório da empresa em Londres e estava extremamente rico. O que ele fez nesse ínterim, contado de forma muito interessante em uma autobiografia pós-crash, pode ser basicamente descrito como bombear dinheiro emprestado para a Islândia.[90] A explicação de Thorvaldsson para a farra foi que os islandeses eram criados esperando que houvesse privação. Ele escreveu que a palavra em islandês para empréstimo, *lan*, é a mesma para sorte. Os islandeses também eram criados na expectativa de inflação. A coroa islandesa foi separada da coroa dinamarquesa em 1920; desde então, a moeda islandesa tinha perdido 99,5% de seu valor relativo.[91] Como resultado, as pessoas tomavam emprestado o que podiam e gastavam o mais rápido possível.

O governo tomou dinheiro emprestado para construir uma usina hidrelétrica nos planaltos remotos do leste. (A população da Islândia é muito pequena, mas ocupa uma área um pouco maior que a de Portugal.) A eletricidade foi prometida para uma nova fundição de alumínio na costa leste, a fim de dar empregos a antigos pescadores da cidade de Reyðarfjörður, mas a economia estava tão bem que a maioria dos operários da construção civil era importada da Polônia e alojada em uma nova cidade nos arredores da antiga.

O povo islandês também contraiu empréstimos. O número de carros novos registrados todo ano quase triplicou entre 2001 e 2005.[92] Mais Range Rovers foram vendidos na Islândia em 2007 do que em todo o restante da Escandinávia – apesar de a Islândia perfazer apenas 1% da população da região.[93] Muitos financiamentos para compra de automóveis foram denominados em ienes, a moeda de uma nação insular muito diferente do outro lado do mundo, porque as taxas de juros no Japão eram baixas. Os islandeses também se endividaram pesadamente hipotecando suas casas, beneficiando-se de uma batalha por mercado entre os bancos privados do país e uma instituição estatal de empréstimos hipotecários, a Housing Financing Fund.

E os islandeses usaram a abundante oferta de dinheiro barato para comercializar entre si. O peixe de papel ficou especialmente popular. No ano 2000, o preço vigente era de cerca de 800 coroas islandesas por quilo de bacalhau. Em 2008, chegou a 4.400 coroas islandesas. A esse preço, o capital em peixes de papel valia cerca de cinquenta vezes o valor anual da captura da pesca.[94] Islandeses mais aventureiros, chamados de "Venture Vikings", investiram em ativos estrangeiros também, inclusive na American Airlines, em um time de futebol inglês e em uma cervejaria russa. Um deles instalou uma estátua de 3 metros de um viking em seu escritório de Londres. Sabe-se lá por quê, ele segurava uma guitarra.[95]

O ÍSLANDSBANKI, UM DOS concorrentes da Kaupthing, passou o século XX auferindo lucros modestos com o financiamento de traineiras. No novo século, ao buscar um destino mais grandioso, o banco mudou o nome para Glitnir, inspirado em uma parte do paraíso descrita em uma antiga saga viking: "Há um salão chamado Glitnir/ Com pilares de ouro/ E teto de prata."[96]

Már Wolfgang Mixa trabalhou como corretor de bolsa nos Estados Unidos antes de voltar para a Islândia em meados da década de 2000. Nos Estados Unidos, passou três meses em treinamento e fez um exame escrito antes de poder tocar no dinheiro dos clientes. Na Islândia, o treinamento durou um dia e não houve exame. Mixa disse que ele e os colegas eram com frequência forçados a usar palavras em inglês porque o desenvolvimento do setor financeiro estava ocorrendo em ritmo mais rápido que o da língua islandesa.[97]

Em 1998, o sistema bancário islandês era quase do mesmo tamanho da economia islandesa. Uma década depois, era cerca de nove vezes maior.[98]

A Islândia e suas instituições financeiras permaneceram relativamente obscuras. Foi só em novembro de 2005 que um banco estrangeiro publicou uma análise de crédito sobre a Kaupthing, a estrela da cena financeira da Islândia. Os primeiros relatórios tendiam a ser elogiosos. O sistema de livre mercado estava provando novamente que o dinheiro consegue se movimentar mais rápido que o conhecimento.

Lars Christensen, um economista do Danske Bank, da Dinamarca, foi um dos poucos céticos que se manifestaram publicamente, divulgando um relatório em 2006 em que aconselhava investidores a manterem distância. Em resposta, a Câmara de Comércio da Islândia encomendou um relatório a Frederic Mishkin, professor de economia da Universidade Columbia, que atestou a saúde do sistema financeiro islandês. Mishkin e Geir Haarde, um economista que sucedera Oddsson como primeiro-ministro da Islândia, compareceram juntos a um evento em Nova York denominado "A verdadeira história sobre a Islândia". Dois anos depois, em fevereiro de 2008, a Câmara de Comércio da Islândia descartou até mesmo a possibilidade de que o país pudesse ser comparado ao restante da Escandinávia "porque somos superiores a eles sob muitos aspectos".[99]

Ainda assim, o fluxo de dinheiro proveniente de grandes investidores começou a minguar, então os bancos islandeses passaram a correr atrás do mercado de varejo. O Espaço Econômico Europeu permitia que os bancos atendessem residentes de toda a área, e os bancos islandeses ofereciam taxas de juros altas para encorajar europeus a abrir cadernetas de poupança. "Oi, sou John Cleese, um ator muito famoso...", começava assim uma propaganda em que o ex-integrante do grupo de humor Monty Python tentava pronunciar Kaupthing.

Após o colapso da Kaupthing, um Cleese sem remorso resmungou que a Islândia parecia incapaz de controlar tanto seus bancos quanto seus vulcões.[100]

EM 6 DE OUTUBRO de 2008, uma segunda-feira, menos de um mês após a falência do Lehman Brothers nos Estados Unidos ter iniciado a fase mais profunda da crise financeira global, Haarde fez um pronunciamento na televisão para relatar que a economia da Islândia estava sendo sugada para dentro de um turbilhão que poderia acabar em "insolvência nacional". Depois ele de fato soou o alarme, terminando o discurso com as palavras "Deus salve a Islândia". Deus não costumava ser invocado na Islândia, muito menos por figuras públicas, como uma alternativa para a autossuficiência.

As pessoas ainda citam essa frase. Ela resumia quanto a Islândia tinha dado errado.

Ficou impossível trocar coroas islandesas por qualquer moeda estrangeira, então o governo foi forçado a contrair empréstimos de outros países escandinavos para comprar alimentos. A maior parte da riqueza que os islandeses tinham adquirido desapareceu. Milhares de pessoas perderam suas casas, seus carros, suas esperanças de aposentadoria. Na Islândia, "milhares" representa grande parte da população.

Os europeus, por sua vez, perderam a maior parte do dinheiro que tinham injetado na Islândia. Só a Alemanha despachara 21,3 bilhões de dólares – ou cerca de 70 mil dólares para cada homem, mulher e criança da ilha. Uma importante parcela do montante vinha de bancos estatais, que receberam socorro financeiro em prejuízo dos contribuintes alemães.* "Eles desperdiçaram bilhões que poderíamos ter gastado em escolas, policiamento e infraestrutura", bufou um legislador alemão, talvez se esquecendo de que o governo tinha permitido que isso acontecesse.[101]

É fácil reduzir a história da Islândia, como o restante da crise, à irresponsabilidade de banqueiros e tomadores de empréstimos. Como um banqueiro disse a um repórter em 2009: "Quando acidentes de automóvel acontecem, as pessoas não culpam os carros nem param de dirigir. Elas culpam os motoristas! É a mesma coisa com os derivativos – as ferramentas não são as culpadas, mas sim as pessoas que usaram as ferramentas."[102]

Esse é o mesmo erro que impediu esforços para reduzir mortes em acidentes de trânsito durante a primeira metade do século XX. O que finalmente começou a salvar vidas foi o reconhecimento de que acidentes acontecem e de que os carros precisam ser projetados para limitar os danos.

---

* Esses ainda eram números pequenos no contexto da crise financeira global. Um dos maiores bancos estatais alemães, o BayernLB, teve um prejuízo de cerca de 1 bilhão de dólares na Islândia – e aproximadamente cinco vezes esse valor em hipotecas americanas.

Até mesmo entre crises, um setor financeiro inchado pesa sobre o crescimento econômico em países desenvolvidos, inclusive os Estados Unidos. Os economistas havia muito defendiam que o crescimento financeiro produzia crescimento econômico, mas trabalhos mais recentes sugerem que o mercado financeiro, como a maioria das coisas, deve ser apreciado com moderação. Uma parcela notável da população culta do mundo está empregada em atividades que essencialmente não passam de cobrança de pedágio. Altos níveis de endividamento comprometem o consumo. E o foco sobre ganhos a curto prazo vem em detrimento dos investimentos que poderiam aumentar a prosperidade a longo prazo. O mercado financeiro tende a se concentrar em empréstimos ao consumidor porque é mais fácil tirar vantagem de devedores individuais; tende a se concentrar em transações de curto prazo porque valoriza recompensas imediatas. E prefere negociações de baixo risco, como empréstimos para a construção civil, em vez de depositar dinheiro no desenvolvimento a longo prazo de ideias promissoras.[103]

A Islândia, pelo menos, parece ter aprendido a lição. O país colocou na prisão 36 banqueiros e encolheu o setor financeiro, impondo limites rígidos ao investimento estrangeiro.

O colapso da coroa islandesa estimulou uma recuperação dos setores de exportação da Islândia, principalmente o turismo, que se beneficiou da notoriedade recém-adquirida pela ilha. O turismo viu sua fatia das exportações aumentar de 18% em 2010 para 31% em 2015, ultrapassando a pesca e o alumínio pela primeira vez.[104]

Sandra Thorbjornsdottir, que trabalhou no setor financeiro durante os anos do boom, se mudou em 2010 de Reykjavik para Reyðarfjörður, a cidadezinha do outro lado da ilha onde a Alcoa opera a terceira refinaria de alumínio da Islândia. Ela comprou um antigo restaurante e pousada, chamado Taergesen, que fechara oito meses antes. Em 2013, construiu um prédio anexo com mais 20 acomodações para hóspedes. Em 2016, acrescentou um hotel ao lado, dobrando o número de quartos para 80. Porém, a Islândia vem lutando com uma nova versão de um velho problema: em vez de dinheiro demais, agora há turistas demais. A globalização é uma mangueira de incêndio. Os países precisam de água, mas devem ter cuidado com o volume que bebem.

CONCLUSÃO

"Tudo bem, você não nos prometeu um jardim de rosas sem espinhos – mas só os espinhos sem o jardim de rosas?"

– Walter Heller, *The Economy:*
Old Myths and New Realities (1976)[1]

Em uma comemoração pelo nonagésimo aniversário de Milton Friedman em 2002, Ben S. Bernanke, então membro do conselho diretor do Federal Reserve, fez um brinde: "Gostaria de dizer a Milton e Anna [Schwartz]: em relação à Grande Depressão, vocês tinham razão, a culpa foi nossa. Sentimos muito. Mas, graças a vocês, não vamos repetir o erro."[2] Friedman não viveu o bastante para ver Bernanke manter essa promessa. Ele morreu em novembro de 2006 e suas cinzas foram espalhadas na baía de São Francisco.[3] Não muito depois, a economia mergulhou na pior crise desde a Grande Depressão.

Friedman teve tanta culpa nas causas da crise quanto qualquer outro homem, mas uma marca da complexidade de seu legado é o fato de ele ter deixado instruções efetivas para limitar os danos. Bernanke tinha substituído Greenspan na presidência do Fed logo antes do começo da crise e, fiel à sua palavra, injetou dinheiro no sistema financeiro até os grandes bancos se reerguerem e voltarem a caminhar com as próprias pernas. Quando Bernanke entrou na sala do conselho do Fed em dezembro de 2009, os funcionários reunidos em torno da longa mesa o ovacionaram de pé. A recessão tinha acabado, o desemprego começara a declinar e Bernanke era visto como o grande responsável por isso.

Naquela semana, Bernanke estava na capa da revista *Time*.

A Hora dos Economistas não sobreviveu à Grande Recessão. Talvez ela tenha acabado às 15 horas da segunda-feira, 13 de outubro de 2008, quando os CEOs dos nove maiores bancos dos Estados Unidos foram escoltados até uma sala dourada no Tesouro. O governo tentara apoiar os bancos comprando títulos no mercado aberto, mas o mercado tinha desmoronado, então o governo decidiu salvar o sistema financeiro adquirindo participações no capital das maiores empresas do setor.

Ou talvez tenha sido em algum outro momento, e houve muitos, durante a crise financeira; não importa. Nas profundezas da Grande Recessão, apenas os puristas mais temerários continuaram a insistir que os mercados deveriam ser deixados para funcionar segundo seus próprios mecanismos.* Milton Friedman disse a respeito de John Maynard Keynes que, se ele tivesse vivido o bastante, estaria na linha de frente da contrarrevolução do livre mercado. Talvez, se Friedman tivesse vivido mais alguns anos, até ele teria reconhecido que a contrarrevolução tinha ido longe demais. "A ideia de os mercados estarem sempre certos era insana", disse o presidente francês Nicolas Sarkozy. "O laissez-faire acabou."

Ainda assim, uma geração de economistas e formuladores de políticas criados na fé nos mercados permaneceu defendendo aquelas ideias, muitos deles por força da lei ou do hábito. Era loucura persistir nessas políticas e esperar resultados melhores. Mas não era óbvio o que deveria vir depois. Os líderes mundiais teriam certamente se identificado com uma carta queixosa do presidente Carter a um consultor de confiança em 1979: "Com isso entendo o que não vai funcionar. Mas e o que vai?" Assim como os anos 1930 e 1970, os anos 2010 foram uma década de confusão.

BARACK OBAMA ASSUMIU A presidência nas profundezas da recessão. Aconselhado por um grupo de tecnocratas levemente arrependidos, ele logo adotou a premissa keynesiana de que o governo poderia ajudar. Larry Summers, que tomou posse como chefe do Conselho Econômico Nacional, tinha dito em 2001 que o gasto público de estímulo durante uma retração econômica era "ultrapassado" porque seus métodos tinham sido "refutados". Em 2009, ele mudou de ideia. Quando um jornalista pediu a Summers que descrevesse os planos do governo, ele respondeu com uma palavra: "Keynes."[4] O governo Obama apresentou um plano de estímulo de 787 bilhões de dólares ao Congresso, incluindo dinheiro para construir mais ferrovias.[5] O gasto público com programas de proteção socioeconômica como seguro-desemprego também cresceu rapidamente.

---

* A congregação de puristas temerários era, com certeza, tanto substancial quanto ilustre.

Governos de todo o mundo desenvolvido entraram com dinheiro para conter os danos. Os líderes das maiores economias, o G-20, reuniram-se em Pittsburgh em setembro de 2009 e depois emitiram uma declaração conjunta dizendo: "Não podemos descansar enquanto a economia global não for restaurada a sua plena saúde e famílias de trabalhadores do mundo inteiro não conseguirem encontrar empregos decentes." Eles estavam bem certos sobre o que isso queria dizer, acrescentando: "Evitaremos qualquer retirada prematura de estímulo."

Alguns economistas protestaram com alarde. Os italianos Alberto Alesina e Silvia Ardagna publicaram um estudo em outubro de 2009 que dizia que os governos poderiam incentivar o crescimento econômico reduzindo déficits orçamentários – em outras palavras, gastando menos em vez de mais.[6] Poucos meses depois, em janeiro de 2010, os economistas americanos Carmen Reinhart e Kenneth Rogoff publicaram um artigo pretendendo identificar um tipo de limite intransponível para a dívida pública: eles disseram que, quando o endividamento ultrapassasse 90% da produção econômica anual do país, o crescimento declinaria.[7] O diretor para assuntos econômicos e monetários da Comissão Europeia, Olli Rehn, começou a falar em uma "regra dos 90%". O economista-chefe do Fundo Monetário Internacional considerou o patamar de 90% "um bom ponto de referência". Reinhart e Rogoff haviam cometido um erro importante em seus cálculos, mas demorou alguns anos até que alguém percebesse.[8]

Nesse meio-tempo, o momento keynesiano rapidamente se desvaneceu. Nos Estados Unidos, Obama deu uma virada brusca para a austeridade em janeiro de 2010, apenas um ano após sua posse, prometendo congelar os gastos discricionários não militares. "Famílias por todo o país estão apertando o cinto e tomando decisões difíceis", afirmou Obama. "O governo federal deveria fazer o mesmo." Poucas semanas depois, criou uma comissão para recomendar medidas visando alcançar um orçamento equilibrado. No último trimestre de 2010, os republicanos conquistaram a maioria absoluta no Senado, acabando com qualquer chance de mais estímulo.

A Europa recuou ainda mais rápido. Em abril de 2010, Alesina foi convidado para discursar em uma reunião de ministros da Economia e das Finanças da União Europeia em Madri. Ele disse ao grupo que reduções "grandes, convincentes e decisivas" na dívida pública estimulariam o crescimento econômico. Os ministros citaram o trabalho de Alesina em seu comunicado oficial após a reunião.[9]

Em junho, os líderes das maiores economias se reuniram de novo, agora em Toronto, e refutaram totalmente suas promessas anteriores. Os europeus, em particular, estavam muito abalados com os atos iniciais da crise da dívida da Grécia. Dessa vez, a declaração conjunta informou que os países desenvolvidos tinham concordado em reduzir seus déficits orçamentários pela metade nos três anos seguintes.

David Cameron, que assumiu o cargo de primeiro-ministro britânico em maio de 2010, tomou medidas para aumentar impostos e cortar despesas. Um dos ministros de Cameron, Eric Pickles, explicou que os gastos públicos tinham causado a crise. "As pessoas culpam os banqueiros, mas acho que um governo inchado é tão culpado quanto os grandes bancos", afirmou ele.[10] Durante o mandato de seis anos de Cameron, a Grã-Bretanha eliminou cerca de um milhão de empregos no setor público. Cameron disse que a meta era reduzir as despesas "não só por ora, mas permanentemente". Nesse ínterim, o setor financeiro britânico forjou uma recuperação espetacular, ampliando a lacuna entre a riqueza ostentatória de Londres e a estagnação econômica do interior.

Os déficits da Alemanha tinham aumentado mais rapidamente que os dos Estados Unidos, por causa de programas de proteção socioeconômica mais generosos. Na primavera de 2010, a Alemanha também adotou medidas de austeridade. Os maiores cortes foram no orçamento de defesa – incluindo o fim do alistamento militar obrigatório. Wolfgang Schäuble, o ministro das Finanças alemão, citou o trabalho de Reinhart e Rogoff ao explicar o plano. Quatro anos mais tarde, em 2014, Schäuble se mostrou muito satisfeito em contar ao Bundestag que o governo alemão não planejava aumentar sua dívida total, equilibrando o orçamento federal pela primeira vez desde 1969.

A Alemanha e seus aliados no norte da Europa iniciaram uma imposição de austeridade ao sul em dificuldades. O Banco Central Europeu pressionou a Espanha a criar uma emenda à sua constituição inserindo a obrigação de orçamento equilibrado. Na Itália e na Grécia, os representantes eleitos dos governos renunciaram e foram substituídos por economistas que preconizavam a austeridade. Na Grécia, foi Lucas Papademos, ex-vice-presidente do BCE. Na Itália, foi Mario Monti, ex-ministro da Comissão Europeia e presidente da Bruegel, uma *think tank* econômica orientada para o mercado.

PRATICAMENTE OS ÚNICOS FORMULADORES de políticas dispostos a persistir nos esforços para reavivar o crescimento eram o pequeno círculo de ex-

-professores de economia que dirigia o Federal Reserve. Em novembro de 2010, com a taxa de desemprego ainda em 9,8%, o Fed pôs fim a quatro décadas de foco único na inflação e lançou uma campanha para estimular o crescimento do emprego. O presidente Bernanke disse que o Fed estava lutando contra "um desperdício de potencial humano e econômico". Pessoas fora do mercado de trabalho sofrem um declínio na saúde e na expectativa de vida; perdem habilidades, inclusive a capacidade de ler, e, talvez o mais deprimente, alguns estudos descobriram que um longo período de desemprego compromete as perspectivas e as possibilidades de ganhos de seus filhos ao longo da vida.

O Fed já tinha reduzido sua taxa de juros de referência para próximo de zero, segurando as de curto prazo. Para reduzir ainda mais as de longo prazo, começou a comprar vastas quantidades de títulos hipotecários e do Tesouro, forçando os recursos do setor privado a ir para mercados mais arriscados, o que teve o efeito de reduzir os custos de tomada de empréstimos. Greenspan não ficou impressionado, reclamando em 2013: "O espetáculo dos banqueiros centrais americanos tentando pressionar a elevação da taxa de inflação no período que se seguiu à crise de 2008 é quase sem precedentes."[11] Ele previu, de maneira incorreta, que o esforço poderia levar a uma inflação de dois dígitos.[12]

A sucessora de Bernanke, Janet L. Yellen, que tomou posse em 2014, era uma defensora ainda mais enérgica da redução do desemprego. Em seu primeiro discurso como presidente, Yellen contou o caso de três moradores da grande Chicago que procuravam emprego: "Eles são um lembrete de que existem pessoas de verdade por trás das estatísticas, batalhando para sobreviver e ávidas por uma oportunidade para construir uma vida melhor."

Em 2011, Mario Draghi, um economista italiano que fez pós-graduação com Bernanke, tornou-se o novo presidente do BCE. No ano seguinte, ele declarou em Londres que o BCE faria "o que fosse necessário para preservar o euro. E, acreditem, vai ser o suficiente". O BCE então começou a emular a campanha de estímulo do Fed. Também em 2012, eleitores japoneses levaram o Partido Democrata Liberal ao poder após uma campanha na qual seu líder, Shinzō Abe, prometeu grandes esforços para revigorar a economia, incluindo expansão monetária, estímulo fiscal e reformas pelo lado da oferta. A colcha de retalhos apelidada de "Abenomics" era quase o negativo fotográfico das opiniões de Milton Friedman sobre a política econômica do governo, adotando tudo que ele tinha lutado para difamar.

Até o governo da Nova Zelândia instruiu seu Banco Central a se concentrar no desemprego.

Porém, os esforços dos bancos centrais não foram suficientes. O crescimento econômico continuou lento; milhões de pessoas permaneceram fora do mercado de trabalho por anos, com muitos até mesmo desistindo de procurar emprego.

AS DEMOCRACIAS OCIDENTAIS PODERIAM ter aprendido uma lição com a China, o que teria sido uma reviravolta conveniente, porque a China enfrentou a crise com as lições aprendidas com o Ocidente.

Após a morte de Mao Tsé-tung em 1976, alguns formuladores de políticas e intelectuais chineses começaram a defender com cautela que o país poderia alcançar um crescimento econômico maior seguindo o que eles descreviam como "leis econômicas objetivas".[13] Essa era uma conversa ousada em um país que só recentemente tinha parado de prender pessoas pelo crime de "economismo", mas o novo líder da China, Deng Xiaoping, tinha ficado muito impressionado com uma visita ao Japão em 1978 e quis trazer os intelectuais de volta para a formulação de políticas. Deng descreveu essa abordagem como a "busca da verdade nos fatos".

Os líderes chineses lançaram uma rede ampla. Convidaram economistas de países socialistas do Leste Europeu e dos Estados Unidos. Em 1980, a Fundação Ford pagou para um grupo de notáveis acadêmicos americanos passarem sete semanas ensinando economia em uma ilha no terreno do Palácio de Verão, em Beijing. O livro-texto de Paul Samuelson foi traduzido para a língua local e, em 1980, o governo convidou Milton Friedman para uma visita.

A viagem de Friedman não foi um sucesso. Quando se leem os relatos da visita, fica difícil dizer quem ficou mais consternado, se Friedman ou seus anfitriões. Pelo menos os chineses ficaram sabendo o que não queriam. Então buscaram aconselhamento com keynesianos que defendiam uma economia de mercado cuidadosamente gerida pelo governo – o tipo de economista ocidental que não era mais ouvido no próprio país. Alexander Cairncross, um economista britânico que viajou para a China no início da década de 1980 para se encontrar com o primeiro-ministro Zhao Ziyang, a autoridade chinesa de alto escalão mais comprometida com reformas de mercado, escreveu em seu diário após a reunião que tudo "parecia bem natural até que alguém parasse para pensar que o orador era o primeiro-ministro do maior país do mundo, buscando aconselhamento de um grupo variado de economistas estrangeiros, nem todos eles com esperança de receber igual atenção em seus países".[14] O governo de Margaret Thatcher não tinha interesse nos conselhos de Cairncross, mas Zhao tinha.

Em 1985, Zhao convidou acadêmicos, incluindo Cairncross, o húngaro János Kornai e o americano James Tobin, para um cruzeiro pelo rio Yangtzé. As discussões nem sempre foram tranquilas. O historiador Julian Gewirtz relata que, em um momento, uma intérprete começou a chorar porque não conseguia encontrar palavras em seu idioma para o que estava sendo dito. Porém, os visitantes, principalmente Kornai e Tobin, deixaram uma impressão duradoura. Wu Jinglian, um dos mais proeminentes economistas da China, mais tarde recordou a viagem como o momento em que ele concluiu que "um mercado com gestão macroeconômica deveria ser o objetivo principal das reformas econômicas da China".[15] Um dos livros de Kornai foi traduzido no ano seguinte e rapidamente vendeu mais de 100 mil exemplares no país.

Conforme a China foi retomando seu papel de potência autoconfiante, seus líderes deixaram de passar tanto tempo ouvindo economistas ocidentais e o papel das trocas iniciais foi diminuído nos relatos desses acontecimentos. Porém, quando a crise de 2008 chegou, a reação da China foi keynesiana em tudo menos no nome. O governo entrou em um frenesi de gastos cerca de 2,5 vezes maior que o estímulo de Obama, mensurado como uma proporção das duas economias – e a China persistiu enquanto o restante do mundo se voltou para a austeridade.

O GOVERNO OBAMA NÃO repetiu o esforço de Roosevelt para reformular o setor financeiro. Em vez disso, renovou e expandiu a infraestrutura enferrujada da regulação. Uma das mudanças mais notáveis foi a criação de uma nova agência, o Departamento de Proteção Financeira do Consumidor, para fazer o que o Fed não faria.

Os banqueiros não foram responsabilizados por seu papel na causação da crise. Em março de 2009, Obama convocou os maiores executivos do setor bancário do país para a Casa Branca e os advertiu a maneirarem. "Meu governo", disse-lhes, "é a única coisa entre vocês e os forcados." Nos velhos filmes de caubói, o xerife virtuoso protege seus prisioneiros da multidão para que possam aguardar julgamento. Dessa vez, houve poucos julgamentos. Em 2018, cerca de 355 banqueiros, financiadores hipotecários, corretores imobiliários e mutuários tinham sido condenados por crimes relacionados com a crise. Mas eles eram quase todos peixes pequenos. Nenhum executivo das grandes empresas do mercado financeiro foi para a prisão. E o total foi de apenas cerca de um terço do número de condenações realizadas após a crise bem menor envolvendo instituições de poupança e empréstimo na década de 1980.[16]

O governo forneceu socorro financeiro ao setor bancário, mas não envidou esforços comparáveis para socorrer os devedores. Obama decidiu confiar nas empresas de hipotecas para modificar empréstimos impagáveis. Ele evitou a intervenção direta, a abordagem defendida por seus principais adversários políticos na corrida presidencial de 2008, Hillary Rodham Clinton e John McCain. Além disso, o governo não exigiu que as empresas investissem os recursos necessários para atender às obrigações legais e reagiu lentamente às advertências de má conduta. A SunTrust empilhou solicitações não verificadas de proprietários de imóveis buscando ajuda até que o chão da sala do depósito vergou com o peso. Uma investigação federal concluiu: "A SunTrust, em vez de ajudar proprietários de imóveis em dificuldades, arruinou financeiramente muitos deles por absoluta negligência" de suas responsabilidades jurídicas.[17] Por esses crimes, o governo federal não processou a SunTrust nem responsabilizou individualmente qualquer funcionário da empresa.

Uma razão para a incapacidade de responsabilizar os banqueiros foi o fato de o Departamento de Justiça estar preocupado com a eficiência econômica. Eric Holder, o procurador-geral durante a maior parte do governo Obama, era o homônimo da "Doutrina Holder" – a visão de que os promotores de justiça deveriam considerar "consequências colaterais" antes de protocolar queixas contra grandes empresas. Holder tinha articulado essa visão em um memorando de 1999 enquanto atuava como subprocurador--geral no governo Clinton. A ação penal do governo contra a empresa de auditoria Arthur Andersen por seu papel nas fraudes da Enron no início da década de 2000 se tornou o exemplo primordial: a firma de auditoria fechou as portas e milhares de trabalhadores foram forçados a procurar emprego em outras empresas. Após a crise de 2008, Holder e seus assistentes reiteraram sua visão de que considerações econômicas superavam ideias antiquadas sobre justiça. "De fato fica difícil para nós processá-los", testemunhou Holder perante o Congresso em 2013, "quando somos atingidos com indicações de que, se processarmos – se instaurarmos uma ação criminal –, isso terá um impacto negativo sobre a economia nacional, talvez até sobre a economia mundial."[18]

Holder não pareceu tão consciencioso quanto ao impacto de deixar crimes sem punição.

CRISES FINANCEIRAS TÊM UM longo histórico de corroer a fé na democracia liberal. Um estudo sobre crises financeiras em países desenvolvidos desde 1870 descobriu que partidos políticos de extrema-direita são quase sempre os que se beneficiam disso, obtendo apoio popular ao culpar imigrantes e minorias pela perda da prosperidade.[19]

Dessa vez não foi diferente. O sentimento nacionalista no Ocidente está em alta desde os ataques terroristas do Onze de Setembro; a Grande Recessão só fez intensificar a tendência.[20]

Em junho de 2016, a Grã-Bretanha votou por deixar a União Europeia. Naquele novembro, Donald Trump foi eleito presidente dos Estados Unidos. Em 2018, os brasileiros elegeram um novo presidente, o nacionalista Jair Bolsonaro, que fez campanha seguindo os passos de Trump.

O desprezo de Trump pela economia – e por seus fundamentos, estatísticas e lógica básicos – é sem paralelo entre os presidentes americanos modernos. Os números do primeiro orçamento do novo governo nem sequer batiam. O governo pressionou o Congresso por um corte de impostos sem se incomodar em apresentar uma análise formal. As regulamentações foram postas de lado sem qualquer tentativa de análise dos custos ou benefícios. O presidente reavivou a fiscalização antitruste, de certo modo ameaçando bloquear fusões de empresas de que ele não gostava.

Acima de tudo, Trump rejeitou a visão dos economistas sobre comércio internacional. Peter Navarro, consultor de Trump sobre o assunto, tem um doutorado em Harvard, mas não é um economista convencional. Ele afirmou que o comércio era uma guerra entre nações. Dirigiu um documentário, *Death by China* (Morte pela China), que começa com a animação de uma faca com a inscrição "Fabricado na China" apunhalando um mapa dos Estados Unidos do qual jorra sangue. O consultor político de Trump, Stephen Bannon, tinha opinião semelhante. "Os globalistas estriparam a classe trabalhadora americana e criaram uma classe média na Ásia", afirmou ele. "A preocupação dos americanos agora é não serem ferrados de vez."[21]

O comércio estava em declínio antes mesmo de Trump chegar a Washington. O valor do dólar no comércio global caiu a cada ano de 2012 a 2016 antes de iniciar uma modesta recuperação.[22] Mas o novo presidente se dispôs a fazer a sua parte. Após a posse, Trump redecorou o Salão Oval em tons de dourado e depois se sentou para assinar uma ordem retirando os Estados Unidos do acordo de comércio proposto entre nações do Círculo do Pacífico. Ele também pressionou empresas americanas a reconsiderar mudanças para outros países. Economistas do mainstream veem a terceirização como algo bom para a economia americana, desde que as empresas estejam reagindo a forças de mercado. O novo governo não concordou. "O livre mercado vem orientando as coisas e os Estados Unidos vêm perdendo com isso", disse o vice-presidente Mike Pence.[23]

No verão de 2017, cerca de 240 anos após o nascimento da economia moderna, Trump estava no Air Force One, trabalhando no texto de um discurso que faria em breve. Ele pegou uma caneta e escreveu na margem: "O comércio é ruim."[24]

APÓS O DILÚVIO

Galesburg, no Illinois, uma pequena cidade industrial fundada na vastidão das terras agrícolas do Meio-Oeste, prosperou durante a maior parte do século XX. Ronald Reagan viveu parte da infância lá. Um de seus boletins do primeiro ano do ensino fundamental é exibido em um relicário em uma galeria de antiguidades na East Main Street. Porém, por volta de 1970, Galesburg passou a definhar. Michael Patrick, que começou a trabalhar na fábrica de geladeiras local ao terminar o ensino médio em 1959, contou-me em 2015 que Galesburg vinha perdendo fábricas e empregos desde que ele se entendia por gente. Empresas faliam, mecanizavam-se ou se mudavam para outras cidades. O que começou a mudar na década de 1970, segundo ele, foi que novos negócios pararam de chegar.

Quando as fábricas fechavam, os prédios ficavam vazios; quando as pessoas perdiam o emprego, tinham que lutar para conseguir outro. Em 2016, quase metade dos 10.500 homens em idade produtiva em Galesburg não estavam trabalhando.[25] Vale a pena salientar esse número espantoso porque a mensuração mais conhecida de falta de emprego, a taxa de desemprego, subestima enormemente a escala do desemprego nos Estados Unidos. O governo conta somente os indivíduos que estão procurando emprego. Em 2016, essa conta resultou em cerca de 6% dos homens em Galesburg – mas um adicional de 41% dos homens em idade produtiva da cidade não estava nem trabalhando nem procurando trabalho. Alguns eram aposentados, outros estavam satisfeitos, mas muitos simplesmente tinham desistido.

Com frequência, a situação piorava de alguma forma para aqueles que conseguiam emprego: precisavam dirigir uma hora até as fábricas em Peoria, aceitar trabalhar em horários não convencionais ou por um salário menor. Depois que a fábrica de geladeiras fechou em 2004, Tracy Warner arrumou dois empregos: assistente de professor de dia e faxineira à noite. No seu último ano na fábrica, ela ganhou cerca de 37 mil dólares; em 2015, a renda anual foi de 21 mil.

A virada dos Estados Unidos de fabricante de sapatos para corretor de títulos mobiliários foi em grande parte o resultado inexorável de forças além do controle de formuladores de políticas, e muitas das consequências são boas. O progresso tecnológico reduziu bastante o número de trabalhadores necessários para fabricar um carro ou um computador e a atividade fabril se espalhou de forma mais uniforme pelo planeta. Não há uma versão alternativa da história na qual os políticos adotaram políticas diferentes e milhares de americanos ainda estão fabricando geladeiras em Galesburg, aço em Pittsburgh ou tecidos de algodão nas tecelagens de Piedmont.[26]

Mas não precisava ter sido tão sofrido. A transformação das políticas durante a Hora dos Economistas acelerou a evolução da economia americana e afunilou os benefícios para os bolsos de uma minoria plutocrática. A cotação alta do dólar e um compromisso obstinado com a inflação baixa apressaram o declínio da atividade industrial e tornaram mais difícil achar novos empregos. O crescente conjunto de trabalhadores sem emprego puxou os salários para baixo. Um óbvio contrapeso, o poder dos sindicatos, foi corroído pela antipatia das elites e pela tolerância do governo com a concentração empresarial, que colocou o poder de barganha na mão dos empregadores.

O governo federal aprovou uma lei do salário mínimo em 1938, mas ela não foi atrelada à inflação, então os aumentos dependem da boa vontade do Congresso. Corrigido pela inflação, o valor do salário mínimo atingiu seu auge em 1968. Durante a Hora dos Economistas, ele perdeu 40% de seu valor.

Os economistas consideravam os salários um julgamento infalível do mercado. Segundo John Snow, um economista que ocupou o cargo de secretário do Tesouro na presidência de George W. Bush: "As pessoas serão pagas com base no seu valor para a empresa."[27]

Até mesmo liberais como Paul Samuelson e James Tobin viam os sindicatos como cartéis e insistiam que as leis de salário mínimo aumentavam a falta de emprego, um consenso que facilitou para os políticos atacarem sindicatos e ignorarem salários.[28] Enquanto isso, no mundo real, os salários eram determinados por um cabo de guerra entre patrões e empregados – e os patrões estavam ganhando.[29]

O efeito mais importante desses choques e mudanças é bem simples: os trabalhadores estão ficando com uma fatia menor do bolo americano. Como mostrado no gráfico abaixo, a parcela da produção econômica que os trabalhadores americanos levam para casa na forma de salários vem caindo desde o início da década de 1970.

Uma fatia menor do bolo
Participação do rendimento do trabalho no PIB dos Estados Unidos

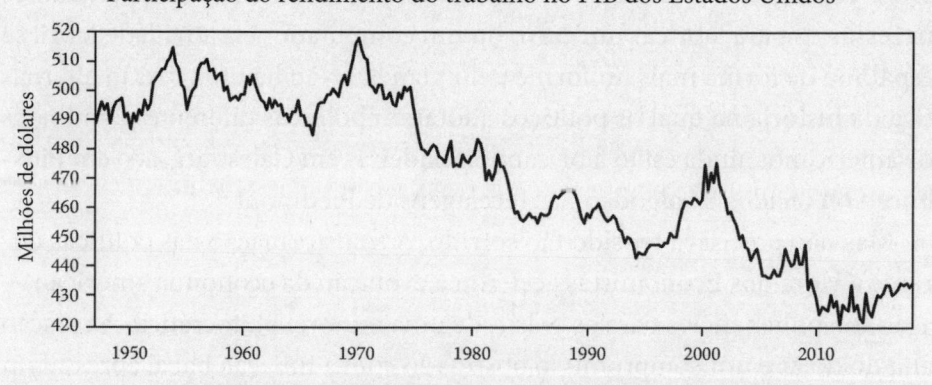

Fonte: Departamento de Análise Econômica dos Estados Unidos

O maior problema que a economia americana enfrenta, no entanto, não é o declínio da atividade industrial tradicional nem a perda de empregos no setor. É, na verdade, a forma como a economia dos serviços cresceu. Conforme os empregos foram migrando para áreas como assistência médica e varejo, os empregadores se aproveitaram do ambiente permissivo. O setor da economia que está agora se expandindo mais rapidamente é o de cuidados com os baby boomers hoje idosos. Metade das dez ocupações previstas para oferecer mais empregos nos Estados Unidos até 2026 representa formas diferentes de falar "enfermeiro(a)".[30] Esses empregos tendem a ser fisicamente exigentes e emocionalmente desgastantes; também tendem a ser mal remunerados, com benefícios escassos e baixa estabilidade. A área que deve gerar mais empregos na próxima década, de "cuidadores pessoais", pagou um salário anual médio de 23.100 dólares em 2016.

Se o ambiente de trabalho icônico de meados do século passado era a fábrica de automóveis que alçava seus operários à classe média, o microcosmo da economia moderna é um hospital com um staff de poucos médicos muito bem remunerados e um vasto exército de funcionários de apoio mal pagos.

Uma consequência disso é a ressurgência estarrecedora da desigualdade. Entre a Segunda Guerra Mundial e a década de 1970, o crescimento econômico dos Estados Unidos era como uma grande onda que levantava todos os barcos basicamente na mesma proporção. Desde o início dos anos 1970, o crescimento tem sido errático e os benefícios têm ido majoritariamente para os donos dos iates. Em 1971, os 10% das famílias com renda mais alta recebiam 31% da renda total. Em 2016, os 10% das famílias com renda mais alta recebiam 48% do total.[31] A desigualdade subiu para níveis só vistos anteriormente na época do Grande Gatsby.

Algum grau de desigualdade é não só inevitável como também desejável. O capitalismo é uma competição; o dinheiro é o prêmio. George Stigler, que acreditava fortemente no valor moral dos mercados, via benefícios para além disso. Ele afirmou que a questão da maximização da produção "estava na maximização, e não na produção. O esforço dos homens por rendas maiores era bom porque, com isso, eles adquiriam independência, autossuficiência, autodisciplina – porque, em suma, eles se tornavam homens melhores".[32]

Porém, nos Estados Unidos do século XXI, as pessoas que acabam com rendas mais altas costumam ser os filhos de pessoas com rendas altas. A mobilidade social está se calcificando; a lição aprendida com o mercado é que são as mesmas pessoas que normalmente vencem. E está ficando cada vez mais claro que a desigualdade não é boa nem mesmo para o crescimento econômico. Um estudo de 2014 feito pela Organização para a Cooperação e o Desenvolvimento Econômico descobriu que os países com maior desigualdade cresciam menos.[33] Uma razão para isso é que crianças menos ricas normalmente têm menos acesso à educação, limitando seu potencial econômico. No Chile, 33% das pessoas entre 18 e 24 anos do quintil de renda mais baixa estavam matriculados na faculdade em 2017, em comparação com 53% das pessoas do quintil mais elevado.[34] Nos Estados Unidos, as diferenças na qualidade da educação pública e o custo crescente das universidades públicas produziram efeitos semelhantes, embora menos dramáticos.

A desigualdade econômica também distorce as políticas públicas conforme os políticos enfrentam uma pressão maior para ao mesmo tempo atender às *rent seeking elites* (as elites que exigem favores do Estado) e ajudar os pobres. E a desigualdade enfraquece um senso de propósito compartilhado, o que torna mais difícil manter o apoio político aos níveis necessários de investimento público em educação, pesquisa e infraestrutura.

O aumento da desigualdade indica que o desempenho da economia dos Estados Unidos não é tão forte quanto parece. A maioria dos americanos provavelmente acha que a economia americana superou a francesa na Hora dos Economistas. Eles têm razão. Mas o quadro é bem diferente se o percentil mais alto das famílias (em termos de renda) nos dois países for excluído. Para os outros 99%, o crescimento da renda na França foi muito mais rápido do que nos Estados Unidos.[35]

UMA FORTE REDE DE proteção social é necessária para sustentar uma economia de mercado, assim como a economia de mercado é necessária para sustentar uma forte rede de proteção. O historiador econômico Karl Polanyi observou que esses imperativos – a confiança nos mercados e o compromisso de proporcionar um padrão de vida mínimo – se elevaram juntos em um "movimento duplo" no século XIX. Polanyi os caracterizou como sendo duas forças opostas: a equidade corroendo o capitalismo; o capitalismo corroendo a equidade.[36] Segundo uma visão mais otimista, essas forças podem existir em tensão produtiva, como em meados do século XX, quando os Estados Unidos simultaneamente expandiram sua rede de proteção e sua economia de mercado. Em contraste, em décadas recentes o país perseguiu um crescimento econômico sem suficiente preocupação com a força da rede de proteção e foi o desequilíbrio que se mostrou destrutivo.

A economista Pietra Rivoli, de Georgetown, argumenta que a oposição ao comércio exterior é mais forte nos Estados Unidos, em comparação com outros países desenvolvidos com níveis mais altos de transações, porque a rede de proteção social dos americanos é muito mais fraca. Por exemplo, os Estados

Unidos são o único país desenvolvido que não fornece um sistema de saúde universal. Se as pessoas que perdem o emprego quando uma fábrica fecha mantêm seu seguro-saúde, se o aperfeiçoamento profissional tem um custo acessível, se elas conseguem achar moradia nas áreas com novos empregos e pagar a creche, as transições são gerenciáveis. Caso contrário, essas pessoas provavelmente ficarão com mais raiva da globalização – e com toda a razão.

Além disso, dinheiro não basta. O desemprego não significa apenas falta de dinheiro; também significa falta de objetivo e de oportunidade. Alfred Kahn estava certo ao observar que "não se pode apenas equiparar o 'interesse público' em uma democracia ao 'interesse dos consumidores'". Ele estava certo em insistir que os indivíduos também têm interesses como produtores e como "cidadãos de uma civilização urbanizada".

Mohamed Bouazizi, o vendedor de frutas tunisiano cuja autoimolação em 2010 deflagrou a Primavera Árabe, vivia em uma nação com uma economia em rápido crescimento. "A julgar apenas pelos dados econômicos, as revoluções da Primavera Árabe de 2011 nunca deveriam ter acontecido", observou o Banco Mundial em uma avaliação de 2015.[37] Mas os tunisianos não estavam satisfeitos. Eles queriam liberdade, saúde e felicidade – e, embora a Tunísia não esteja nele, o Oriente Médio ainda está em chamas. "Não é razoável tratar o crescimento econômico como um fim em si mesmo", escreveu Amartya Sen, proeminente economista de uma tradição mais antiga. "O desenvolvimento tem que se preocupar mais em melhorar a vida que levamos e as liberdades de que desfrutamos."[38]

Em alguns casos, a solução é tornar os mercados menos eficientes. A eficiência não tem direitos especiais como objetivo principal de um mercado. As comunidades podem decidir o que querem dele. O mercado que combina estudantes de medicina com programas de capacitação é estruturado para permitir que casais casados acabem ficando no mesmo lugar. Isso não é eficiente, mas foi considerado importante.

O governo já protege os americanos do mercado de várias formas – mas essas proteções são concedidas com mais frequência a americanos ricos, às custas de todas as outras pessoas. A antipatia em relação aos sindicatos não se estendeu aos cartéis profissionais, como as associações de corretores imobiliários que arrancam comissões de 6% dos vendedores de imóveis. O governo também deixa os médicos limitarem o número de vagas de treinamento para novos médicos, o que é um dos motivos por que os médicos nos Estados

Unidos ganham cerca do dobro dos médicos em outros países ricos. Leis de zoneamento e outros limites à construção aumentam o preço dos imóveis nas áreas em que os empregos se concentram, o que é bom para os atuais proprietários e ruim para todos os demais.

Como o governo pode estender a proteção aos menos afortunados?

Os formuladores de políticas devem considerar, por exemplo, que o sofrimento por perder 1 dólar geralmente excede o prazer de ganhar 1 dólar; que a redução do ritmo da mudança pode reduzir o sofrimento; que os mercados "precisam às vezes ser temperados com piedade", nas palavras do economista Frank Knight, membro do corpo docente da Universidade de Chicago na geração anterior à era de Friedman e Stigler.[39]

O mais importante é que, na avaliação das políticas públicas, a sociedade se beneficiaria da consideração explícita da distribuição dos custos e benefícios potenciais. O aumento da desigualdade aconteceu em grande parte porque os formuladores de políticas não optaram por detê-la.

Em um jogo pedagógico clássico, o professor divide os alunos em duplas. Um aluno recebe 10 dólares e é instruído a dar uma parte ao outro aluno. Se a oferta é aceita, o primeiro aluno paga a quantia e fica com o resto. Se a oferta é recusada, o primeiro aluno devolve os 10 dólares ao professor. O segundo aluno se beneficia ao aceitar qualquer valor, até mesmo um único centavo. Mas normalmente os alunos recusam qualquer quantia inferior a 3 dólares. Eles prefeririam ver o dinheiro pegar fogo a deixar o outro aluno ficar com mais.

O governo britânico obteve resultados semelhantes em uma pesquisa de 1970. Foi oferecida a seguinte escolha: (A) Todos ganham 4 libras por semana; (B) você ganha 5 libras por semana, mas algumas pessoas ganham 6 libras por semana. Oitenta por cento dos participantes escolheram a primeira opção, abrindo mão de 1 libra por semana porque outras pessoas ganhariam mais.[40] "Supõe-se normalmente que o *Homo economicus* se preocupa mais com a riqueza do que com questões como equidade e justiça", diz o economista comportamental Richard Thaler. "A pesquisa sobre jogos de ultimato desmente essas caracterizações fáceis."[41]

Outras vezes, a resposta certa é funcionar sem um mercado. As comissões do Congresso reservam pelo menos alguns lugares em cada audiência para o público em geral. Os primeiros da fila, contudo, quase sempre não têm interesse em assistir à audiência. São gente paga por empresas para guardar lugar, a um preço alto, para lobistas ou outros membros da elite de Washington. Um economista pode dizer que isso é bom para o indivíduo que fica na fila, que tem tempo e precisa de dinheiro, e que é bom para o lobista, que prefere gastar dinheiro a perder tempo. Mas não é bom para a democracia. As pessoas não possuem as mesmas quantias em dinheiro nem têm a mesma capacidade de ganhar dinheiro. Algumas nascem ricas, algumas se tornam ricas e algumas nascem pobres e assim permanecem. A confiança no mercado garante prioridade àquelas que têm dinheiro.

Se esse exemplo parece trivial, considere outro: os Estados Unidos são o único país entre as nações desenvolvidas a permitir que a renda determine quem terá acesso a atendimento médico. Ou considere que, na maioria das áreas metropolitanas, uma vaga em uma boa escola pública é obtida comprando uma casa em um bairro rico nos arredores do centro urbano. Motoristas em um número crescente de cidades pagam para usar faixas em autoestradas com menos tráfego. Prisioneiros em algumas jurisdições podem pagar por celas melhores. Cidadãos de outros países podem comprar a cidadania americana fazendo um investimento de determinado valor nos Estados Unidos.

Milton Friedman disse que os mercados fortalecem a sociedade ao limitar o número de questões sobre as quais as pessoas precisam chegar a um acordo. "O uso difundido do mercado reduz a distensão do tecido social, tornando a conformidade desnecessária em relação a quaisquer atividades que abranja", escreveu ele na década de 1960. "Quanto maior o leque de atividades englobadas pelo mercado, menores serão as questões sobre as quais decisões explicitamente políticas serão necessárias."[42]

Essa é uma incompreensão da natureza humana. As relações são como músculos, não como tecidos. Elas são fortalecidas pelo uso. O economista Albert O. Hirschman observou em seu fascinante livro de 1970, *Saída, voz e lealdade*, que uma pessoa em uma relação frustrante – seja ela comercial, pessoal ou política – tem três opções: ela pode ir embora, reclamar ou aguentar quieta. Quanto menos fácil for ir embora, escreveu ele, menos provável será que a pessoa frustrada reclame. Quanto mais fácil for ir embora, menos provável será que essa pessoa tente melhorar a relação. Pais ricos, por exemplo, não tentam melhorar escolas urbanas. Eles se mudam para bairros melhores nos subúrbios. E os Estados Unidos são um país fundado na ideia de que é melhor se mudar. Nossos ancestrais deixaram os lugares onde nasceram e vieram para cá; eles se mudaram para o Oeste, e depois mais para oeste. Deixaram as cidades pelos subúrbios, e os subúrbios por lugares mais afastados ainda. Eles construíram uma sociedade de mercado, e a característica definidora de um mercado é a liberdade de cair fora.

Nosso problema é que existem mercados de mais e gente de mais caindo fora. Se há uma mensagem central neste livro, espero que seja o entendimento de que os mercados são construídos por pessoas, com propósitos escolhidos por pessoas – e eles podem ser mudados e reconstruídos por pessoas.

A economia de mercado continua a ser uma das mais incríveis invenções da humanidade, uma máquina potente para criação de riqueza. Mas a medida da grandeza de uma sociedade é a qualidade de vida na base da pirâmide, não no topo. A indiferença proposital quanto à distribuição da prosperidade nos últimos cinquenta anos é uma explicação importante para o fato de a própria sobrevivência da democracia liberal estar sendo testada por demagogos nacionalistas, como aconteceu na década de 1930.

Não tenho nenhum insight especial em relação a quanto tempo a corda vai aguentar ou quanto peso ela segura. As respostas podem ser "muito tempo" e "muito", ainda que a crescente maré de descontentamento popular desde 2008 deva inspirar algumas apreensões. No entanto, estou confiante de que nossos laços compartilhados durarão mais tempo se encontrarmos maneiras de reduzir esse esgarçamento.

AGRADECIMENTOS

Há alguns anos, li *Prophets of Regulation* (Profetas da regulação), de Thomas McCraw, que narra a evolução da abordagem americana em relação à regulação econômica. O livro ficou na minha cabeça – principalmente a ideia de que a abordagem atual era relativamente nova. Enquanto escrevia sobre política econômica para uma série de jornais nos últimos 15 anos, muitas vezes me peguei recordando a opinião de McCraw de que a regulação na década de 1970 tinha ingressado em uma nova era – que ele chamou de a Hora dos Economistas. Eu sabia de revoluções semelhantes em outras áreas da política e comecei a aprender mais sobre o que essas revoluções tinham substituído.

A ideia básica para este livro esteve na minha mente durante anos. No outono de 2016, Chris Parris-Lamb me convenceu de que chegara o momento de escrevê-lo. Chris, que se tornou meu agente, me ajudou a formular a premissa de que a Hora tinha acabado e que agora estamos nos confrontando com a questão do que virá a seguir. Também me ajudou a dar forma a tudo neste livro, porque ele é incrível. Agradeço também a seus colegas da Gernert Company.

Vanessa Mobley, minha editora na Little, Brown, fez uma aposta em um escritor estreante. Sou profundamente grato a ela por seu entusiasmo por este projeto e, acima de tudo, por suas habilidades como editora, que fizeram deste um livro bem melhor. Muitas vezes ela me ajudou a ver qual rumo eu precisava tomar. Agradeço também a todos os demais na Little, Brown que contribuíram para criar e vender este livro.

Quando eu era criança, sonhava em escrever para o *The New York Times*. Em 2010, esse sonho se realizou, e, quase uma década mais tarde, ainda me considero incrivelmente afortunado por ter feito o meu lar profissional em meio aos melhores jornalistas do mundo. Sou grato a Elisabeth Bumiller e Dean Baquet por haverem me concedido o tempo necessário para escrever este livro. Também sou grato a meus editores, que estimularam minha curiosidade, incluindo Tom Redburn, Damon Darlin e Deborah Solomon, e aos meus colegas da área econômica. Aprendi com todos vocês.

Escrever um livro é um empreendimento solitário, o que eu já esperava, e um empreendimento coletivo, o que eu não esperava. O que se segue é necessariamente uma lista parcial das muitas pessoas que contribuíram para esse feito.

Tom Redburn concordou em dar uma canja como meu editor. Seu profundo conhecimento dos acontecimentos descritos nesta narrativa, muitos dos quais ele cobriu como jornalista, sua generosidade e seu cuidado como editor, e seu ceticismo, tudo isso deixou uma marca indelével no meu trabalho.

Aaron Stagoff-Belfort realizou uma pesquisa valiosa sobre uma variedade de assuntos, principalmente a história da aplicação das leis antitruste, a ascensão do direito e da economia e as contribuições de George Stigler. Agradeço seu entusiasmo e sua boa vontade em ir à caça de histórias obscuras. Manuel Bautista González leu as primeiras versões de cada capítulo com particular atenção à descrição dos conceitos econômicos. Ele me ajudou a corrigir e esclarecer uma série de questões, mas, é claro, não é responsável por nenhum dos erros que possam ter restado. Ele também traduziu fontes primárias do original em espanhol. Sam Dean foi meu braço direito na Biblioteca Presidencial Nixon.

Por sorte, a Biblioteca do Congresso fica no meu bairro e passei horas incontáveis dentro dela. Escondido na grandiosa sala de leitura, tentando me entender em meio a tantos livros e suas fontes, às vezes sentia que estava me beneficiando da versão vitoriana da internet. Continua a ser maravilhoso para mim a rapidez com que os funcionários fazem aparecer livros do nada.

Minhas viagens para o Chile, Islândia e Taiwan foram algumas das partes mais gratificantes da pesquisa para este livro, ampliando meu entendimento das consequências no mundo real de políticas econômicas alternativas. Sou profundamente agradecido a Victor Herrero, que foi meu guia no Chile e contribuiu para este livro como jornalista, tradutor e fonte inesgotável de informações. Em cada uma dessas funções, ele foi simplesmente indispensável. Também sou grato a vários outros jornalistas chilenos por sua ajuda e hospitalidade, especialmente Isabel Reyes Bustos, Pascale Bonnefoy, Carola Fuentes e Rafael Valdeavellano. Em Taiwan e na Islândia, as barreiras linguísticas impediram mais vínculos, mas sou grato a Chris Horton por sua hospitalidade e seu conhecimento, e ao Google Tradutor, que é maravilhoso.

Sou grato a todas as pessoas que leram e comentaram partes deste livro. Agradecimentos especiais a Robert Litan, Yoni Appelbaum, Peter Conti-Brown e Jared Bernstein, que me deu um conselho bom o bastante para ser colocado em um post-it: "Este não é um livro de mistério."

Melvin Backman, Rachael Brown e Hilary McClellen verificaram milhares de fatos e citações. Fiquei maravilhado com alguns detalhes que eles descobriram e agradecido pelas muitas passagens melhoradas graças a seu olhar atento. Sou grato também a Trent Duffy, que copidescou o manuscrito final. Nunca é demais reiterar que nenhum deles é responsável pelos meus erros.

Este livro se baseou na minha experiência como correspondente em Washington do *The New York Times* e no meu trabalho anterior nos periódicos *The Washington Post*, *The Boston Globe* e *The Charlotte Observer*. Uma das grandes alegrias de se trabalhar no *Times* é a oportunidade de falar com formuladores de políticas e economistas, inclusive a maioria das pessoas vivas referidas neste livro. As citações de entrevistas realizadas para este livro são apresentadas nas notas.

Minha compreensão da política econômica também é profundamente moldada pelas horas que vivi como repórter conversando com as pessoas sobre o impacto das políticas em suas vidas. Algumas aparecem nestas páginas. Sou grato a todas elas por sua disposição em conversar com um estranho, quase sempre sobre experiências dolorosas.

Além das minhas apurações jornalísticas e pesquisas históricas, este livro se baseia em obras anteriores que fundamentaram minha narrativa e minhas conclusões. Mencionei as fontes de citações e fatos específicos. Se tiver interesse por minhas recomendações para outras leituras, acesse BinyaminAppelbaum.com.

Meus pais me criaram em uma casa lotada de livros, incluindo aqueles escritos por eles. Ambos estimularam minha curiosidade, me ensinaram o que é certo e o que é errado e me deram todas as oportunidades para realizar meus sonhos. Eles são os meus heróis.

Meus filhos queriam uma frase especial para cada um dos dois aqui, o que é o mínimo que posso fazer por toda a alegria que eles me dão. Mila, te amo. Tomas, te amo.

Deixei o melhor para o final. Minha mulher, Kytja Weir, tornou este livro possível assumindo uma parcela desigual de nossa parceria e o tornou melhor de mais formas do que sou capaz de relatar. Ela tem o meu amor e a minha gratidão, além do meu compromisso solene de lavar toda a louça.

Washington, D. C.
Abril de 2019

Milton Friedman e cédulas de dinheiro. Cena da série de TV americana *Free to Choose*, de 1980, apresentada e escrita por ele. (*PBS*)

Milton Friedman e Rose Director em 1937. Eles se casaram em 1938 e permaneceram juntos por quase 70 anos, até a morte de Milton, em 2006. Rose foi colaboradora de Milton, principalmente em questões de políticas públicas; sua editora, em especial de suas obras populares; e sua mentora intelectual. (*Hoover Institution*)

Walter Oi, economista da Universidade de Rochester, e seu cão-guia, por volta de 1985. Tendo perdido a visão no final da pós-graduação, Oi ditou a sua esposa e a seus assistentes alguns dos cálculos que convenceram o presidente Nixon a acabar com a obrigatoriedade do serviço militar. (*Cortesia de Eleanor Oi*)

Walter Heller, principal consultor para assuntos econômicos do presidente Kennedy, em 1962. Heller convenceu Kennedy e Lyndon Baines Johnson a embarcar em um grande experimento em política econômica keynesiana. (*Robert Knudsen/ Fotografias da Casa Branca/ Biblioteca e Museu Presidencial John F. Kennedy*)

Paul Volcker, ex-presidente do Fed, fumando um charuto em uma audiência no Congresso em 1987. Ao combater a inflação, Volcker pôs em prática as ideias de política monetária de Friedman. (*Terry Ashe/ Coleção de imagens da Life/ Getty Images*)

Janet Yellen em 1996, durante seu mandato como presidente do Conselho de Consultores Econômicos de Clinton. Em suas duas passagens pelo conselho do Fed, na década de 1990 e na de 2010, Yellen liderou a mudança de foco do banco central para a questão do desemprego. (*Mark Reinstein/ Corbis News/ Getty Images*)

Robert Mundell quando era professor da Universidade de Chicago (1966-1971). Seu trabalho serviu de base para a economia pelo lado da oferta e para a criação do euro – duas experiências desastrosas em política econômica. (*Arquivo Fotográfico da Universidade de Chicago*)

O economista Arthur Laffer em 1981. Laffer popularizou as ideias de Mundell sobre as virtudes dos cortes de impostos. Sua "curva de Laffer" mostrou que reduzir alíquotas de impostos pode aumentar a receita pública. (*Associated Press*)

Alice Rivlin, primeira diretora do Gabinete de Orçamento do Congresso. Contratada para fornecer análises econômicas sobre as propostas legislativas, Rivlin se viu no meio do cabo de guerra em torno de cortes fiscais. (*Diana Walker/ Coleção de imagens da Life/ Getty Images*)

George Stigler, economista de Chicago, foi um dos amigos mais próximos de Milton Friedman – e um dos poucos economistas tão influentes em políticas públicas quanto Friedman. (*Universidade de Chicago*)

Aaron Director (sentado, de bigode), economista libertário que lecionou na faculdade de direito da Universidade de Chicago, influenciou uma geração de juristas. Na foto, tirada em uma conferência em 1953, ele aparece com alguns alunos, entre eles Robert Bork (segundo à esquerda), que ajudou a popularizar as ideias de Director. (*Universidade de Chicago*)

Alfred Kahn, o excêntrico e agitado economista da Universidade Cornell que supervisionou a desregulação de viagens aéreas comerciais – e comemorou a nova era de voos lotados. (*James K. W. Atherton/ Washington Post/ Getty Images*)

Charles J. Hitch, pioneiro na análise econômica dos gastos militares. (*Center for Sacramento History*)

Thomas Schelling prestando depoimento no Congresso em 1966. Economista de Harvard, ele desenvolveu um método para atribuir um valor à vida humana. (*AP Photo/ Henry Griffin*)

W. Kip Viscusi, que desempenhou um papel crítico no processo de convencer os liberais a adotar a análise custo-benefício. (*Rick Friedman/ Corbis/ Getty Images*)

George Shultz (ao centro), primeiro economista a ocupar o cargo de secretário do Tesouro, foi fortemente influenciado pelas ideias de Milton Friedman. Na foto, Shultz e Friedman em reunião com o presidente Nixon em 1971. (*Hoover Institution*)

O departamento de economia da Universidade de Chicago formou dezenas de estudantes do Chile e de outros países latino-americanos nas décadas de 1950 e 1960. Muitos deles se tornaram grandes formuladores de políticas econômicas. (*Carlos Massad, cortesia do Museu Reina Sofía*)

Alan Greenspan, que não considerava a regulação financeira parte de seu trabalho como presidente do Federal Reserve. (*Federal Reserve*)

Ao assumir como presidente do Conselho de Consultores Econômicos do presidente Ford, em setembro de 1974, Alan Greenspan convidou três pessoas para a cerimônia de posse: sua mãe, e Ayn Rand e seu marido. (*David Hume Kennerly/ Gerald R. Ford Library/ Getty Images*)

O congressista Phil Gramm e Wendy Lee Gramm, ambos ex-professores de economia que se tornaram defensores fervorosos da desregulação, com o presidente Reagan em 1983. (*Ronald Reagan Library*)

NOTAS

Este conteúdo também pode ser encontrado em:
https://sextante.com.br/ahoradoseconomistas/notas.pdf

INTRODUÇÃO

1. HOUELLEBECQ, Michel. *Partículas elementares*. Porto Alegre: Sulina, 2000, p. 6.
2. A história foi retirada da biografia escrita por William Neikirk intitulada *Volcker: Portrait of the Money Man* (Nova York: Congdon and Weed, 1987). Volcker me contou em uma entrevista em 2018 que não se lembrava da conversa com a esposa, mas que a observação refletia seus sentimentos na época. "De fato, eu achava que estava no calabouço", disse ele. "Passei cinco anos lá e não sei se alguma vez passei pelo presidente [do Fed de Nova York]. A gente escrevia um memorando e mandava para o chefe, que, por sua vez, mandava para o chefe dele."
3. Não havia economistas no conselho do Fed quando Volcker foi contratado em 1952. O único exemplo anterior tinha sido Adolph C. Miller, membro do conselho do Fed de 1914 a 1936, que havia feito um mestrado em economia em Harvard e foi professor de finanças por mais de duas décadas. Homens com um histórico em agricultura eram regularmente nomeados para ocupar cargos no conselho de representantes de um importante setor da economia. Em 1952, essa função estava sendo desempenhada por Rudolph M. Evans, um criador de porcos de Iowa. Naquele momento, os líderes de dois dos 12 bancos regionais do Fed tinham mestrado em economia: Malcolm H. Bryan, designado para ocupar a chefia do Fed de Atlanta em 1951, tinha trabalhado como economista no Fed; Oliver S. Powell foi designado para o Fed de Minneapolis em junho de 1952.
4. Martin fez o comentário no seu último dia como presidente do Fed em janeiro de 1970, em uma conversa com Richard T. McCormack, um jovem membro da equipe do governo Nixon. Agradeço a Richard Fisher, ex-diretor do Fed de Dallas, que trouxe o relato de McCormack sobre sua conversa com Martin ao meu conhecimento. Veja MATTOX, Henry E. *A Conversation with Ambassador Richard T. McCormack*. Bloomington: Xlibris, 2013, p. 56.
5. Keynes havia desenvolvido suas ideias pensando em seu país natal, mas sofreu rejeição semelhante do Reino Unido. "Nenhum ministro das Finanças, pelo que sei, até hoje desequilibrou deliberadamente seu orçamento", disse Neville Chamberlain, então ocupando o cargo de ministro das Finanças, ao Parlamento a respeito da orientação de Keynes em 1933. Para a citação de Roosevelt, veja PERKINS, Frances. *The Roosevelt I Knew*. Nova York: Viking, 1946, p. 215.
6. BERNSTEIN, Michael A. *A Perilous Progress: Economists and Public Purpose in Twentieth-Century America*. Princeton: Princeton University Press, 2001, p. 138.
7. MACHLUP, Fritz (org.). *International Monetary Arrangements: The Problem of Choice*. Princeton: Princeton University Press, 1964, p. 6.
8. O processo, *Estados Unidos contra Philadelphia National Bank*, é discutido em mais detalhes no Capítulo 5.
9. McCraw cunhou a expressão em sua obra-prima de 1984, *Prophets of Regulation* (Cambridge: Belknap Press, 1984), para descrever a ascensão da economia na política regulatória.
10. De 1965 a 2009, economistas ocuparam a maioria dos assentos no conselho de sete membros. De 1973 a 2009, pelo menos metade dos diretores dos bancos regionais do Fed eram economistas também. E, de 1978 a 2009, os economistas detiveram a maioria dos votos em todas, exceto duas, reuniões da comissão de elaboração de políticas monetárias, a Comissão Federal do Mercado Aberto. As exceções foram duas reuniões em 1995.
11. Três dos sucessores de Shultz também eram doutores em economia: W. Michael Blumenthal (1977-1979), Lawrence Summers (1999-2001) e John Snow (2003-2006).

12   FOURCADE, Marion. *Economists and Societies: Discipline and Profession in the United States, Britain, and France, 1890s to 1990s*. Princeton: Princeton University Press, 2009, loc. no e-book 1.675.
13   A regulação dos preços do pão era uma prática-padrão na Europa Medieval. Na França, ela persistiu até a era moderna. Na década de 1970, o governo fixou o preço de uma baguete básica – por si só uma inovação do século XX –, mas não de pães mais sofisticados. Em 1978, o governo anunciou o fim do controle de preços. Como em outros setores, acabou que muitos consumidores preferiram pães de qualidade mais baixa com preços menores.
14   Zhao Ziyang estava então subordinado a Deng Xiaoping como primeiro-ministro da China, líder supremo do governo. Ele foi o principal arquiteto das reformas econômicas da China até perder poder em consequência dos protestos da praça da Paz Celestial em 1989. Para um relato mais detalhado desse notável cruzeiro fluvial e do maior engajamento da China com economistas e ideias ocidentais, veja GEWIRTZ, Julian. *Unlikely Partners: Chinese Reformers, Western Economists, and the Making of Global China*. Cambridge: Harvard University Press, 2017.
15   SCHULTZE, Charles L. "The Role and Responsibilities of the Economist in Government". *American Economic Review* 72, nº 2, 1982.
16   LANDALE, James. "Thatcher's Mad Monk or True Prophet?", BBC Radio 4, 7 de abril de 2014. O livro de Timothy Noah, *The Great Divergence: America's Growing Inequality Crisis and What We Can Do About It* (Nova York: Bloomsbury, 2012), estuda as causas da desigualdade crescente nos Estados Unidos. O livro de Angus Deaton, *A grande saída: Saúde, riqueza e as origens da desigualdade* (Rio de Janeiro: Intrínseca, 2017), proporciona uma visão mais ampla, incluindo tanto o contexto internacional quanto os benefícios da desigualdade.
17   As médias decenais intermediárias são 2,160% nos anos 1970, 2,156% nos anos 1980 e 1,98% nos anos 1990. Mesmo excluindo os anos de crise de 2008 e 2009, a média anual para os oito primeiros anos da década de 2000 é apenas 1,7%. Os números são das estimativas do PIB oficial publicadas pelo Escritório de Análise Econômica do Departamento de Comércio dos Estados Unidos.
18   Fiz 30 anos em 2008, mas o declínio do poder aquisitivo da minha geração não é consequência da recessão. A parcela média dos homens que ganhavam mais do que seus pais para os nascidos de 1973 a 1983 é 43%. Em 2017, o Pew Research Center informou que apenas 37% dos americanos esperavam que seus filhos se sairiam melhor economicamente. As cifras foram retiradas do trabalho do economista Raj Chetty e seus colaboradores, disponível em: OpportunityInsights.org, e dos Indicadores Globais do Pew.
19   "The Growing Gap in Life Expectancy by Income: Implications for Federal Programs and Policy Responses", 2015, National Academies of Science, Engineering and Medicine. Disponível em: https://doi.org/10.17226/19015.
20   SCHAMA, Simon. *O desconforto da riqueza: A cultura holandesa na Época de Ouro*. São Paulo: Companhia das Letras, 2009. O economista de Harvard Dani Rodrik afirma que a linguagem econômica prevalece na comunicação política porque sintetiza ciência e narrativa. Os economistas chegam a conclusões que são supostamente científicas e preferem comunicar essas conclusões na forma de histórias "que se alojam facilmente na consciência do povo", como a simples história de que a tributação é enervante. O ex-presidente do Fed Ben S. Bernanke, explicando seus motivos para ter se tornado economista, escreveu em sua autobiografia: "Eu achava que era bom em explicar as coisas." A necessidade de uma explicação eficaz aumentou na era da comunicação de massa. O cientista político Jeffrey K. Tulis calculou que o presidente Carter fez mais discursos públicos em seus quatro anos de mandato do que todos os presidentes americanos durante todo o século XIX.
21   Até 1840, a postagem era paga no momento do recebimento e os preços eram bem altos. William J. Bernstein escreve em sua história do comércio, *Uma mudança extraordinária* (Rio de Janeiro: Campus, 2009), que, quando o Parlamento aprovou o uso de selos postais, o maior defensor do livre comércio na época, Richard Cobden, "parece que gritou de alegria: 'Lá se vão as Leis dos Cereais'". Para saber mais sobre a função da *The Economist*, veja SCHONHARDT-BAILEY, Cheryl. *From the Corn Laws to Free Trade: Interests, Ideas, and Institutions in Historical Perspective*. Cambridge: MIT Press, 2006.

22 Os governos vêm tentando contar seus habitantes há muito tempo. O quarto livro da Bíblia é chamado de Números porque registra os detalhes de um censo. Muitos dos grandes impérios mundiais, incluindo Antigo Egito, China e Roma, tentaram fazer contagens com graus variados de sucesso. Porém, as contagens populacionais continuaram raras e os levantamentos mais detalhados, ainda menos comuns. A Grã-Bretanha só foi realizar seu primeiro censo moderno em 1801. Quando Alexander Hamilton tentou reunir informações sobre a economia americana para seu "Report on Manufactures" (Relatório sobre manufaturas) em 1791, frustrou-se repetidamente. Peter Colt, fabricante de armas de Hartford, escreveu para Hamilton dizendo que ele não conseguia estimar nem sua produção anual nem suas receitas anuais, e nisso ele não estava sozinho. "Vai ser impossível averiguar os fatos necessários com precisão", escreveu um amigo de Hamilton, Timothy Pickering, a quem ele pedira informações sobre os agricultores da Pensilvânia. "Pois duvido que um agricultor americano em mil tenha determinado por mensurações reais os tamanhos de seus campos e a magnitude de sua produção." Veja COOK, Eli. *The Pricing of Progress: Economic Indicators and the Capitalization of American Life*. Cambridge: Harvard University Press, 2017.

23 De Bow foi nomeado professor de economia política na nova Universidade da Louisiana em 1848 (a instituição é chamada atualmente de Universidade Tulane). A historiadora Marion Fourcade relata que só havia três professores de economia política nos Estados Unidos em 1880. Em 1910, o número aumentara para 51. Em 2017, havia quase 13 mil professores de economia no país. Ao longo dos últimos cinquenta anos, a parcela da população adulta empregada como professores de economia mais que dobrou, apesar de, é claro, permanecer bem pequena.

24 O historiador de Stanford George Fredrickson descreveu a obra de Helper como possivelmente "o mais importante livro, em termos de impacto político, já publicado nos Estados Unidos". O livro atingiu um grande público depois que o editor do jornal de Nova York, Horace Greeley, bancou uma segunda edição, em parte para refutar um discurso de 1858 feito pelo político da Carolina do Sul James Henry Hammond, intitulado "Cotton Is King" (O algodão é rei), em que apresentava dados que supostamente mostravam a produtividade superior da economia sulista. Na época da Guerra Civil, mais de 200 mil exemplares do livro de Helper haviam sido vendidos. A contribuição de De Bow foi paradoxal; ele foi um ardente defensor tanto da escravidão quanto da secessão. Veja COOK, Eli. *The Pricing of Progress: Economic Indicators and the Capitalization of American Life*. Cambridge: Harvard University Press, 2017.

25 COYLE, Diane. *GDP: A Brief but Affectionate History*. Princeton: Princeton University Press, 2014, p. 13.

26 HARBERGER, Arnold. "Sense and Economics: An Oral History with Arnold Harberger", entrevistas realizadas por Paul Burnett em 2015 e 2016, Centro de História Oral, Biblioteca Bancroft, Universidade da Califórnia, Berkeley.

27 Diários de H. R. Haldeman, National Archives, 16 de agosto de 1971. Disponível em: nixonlibrary.gov/sites/default/files/virtuallibrary/documents/haldeman-diaries/37-hrhd-audiotape-ac12b--19710816-pa.pdf.

28 ROWEN, Hobart. "Juanita Kreps' Introspective Farewell". *The Washington Post*, 3 de novembro de 1979.

29 DALES, J. H. *Pollution, Property and Prices*. Toronto: University of Toronto Press, 1968, p. 100.

30 Várias obras recentes influenciaram meu entendimento da relação entre a ascensão do movimento conservador na política americana e a ascensão da economia de confiança no mercado, incluindo: BERNSTEIN, Michael A. *A Perilous Progress: Economists and Public Purpose in Twentieth-Century America*. Princeton: Princeton University Press, 2001; PHILLIPS-FEIN, Kim. *Invisible Hands: The Businessmen's Crusade Against the New Deal*. Nova York: Norton, 2010; MCGIRR, Lisa. *Suburban Warriors: The Origins of the New American Right*. Princeton: Princeton University Press, 2001; KRUSE, Kevin. *One Nation Under God: How Corporate America Invented Christian America*. Nova York: Basic Books, 2015; e PERLSTEIN, Rick. *Before the Storm: Barry Goldwater and the Unmaking of the American Consensus*. Nova York: Hill and Wang, 2001.

31 MCGIRR. *Suburban Warriors: The Origins of the New American Right*. Princeton: Princeton University Press, 2001, p. 7.

32 O economista Brad DeLong calcula que o trabalhador típico em 1500 d.C. era cerca de 4,7 vezes mais produtivo que o trabalhador típico em 10000 a.C. Esse é um índice de mudança extremamente lento. Como ele ressalta, isso significou que o progresso não era visível na duração de uma vida individual. Além do mais, antes da Revolução Industrial, o aumento da produtividade em geral se traduzia em populações maiores, e não em padrões de vida mais altos. Veja DELONG, Brad. *Slouching Toward Utopia: The Economic History of the Twentieth Century*. Nova York: Basic Books, 2018.
33 A lógica do artigo de Alchian e Demsetz é um exemplo clássico do gênero pró-mercado. Os autores estipularam que trabalhadores e empregadores chegavam a acordos em um mercado aberto, onde cada lado estava livre para buscar os próprios termos e onde todos estavam plenamente cientes do leque de oportunidades disponíveis. Sobre essa fundação fantástica, eles construíram um argumento elegante: os trabalhadores precisavam de um árbitro para determinar o valor de sua mão de obra e evitar que se esquivassem do trabalho, então cediam os direitos de propriedade sobre o produto coletivo a esse árbitro – a corporação. O artigo, em outras palavras, pressupôs a falta de regulação ao concluir que não havia necessidade de regulação. Em 2011, foi apontado como um dos vinte artigos mais importantes já publicados na *American Economic Review*. Veja ALCHIAN, Armen A.; DEMSETZ, Harold. "Production, Information Costs and Economic Organization". *American Economic Review* 65, nº 5, dezembro de 1972.
34 "Os grupos de nossa sociedade que têm mais razões para preservar e fortalecer o capitalismo competitivo são as minorias que podem mais facilmente se tornar o objeto de desconfiança e hostilidade da maioria: os negros, os judeus, os estrangeiros, para mencionar apenas os mais óbvios." Veja FRIEDMAN, Milton. *Capitalismo e liberdade*. Rio de Janeiro: LTC, Grupo GEN, 2014, p. 28.
35 MCGIRR, *Suburban Warriors: The Origins of the New American Right*. Princeton: Princeton University Press, 2001, p. 253.
36 Ronald Reagan foi o arauto dessa nova ênfase no individualismo. Rodgers observa que Reagan "gostava de dizer que seus adversários políticos viam as pessoas apenas como membros de grupos; seu partido, ao contrário, via as pessoas nos Estados Unidos como indivíduos". Isso ficava bem evidente em sua retórica. "Nas próprias celebrações do povo por parte de Reagan, o plural tendia a desaparecer, em prol do singular." Era uma ênfase compartilhada por muitos dos maiores retóricos do movimento do livre mercado. "Os empreendedores heroicamente independentes de [George] Gilder, os progressistas maximizadores da utilidade de [Robert] Lucas, os comerciantes de peixe e coco de [Jude] Wanniski, o pecuarista e agricultor do teorema de Coase maximizando o bem público ao participar de leilões. Imaginar o mercado naquele momento era imaginar uma gama de atores econômicos socialmente distanciados, livres para escolher." Veja RODGERS, Daniel T. *The Age of Fracture*. Cambridge: Belknap Press, 2003.
37 KEARL, J. R. et al. "A Confusion of Economists?". *American Economic Review* 69, nº 2, 1979.
38 SCHLEFER, Jonathan. *The Assumptions Economists Make*. Cambridge: Harvard University Press, 2012, p. 189.
39 WILL, George F. "Passing of a Prophet". *The Washington Post*, 8 de dezembro de 1991.

CAPÍTULO 1. MERCADOS PARA TUDO

1 "The Intellectual Provocateur". *Time*, 19 de dezembro de 1969.
2 O livro de Bernard Rostker *I Want You! The Evolution of the All-Volunteer Force* (Santa Monica: Rand, 2006) foi especialmente valioso na preparação deste capítulo. A obra inclui um arquivo digital de fontes primárias – um verdadeiro serviço de utilidade pública. Os registros das conferências realizadas mais ou menos uma vez a cada dez anos desde o final do alistamento obrigatório em 1973 também são um recurso valioso. Anderson compartilhou suas lembranças no evento de 2003. Veja "The All-Volunteer Force: 30 Years of Service", 16 de setembro de 2003. Disponível em: c-span.org/video/?178209-1/volunteer-force-30-years-service.

3   ANDERSON, Martin. "The Making of the All-Volunteer Armed Force". In FRIEDMAN, Leon; LEVANTROSSER, William (eds.). *Cold War Patriot and Statesman: Richard M. Nixon*. Westport: Greenwood Press, 1993, p. 173.
4   FRIEDMAN, Milton; FRIEDMAN, Rose. *Two Lucky People*. Chicago: University of Chicago Press, 1998, p. 220. Friedman defendeu esse mesmo argumento em uma carta a um apoiador em 1968: "A principal função desempenhada por pessoas como eu não é convencer ninguém, mas jogar ideias a esmo para que, quando as circunstâncias se apresentarem de forma a torná-las particularmente relevantes para os problemas atuais, elas estejam disponíveis para serem selecionadas." Friedman para Zadon, 19 de novembro de 1968, Documentos de Milton Friedman, caixa 214, Arquivos da Hoover Institution, Stanford, Califórnia.
5   FRIEDMAN, Milton; FRIEDMAN, Rose. *Two Lucky People*. Chicago: University of Chicago Press, 1998, p. 381.
6   SHULTZ, George. "We used to say that everyone loved to argue with Milton – when he wasn't there", apud SIMON, William. *A Time for Reflection*. Washington, D. C.: Regnery, 2004, p. 73.
7   "A Moynihan Report". *The New-York Times*, 27 de junho de 1971. Moynihan acrescentou a respeito de Friedman: "Não que eu concorde com tudo que ele diz, mas digo simplesmente que, em relação a um homem que produz ideias as quais você precisa ouvir, não há ninguém igual nesse tempo."
8   A opinião de Solow sobre o trabalho de Friedman é resumida no comentário sarcástico de que tudo fazia Friedman pensar em dinheiro. Bem, continuou Solow, tudo o fazia pensar em sexo, mas ele não colocava isso nos artigos. SOLOW, Robert M. "Review of *A Monetary History*". In: KATZ, Bernard S.; ROBBINS, Ronald E. (orgs.). *Modern Economic Classics – Evaluations Through Time*. Nova York: Garland, 1988, pp. 339-346.
9   SUMMERS, Lawrence H. "The Great Liberator". *The New York Times*, 19 de novembro de 2006.
10 SHLEIFER, Andrei. "The Age of Milton Friedman". *Journal of Economic Literature* 47, nº 1, 2009, pp. 123-135.
11 FRIEDMAN, Milton; FRIEDMAN, Rose. *Two Lucky People*. Chicago: University of Chicago Press, 1998, p. 29.
12 "Tornar-me um economista me pareceu mais relevante para as questões urgentes da época do que me tornar um matemático aplicado ou um atuário." FRIEDMAN, Milton. "Milton Friedman". In BREIT, William; HIRSCH, Barry T. (orgs.). *A vida de sete prêmios Nobel de Economia*. Rio de Janeiro: Forense Universitária, 1988.
13 Códigos de vestimentas para calouros eram comuns na década de 1920. Os calouros de Stanford, por exemplo, tinham que usar bonés verdes com bótons vermelhos; em Columbia, gravatas e meias pretas; na Williams, gravatas azuis. Veja "Princetonian Compares Freshman Rules of Discipline in United States Colleges". *Stanford Daily*, 29 de abril de 1924.
14 FRIEDMAN, Milton; FRIEDMAN, Rose. *Two Lucky People*. Chicago: University of Chicago Press, 1998, p. 58.
15 Idem, p. 81.
16 Idem, p. 84.
17 Milton Friedman nunca cedeu em relação a esse ponto. Ele manteve a opinião de que a retenção em folha tinha sido necessária para vencer a guerra. De forma mais ampla, as visões libertárias de Friedman nunca assumiram a forma de isolacionismo ou pacifismo. Ele apoiou a invasão americana no Iraque em 2003, à qual sua mulher se opôs veementemente. E expressou arrependimento pela coautoria, na época em que trabalhou no Tesouro, de *Taxing to Prevent Inflation* (Tributação para evitar inflação), um livro que assumia a visão keynesiana da dinâmica inflacionária. "Não é algo de que eu me orgulhe muito", disse ele em uma entrevista em 2000.
18 A questão é um *trade-off* entre volume e potência. O grupo de pesquisa decidiu em favor das armas menores de grande volume. Veja LYNCH, Patricia Gates. "Interview with W. Allen Wallis", 14 de maio de 1996, Associação para Estudos Diplomáticos e Treinamento, Projeto de História Oral de Relações Exteriores, Biblioteca do Congresso.

19 TAYLOR, John B. "Interview with Milton Friedman". In: SAMUELSON, Paul; BARNETT, William A. (orgs.). *Inside the Economist's Mind: Conversations with Eminent Economists*. Malden: Blackwell, 2007, pp. 133-134.
20 O relato mais completo e persuasivo do desenvolvimento intelectual de Friedman é um manuscrito não publicado de 2018 de autoria de Edward Nelson, um economista do Federal Reserve, "Milton Friedman and Economic Debate in the United States, 1932–1972", 2018, livros A e B. Disponível em: sites.google.com/site/edwardnelsonresearch.
21 Friedman fez doutorado em Columbia e não em Chicago. Ele passou o segundo ano da pós-graduação em Columbia com uma bolsa e voltou para lá para terminar o trabalho. Seu orientador foi Simon Kuznets, que ganhou o Prêmio Nobel por seu papel pioneiro no desenvolvimento de métodos estatísticos para a mensuração da atividade econômica nacional. Uma versão da tese foi publicada com o título *Income from Independent Professional Practice* (Nova York: National Bureau of Economic Research, 1945). A visão de Friedman da profissão médica permaneceu inalterada. Ele disse a um entrevistador em 1969: "Sempre me divirto perguntando para as pessoas: 'Qual você acha que é o sindicato mais poderoso nos Estados Unidos?' E quase nunca me dão a resposta certa, que é a Associação Médica Americana."
22 O economista liberal Paul Krugman, ao reler o livreto mais de cinquenta anos depois, escreveu em admiração a Friedman que "seu estilo de showman combinado com sua capacidade de mobilizar evidências fez dele o melhor porta-voz das virtudes do livre mercado desde Adam Smith". Veja KRUGMAN, Paul. "Who Was Milton Friedman?". *New York Review of Books* 54, nº 2, 15 de fevereiro de 2007.
23 A nota acrescentada dizia, em parte, que "significava que, mesmo do ponto de vista de quem colocava a igualdade acima da justiça e da liberdade, os controles de aluguéis eram o fim da picada". Veja FRIEDMAN, Milton; STIGLER, George J. *Roofs or Ceilings? The Current Housing Problem*. Irvington-on-Hudson: Foundation for Economic Education, 1946, p. 10. Tanto Friedman quanto Stigler achavam que os livres mercados eram a melhor reparação para a desigualdade econômica, mas apoiavam algumas formas de intervenção governamental. "Deveríamos tentar tornar as rendas do trabalho mais igualitárias", disse Stigler em um discurso em 1949, "expandindo os sistemas educacionais, melhorando a mobilidade laboral, eliminando os monopólios trabalhistas, fornecendo assistência médica para crianças pobres e medidas semelhantes." Veja STIGLER, George. *Five Lectures on Economic Problems*. Londres: Longmans, Green, 1949. Friedman defendeu por muito tempo a criação de um crédito ou reembolso fiscal para famílias de baixa renda.
24 JUDT, Tony. *Pós-guerra: Uma história da Europa desde 1945*. Rio de Janeiro: Objetiva, 2015.
25 DOHERTY, Brian. "Best of Both Worlds: An Interview with Milton Friedman". *Reason*, junho de 1995.
26 FRIEDMAN, Milton. "Neo-Liberalism and Its Prospects". *Farmand*, 17 de fevereiro de 1951.
27 FRIEDMAN, Milton. *Capitalismo e liberdade*. Rio de Janeiro: LTC, 2014.
28 Friedman escreveu pela primeira vez a Goldwater em 1960 para reclamar do ponto de vista do senador sobre a regulação dos fluxos internacionais de capital. Em 1961, Goldwater fez contato com Friedman depois de assistir ao professor debater com o senador Joseph Clark, um liberal da Pensilvânia que tirava Goldwater do sério. Os dois primeiros se conheceram em 1962, na casa de William J. Baroody Sr., diretor do American Enterprise Institute. Para saber mais sobre Goldwater e seu lugar na história americana, veja PERLSTEIN, Rick. *Before the Storm: Barry Goldwater and the Unmaking of the American Consensus*. Nova York: Hill and Wang, 2001.
29 FRIEDMAN, Milton. "The Goldwater View of Economics". *The New York Times Magazine*, 11 de outubro de 1964.
30 FRIEDMAN, Milton. "Why Not a Voluntary Army?". *New Individualist Review* 4 (primavera de 1967), pp. 3-9.
31 Jefferson apresentou esse argumento em uma carta para James Monroe, repetindo-o em outras cartas. O Congresso se recusou a autorizar um alistamento obrigatório durante a Guerra de 1812 e Jefferson achou que Washington, D. C. tinha sido ocupada e destruída como consequência disso. Veja *The Writings of Thomas Jefferson*. Washington, D. C.: Thomas Jefferson Memorial Association of the United States, 1905, 13, p. 261.

32   LILBURNE, John; OVERTON, Richard; PRINCE, Thomas; WALWYN, William. "An Agreement of the Free People of England" (1649).
33   TAFT, Robert. "Compulsory Military Training in Peacetime Will Destroy Government by the People". In: WUNDERLIN JR., Clarence E. (org.). *The Papers of Robert A. Taft*. Kent: Kent State University Press, 2003, 3, p. 53.
34   Galbraith era um opositor convicto do serviço militar obrigatório; assim como Friedman, encarava-o como um imposto. Ele não conseguiu fazer com que Stevenson soasse igualmente firme, e talvez tenha sido por isso que Stevenson continuou a perder eleições. Discursando na escadaria do fórum em Youngstown, Ohio, o candidato se dirigiu à multidão dizendo: "Em relação a essa questão de atender à necessidade cada vez mais urgente de militares profissionais e experientes, observei que isso pode muito bem significar que vamos precisar em um futuro próximo adotar um método diferente de alistamento para obter esse pessoal." Veja "Text of Stevenson Talk at Youngstown". *The New York Times*, 19 de outubro de 1956.
35   MORRIS, Thomas D. "Statement, Hearing Before the House Committee on Armed Services". Cong. Rec. H9942, 30 de junho de 1966.
36   WHALEN, Richard J. "Here Come the Conservatives". *Fortune*, dezembro de 1963, pp. 108-109.
37   LUBELL, Samuel. *The Future of American Politics*. Nova York: Harper and Brothers, 1952, p. 196.
38   OI, Walter Y. "The Costs and Implications of an All Volunteer Force". In: TAX, Sol (org.). *The Draft: A Handbook of Facts and Alternatives*. Chicago: University of Chicago Press, 1967, pp. 221-251. Os homens precisavam se registrar para o alistamento no dia de seu aniversário de 18 anos, mas só poderiam ser convocados ao completar 19 anos.
39   TAX, Sol. *The Draft: A Handbook of Facts and Alternatives*. Chicago: University of Chicago Press, 1967, pp. 307-308.
40   "Um dos principais produtos do processo de classificação do Serviço Seletivo é o encaminhamento de mão de obra para muitos empreendimentos, ocupações e atividades que são de interesse nacional", dizia um livreto enviado às juntas locais de alistamento. "Muitos jovens não teriam ido para o ensino superior se não houvesse um programa de adiamento do alistamento para estudantes (...). Apesar de historicamente o salário de professor ser baixo, muitos jovens permanecem na profissão por conta da recompensa do adiamento do alistamento." Veja Selective Service Administration, "Channeling", 1º de julho de 1965, reimpresso por *Columbia Daily Spectator*, 24 de outubro de 1967.
41   WEHRWEIM, Austin. "Protesters End Chicago U. Sit-In". *The New York Times*, 14 de maio de 1966.
42   Os organizadores elaboraram um relato detalhado dos procedimentos: veja TAX, Sol. *The Draft: A Handbook of Facts and Alternatives*. Chicago: University of Chicago Press, 1967.
43   Agradeço muito a Marjorie Oi, esposa de Walter, por compartilhar as lembranças de seu marido e uma riqueza de materiais primários e secundários sobre a vida e a obra dele.
44   OI, Walter. "Costs and Implications of an All Volunteer Force". In: TAX, Sol (org.). *The Draft: A Handbook of Facts and Alternatives*. Chicago: University of Chicago Press, 1967, pp. 221-251. O Pentágono desenvolveu um raciocínio segundo as seguintes linhas de pensamento: imagine uma nação com 100 jovens. A nação pede a cada homem que dê o seu preço para servir nas Forças Armadas. O primeiro, um patriota, se oferece para servir por apenas 1 dólar ao ano; o segundo diz 2 dólares; o terceiro diz 3; e daí por diante até que o centésimo diz que só serviria por 100 dólares. A nação tem que pagar o mesmo salário a cada homem. Se quiser uma força armada de 10 homens e o décimo quiser 10 dólares ao ano, então a conta total será 100 dólares. Para aumentar o Exército para 20 homens, o governo terá que pagar o salário pedido pelo vigésimo homem, que é 20 dólares, então a conta total aumentará para 400 dólares. O serviço militar obrigatório era mais barato no papel. Digamos que a nação quisesse um Exército de 10 homens e decidisse pagar a cada soldado um salário simbólico de 5 dólares ao ano. Ainda conseguiria 5 voluntários e convocaria 5 homens a um custo total de 50 dólares. A economia com um Exército de 20 homens é ainda maior.
45   TAX, Sol. *The Draft, A Handbook of Facts and Alternatives*. Chicago: University of Chicago Press, 1967, p. viii.

46 FORD, John J. "Looking Back on the Termination of the Draft", 2003. Disponível em: rand.org/content/dam/rand/pubs/monographs/MG265/images/webS0881.pdf.
47 Friedman tinha 29 anos quando os Estados Unidos entraram na Segunda Guerra Mundial, mas ficou dispensado do alistamento enquanto trabalhasse no Tesouro. Em uma entrevista em 1996, Friedman disse que ficou no Tesouro para escapar da guerra. "O único motivo para ficar no Tesouro foi evitar o alistamento", contou ele. Seu segundo emprego na época da guerra, em Columbia, manteve a dispensa. Veja "Rose and Milton Friedman: Our Early Years". *Hoover Digest*, 1996.
48 ANDERSON, Martin. *The Federal Bulldozer: A Critical Analysis of Urban Renewal, 1949–1962*. Cambridge: MIT Press, 1964, p. 56.
49 ANDERSON, Martin. *Impostors in the Temple*. Nova York: Simon and Schuster, 1992, p. 37.
50 ANDERSON, Martin. "An Analysis of the Factors Involved in Moving to an All-Volunteer Force", abril de 1969 e 10 de julho de 1969, Martin Anderson Collection, Richard Nixon Presidential Library, Yorba Linda, Califórnia. Disponível em: nixonfoundation.org/wp-content/uploads/2012/01/An-Analysis-of-the-Factors-Involved-in-Moving-to-an-All-Volunteer-Armed-Force-by-Martin-Anderson.pdf. As apresentações que Friedman e Oi fizeram na conferência de Chicago foram reimpressas na *New Individualist Review*, uma revista libertária publicada por estudantes da Universidade de Chicago. Veja FRIEDMAN, Milton. "Why Not a Voluntary Army?", pp. 3-9.
51 BUCHANAN, Patrick J. "Memo to RN, October 23, 1967". In: *The Greatest Comeback*. Nova York: Crown Forum, 2014, p. 376.
52 SEMPLE JR., Robert B. "Nixon Backs Eventual End of Draft". *The New York Times*, 18 de novembro de 1967.
53 A Casa Branca sob o governo Nixon acompanhava a opinião pública sobre o alistamento com certa cautela. A primeira pesquisa que detectou que a maioria da população preferia um Exército totalmente voluntário foi um estudo da Harris em janeiro de 1970, que apontava um resultado de 52%. Veja o memorando de David J. Callard para Robert Odle, "Public Relations Regarding an All-Volunteer Force", 11 de março de 1970, reimpresso em ROSTKER, *I Want You!*, G1133.pdf.
54 NIXON, Richard. *The Memoirs of Richard Nixon*. Nova York: Grosset and Dunlap, 1978, p. 522. Essa foi uma explicação parcial. O maior interesse de Nixon eram as relações exteriores. "Sempre pensei que este país poderia se autogerir internamente sem um presidente", disse Nixon ao jornalista Theodore H. White. "O presidente é necessário para a política externa." Em relação à política interna, o que guiava Nixon era seu desejo de ganhar as eleições. Nixon reconheceu o cálculo político em uma carta de 1985, ao escrever: "O que realmente determinou minha decisão de apoiar o Exército voluntário foi o desconforto em relação ao alistamento por causa da Guerra do Vietnã. Porém eu não teria dado continuidade à questão após a eleição se não tivesse ficado convencido de que um Exército voluntário era economicamente factível e militarmente aceitável." Veja Richard Nixon para Robert K. Griffith, 29 de janeiro de 1985. In: GRIFFITH JR., Robert K. *The U.S. Army's Transition to the All-Volunteer Force*. Washington, D. C.: Center of Military History, 1997, p. 43.
55 O enunciado exato da plataforma foi: "Quando as necessidades de mão de obra militar puderem ser consideravelmente reduzidas, poremos o Sistema de Serviço Seletivo em stand-by e o substituiremos por uma força voluntária obtida por meio de remuneração adequada e incentivos." Veja "Republican Party Platform of 1968", 5 de agosto de 1968. Disponível em: presidency.ucsb.edu/documents/republican-party-platform-1968.
56 "Humphrey Urges Bill of Rights for Draftees; Raps Nixon Plan". *Chicago Tribune*, 18 de agosto de 1968.
57 NIXON, Richard. "The All Volunteer Armed Force". CBS Radio Network, 17 de outubro de 1968, reimpresso por Nixon-Agnew Campaign Committee, *Major Speeches and Statements by Richard M. Nixon in the Presidential Campaign of 1968*, 1968.
58 ROSTKER, Bernard. *I Want You! The Evolution of the All-Volunteer Force*. Santa Monica: Rand, 2006, p. 509.

59   Esse relato está baseado em lembranças escritas de Wallis e Oi e em minha entrevista com Marjorie Oi. Veja LYNCH, Patricia Gates. "Interview with W. Allen Wallis" (a transcrição grafou o nome de Oi erroneamente como "Hoig"). Veja também OI, Walter. "Historical Perspectives on the All-Volunteer Force: The Rochester Connection". In: FRIEDLAND, J. Eric *et al.* (orgs.). *Professionals on the Front Line: Two Decades of the All-Volunteer Force.* Washington, D. C.: Brassey's, 1996, p. 44. Em uma entrevista no dia 10 de março de 2017, perguntei a Marjorie Oi como ela se sentiu com o final abrupto da viagem. Naquele momento, ela já tivera uma vida inteira de experiências com Oi em particular e com economistas em geral. Ela riu. "Não sei quanto você lida com acadêmicos que trabalham nesse nível", disse ela. "Não se trata apenas de um emprego, mas de todo um estilo de vida."

60   NIXON, Richard. "Memorandum to Melvin Laird, February 2, 1969". Coleção Anderson, caixa 1, pasta 8, Biblioteca de Nixon.

61   A citação foi retirada das anotações da reunião de Anderson. Veja ANDERSON, Martin. "President's Office, 14 March 1969, 4:30 p.m.". Coleção Anderson, caixa 1, pasta 9, Biblioteca de Nixon. Essas anotações são consistentes com a declaração pública do presidente ao anunciar a criação da comissão: "Orientei a Comissão a desenvolver um plano abrangente para eliminação do serviço militar obrigatório e a adoção de Forças Armadas totalmente voluntárias." Veja "Statement by the President Announcing a Commission on an All-Volunteer Armed Force", 7 de março de 1969. In: *The Report of the President's Commission on an All-Volunteer Armed Force.* Washington, D. C.: GPO, 1970, p. vii. Anderson relatou uma visão diferente dessa reunião em um relato de 1991. Ele disse que Nixon reagiu às dúvidas de Gates declarando: "É exatamente por isso que quero que você ocupe o cargo de presidente da comissão. Se você mudar de ideia e passar a achar que devemos acabar com o alistamento, então saberei que é uma boa ideia." Veja ANDERSON, Martin. *The Making of the All-Volunteer Armed Force.* Palo Alto: Hoover Institution, 1991, p. 5. Os textos publicados de Anderson, contudo, estão lotados de liberdades artísticas e inexatidões verificáveis.

62   "Memo from David J. Callard, August 28, 1969". Coleção Anderson, caixa 38, pasta 2, Biblioteca de Nixon.

63   Não há transcrição da conversa porque Westmoreland testemunhou em uma sessão fechada. O registro mais antigo que pude encontrar, citado aqui, foi retirado de uma carta que Friedman escreveu ao presidente Reagan no dia 2 de junho de 1981, disponível nos documentos de Friedman na Hoover Institution. Friedman mais tarde registrou uma série de versões ligeiramente diferentes, inclusive em sua biografia escrita em 1998. A conversa foi bem ensaiada por ambos os lados. O general Hershey com frequência invocou o espectro dos mercenários e seus aliados tomaram a fala emprestada. Friedman, por sua vez, divulgou uma versão de sua réplica na Conferência de Chicago em 1966 e o senador Goldwater usou dizeres semelhantes em um artigo datado de 1967.

64   Gates descreveu a reunião em uma carta a Friedman, que não compareceu. Também agradeceu pela "grande contribuição tanto em termos de ajuda material com o texto quanto com a resolução de alguns de nossos debates mais problemáticos". Veja Carta de Thomas S. Gates para Milton Friedman, 12 de março de 1970, Documentos de Friedman, caixa 209, pasta 7, Hoover Institution.

65   Memorando de Callard para Odle, "Public Relations Regarding an All-Volunteer Force", G1133.pdf.

66   *The Report of the President's Commission on an All-Volunteer Armed Force.* Washington, D. C.: GPO, 1970, pp. 9-10.

67   "Draft Extended After War, Foreign Policy Debate". *CQ Almanac 1971.*

68   "Anti-War Senators Divided over Draft". United Press International, 4 de junho de 1971.

69   ROSENBAUM, David. "Lottery Is Held to Set the Order of Draft in 1970". *The New York Times*, 2 de dezembro de 1969. O primeiro sorteio incluía homens com idades entre 19 e 26 anos que não tinham servido no Exército. Sorteios anuais subsequentes incluíam apenas a nova safra de jovens com 19 anos de idade.

70   "Vamos ficar nesse nível em vez de ter esse grande dividendo da paz", disse o diretor de orçamento da Casa Branca, Caspar Weinberger, a Nixon em 26 de janeiro de 1973. O deputado Gerald Ford,

líder minoritário na Câmara, acrescentou: "Senhor presidente, o povo americano queria o Exército totalmente voluntário, então vai ter que pagar por isso." Veja BRINKLEY, Douglas; NICHTER, Luke A. (orgs.). *The Nixon Tapes, 1973*. Boston: Houghton Mifflin Harcourt, 2015, pp. 26-28.

71 LAIRD, Melvin. Palestra na conferência do Departamento de Defesa. "The All-Volunteer Force: 30 Years of Service". Washington, D. C., 16 de setembro de 2003. Disponível em: c-span.org/video/?178209-1/volunteer-force-30-years-service.

72 Em 22 de junho de 1970, o presidente Nixon assinou uma lei baixando a idade mínima para votar para 18 anos. Quando a Suprema Corte decidiu em dezembro que os estados ainda poderiam estabelecer uma idade mínima para votar mais alta, o Congresso reagiu com espantosa rapidez. O Senado votou pela emenda à Constituição em 10 de março de 1971 e a Câmara endossou com uma votação de 401 a 19 apenas duas semanas depois. Cinco estados, incluindo Connecticut, ratificaram a emenda no dia da votação da Câmara. Quando as assembleias legislativas da Carolina do Norte e de Oklahoma ratificaram a emenda em 1º de julho de 1971, ela se tornou lei nacional.

73 "Last Draftee Glad He's Out". *The New York Times*, 31 de maio de 1982.

74 GRIFFITH, Robert K. *U.S. Army's Transition to the All-Volunteer Force*. Washington, D. C.: Center of Military History, 1997, p. 32.

75 BAILEY, Beth. *America's Army: Making the All-Volunteer Force*. Cambridge: Belknap Press, 2009, loc. no e-book 1.108-1.044.

76 TAX, Sol. *The Draft, A Handbook of Facts and Alternatives*. Chicago: University of Chicago Press, 1967, p. 459. O orador foi Timothy McGinley, um funcionário do Departamento do Trabalho.

77 O tamanho do efetivo militar na ativa foi cortado pela metade, da estimativa de 2,6 milhões usada pela Comissão Gates até cerca de 1,3 milhão em 2017.

78 WOODS, David. "Last Draftee, Who Tried to Hide, Now Believes in Service". Newhouse News Service, 22 de junho de 1993.

79 ANDERSON, Martin. Apresentação na conferência do Departamento de Defesa. "The All-Volunteer Force: 30 Years of Service", Washington, D. C., 16 de setembro de 2003. Disponível em: c-span.org/video/?178209-1/volunteer-force-30-years-service.

80 SMALL, Melvin; HOOVER, William D. *Give Peace a Chance: Exploring the Vietnam Antiwar Movement*. Syracuse: Syracuse University Press, 1992, p. 117.

81 CURRIN JR., Scovill Wannamaker. *An Army of the Willing: Fayette'Nam, Soldier Dissent, and the Untold Story of the All-Volunteer Force*. Tese de doutorado, Universidade Duke, 2015.

82 As proporções são semelhantes para o mais recente, porém muito menor, destacamento de tropas para o combate ao Estado Islâmico na Síria. Veja "Department of Defense Contractors in Afghanistan and Iraq". 13 de maio de 2011, Congressional Research Service.

83 *The Report of the President's Commission on an All-Volunteer Armed Force*. Washington, D. C.: GPO, 1970, p. 155. Os Estados Unidos geralmente financiavam suas guerras com dinheiro emprestado, limitando ainda mais a preocupação pública com o conflito. Muitos economistas veem pouca diferença entre tomar dinheiro emprestado e aumentar impostos, porque os eleitores sabem que a dívida precisa ser paga, o que significa que os impostos precisarão ser aumentados em algum momento. Os políticos vêm ignorando essa teoria com sucesso considerável durante a maior parte da história. Uma proposta intrigante para tornar o custo da guerra mais tangível, apresentada pelo deputado David Obey (D-WI) em 2009, exigiria que o governo impusesse uma sobretaxa ao imposto sobre a renda para cobrir qualquer gasto com guerras.

CAPÍTULO 2. FRIEDMAN VERSUS KEYNES

1 POLANYI, Karl. *A grande transformação: As origens da nossa época*. Rio de Janeiro: Campus, 2000, p. 52.

2 KEYNES, John Maynard. "An Open Letter". *The New York Times*, 31 de dezembro de 1933. Quando a carta foi publicada, Keynes tinha 50 anos e já era um proeminente intelectual e elaborador de

políticas econômicas havia várias décadas. Porém, antes de 1933, deixara poucas marcas na teoria econômica. Seu biógrafo Robert Skidelsky observou que seu legado intelectual reside principalmente nas ideias que desenvolveu e defendeu nos últimos anos de vida.

3   A essência da economia keynesiana é que poupar não é o mesmo que investir. Isso é verdade para o dinheiro guardado debaixo do colchão e para o dinheiro depositado no banco. Aumentar a quantidade de dinheiro no sistema bancário não necessariamente aumenta a disposição dos bancos para conceder empréstimos nem a demanda por empréstimos. Quando o governo retira dinheiro do setor privado, por meio de impostos ou empréstimos, o dinheiro sai da renda e da poupança. A parte que sai da poupança é então devolvida para uso.

4   Samuelson definiu a corrente principal da economia americana ao longo de trinta anos em edições sucessivas de seu livro-texto, *Economia*, lançado em 1948. Também foi uma força dominante ao moldar a prática da economia, inclusive a virada para a matemática. "Posso alegar que, ao falar de economia moderna, estou falando de mim mesmo", disse Samuelson em 1985. "Meti o dedo em todos os bolos." Mas, em seu livro, ele faz apenas uma participação especial, porque desempenhou um papel relativamente pequeno nos debates sobre políticas públicas. Quando o presidente Kennedy convidou Samuelson para presidir seu Conselho de Consultores Econômicos, este recusou. Ele explicou depois que não queria impor sacrifícios à esposa e aos filhos. Quando Kennedy convidou James Tobin para ocupar o cargo, Tobin perguntou à esposa se não podia seguir Samuelson e recusar. "Bom", respondeu ela, "Paul tem que viver com a consciência de Paul Samuelson e você tem que viver com a consciência de Jim Tobin." Tobin foi para Washington – e depois contou sobre as observações de sua esposa durante uma entrevista para a Biblioteca Presidencial JFK. Para ver a citação de Samuelson, veja "Lord Keynes and the General Theory". *Economica* 14, nº 3 (1946).

5   Keynes escreveu a carta para o *Times* incitado por Felix Frankfurter. Frankfurter disse a Keynes que o presidente seria receptivo ao argumento e enviou a Roosevelt uma cópia antes da publicação. Veja WAPSHOTT, Nicholas. *Keynes x Hayek: As origens e a herança do maior duelo econômico da história*. Rio de Janeiro: Record, 2016.

6   PERKINS, Frances. *The Roosevelt I Knew*. Nova York: Viking, 1946, p. 215. O relato é citado com frequência como prova de que Roosevelt não entendeu o argumento que Keynes estava apresentando. Essa era certamente a visão assumida por Keynes, que disse a Perkins que ele "tinha suposto que o presidente fosse mais culto, do ponto de vista econômico". Keynes, que era fascinado por mãos, depois escreveu que Roosevelt tinha "unhas curtas e arredondadas como as de um homem de negócios", o que ele não considerava um elogio. Em um artigo de 1965 sobre Keynes, a *Time* fez um relato semelhante do que o presidente disse depois da reunião: "Não entendi uma palavra sequer do que o homem estava falando." O historiador Eric Rauchway, contudo, argumenta que Roosevelt entendeu Keynes e estava expressando um julgamento político.

7   Roosevelt tomou posse com um compromisso ortodoxo de equilibrar orçamentos, apesar de, desde o início, ter apoiado o gasto deficitário em programas de ajuda emergencial. "Aceitamos a responsabilidade final do governo, depois de tudo mais ter falhado, de gastar dinheiro quando mais ninguém tinha dinheiro disponível para gastar", disse ele em um discurso de campanha em 1936. No ano seguinte, Roosevelt começou a fechar a torneira e a economia reverteu seu tênue progresso. Isso o convenceu a aderir a um programa mais agressivo de gasto deficitário em 1938. O começo logo após a transformação dos Estados Unidos no "arsenal da democracia" deixa em aberto a questão de quão fortemente Roosevelt teria aderido a ideais keynesianos se não fosse a guerra. Apesar de o governo não ter divulgado dados sobre desemprego na época, o Escritório de Estatísticas do Trabalho estimou em 1948 que a taxa de desemprego havia sido de 17% em 1939, declinando para 1% em 1944, o último ano completo de guerra. Alguns historiadores enfatizam a contribuição de programas de gastos do New Deal de Roosevelt. Veja, por exemplo, RAUCHWAY, Eric. *The Money Makers: How Roosevelt and Keynes Ended the Depression, Defeated Fascism and Secured a Prosperous Peace*. Nova York: Basic Books, 2015.

8   O governo de coalizão de Winston Churchill durante a guerra havia emitido anteriormente um comunicado em 1944 que dizia que o governo era responsável por "níveis altos e estáveis de emprego".
9   Edwin G. Nourse, o primeiro presidente do Conselho de Consultores Econômicos (CCE), foi um economista agrícola, como foram vários dos consultores econômicos de Roosevelt. Essa especialização era mais comum na época e conhecida por ter um foco em questões práticas. O Departamento de Agricultura foi um dos primeiros órgãos do governo federal a institucionalizar a presença de economistas, criando a Agência de Economia Agrícola em 1921. O segundo presidente do CCE, Leon Keyserling, era um advogado que tinha feito pós-graduação em economia. Todos os presidentes subsequentes tinham doutorado em economia, com exceção de Alan Greenspan, o presidente de 1974 a 1977, que concluiu seu doutorado após deixar o cargo.
10 A biógrafa de Wilder, Caroline Fraser, concluiu que Wilder compartilhava as convicções políticas da filha. Veja FRASER, Caroline. *Prairie Fires: The American Dreams of Laura Ingalls Wilder*. Nova York: Metropolitan Books/Henry Holt, 2017.
11 O livro-texto foi escrito pelo jovem economista canadense Lorie Tarshis, que foi aluno de Keynes em Cambridge. William F. Buckley lançou o ataque mais famoso a Tarshis em *God and Man at Yale* (1951), uma polêmica que serviu como força formativa na ressurgência do conservadorismo americano. Na época em que apareceu, porém, Tarshis já tinha perdido seu público. Veja LANE, Rose Wilder. "Review of *The Elements of Economics*". *National Economic Council Review of Books*, agosto de 1947, pp. 1-8.
12 O artigo de Phillips foi "The Relation Between Unemployment and the Rate of Change of Money Wages in the United Kingdom, 1861–1957". *Economica* 25, nº 100 (1958). O artigo do "menu" foi SAMUELSON, Paul A.; SOLOW, Robert M. "Analytical Aspects of Anti-Inflation Policy". *American Economic Review* 50, nº 2 (1960).
13 JONES, Daniel Stedman. *Masters of the Universe: Hayek, Friedman and the Birth of Neoliberal Politics*. Princeton: Princeton University Press, 2012, p. 191.
14 As citações foram retiradas de entrevistas realizadas em um estudo de 1969 do Comitê de Métodos e Recursos. Os indivíduos são descritos como membros antigos do comitê. Veja MANLEY, John F. *The Politics of Finance: The House Committee on Ways and Means*. Boston: Little, Brown, 1970, pp. 92-93.
15 ZELIZER. Julian E. *Taxing America: Wilbur D. Mills, Congress and the State, 1945–1975*. Cambridge: Cambridge University Press, 1998, p. 84.
16 "The Federal Revenue System: Facts and Problems", Comitê Econômico Conjunto, 1956.
17 O contador dos Beatles na década de 1960 deixou para a posteridade os esforços bem-sucedidos em evitar a tributação, descrevendo os membros do grupo como "garotos desmazelados que não queriam pagar impostos". A letra é da canção "Taxman", do álbum *Revolver* dos Beatles de 1966, escrita por George Harrison.
18 A publicidade da campanha republicana em 1960 observou que Kennedy tinha faltado a seis sessões consecutivas sobre política fiscal. Paul Samuelson depois disse sobre Kennedy: "Testemunhei muitas e muitas vezes diante desse comitê... Nunca o vi em uma reunião sequer".
19 Em uma reunião inicial com os consultores econômicos, um dos professores de Harvard começou a falar rápido e um dos colegas pediu que ele desacelerasse e encarasse a sessão como uma aula introdutória. "Ah, Jack tirou A em economia", respondeu o professor, referindo-se ao fato de que Kennedy fora aluno da disciplina introdutória de economia em Harvard. Kennedy disse: "Isso foi em 1940, e eu tirei C." O professor prosseguiu mais devagar. Veja "Council of Economic Advisers: Walter Heller, Kermit Gordon, James Tobin, Gardner Ackley, Paul Samuelson, Interview by Joseph Pechman on August 1, 1964", p. 43, Programa de História Oral, Biblioteca Presidencial John F. Kennedy, Boston.
20 MARKMANN, Charles Lam; SHERWIN, Mark. *John F. Kennedy: A Sense of Purpose*. Nova York: St. Martin's, 1961, p. 67. Há várias versões ligeiramente diferentes dessa citação em circulação, apesar de o ponto principal ser sempre o mesmo. Essa é a primeira versão publicada que consegui encontrar.
21 "Council of Economic Advisers Interview by Joseph Pechman", pp. 79-80, Programa de História Oral, Biblioteca Presidencial John F. Kennedy, Boston.

22 Humphrey escolheu um mau exemplo. Heller vivia a leste do rio em um bairro chamado University Grove. A universidade era proprietária dos terrenos e arrendava lotes para membros do corpo docente, que então precisavam contratar um arquiteto. O resultado é um museu vivo da arquitetura americana do século XX.
23 Heller narrou a reunião em várias entrevistas, com alto grau de consistência. A citação feita aqui e os detalhes do encontro foram retirados de SOBEL, Robert. *The Worldly Economists*. Nova York: Free Press, 1980, p. 119.
24 HELLER, Walter W. *New Dimensions of Political Economy*. Nova York: Norton, 1966, p. 15.
25 Um exemplo da alegria de Heller é sua descrição do déficit federal como "o buraco negro em que a poupança que deveria ir para o investimento privado e o crescimento econômico é incansavelmente desviada". Veja CRICHTON, Kyle. "Walter Heller: Presidential Persuader". *The New York Times*, 21 de junho de 1987.
26 HELLER, Walter W. "Activist Government: Key to Growth". *Challenge*, março-abril de 1986.
27 Alguns keynesianos valorizavam bastante o gasto público e argumentavam que o governo poderia acelerar o crescimento econômico aumentando impostos e gastando esse dinheiro. "Os comunistas estão dizendo ao mundo que só eles sabem como mobilizar recursos econômicos para um crescimento rápido", escreveu o economista keynesiano James Tobin em um ensaio publicado em 1960 em *The New Republic*, com base em um memorando que ele escreveu para Kennedy durante a campanha. Tobin disse que os economistas conheciam uma receita melhor que a dos comunistas: mais gasto público. E, para levantar os fundos, segundo ele, o governo deveria aumentar os impostos. "Aumento de impostos", escreveu ele, "é o preço do crescimento." No entanto, Tobin não era favorável a enterrar dinheiro em antigas minas. Ele advertiu que o gasto só funcionaria se o governo encaminhasse os fundos para investimento em vez de para consumo. Veja TOBIN, James. "Growth Through Taxation". *The New Republic*, 25 de julho de 1960.
28 Muitos keynesianos tradicionais, por outro lado, odiaram o plano de Heller. Leon Keyserling, principal consultor econômico de Harry Truman, disse que Kennedy tinha aderido a uma economia do "gotejamento", invocando uma imagem com um longo histórico na política americana. William Safire, em seu *Political Dictionary*, dá o crédito a William Jennings Bryan, que criticou os republicanos com seu famoso discurso "Cross of Gold" (Cruz de Ouro) em 1896 por servirem aos ricos e prometerem que "sua prosperidade vazará para os que estão embaixo". Outra metáfora comum comparava essas políticas fiscais com dar cereais a cavalos como meio de alimentar pardais.
29 O argumento de Mellon pressupunha a lógica da economia pelo lado da oferta. Sobre as altas alíquotas de impostos, ele disse: "Os contribuintes, pelos muitos meios disponíveis, evitam uma renda tributável e o governo obtém menos de uma alíquota alta do que obteria de uma mais baixa." MELLON, Andrew. *Taxation: The People's Business*. Nova York: Macmillan, 1924, p. 13. Analistas modernos geralmente concluem que a expansão econômica, mais que os cortes de impostos, foi o impulsionador principal dos ganhos de receita. Veja, por exemplo, ROMER, Christina D.; ROMER, David H. "The Incentive Effects of Marginal Tax Rates: Evidence from the Interwar Era", fevereiro de 2012, Departamento Nacional de Pesquisas Econômicas.
30 Richard Reeves relata que o presidente da DuPont, Crawford Greenewalt, disse a Kennedy em meados de agosto de 1962 que a empresa estava operando a 80% de sua capacidade, confirmando o argumento de Heller de que o problema era falta de demanda. Veja REEVES, Richard. *President Kennedy: Profile of Power*. Nova York: Simon and Schuster, 1993, p. 333.
31 Kennedy abordou pela primeira vez a ideia de um corte de impostos em um discurso de junho de 1962, mas continuou em cima do muro até o discurso de dezembro. Veja STEIN, Herbert. *The Fiscal Revolution in America*. Washington, D. C.: AEI Press, 1996, p. 406-408.
32 HELLER, Walter W. *New Dimensions of Political Economy*. Nova York: Norton, 1966, p. 35.
33 Dillon fez as observações em uma entrevista realizada pela Biblioteca Presidencial John F. Kennedy em 21 de setembro de 1964, dada com a condição de que o conteúdo permanecesse em sigilo até cinco anos após a morte de Dillon.

34 REEVES, Richard. *President Kennedy: Profile of Power*. Nova York: Simon and Schuster, 1993, p. 454.
35 Robert Caro narra as negociações de Johnson em detalhes. Veja *The Passage of Power*. Nova York: Knopf, 2012, p. 466-483.
36 "O maior fator psicológico que podemos criar para controlar os gastos é a negação de receitas adicionais para o Tesouro dos Estados Unidos", disse Mills em um discurso em 1963 exortando apoio aos cortes de impostos.
37 EVANS, Rowland; NOVAK, Robert. *Lyndon Johnson: The Exercise of Power*. Nova York: New American Library, 1966, p. 372.
38 O economista keynesiano James Tobin defendia a abordagem "quando a maré enche, todos os barcos levantam", mesmo em retrospecto: "Os adeptos da Nova Economia não tiveram que se confrontar com questões distributivas diretamente. Estava claro de antemão que, se suas políticas macroeconômicas fizessem efeito e fossem bem-sucedidas, a recuperação e o crescimento durante a década de 1960 fariam muito mais por elevar a renda dos pobres e desfavorecidos do que qualquer redistribuição viável e seriam muito menos política e socialmente divisivas." Veja TOBIN, James. *The New Economics One Decade Older*. Princeton: Princeton University Press, 1974, p. 53.
39 "Não podemos afrouxar nossos esforços de aumentar a eficiência técnica da política econômica", escreveu Heller no livro de 1966, *New Dimensions of Political Economy*. "Mas também é claro que essa promessa não será cumprida a menos que seja associada a técnicas melhoradas de gestão econômica uma determinação de converter boa ciência econômica e uma grande prosperidade em uma boa vida e em uma grande sociedade."
40 JOHNSON, Lyndon B. *The Vantage Point*. Nova York: Holt, Rinehart and Winston, 1971, p. 74.
41 "We Are All Keynesians Now". *Time*, 31 de dezembro de 1965. Paul Volcker posteriormente disse ao jornalista britânico Stephen Fay: "É quase impossível reconstruir o clima, mas havia uma sensação de exuberância na profissão de economista, porque se achava que o ciclo de elevação e queda estivesse resolvido." Veja GREIDER, William. *Secrets of the Temple*. Nova York: Simon and Schuster, 1987, p. 332. Johnson às vezes é citado erroneamente por ter feito a afirmação de que não haveria mais recessões. Ele não foi tão ousado. Em um livro de 1970, o economista liberal Arthur Okun expressou o argumento melhor do que seu ex-chefe: "As recessões agora são em geral consideradas fundamentalmente evitáveis, como quedas de aeronaves, mas diferentes dos furacões. Porém não banimos quedas de aeronaves da face da Terra e não está claro que tenhamos a sabedoria ou a capacidade de eliminar recessões." Veja OKUN, Arthur. *The Political Economy of Prosperity*. Washington, D. C.: Brookings Institution, 1970, pp. 33-34.
42 Em 2014, no décimo quinto aniversário da declaração de guerra à pobreza feita por Johnson, o republicano de Wisconsin Paul Ryan, então presidente do Comitê de Orçamento do Senado, declarou que a guerra tinha "fracassado". As evidências disponíveis sugeriam uma conclusão diferente. Veja WIMER, Christopher *et al.* "Trends in Poverty with an Anchored Supplemental Poverty Measure". Dezembro de 2013, Centro de Pesquisas Populacionais de Columbia, Universidade Columbia.
43 De acordo com um membro da equipe do Congresso, Heller "tornou quase sozinho a profissão [de economista] tão respeitável quanto útil aos olhos do governo". Veja BERNSTEIN, Michael. *A Perilous Progress: Economists and Public Purpose in Twentieth-Century America*. Princeton: Princeton University Press, 2001, p. 138.
44 HELLER, Walter W. *New Dimensions of Political Economy*. Nova York: Norton, 1966, p. 3.
45 O próprio Martin não reclamou a autoria do epigrama. Ele o usou pela primeira vez em um discurso em outubro de 1955, antes da sessão de Nova York da Associação de Banqueiros de Investimento da América: "O Federal Reserve, como um autor define, após o aumento recente na taxa de desconto, está na posição do responsável que mandou tirar a bebida de perto bem quando a festa estava esquentando."
46 MARTIN, William McChesney. "Does Monetary History Repeat Itself?" (discurso de formatura na Universidade Columbia, 1º de junho de 1965). Disponível em: https://fraser.stlouisfed.org/files/docs/historical/martin/martin65_0601.pdf.

47   A citação foi retirada do relato de Martin da conversa em janeiro de 1970. Veja MATTOX, Henry E. *A Conversation with Ambassador Richard T. McCormack*. Xlibris, 2013, p. 56.
48   CALIFANO, Joseph. *The Triumph and Tragedy of Lyndon Johnson: The White House Years*. Nova York: Touchstone, 1991, pp. 131-132.
49   Friedman descreveu o incidente como sua única interação com Keynes. O artigo era uma crítica ao trabalho do amigo de Keynes Arthur Pigou. Keynes declinou a publicação no *Economic Journal* da Royal Economic Society depois de mostrar o artigo a Pigou, que não gostou da crítica. O artigo foi posteriormente aceito para publicação no *Quarterly Journal of Economics* de Harvard. Veja TAYLOR, John B. "Interview with Milton Friedman". In: SAMUELSON, Paul A.; BARNETT, William A. (orgs.) *Inside the Economist's Mind: Conversations with Eminent Economists*. Malden: Blackwell, 2007, p. 122.
50   KEYSERLING, Leon. "Testimony Before Subcommittee on General Credit Control and Debt Management of the Joint Committee on the Economic Report". 12 de março de 1952.
51   FRIEDMAN, Milton; SCHWARTZ, Anna Jacobson. *A Monetary History of the United States*. Princeton: Princeton University Press, 1963, p. 300.
52   WALTERS, A. A. "Milton Friedman". In: EATWELL, John *et al.* (orgs.). *The New Palgrave: A Dictionary of Economics*. Londres: Macmillan, 1987.
53   Trabalhos acadêmicos recentes, principalmente a obra de Edward Nelson, deixam claro que Friedman começou a focar na importância da oferta de moeda – o princípio fundamental do monetarismo – em meados da década de 1940. Trabalhos anteriores em geral datavam o surgimento uma década antes, em meados de 1930. A primeira ocorrência documentada por Nelson foi em um programa de rádio em 1946 em que Friedman disse: "A limitação da oferta de moeda é um assunto que recebeu muito menos atenção do que merece." Veja NELSON, Edward. "Milton Friedman and Economic Debate in the United States, 1932–1972". 2018, livro A. Disponível em: sites.google.com/site/edwardnelsonresearch.
54   FRIEDMAN, Milton. "Inflation and Wages". *Newsweek*, 28 de setembro de 1970.
55   Walter Stewart, presidente da Fundação Rockefeller, era um economista que trabalhara no Fed na década de 1920. Veja Carta de Milton Friedman para Walter Stewart, 12 de janeiro de 1949, Documentos de Milton Friedman, caixa 33, pasta 35, Arquivos da Hoover Institution, Stanford, Califórnia. A historiadora econômica Beatrice Cherrier relata que Friedman fez observações semelhantes, e menos qualificadas, em uma conferência em 1947 ou 1948. Veja CHERRIER, Beatrice. "The Lucky Consistency of Milton Friedman's Science and Politics". In: VAN HORN, Robert *et al.* (orgs.) *Building Chicago Economics. New Perspectives on the History of America's Most Powerful Economics Program*. Cambridge: Cambridge University Press, 2011, p. 353.
56   A conclusão de Friedman foi que a quantidade de moeda era mais importante do que a velocidade ou a frequência com que o dinheiro era gasto. Seus críticos o acusavam com frequência de afirmar que a velocidade era estável. Sua posição complexa é mais bem resumida pelo ponto de vista de que a velocidade é irrelevante. Hetzel considera a declaração de 1952 a primeira afirmação dos princípios monetaristas. Veja HETZEL, Robert L. "The Contributions of Milton Friedman to Economics". *Federal Reserve Bank of Richmond Economic Quarterly* 93, nº 1 (inverno de 2007), pp. 1-30.
57   FRIEDMAN, Milton. "Discussion of the Inflationary Gap". In: *Essays in Positive Economics*. Chicago: University of Chicago Press, 1953, p. 253.
58   JACOBSSON, Erin. *A Life for Sound Money: Per Jacobsson*. Oxford: Clarendon Press, 1979, p. 262. Antes, Friedman tinha discursado em Harvard e recebeu um bilhete de agradecimento de seu anfitrião, o economista liberal John Kenneth Galbraith: "Até onde posso dizer, os alunos parecem não ter sofrido nenhum dano permanente. Espero que seus colegas não percebam nenhuma mudança desconcertante em você. Pensando melhor, espero que percebam sim." Carta de J. K. Galbraith para Milton Friedman, 27 de março de 1951, Documentos de Friedman, caixa 27, pasta 13, Hoover Institution.
59   O historiador econômico Daniel Stedman Jones descreve o memorando de Harrod e o conflito em seu *Masters of the Universe*. O texto completo do memorando é uma leitura fascinante: "A ideia de que você consegue reduzir preços limitando a quantidade de moeda é pré-keynesiana. Keynes

gastou metade de sua energia atacando com vigor exatamente essa ideia. Dificilmente algum economista com menos de 50 anos assinaria embaixo. Se fosse possível supor que os conservadores estivessem associados a essa ideia, isso poderia levar muitos economistas do meio-termo a ocupar as fileiras do Partido Trabalhista e, ainda, [o líder do Partido Trabalhista, Hugh] Gaitskell provavelmente conseguiria arrebanhar todos a recriminar e ridicularizar a política. Espero sinceramente que nenhum porta-voz do governo use palavras que impliquem que o governo apoie uma doutrina tão antiquada." Macmillan era simpático a Keynes; a editora da família, Macmillan, publicava as obras de Keynes na Grã-Bretanha.

60   O documento é usualmente conhecido como Relatório Radcliffe. Veja *Report of the Committee on the Working of the Monetary System*. Londres: HMSO, 1959, p. 489.
61   O livro clássico de Thomas Kuhn, *A estrutura das revoluções científicas* (São Paulo: Perspectiva, 1975), concluiu que os discípulos de um paradigma científico raramente mudam de ideia. Em vez disso, um novo paradigma se consolida conforme a geração mais velha é substituída.
62   Paul Douglas, um importante professor de economia da Universidade de Chicago, foi eleito senador dos Estados Unidos em 1948 como democrata por Illinois, tornando-se um dos primeiros economistas a atuar no Congresso. Douglas desempenhou um papel-chave ao forçar o governo Truman a conceder a independência operacional ao Fed.
63   SOLOW, Robert. "Friedman on America's Money", *Banker*, novembro de 1964. Essa resenha foi reimpressa em KATZ, Bernard S.; ROBBINS, Ronald E. (orgs.). *Modern Economic Classics: Evaluations Through Time*. Nova York: Garland, 1988.
64   FRIEDMAN, Milton; HELLER, Walter. *Monetary vs. Fiscal Policy: A Dialogue*. Nova York: Norton, 1969, p. 16.
65   Milton Friedman descreveu Rose Friedman como "parceira integral" na produção dessas colunas e de outros textos populares. Pode ser que ele tenha subestimado o papel dela. Edward Nelson cita este relato do processo: "Eles ligavam o gravador de rolo, ela desempenhava o papel de uma pessoa comum leiga em economia e começava a lhe fazer perguntas. Rose ficava pressionando-o a explicar melhor, a achar uma forma diferente de esclarecer as coisas, e eles gravavam tudo por umas duas horas. Depois ela transcrevia tudo, revisava… e por fim produzia a coluna." Veja NELSON, Edward. "Milton Friedman and Economic Debate in the United States, 1932–1972". 2018, livro B, p. 123. Disponível em: sites.google.com/site/edwardnelsonresearch. O rodízio na *Newsweek* incluía um terceiro economista, um espaço para um centrista ocupado pelo professor de Yale Henry Wallich.
66   O funcionário era Henry Wallich, que deixou Yale para ocupar um cargo no conselho do Fed em 1974. Ele escreveu em 1977: "Os representantes eleitos do povo perceberam a atração pela doutrina monetarista porque ela minimiza os efeitos da política fiscal." Veja BUCHANAN, James; WAGNER, Richard E. *Democracy in Deficit: The Political Legacy of Lord Keynes*. [1977] Indianápolis: Liberty Fund, 2000, p. 55.
67   Carta de Milton Friedman para Vermont Royster, 3 de dezembro de 1963, Arquivos de Friedman, caixa 32, pasta 15, Hoover Institution. Três dias depois, Friedman enviou a Royster um pedido de desculpas por escrito, explicando: "Minha reação foi em parte consequência de altas expectativas. Estava acostumado a ser ou ignorado ou mal interpretado e incompreendido pelo assim chamado establishment liberal e há muito tinha me habituado a isso. Mas que o *The Wall Street Journal* fizesse o mesmo, isso foi e é uma verdadeira decepção."
68   FRIEDMAN, Milton. "The Role of Monetary Policy". *American Economic Review* 58, março de 1968, pp. 1-17.
69   FRIEDMAN, Milton. *Dollars and Deficits: Living with America's Economic Problems*. Englewood Cliffs: Prentice-Hall, 1968, p. 94.
70   TOBIN, James. "The Natural Rate as New Classical Macroeconomics". 1993, Documentos da Cowles Foundation 1.061.
71   Uma versão do discurso foi publicada no ano seguinte na *American Economic Review* com autoria de Friedman e o título "The Role of Monetary Policy". O historiador econômico Robert Gordon

curiosamente argumenta que Friedman foi influenciado pelos vínculos entre o departamento de economia da Universidade de Chicago e a América Latina, onde era óbvio que a inflação e o desemprego não tinham uma relação previsível. Veja GORDON, Robert J. "The History of the Phillips Curve: Consensus and Bifurcation". *Economica* 78, nº 309 (2011), pp. 10-50. Outro economista, Edmund Phelps, por conta própria chegou a conclusões semelhantes às de Friedman na mesma época. A obra de Phelps era tecnicamente mais sofisticada, mas Friedman era melhor em se autopromover. De qualquer forma, os dois reconheceram estar revivendo uma ideia mais antiga. O economista escocês David Hume, por exemplo, escreveu em 1752: "É fácil rastrear a moeda em seu progresso por toda a comunidade, onde percebemos que ela apressará a diligência de cada indivíduo antes de aumentar o preço da mão de obra."

72 A narrativa supõe que as pessoas não sabem de cara se as outras tiveram um golpe de sorte. Inicialmente, portanto, elas se comportam como se seu poder de compra tivesse aumentado. Só com o passar do tempo se tocam de que o Papai Noel veio para todos. Além disso, apesar de o primeiro golpe de sorte ter chegado de surpresa, as pessoas provavelmente entenderão o segundo golpe de sorte como inflacionário. Essa era uma parte importante da teoria de Friedman. Ele afirmava que a experiência diminuiria o valor de uma campanha contínua de estímulo, forçando o governo a emitir ainda mais moeda para alcançar o mesmo efeito.

73 O ponto de vista de Friedman de que os efeitos da política monetária eram sentidos depois de "intervalos longos e variáveis" é um excelente exemplo de uma ideia que agora é tão convencional que raramente se dá crédito a Friedman nem ninguém mais se lembra de que seu ponto de vista foi controverso um dia.

74 FRIEDMAN, Milton; HELLER, Walter. *Monetary vs. Fiscal Policy: A Dialogue*. Nova York: Norton, 1969, p. 30. Heller também ressaltou que a abordagem de Friedman funcionaria apenas se os Estados Unidos permitissem que o valor do dólar flutuasse em relação às moedas estrangeiras. Naquele momento, essa parecia ser uma séria objeção, pois o valor do dólar era fixo em relação às moedas estrangeiras, mas os Estados Unidos passaram a deixar a taxa cambial flutuar a partir de 1973, tema do Capítulo 8.

75 Robert Hall falou dessas lembranças na reunião de 2018 da Associação Econômica Americana na Filadélfia, em uma mesa redonda no 50º aniversário do discurso de Friedman de 1968.

76 Curiosamente, da perspectiva moderna, as autoridades do Fed haviam ignorado a distinção entre taxas de juros nominais e reais. A taxa nominal é a taxa de juros informada, por exemplo, de 6% ao ano. Se a inflação está subindo 3% ao ano, contudo, então a taxa de juros real é de apenas 3%. E, se a inflação subir 4% no ano seguinte, então a taxa de juros nominal subirá para 7% sem qualquer aumento na taxa de juros real. As autoridades do Fed na década de 1960 não conseguiram entender que as taxas de juros estavam subindo porque a inflação estava aumentando e, assim, as taxas mais altas dificilmente refreariam os empréstimos. Esse é outro exemplo de uma batalha que Friedman venceu tão completamente que sua vitória é esquecida com frequência. Ele insistiu durante as décadas de 1950 e 1960 que havia uma diferença significativa entre as taxas reais e as nominais. Os economistas convencionais discordaram. A controvérsia só se resolveu no final da década de 1960 porque, na prática, houve pouca diferença durante os anos em que a inflação permaneceu baixa. Hoje o mundo todo entende que a distinção entre as taxas reais e as nominais é significativa.

77 A previsão de Friedman refletiu tanto o crescimento continuado da oferta de moeda quanto uma de suas contribuições mais duradouras para a economia, sua "hipótese da renda permanente". Ele argumentava que mudanças temporárias na renda exercem um impacto limitado sobre o consumo porque as pessoas tentavam manter um nível contínuo de consumo com base em suas expectativas de renda ao longo do tempo. Se as pessoas esperassem que a renda iria se recompor, inicialmente sacariam da poupança para manter um nível estável de consumo, ajustando-se aos poucos. Veja BLINDER, Alan. *Hard Heads, Soft Hearts*. Reading: Addison-Wesley, 1987, p. 74.

78 Carta de A. A. Walters para Milton Friedman, 4 de dezembro de 1969, Documentos de Friedman, caixa 186, pasta 3, Hoover Institution.

79 FRIEDMAN, Milton. "The Counter-Revolution in Monetary Theory". Institute of Economic Affairs, nº 33, 1970.

CAPÍTULO 3. UMA NAÇÃO SUBEMPREGADA

1 BLINDER, Alan. *Hard Heads, Soft Hearts*. Reading: Addison-Wesley, 1987, p. 33.
2 Esse foi um bom exemplo da advertência de que resultados passados não garantem desempenho futuro. No fim da década, tanto o Partido Trabalhista da Grã-Bretanha quanto o Partido Democrata dos Estados Unidos perderiam poder em parte por causa da inflação alta. Para saber mais sobre as visões de Nixon, veja MELTZER, Allan H. *A History of the Federal Reserve*. Vol. 2, livro 2, 1970-1986. Chicago: University of Chicago Press, 2009, p. 791.
3 Nixon deu a ordem por conselho de Herbert Stein, um de seus consultores econômicos. Veja MATUSOW, Allen J. *Nixon's Economy: Booms, Busts, Dollars and Votes*. Lawrence: University Press of Kansas, 1998, pp. 187-189.
4 *Public Papers of the Presidents of the United States, Richard Nixon, 1971*. Washington, D. C.: GPO, 1972, p. 608.
5 STIGLER, George. *Memoirs of an Unregulated Economist*. Nova York: Basic Books, 1988, p. 44.
6 Nixon fez o comentário a Georges Pompidou. Também disse que Burns rapidamente se transformaria em um típico burocrata, então era importante colher as ideias de sua mente antes que fosse tarde demais. *Foreign Relations of the United States, 1969-1976*, vol. 3, *Foreign Economic Policy, 1969-1972; International Monetary Policy, 1969-1972*. Washington, D. C.: GPO, 2001, p. 91.
7 EVANS, Rowland; NOVAK, Robert D. *Nixon in the White House: The Frustration of Power*. Nova York: Random House, 1971, p. 13.
8 "Infelizmente, Arthur Burns acabou sendo um bom profeta", escreveu Nixon em *Six Crises*, uma autobiografia de 1962. "Em outubro, normalmente um mês de aumento de emprego, o número de desempregados registrados cresceu em 452 mil. Nem todos os discursos, programas de televisão e trabalhos de cabos eleitorais poderiam neutralizar esse fato incontestável."
9 NELSON, Edward. "Milton Friedman and Economic Debate in the United States, 1932-1972", 2018, livro B, p. 521. Disponível em: sites.google.com/site/edwardnelsonresearch.
10 Friedman ficou muito contente com a escolha de um economista para presidir o Fed e especificamente com a escolha de Burns. "Desde o começo os presidentes têm todos sido pessoas admiráveis, gente capacitada tentando fazer o melhor – não estou questionando seus motivos ou sua intenção –, mas todos eles vieram de um negócio específico ou de um banco específico", disse Friedman. "Arthur Burns veio da economia como área." Veja NELSON, Edward. "Milton Friedman and the Federal Reserve Chairs, 1951-1979". 23 de outubro de 2013, Federal Reserve Board, pp. 26-27.
11 BURNS, Arthur. *The Business Cycle in a Changing World*. Nova York: National Bureau of Economic Research/Columbia University Press, 1969, p. 85.
12 KETTL, Donald F. *Leadership at the Fed*. New Haven: Yale University Press, 1988, p. 118. Anna Schwartz, que trabalhou de perto com os dois homens, acreditava que Friedman avaliara mal Burns. Edward Nelson se lembra da impressão de Schwartz: "Arthur tinha uma casa em Vermont, perto da de Milton, e Milton conversava com ele sobre teoria monetária e Arthur fumava cachimbo, fazia que sim com a cabeça e Milton achava que ele concordava com ele." Para mais sobre o ponto de vista de que Burns evoluiu em seu pensamento, veja o relato do próprio Nelson em "Milton Friedman and Economic Debate in the United States, 1932-1972". 2018, livro B, pp. 225-226. Disponível em: sites.google.com/site/edwardnelsonresearch.
13 "Quero que isso fique perfeitamente claro. Não acho que nossa política fiscal e nossa política monetária sejam suficientes para controlar a inflação", disse Burns à Comissão do Senado sobre Bancos, Habitação e Questões Urbanas em março de 1971.

14 Burns negou várias vezes ter sido influenciado pela pressão da Casa Branca. A liberação de materiais incluindo seu diário e as fitas do Salão Oval de Nixon tornou essa defesa insustentável. Meltzer conclui: "Amplas evidências citadas acima apoiam a alegação de que o presidente Nixon incitava Burns a seguir uma política muito expansiva e que Burns concordou em fazer isso." Veja MELTZER, Allan H. *A History of the Federal Reserve*. Vol. 2, livro 2, 1970–1986. Chicago: University of Chicago Press, 2009, p. 798. A melhor defesa restante é oferecida por Matusow, em *Nixon's Economy*, que argumenta que Nixon era motivado por uma crença genuína de que a economia exigia estímulo e Burns estava receptivo pela mesma razão.
15 EHRLICHMAN, John. *Witness to Power: The Nixon Years*. Nova York: Simon and Schuster, 1982, p. 254.
16 AXILROD, Stephen. *Inside the Fed*. Cambridge: MIT Press, 2009, pp. 61-62.
17 Isso foi especialmente irônico porque os dois se conheceram na reunião de gabinete do governo Eisenhower em que Nixon, então vice-presidente, defendeu um aumento no salário-mínimo, argumentando que isso ajudaria os republicanos a bajular a classe trabalhadora, e Burns, então chefe do Conselho de Consultores Econômicos, replicou com objeções-padrão aos controles de preços do governo. Burns continuou a se opor a controles de preços em público e em particular até o momento em que a alternativa fosse aumentar as taxas de juros. Nixon há muito também tinha professado uma aversão aos controles de preços, que ele imputava à sua experiência profissional trabalhando na equipe de pneus de borracha na agência federal que administrava controles de preços durante a Segunda Guerra Mundial. "Havia um parágrafo clichê sobre os horrores dos controles de salários e preços" em quase todos os discursos de Nixon, lembrou William Safire, que escreveu muitos desses discursos. E anos mais tarde, em sua autobiografia, Nixon afirmou que a decisão de impor controles em 1971 estava "errada". Ainda assim ele o fez.
18 FRIEDMAN, Milton; FRIEDMAN, Rose. *Two Lucky People*. Chicago: University of Chicago Press, 1998, p. 387. Nixon continuou a cultivar a relação de amizade. Quando soube que Friedman passaria por uma cirurgia de peito aberto em 1972, o presidente ligou para a Mayo Clinic para desejar melhoras. Nixon: "Eu disse: 'O que ele vai operar?' E eles responderam: 'O coração'. Então eu disse: 'Tudo bem. Só não mexam no cérebro dele'. Porque precisamos de você. Esperamos vê-lo retornar com um coração bom e o mesmo cérebro." Friedman: "Bem, só espero que eles cuidem de mim tão bem quanto você vem cuidando do país." Felizmente para Friedman, os médicos fizeram um trabalho melhor.
19 "Baby Chicks Killed and Cooked for Feed". *The New York Times*, 25 de junho de 1973.
20 MACLEOD, Iain. *Hansard Commons*. 17 de novembro de 1965, p. 1.165.
21 SAMUELSON, Robert. *The Great Inflation and Its Aftermath*. Nova York: Random House, 2008, cap. 3.
22 A estagflação pode ser explicada em moldes keynesianos, mas a explicação não foi bem entendida na época. O essencial é que a alta dos preços do petróleo forçou as pessoas a reduzir o consumo de petróleo, ou de outras mercadorias, o que aumentou o desemprego. Os Estados Unidos reagiram com um estímulo econômico, forçando a inflação para cima. Por que o estímulo foi ineficaz? O problema original foi um declínio na oferta de petróleo, então o bombeamento de moeda no sistema pressionou os preços para cima. Foi uma reação pelo lado da demanda a um problema pelo lado da oferta. Países que, como a Alemanha e a Suíça, tinham parado de estimular suas economias experimentaram uma recessão econômica, mas não vivenciaram alta da inflação.
23 O movimento em direção ao monetarismo foi influenciado pelo término do sistema de Bretton Woods de taxas cambiais fixas, que será descrito no Capítulo 8. O sistema de taxas fixas criava uma meta para a oferta de moeda. Com seu fim, os países precisavam de uma nova meta. A opção do Bundesbank foi influenciada pelo economista suíço-americano Karl Brunner, um monetarista que falava alemão. Em 1979, ele lançou o Seminário Konstanz, uma conferência anual que disseminou ideias monetaristas na Alemanha. Veja BEYER, Andreas *et al*. "Opting Out of the Great Inflation: German Monetary Policy After the Breakdown of Bretton Woods". Setembro de 2008, A Grande Conferência sobre Inflação, Departamento Nacional de Pesquisas Econômicas.
24 No jantar de entrega do Prêmio Nobel, Friedman brincou que era estranho aceitar um prêmio patrocinado pelo banco central da Suécia por propor que os bancos centrais deveriam ser eliminados.

25 COOPER, James. *Margaret Thatcher and Ronald Reagan*. Houndmills: Palgrave Macmillan, 2012, p. 38.
26 As metas foram anunciadas como parte das condições de um empréstimo emergencial no valor de 3,9 bilhões de dólares do Fundo Monetário Internacional, e a decisão tem sido às vezes retratada como algo que foi imposto ao Reino Unido. No entanto, o governo trabalhista havia anunciado sua intenção de criar metas monetárias em abril de 1976, bem antes do socorro financeiro.
27 *The Economists Conference on Inflation*. Washington, D. C.: GPO, 1974, p. 123.
28 Ford começara a demonstrar alguma simpatia pela opinião de Friedman. "O desemprego é a maior preocupação de 8,2% dos trabalhadores americanos temporariamente fora do mercado de trabalho, mas a inflação é o inimigo universal de 100% de nosso povo nos Estados Unidos hoje", disse ele em um discurso em fevereiro de 1975. O Congresso também parecia estar levando Friedman mais a sério, aprovando uma resolução em 1975 ordenando que o Fed estabelecesse metas para oferta de moeda e emitisse relatórios periódicos sobre seu desempenho. Friedman, sempre aberto a alianças oportunas, chamou isso de "a mudança mais importante e mais construtiva" desde o final do padrão-ouro na década de 1930. Porém, de fato, o que interessava era pressionar o Fed a emitir mais moeda, a serviço da redução do desemprego. E, na prática, Burns subverteu as novas exigências apresentando relatórios ao Congresso de uma forma que tornava quase impossível rastrear o aumento da oferta de moeda ao longo do tempo.
29 As citações são de uma carta a George Shultz. A última linha dizia: "Estou tomando a liberdade de enviar uma cópia desta carta para Arthur." Veja Carta de Milton Friedman para George Shultz, 5 de novembro de 1971, Documentos de Milton Friedman, caixa 33, pasta 15, Arquivos da Hoover Institution, Stanford, Califórnia.
30 "Por uma questão de filosofia geral, acredito que a melhor maneira de controlar a inflação não é tornar o dinheiro escasso, tentar aumentar as taxas de juros e manter as pessoas fora do trabalho, dependentes de programas sociais e seguro-desemprego para enfrentar suas dificuldades, mas levar as pessoas de volta ao mercado de trabalho, manter as taxas de juros baixas e manter a economia crescendo, a uma taxa razoavelmente alta." Veja "Interview with Jimmy Carter". *Business Week*, 20 de setembro de 1976.
31 "Peço que, se eu for eleito, nunca usemos o desemprego e a recessão como ferramenta para combater a inflação", disse Carter. "Nunca sacrificaremos o emprego de ninguém, sua sobrevivência, em prol de uma estratégia econômica. Implementaremos um conjunto de programas que atacarão o desemprego e a inflação ao mesmo tempo, porque não faremos nenhum progresso tentando combatê-los separadamente. Esse tipo de abordagem equilibrada e coordenada reduzirá o desemprego geral para 4% e a inflação para 4% ou menos até o final do meu primeiro mandato." Veja "Inflation and Unemployment", 5 de outubro de 1976, reimpresso em *The Presidential Campaign 1976*. Washington, D. C.: GPO, 1978, p. 631.
32 Miller dirigia a Textron, um conglomerado industrial. Outros finalistas foram os líderes da General Electric e da DuPont. Veja MELTZER, Allan H. *A History of the Federal Reserve*. Vol. 2, livro 2, 1970-1986. Chicago: University of Chicago Press, 2009, p. 923. Friedman, sempre otimista, disse ao *The New York Times* que aplaudiu a escolha de Miller. Quando Burns foi nomeado, Friedman encarou a posse de um economista como uma mudança para melhor. Quando Miller foi nomeado, Friedman declarou que era melhor para o Fed ser presidido por um profissional que não fosse economista. Veja CRITTENDEN, Ann. "The President's Choice". *The New York Times*, 1º de janeiro de 1978.
33 JANSON, Donald. "Rioting Follows Protests by Truckers in Levittown, Pa.". *The New York Times*, 26 de junho de 1979.
34 O aumento acumulado dos preços nos Estados Unidos de 1973 a 1979 foi de 49%; nos salários, de 54%. Veja MELTZER, Allan H. *A History of the Federal Reserve*. Vol. 2, livro 2, 1970-1986. Chicago: University of Chicago Press, 2009, p. 848.
35 Uma variedade de regulamentações para contabilizar a inflação não tinha sido elaborada, o que causou alguns problemas reais. As pessoas mudavam para faixas de imposto mais altas conforme as rendas nominais iam aumentando, reduzindo as rendas reais descontados os impostos. A inflação

também corroía a riqueza porque as leis limitavam as taxas de juros que os bancos poderiam pagar sobre a poupança. E a inflação corroía o valor de benefícios governamentais como o Seguro Social. Porém, em 1981, mudanças nas leis federais atacaram todos esses três problemas, ordenando reajustes regulares para compensar a inflação.

36 GREIDER, William. *Secrets of the Temple*. Nova York: Simon and Schuster, 1981, p. 44.
37 McLamb disse que ganhou 9 mil dólares em 1973 e 15 mil dólares em 1978 – o equivalente a ganhar 10.236 dólares em 1973. Veja ROBERTS, Steven V. "Poll Shows Majority of Americans Altering Life Because of Inflation". *The New York Times*, 5 de junho de 1978. Esse não foi um exemplo isolado. O salário médio dos metalúrgicos, por exemplo, subiu de 4,72 por hora em 1972 para 11,91 por hora em 1982. Em termos reais, houve um aumento de 10%. Veja HOERR, John. *And the Wolf Finally Came*. Pittsburgh: University of Pittsburgh Press, 1988, pp. 113-114.
38 BUCHANAN, James M.; WAGNER, Richard E. *Democracy in Deficit: The Political Legacy of Lord Keynes*. [1977] Indianápolis: Liberty Fund, 2000, pp. 66-67.
39 BIVEN, W. Carl. *Jimmy Carter's Economy: Policy in an Age of Limits*. Chapel Hill: University of North Carolina Press, 2002, p. 54.
40 Miller era visto de modo geral como um presidente ineficaz do Fed, mas Carter agravou o problema. Primeiro decidiu se livrar do secretário do Tesouro, Michael Blumenthal, o que enfureceu os mercados financeiros. Incapaz de convencer um banqueiro ou um executivo importante a assumir o cargo, transferiu Miller para o Tesouro, deixando o vice-presidente do Fed, um político da Flórida chamado Frederick Schultz, como presidente em exercício, o que só serviu para irritar os mercados ainda mais.
41 "Transcript of Federal Open Market Committee Meeting". 18 de julho de 1978. Disponível em: federalreserve.gov/monetarypolicy/files/FOMC19780718meeting.pdf.
42 SAMUELSON, Robert. *The Great Inflation and Its Aftermath*. Nova York: Random House, 2008, p. 119.
43 Carter convidou primeiro Tom Clausen, CEO do Bank of America, para ocupar o cargo. Não está claro se o presidente entendia bem o que estava fazendo ao escolher Volcker. "O que se sabia sobre ele? Que ele era capaz e brilhante e que também era conservador", contou Stuart Eizenstat, principal assistente de Carter em política interna, ao jornalista William Greider em uma entrevista para o livro de 1987 deste último, *Secrets of the Temple*. "O que não se sabia era que ele iria impor algumas mudanças bem drásticas." Em sua autobiografia de 2018, contudo, Eizenstat retratou a decisão de Carter como consciente e deliberada, e cita Carter: "Decidi prosseguir com ela porque pensei que era o melhor para o país." Parece razoável supor que Carter entendeu qual rumo estava escolhendo, mas não o afinco que Volcker empregaria para chegar lá. Volcker se lembrava de ter sido dito a ele durante a campanha de 1980 que Carter havia observado: "Meu Deus, eles não precisavam ser tão monetaristas." Veja EIZENSTAT, Stuart E. *President Carter: The White House Years*. Nova York: St. Martin's, 2018, p. 338. E ainda, Volcker conta que perguntou a Carter se a política monetária havia lhe custado a eleição de 1980. "Um sorriso sarcástico se espalhou por seu rosto e ele disse: 'Acho que houve outros fatores também.'" Veja VOLCKER, Paul; HARPER, Christine. *Keeping at It: The Quest for Sound Money and Good Government*. Nova York: PublicAffairs, 2018, p. 111.
44 TREASTER, Joseph B. *Paul Volcker: The Making of a Financial Legend*. Nova York: John Wiley, 2004, loc. no e-book 1.752.
45 VOLCKER, Paul. "The Problems of Federal Reserve Policy Since World War II". Monografia, Princeton University, 1949, p. 77.
46 NEIKIRK, William R. *Volcker: Portrait of the Money Man*. Nova York: Congdon and Weed, 1987, p. 54.
47 SILBER, William. *Volcker: The Triumph of Persistence*. Nova York: Bloomsbury, 2012, p. 31.
48 VOLCKER, Paul; GYOHTEN, Toyoo. *Changing Fortunes: The World's Money and the Threat to American Leadership*. Nova York: Times Books, 1992, p. xiv.
49 John Connally, o elegante chefe de Volcker no Tesouro durante o governo Nixon, uma vez ameaçou demiti-lo se não cortasse o cabelo e comprasse um terno que lhe caísse bem. Veja GREIDER, William. *Secrets of the Temple*. Nova York: Simon and Schuster, 1987, p. 68.

50 A lembrança de Robert Kavesh é de uma entrevista com o autor em 5 de abril de 2018. As outras histórias foram retiradas do livro de Neikirk, *Volcker: Portrait of the Money Man*.
51 A moeda era importante, mas, dizia Volcker: "Parece-me que o essencial da elaboração de políticas nessas circunstâncias é que as decisões devem ser tomadas na presença da incerteza." Veja VOLCKER, Paul. "The Contributions and Limitations of Monetary Analysis". 16 de setembro de 1976. Disponível em: newyorkfed.org/medialibrary/media/research/quarterly_review/ 75th/75article7.pdf.
52 VOLCKER, Paul. "The Role of Monetary Targets in an Age of Inflation". *Journal of Monetary Economics 4*, nº 2, 1978, pp. 329-339. Os dirigentes de bancos centrais atribuíam pouco valor à clareza naquela época. Pelo contrário, há muito tempo encaravam a surpresa como sendo uma ferramenta útil. O Fed não anunciava as mudanças na política. Os negociantes eram deixados à própria sorte na inferência de decisões a partir da movimentação nas taxas de juros. Volcker logo sugeriu que havia valor em administrar as expectativas.
53 Burns fez o discurso intitulado "The Anguish of Central Banking" (A angústia do banco central) em uma reunião do Fundo Monetário Internacional. Ele não estava errado. Uma análise do historiador do Fed Donald F. Kettl contou 91 ocasiões de 1961 a 1975 em que o Conselho de Consultores Econômicos da Casa Branca relatou ao presidente a situação da política monetária. Em 44 ocasiões, eles consideraram que o Fed estava fazendo um bom trabalho; em 47 situações, eles julgaram que a política monetária estava rígida demais. Não houve uma ocasião sequer em que eles tenham concluído que as taxas de juros estavam baixas demais. Os congressistas democratas também expressaram desaprovação, durante a década, a cada sinal de que o Fed estava freando o crescimento. Se o Fed tivesse tentado afirmar sua independência, o Congresso poderia ter suprimido essa independência. Foi só em 1980 que as pesquisas mostraram que os eleitores encaravam consistentemente a inflação como um problema maior do que o desemprego. Veja KETTL, Donald F. *Leadership at the Fed*. New Haven: Yale University Press, 1988, p. 138. Alguns anos depois de Volcker renunciar, em 1990, ele proferiu um discurso na mesma conferência, intitulado "The Triumph of Central Banking?" (O triunfo do banco central?).
54 SILBER, William. Volcker: *The Triumph of Persistence*. Nova York: Bloomsbury, 2012, p. 168.
55 Volcker tinha feito uma parada na Alemanha Ocidental, a caminho de Belgrado, e lá funcionários públicos o tinham incitado a derrubar a inflação. Alguns relatos descrevem que o caso teria exercido influência sobre ele. Volcker diz que isso simplesmente afirmou a importância do caminho que ele já havia escolhido. Veja VOLCKER, Paul; GYOHTEN, Toyoo. *Changing Fortunes: The World's Money and the Threat to American Leadership*. Nova York: Times Books, 1992, p. 168. Veja também AXILROD, Stephen. *Inside the Fed*. Cambridge: MIT Press, 2009, p. 99.
56 Apenas dez diretores compareceram à reunião. Não havia substituto para Volcker no Fed de Nova York e Mark Willes, do Fed de Minneapolis, um proponente entusiasmado da nova política, também não estava presente. Veja "Transcript of Federal Open Market Committee Conference Call". 5 de outubro de 1979. Disponível em: federalreserve.gov/monetarypolicy/files/FOMC19791005confcall.pdf.
57 A adoção do monetarismo por Volcker é com frequência descrita como um estratagema para aumentar as taxas de juros mais rapidamente, tanto porque o Fed não precisava aprovar os aumentos rápidos quanto porque ele poderia negar a responsabilidade direta. Os benefícios mecânicos eram reais, mas considero a explicação pouco convincente. Todos entenderam que o Fed estava aumentando as taxas de juros, e não vejo razão com base nos documentos para duvidar do próprio relato de Volcker de que: (1) ele via alguma verdade no monetarismo; e (2) ele queria enviar uma mensagem de que o Fed estava determinado a controlar a inflação. Um dos primeiros atos de Volcker como presidente foi responder a uma mensagem congratulatória enviada por Friedman dizendo que não ia ser difícil para Volcker superar seus predecessores se ele se voltasse para o monetarismo. Volcker respondeu em um piscar de olhos. "Não ficarei infeliz em ouvir seus sermões sobre as doutrinas de ortodoxia monetária conforme formos avançando", escreveu. Ele esperava que Friedman divulgasse a resposta. Volcker estava ávido por convencer as pessoas de que o Fed

estava mudando de rumo. Veja SILBER, William. *Volcker: The Triumph of Persistence*. Nova York: Bloomsbury, 2012, p. 149.

58 TREASTER, Joseph B. *Paul Volcker: The Making of a Financial Legend*. New York: John Wiley, 2004, loc. no e-book 2.669.

59 A piada tinha um fundo de verdade: um boato sobre a renúncia de Volcker circulara em Wall Street no dia anterior, causando tanta interferência nos negócios que o Fed teve que emitir uma nota formal negando a renúncia.

60 VOLCKER, Paul; GYOHTEN, Toyoo. *Changing Fortunes: The World's Money and the Threat to American Leadership*. Nova York: Times Books, 1992, p. 170.

61 O sofrimento foi exacerbado pela desregulação financeira, uma história contada em detalhes no Capítulo 10. Em recessões anteriores, o Fed havia tirado a proverbial "bebida de perto" ao elevar as taxas de juros acima do nível que os bancos estavam autorizados a cobrar sobre empréstimos. Porém, o Congresso tinha retirado recentemente esses tetos, permitindo que os bancos aumentassem as taxas no mesmo ritmo do Fed. O que significava que o Fed tinha que aumentar as taxas ainda mais para alcançar a mesma queda na concessão de empréstimos. Incapaz de impedir que as pessoas comprassem casas, o Fed as levou à falência.

62 JACOBSON, Louis S.; LALONDE, Robert John; SULLIVAN, Daniel Gerard. "Earnings Losses of Displaced Workers". *American Economic Review* 83. Setembro de 1993, pp. 685-709.

63 "Transcript of Federal Open Market Committee Meeting". 9 de julho de 198, p. 76. Disponível em: federalreserve.gov/monetarypolicy/files/FOMC19800709meeting.pdf.

64 GREIDER, William. *Secrets of the Temple*. Nova York: Simon and Schuster, 1987, p. 461.

65 Volcker insistiu na sua coletiva de imprensa numa noite de sábado em outubro de 1979 que não esperava jogar a economia em uma recessão. "Bem, existem várias opiniões a esse respeito", disse Volcker em resposta à pergunta de um jornalista. "Não acho que teremos efeitos importantes nesse sentido." Ele admitiu que sua resposta foi enganosa: ele achava que a recessão era inevitável e que as ações do Fed acelerariam seu início. "Gerada de propósito? Não", escreveu ele em sua autobiografia. "Gerada com um entendimento claro de que mais cedo ou mais tarde a aceleração do processo inflacionário culminaria em uma recessão? Com certeza." Veja VOLCKER, Paul; HARPER, Christine. *Keeping at It: The Quest for Sound Money and Good Government*. Nova York: PublicAffairs, 2018, pp. 138-139.

66 Outras autoridades relataram uma angústia semelhante. O vice-presidente do Fed, Fred Schultz, disse a William Greider: "Eu fico com as mãos suadas? Tenho insônia? A resposta é sim para as duas perguntas. Estava falando o tempo todo para esses grupos de construtores de imóveis e vendedores de carros, entre outros. Não é tão ruim quando um sujeito se levanta e grita na sua cara: 'Seu filho da mãe, você está nos matando.' O que me atingiu de verdade foi quando um homem se levantou e falou baixo: 'Senhor, sou vendedor de carros há trinta anos e trabalhei duro para construir esse negócio. Na semana que vem, vou fechar as portas.' E então se sentou. Isso acaba com a gente."

67 TREASTER, Joseph B. *Paul Volcker: The Making of a Financial Legend*. Nova York: John Wiley, 2004, loc. no e-book 171.

68 "Interest Rates". *CBS Evening News*, 20 de dezembro de 1981, Vanderbilt TV News Archive.

69 SPRINKEL, Beryl. "U.S. Approaches to Monetary Issues" (discurso proferido em Paris, setembro de 1981). In: STOFFAËS, Christian (org.). *The Political Economy of the United States*. Amsterdã: North-Holland, 1982, p. 85.

70 GREIDER, William. *Secrets of the Temple*. Nova York: Simon and Schuster, 1987, p. 363.

71 Em um texto de 1975, "Recession vs. Inflation" (Recessão versus inflação), divulgado em meio a uma retração econômica, Reagan escreveu: "Como um dos nossos melhores economistas disse, uma reflação não pode sustentar o pleno emprego a longo prazo, exceto com uma inflação cada vez mais rápida." Quem quiser retratar Reagan como ignorante sobre as ideias de Friedman precisa se agarrar a esses e outros pontos no longo histórico de Reagan. O julgamento de Friedman era bem objetivo: "Não há dúvida de que Reagan entendia a relação entre a quantidade de moeda e a inflação." Veja TAYLOR, John

B. "Interview with Milton Friedman". In: SAMUELSON, Paul; BARNETT, William A. (orgs.). *Inside the Economist's Mind: Conversations with Eminent Economists*. Malden: Blackwell, 2007, p. 118.

72 Vários consultores de Reagan compartilham a opinião de que Friedman tinha destaque entre os consultores econômicos do presidente. Donald Regan disse: "Antes de tudo, estava claro que ele era influenciado pelas teorias econômicas de Milton Friedman." Edwin Meese afirmou: "Entre os consultores acadêmicos, o professor Milton Friedman tinha especial importância." Para verificar a citação de Harlow, veja HIRSH, Michael. *Capital Offense*. Hoboken: John Wiley, 2010, p. 31.

73 Alguns autores levam mais a sério o interesse de Reagan pelo ouro. Veja, por exemplo, o relato detalhado de Sebastian Mallaby sobre as opiniões de Reagan sobre a política monetária em *The Man Who Knew: The Life and Times of Alan Greenspan* (Nova York: Penguin Press, 2016). Para a troca de cartas entre Wanniski e Reagan, veja GREIDER, William. *Secrets of the Temple*. Nova York: Simon and Schuster, 1987, p. 418. O amigo para quem Wanniski escreveu em 1982 era Donald Rumsfeld. Veja Carta de Jude Wanniski para Donald Rumsfeld, 1º de fevereiro de 1982, Documentos de Jude Wanniski, caixa 18, pasta 6, Hoover Institution.

74 EVANS, Rowland; NOVAK, Robert. *The Reagan Revolution*. Nova York: E. P. Dutton, 1981, p. 69.

75 O economista de Stanford John Taylor, um pesquisador especializado em política monetária, argumentou que Volcker e Reagan estavam influenciados pela ascensão da teoria das expectativas racionais na década de 1970. Friedman afirmava que as expectativas de inflação estavam baseadas na experiência passada. Por outro lado, a nova escola postulava que o comportamento das pessoas era moldado por expectativas sobre a trajetória futura da política. Se as pessoas estivessem convencidas de que o governo iria manter a inflação baixa, elas começariam a se comportar de acordo – por exemplo, aceitando aumentos de salário menores. Isso permitiria ao governo reduzir a inflação de forma indolor. Volcker conhecia a teoria, mas descrevia seus defensores como "malucos". Martin Anderson, um dos mais importantes consultores de Reagan, apresentou as ideias para Reagan como evidências de que refrear a inflação poderia não ser particularmente sofrido, mas não há indícios de que Reagan ficou convencido. Volcker e Reagan estavam prontos para o sofrimento.

76 A citação foi retirada da minha entrevista com Volcker em 5 de abril de 2018. A relação de Reagan com Volcker nunca foi fácil. Na primeira reunião, Reagan perturbou Volcker ao perguntar por que o país precisava de um banco central. Porém, ele várias vezes se recusou a juntar-se às críticas públicas à campanha do Fed durante seu primeiro ano de mandato. Quando de fato externalizou sua preocupação em janeiro de 1982, foi para sugerir que o Fed estava aprofundando a recessão ao deixar de controlar devidamente a oferta de moeda – em outras palavras, ao não ser monetarista o suficiente. Volcker está entre os que dão crédito a Reagan.

77 NEIKIRK, William R. *Volcker: Portrait of the Money Man*. Nova York: Congdon and Weed, 1987, p. 110.

78 VOLCKER, Paul. "No Time for Backsliding" (observações perante o National Press Club, Washington, D. C., 25 de setembro de 1981). Disponível em: fraser.stlouisfed.org/title/451/item/8243.

79 "Income and Poverty in the United States: 2017". U.S. Census Bureau, setembro de 2018. Disponível em: census.gov/content/dam/Census/library/publications/2018/demo/p60-263.pdf.

80 GREIDER, William. *Secrets of the Temple*. Nova York: Simon and Schuster, 1987, pp. 403-412.

81 BERRY, John M. "Volcker Defends Targets Under Heavy Senate Barrage". *The Washington Post*, 21 de julho de 1982. Mesmo quando Volcker notou a virada da maré, num primeiro momento insistiu que o Fed continuasse na campanha. Na mesma audiência, ele disse: "Acho que o pior golpe de todos para os milhões que sofreram com a recessão seria sugerir que, de fato, foi tudo em vão." Porém, o Fed já tinha começado a reduzir as taxas de juros sem alarde. A mudança é clara nos dados, principalmente olhando em retrospecto, mas Volcker estava se esforçando tanto para minimizar sua importância que isso escapou completamente ao *The New York Times*. A matéria sobre a audiência saiu com o título "Fed Will Stick to Tight 1982 Targets" (Fed manterá as metas apertadas de 1982).

82 Nesse período, a velocidade aumentou a um ritmo anual médio de 3,4%, com desvios anuais relativamente modestos, graças em parte à regulação rígida do sistema financeiro. Veja BUCHHOLZ, Todd G. *Novas ideias de economistas mortos*. Rio de Janeiro: Record, 2000.
83 THATCHER, Margaret. "Speech to the CNN World Economic Development Congress". 19 de setembro de 1992. In: HARRIS, Robert (org.). *Collected Speeches of Margaret Thatcher*. Nova York: HarperCollins, 1997, p. 543. O historiador econômico Skidelsky ressalta que o monetarismo assumiu uma forma diferente na Grã-Bretanha. O governo visou uma medida mais ampla da oferta de moeda que incluía a criação de crédito, o que significa que levava em conta as mudanças de velocidade. Nesse sentido, o governo de Thatcher ignorou as lições aprendidas com o mestre Friedman. No entanto, a forma britânica de monetarismo não funcionou melhor.
84 THATCHER, Margaret. "Speech to Conservative Party Conference, October 10, 1980". Disponível em: margaretthatcher.org/document/104431.
85 O Bundesbank, contudo, não cumpriu essas metas em mais da metade do período, o que sugere que mesmo na Alemanha Ocidental a importância do monetarismo estava na mensagem que enviava, e não na sua aplicação prática. Veja VON FURSTENBERG, George M.; ULAN, Michael K. *Learning from the World's Best Central Bankers*. Boston: Kluwer, 1998, p. 127.
86 GREIDER, William Greider. *Secrets of the Temple*. Nova York: Simon and Schuster, 1981, p. 684.
87 Veja FRIEDMAN, Milton. "Monetarism in Rhetoric and in Practice". Tóquio, 22 de junho de 1983. Disponível em: imes.boj.or.jp/research/papers/english/me1-2-1.pdf. Ele aprofundou sua convicção dois anos depois, em testemunho diante do Comitê Econômico Conjunto do Congresso em 1985: "Há uma crença generalizada de que o monetarismo foi experimentado nos Estados Unidos de 1979 a 1984 e que não funcionou na prática. Isso está muito longe da verdade. Em outubro de 1979, o Federal Reserve, em desespero, adotou a retórica monetarista. Ele não adotou nem naquele momento nem desde então uma política monetarista." Se o Fed tivesse seguido suas prescrições, disse ele, "o desemprego nunca teria aumentado como aumentou. E a produção nunca teria caído a níveis tão baixos."
88 *Hansard Commons*, vol. 191, 16 de maio de 1991, col. 413.
89 Samuelson fez uma declaração que ficou famosa: "Deixe que quem quiser que escreva as leis do país, desde que eu possa escrever os livros-textos." Só que, nesse caso, Friedman mudou as leis do país e, assim, Samuelson teve que mudar o livro-texto. Na década de 1990, além disso, seu livro-texto estava superado em vendas por autores mais jovens que falavam bem menos sobre as ideias keynesianas. Veja EBENSTEIN, Alan O. *Milton Friedman*. Nova York: Palgrave Macmillan, 2007, pp. 156-157.
90 VON FURSTENBERG, George M.; ULAN, Michael K. "A Sea Change for New Zealand". In: *Learning from the World's Best Central Bankers*. Boston: Kluwer, 1998, pp. 207-242.
91 A inflação na França foi muito maior do que na Alemanha durante a primeira metade da década de 1980 e ainda um pouco maior na segunda metade. Durante a primeira metade da década de 1990, a inflação na França foi significativamente mais baixa do que a inflação na Alemanha, mas a França continuou a pagar um prêmio de risco. Na segunda metade da década, com a união monetária se avizinhando e depois realizada, a diferença foi eliminada. Veja BRASH, Don. *Incredible Luck*. Auckland: Troika Books, 2014, loc. no e-book 431.
92 Brash às vezes é descrito como plantador de kiwis. Isso tem uma ponta de verdade. Ele comprou um pomar de kiwis em 1981, mas, segundo disse, era um *tax shelter*.
93 As melhores técnicas disponíveis para mensurar a inflação dos preços tendem a exagerar a inflação, geralmente em cerca de um ponto percentual. Um motivo para isso é a dificuldade de mensuração da qualidade de um dado produto. O iPhone mais recente, por exemplo, proporciona significativamente mais valor do que o dispositivo original. Então a meta de 0% a 2% equivalia a visar o zero, mas com uma margem de erro.
94 Friedman, como sempre, escandalizou os neozelandeses ao convocar a Nova Zelândia a deixar o negócio de fabricação de automóveis. Ele descreveu esse setor como um exemplo particularmente

notório de ineficiência protecionista. A última fábrica de automóveis local fechou as portas cerca de uma década depois. Veja "Interview with Donald Brash", *The Region*, Federal Reserve Bank de Minneapolis, junho de 1999.

95   GOLDSMITH, Paul. *Brash*. Auckland: Penguin, 2005, p. 175.
96   WALLACE, Neal. *When the Farm Gates Opened*. Dunedin: Otago University Press, 2014, p. 21.
97   O Bank of International Settlements é o banco central dos bancos centrais, facilitando as movimentações internacionais de moeda e fornecendo um fórum para o estabelecimento de padrões internacionais, como os padrões da Basileia para o capital bancário. É também o único exemplo sobrevivente das instituições internacionais estabelecidas após a Primeira Guerra Mundial. Adam LeBor narra a história do BIS em *Tower of Basel* (Nova York: PublicAffairs, 2013).
98   Greenspan foi parcial na visão de que dirigentes de bancos centrais deveriam semear um pouco de confusão para inibir a especulação financeira. "Se eu parecer excessivamente claro para você, é porque entendeu mal o que eu falei", disse Greenspan a uma horda de jornalistas no início de seu mandato no Fed. Aquele não era um problema frequente. "É isso que os dirigentes de bancos centrais fazem", disse o economista Robert Solow. "Eles parecem polvos: jogam uma nuvem de tinta e vão embora." Veja WEEKS, Linton; BERRY, John M. "The Shy Wizard of Money". *The Washington Post*, 24 de março de 1997. Para a citação de Don Kohn, veja MALLABY, Sebastian. *The Man Who Knew: The Life and Times of Alan Greenspan*. Nova York: Penguin Press, 2016, p. 382.
99   BRADSHER, Keith. "Economics by Ripples". *The New York Times*, 30 de maio de 1994.
100 Greenspan explicou que uma inflação baixa cria "um ambiente que força ganhos de produtividade. Ela força as pessoas que querem se manter no negócio a tomar algumas atitudes – como diminuir o tamanho do refeitório, reduzir horas extras e deixar de fornecer motoristas aos gerentes – que eles não tinham pensado em tomar antes no curso normal dos negócios em um ambiente inflacionário modesto porque era mais fácil aumentar preços para manter as margens". Um quarto de século mais tarde, ainda não havia evidências de que reduzir a inflação, digamos, de 2% para 1% traria benefícios econômicos significativos. De fato, Greenspan me disse em uma entrevista de 2018 que acabou considerando uma inflação de 2% como ideal. Além disso, na medida em que uma inflação baixa chega à custa de maior desemprego, ela tende a reduzir a inovação, porque as empresas podem se basear em mão de obra barata em vez de investir em maquinário. Enquanto escrevo, os Estados Unidos estão vivendo um período longo de inflação baixa e lento crescimento da produtividade. Veja "Transcript of Federal Open Market Committee, July 2–3, 1996", 67. Disponível em: federalreserve.gov/monetarypolicy/files/FOMC19960703meeting.pdf.
101 Os economistas Christina Romer e David Romer concluíram que o Fed se comportou como se estivesse tentando manter uma taxa de desemprego média de 7,3%, apesar de estimativas da mais baixa taxa de desemprego sustentável terem ficado em média em 6% durante aquele período de 17 anos. O cálculo da população delta é meu. Veja ROMER, Christina D.; ROMER, David H. "The Evolution of Economic Understanding and Postwar Stabilization Policy". 2002, Departamento Nacional de Pesquisas Econômicas.
102 O Conselho de Consultores Econômicos é composto em sua maior parte por economistas acadêmicos e serve como uma *think tank* interna. O Conselho Econômico Nacional foi criado para coordenar as políticas econômicas domésticas do governo.
103 WOODWARD, Bob. *A agenda*. São Paulo: J. Louzada, 1994.
104 BLINDER, Alan. *Hard Heads, Soft Hearts*. Reading: Addison-Wesley, 1987, pp. 33, 36, 51, 77.
105 WOODWARD, Bob. *Maestro: Como Alan Greenspan comanda a economia americana e mundial*. Rio de Janeiro: Campus, 2001.
106 Ironicamente, isso não afastou Blinder da controvérsia. Em um discurso na conferência anual Jackson Hole do Fed, ele sugeriu, escolhendo bem as palavras, que o Fed estimulasse o crescimento do emprego enquanto mantinha a inflação sob controle. A imprensa, escaldada por seu trabalho anterior, retratou isso como um ataque a Greenspan. O colunista Robert Samuelson, um absolutista em termos de inflação, opinou que Blinder "carece das qualidades morais e intelectuais

necessárias para dirigir o Fed". Veja SAMUELSON, Robert. "Economic Amnesia". *Newsweek*, 11 de setembro de 1994.
107 Clinton de fato repetiu a artimanha de Blinder nomeando Alice Rivlin para ocupar o cargo de vice-presidente. Rivlin me contou que Clinton a preparou para o cargo dizendo que estava preocupado com a defesa da inflação por parte de Greenspan e queria que ela servisse como fiel da balança. Ainda assim, a decisão mais importante de Clinton foi conceder a Greenspan um terceiro mandato – e depois mais um quarto.
108 Alguns economistas ainda negam que as pessoas fiquem confusas com a inflação ou, pelo menos, que essa confusão tenha consequências significativas. Enquanto isso, no mundo real, os estúdios cinematográficos se beneficiam da inflação para fazer propaganda de recordes de bilheteria – que são recordes apenas em termos nominais, já que nenhum filme superou *E o vento levou* – porque eles acham que as pessoas ficam confusas com a inflação. Parece então que Hollywood tem uma compreensão melhor da natureza humana.
109 APPELBAUM, Binyamin. "Possible Fed Successor Has Admirers and Foes". *The New York Times*, 24 de abril de 2013.
110 Na opinião de Yellen, o benefício primário de se reduzir a inflação para menos de 3% era reduzir as distorções na tributação. Ela disse que fazia mais sentido enfrentar esses problemas mudando o código fiscal. Veja "Transcript of Federal Open Market Committee, July 2–3, 1996". Disponível em: federalreserve.gov/monetarypolicy/files/FOMC19960703meeting.pdf. Na administração do sucessor de Greenspan, Ben S. Bernanke, o Fed adotou uma meta de inflação de 2% em 2010. É interessante que o fez deixando claro que isso tinha sido decidido para pressionar a inflação para retornar a esse nível. Greenspan ficou horrorizado e escreveu: "O espetáculo dos dirigentes de bancos centrais tentando pressionar a taxa de inflação para cima na sequência da crise de 2008 é praticamente sem precedentes." Ele previu, incorretamente, que o esforço poderia gerar a volta de uma inflação de dois dígitos. Veja GREENSPAN, Alan. *O mapa e o território*. São Paulo: Portfolio-Penguin, 2013.
111 O declínio mundial da inflação foi movido em grande medida pela globalização em vez de por escolhas de políticas específicas de bancos centrais. Veja ROGOFF, Kenneth S. "Globalization and Global Disinflation". In: *Monetary Policy and Uncertainty: Adapting to a Changing Economy*. Kansas City: Federal Reserve Bank of Kansas City, 2003, p. 81.
112 IP, Greg. "Is Bernanke an Inflation Dove? Yes, but…". *The Wall Street Journal*, 31 de outubro de 2005.
113 SUMMERS, Lawrence H. "The Great Liberator". *The New York Times*, 19 de novembro de 2006.
114 LUCAS, Robert E. "Macroeconomic Priorities". *American Economic Review 93*, nº 1 (2003), pp. 1-14. Lucas era o líder de um grupo de economistas brilhantes que, em meados da década de 1970, tinham ampliado o trabalho de Friedman para defender que a política monetária não poderia exercer uma influência consistente mesmo em condições econômicas de curto prazo. A interferência não era apenas desaconselhável, mas impossível. Isso, na verdade, revivia a antiga descrição do dinheiro feita por John Stuart Mill como nada mais do que um véu. O problema com essas provas matematicamente elegantes é que elas eram notoriamente sem sentido. Era evidente que a política monetária teve consequências; o trabalho dos economistas era explicar, ou melhor, controlar essas consequências. Como Robert Solow apresentou a questão em seu discurso presidencial em 1980 para a Associação Econômica Americana: "Eu me lembro de ler uma vez que ainda não foi entendido como a girafa consegue bombear um suprimento de sangue adequado até a cabeça, mas é difícil imaginar que alguém concluísse então que girafas não têm pescoços compridos." Essas formulações mais extremas, contudo, exerceram relativamente pouca influência sobre formuladores de políticas. Laurence H. Meyer, que atuou como membro do conselho do Federal Reserve no fim da década de 1990, escreveu em sua autobiografia que tudo que as autoridades do Fed precisavam saber tinha sido dito por Friedman e que tudo o que tinha sido dito desde então era irrelevante.
115 LUCAS JR., Robert. "The Industrial Revolution: Past and Future". *2003 Annual Report*. Minneapolis: Federal Reserve Bank of Minneapolis, 2004. Disponível em: minneapolisfed.org/publications/the-region/the-industrial-revolution-past-and-future.

116 A taxa de desemprego não inclui pessoas que não estão procurando emprego ativamente. Em 1979, no auge da estagflação, cerca de 3,5 milhões de homens americanos no ápice de sua vida produtiva, com idades de 25 a 54 anos, estavam desempregados. Em 2007, em meio à Grande Moderação, cerca de 8,5 milhões de homens americanos no auge da vida produtiva estavam desempregados. Em termos percentuais, o Escritório de Estatísticas do Trabalho diz que a taxa de desemprego entre homens de 25 a 54 anos aumentou de 8,9% em janeiro de 1979 para 14% em janeiro de 2008. Até a virada do século, essa tendência foi compensada pelo aumento da participação feminina na força de trabalho. Desde então, a participação feminina também diminuiu. Veja SKIDELSKY, Robert. *Money and Government: The Past and Future of Economics*. New Haven: Yale University Press, 2018, p. 202.
117 A concentração de riqueza nas mãos dos 10% mais ricos atingiu um pico de 84,4% em 1928, à beira da Grande Depressão, depois declinou durante boa parte do século XX, atingindo o ponto mais baixo de 63,6% em 1986. Ela vem subindo desde então. Veja SAEZ, Emmanuel; ZUCMAN, Gabriel. "Wealth Inequality in the United States Since 1913: Evidence from Capitalized Income Tax Data". Outubro de 2014, Departamento Nacional de Pesquisas Econômicas, Documento de Trabalho 20.625.
118 FISHER, Richard W. "Balancing Inflation and Growth". Londres, 4 de março de 2008. Disponível em: dallasfed.org/news/speeches/fisher/2008/fs080304.aspx.

CAPÍTULO 4. REPRESENTAÇÃO SEM TAXAÇÃO

1 GALBRAITH, John Kenneth. *Moeda: De onde veio, para onde foi*. São Paulo: Thomson Pioneira, 1997.
2 Um registro dos trabalhos está preservado em HINSHAW, Randall Weston (org.). *Inflation as a Global Problem*. Baltimore: Johns Hopkins University Press, 1972, p. 127.
3 MUNDELL, Robert A. "On the History of the Mundell-Fleming Model". *IMF Staff Papers* 47, 2001.
4 MUNDELL, Robert A. "The Appropriate Use of Monetary and Fiscal Policy for Internal and External Stability". *IMF Staff Papers* 9, nº 1, março de 1962. O artigo defendia o estímulo fiscal sem diferenciar entre cortes fiscais e aumentos de gastos. Logo depois ele acrescentou uma nota de rodapé especificando que os cortes de impostos eram o instrumento preferido. Mundell contou ao historiador Brian Domitrovic que ele não considerava os cortes de impostos superiores a aumentos de gastos até o início dos anos 1970. "Esta é uma pergunta difícil de responder, mas a questão só foi resolvida no início da década de 1970. No início da década de 1960, em meus modelos, enfatizei os cortes de impostos e o estímulo fiscal sem distinção entre efeitos pelo lado da oferta e efeitos orçamentários. O mundo da ciência econômica naquele momento era quase universalmente keynesiano e é por isso que minhas ideias de um misto de políticas foram tão prontamente aceitas. Porém, eu estava ciente dos efeitos pelo lado da oferta de alíquotas de impostos desde meus primeiros textos, que foram escritos dentro de uma estrutura internacional clássica". Veja DOMITROVIC, Brian. *Econoclasts: The Rebels Who Sparked the Supply-Side Movement and Restored American Prosperity*. Wilmington: ISI Books, 2009, p. 307.
5 VANE, Howard R.; MULHEARN, Chris. "Interview with Robert A. Mundell". *Journal of Economic Perspectives* 20, nº 4, outono de 2006, p. 93.
6 Ao explicar uma decisão de elevar os impostos sobre as empresas em 1969, um dos consultores econômicos de Nixon, Herbert Stein, escreveu a um colega: "Nesta conjuntura histórica, havia coisas mais importantes a fazer com o orçamento federal, com a produção nacional, do que tornar ainda mais rápida uma taxa de crescimento que já era muito rápida." Veja MATUSOW, Allen J. *Nixon's Economy: Booms, Busts, Dollars and Votes*. Lawrence: University Press of Kansas, 1998, p. 42.
7 DOMITROVIC, Brian. *Econoclasts: The Rebels Who Sparked the Supply-Side Movement and Restored American Prosperity*. Wilmington: ISI Books, 2009, p. 91. Quando Mundell recebeu o Prêmio Nobel em 1999, ele disse que usaria o dinheiro para continuar a trabalhar em seu castelo – então entrando na quarta década de reformas. Veja NASAR, Sylvia. "Nobel Economics: Spending the Check". *The New York Times*, 5 de dezembro de 1999.

8   MUNDELL, Robert A. "The Dollar and the Policy Mix: 1971". *Essays in International Finance*, nº 85 (maio de 1971). O artigo é uma versão das observações de Mundell na conferência de Bolonha. Como uma questão técnica, o artigo anterior de 1962 era sobre uma economia com taxas de juros fixas. O artigo de 1971 estendeu o argumento para uma economia com taxas de juros flutuantes.
9   HINSHAW, Randall Weston (org.). *Inflation as a Global Problem*. Baltimore: Johns Hopkins University Press, 1972, p. 123.
10 BARTLEY, Robert L. *The Seven Fat Years: And How to Do It Again*. Nova York: Free Press, 1995, p. 59.
11 TURNER, John N. "Budget Speech in the House of Commons". 19 de fevereiro de 1973. Disponível em: budget.gc.ca/pdfarch/1973-sd-eng.pdf.
12 Robert Lucas, outro jovem membro do corpo docente de Chicago, disse em uma entrevista em 1998 que o emprego tinha sido oferecido a ele antes de a Laffer, mas que recusou para focar em sua pesquisa, que, por fim, ganhou o Prêmio Nobel. Laffer, por sua vez, se lançou em uma carreira em políticas públicas que reconfigurou para sempre a abordagem do governo em relação à tributação. "Meu palpite seria que eu, Art, e a economia norte-americana saímos todos ganhando em consequência", disse Lucas. Veja MCCALLUM, Bennett T. "An Interview with Robert E. Lucas Jr.". In: SAMUELSON, Paul; BARNETT, William A. (eds.). *Inside the Economist's Mind: Conversations with Eminent Economists*. Malden: Blackwell, 2007, p. 66.
13 O poema foi atribuído a um certo "Alfred Priori". Veja "Money Machine". *The New York Times*, 16 de maio de 1971. Além da competição, a zombaria foi motivada pelo fato de que o modelo de Laffer decididamente não era um modelo keynesiano. Laffer usou vários métodos para avaliar o provável crescimento econômico, incluindo um que tratava os preços dos ativos como um barômetro preciso das expectativas econômicas dos investidores. Essa ideia, uma faceta da "hipótese dos mercados eficientes", estava começando a ser desenvolvida em Chicago e permanecia fora do pensamento dominante. Laffer riu por último: sua previsão acertou na mosca. Mas ele diz – com razão – que acertar na mosca em previsões é uma questão de sorte. Na opinião dele, as críticas ao modelo estavam enganadas em relação à exatidão da previsão para aquele ano específico.
14 DOMITROVIC, Brian. *Econoclasts: The Rebels Who Sparked the Supply-Side Movement and Restored American Prosperity*. Wilmington: ISI Books, 2009, p. 106.
15 MELLOAN, George. *Free People, Free Markets: How the Wall Street Journal's Opinion Pages Shaped America*. Nova York: Encounter, 2017, p. 183.
16 Carta de Jude Wanniski para Donald Rumsfeld, 12 de fevereiro de 1975, Documentos de Jude Wanniski, Arquivos da Hoover Institution, Stanford, Califórnia.
17 A citação e a história foram ambas retiradas de MALABRE JR., Alfred. *Lost Prophets*. Cambridge: Harvard University Press, 1994, p. 180.
18 WANNISKI, Jude. "Theory and Policy: Mundell to Reagan". 22 de outubro de 1999. Disponível em: polyconomics.com/ssu/ssu-991022.htm.
19 WANNISKI, Jude. "It's Time to Cut Taxes". *The Wall Street Journal*, 11 de dezembro de 1974. Com o passar do tempo, Wanniski foi dedicando cada vez menos espaço para citar outras pessoas e mais espaço para as próprias declarações de não especialista sobre os benefícios dos cortes de impostos, insistindo, por exemplo, que "pode ser que as drogas, o alcoolismo, o divórcio e abusos pessoais comecem a recuar". Melhor ainda, segundo ele, os cortes de impostos poderiam ganhar a Guerra Fria – angariando o respeito dos russos. Veja "The No. 1 Problem". *The New York Times*, 27 de fevereiro de 1980.
20 Esse relato da famosa reunião está baseado nos escritos de Wanniski, nas entrevistas com Laffer e Grace-Marie Arnett Turner, que também estavam presentes, e em pesquisa em arquivos. O guardanapo no Smithsonian, que o museu apresenta como autêntico, tem a data de 13 de setembro de 1974 e é dedicado a Donald Rumsfeld, chefe de Cheney na época. Wanniski, Laffer e Turner concordam que a reunião aconteceu em novembro de 1974 e que Rumsfeld não estava presente. Cheney escreveu em sua autobiografia que a reunião foi em novembro e que Rumsfeld estava presente. Rumsfeld escreveu em sua autobiografia que a reunião aconteceu em 1975. É minha opinião

ponderada que o Smithsonian, Rumsfeld e Cheney estão, em vários graus, confusos acerca dos fatos. Veja APPELBAUM, Binyamin. "This Is Not Arthur Laffer's Famous Napkin". *The New York Times*, 13 de outubro de 2017.

21   VANE, Howard R.; MULHEARN, Chris. "Interview with Robert A. Mundell". *Journal of Economic Perspectives* 20, nº 4 (outono de 2006), p. 104. Laffer depois deu aconselhamento a vários políticos de destaque, tanto democratas quanto republicanos, sobre propostas de imposto de renda em alíquota única. Ele me disse que havia um argumento teórico para ir ainda mais longe e tributar pessoas de renda mais baixa a uma alíquota mais alta, porque alíquotas mais baixas tinham maior efeito econômico em pessoas com rendimentos mais altos. Mas isso, segundo ele, era politicamente insustentável.

22   HAGGERTY, Tyler. "Forty Years Ago, a Mob of Students Stormed the Bank of America Building". *Daily Nexus*, 25 de fevereiro de 2010. A polícia bateu em um estudante que acabara de assistir a um discurso do advogado de defesa radical William Kunstler. O espancamento, à luz do dia e em público, foi o que precipitou o tumulto que culminou no incêndio da agência bancária em Santa Bárbara. Powell escreveu em seu memorando (veja a próxima nota) que as agências do Bank of America tinham sido atacadas 39 vezes nos 18 meses anteriores, "22 vezes com dispositivos explosivos e 17 vezes com bombas ou por incendiários".

23   O memorando de Powell, "Attack on American Free Enterprise System", estava datado de 23 de agosto de 1971. Para obter mais informações sobre o memorando e a reação, veja PHILLIPS-FEIN, Kim. *Invisible Hands: The Businessman's Crusade Against the New Deal*. Nova York: Norton, 2010, pp. 156-165.

24   EDWARDS, Lee. *The Power of Ideas: The Heritage Foundation at 25 Years*. Ottawa: Jameson Books, 1997, p. 9.

25   HACKER, Jacob S.; PIERSON, Paul. *Winner-Take-All Politics: How Washington Made the Rich Richer – and Turned Its Back on the Middle Class*. Nova York: Simon and Schuster, 2010, p. 116.

26   KONDRACKE, Morton; BARNES, Fred. *Jack Kemp: The Bleeding-Heart Conservative Who Changed America*. Nova York: Sentinel, 2015, p. 31.

27   Idem, p. 38.

28   Wanniski usou a expressão pela primeira vez como título de um editorial do *The Wall Streeet Journal* em 9 de abril de 1976. Em usos posteriores, o termo "fiscalistas" foi com frequência deixado de lado.

29   Congressistas democratas legislaram algumas mudanças no processo de orçamento em reação à recusa do governo Nixon de gastar alguns fundos alocados, incluindo a criação de comissões orçamentárias, para fiscalizar o processo, e do Gabinete de Orçamento do Congresso, para fornecer análise independente.

30   Foxe, codinome de Annabel Battistella, contou à Associated Press: "Quando conheci o Sr. Mills, eu nem sabia quem era. E, quando me falaram que ele estava na Comissão de Finanças do Senado, eu não sabia o que era isso." Mills foi reeleito no mês seguinte. Poucas semanas depois disso, ele apareceu no palco de um clube de striptease em Boston onde Foxe era a dançarina de destaque. Isso causou escândalo e Mills concordou em entregar a presidência da Comissão de Finanças da Câmara e buscar tratamento para o alcoolismo. Para saber mais sobre o papel de Ullman, veja "Alice Rivlin, Oral History". 13 de dezembro de 2002, Centro Miller de Assuntos Públicos, Universidade da Virgínia, Charlottesville.

31   "Q&A with Alice Rivlin". *Bryn Mawr S&T*, 21 de outubro de 2009.

32   TOLCHIN, Martin. "The Bearer of Bad News Has Fewer Friends". *The New York Times*, 4 de julho de 1982.

33   FLANDER, Judy. "Top Government Economist Takes Over Congressional Budget Office". *The Washington Star*, 25 de fevereiro de 1975. Sobre o marido, Rivlin contou: "Ele nunca se interessou por fazer trabalho doméstico, ao contrário de alguns jovens maridos de que se ouve falar hoje em dia." Eles se divorciaram dois anos depois.

34   O primeiro programa que realizaria simulações em larga escala da economia norte-americana foi desenvolvido na Brookings no fim dos anos 1950. No fim da década de 1960, várias instituições

importantes, inclusive a Universidade da Pensilvânia e o Chase Manhattan Bank, tinham criado modelos econômicos próprios.

35 "Está longe de estar claro que esses efeitos sejam quantitativamente importantes", escreveu Rivlin. O deputado John Rousselot, da Califórnia, leu a carta para registro do Congresso em 11 de julho de 1978 (124 Cong. Rec. 20.135 [1978]).

36 "Backstage at the Budget Committee". *The Washington Post*, 11 de abril de 1980.

37 ROBERTS, Paul Craig. *The Supply-Side Revolution*. Cambridge: Harvard University Press, 1984, p. 47.

38 O contrato de 250 mil dólares foi para Chase Econometric Associates, um braço do Chase Manhattan dirigido pelo economista Michael K. Evans. Ao trabalhar no modelo, Evans opinou livremente em favor de menor tributação sobre ganhos de capital. Poucos meses depois de o Congresso reduzir esses impostos, Evans saiu do Chase, aceitando uma operação de *buyout* de 1,8 milhão de dólares de suas ações da empresa, tornando-o assim um dos maiores beneficiários da nova lei. Veja ROUT, Lawrence. "Forecaster's Fate". *The Wall Street Journal*, 4 de março de 1981.

39 FRIEDMAN, Milton. "The Limitations of Tax Limitation". *Heritage Foundation Policy Review*, verão de 1978, p. 11.

40 NELSON, Edward. "Milton Friedman and Economic Debate in the United States, 1932–1972". 2018, livro B, p. 222. Disponível em: sites.google.com/site/edwardnelsonresearch.

41 FRIEDMAN, Milton; FRIEDMAN, Rose. *Two Lucky People*. Chicago: University of Chicago Press, 1999, p. 441.

42 Laffer não narra mais sua mudança para a USC como uma marcha para o exílio, como fazia na época. "Foi horrível", disse ele em 1981. "Eu sabia que não havia como ter sucesso na profissão. Então segui outros caminhos – a imprensa, a política, a consultoria." Veja BLUSTEIN, Paul. "Supply-Side Theories Became Federal Policy with Unusual Speed". *The Wall Street Journal*, 8 de outubro de 1981.

43 JARES, Sue E. "Arthur Laffer Is a Man with All the Reasons for a Big Tax Cut". *People*, 7 de abril de 1979.

44 ROANE, Kit R.; RUBIN, Joe; MCKINNEY, Dan. "The Populist Politician and California's Property Tax Revolt". *RetroReport.org*, 17 de outubro de 2016.

45 JARVIS, Howard; PACK, Robert. *I'm Mad as Hell: The Exclusive Story of the Tax Revolt and Its Leader*. Nova York: Times Books, 1979, p. 107.

46 John Kenneth Galbraith, carta para o editor, *Newsweek*, 18 de dezembro de 1978. Os corpos de bombeiros continuaram a operar, mas a Proposição 13 restringiu a capacidade da Califórnia de financiar serviços públicos. Em 1978, o estado ficou em 14º lugar no financiamento por estudante; em 2018, ficou em quadragésimo terceiro lugar. A Proposição 13 também transferiu a carga tributária dos ricos para os menos ricos quando os governos locais substituíram as receitas dos impostos sobre imóveis por impostos sobre vendas e serviços públicos. Tributos sobre novos empreendimentos, outra alternativa popular, contribuíram para a escassez por parte do estado de habitações a preços acessíveis. A medida virou projeto de lei como uma proteção a proprietários de imóveis residenciais; na prática, foi um ganho inesperado para pessoas que calharam de ter imóveis naquele momento. O índice de aquisição de imóveis residenciais na Califórnia caiu. Veja TAYLOR, Mac. "Common Claims About Proposition 13". Gabinete do Analista do Legislativo da Califórnia, setembro de 2016.

47 Kemp apresentou a legislação em abril de 1977 para cortar alíquotas do imposto de renda de pessoas físicas em 30%. Ele deu crédito "às recomendações do professor Robert Mundell sobre como se livrar da curva de Phillips para chegar a um desemprego baixo com inflação baixa". Em junho de 1977, Roth, também republicano, concordou em patrocinar uma versão para o Senado sob a condição de que o corte fosse diluído por três anos. Isso teve o efeito de reduzir o corte de impostos total para 27%, mas não de eliminar a prática geral de descrição da medida como uma redução de 30%.

48 GREENSPAN, Alan. *A era da turbulência: Aventuras em um novo mundo*. Rio de Janeiro: Campus, 2008.

49 Carta de Richard Cheney para Jude Wanniski, 19 de setembro de 1978. Documentos de Wanniski, caixa 25, Hoover Institution.
50 FELDSTEIN, Martin; YITZHAKI, Shlomo. "The Effects of the Capital Gains Tax on the Selling and Switching of Common Stock". *Journal of Public Economics* 9, nº 1 (fevereiro de 1978).
51 O texto de Steiger foi aprovado como emenda a um projeto de lei mais amplo, a Lei de Receitas de 1978. O governo Carter aceitou o texto como uma alternativa a uma versão da proposta Kemp-Roth, que estava começando a ganhar impulso. Carter assinou o projeto de lei antes das *midterms* de 1978. Steiger morreu de ataque cardíaco um mês depois, aos 40 anos. Veja DOMITROVIC, Brian. *Econoclasts: The Rebels Who Sparked the Supply-Side Movement and Restored American Prosperity*. Wilmington: ISI Books, 2009, pp. 161-173.
52 "Forecasting the Supply Side of the Economy". Comitê Econômico Conjunto, 21 de maio de 1980.
53 O texto do anúncio no rádio é de um relato da campanha feito pelos jornalistas Rowland Evans e Robert Novak, que se interessavam mais por questões econômicas, em especial a economia pelo lado da oferta, do que o restante de seus colegas. Veja o livro deles, *The Reagan Revolution* (Nova York: E. P. Dutton, 1981, p. 61). O pesquisador de campo de Reagan, Richard Wirthlin – doutor em economia –, disse ao candidato que a idade era seu maior ponto fraco junto aos eleitores e que a defesa dos cortes de impostos era o único remédio eficaz. "Só se aderir à limitação dos impostos é que o candidato de 70 anos com crenças econômicas 'republicanas' chegará à vitória", escreveu Wirthlin em um memorando citado por Monica Prasad em "The Popular Origins of Neoliberalism in the Reagan Tax Cut of 1981", maio de 2016, Colóquio sobre Política Fiscal da Universidade de Nova York.
54 O aumento da tributação sobre a folha de pagamento é com frequência negligenciado. A alíquota aumentou de 9,6% em 1970 para 12,3% em 1980. O governo também aumentou o valor da renda sujeita a tributação em folha em 50% no mesmo período, depois da correção pela inflação. As receitas federais como parcela do PIB alcançaram 19,1% em 1981, de acordo com o Escritório de Gestão e Orçamento da Casa Branca.
55 CARTER, Jimmy. *Keeping Faith*. Nova York: Bantam, 1983, p. 541.
56 JOHNSON, Haynes. *Sleepwalking Through History*. Nova York: Norton, 1991, pp. 19-20.
57 "Legality of Certain DOD Support for Activities Associated with the Inauguration of President Ronald Reagan". Gabinete de Contabilidade Geral, 1º de julho de 1983.
58 A alíquota mais alta de imposto chegou a 94% em um único ano, 1945, e Reagan passou os 11 primeiros meses daquele ano no Exército. No ano seguinte, quando voltou a receber para atuar, a alíquota mais alta estava em 91%. Além disso, Reagan não recebia por filme. Em 1945, ele assinou um contrato com a Warner Bros. que lhe pagou 1 milhão de dólares em sete anos. A citação foi retirada de uma entrevista de 1981. Reagan deu versões ligeiramente diferentes do mesmo assunto em outros contextos. Veja EVANS, Rowland; NOVAK, Robert. *The Reagan Revolution*. Nova York: E. P. Dutton, 1981, p. 237.
59 Os dados são da OCDE. A cifra de 2017 para os Estados Unidos era de 27%. Reagan, deliberadamente ou não, estava aderindo a uma versão de uma teoria que teve seu lugar ao sol na década de 1940 depois que um economista britânico chamado Colin Clark publicou um artigo afirmando que as nações desmoronariam se o gasto público excedesse cerca de 25% da economia. Clark foi pioneiro no desenvolvimento da contabilidade da renda nacional, mas ficou empolgado demais com os usos de suas mensurações.
60 REAGAN, Ronald. "Reflections on the Failure of Proposition #1". *National Review*, 7 de dezembro de 1973.
61 Dart entrou no negócio de drogarias ao se casar com a filha de Charles Walgreen. Após o divórcio, ele deixou a Walgreen's para dirigir a Rexall. Sua segunda esposa, Jane Bryan, era uma atriz que tinha trabalhado com Reagan em vários filmes e os dois casais se tornaram amigos íntimos.
62 REAGAN, Ronald. "Taxation", 28 de novembro de 1978, reimpresso em SKINNER, K. *et al.* (orgs.). *Reagan, in His Own Hand*. Nova York: Free Press, 2001.
63 STOCKMAN, David. *The Triumph of Politics*. [1986; reimp.], Nova York: PublicAffairs, 2013, p. 53.

64 EVANS, Rowland; NOVAK, Robert. *The Reagan Revolution*. Nova York: E. P. Dutton, 1981, p. 97. Ture foi nomeado subsecretário fiscal; Paul Craig Roberts foi nomeado secretário-adjunto para política econômica; Stephen J. Entin, outro egresso da Universidade de Chicago, assumiu o cargo de assistente de Roberts.

65 Referindo-se aos consultores econômicos de Reagan, Anderson escreveu em seu livro de 1988, *Revolution: The Reagan Legacy* (Stanford: Hoover Institution Press, 1990): "Nem eles nem Reagan, nem qualquer um dos consultores de Reagan no alto escalão nunca fizeram essa alegação bizarra." Paul Craig Roberts, um dos fundadores da economia pelo lado da oferta e secretário-adjunto de política econômica do Departamento do Tesouro de Reagan, escreveu em 2017: "A política econômica do governo Reagan com certeza não estava se baseando em reduções de impostos que se compensariam com o aumento da receita." A citação de Reagan foi retirada de um discurso que ele fez em Chicago. Talvez seja a mais clara refutação que se possa imaginar dos relatos apresentados por seus assistentes.

66 REAGAN, Ronald. *The Reagan Diaries*. Douglas Brinkley (org.). Nova York: Harper, 2007, p. 34.

67 O início da década de 1980 foi uma época difícil para macroeconomistas com pretensões científicas. Nenhuma das grandes escolas de pensamento previu corretamente os amplos efeitos das políticas de Reagan, que dirá os detalhes. As falhas da economia pelo lado da oferta e do monetarismo estão descritas nestas páginas, mas os keynesianos não se enchem de glórias. James Tobin insistiu em 1981 que as políticas de Reagan gerariam um desastre. "Se a Amtrak colocar motores nas duas extremidades de um trem na estação de New Haven – ainda temos uma ferrovia lá –, um motor voltado para oeste em direção a Nova York e outro para leste na direção de Boston, e anunciasse que o trem iria simultaneamente para os dois destinos, a maioria das pessoas ficaria cética", escreveu. "Reagan está colocando um motor Volcker em uma extremidade e uma locomotiva Stockman-Kemp na outra e está nos dizendo que o trem econômico nos levará ao pleno emprego e à desinflação ao mesmo tempo." (Essas frases apareceram pela primeira vez em um ensaio que Tobin escreveu para a *Economic Review* do Federal Reserve Bank de São Francisco em maio de 1981. Veja TOBIN, James. *Policies for Prosperity*. Cambridge: MIT Press, 1989, p. 113. Na época, os custos a curto prazo do monetarismo e das políticas econômicas pelo lado da oferta foram mais modestos do que os keynesianos tinham previsto, apesar de o prejuízo a longo prazo ter tido maiores consequências.

68 BLINDER, Alan. *Hard Heads, Soft Hearts*. Reading: Addison-Wesley, 1987, p. 21. É perfeitamente lógico que as alíquotas de impostos influenciem o comportamento humano. Mas as evidências sugerem que a magnitude é modesta e os efeitos, complexos. Alíquotas de impostos mais altas, por exemplo, podem induzir algumas pessoas a trabalhar mais, para manter suas rendas ou para cumprir as obrigações preexistentes. Pelos mesmos motivos, alíquotas de impostos mais baixas podem fazer com que algumas pessoas trabalhem menos.

69 A alíquota de impostos real média sobre a renda das empresas caiu de 51% em 1960 para 24% em 1985, mas o cálculo de 1985 refletia uma alíquota de 35% de impostos prediais e de renda de pessoas físicas e uma alíquota de -9% de imposto de renda de pessoas jurídicas. "Em outras palavras, o sistema de impostos de pessoas jurídicas de acordo com a lei de 1981 proporciona um subsídio líquido de forma que sua eliminação causaria um aumento em sua alíquota de imposto real total de 26% para 35%." Veja FULLERTON, Don. "Tax Policy". In: FELDSTEIN, Martin (org.) *American Economic Policy in the 1980s*. Chicago: University of Chicago Press, 1994, p. 172.

70 MCINTYRE, Robert S.; FOLEN, Robert. "Corporate Income Taxes in the Reagan Years: A Study of Three Years of Legalized Tax Avoidance". Citizens for Tax Justice. 1984. Reagan estendeu sua carreira de ator apresentando um programa televisivo chamado *General Electric Theater* por quase uma década, a partir do início da década de 1950. Como parte do negócio, ele visitava com regularidade fábricas da GE, fazendo discursos aos operários sobre a importância dos princípios do livre mercado. A experiência foi o cadinho em que a persona política de Reagan foi formada.

71 National Research Council, "Understanding the U.S. Illicit Tobacco Market: Characteristics, Policy Context, and Lessons from International Experiences", 2015, National Academies Press. Disponível em: doi.org/10.17226/19016.

72   FRIEDMAN, Milton; FRIEDMAN, Rose. *Two Lucky People*. Chicago: University of Chicago Press, 1998, p. 171.
73   PHILLIPS-FEIN, Kim. *Invisible Hands: The Businessmen's Crusade Against the New Deal*. Nova York: Norton, 2010, p. 261.
74   A década de 1980 parece um pouco pior sem um ajuste para a população. O crescimento anual médio do PIB foi de 3,2% na década de 1970 e 3,1% na década de 1980. Como o Serviço de Pesquisas do Congresso concluiu em 2012, "as mudanças nos últimos 65 anos na alíquota de impostos marginal mais alta e na alíquota de impostos sobre os ganhos de capital mais alta não parecem correlacionadas com o crescimento econômico". HUNGERFORD, Thomas L. "Taxes and the Economy: An Economic Analysis of the Top Tax Rates Since 1945". Dezembro de 2012, Serviço de Pesquisas do Congresso.
75   GELLMAN, Barton. *Angler: The Cheney Vice Presidency*. Nova York: Penguin Press, 2008, p. 259.
76   O primeiro orçamento do governo Reagan estimou que um aumento do crescimento econômico como resultado dos cortes de impostos compensaria cerca de 20% da perda de receita inicial. A avaliação, é claro, era bem diferente da própria retórica do presidente.
77   STOCKMAN, David. *The Triumph of Politics*. Nova York: PublicAffairs, 1986, reimpr. 2013, p. 31.
78   Ludwig Erhard, como ministro da Economia da Alemanha Ocidental de 1949 a 1963 e chanceler de 1963 a 1966, presidiu o *Wirtschaftswunder*, ou recuperação econômica, da Alemanha Ocidental. Ele foi um dos primeiros formuladores ocidentais de políticas a adotar a ideia de que o crescimento econômico deveria ser o foco principal da política pública. Suas reformas incluíam o término dos controles de preços do pós-guerra e a criação de um banco central independente, o Bundesbank, que foi instruído a focar na prevenção da inflação.
79   "Jim Miller, Oral History", 4 de novembro de 2001, Centro Miller de Assuntos Públicos, Universidade da Virgínia. Os problemas fiscais foram exacerbados por uma mudança fundamental na legislação de 1981 que atraiu relativamente pouca atenção na época. Os Estados Unidos introduziram faixas de impostos indexadas pela inflação, assim como o Canadá havia feito na década de 1970, o que significava que os patamares de renda para alíquotas de impostos mais altas aumentavam com a inflação. Antes da mudança, a inflação aumentou receitas federais em termos reais, empurrando as pessoas para faixas de imposto mais elevadas. Isso permitia que o governo aumentasse o gasto sem aumentar as alíquotas de impostos ou reduzisse alíquotas de impostos sem restringir o gasto. Mas a lei de 1981 foi a última performance desse espetáculo de longa duração. Durante os anos 1980, o governo federal se confrontou com uma realidade menos agradável: o controle de déficits agora exigia cortes de gastos reais ou aumentos de impostos reais.
80   ESPO, David. "Senate Republicans Urge Economic Adviser to Quit". Associated Press, 11 de dezembro de 1981. Reagan inicialmente ficou do lado dos revolucionários. "A recessão piorou, jogando no lixo nossos números anteriores", escreveu o presidente em seu diário em 22 de dezembro de 1981. "Agora minha equipe está pressionando por um aumento de impostos para ajudar a segurar os déficits. Acho que nossos cortes de impostos produzirão mais receita ao estimularem a economia. Pretendo esperar e ver alguns resultados." É a única questão econômica em que ele expressou sentimentos fortes nas páginas daquele diário, dedicado, em sua maior parte, à política e à política externa. Ele encontrava apoio nas reuniões ocasionais de um grupo consultivo de economistas conservadores, incluindo Friedman e Laffer. Os economistas elogiavam o presidente e o presidente contava histórias sobre Hollywood. "O que eles fizeram por ele acima de tudo foi tranquilizá-lo de que o caminho que estava seguindo estava correto", disse Martin Anderson, que organizava as reuniões.
81   O plano de Mundell pedia taxas de juros altas, importantes, segundo ele, para atrair investidores estrangeiros. Os títulos do Tesouro durante a primeira metade da década de 1980, por exemplo, pagavam cerca de 5% a mais do que os títulos japoneses comparáveis. Porém, o tempo mostraria que os estrangeiros estavam felizes em investir nos Estados Unidos mesmo quando a taxa de juros estavam baixas.

82 GARBADE, Kenneth D. *Treasury Debt Management Under the Rubric of Regular and Predictable Issuance, 1983-2012*. Nova York: Federal Reserve Bank of New York, 2015.
83 GREIDER, William. *Secrets of the Temple*. Nova York: Simon and Schuster, 1981, p. 424.
84 CRAMER, Richard Ben. *What It Takes*. Nova York: Vintage, 1992, p. 66.
85 A alíquota de imposto mais alta na lei de 1986 é quase sempre considerada como 28%, mas a lei incluía uma sobretaxa de 5% sobre algumas rendas tributadas em 28%. A legislação foi celebrada como um triunfo de eficiência e equanimidade. Como Wilbur Mills tinha proposto na década de 1950, o projeto de lei reduzia as alíquotas de impostos ao ampliar a base tributária, preservando tanto as receitas federais quanto a distribuição da tributação. A simplificação do código fiscal combinava com o espírito da época: membros dos dois partidos disseram que o governo deveria buscar satisfazer sua necessidade de recursos com um mínimo de intervenção no mercado. Como o Departamento do Tesouro escreveu em um relatório de 1984: "Qualquer desvio desse princípio representa um endosso implícito da intervenção do governo na economia – uma forma insidiosa de política industrial baseada na crença de que os responsáveis pela política fiscal podem julgar melhor do que o mercado o que os consumidores querem, como bens e serviços devem ser produzidos e como as empresas devem ser organizadas e financiadas." Mas as celebrações que se seguiram exageraram a pureza do novo código fiscal. Um efeito do projeto de lei foi mudar as preferências fiscais da antiga economia da indústria para a nova economia da tecnologia e dos serviços. A alíquota de impostos real sobre maquinário, por exemplo, retornou ao patamar de 39%. E várias brechas menos justificáveis também sobreviveram. Interesses especiais estavam aprendendo a falar economês. Ao ser perguntado sobre suas ideias por um cliente, um economista respondeu que não tinha sido pago para responder. O cliente, um lobista do setor imobiliário, pagou e perguntou de novo. Dessa vez o economista respondeu: "O que você quer que eu ache?" Veja BIRNBAUM, Jeffrey H.; MURRAY, Alan S. *Showdown at Gucci Gulch: Lawmakers, Lobbyists, and the Unlikely Triumph of Tax Reform*. Nova York: Vintage, 1988, p. 111.
86 "The Distribution of Household Income, 2015", 8 de novembro de 2018, Gabinete de Orçamento do Congresso.
87 O coeficiente de Gini, uma medida-padrão para a desigualdade de renda, cresceu 5,17% de 1983 a 1988, o maior aumento em qualquer quinquênio desde a Segunda Guerra Mundial. Veja KOPCZUK, Wojciech; SAEZ, Emmanuel; SONG, Jae. "Earnings Inequality and Mobility in the United States: Evidence from Social Security Data Since 1937". *Quarterly Journal of Economics* 125, nº 1, fevereiro de 2010.
88 JOSEPH, Keith. "Monetarism Is Not Enough". Londres, 5 de abril de 1976. Disponível em: margaretthatcher.org/document/110796.
89 REYNOLDS, Alan. "Marginal Tax Rates". In: *The Concise Encyclopedia of Economics*. Disponível em: econlib.org/library/Enc/MarginalTaxRates.html.
90 MUNDELL, Robert. "Supply-Side Economics: From the Reagan Era to Today", 24 de março de 2011, Ronald Reagan Presidential Foundation, Simi Valley, Califórnia. Disponível em: youtu.be/drvRxf-Kxf0.
91 "Historical Tables, Fiscal Year 2019 Budget", Escritório de Gestão e Orçamento da Casa Branca.
92 BLUSTEIN, Paul. "Supply-Side Theories Became Federal Policy with Unusual Speed". *The Wall Street Journal*, 8 de outubro de 1981.
93 Ture se demitiu em protesto contra a lei de 1982. Em 1986, os cortes de impostos sobre as empresas tinham sido quase que completamente revertidos. Veja IPPOLITO, Dennis S. *Deficits, Debt and the New Politics of Tax Policy*. Cambridge: Cambridge University Press, 2012, p. 122.
94 O lobista, Charls Walker, foi descrito por um de seus colegas como "a clássica caricatura do superlobista fumando charuto e andando de limusine". Economista por formação, com doutorado pela Universidade da Pensilvânia, ele ganhou experiência em política fiscal no governo Nixon e, desde o início, não disfarçava sua simpatia pelas corporações. Ele contou para o jornal *Congressional Quarterly* que, quando se tornou profissional liberal, Nixon lhe disse: "Você vai continuar fazendo

o que já faz, só que agora vai ganhar dinheiro com isso." Durante a campanha de 1980, Walker trabalhou como principal consultor de Reagan, insistindo nos cortes de impostos de pessoas jurídicas. Depois voltou a trabalhar como lobista, pressionando pelas mesmas mudanças, mas de fora. Veja WALKER, Charls. "Comment on Tax Policy". In: FELDSTEIN, Martin (org.). *American Economic Policy in the 1980s*. Chicago: University of Chicago Press, 1994, p. 209.

95 Na lei de 1982, 75% dos benefícios vinham de aumentos de impostos; na lei de 1984, 82% vinham de aumentos de impostos. Em 1987, a cifra era de apenas 39%. Veja RUFFING, Kathy. "The Composition of Past Deficit Reduction Packages". 2011, Centro de Prioridades de Orçamentos e Políticas.

96 KEMP, Jack. "Shaping America's Economic Course". Colorado Springs, 16 de abril de 1993.

97 MARANISS, David. "Armey Arsenal: Plain Talk and Dramatic Tales". *The Washington Post*, 21 de fevereiro de 1995.

98 Idem.

99 HOROWITZ, Jason. "Grover Norquist, the Anti-tax Enforcer Behind the Scenes of the Debt Debate". *The Washington Post*, 12 de julho de 2011.

100 Os números são das "Historical Tables" (tabelas históricas) do orçamento federal do exercício fiscal de 2019. O gasto público continuou a aumentar mesmo depois da correção pela inflação. Porém, o declínio do gasto como parcela do PIB ainda divergia nitidamente do padrão de outros países desenvolvidos. Excluindo defesa e assistência a saúde, o gasto público como parcela da atividade econômica permaneceu cerca de 30% menor nos Estados Unidos do que a média de outros países desenvolvidos. (Os Estados Unidos gastam mais pesadamente em defesa do que todos os outros países, exceto Israel. Surpreendentemente, também gastam uma parcela maior da renda nacional em assistência a saúde, mesmo que sejam os únicos entre os países desenvolvidos a permitir que muitos de seus cidadãos vivam sem acesso garantido a assistência a saúde.)

101 A elipse está na versão original da citação. Veja WEISS, Rick. "NIH Cancer Chief Vents Frustration". *The Washington Post*, 24 de dezembro de 1994. O declínio do gasto federal em pesquisa, infraestrutura e bem-estar social é medido como parcela do PIB.

102 O argumento inicial de Bush para o corte de impostos foi arquitetado por Lawrence B. Lindsey, um economista que ensinou economia ao governador do Texas no fim da década de 1990 e depois se tornou o principal consultor econômico da campanha presidencial de Bush. Lindsey construiu uma carreira na interseção entre economia e política. Estudou com Martin Feldstein em Harvard, trabalhou sob a chefia de Feldstein no governo Reagan e depois voltou para Washington como consultor do presidente George H. W. Bush. Foi diretor do Fed de 1991 a 1997 e depois ingressou no American Enterprise Institute. Karl Rove, principal consultor econômico de George W. Bush, admirava um livro que Lindsey escreveu celebrando os cortes de impostos de Reagan e convidou Lindsey a visitar Bush em Austin. Depois da eleição de 2000, Lindsey se tornou presidente do Conselho Econômico Nacional, ajudando na aprovação dos cortes de impostos de Bush em 2001.

103 O'Neill contou sua versão da história ao jornalista Ron Suskind. Veja o livro de Suskind, *The Price of Loyalty: George W. Bush, the White House and the Education of Paul O'Neill* (Nova York: Simon and Schuster, 2004).

104 Havia uma fundamentação econômica contra cortes de impostos eventuais – a mesma que se opunha a reduções únicas. Ambas se baseavam em um artigo que muitos economistas consideram a mais importante contribuição acadêmica de Friedman, no qual ele defendia que mudanças nos gastos estavam ligadas a mudanças duradouras na renda, e não a flutuações de curto prazo. Essa incerteza sugerida sobre a duração de um corte de impostos consumiria uma parte do benefício estimulante. "É ciência econômica de péssima qualidade, principalmente se você estiver tentando influenciar o crescimento econômico", disse Dick Armey, o líder da maioria no Senado.

105 GREENSPAN, Alan. *A era da turbulência: Aventuras em um novo mundo*. Rio de Janeiro: Campus, 2008.

106 GELLMAN, Barton. *Angler: The Cheney Vice Presidency*. Nova York: Penguin Press, 2008, p. 265.

107 CHENEY, Richard. *In My Time*. Nova York: Threshold, 2011, p. 308.

108 GELLMAN, Barton. *Angler: The Cheney Vice Presidency*. Nova York: Penguin Press, 2008, p. 274.

109 As citações foram retiradas de Suskind, *The Price of Loyalty: George W. Bush, the White House and the Education of Paul O'Neill* (Nova York: Simon and Schuster, 2004), pp. 284-291. Cheney reconheceu e tentou explicar a observação em suas memórias. "É claro que eu achava que os déficits tinham importância. Eu só achava que era essencial ver isso em contexto, para observar que, enquanto os aumentos drásticos de Ronald Reagan no orçamento da defesa e seus cortes de impostos históricos pressionaram o déficit de 2,7% do PIB no exercício fiscal de 1980 para 6% no exercício fiscal de 1983, seu gasto com defesa contribuiu para afastar a União Soviética e seus cortes de impostos ajudaram a impulsionar uma das mais longas e sustentadas ondas de prosperidade da nossa história. O resultado foi um dividendo de paz, aumento da receita pública e, por fim, déficits menores." Veja CHENEY, Richard. *In My Time*. Nova York: Threshold, 2011, p. 311.

110 "É uma das maiores ironias da revolução da informação do final do século XX que um público com cada vez mais acesso a dados seja, ao mesmo tempo, cada vez menos capaz de julgar sua veracidade e usá-los com eficácia." Veja BERNSTEIN, Michael A. *A Perilous Progress: Economists and Public Purpose in Twentieth-Century America*. Princeton: Princeton University Press, 2001, p. 191.

111 "Sou uma das poucas pessoas que ainda não estão convencidas de que o estímulo é uma política desejável neste momento específico", disse Greenspan ao Congresso em 11 de fevereiro de 2003.

112 A análise foi depois publicada. Veja LAUBACH, Thomas. "New Evidence on the Interest Rate Effects of Budget Deficits and Debt", maio de 2003, Conselho do Federal Reserve. Em 2015, Laubach foi nomeado economista-chefe do Fed e diretor da Divisão de Assuntos Monetários.

113 Entrevista com Cesar Conda, 28 de setembro de 2017.

114 CASSIDY, John. "Tax Code". *The New Yorker*, 6 de setembro de 2004.

115 GALE, William G.; SAMWICK, Andrew A. "Effects of Income Tax Changes on Economic Growth", 2016, Brookings Institution.

116 Os dados foram retirados de um estudo notável e inovador publicado em 2018. O grupo descrito como de mais alta renda é o 0,1% superior da população, que compreendia cerca do dobro das pessoas em 2011 em comparação com 1961. A redução de alíquotas de imposto de renda é apenas um fator que levou a isso. O mix de tributação também mudou: tanto a tributação pessoal quanto a sobre a renda declinaram, enquanto os impostos regressivos, como os encargos sociais federais sobre a folha de pagamento e os impostos sobre vendas estaduais e municipais, aumentaram. Veja PIKETTY, Thomas; SAEZ, Emmanuel; ZUCMAN, Gabriel. "Distributional National Accounts: Methods and Estimates for the United States". *Quarterly Journal of Economics* 133, n° 2 (maio de 2018). O estudo não considera os efeitos dos aumentos de impostos aprovados no governo Obama em 2013 nem dos cortes de impostos aprovados no governo Trump em 2017. Outras estimativas, contudo, sugerem que o efeito combinado foi mais um achatador da distribuição da tributação.

117 Os dados são do Gallup. O índice permaneceu em 62% em abril de 2018, o dado mais recente no momento em que escrevo este livro. Veja em news.gallup.com/poll/1714/Taxes.aspx.

118 Para verificar os dados disponíveis mais recentes – de 2012 –, veja Tax Foundation, "Facts and Figures 2018".

CAPÍTULO 5. NAS GRANDES EMPRESAS CONFIAMOS

1 Peck é citado em MACAVOY, Paul. *Unsettled Questions on Regulatory Reform*. Washington, D. C.: American Enterprise Institute, 1978, p. 13.

2 RIORDAN, Michael; HODDESON, Lillian. *Crystal Fire: The Birth of the Information Age*. Nova York: Norton, 1997, pp. 195-224.

3 O governo tinha processado a AT&T três anos antes, exigindo a venda de seu braço industrial, a Western Electric. A decisão da empresa de licenciar o transistor era uma oferta de paz, com a intenção de demonstrar que não estava usando os lucros de seu monopólio telefônico para dominar

outros setores. Não foi o bastante. Em 1956, a AT&T concordou em licenciar todas as suas patentes vigentes gratuitamente e todas as suas patentes futuras por um preço razoável.

4   "I.B.M. Trust Suit Ended by Decree; Machines Freed". *The New York Times*, 26 de janeiro de 1956. O historiador Alfred D. Chandler Jr. mapeia o papel da política antitruste na revolução dos computadores em seu livro *O século eletrônico* (Rio de Janeiro: Campus, 2003).

5   SCHERER, F. M. "The Political Economy of Patent Policy Reform in the United States". *Journal on Telecommunications and High Technology Law* 7, nº 2 (primavera de 2009).

6   COOK, Eli. *The Pricing of Progress: Economic Indicators and the Capitalization of American Life*. Cambridge: Harvard University Press, 2017, p. 232.

7   21 Cong. Rec. 2.457 (1890). O irmão do senador Sherman, general William Tecumseh Sherman, desferiu seu golpe contra o poder de mercado em janeiro de 1865 quando ordenou a redistribuição de 162 mil hectares de plantações costeiras para escravizados libertos em terrenos de cerca de 16 hectares. Sherman também autorizou o Exército a emprestar mulas a agricultores, uma política imortalizada como "16 hectares e uma mula". O esforço não durou. O presidente Andrew Johnson reverteu o processo, devolvendo a maior parte das terras a seus antigos donos em 1865.

8   Louis Brandeis, um dos grandes defensores da preservação de pequenos negócios, disse ao Congresso em 1911: "Após a experiência dos últimos vinte anos, acho que estamos em uma posição de afirmar duas coisas: em primeiro lugar, que uma grande empresa pode muito bem ser grande demais para ser o instrumento mais eficiente de produção e distribuição; e, em segundo lugar, quer tenha passado do ponto de maior eficiência econômica, quer não, ela pode ser grande demais para ser tolerada pelas pessoas que desejam ser livres." Veja "Control of Corporations, Persons, and Firms Engaged in Interstate Commerce", Comissão do Senado sobre Comércio Interestadual, 29 de novembro de 1911, p. 1.174.

9   A Standard Oil era retratada como um monopólio predatório pela jornalista focada em escândalos Ida Tarbell, criada nos campos de petróleo da Pensilvânia e cujo pai, um petroleiro independente, foi retirado do negócio por Rockefeller. Ao ordenar a dissolução da empresa, a Suprema Corte aceitou a caracterização de Tarbell. Historiadores e economistas ainda discutem se Rockefeller era um empresário de qualidade superior ou um trapaceiro. Uma prova convincente de que desintegrar a empresa era justificado, pelo menos em termos econômicos, é que o valor de mercado agregado das partes constituintes quase quintuplicou após a desintegração.

10 O livro *The Monopolists* de Mary Pilon (Nova York: Bloomsbury, 2015) narra a história surpreendentemente intrincada do jogo.

11 "Amending Sections 7 and 11 of the Clayton Act: Hearings Before Subcommittee No. 2 of the Committee on the Judiciary", 19 de março de 1947, p. 7.

12 WHITE, Lawrence J. "Economics, Economists and Antitrust: A Tale of Growing Influence." In: SIEGFRIED, John J. (org.). *Better Living Through Economics*. Cambridge: Harvard University Press, 2010, loc. no e-book 2.945.

13 *Brown Shoe Co. contra Estados Unidos*, 370 U.S. 344 (1962).

14 *Estados Unidos contra Von's Grocery Co.*, 384 U.S. 270 (1966). Robert Bork usou o mesmo argumento, porém com mais riqueza de detalhes, em seu livro *The Antitrust Paradox: A Policy at War with Itself* (Nova York: Basic Books, 1978), dizendo que a aplicação das leis antitruste estava "na antiga tradição americana do xerife de uma cidade de fronteira: ele não procurava provas, não fazia distinção entre suspeitos nem solucionava crimes, apenas andava na rua principal e de vez em quando dava umas coronhadas em algumas pessoas".

15 GREEN, Mark J. et al. *The Closed Enterprise System: The Nader Study Group Report on Antitrust Enforcement*. Nova York: Grossman, 1972, pp. 128-129.

16 FREEDAM, Craig. "Insider's Story: Notes on the Claire Friedland and George Stigler Partnership". *History of Economics Review*, nº 55 (inverno de 2012), pp. 1-28.

17 STIGLER, George J. *Memoirs of an Unregulated Economist*. Nova York: Basic Books, 1985, p. 6.

18 STIGLER, George J. "The Economies of Scale". *Journal of Law and Economics* 1, outubro de 1958.

19 A tese de Stigler "mapeou a evolução das teorias de distribuição de 1870 a 1895" e refletiu seu profundo e duradouro interesse pela história do pensamento econômico, um tema que muitos economistas, no passado e no presente, tratam com total indiferença. Veja STIGLER, George J. *Production and Distribution Theories: The Formative Period*. Nova York: Macmillan, 1941.
20 Entrevista com George Shultz, 19 de abril de 2018.
21 Encontrei a carta no feed do Twitter da historiadora econômica Beatrice Cherrier, que teve a gentileza de me mandar uma cópia digital da mesma. A fonte original é Carta de Robert Solow para Paul Samuelson, s.d., Documentos de Paul Samuelson, caixa 70, pasta "Solow, 46-2007", Biblioteca Rubinstein, Universidade Duke, Durham.
22 FRIEDLAND, Claire. "On Stigler and Stiglerisms". *Journal of Political Economy* 101, nº 5 (outubro de 1993), pp. 780-783.
23 Os comentários públicos de Stigler sobre a influência de economistas eram loucamente inconsistentes. Ele desconsiderou o papel que os economistas desempenharam em pôr fim às Leis dos Cereais britânicas no século XIX, escrevendo "Os economistas exercem uma influência pequena e quase indetectável sobre as sociedades nas quais vivem" e insistindo que o curso da história tinha determinado a questão. Por outro lado, em seu discurso presidencial de 1964 na Associação Econômica Americana, intitulado "The Economist and the State" (O economista e o Estado), incluiu a seguinte passagem: "Nossos estudos teóricos e empíricos em expansão inevitável e irresistivelmente abordarão a questão das políticas públicas, e devemos desenvolver uma massa de conhecimento essencial para a formulação de políticas inteligentes."
24 FREEDMAN, Craig. *In Search of the Two-Handed Economist: Ideology, Methodology and Marketing in Economics*. Londres: Palgrave Macmillan, 2016, p. 25.
25 STIGLER, George. *Memoirs of an Unregulated Economist*. Nova York: Basic Books, 1988, p. 211.
26 Quando informações sobre as palestras de Londres chegaram a Chicago, Friedman enviou os parabéns. "Estou escrevendo principalmente para deixar seu ego inflado, apesar de que já deve estar grande o bastante." HAMMOND, J. Daniel; HAMMOND, Claire H. (orgs.). *Making Chicago Price Theory: Friedman-Stigler Correspondence, 1945-1957*. Londres: Routledge, 2006, p. 80.
27 STIGLER, George J. "The Case Against Big Business". *Fortune*, maio de 1952. Stigler e seus aliados não compartilhavam a preocupação dos proponentes antitruste acerca do custo econômico da concentração de empresas. Um dos colegas de Stigler, Arnold Harberger, examinou lucros empresariais na década de 1920 e concluiu que a concentração de empresas tinha permitido a elas extrair do americano médio 2,25 dólares ao ano no máximo, em dólares de 1952, ou cerca de 21 em dólares atuais (2018). Veja HARBERGER, Arnold C. "Monopoly and Resource Allocation". *American Economic Review* 2, nº 44, 1954, pp. 77-87.
28 Friedman, que viveu mais do que a maioria de seus pares, fez um relato da amizade em "George Stigler: A Personal Reminiscence". *Journal of Political Economy* 101, nº 5.
29 Stigler foi contratado por W. Allen Wallis, que fora colega tanto de Stigler quanto de Friedman na pós-graduação, bem como chefe deles em Columbia durante a guerra, e estava então trabalhando como diretor da faculdade de administração de Chicago.
30 NIK-KHAH, Edward. "George Stigler, the Graduate School of Business and the Pillars of the Chicago School". In: VAN HORN, Robert *et al.* (orgs.). *Building Chicago Economics: New Perspectives on the History of America's Most Powerful Economics Program*. Cambridge: Cambridge University Press, 2011, p. 121.
31 Nesse ponto de vista, ele estava bem acompanhado, incluindo o comitê do Prêmio Nobel, que citou o artigo com destaque ao conceder o prêmio a Stigler em 1982.
32 STIGLER, George J. "The Economics of Information". *Journal of Political Economy* 69, nº 3, 1961.
33 STIGLER, George J. "Monopoly". In: HENDERSON, David R. (org.). *The Fortune Encyclopedia of Economics*. Nova York: Warner, 1993. Stigler reconheceu que, em mercados com produtos padronizados, a fiscalização poderia ser menos cara e, portanto, os cartéis seriam mais prováveis. O custo da fiscalização também diminuía com menos vendedores ou com mais compradores.

Claro que é mais fácil policiar um número menor de vendedores. A questão dos compradores é mais sutil. Stigler argumentava que uma empresa trapaceadora corria um risco de exposição a cada transação. Em um mercado com muitos pequenos compradores, o preço da exposição – probabilidade vezes custo – poderia pesar demais sobre os lucros de cada pequena venda. Outra implicação interessante da teoria é que o conluio é mais fácil de ser implementado se as vendas forem registradas publicamente. Isso torna os governos especialmente vulneráveis ao conluio, já que as licitações são divulgadas ao público. Veja STIGLER, George J. "A Theory of Oligopoly". *Journal of Political Economy* 72, nº 1, 1964.

34 A aceitação de Director em Yale foi um golpe de sorte. No início da década de 1920, a universidade estava sob pressão crescente de ex-alunos do Oeste para admitir mais formados em escolas públicas daquela região. O decano de Yale para calouros, Roswell P. Angier, visitou a Lincoln High School, em Portland, durante o último ano de faculdade de Director como parte de um novo esforço para estimular candidaturas. Director aproveitou a oportunidade e garantiu uma bolsa com a ajuda de seu professor de história, Norman C. Thorne, ex-aluno de Yale. Porém, Yale, juntamente com outras instituições de ensino de elite, logo começou um esforço agressivo para limitar a matrícula de judeus. Em consequência, Director perdeu a bolsa após seu primeiro ano na instituição. É bem possível que 1921 tenha sido o único ano nessa época em que um aluno judeu oriundo de uma escola pública de Portland tenha garantido sua admissão. Veja VAN HORN, Robert. "The Coming of Age of a Reformer Skeptic (1914-1924)". *History of Political Economy* 42, nº 4, 2010, pp. 601-630.

35 Director não foi o primeiro economista a compor o corpo docente da faculdade de direito de Chicago. Ele substituiu Henry Simons, que desempenhou um papel formativo nas carreiras de Director, Friedman e Stigler. Veja VAN HORN, Rob; MIROWSKI, Philip. "The Rise of the Chicago School of Economics and the Birth of Neoliberalism". In: MIROWSKI, Philip; PLEHWE, Dieter (orgs.). *The Road from Mont Pèlerin*. Cambridge: Harvard University Press, 2009, p. 155.

36 KITCH, Edmund W. "The Fire of Truth: A Remembrance of Law and Economics at Chicago, 1932–1970". *Journal of Law and Economics* 26, nº 1. Os comentários de Coase são especialmente interessantes porque seu artigo de 1961 sobre custos de transação é com frequência identificado como marco inicial da análise econômica do direito. Outro candidato popular é um artigo semelhante de 1961 escrito por Guido Calabresi, um professor da faculdade de direito de Yale. Nesse momento, ele já vinha ensinando essa abordagem por mais de uma década.

37 A prova da influência de Director está preservada nas autobiografias e relatos de seus alunos, e às vezes de forma mais explícita nos artigos que ele inspirou. A segunda nota de rodapé de McGee começa assim: "Sou profundamente grato a Aaron Director..." Veja MACGEE, John S. "Predatory Price Cutting: The Standard Oil (N.J.) Case". *Journal of Law and Economics* 1 (outubro de 1958). Para ter acesso a uma crítica recente da obra de McGee, veja LESLIE, Christopher R. "Revisiting the Revisionist History of Standard Oil". *Southern California Law Review* 85, nº 3 (2012).

38 *Utah Pie contra Continental Baking Co.*, 380 U.S. 685 (1967). A decisão não salvou a empresa menor. A Utah Pie pediu falência em 1972.

39 BORK, Robert. *The Antitrust Paradox: A Policy at War with Itself*. Nova York: Basic Books, 1978, p. 387.

40 STIGLER, George. *Memoirs of an Unregulated Economist*. Nova York: Basic Books, 1988, p. 127.

41 DOMNARSKI, William. *Richard Posner*. Nova York: Oxford University Press, 2016, p. 55.

42 Idem.

43 LEFF, Arthur. "Economic Analysis of Law: Some Realism About Nominalism". *Virginia Law Review* 60, 1974.

44 POSNER, Richard. *Economic Analysis of Law*, 2ª ed. Boston: Little, Brown, 1977, p. 22. Um exemplo do que Posner queria dizer é uma lei existente na maioria dos estados no início do século XX que permitia processos judiciais por "violação da promessa de se casar" – uma categoria de processos que geralmente envolvia mulheres que concordavam em fazer sexo com homens que

prometiam se casar. Quando o homem se negava, a mulher o processava. Tais leis foram aprovadas em nome da justiça, mas o movimento do direito e da economia via a justificativa em termos econômicos. Um artigo de 1990 relatou que, conforme os estados foram revogando essas leis, os casais encontraram um novo incentivo para estimular a fidelidade: as vendas de anéis de diamantes aumentaram significativamente. BRINIG, Margaret F. "Rings and Promises". *Journal of Law, Economics and Organization* 6, nº 1, 1990.

45 TELES, Steven M. *The Rise of the Conservative Legal Movement*. Princeton, N.J.: Princeton University Press, 2008, pp. 99-100. Um estudo de 1999 descobriu que Posner foi citado duas vezes mais do que qualquer outro jurista na segunda metade do século XX.
46 *Estados Unidos contra Pabst Brewing Co.*, 384 U.S. 546 (1966).
47 MOYER, David G. *American Breweries of the Past*. AuthorHouse, 2009, pp. 9-11.
48 *Antitrust and Trade Regulation Reports*, 17 de abril de 1973.
49 TELSER, Lester G. "Why Should Manufacturers Want Fair Trade?". *Journal of Law and Economics* 3 (outubro de 1960), pp. 86-105.
50 POSNER, Richard A. *Antitrust Law: An Economic Perspective*. Chicago: University of Chicago Press, 1976, p. 164. A condenação da decisão (*Estados Unidos contra Arnold, Schwinn & Co.*, 388 U.S. 365 [1967]) por Posner foi particularmente espantosa porque ele estava criticando a própria obra. Tinha defendido o caso para os Estados Unidos como membro da Procuradoria-Geral e vencera.
51 Esses detalhes foram retirados dos artigos de Powell, divulgados após sua morte em 1998 e descritos pela primeira vez em uma matéria de 2002. Na margem de um memorando sobre o processo, Powell rascunhou "Posner, Baxter, Bork". Veja GAVIL, Andrew I. "Sylvania and the Process of Change in the Supreme Court". *Antitrust* 17, nº 1, 2002.
52 O processo é *Continental T.V. contra GTE Sylvania*, 433 U.S. 36 (1977). Um processo de 1974 foi um precursor significativo. O conglomerado industrial General Dynamics tinha adquirido uma mineradora de carvão de Illinois. Ao permitir a negociação apesar das objeções do governo, o tribunal decidiu que a parcela de mercado da empresa era menos importante do que o fato de que não restava muito carvão nas minas da empresa. Foi a primeira vez que o tribunal entendeu que a parcela de mercado não era prova suficiente, mas ainda não tinha incorporado a eficiência como um padrão alternativo. Veja *Estados Unidos contra General Dynamics Corp.*, 415 U.S. 486 (1974).
53 MANNE, Henry G. "How Law and Economics Was Marketed in a Hostile World: A Very Personal History". In: PARISI, Francesco; ROWLEY, Charles K. (orgs.). *The Origins of Law and Economics: Essays by the Founding Fathers*. Cheltenham: Edward Elgar, 2005, p. 315.
54 STAPEL, Gregory C. "Free-Market Cram Course for Judges". *The Nation*, 26 de janeiro de 1980.
55 MANNE, Henry G. "How Law and Economics Was Marketed in a Hostile World: A Very Personal History". In: PARISI, Francesco; ROWLEY, Charles K. (orgs.). *The Origins of Law and Economics: Essays by the Founding Fathers*. Cheltenham: Edward Elgar, 2005, p. 320.
56 Os primeiros ex-alunos do curso a chegarem à Suprema Corte foram Clarence Thomas e Ruth Bader Ginsburg. Veja ASH, Elliott; CHEN, Daniell L.; NAIDU, Suresh. "Ideas Have Consequences: The Impact of Law and Economics on American Justice". 2 de novembro de 2017, Departamento Nacional de Pesquisas Econômicas.
57 O juiz Hauk foi citado em uma matéria do *The Washington Post* que dizia que os seminários jurídicos seriam financiados por empresas. Manne afirmou que o relato era inexato, insistindo que uma verba diferente tinha sido usada para os cursos jurídicos. Depois ele mudou a localização do curso, que também incluía seminários sobre direito para professores de economia, da Universidade Emory na Geórgia para a Universidade George Mason na Virgínia, onde se tornou diretor da faculdade de direito. Veja BARBASH, Fred. "Big Corporations Bankroll Seminars for U.S. Judges". *The Washington Post*, 20 de janeiro de 1980.
58 BRONNER, Ethan. "A Conservative Whose Supreme Court Bid Set the Senate Afire". *The New York Times*, 19 de dezembro de 2012.

59 Bork apresentou o argumento pela primeira vez em um artigo de 1966, intitulado "Legislative Intent and the Policy of the Sherman Act", publicado no periódico de Director. Ele escreveu o livro como professor visitante no American Enterprise Institute, que deu apoio financeiro. Nas primeiras páginas, prestou homenagem a Director: "Muito do que é dito aqui deriva do trabalho de Aaron Director, que sempre me pareceu, assim como para muitos outros, o pensador seminal da economia antitruste e da organização industrial." Depois de receber os registros históricos, Bork concluiu: "A história legislativa dos estatutos antitruste, portanto, não fundamenta nenhuma reivindicação de que o Congresso pretendia que os tribunais sacrificassem o bem-estar do consumidor em prol de qualquer outro objetivo." Veja BORK, Robert. *The Antitrust Paradox: A Policy at War with Itself*. Nova York: Basic Books, 1978, p. 66.

60 Mason, que tinha apresentado uma legislação semelhante, falou ao fim do debate no Senado, resumindo as visões dos proponentes da legislação. Veja 21 Cong. Rec. 4100 (1890). Segundo o historiador da Universidade Columbia Richard John: "Poucos historiadores, se é que há algum, que analisaram a lei antitruste de 1890 compartilham da convicção de Robert Bork de que seu intento original pode ser encontrado na determinação de legisladores de maximizar o bem-estar do consumidor. Simplesmente não é verdade." Veja JOHN, Richard. "What Does History Tell Us? The Development of Antitrust in America" (apresentação em "Is There a Concentration Problem in America?" [conferência], Stigler Center for the Study of the Economy and the State, Universidade de Chicago, de 27 a 29 de março de 2017). Veja também o julgamento de Herbert Hovenkamp, professor de direito da Universidade da Pensilvânia e autoridade na lei antitruste: "Nenhuma única afirmação na história legislativa chega perto das declarações das conclusões que Bork tirou."

61 BREYER, Stephen G. "Judicial Precedent and the New Economics". *Antitrust Forum 1983 – Antitrust Policy in Transition: The Convergence of Law and Economics*. Nova York: Conference Board, 1983, p. 9.

62 O tribunal primeiro articulou uma visão semelhante em um processo de 1977, *Brunswick Corp. contra Pueblo Bowl-O-Mat*, em que o ministro liberal Thurgood Marshall escreveu que os limites a fusões eram "concebidos principalmente como uma tutela para 'o povo dos Estados Unidos como indivíduos', em especial consumidores" (429 U.S. 477, fn. 10). A decisão sobre o caso dos aparelhos auditivos, *Reiter contra Sonotone Corp.*, 442 U.S. 330 (1979), confirmou a conclusão.

63 A Lei da Reforma da Monopolização especificava que as empresas não poderiam defender o poder monopolístico como sendo o resultado de "produto superior, astúcia nos negócios nem acidente histórico". Hart morreu enquanto a lei estava sendo analisada, o que provavelmente não ajudou a causa.

64 Algumas das mudanças provavelmente refletem o aumento de agressividade do governo Carter em relação a seus predecessores republicanos. Veja EISNER, Marc Allen. *Antitrust and the Triumph of Economics*. Chapel Hill: University of North Carolina Press, 1991, p. 179.

65 Alguns acadêmicos consideram um segundo conjunto de revisões das diretrizes antitruste, em 1984, mais significativo. Combinadas, as mudanças deixaram claro que a eficiência econômica era uma justificativa aceitável para a concentração de empresas.

66 ROBBINS, William. "A Meatpacker Cartel Up Ahead?" *The New York Times*, 29 de maio de 1988.

67 Os salários médios por hora caíram de 9,06 dólares em 1982 para 8,56 dólares em 1992. Descontando a inflação, o declínio foi de 35%. Um fator que ajudou as empresas a reduzir salários foi o aumento do emprego de imigrantes. Veja MACDONALD, James M. *et al.* "Consolidation in U.S. Meatpacking", fevereiro de 2000, Departamento de Agricultura, *Agricultural Economic Report* nº 785, tabelas 4-7.

68 EISNER, Marc Allen. *Antitrust and the Triumph of Economics*. Chapel Hill: University of North Carolina Press, 1991, p. 214.

69 "Share of Federal Judges Appointed by Republican and Democratic Presidents Since Reagan". *The Washington Post*, 4 de setembro de 2018.

70 LEWIN, Tamar. "The Noisy War over Discounting". *The New York Times*, 25 de setembro de 1983. Para um relato do papel crucial desempenhado pelos economistas no caso AT&T, veja LITAN, Robert. *Trillion-Dollar Economists: How Economists and Their Ideas Have Transformed Business*. Hoboken: John Wiley, 2014. Alguns pesquisadores argumentam que o desmembramento da AT&T explica por que o uso da internet cresceu mais rapidamente nos Estados Unidos do que em outros países desenvolvidos, como o Japão.

Baxter já tinha tido uma visão muito diferente do antitruste. Na década de 1960, foi autor de uma legislação modelo que aumentava o poder do governo de desmembrar grandes empresas. Em meados da década de 1970, externou publicamente seu arrependimento, anunciando em um discurso durante uma convenção de advogados: "Como um dos redatores originais da lei de desconcentração, parece bem apropriado que eu me retrate (…). O estado da arte econômica mudou bastante desde 1968." Veja EISNER, Marc Allen. *Antitrust and the Triumph of Economics*. Chapel Hill: University of North Carolina Press, 1991, p. 109.

71 Para saber mais sobre a transferência, veja "Interview with William F. Baxter". *Antitrust Law Journal* 52, nº 1 (1983). Para obter informação sobre a reeducação, veja EISNER, Marc Allen. *Antitrust and the Triumph of Economics*. Chapel Hill: University of North Carolina Press, 1991, p. 190. Sobre a advocacia, veja "Program of the 50th Anniversary Meeting of the Section of Antitrust Law", American Bar Association, 2003.

72 ISIKOFF, Michael. "Chicago School Catches a Taxi". *The Washington Post*, 17 de junho de 1984.

73 Os honorários de advogados representando indigentes em Washington, D. C., foram aumentados de 50 dólares por hora em 1993 para 65 dólares em 2002, e para 90 em 2009. Em 2018, isso era 45% do pagamento por hora em 1970, descontada a inflação.

74 *United States contra American Airlines, Inc.*, nº CA3 83-032, processo instaurado em 23 de fevereiro de 1983.

75 EICHENWALD, Kurt. *O informante*. São Paulo: Landscape, 2003.

76 Entrevista com Robert Litan, 8 de março de 2018.

77 CHRISTIE, William G.; SCHULTZ, Paul H. "Why Do NASDAQ Market Makers Avoid Odd--Eighth Quotes?" *Journal of Finance* 49, nº 5, 1994.

78 O Departamento de Justiça tinha recebido anteriormente cerca de uma oferta a cada ano de empresas querendo confessar a participação em um cartel. Com a nova política, as ofertas vinham em uma proporção de mais de uma por mês. Veja NOVACK, Janet. "Fix and Tell". *Forbes*, 4 de maio de 1998.

79 "Nossa economia é mais competitiva hoje do que tem sido há muito, muito tempo", disse Joel Klein, chefe da divisão antitruste do Departamento de Justiça em um discurso em 29 de janeiro de 1998 em Nova York intitulado "The Importance of Antitrust Enforcement in the New Economy" (A importância da observância das leis antitruste na nova economia). Disponível em: justice.gov/atr/speech/importance-antitrust-enforcement-new-economy.

80 POSNER, Richard A. *Antitrust Law*. 2ª ed. Chicago: University of Chicago Press, 2001, p. vii.

81 GREENHOUSE, Linda. "Cigarette Antitrust Suit Is Rejected". *The New York Times*, 22 de junho de 1993.

82 *Brooke Group Ltd. contra Brown & Williamson Tobacco Corp.*, 509 U.S. 209 (1993).

83 GRIMALDI, James V.; EILPERIN, Juliet. "After Verdict, a Capital Welcome". *The Washington Post*, 6 de abril de 2000. O governo Bush entrou em acordo com a Microsoft em 2001. A empresa concordou em compartilhar com os concorrentes as informações necessárias para criar softwares para seu sistema operacional e foi sujeita a monitoramento.

84 "Milton Friedman on Business Suicide". *Cato Policy Report*, março/abril de 1999, Cato Institute.

85 "Is There a Concentration Problem in America?" (conferência), Stigler Center for the Study of the Economy and the State, Universidade de Chicago, 27 a 29 de março de 2017.

86 A parcela da produção econômica paga a trabalhadores em forma de salários diminuiu na última metade de século. Em um artigo de 2017intitulado "Declining Labor and Capital Shares", o economista

Simcha Barkai concluiu que o declínio poderia ser atribuído ao aumento da concentração empresarial. Veja home.uchicago.edu/~barkai/doc/BarkaiDecliningLaborCapital.pdf.

87 STEWART, James B. "Steve Jobs Defied Convention, and Perhaps the Law". *The New York Times*, 2 de maio de 2014. As empresas com mais frequência tentam restringir a movimentação dos trabalhadores impondo dispositivos contratuais chamados de cláusulas de não concorrência.

88 Carta de Milton Friedman para George Stigler, 15 de novembro de 1950, Documentos de Milton Friedman, caixa 33, pasta 36, Arquivos da Hoover Institution, Stanford.

89 KHAN, Lina M. "Amazon's Antitrust Paradox". *Yale Law Journal* 26, nº 3, janeiro de 2017.

90 Tim Wu, um professor de direito de Columbia, argumenta que a melhor forma de melhorar a legislação antitruste não é fazer com que os tribunais considerem uma variedade maior de consequências, mas fazer com que se concentrem em uma questão mais básica: determinado exemplo de conduta empresarial promove ou limita a concorrência? O sistema de justiça deve se concentrar no processo, não no resultado. Conforme o ministro da Suprema Corte Oliver Wendell Holmes Jr. escreveu em 1905: "Não se deve pretender que uma constituição incorpore uma teoria econômica específica, seja de paternalismo e relação orgânica do cidadão com o Estado, seja de laissez-faire". A citação de Khan foi retirada de uma entrevista dada em 26 de março de 2018.

CAPÍTULO 6. LIBERTAÇÃO DA REGULAÇÃO

1 FOURCADE, Marion. *Economists and Societies: Discipline and Profession in the United States, Britain, and France, 1890s to 1990s*. Princeton: Princeton University Press, 2009, loc. no e-book 920.

2 Opositores da regulação levaram suas celebridades a Washington, com destaque para Amelia Earhart. Veja KEYES, Lucile Sheppard. *Federal Control of Entry into Air Transportation*. Cambridge: Harvard University Press, 1951, pp. 86-87.

3 Houve 80 solicitações para fundar companhias aéreas grandes entre 1950 e 1977. Todas foram rejeitadas. O governo licenciou, porém, novas companhias aéreas regionais, com permissão para operar aviões menores em rotas mais curtas. Em 1978, essa atividade foi responsável por cerca de 9% das viagens aéreas. Companhias não licenciadas, principalmente as intraestaduais como a Pacific Southwest, respondiam por outros 2,4% das viagens. Veja "Air Carrier Traffic Statistics", 1978, Conselho de Aviação Civil.

4 A Agência de Aviação Civil foi dividida em 1940 em Conselho de Aviação Civil, para administrar regulações econômicas, e Administração de Aviação Civil, para administrar normas de segurança. Essa última tornou-se a Administração de Aviação Federal em 1966. Veja "Annual Report of the Civil Aeronautics Authority", 1940, 2.

5 O advento da regulação econômica é às vezes narrado como uma reação à Grande Depressão, principalmente por críticos da regulação governamental. Mas começou bem mais cedo, como uma reação aos excessos do capitalismo no fim do século XIX e início do século XX. Veja NOVAK, William J. "A Revisionist History of Regulatory Capture". In: CARPENTER, Daniel; MOSS, David A. (orgs.). *Preventing Regulatory Capture: Special Interest Influence and How to Limit It*. Nova York: Cambridge University Press, 2013.

6 Veja CRANE, Philip M. "Regulatory Agencies". *Journal of Social and Political Affairs* 1, janeiro de 1976, pp. 21-42.

7 Apesar de esse processo de 1951 ter ficado famoso na longa história da jurisprudência americana, um processo mais importante foi *Nebbia contra Nova York* (1934), que estabeleceu a legalidade da regulação econômica, inclusive a regulação de preços, desde que não fosse aleatória nem discriminatória. Até esse momento, os tribunais tinham restringido a regulação a setores de óbvia importância pública, como ferrovias.

8 KAHN, Alfred. "Reflections of an Unwitting 'Political Entrepreneur'". *Review of Network Economics* 7, nº 4, 2008.

9   Um voo ficava em média com 52,8% de ocupação na década anterior à regulação; de 2007 a 2016, a média foi 82,6%. Alfred Kahn, o "pai da desregulação das companhias aéreas", via isso como o melhor resumo das mudanças, para o bem ou para o mal.
10 Em 1960, a Associação Americana de Transporte Aéreo relatou que as companhias aéreas transportavam 57,7 milhões de passageiros em um país de 180 milhões de pessoas. Em 2017, a Administração de Aviação Federal relatou que as companhias aéreas transportavm 799 milhões de passageiros em um país de 320 milhões de habitantes.
11 STIGLER, George J.; FRIEDLAND, Claire. "What Can Regulators Regulate? The Case of Electricity". *Journal of Law and Economics* 5, nº 2, outubro de 1962, pp. 1-16.
12 STIGLER, George J. "Public Regulation of the Securities Markets". *Journal of Business* 37, nº 2, 1964, pp. 117-142.
13 Friedland disse que, depois que soube do erro por Kevin J. Murphy, na época um colega de pós-doutorado na Universidade de Chicago, ela avisou a Stigler. "A resposta de George foi que não havia motivo para fazer grande alarde em relação a esse erro porque fazia vinte anos e ninguém mais se importava com isso." Veja FREEDMAN, Craig. *In Search of the Two-Handed Economist: Ideology, Methodology and Marketing in Economics.* Londres: Palgrave Macmillan, 2016, p. 108. O erro foi relatado pela primeira vez em um texto de 1986 que também criticava as escolhas metodológicas do estudo original. Veja ETZIONI, Amitai. "Does Regulation Reduce Electricity Rates? A Research Note". *Policy Sciences* 19, 1986, pp. 349-357.
14 Stigler deu a Peltzman 12 mil dólares em verba da Walgreen. A citação é de uma carta que Stigler mandou para Peltzman em 1972. Veja NIK-KHAH, Edward. "George Stigler, the Graduate School of Business and the Pillars of the Chicago School". In: VAN HORN, Robert *et al.* (orgs.). *Building Chicago Economics: New Perspectives on the History of America's Most Powerful Economics Program.* Cambridge: Cambridge University Press, 2011, p. 148.
15 FREEDMAN, Craig. *In Search of the Two-Handed Economist: Ideology, Methodology and Marketing in Economics.* Londres: Palgrave Macmillan, 2016, p. 386.
16 SMITH, James Allen. *Brookings at 75.* Washington, D. C.: Brookings Institution, 2010, p. 89.
17 DERTHICK, Martha; QUIRK, Paul J. *The Politics of Deregulation.* Washington, D. C.: Brookings Institution, 1985, pp. 34 e 56.
18 PELTZMAN, Sam. "Entry in Commercial Banking". *Journal of Law and Economics* 8, outubro de 1965, pp. 11-50. O artigo é uma versão condensada da tese de Peltzman. Ele depois contou que Stigler lhe disse que não tinha gostado dos resultados, mas não conseguiu encontrar nenhum erro. Veja FREEDMAN, Craig. *In Search of the Two-Handed Economist: Ideology, Methodology and Marketing in Economics.* Londres: Palgrave Macmillan, 2016, p. 380. A observação sobre as permissões de táxis foi feita pelo economista Alfred Kahn.
19 STIGLER, George J. "The Theory of Economic Regulation". *Bell Journal of Economics and Management Science* 2, nº 1, primavera de 1971, pp. 3-21. A caracterização da regulação por Stigler é com frequência descrita como um insight importante, mas o próprio Stigler reconheceu, no artigo, que já era um "clichê".
20 É importante notar que o processo não foi evolutivo. Novas soluções com muita frequência reavivavam soluções mais antigas, como aconteceu com os estabelecimentos sucessivos dos primeiro e segundo bancos nacionais dos Estados Unidos e a criação do Federal Reserve.
21 "A Conversation with Michael E. Levine", Instituto de Direito da Aviação Internacional, 17 de abril de 2006, Faculdade de Direito da Universidade DePaul, Chicago.
22 Lucile Sheppard Keyes foi uma das primeiras economistas a questionar os méritos de proteger as empresas da concorrência excessiva. Keyes, aluna de Edward Chamberlin, o professor de Harvard que via monopólios em toda parte, compartilhava a visão de que a concorrência tendia a se enrijecer com o passar do tempo. Em sua tese de doutorado em Harvard, de 1951, ela argumentou que a regulação do setor aéreo estava acelerando o processo. Ao limitar a concorrência, o governo estava elevando os preços e restringindo os serviços. Em sua tese e em artigos

subsequentes publicados por toda a década de 1950, Keyes zombava da ideia de que era necessário limitar o número de companhias aéreas para preservar as viagens aéreas, "não mais do que era necessário garantir uma oferta adequada de sabonetes, maçanetas ou automóveis". Veja KEYES, Lucile Sheppard. "A Reconsideration of Federal Control of Entry into Air Transportation", *Journal of Air Law and Commerce* 22, 1955, p. 197.

23 A Califórnia passou Nova York em 1964, apesar de o *The New York Times* observar em seu reconhecimento bem rabugento do marco histórico que Nova York ainda tinha a maior população de civis: "California Takes Population Lead", *The New York Times*, 1º de setembro de 1964.

24 LEVINE, Michael. "Is Regulation Necessary? California Air Transportation and National Regulatory Policy". *Yale Law Journal*, julho de 1965. Ironicamente, pouco antes de o artigo de Levine ser publicado, a Pacific Southwest convenceu a Califórnia a restringir a concorrência intraestadual. Veja também "Conversation with Michael E. Levine".

25 DERTHICK, Martha; QUIRK, Paul J. *The Politics of Deregulation*. Washington, D. C.: Brookings Institution, 1985, p. 76.

26 FANDELL, Todd E. "Aerial 'Happenings' Planned by United Air in Lounge War Sequel". *The Wall Street Journal*, 13 de julho de 1972.

27 DOUGLAS, George W.; MILLER, James C. *The CAB's Domestic Passenger Fare Investigation*. Washington, D. C.: Brookings Institution, 1974, p. 220.

28 PECK, Merton J. "Deregulation of the Transportation Industry". In: BARBER, Bernard (org.). *Effective Social Science*. Nova York: Russell Sage Foundation, 1987, pp. 105-106.

29 SCHUCK, Peter H. *The Judiciary Committees*. Nova York: Grossman, 1975, p. 221.

30 DERTHICK, Martha; QUIRK, Paul J. *The Politics of Deregulation*. Washington, D. C.: Brookings Institution, 1985, p. 41. Um dos colegas de Breyer na faculdade de direito de Harvard, que trabalhara com Michael Levine e sabia que Breyer estava em busca de ideias, colocou os dois em contato. Da próxima vez que Levine esteve em Boston, ele passou várias horas conversando com Breyer no saguão da American Airlines no Aeroporto Logan. Veja "Conversation with Michael E. Levine".

31 BREYER, Stephen. "Working on the Staff of Senator Ted Kennedy" (discurso na Universidade de Nova York, 1º de fevereiro de 2011). Breyer depois sugeriu que Kennedy ficou motivado pelo interesse de Jimmy Carter na desregulação, encarando Carter como potencial adversário nas primárias democratas de 1976. "Uma vez ele falou uma coisa que achei muito interessante", lembrou Breyer. "Ele disse: 'Bem, você sabe, esse governador Carter está por aí falando de governo em excesso e está tendo uma ótima resposta." Veja "Stephen Breyer Oral History", 17 de junho de 2008, Instituto Edward M. Kennedy para o Senado dos Estados Unidos, Boston.

32 PETERSON, Barbara Sturken; GLAB, James Glab. *Rapid Descent: Deregulation and the Shake-out in the Airlines*. Nova York: Simon and Schuster, 1994, p. 34.

33 Laker, que operava uma companhia aérea de voos charter bem-sucedida, queria autorização para oferecer um serviço de voos regulares.

34 BREYER, Stephen. *Regulation and Its Reform*. Cambridge: Harvard University Press, 1982, p. 330.

35 "Stephen Breyer Oral History".

36 FORD, Gerald R. *A Time to Heal*. Nova York: Harper and Row, 1979, p. 271.

37 EIZENSTAT, Stuart. *President Carter: The White House Years*. Nova York: St. Martin's, 2018, pp. 385-386. Todo candidato democrata a presidente, de Harry Truman em 1948 até Lyndon Johnson em 1964, comparecia ao desfile do Dia do Trabalho. Os dois candidatos seguintes quebraram a tradição. Hubert Humphrey em 1968 decidiu marchar na parada do Dia do Trabalho em Nova York e George McGovern em 1972 fez aparições no Dia do Trabalho em comícios de sindicatos em Ohio e na Califórnia. Carter começou o Dia do Trabalho de 1976 com uma coletiva de imprensa na casa na Geórgia onde Roosevelt morreu, depois foi a uma corrida da NASCAR em Darlington, na Carolina do Sul.

38 KAHN, Alfred E. *The Economics of Regulation*. Nova York: Wiley and Sons, 1971, 2, p. 191.

39 "Tivemos uma reunião sobre a desregulação das companhias aéreas, que será o primeiro caso de teste. Depois espero continuar com outros setores. Não vai ser fácil", escreveu o presidente Carter

em seu diário em 20 de junho de 1977. Veja CARTER, Jimmy. *White House Diary*. Nova York: Farrar, Straus and Giroux, 2010, p. 65.

40   O relatório do Tribunal Federal de Contas foi divulgado em 23 de fevereiro de 1977, apesar de ser datado de 25 de fevereiro. Era uma refutação do estudo divulgado por um grupo comercial do setor que dizia que a desregulação causaria uma nítida redução nos serviços aéreos. Veja "Comments on the Study: Consequences of Deregulation of the Scheduled Air Transportation Industry", 25 de fevereiro de 1977, General Accounting Office.

41   Quando Hamilton Jordan, o chefe de gabinete do presidente, chamou Mary Schuman para dizer que Carter tinha escolhido a segunda opção, ela respondeu: "Esse é o cara que eu também teria escolhido." Veja EIZENSTAT, Stuart. *President Carter: The White House Years*. Nova York: St. Martin's, 2018, p. 363.

42   RUBIN, Jonathan. "The Premature Post-Chicagoan: Alfred E. Kahn". *Antitrust* 25, nº 3, 2011.

43   SOBEL, Robert. *The Worldly Economists*. Nova York: Free Press, 1980, p. 236.

44   KAHN, Alfred. "Fundamental Deficiencies of the American Patent Law". *American Economic Review*, setembro de 1940, p. 485.

45   DIRLAM, Joel B.; KAHN, Alfred. *Fair Competition: The Law and Economics of Antitrust Policy*. Ithaca: Cornell University Press, 1954, p. 18.

46   KAHN, Alfred E. *The Economics of Regulation*. Nova York: Wiley and Sons, 1971, 1, p. 15.

47   MACCRAW, Thomas K. *Prophets of Regulation*. Cambridge: Belknap Press, 1984, p. 244.

48   ANDERSON, Douglas D. *Regulatory Politics and Electric Utilities*. Boston: Auburn House, 1981, p. 127.

49   De acordo com Breyer, 60% das ações de imposição das leis da agência eram multas por descontos ilegais. Veja DERTHICK, Martha; QUIRK, Paul J. *The Politics of Deregulation*. Washington, D. C.: Brookings Institution, 1985, p. 44.

50   LINDSEY, Robert. "Airlines in Bitter Struggle on Atlantic Charter Rates". *The New York Times*, 31 de janeiro de 1971.

51   MCCRAW, Thomas K. *Prophets of Regulation*. Cambridge: Belknap Press, 1984, p. 274.

52   "Parece a esse leigo que o devido processo legal é definido de uma forma inerentemente assimétrica", disse Kahn em um discurso em 2 de fevereiro de 1978. "Parece inerentemente dar proteção às partes que se beneficiam do atraso e lesivo às partes – normalmente o público em geral – que são afetadas adversamente pelo atraso. (…) Em suma, as exigências do devido processo legal, interpondo a mão pesada do governo entre uma ideia e sua aplicação no mercado, são a antítese direta da concorrência."

53   "A Conversation with Alfred E. Kahn", Instituto de Direito da Aviação Internacional, 27 de outubro de 2006, Faculdade de Direito da Universidade DePaul.

54   HOLSENDOLPH, Ernest. "When Rules Work; When They Don't". *The New York Times*, 21 de agosto de 1977.

55   KAHN, Alfred. "Memo to Bureau and Office Heads, Division and Section Chiefs", 16 de junho de 1977. Disponível em: lettersofnote.com/2011/04/on-bureaucratese-and-gobbledygook.html.

56   TRAUSCH, Susan. "The Demise of 'Whereas'". *Boston Globe*, 18 de julho de 1977.

57   HUMMELS, David. "Transportation Costs and International Trade in the Second Era of Globalization". *Journal of Economic Perspectives* 21, nº 3, 2007, pp. 131-154.

58   OVERTON, Penelope. "Asians Help to Fill Sales Gap as Europe Eats Less Maine Lobster". *Portland [Maine] Press Herald*, 16 de fevereiro de 2018.

59   COHEN, Richard E. "The CAB's Kahn on Aggravations of Airline Deregulation", *National Journal*, 14 de janeiro de 1978, p. 50. Em novembro de 1978, a *Newsweek* fez um perfil de Kahn, que estava então deixando o conselho de aviação, em que o citava dizendo, quando assumira o cargo no ano anterior: "Meu parâmetro de sucesso nesse cargo vai ser não haver mais esse cargo quando eu sair." Porém, não há registro anterior do comentário e Kahn insistiu anos depois que chegou com a mente aberta. "Qualquer implicação de que cheguei ao CAB de forma oportunista e com

um compromisso fixo preconcebido com a desregulação econômica comete uma injustiça com as complexidades da questão", escreveu ele em 2008. Veja seu texto "Reflections of an Unwitting Political Entrepreneur". De fato, o livro de Kahn de 1971 sobre a regulação incluía uma breve discussão do setor de companhias aéreas em que ele resumia o artigo de Levine sobre a PSA, mas concluía que não tinha certeza se as companhias aéreas eram um exemplo de monopólio natural. Kahn achava que o setor de companhias aéreas se parecia com o automotivo, em que os fabricantes de veículos competiam acrescentando itens e aumentando os preços. (Em 1971, importações japonesas com preços baixos estavam apenas começando a inundar o mercado doméstico.) Veja KAHN, Alfred E. *The Economics of Regulation*. Nova York: Wiley and Sons, 1971, 2, pp. 209-220. Vários colegas de Kahn, principalmente Elizabeth Bailey, também disseram ou escreveram que ele teve que ser convencido sobre a desregulação.

60 SHIFRIN, Carole. "Airbus Debuts Here". *The Washington Post*, 13 de abril de 1978.
61 MCCRAW, Thomas K. *Prophets of Regulation*. Cambridge: Belknap Press, 1984, p. 278.
62 HOLSENDOLPH, Ernest. "C.A.B. Bids Airlines Pick Own Routes". *The New York Times*, 31 de maio de 1978.
63 "Alfred Kahn, Oral History", 10-11 de dezembro de 1981, Miller Center of Public Affairs, Universidade da Virgínia, Charlottesville.
64 Carta de W. T. Beebe a Burt Lance, 8 de março de 1977. Disponível em: jimmycarterlibrary.gov/digital_library/sso/148878/11/SSO_148878_011_03.pdf.
65 As negociações foram facilitadas por um romance que estava se iniciando entre o principal assistente de Kennedy no projeto de lei, David Boies, e a pessoa-chave de Carter no assunto, Mary Schuman. Eles se casaram em 1982.
66 "The Line Forms Here for Air Routes". *Business Week*, 6 de novembro de 1978, p. 66.
67 DERTHICK, Martha; QUIRK, Paul J. *The Politics of Deregulation*. Washington, D. C.: Brookings Institution, 1985, p. 129.
68 McKinnon tinha trabalhado como mensageiro para Rayburn décadas antes; Rayburn morreu em 1961. Esse relato está baseado em artigos de jornal e em uma filmagem da reunião final incluída em *The Commanding Heights*, PBS, "Episode One: The Battle of Ideas". Veja AUERBACH, Stuart. "46-Year-Old CAB Goes out of Existence". *The Washington Post*, 1º de janeiro de 1985; e MOLOTSKY, Irvin. "C.A.B. Dies After 46 Years". *The New York Times*, 1º de janeiro de 1985.
69 ROBYN, Dorothy. *Braking the Special Interests*. Chicago: University of Chicago Press, 1987, p. 17.
70 Citado em TOWLE, Michael J. *Out of Touch: The Presidency and Public Opinion*. College Station: Texas A&M Press, 2004, p. 51.
71 Veja ALLEN, W. Bruce; LONERGAN, Steven; PLANE, David. "Examination of the Unregulated Trucking Experience in New Jersey", julho de 1978, Departamento de Transportes dos Estados Unidos. Outro estudo concluiu que as tarifas de transporte de aves caíram 33% durante um breve período na década de 1950 após a decisão judicial que classificou frangos como "produto agrícola não processado", portanto não sujeito a regulação federal. Quando o Congresso restaurou o status quo ante, os preços se recuperaram também.
72 "Oral History: Alfred E. Kahn, Ron Lewis and Dennis Rapp", 10-11 de dezembro de 1981, Miller Center of Public Affairs, Universidade da Virgínia.
73 DERTHICK, Martha; QUIRK, Paul J. *The Politics of Deregulation*. Washington, D. C.: Brookings Institution, 1985, p. 71.
74 Gaskins foi nomeado presidente. Carter também nomeou dois novos comissários: Marcus Alexis, também economista, e Thomas Trantum, um banqueiro de investimento que dava apoio confiável a Gaskins sobre questões regulatórias.
75 Packwood renunciou ao Senado em 1995 depois que vieram à tona alegações de abuso e assédio sexual.
76 DERTHICK, Martha; QUIRK, Paul J. *The Politics of Deregulation*. Washington, D. C.: Brookings Institution, 1985, p. 29.

77 "2018 State of Logistics Report," Council of Supply Chain Management Professionals.
78 O preço médio do bilhete "com tudo incluído" médio, em dólares de 2017, caiu de 632,92 dólares em 1979 para 350,41 em 2005 – uma queda de 45%, de acordo com dados coletados pelo grupo comercial Airlines for America. Veja airlines.org/dataset/annual-round-trip-fares-and-fees-domestic. Os proponentes da desregulação tendiam a citar a queda nas tarifas aéreas como o benefício líquido; na verdade, as tarifas em termos reais já estavam em queda antes da desregulação. Um motivo foi o desenvolvimento gradual de aviões maiores, mais rápidos e mais eficientes em termos de consumo de combustível. A década de 1970 também foi um período de preços de combustíveis relativamente altos, fazendo com que as décadas subsequentes parecessem melhores em comparação. Veja também DEMPSEY, Paul Stephen; GOETZ, Andrew R. *Airline Deregulation and Laissez-Faire Mythology*. Westport: Greenwood, 1992, que argumenta que a desregulação não reduziu significativamente as tarifas.
79 JEFFRIES, Stuart. "The Saturday Interview: Ryanair Boss Michael O'Leary". *The Guardian*, 18 de novembro de 2011.
80 KAHN, Alfred. "Oral History", 10-11 de dezembro de 1981, Miller Center of Public Affairs, Universidade da Virgínia, Charlottesville.
81 SOLMAN, Paul. "Why Airline Profits Are Flying High". *PBS NewsHour*, PBS, 20 de abril de 2017.
82 LEVINE, Michael. "Why Weren't the Airlines Reregulated?". *Yale Journal on Regulation* 23, nº 2, 2006.
83 A reticência de Thatcher levou alguns historiadores a concluir que a privatização não fazia parte das agendas originais dos conservadores. Figuras-chave do governo conservador, incluindo Nigel Lawson e Geoffrey Howe, insistem que a meta já estava em mente e só não foi enfatizada na campanha por causa das preocupações de Thatcher com seu apelo político. Veja LAWSON, Nigel. *The View from No. 11*. Londres: Bantam, 1992.
84 "Interview with Lord Ralph Harris". *Commanding Heights*, 17 de julho de 2000. Disponível em: pbs.org/wgbh/commandingheights/shared/minitext/int_ralphharris.html.
85 HARRIS, Ralph. "Memorandum to: John Wood, Arthur Seldon", 14 de março de 1974, Arquivos da Fundação Margaret Thatcher. Disponível em: margaretthatcher.org/document/114757.
86 LANDALE, James. "Thatcher's Mad Monk or True Prophet?". *BBC Radio 4*, 7 de abril de 2014.
87 YERGIN, Daniel; STANISLAW, Joseph. *The Commanding Heights*. Nova York: Free Press, 1998, p. 130.
88 "Interview with Kenneth Baker". *Commanding Heights*, 19 de setembro de 2000. Disponível em: pbs.org/wgbh/commandinghcights/sharcd/minitcxt/int_kcnnethbaker.html.
89 PIRIE, Madsen. *Privatization*. Aldershot: Wildwood House, 1988, p. 4.
90 GREEN, Richard; HASKEL, Jonathan. "Seeking a Premier-League Economy". In: CARD, David et al. (orgs.). *Seeking a Premier Economy: The Economic Effects of British Economic Reforms, 1980-2000*. Chicago: University of Chicago Press, 2004, pp. 48-49.
91 BARRETT, Sean D. "Exporting Deregulation: Alfred Kahn and the Celtic Tiger". *Review of Network Economics* 7, nº 4, 2008.
92 O Conselho de Aviação Civil, a agência regulatória americana, também propôs a criminalização de bilhetes aéreos com desconto em 1971. O Congresso se recusou a levar a ideia adiante.
93 Em 1971, Ryan teve a ideia de arrendar e tripular aviões da Aer Lingus para companhias aéreas de outros países durante os meses de inverno, quando poucas pessoas visitavam a Irlanda. Quatro anos depois, entrou no mercado de leasing por conta própria. A desregulação nos Estados Unidos deu um grande estímulo ao negócio, pois as novas companhias aéreas precisavam de aviões. Quando Ryan assinou o contrato para fornecer sete aviões para uma companhia recém-criada chamada America West, ele mandou o filho junto com os aviões. O filho voltou dois anos depois para ajudar o pai a lançar a Ryanair. Veja ALDOUS, Richard. *Tony Ryan: Ireland's Aviator*. Dublin: Gill and Macmillan, 2013.
94 CREATON, Siobhán. *Ryanair: How a Small Irish Airline Conquered Europe*. Londres: Aurum Press, 2014.

95 "Sinceramente não acredito que as grandes companhias aéreas vão ser capazes de afastar as menores, nem que seja porque todos os estudos realizados até hoje mostram que não há economias de escala", disse Alfred Kahn em uma audiência em 1977.
96 O governo Obama estava operando em um ambiente jurídico difícil, dada a hostilidade de tribunais federais para com as disputas judiciais com base nas leis antitruste. Em particular, os tribunais não permitiam que as agências reguladoras bloqueassem as fusões alegando que a consolidação reduziria o número de concorrentes que poderiam entrar em novos mercados. Ainda assim, o governo tomou uma decisão política de não dar prosseguimento aos processos. Veja ELLIOTT, Justin. "The American Way". *ProPublica*, 11 de outubro de 2016.
97 Em dólares de 2017, o preço médio de um voo doméstico era 350,41 dólares em 2005 e 362,61 em 2017, de acordo com dados federais compilados pelo Airlines.org.
98 "Internet Access Services", fevereiro de 2018, Comissão Federal de Comunicações.
99 RITTER, Karl; ROTHSCHILD, Nathalie. "Nobel Prize for Economics Goes to France's Tirole". *Associated Press*, 13 de outubro de 2014.
100 "OECD Broadband Basket", junho de 2017, OECD Broadband Portal.
101 O economista Alvin Roth afirma que mercados são como rodas: o movimento livre requer um eixo. ROTH, Alvin. *Como funcionam os mercados*. São Paulo: Portfolio-Penguin, 2016.

CAPÍTULO 7. O VALOR DA VIDA

1 Jean-Baptiste Say, "Author's Note". *Catechism of Political Economy*, 3ª ed. (1815). Disponível no original em francês em fr.wikisource.org/wiki/Cat%C3%A9chisme_d%E2%80%99%C3%A9conomie_politique/1881/Avertissement.
2 EAKER, Ira C. "Weapons Selection Importance". *Los Angeles Times*, 22 de agosto de 1965.
3 O Congresso continuou a financiar os dois programas de mísseis – o Bomarc da Força Aérea e o Nike-Hercules do Exército – durante a década seguinte. Também financiou o desenvolvimento de dois mísseis balísticos de médio alcance na década de 1950: o Jupiter do Exército e o Thor da Força Aérea. Veja SANDERS, Ralph. *The Politics of Defense Analysis*. Nova York: Dunellen, 1973, p. 40.
4 ENTHOVEN, Alain C.; SMITH, K. Wayne. *How Much Is Enough? Shaping the Defense Program, 1961–1969*. Nova York: Harper and Row, 1971, p. 339.
5 ENTHOVEN, Alain C. "Tribute to Charles J. Hitch". *OR/MS Today* 22, nº 6, dezembro de 1995. Roswell L. Gilpatric, substituto de McNamara, disse em uma entrevista de 1970 que McNamara lhe pediu que contatasse Hitch e que ele entrevistou Hitch em Nova York. Contudo, esse relato se baseia na história oficial do Departamento de Defesa do mandato de McNamara, que, por sua vez, se baseia no livro de 1968 de Norman Moss. Lá é dito que Hitch parou em Denver a caminho de casa vindo de uma conferência de economia. Os registros da Associação Econômica Americana mostram que Hitch estava em St. Louis para a conferência anual da instituição. Veja MOSS, Norman. *Men Who Play God*. Nova York: Harper and Row, 1968, p. 268.
6 KAPLAN, Fred. *The Wizards of Armageddon*. Stanford: Stanford University Press, 1983, p. 254.
7 ENTHOVEN, Alain C.; SMITH, K. Wayne. *How Much Is Enough? Shaping the Defense Program, 1961–1969*. Nova York: Harper and Row, 1971, p. 41.
8 HITCH, Charles J. *Decision-Making for Defense*. Berkeley: University of California Press, 1965, p. 46.
9 JARDINI, David. *Thinking Through the Cold War*. Seattle: Amazon, 2013, p. 167.
10 A citação foi retirada do registro da coletiva de imprensa de Johnson em 25 de agosto de 1965. Enthoven disse que Hitch se arrependeu da decisão, descrevendo-a como "boba". Hitch acreditava que o sucesso no Pentágono tinha sido construído pelo trabalho da Rand sobre despesas militares e que o restante do governo não estava pronto para usar as mesmas ferramentas.
11 A legislação, proposta pelo deputado Theodore Burton, de Ohio, instruía o Corpo de Engenheiros do Exército a considerar "o valor e o tipo de comércio existente ou potencial que seria beneficiado

com a melhoria e a relação do custo final dessa obra, tanto em termos de custo quanto de construção e manutenção, para os interesses comerciais públicos envolvidos, e a necessidade pública da obra". Veja U. S. Statutes at Large, 57th Congress, sess. 1 (1902), ch. 1.079, p. 372. Burton, advogado de formação, estava à frente do seu tempo como formulador de políticas econômicas. Ele também apoiou acordos de compartilhamento de custos com governos locais que queriam melhorias de hidrovias; ele via como mais prováveis de verificar projetos dúbios de hidrovias do que o novo processo de revisão. Nenhum dos dois, no momento, tinha muita influência limitadora, mas, em 1914, Burton, que se tornara senador, conseguiu bloquear um pacote de 73 milhões de dólares de projetos de hidrovias questionáveis fazendo um discurso com duração de 21 horas como tática de obstrução.

Não causou surpresa que os americanos estivessem convencidos de que a ideia da análise custo-benefício fosse original dos Estados Unidos. Um histórico prévio da técnica a descreve como "peculiarmente, e talvez unicamente, americana". Veja HAMMOND, Richard J. "Convention and Limitation in Benefit-Cost Analysis". *Benefit-Cost Analysis and Water-Pollution Control*. Stanford: Stanford University Press, 1960. No entanto, a primeira ocorrência pode ter sido em 1901, quando um engenheiro holandês chamado Cornelis Lely publicou uma tabela de custos e benefícios com uma proposta para construir o maior quebra-mar da história dos Países Baixos. A tabela de Lely incluía a perda de empregos na pesca e o valor de novas terras de cultivo. Veja BOS, Frits; ZWANEVELD, Peter. "Cost-Benefit Analysis for Flood Risk Management and Water Governance in the Netherlands", 2017, Departamento dos Países Baixos para Análise de Política Econômica. Alguns historiadores identificam uma ocorrência anterior da moderna análise custo-benefício na obra de engenheiros franceses em meados do século XIX, principalmente de Jules Dupuit, que argumentava que receitas de pedágios subestimavam o valor econômico de pontes e, assim, o governo deveria construir mais pontes e impor menos pedágios a viajantes. O historiador Theodore M. Porter, contudo, argumenta que as análises francesas são diferentes porque não se destinavam a consumo e debate públicos.

12 PORTER, Theodore M. *Trust in Numbers: The Pursuit of Objectivity in Science and Public Life*. Princeton: Princeton University Press, 1995, pp. 162-165.
13 Idem.
14 KALDOR, Nicholas. "Welfare Propositions of Economics and Interpersonal Comparisons of Utility". *Economic Journal* 49, nº 195, 1939.
15 Kenneth Arrow já tinha comprovado que a nova versão da economia do bem-estar social era falha em termos teóricos. Em sua tese de doutorado de 1950, "Social Choice and Individual Values" – que foi concluída na Rand, onde Arrow estava trabalhando na teoria dos jogos da Guerra Fria –, Arrow mostrou que as expressões individuais de preferência, em forma de classificação, não poderiam ser confiavelmente traduzidas em uma declaração acurada de preferências coletivas. Esse "teorema da impossibilidade" permanece uma contribuição histórica para a teoria econômica, mas não teve influência discernível sobre as políticas públicas. Nem é óbvio que deveria. Como Arrow disse: "A maioria dos sistemas não vai funcionar mal o tempo todo. Tudo que provei é que todos podem funcionar mal às vezes."
16 REUSS, Martin. "Coping with Uncertainty: Social Scientists, Engineers, and Federal Water Resources Planning". *Natural Resources Journal* 32, nº 1, 1992.
17 SCHMID, A. Allan. "My Work as an Institutional Economist", 31 de janeiro de 2008. Disponível em: canr.msu.edu/afre/uploads/files/Schmid/My_work_as_an_Insitutional_Economist.pdf.
18 SCHMID, A. Allan. "Effective Public Policy and the Government Budget: A Uniform Treatment of Public Expenditures and Public Rules". *The Analysis and Evaluation of Public Expenditures*, Comitê Econômico Conjunto, 1969.
19 Entrevista com Jim Tozzi, 26 de março de 2018.
20 FOX, J. Ronald. *Defense Acquisition Reform: 1960–2009*. Washington, D. C.: Centro de História Militar/Exército dos Estados Unidos, 2012, pp. 44-45.

21 O Corpo de Engenheiros, por exemplo, empregava 51 analistas econômicos em 1963, sendo cerca de metade deles economistas formados. Em agosto de 1967, empregava 119 economistas e estava em processo de contratação de outros 30. O Corpo começou a acolher professores visitantes e a financiar pesquisas universitárias. Veja GRAVES, Gregory. "Pursuing Excellence in Water Planning and Policy Analysis: A History of the Institute for Water Resources", 1995, Corpo de Engenheiros do Exército.
22 As taxas de mortalidade no trabalho, em casa e nas estradas, declinaram a cada década, dos anos 1930 aos anos 1960. Porém, o progresso desacelerou nos anos 1960, contribuindo para uma pressão nas ações. Veja VISCUSI, W. Kip. "The Misspecified Agenda". In: FELDSTEIN, Martin (org.). *American Economic Policy in the 1980s*. Chicago: University of Chicago Press, 1994, p. 497.
23 *Regulation: Process and Politics*. Washington, D. C.: Congressional Quarterly, 1982.
24 O primeiro barco a vapor comercial, o *North River Steamboat* de Robert Fulton, lançado em 1807, carregava passageiros a uma distância de cerca de 240 quilômetros entre Nova York e Albany em apenas 32 horas. A viagem agora leva cerca de três horas.
25 A Associação de Fabricantes de Automóveis tinha solicitado ao Congresso que incluísse dizeres exigindo que o custo das novas regulações fosse "proporcional ao benefício a ser alcançado". Após perder a batalha legislativa, os fabricantes de automóveis instauraram um processo, insistindo que tal análise era necessária, e perderam de novo. "Precisamos nos recusar a acrescentar à lei", declarou o 6º Tribunal Federal, "as mesmas sugestões que o Congresso se recusou a acrescentar à lei." O tribunal julgou, contudo, que os dizeres da lei permitiam o uso da técnica. Veja *Chrysler Corp. contra NHTSA*, 472 F.2d 659 (1972).
26 116 Cong. Rec. 37.345.
27 O significativo legado de Nixon à proteção ambiental não estava enraizado no tipo de amor pela natureza que motivou Teddy Roosevelt. Seus consultores mais próximos sobre questões ambientais concordavam que ele tinha pouco prazer no contato com a natureza. Assim como acontecia com a maior parte das questões de política doméstica, o cálculo de Nixon era político – o que não significa uma ofensa. Ele apoiava a regulação porque o povo queria mais regulação. Tentou alcançar um equilíbrio porque havia interesses concorrentes. Procurou convencer executivos de empresas de que estava do lado deles, confidenciando a Henry Ford II: "Falando francamente, estamos atrasados na luta em muitas circunstâncias." Mas a conclusão é que ele fez mais pela proteção ao meio ambiente do que qualquer outro presidente americano.
28 "Interview with Christopher B. Demuth", 14 de janeiro de 2008, Programa de História Oral de Richard Nixon, Biblioteca Presidencial Richard Nixon, Yorba Linda, Califórnia.
29 O plano original do governo era criar uma Agência Financeira Ambiental que financiasse o processo de purificação. Quando o Congresso insistiu que os poluidores deveriam pagar para diminuir a poluição, o governo então se voltou para a ideia de impostos sobre poluição. Nixon de fato propôs um imposto desse tipo em um discurso de 1970, mas a Casa Branca não conseguiu achar um único congressista querendo propor a legislação. Os democratas do Congresso preferiam o modelo de regulação obrigatória, pela razão não desprezível de que ela fornecia cobertura política. Quando as empresas reclamassem, o Congresso poderia apontar o dedo para a agência reguladora independente relevante.
30 SHULTZ, George P. "Agency Regulations, Standards, and Guidelines Pertaining to Environmental Quality, Consumer Protection and Occupational and Public Health and Safety", 5 de outubro de 1971, Departamento de Gestão e Orçamento. Apesar de os economistas da Escola de Chicago desempenharem um papel de menor importância neste capítulo, especialmente em comparação com as outras histórias contadas no livro, com certeza eram proponentes da análise custo-benefício. Uma versão ilegítima de uma citação de lorde Kelvin está gravada no prédio de ciências sociais da Universidade de Chicago: "Quando você não consegue medir, seu conhecimento é parco e insatisfatório."
31 REVESZ, Richard L.; LIVERMORE, Michael A. *Retaking Rationality: How Cost-Benefit Analysis Can Better Protect the Environment and Our Health*. Oxford: Oxford University Press, 2008, p. 135.

32   BANZHAF, H. Spencer. "The Cold War Origins of the Value of Statistical Life". *Journal of Economic Perspectives* 28, nº 4, 2014.
33   BANZHAF, H. Spencer. "Consumer Surplus with Apology: A Historical Perspective on Nonmarket Valuation and Recreation Demand". *Annual Review of Resource Economics* 2, 2010, pp. 183-207.
34   Essa é uma simplificação grosseira do conceito econômico de "excedente do consumidor". O visitante que gastou mais poderia estar disposto a pagar ainda mais; os outros poderiam não estar dispostos a pagar tanto. Mas a supersimplificação grosseira não é minha: essa é a metodologia que Hotelling esboçou em sua carta original, em que escreveu: "Se supusermos que os benefícios são iguais independentemente da distância, teremos, para os que moram perto do parque, um excedente do consumidor consistindo das diferenças no custo dos transportes." Veja Carta de Harold Hotelling para Newton B. Drury, Diretor, Serviços de Parques Nacionais, 18 de junho de 1947. In: U.S. National Park Service. *The Economics of Public Recreation: An Economic Study of the Monetary Evaluation of Recreation in the National Parks*. Washington, D. C.: National Park Service, 1949.
35   HANEMANN, W. Michael. "Preface". In: NAVRUD, Ståle (org.). *Pricing the European Environment*. Nova York: Oxford University Press, 1992, p. 17.
36   Entrevista com Daniel Benjamin, 22 de março de 2018. Gates fez um relato semelhante para o *The Washington Post* em 1972: "Quando dei a ideia de fazer isso, os outros membros da comissão ficaram chocados. Mas aos poucos se resignaram à ideia." Veja GREIDER, William. "The Economics of Death". *The Washington Post*, 9 de abril de 1972.
37   As citações e os detalhes deste parágrafo foram retirados de ZELIZER, Viviana Rotman. *Morals and Markets: The Development of Life Insurance in the United States*. Nova York: Columbia University Press, 2017, pp. 69-71.
38   "Cumulative Regulatory Effects on the Cost of Automotive Transportation", 28 de fevereiro de 1972, Gabinete de Ciência e Tecnologia da Casa Branca. Lawrence A. Goldmuntz, presidente da força-tarefa de Nixon sobre autorregulação, foi explícito ao justificar a metodologia quando se referiu ao seguro de vida. "Você tem uma apólice de seguro de vida?", perguntou a um jornalista. "Ela representa o valor que você atribui à sua vida? Claro que não. Por outro lado, ela representa determinada alocação de seus recursos, quanto você está disposto a pagar. É disto que estamos falando: alocação de recursos." Veja GREIDER, William. "The Economics of Death". *The Washington Post*, 9 de abril de 1972.
39   "Social Costs of Motor Vehicle Accidents: Preliminary Report, April 1972". Administração de Segurança de Trânsito em Autoestradas Nacionais.
40   O governo concluiu que as barras custariam 310 milhões de dólares, ao passo que o benefício seria de apenas 36 milhões. Veja LINNEROOTH, Joanne. "The Evaluation of Life-Saving: A Survey", 1975, Agência Internacional de Energia Atômica. O governo Nixon tinha rejeitado uma versão anterior da regulação em 1971, achando que os custos excediam os benefícios, mas sem usar uma cifra específica para o valor da vida. A autoridade responsável por essa decisão, Robert Carter, mais tarde testemunhou que era a primeira vez que o Departamento de Transportes tinha usado a análise custo-benefício como base principal para a avaliação de uma regulação. Veja "Federal Regulation and Regulatory Reform", Comissão do Câmara sobre Comércio Exterior e Interestadual, 1976, fn. 73.
41   SCHELLING, Thomas. "The Life You Save May Be Your Own". In: CHASE JR., Samuel B. (org.). *Problems in Public Expenditure Analysis*. Washington, D. C.: Brookings Institution, 1966.
42   Os primeiros avaliadores incluíam Robert Smith, um economista de Cornell; W. Kip Viscusi, aluno de pós-graduação em Harvard; e Richard Thaler, aluno de pós-graduação na Universidade de Rochester. O pai de Thaler, um atuário, forneceu-lhes dados sobre taxas de mortalidade ocupacional, que Thaler combinou com dados sobre salários para analisar quanto os trabalhadores eram pagos para assumir maiores riscos. Sua conclusão, publicada em sua tese de doutorado em 1974, foi que os trabalhadores avaliavam as próprias vidas em cerca de 200 mil dólares. Porém Thaler era cético quanto a seus resultados. Ele começou a entrevistar pessoas para ver se suas avaliações

de risco eram compatíveis com os valores implicados por suas escolhas de emprego. Os resultados mostraram uma grande lacuna. O consultor de Thaler "me disse que parasse de gastar meu tempo e voltasse a trabalhar na minha tese", escreveu Thaler em sua autobiografia, *Misbehaving – A construção da economia comportamental*. "Mas eu já tinha sido fisgado." Ele continuou a estudar a interseção entre economia e psicologia, trabalho pelo qual ganhou o Prêmio Nobel em 2017.

43 "William Ruckelshaus Oral History". 12 de abril de 2007, Biblioteca Nixon. Disponível em: nixonlibrary.gov/sites/default/files/forresearchers/find/histories/ruckelshaus-2007-04-12.pdf.

44 Entrevista com Warren Prunella, 29 de março de 2018.

45 MORRIS, Jim. "How Politics Gutted Workplace Safety", 7 de julho de 2015, Centro para Integridade Pública.

46 "Eula Bingham Administration, 1977–1981", Departamento do Trabalho dos Estados Unidos. Disponível em: dol.gov/general/aboutdol/history/osha13bingham.

47 SCHULTZE, Charles L. "The Role and Responsibilities of the Economist in Government". *American Economic Review* 72, nº 2, 1982.

48 SABIN, Paul. "'Everything Has a Price': Jimmy Carter and the Struggle for Balance in Federal Regulatory Policy". *Journal of Policy History* 28, nº 1, 2016.

49 HORNBLOWER, Margot. "Muskie Criticizes White House Meddling with EPA Rules". *The Washington Post*, 27 de fevereiro de 1979.

50 MUSKIE, Edmund S. "Remarks at the University of Michigan" (discurso, Universidade de Michigan, Ann Arbor, 14 de fevereiro de 1979).

51 "Use of Cost-Benefit Analysis by Regulatory Agencies: Joint Hearings Before the Subcommittee on Oversight and Investigations and the Subcommittee on Consumer Protection and Finance", 30 de julho, 10 e 24 de outubro de 1979.

52 FRIEDMAN, Milton; FRIEDMAN, Rose. *Livre para escolher*. Rio de Janeiro: Record, 2015.

53 O Serviço de Pesquisas do Congresso julgou o trabalho de Weidenbaum "suspeito e de validade duvidosa". Veja ALLEN, Julius W. "Estimating the Costs of Federal Regulation: Review of Problems and Accomplishments to Date", 26 de setembro de 1978, Serviço de Pesquisas do Congresso.

54 Entrevista com James C. Miller, 21 de março de 2018. Relatos contemporâneos incluem BEHR, Peter. "OMB Now a Regulator in Historic Power Shift". *The Washington Post*, 4 de maio de 1981.

55 MACCARTHY, Colman. "Consumers According to Miller". *The Washington Post*, 8 de novembro de 1981. Miller disse: "Os consumidores não são tão ingênuos, como muitos reguladores tendem a acreditar. Eles fazem escolhas inteligentes. O que me preocupa é que, se somos tão restritos na regulação a ponto de só produzirmos o tipo de produto top de linha (…) então as pessoas que gostariam de comprar um produto de menor preço e talvez de qualidade não tão alta ficariam privados dessa oportunidade. E quero me certificar de que isso não aconteça."

56 Miller, cuja gravata alternativa trazia o selo de Nova York, explicou: "Nova York é especial para todo mundo." Veja FARNSWORTH, Clyde H. "Neckties with an Economics Lesson". *The New York Times*, 7 de julho de 1982.

57 Entrevista de Miller. Miller nasceu em 25 de junho de 1942, então ele tinha na verdade 38 anos na época.

58 DAVIDSON, Dan. "Nixon's 'Nerd' Turns Regulations Watchdog". *Federal Times*, 11 de novembro de 2002.

59 AUERBACH, Stuart. "Seattle Fisherman Bobs Up at FTC Hearing". *The Washington Post*, 14 de dezembro de 1982.

60 O caso de Joy Griffith atraiu particular atenção porque a criança em coma foi morta pelo pai em um hospital de Miami em junho de 1985, uma semana depois que a Comissão de Segurança de Produtos de Consumo emitiu o alerta. Griffith disse à polícia que não conseguia suportar o sofrimento da filha. Ele foi condenado por homicídio qualificado.

61 MACALLISTER, Bill. "Formula for Product Safety Raises Questions About Human Factor". *The Washington Post*, 26 de maio de 1987.

62   BILLITER, Bill. "Family Settles for $5 Million in Recliner Suit". *Los Angeles Times*, 7 de setembro de 1991.
63   SUNSTEIN, Cass. *The Cost-Benefit Revolution*. Cambridge: MIT Press, 2018, loc. no e-book 932. Em 1981, Sunstein, na época trabalhando como advogado novato no Departamento de Justiça, recebeu a ordem de preparar o parecer oficial sobre a legalidade da ordem de Reagan exigindo a análise custo-benefício. Ele aprovou.
64   GREER, William R. "Value of One Life? From $8.37 to $10 Million". *The New York Times*, 26 de junho de 1985.
65   FARNSWORTH, Clyde H. "Move to Cut Regulatory Costs Near". *The New York Times*, 14 de fevereiro de 1981.
66   Veja "Role of OMB in Regulation", Comissão da Câmara sobre Energia e Comércio, 18 de junho de 1981.
67   A indústria têxtil entrou com um processo para impedir a norma. Quando o caso chegou à Suprema Corte no dia seguinte à posse de Reagan, os procuradores do governo, operando de acordo com instruções antigas, argumentaram a favor da norma. Dois meses depois, um empreiteiro da Flórida chamado Thorne G. Auchter assumiu o cargo de diretor da OSHA e um de seus primeiros atos foi pedir à Corte para se abster de julgar o processo. Auchter anunciou que sua agência agora subscrevia a necessidade da análise custo-benefício e que pretendia emitir um regulamento novo e melhorado. Auchter também ordenou a destruição de milhares de exemplares de "Cotton Dust: Worker Health Alert" (Pó de algodão: alerta à saúde do trabalhador), um folheto sobre os perigos do pulmão marrom (formalmente conhecido como bissinose), porque a capa mostrava Louis Harrell, um trabalhador têxtil da Carolina do Norte morto por bissinose em 1978. "Essa foto é um retrato dramático que claramente estabelece uma visão tendenciosa sobre a questão do pó de algodão", explicou Auchter. A Suprema Corte se recusou a entrar na brincadeira. Em junho de 1981, manteve a norma do pulmão marrom de Carter. Mencionando a lei que criou a OSHA, a Corte disse que o Congresso tinha decidido que a saúde dos trabalhadores era a principal preocupação na regulação de toxinas no ambiente de trabalho. Continuou dizendo que não havia nenhuma exigência de equilíbrio de custos e benefícios à agência. Não querendo admitir a derrota, Auchter prosseguiu com a ideia de revisões que alcançariam os mesmos benefícios a um custo mais baixo. Porém, o setor não queria mais isenção. A maioria das empresas tinha gastado o dinheiro necessário para cumprir as novas regras; agora queria que os concorrentes arcassem com a mesma despesa. Ainda assim Auchter não desistiu. Ele autorizou uma empresa na Carolina do Norte que não tinha instalado filtros a experimentar salvaguardas alternativas. A premissa do experimento tinha desde então sido justificada por comprovações científicas de que a bissinose é causada por bactéria, e não pelo pó em si, e pode ser reduzida lavando-se o algodão bruto. Mas a política foi implacável. A empresa rapidamente repudiou o experimento e pagou pelos filtros.
68   VISCUSI, W. Kip. "Health and Safety Regulation". In: FELDSTEIN, Martin (org.). *American Economic Policy in the 1980s*. Chicago: University of Chicago Press, 1994, pp. 460-461.
69   Um tribunal federal tinha decidido no processo *Sierra Club contra Costle* em abril de 1981 que o processo de reexame era legal, mesmo que não fosse necessário.
70   PEAR, Robert. "Fiscal Plans Bear the Telltale Signs of Cost-Benefit Analysis". *The New York Times*, 14 de fevereiro de 1982. Depois de deixar o governo Nixon, DeMuth se matriculou na faculdade de direito da Universidade de Chicago, atraído pela ênfase na economia. Após alguns anos no setor privado, tornou-se diretor de um centro em Harvard dedicado ao estudo da regulação. Voltou a Washington determinado "a melhorar a eficiência de programas regulatórios moldando-os segundo o pensamento econômico o máximo possível" – e ávido por demonstrar o valor dessa abordagem a um público cético. Ele argumenta que a análise custo-benefício algumas vezes levou o governo Reagan a endossar uma regulação mais rígida. Um exemplo digno de nota é a decisão do governo de reduzir drasticamente os níveis permitidos de chumbo na gasolina, resultado de uma análise da EPA que concluiu que os benefícios superariam em muito os custos.

71 SUNSTEIN, Cass. *The Cost-Benefit Revolution*. Cambridge: MIT Press, 2018, loc. no e-book 149.
72 BERKMAN, Richard L.; VISCUSI, W. Kip. *Damming the West*. Nova York: Grossman, 1973, p. 242.
73 VISCUSI, W. Kip. *Pricing Lives: Guideposts for a Safer Society*. Princeton: Princeton University Press, 2018, p. 1.
74 EARLEY, Pete. "What's a Life Worth?" *The Washington Post*, 9 de junho de 1985.
75 Os presidentes têm uma frustração eterna com a independência da burocracia federal, uma história encapsulada na resposta apócrifa mas adequada que dizem que o presidente Kennedy deu a um requerente: "Concordo com você, mas não sei se o governo concordará." Elena Kagan mencionou a adoção da análise custo-benefício por Clinton em um artigo clássico, "Presidential Administration" (*Harvard Law Review*, 2000). Kagan, mais tarde ministra da Suprema Corte, descreveu a análise regulatória como "a menos significativa e a mais fundamental" das técnicas que Clinton usou para exercer o controle. Isso provavelmente é verdade, pois as outras técnicas de Clinton incluíam o simples expediente de dizer às agências o que fazer.
76 KATZEN, Sally. "Perspectives on Modern Regulatory Governance: Oral History Project", 2012, Kenan Institute, Universidade Duke, Durham.
77 JEHL, Douglas. "Regulations Czar Prefers New Path". *The New York Times*, 25 de março de 2001.
78 CUSHMAN JR., John H. "Congressional Republicans Take Aim at an Extensive List of Environmental Statutes". *The New York Times*, 22 de fevereiro de 1995.
79 REVESZ, Richard L.; LIVERMORE, Michael A. *Retaking Rationality: How Cost-Benefit Analysis Can Better Protect the Environment and Our Health*. Oxford: Oxford University Press, 2008, p. 35.
80 SEELYE, Katharine Q.; TIERNEY, John. "E.P.A. Drops Age-Based Cost Studies". *The New York Times*, 8 de maio de 2003. O governo continuou a lutar com as implicações da idade, porém, mais recentemente, os esforços passaram a enfatizar o valor das vidas de crianças em vez de descontar o valor da vida dos idosos. Assim, por exemplo, o Departamento de Transportes enfatizou que a norma que exigia câmera de ré nos carros tinha maior valor porque salvaria as vidas de crianças. Da mesma forma, a Comissão de Segurança de Produtos de Consumo contratou um consultor para estudar o valor da vida das crianças. O relatório de 2018 concluiu que as crianças são cerca de duas vezes mais valiosas que os adultos, mas a Comissão não usou essa conclusão em uma análise custo-benefício em meados de 2018. Veja "Valuing Reductions in Fatal Risks to Children" (relatório de economia industrial), 2018, Comissão de Segurança de Produtos de Consumo.
81 VISCUSI, W. Kip. "The Devaluation of Life". *Regulation and Governance*, nº 3, 2009.
82 SUNSTEIN, Cass. *The Cost-Benefit Revolution*. Cambridge: MIT Press, 2018, loc. no e-book 230. Os tribunais também pareciam estar se movendo na direção da exigência de análise custo-benefício de regulações em qualquer processo em que o Congresso não tivesse especificamente instruído uma agência a ignorar questões de custo. Em *Michigan contra EPA* (2015), a Suprema Corte decidiu por uma maioria de 5 a 4 que a EPA agiu de forma irrazoável ao se propor regular alguns tipos de poluição do ar sem considerar o custo. A minoria concordou que a EPA precisava considerar o custo, mas disse que tinha satisfeito o ônus da prova. De fato, todos os nove ministros aprovaram uma interpretação da Lei do Ar Limpo bem diferente da visão prevalecente na década de 1970.
83 JOHNSON, Stanley. *The Politics of Environment*. Londres: Tom Stacey, 1973, p. 172. Johnson, um defensor de uma regulação ambiental mais forte, achava que seus compatriotas estavam sendo cautelosos demais. Seu filho, Boris, se tornou um político conservador de destaque.
84 A pressão política em última instância forçou o governo Bush a adotar o padrão mais estrito. Veja SKRZYCKI, Cindy. *The Regulators: Anonymous Power Brokers in American Politics*. Lanham: Rowman and Littlefield, 2003, p. 213.
85 MITCHENER, Brandon. "Rules, Regulations of Global Economy Are Increasingly Being Set in Brussels". *The Wall Street Journal*, 23 de abril de 2002.
86 LOEWENBERG, Samuel. "Old Europe's New Ideas". *Sierra Magazine*, janeiro-fevereiro de 2004.

87   Minha abordagem a essa tendência se baseou em VOGEL, David. *The Politics of Precaution: Regulating Health, Safety and Environmental Risks in Europe and the United States*. Princeton: Princeton University Press, 2012.
88   O anúncio de página inteira da Pfizer foi publicado na *European Voice* na semana de 17 de fevereiro de 2000. Veja JORDAN, Andrew. "The Precautionary Principle in the European Union". In: O'RIORDAN, Tim; CAMERON, James; JORDAN, Andrew (orgs.). Londres: Cameron May, 2001, p. 154.

CAPÍTULO 8. DINHEIRO, PROBLEMAS

1   MACKENZIE, F. A. *The American Invaders: Their Plans, Tactics and Progress*. Londres: Grant Richards, 1902, pp. 142-143.
2   A ideia de que o comércio internacional desestimularia os conflitos militares estava em ampla circulação nas décadas de 1930 e 1940. Thomas Watson Sr., CEO da IBM, colocou uma placa na entrada da sede da empresa em Manhattan, inaugurada em 1938, que dizia: "Paz mundial por meio do comércio mundial". Para saber mais sobre o que o Departamento de Estado pensava, veja "Proposals for Expansion of World Trade and Employment", novembro de 1945, Departamento de Estado dos Estados Unidos.
3   Os historiadores econômicos até hoje discutem o papel da política comercial no colapso da economia global. Estudos recentes costumam tratar as desvalorizações cambiais do início da década de 1930 como consequência ou catalisador de outros problemas econômicos, e não uma causa primária da Depressão. Veja, contudo, o livro de Douglas Irwin, *Peddling Protectionism: Smoot-Hawley and the Great Depression* (Princeton: Princeton University Press, 2011).
4   White, uma figura complicada, foi, ao mesmo tempo, um defensor dedicado e efetivo do que ele via como sendo o interesse nacional dos Estados Unidos e um espião da União Soviética. John Maynard Keynes sempre recebe os créditos de ser o arquiteto principal do acordo ou pelo menos de ser parceiro de White. Na realidade, Keynes, em um de seus últimos atos de vida pública, obteve poucas das concessões que buscou para restringir o poder dos Estados Unidos. Veja STEIL, Benn. *The Battle of Bretton Woods*. Princeton: Princeton University Press, 2013.
5   As regras permitiam que outras nações fixassem suas moedas em dólares ou ouro. Nenhuma delas escolheu o ouro.
6   O general Douglas MacArthur fixou uma taxa de câmbio de 360 ienes para um dólar em abril de 1949 e assim permaneceu por quase um quarto de século. Para a Alemanha Ocidental, a taxa de câmbio de 1949 foi fixada em 4,2 marcos para um dólar. Ela foi ajustada ligeiramente em 1961 e de novo em 1969, quando o dólar passou a valer 3,66 marcos.
7   "The Balance of Payments Mess". Comitê Econômico Conjunto, junho de 1971, p. 246.
8   STEIN, Judith. *Pivotal Decade*. New Haven: Yale University Press, 2010, loc. no e-book 246.
9   Sob o padrão-ouro, a teoria era de que os países fariam ajustes mantendo as taxas cambiais: para aumentar exportações, os países precisavam reduzir os salários e preços internos. Essa opção dolorosa ainda estava disponível sob Bretton Woods, mas tinha se tornado politicamente insustentável. A expansão do sufrágio e dos sindicatos, entre outras tendências, tinha mudado o equilíbrio de poder político no mundo desenvolvido. Proponentes de taxas cambiais fixas argumentam que seu rigor melhorou o crescimento econômico a longo prazo. Na opinião deles, os países que optaram por ajustar as taxas cambiais em vez de ajustar as condições econômicas internas estavam se recusando a tomar o remédio. "A estabilidade das taxas cambiais era um bem público; nenhum país estava querendo pagar muito para proporcionar isso", escreveu o historiador econômico Allan Meltzer como forma de epitáfio. Veja MELTZER, Allan H. *A History of the Federal Reserve*, vol. 2, livro 2, 1970-1986. Chicago: University of Chicago Press, 2009, p. 754.
10   O problema com a desvalorização unilateral é que os parceiros comerciais poderiam reagir à altura. De fato, foi exatamente o que aconteceu no início da década de 1930. John Kenneth Galbraith

contou em um ensaio de 1964 que perguntou a um banqueiro suíço quando a Suíça reagiria a uma desvalorização dos Estados Unidos e o banqueiro respondeu: "Pode ser em seguida, na mesma tarde." Veja "The Balance of Payments: A Political and Administrative View", *Review of Economics and Statistics* 46, nº 2, maio de 1964, pp. 115-122. Os Estados Unidos também queriam que outros países aumentassem o valor de suas moedas em dólares em vez de reduzir o valor do dólar em ouro porque os americanos estavam relutando em penalizar seus aliados que estavam segurando dólares – e relutando ainda mais em dar um presente inesperado a dois dos maiores produtores de ouro, a União Soviética e a África do Sul.

11 O programa, conhecido como Assistência ao Ajuste Comercial, finalmente começou a fazer um pequeno número de pagamentos no início da década de 1970, mas foi desprezado, considerado pelo diretor da AFL-CIO em 1973 "seguro de enterro". Quando o Congresso ampliou a autoridade do presidente para negociar acordos comerciais naquele ano, tornou o programa de indenização significativamente mais generoso. Em 1980, o programa estava ajudando 600 mil trabalhadores. No ano seguinte, o governo Reagan convenceu o Congresso a reduzir drasticamente a elegibilidade e os benefícios.

12 As reservas estrangeiras em dólares excederam o suprimento de ouro nos Estados Unidos em 1960. As reservas do governo atingiram essa marca três anos depois. Veja EICHENGREEN, Barry. *Exorbitant Privilege: The Rise and Fall of the Dollar and the Future of the International Monetary System*. Oxford: Oxford University Press, 2011, p. 50.

13 Johnson estava inclinado a adotar uma proposta mais rígida, limitando as viagens internacionais ao lançar mão da Lei de Comércio com o Inimigo de 1917. Atrapalhar os planos de casais em lua de mel não parece ser uma grande ideia de uma perspectiva política, mas o secretário do Tesouro, Henry Fowler, teve que escrever um memorando explicando por que o plano era ilegal antes de Johnson deixá-lo de lado, a contragosto.

14 A França, sob a liderança de Charles de Gaulle, continuou a converter dólares em ouro o mais rápido possível, principalmente para chatear os Estados Unidos. Veja MELTZER, Allan H. *A History of the Federal Reserve*. Vol. 2, livro 2, 1970-1986. Chicago: University of Chicago Press, 2009, p. 719.

15 "A-Blasts Studied as Way to Expand U.S. Gold Output". *The New York Times*, 26 de fevereiro de 1968, p. 53.

16 LEDBETTER, James. *One Nation Under Gold*. Nova York: Liveright/Norton, 2017, p. 183.

17 FRIEDMAN, Milton; GORDON, Donald; MACKINTOSH, W. A. "Canada and the Problems of World Trade". Mesa redonda na Universidade de Chicago 526, 18 de abril de 1948. Disponível em: https://miltonfriedman.hoover.org/friedman_images/Collections/2016c21/UCR_04_1_1948.pdf. Friedman, em sua autobiografia, afirma que Donald Gordon, o vice-presidente do Banco do Canadá, nunca tinha ouvido um argumento sério em defesa de taxas flutuantes. A transcrição do programa de rádio não sustenta essa afirmação, pois foi Gordon o primeiro a mencionar a ideia. Porém, Gordon Thiessen, um ex-presidente do Banco do Canadá, disse em um discurso de 2000 que Friedman merecia receber crédito por estimular a discussão interna, citando vários memorandos sobre taxas flutuantes preparados em consequência do programa. Dois anos depois, em 1950, o Canadá passou a adotar taxas cambiais flutuantes, infringindo o Acordo de Bretton Woods.

18 FRIEDMAN, Milton. "The Case for Flexible Exchange Rates". *Essays in Positive Economics*. Chicago: University of Chicago Press, 1953, pp. 157-203. O artigo teve suas origens em 1950, quando Friedman foi contratado como consultor do Plano Marshall e destacado para aconselhar a Alemanha Ocidental. Na época, os alemães estavam pelejando para tirar dinheiro suficiente das exportações para pagar as importações necessárias. Friedman recomendou uma desvalorização do marco. Um déficit comercial, disse ele, indicava que a moeda do país estava cara demais. Os alemães objetaram. O artigo de 1953 generalizou o conselho.

19 O fato de um membro da elite dos formuladores de políticas contratar Friedman seria um golpe para o American Enterprise Institute (AEI), que estava lutando para emergir da obscuridade como uma *think tank* conservadora nos Estados Unidos dos anos 1960. O instituto, fundado em 1938

pelo CEO da maior empresa de amianto do mundo porque ele não gostava do New Deal, começou a alcançar um público mais amplo sob a liderança de William J. Baroody. Baroody passou a Grande Depressão na folha de pagamento do governo, trabalhando para a Agência de Seguro-Desemprego de New Hampshire e a Administração de Veteranos, antes de ingressar na AEI em 1954 e iniciar uma segunda carreira como um dos críticos mais efetivos de seu ex-empregador. A estratégia criada por Baroody era emparelhar especialistas liberais e conservadores para conseguir uma audiência para os conservadores. O instituto, por exemplo, distribuía análises populares de legislação em tramitação mostrando tanto a visão de um economista liberal respeitado quanto uma visão conservadora. Baroody convenceu os doadores de que disseminar visões liberais era a melhor chance de fazer com que membros liberais do Congresso lessem um texto conservador também.

20   FRIEDMAN, Milton; ROOSA, Robert. *The Balance of Payments: Free Versus Fixed Exchange Rates*. Washington, D. C.: American Enterprise Institute for Public Policy Research, 1967, p. 185.
21   LEESON, Robert. *Ideology and the International Economy*. Basingstoke: Palgrave Macmillan, 2003, p. 114. Edward Nelson, o biógrafo de Friedman, deixa claro que Samuelson deu crédito a Friedman pela mudança: "Gostaria de prestar uma homenagem a Milton Friedman", disse Samuelson em 1969. "Ele era uma voz solitária gritando na selva." A opinião de Friedman, disse ele, "agora se tornou a nova ortodoxia na profissão de acadêmico". Veja NELSON, Edward. "Milton Friedman and Economic Debate in the United States, 1932-1972", 2018, livro B, p. 476. Disponível em: sites.google.com/site/edwardnelsonresearch.
22   LEWIS, Anthony. "Commons Backs Wilson on Pound". *The New York Times*, 23 de novembro de 1967, p. 17.
23   MELTZER, Allan H. *A History of the Federal Reserve*. Vol. 2, livro 2, 1970-1986. Chicago: University of Chicago Press, 2009, p. 733.
24   VOLCKER, Paul; GYOHTEN, Toyoo. *Changing Fortunes: The World's Money and the Threat to American Leadership*. Nova York: Times Books, 1992, pp. 144-145.
25   FRIEDMAN, Milton. "A Proposal for Resolving the U.S. Balance of Payments Problem: Confidential Memorandum to President-Elect Richard Nixon", 15 de outubro de 1968, reimpresso em MELAMED, Leo (org.). *The Merits of Flexible Exchange Rates*. Fairfax: George Mason University Press, 1988, pp. 429-438.
26   No front doméstico, Nixon escreveu que seu interesse em questões econômicas era limitado a casos "em que as decisões afetam ou a recessão ou a inflação". Veja NIXON, Richard M. "Memorandum for Mr. Haldeman, Mr. Ehrlichman, Dr. Kissinger", 2 de março de 1970. Disponível em: 2001-2009.state.gov/r/pa/ho/frus/nixon/e5/55018.htm.
27   O Canadá tinha adotado taxas de câmbio flutuantes anteriormente, de 1950 a 1962.
28   LEESON, Robert. *Ideology and the International Economy*. Basingstoke: Palgrave Macmillan, 2003, p. 132.
29   William Safire esboçou a relação em um capítulo de sua autobiografia intitulado "The President Falls in Love" (O presidente se apaixona). Ele cita Nixon falando de Connally: "Todo conselho de ministros deveria ter pelo menos um presidente em potencial." Veja SAFIRE, William. *Before the Fall: An Inside View of the Pre-Watergate White House*. Nova York: Doubleday, 1975, p. 498. Connally era abertamente cético em relação à economia. Sem se envergonhar, disse ao Congresso que não entendia a defesa de Ricardo do comércio internacional, mas que esta estava totalmente errada. Connally afirmou: "É a teoria das vantagens comparativas. Em primeiro lugar, o motivo por que não entendo é que não sou economista. Mas, se eu fosse, não ia querer entendê-la porque não acredito que funcione." Da mesma forma, de início ele descartou a desvalorização como sendo "mágica monetária", insistindo que a única cura para o valor do dólar era fortalecer a economia doméstica. O resto, disse ele, se resolveria por si mesmo.
30   NIXON, Richard. *RN: The Memoirs of Richard Nixon*. Nova York: Grosset and Dunlap, 1978, p. 518.
31   SHULTZ, George P.; DAM, Kenneth W. *Economic Policy Beyond the Headlines*. Stanford: Stanford Alumni Association, 1977, p. 115.

32 REEVES, Richard. *President Nixon: Alone in the White House*. Nova York: Touchstone/Simon and Schuster, 2001, p. 356.
33 Na reunião no Salão Oval na quinta-feira, dia 12 de agosto, Connally e Nixon concordaram que as discussões em Camp David seriam realizadas como se o resultado fosse uma pergunta em aberto, para trazer Burns gentilmente para a causa. Como diretor de uma agência independente, Burns tinha potencial para causar problemas. Veja BRINKLEY, Douglas (org.). *The Nixon Tapes, 1971-1972*. Nova York: Houghton Mifflin Harcourt, 2014, pp. 233-272. George Shultz ofereceu um relato semelhante: "Não era uma reunião para debater algo", disse-me ele. "Era uma reunião para proporcionar um palco a Nixon."
34 FERRELL, Robert H. (org.). *Inside the Nixon Administration: The Secret Diary of Arthur Burns, 1969-1974*. Lawrence: University Press of Kansas, 2010, pp. 49-53.
35 WELLS, Wyatt C. *Economist in an Uncertain World*. Nova York: Columbia University Press, 1994, p. 206.
36 SAFIRE, William. *Before the Fall: An Inside View of the Pre-Watergate White House*. Nova York: Doubleday, 1975, p. 518. Apesar de Volcker não detalhar seus planos, ele supostamente estava se referindo à possibilidade de fazer apostas nas movimentações dos preços de ativos. Não havia mercado futuro de moedas na época, então Volcker teria que estar prevendo o impacto do discurso do presidente em outros mercados financeiros.
37 FERRELL, Robert H. (org.). *Inside the Nixon Administration: The Secret Diary of Arthur Burns, 1969-1974*. Lawrence: University Press of Kansas, 2010, p. 53.
38 EICHENGREEN, Barry. *Exorbitant Privilege: The Rise and Fall of the Dollar and the Future of the International Monetary System*. Oxford: Oxford University Press, 2011, p. 59.
39 Os alemães não tinham perdido nada na tradução. Ao ligar para parabenizar Nixon, Nelson Rockefeller, o governador de Nova York, disse ao presidente que o primeiro comercial após o discurso foi da Volkswagen, uma coincidência que os dois encararam como algo que enfatizava a importância da decisão de Nixon. Veja *H. R. Haldeman Diaries*, National Archives, 16 de agosto de 1971. Disponível em: nixonlibrary.gov/sites/default/files/virtuallibrary/documents/haldeman-diaries/37-hrhd-audiotape-ac12b-19710816-pa.pdf.
40 "The Dollar: A Power Play Unfolds". *Time*, 30 de agosto de 1971, p. 17.
41 O *The New York Times* relatou que a convocação do arcebispo à oração foi seguida por "uma parada imediata na desvalorização da libra", apesar de a matéria observar que "a maioria dos observadores atribuiu isso a uma atitude de 'esperar para ver' dos operadores no aguardo do resultado de uma reunião de ministros britânicos". Veja "Notes on People". *The New York Times*, 2 de julho de 1975.
42 SOLOMON, Robert. *The International Monetary System, 1945-1981*. Nova York: Harper and Row, 1982, p. 2.
43 ODELL, John S. *U.S. International Monetary Policy*. Princeton: Princeton University Press, 1982, p. 262.
44 FERRELL, Robert H. (org.). *Inside the Nixon Administration: The Secret Diary of Arthur Burns, 1969-1974*. Lawrence: University Press of Kansas, 2010, p. 66.
45 KISSINGER, Henry. *Years of Upheaval*. Nova York: Simon and Schuster, 2011, pp. 80-81.
46 "George Shultz: Looking Back on Five Years in Government". *The Washington Post*, 14 de abril de 1974.
47 Shultz gosta de contar a história do jornal de bairro que criou quando tinha 12 anos. Custava 5 centavos de dólar. Ele bateu na porta de um vizinho e fez seu discurso de venda. O homem entrou e voltou com um exemplar do *The Saturday Evening Post*, dizendo a Shultz que era aquilo que uma pessoa compraria por 5 centavos. Shultz disse que ficou impressionado com a lógica do mercado.
48 Como jovem professor do MIT, Shultz também ajudou Samuelson a escrever seu famoso livro-texto de economia. Membros do corpo docente usavam versões do texto em suas aulas e depois relatavam a Samuelson as partes que os alunos tinham tido mais dificuldades para entender. Veja

"Problems and Principles: George P. Shultz and the Uses of Economic Thinking", entrevista realizada por Paul Burnett em 2015, Centro de História Oral, Biblioteca Bancroft, Universidade da Califórnia, Berkeley.

49   Entrevista com George Shultz, 19 de abril de 2018.

50   RASKIN, A. H. "Said Nixon to George Shultz: 'I Track Well with You'". *The New York Times*, 23 de agosto de 1970.

51   EVANS, Rowland; NOVAK, Robert. *Nixon in the White House: The Frustration of Power*. Nova York: Random House, 1971, p. 369.

52   Logo depois de Connally começar como secretário do Tesouro em fevereiro de 1971, Friedman tentou uma apresentação. Ele trouxe uma cópia de seu memorando de 1968 para Nixon, dizendo a Connally: "Eis aqui o memorando que escrevi para você há dois anos." Para as duas cartas para Connally, datadas de 30 de setembro de 1971 e de 3 de dezembro de 1971, veja Milton Friedman Papers, caixa 24, Hoover Institution Archives, Stanford, Califórnia.

53   A conversa foi contada por Toyoo Gyohten, que estava presente como intérprete de Mizuta. O relato de Mizuta foi falacioso. O ministro das Finanças assassinado, Junnosuke Inoue, foi morto por um ultranacionalista em 1932 como parte de uma campanha de terror contra políticos moderados. Porém, na época, Inoue não era mais o ministro das Finanças e o assassinato não estava diretamente relacionado ao padrão-ouro. Veja VOLCKER, Paul; GYOHTEN, Toyoo Gyohten. *Changing Fortunes: The World's Money and the Threat to American Leadership*. Nova York: Times Books, 1992, p. 97.

54   Idem, p. 90.

55   A Grã-Bretanha adotou taxas flutuantes para a libra em 23 de junho de 1972, o primeiro rompimento formal.

56   VOLCKER, Paul; GYOHTEN, Toyoo Gyohten. *Changing Fortunes: The World's Money and the Threat to American Leadership*. Nova York: Times Books, 1992, p. 104.

57   "Transcript of a Recording of a Meeting Between the President and H. R. Haldeman in the Oval Office on June 23, 1972, from 10:04 to 11:39". Fitas da Casa Branca, Biblioteca Presidencial Richard Nixon, Yorba Linda, Califórnia.

58   SOLOMON, Robert. *The International Monetary System, 1945-1981*. Nova York: Harper and Row, 1982, p. 336.

59   JAMES, Harold. *International Monetary Cooperation Since Bretton Woods*. Nova York: Oxford University Press, 1996, p. 242.

60   Shultz assegurou a permissão de Nixon em uma reunião antes da conferência em que ele contou ao presidente que os Estados Unidos enfrentavam uma escolha entre taxas flutuantes e intervenção maciça contínua em mercados de moedas. "Você tem que ir até o fim de uma forma ou de outra", disse Shultz. Veja ODELL, John S. *U.S. International Monetary Policy*. Princeton: Princeton University Press, 1982, p. 321. Shultz me contou que ele e Burns discutiram sobre o plano durante a maior parte do voo para Paris. Quando chegaram à reunião, Shultz disse que estava aliviado por saber que Burns tinha mantido um front unido.

61   A explosão global nas transações internacionais teve muitas causas. A invenção do contêiner de carga, certamente uma das menos aclamadas das revoluções tecnológicas, desempenhou um papel importante na redução dos custos de transporte. A invenção da internet, certamente a mais aclamada das revoluções tecnológicas, desempenhou um papel importante na redução dos custos de comunicação. A União Soviética entrou em colapso e a China se abriu para os negócios. Quanto às taxas flutuantes, talvez a mais importante contribuição do novo sistema foi permitir que os Estados Unidos incorressem em déficits comerciais quase ilimitados. Os números para 1971 e 2008 foram retirados das Penn World Tables. Veja rug.nl/ggdc/productivity/pwt. O Banco Mundial estima que a mudança foi de 27% para 61% no mesmo período.

62   Esse parágrafo foi retirado da autobiografia de Leo Melamed, *Escape to the Futures* (Nova York: Wiley, 1996).

63 Idem, p. 177. Melamed outras vezes definiu 7.500 dólares como sendo a quantia paga a Friedman. De qualquer forma, a Merc obteve um bom valor por seu dinheiro.
64 Em 1980, os economistas Lars Peter Hansen e Robert Hodrick finalmente casaram teoria com realidade mostrando que a especulação pode ser lucrativa porque as pessoas são irracionais. Quando Hansen ganhou o Prêmio Nobel de Economia em 2013, o artigo estava na lista de suas contribuições. Veja HANSEN, Lars Peter Hansen; HODRICK, Robert J. "Forward Exchange Rates as Optimal Predictors of Future Spot Rates: An Econometric Analysis". *Journal of Political Economy* 88, nº 5, outubro de 1980.
65 Para o dado de 1985, veja STRANGE, Susan. *Casino Capitalism*. Oxford: Basil Blackwell, 1986, p. 11. Para os números de 1995 e 2007, veja "Triennial Central Bank Survey", março de 2005 e julho de 2016 (respectivamente), Banco de Compensações Internacionais.
66 LEVINSON, Marc. *An Extraordinary Time*. Nova York: Basic Books, 2016, p. 89.
67 Os bancos – Citigroup, JPMorgan Chase, Barclays e Royal Bank of Scotland – estavam envolvidos em uma conspiração maciça para fixação de preços. O esquema só foi possível porque Robert Roosa acabou tendo razão: os mercados de câmbio não se aglutinam em torno de um único preço. Para lidar com esse problema, os banqueiros criaram uma taxa de *benchmark* diária fazendo uma média das transações efetuadas em 30 segundos nos dois lados às 16h, horário de Londres. As ordens de câmbio são quase sempre executadas a essa taxa de *benchmark* e os investidores quase sempre usam essa taxa para calcular o valor de seus ativos. Porém, a taxa está sujeita a manipulação. Os operadores dos principais bancos conspiram em salas de chat on-line para "sacanear o fechamento", o termo da área para inundar o mercado com ordens durante o período de *benchmarking* a fim de mexer com o preço de fechamento. Como escreveu um operador do Barclays: "Se você não estiver trapaceando, é porque não está tentando".
68 Em uma entrevista de 1996, Friedman reconheceu que essa volatilidade era "muito maior do que eu poderia prever", mas confirmou que isso não tinha "efeitos negativos sérios". Ele não viveu para ver que grandes bancos estavam fixando o mercado às custas de seus clientes. Veja SNOWDEN, Brian; VANE, Howard R. *Conversations with Leading Economists: Interpreting Modern Macroeconomics*. Cheltenham: Edward Elgar, 1999, pp. 124-144.
69 HIRSH, Michael. *Capital Offense*. Hoboken: John Wiley, 2010, p. 46.
70 Eichengreen, considerado um biógrafo oficial do dólar, subestima a importância dos efeitos em rede. Na sua opinião, o dólar continua dominante porque os Estados Unidos ainda possuem a maior economia e as alternativas óbvias, como o euro e o yuan chinês, passam por limitações significativas. Elke observa que o dólar alcançou a dominância em cerca de uma década, de 1914 a 1925, e argumenta que poderia ser substituído na mesma velocidade. Veja sua história do dólar, *Exorbitant Privilege*. O dólar, contudo, está profundamente consolidado. Por exemplo, 72% de todas as mercadorias importadas pelo Canadá de 2002 até 2009 de outros países que não os Estados Unidos foram, todavia, pagas com dólares americanos. Veja GOLDBERG, Linda S.; TILLE, Cedric. "Micro, Macro, and Strategic Forces in International Trade Invoicing", novembro de 2009, Federal Reserve Bank de Nova York. Veja também GEDDES, John M. "Bundesbank Opposes Wider Role for Mark". *The New York Times*, 20 de novembro de 1976.
71 Não era bem o caso de o sujo falando do mal lavado, pois, embora os alemães não tenham demonstrado qualquer senso de responsabilidade pela saúde da economia global, também não tinham se voluntariado para o trabalho. Veja EICHENGREEN, Barry. *Exorbitant Privilege: The Rise and Fall of the Dollar and the Future of the International Monetary System*. Oxford: Oxford University Press, 2011, p. 63.
72 A cotação do dólar é mais bem calculada ponderada pelo volume de comércio, o que significa que a taxa de câmbio do dólar em relação a cada moeda estrangeira é multiplicada pela parcela das transações dos Estados Unidos com países que usam essa moeda. O cálculo aqui foi feito com base em números retirados do Índice Ponderado pelo Volume de Comércio das Principais Moedas do Federal Reserve.

73 Alguns economistas conservadores tinham se oposto firmemente à mudança para taxas flutuantes e acharam as falhas do novo sistema previsíveis. James Buchanan, outro ganhador do Prêmio Nobel da família de Chicago, escreveu em 1977 que as taxas flutuantes "romperam uma das restrições à expansão monetária interna. Não parece ser uma coincidência total que o déficit orçamentário e a inflação tenham se intensificado desde a mudança para taxas cambiais livres". Ele acrescentou que as taxas flutuantes "tornam a economia consideravelmente mais vulnerável à manipulação imprudente pelos políticos nacionais". Veja BUCHANAN, James M.; WAGNER, Richard E. *Democracy in Deficit: The Political Legacy of Lord Keynes*, 1977; reimpressão, Indianápolis: Liberty Fund, 2000, p. 75.

74 FRIBERG, Richard. *Exchange Rates and the Firm*. Nova York: St. Martin's, 1999, p. 41.

75 Continua sendo a opinião de muitos economistas que o declínio da produção industrial dos Estados Unidos se deveu a outros fatores e que o dólar forte no máximo influenciou o timing. "A taxa de câmbio é a expressão de forças na economia, e dizer que você queria que isso fosse diferente não funciona", disse Maurice Obstfeld, economista-chefe do Fundo Monetário Internacional, em 2017. A taxa de câmbio, segundo ele, é "sobrevalorizada enquanto variável de política". Alguns estudos do declínio da produção industrial americana na década de 1980, no entanto, atribuem mais da metade dos empregos perdidos nessa década a um desequilíbrio no comércio internacional. "O problema principal que os fabricantes enfrentavam não era algum tipo de questão estrutural enraizada, mas uma taxa de câmbio que apresentava um enorme obstáculo à sua capacidade de concorrer nos mercados interno e externo", escreveu o historiador econômico Douglas Irwin. A prova de que as taxas cambiais prejudicaram o setor industrial dos Estados Unidos é ainda maior na primeira década do século atual.

76 BERRY, John M.; SEABERRY, Jane. "Regan, Feldstein in Opposition on Deficits' Impact". *The Washington Post*, 15 de setembro de 1983. Lee Iacocca, o audacioso CEO da Chrysler, lamentou em 1985 que era duro reunir apoio político para a desvalorização porque a questão era difícil de ser explicada. O dinheiro é ubíquo e misterioso – ao mesmo tempo comum demais e complicado demais para atrair atenção. "As pessoas não ficam animadas com o dólar alto", disse ele. "Elas não entendem bem, então ninguém pega em armas por causa disso." Veja FUNABASHI, Yoichi. *Managing the Dollar: From the Plaza to the Louvre*. Washington, D. C.: Institute for International Economics, 1989, p. 73. O uso por Iaccoca da palavra "alto" foi proposital, porque estava dolorosamente claro que os políticos gostavam de falar sobre um dólar "forte". "A força do dólar", observou Volcker mais tarde de forma ácida, "acabou sendo citada por algumas autoridades como um tipo de Selo de Aprovação de Bom Trabalho Doméstico fornecido pelo mercado, honrando as sólidas políticas econômicas de Reagan."

77 O Fed de Nova York – o braço operacional do banco central – emitiu um comunicado à imprensa em dezembro de 1981 anunciando que não interviera nos mercados monetários durante os seis meses anteriores, o primeiro intervalo do tipo desde o fim de Bretton Woods. O Fed costuma transferir para o Tesouro as decisões sobre política cambial externa, realizando as instruções do ramo executivo, mas Volcker não estava inclinado a mexer no dólar de qualquer forma. Ele estava mais preocupado que a maioria das autoridades americanas com a perda de empregos na indústria, mas achava que os déficits fiscais eram a causa do problema, e a disciplina fiscal, a solução. Veja SOLOMON, Robert. *Dinheiro em movimento*. Rio de Janeiro: Record, 2001.

78 FUNABASHI, Yoichi. *Managing the Dollar: From the Plaza to the Louvre*. Washington, D. C.: Institute for International Economics, 1989, p. 70.

79 AXILROD, Stephen. *Inside the Fed: Monetary Policy and Its Management*. Cambridge: MIT Press, 2011, pp. 103-104.

80 "Beryl W. Sprinkel Alive and Thriving in Economic Advice". *The New York Times*, 9 de agosto de 1985.

81 "Why Reagan Bought Intervention in the Currency Markets". *Business Week*, 28 de junho de 1982, pp. 102-103. Sprinkel acreditava no que dizia. Ele convenceu o governo Reagan a eliminar seu cargo de subsecretário do Tesouro para assuntos monetários em 1984. Cinco anos depois, o

governo de George H. W. Bush criou um novo cargo no Tesouro, o de subsecretário para assuntos internacionais, que foi um sucessor eficaz, refletindo uma regressão em direção à gestão consciente das taxas de câmbio flutuantes.

82   SOLOMON, Robert. *The International Monetary System, 1945–1981*. Nova York: Harper and Row, 1982, p. 365.
83   VOLCKER, Paul; HARPER, Christine. *Keeping at It: The Quest for Sound Money and Good Government*. Nova York: PublicAffairs, 2018, p. 131.
84   "Latin IOU Struggle Is Triggering Jitters". *Miami Herald*, 18 de abril de 1983.
85   "The LDC Debt Crisis," *History of the Eighties – Lessons for the Future*, vol. 1, *An Examination of the Banking Crises of the 1980s and Early 1990s* (Washington, D. C.: Federal Deposit Insurance Corporation, 1997).
86   CHANG, Ha-Joon. *Maus samaritanos: O mito do livre-comércio e a história secreta do capitalismo*. Rio de Janeiro: Campus, 2009.
87   Em um discurso de 1984, Walter Mondale culpou Reagan por "transformar nosso grande Meio-Oeste industrial e a base industrial deste país em uma *rust bowl* (taça de ferrugem)", fazendo um jogo de palavras com Dust Bowl, a avassaladora tempestade de areia que durou quase dez anos, em meio à Grande Depressão. Os jornalistas logo começaram a se referir ao *Rust Belt* (cinturão de ferrugem), preferindo o contraste com o Sun Belt (cinturão do sol) do Sul.
88   KURIKI, Chieko. "'Made in U.S.A.' Doesn't Sell". *Chicago Tribune*, 22 de abril de 1985.
89   IRWIN, Douglas. *Clashing over Commerce: A History of U.S. Trade Policy*. Chicago: University of Chicago Press, 2017, loc. no e-book 9.908.
90   Ball talvez seja mais lembrado por sua oposição à Guerra do Vietnã, mas ele perdeu essa batalha. Deu uma contribuição muito mais significativa para a política americana na área do comércio internacional, em que insistia na visão liberal clássica de que o comércio é bom e mais comércio é melhor ainda. Veja BALL, George. "The concept that we must protect every American industry against the adjustments required by competition is alien to the spirit of our economy". Veja STEIN, Judith. *Pivotal Decade*. New Haven: Yale University Press, 2010, loc. no e-book 296.
91   Alguns relatos do aumento do comércio com a China minimizam o papel da política americana; em vez disso, tratam a industrialização da China como uma força inexorável. Contudo, um artigo de 2016 escrito por Justin R. Pierce e Peter K. Schott apresenta a evidência contundente de que uma decisão realmente importou. Até a virada do século, os Estados Unidos regularmente revisavam a elegibilidade da China a um tratamento tarifário especial. Pierce e Schott argumentam que a decisão de conceder esse status em bases permanentes em 2000 removeu uma importante incerteza, catalisando aumentos de capital e fluxos comerciais. Veja, de autoria deles, "The Surprisingly Swift Decline of U.S. Manufacturing Employment". *American Economic Review* 106, nº 7, 2016.
92   No início da década de 2000, o Fed conteve as taxas de juros para estimular o crescimento econômico e o dólar declinou em relação à maioria das moedas estrangeiras. Mas esse processo de balanceamento não afetou a taxa de câmbio dólar-iene, nem a taxa de câmbio do dólar em relação a outras moedas asiáticas efetivamente fixadas em relação ao dólar.
93   Outros fatores, é claro, contribuíram para o declínio do emprego na indústria, inclusive a automação e a globalização. Mas um estudo de 2012 estimou que a manipulação das moedas feita por 20 países, sendo a China de longe o maior, tinha custado aos Estados Unidos de 1 a 5 milhões de empregos. Veja BERGSTEN, C. Fred; GAGNON, Joseph E. "Currency Manipulation, the U.S. Economy and the Global Economic Order", dezembro de 2012, Peterson Institute for International Economics.
94   A Huffy ainda está sediada em Dayton, mais ou menos a duas horas de Celina, onde emprega cerca de 120 gerentes e funcionários de escritório em áreas como marketing e desenvolvimento de produtos. Para um relato da relação da Walmart com a Huffy e outras indústrias americanas, veja BIANCO, Anthony. *The Bully of Bentonville*. Nova York: Crown, 2009. Veja também SPENCE,

Michael; HLATSHWAYO, Sandile. "The Evolving Structure of the American Economy and the Employment Challenge", 2011, Conselho de Relações Exteriores.

95 FRIEDMAN, Milton; ROOSA, Robert. *The Balance of Payments: Free Versus Fixed Exchange Rates*. Washington, D. C.: American Enterprise Institute for Public Policy Research, 1967, p. 118.

96 Uma série de artigos escritos por um grupo de economistas – incluindo David Autor, Gordon Hanson e David Dorn – que reformulou o entendimento acadêmico do impacto do comércio com a China está Disponível em: ddorn.net/research.htm.

97 KLETZER, Lori G. "Job Loss from Imports: Measuring the Costs, 2001", Peterson Institute for International Economics.

98 APPELBAUM, Binyamin. "Perils of Globalization When Factories Close and Towns Struggle". *The New York Times*, 18 de maio de 2015.

99 Alguns dos outros economistas que aparecem neste livro têm arrependimentos semelhantes. Alice Rivlin, por exemplo, me disse: "Nós nos concentramos nas benesses da mudança tecnológica e do comércio, mas não nos ajustes a elas. Os economistas estavam focados demais na ideia de que todos nos beneficiaríamos da mudança tecnológica. Muitas pessoas ficaram de fora – e nós não fizemos o que poderíamos ter feito para ajudar."

100 APPELBAUM, Binyamin. "Perils of Globalization When Factories Close and Towns Struggle". *The New York Times*, 18 de maio de 2015. Os defensores do comércio internacional nos Estados Unidos causaram os próprios problemas ao falhar em garantir que os ganhos do comércio fossem compartilhados de forma ampla. Porém, a oposição ao comércio também ganha força a partir do triunfo do sentimento sobre a razão, porque o sofrimento da perda de empregos está concentrado e as vítimas são visíveis, ao passo que os benefícios de preços mais baixos são difusos. Douglas Irwin escreve que, em 1956, um congressista de Nova York chamado John Ray votou contra a legislação de tarifas mais baixas. Ray explicou que, no seu bairro, havia uma fábrica de gaiolas para pássaros que enfrentou a concorrência estrangeira e ele ouviu o relato de quase todos os 50 trabalhadores da fábrica. O bairro de Ray também tinha um grande terreno às margens do rio em Nova York, onde centenas de pessoas trabalhavam em empregos ligados ao comércio, mas Ray disse que não ouviu relatos de ninguém que defendesse tarifas mais baixas.

101 O pai de Schuman nasceu francês na Lorena, depois se tornou cidadão alemão quando a região foi anexada em 1871, então se mudou para o país vizinho Luxemburgo, onde Schuman nasceu em 1886. Schuman se mudou para a França, completando o círculo. Os outros membros originais da Comunidade Europeia do Carvão e do Aço eram Bélgica, Luxemburgo e os Países Baixos.

102 A desvalorização não ocorre sem custo. Ela reduz o poder de compra da moeda nacional e, assim, o valor dos salários dos trabalhadores. Porém, assim como a inflação, evita a necessidade de reduzir os salários nominais. Apesar de Meade e Friedman concordarem com o mecanismo, eles discordavam quanto ao objetivo. Meade achava que as taxas flutuantes permitiriam que países europeus exercessem um controle maior sobre as condições econômicas domésticas. Friedman, é claro, achava que o governo deveria ficar fora de outros aspectos da política econômica também. Veja MEADE, James. "The Case for Variable Exchange Rates". In: HOWSON, Suan (org.). *The Collected Papers of James Meade*, vol. 3, *International Economics*. Londres: Unwin Hyman, 1988.

103 VANE, Howard R.; MULHEARN, Chris. "Interview with Robert A. Mundell". *Journal of Economic Perspectives* 20, nº 4, outono de 2006, pp. 89-110.

104 MUNDELL, Robert. "A Theory of Optimum Currency Areas". *American Economic Review* 51, nº 4, setembro de 1961.

105 Veja DORNBUSCH, Rudiger. "The Chicago School in the 1960s". *Policy Options* 22, nº 5, 2001. Veja também COURCHENE, Thomas J. *Money, Markets and Mobility: Celebrating the Ideas of Robert A. Mundell*. Montreal: Institute for Research on Public Policy, 2002, p. 3.

106 VANE, Howard R.; MULHEARN, Chris. "Interview with Robert A. Mundell". *Journal of Economic Perspectives* 20, nº 4, outono de 2006, pp. 89-110.

107 MUNDELL, Robert A. "A Plan for a European Currency" (discurso na Conferência da Associação Americana de Gestão sobre o Futuro do Sistema Monetário Internacional, Nova York, 10-12 de dezembro de 1969), reimpresso em JOHNSON, Harry G.; SWOBODA, Alexander K. (orgs.). *The Economics of Common Currencies: Proceedings of the Madrid Conference on Optimum Currency Areas*. Londres: Allen and Unwin, 1973.

108 Volcker não identificou o executivo quando contou esse caso em um livro de 1992. Em sua autobiografia, publicada em 2018, ele identificou o falante e contou uma versão ligeiramente diferente da citação. Usei a versão anterior. Veja VOLCKER, Paul; GYOHTEN, Toyoo. *Changing Fortunes: The World's Money and the Threat to American Leadership*. Nova York: Times Books, 1992, p. 68.

109 DOBBS, Michael. "Socialist Metamorphosis". *The Washington Post*, 16 de março de 1986.

110 A consideração de Padoa-Schioppa pela opinião pública é bem ilustrada por sua reclamação aos formuladores de políticas alemães no início da década de 1980 de que eles estavam atiçando a fogueira da oposição pública em vez de se posicionarem contra ela. Veja MAES, Ivo. "Tommaso Padoa-Schioppa and the Origins of the Euro", março de 2012, Banco Nacional da Bélgica, Artigo 222, p. 15.

111 Padoa-Schioppa, assim como Mundell, incluía a importante ressalva de que a regulação dos fluxos de capital internacionais poderia permitir que países mantivessem taxas de câmbio fixas e políticas monetárias independentes. Mas os participantes do projeto europeu já estavam desmantelando esses controles, um processo amplamente concluído na década seguinte. Veja PADOA-SCHIOPPA, Tommaso. "Capital Mobility: Why Is the Treaty Not Implemented?". In: *The Road to Monetary Union in Europe*. Oxford: Clarendon Press, 1994.

112 A crítica pelo lado da oferta de que a regulação estava impedindo o crescimento se fez presente no debate europeu. Defensores de uma moeda multinacional encaravam as restrições à política fiscal como um dos benefícios do sistema, porque ela forçaria um foco em reformas pelo lado da oferta, como a desregulação. Veja MARSH, David. *The Euro: The Battle for the New Global Currency*. New Haven: Yale University Press, 2009, loc. no e-book 4.241.

113 Padoa-Schioppa atuou como um dos principais burocratas na comissão europeia que prepararam um plano para a criação de uma moeda europeia. Foi sua a sugestão de que o novo sistema deveria começar em 1º de janeiro de 1999. Veja MAES, Ivo. "Tommaso Padoa-Schioppa and the Origins of the Euro", março de 2012, Banco Nacional da Bélgica, Artigo 222, p. 30.

114 As expressões de Lubbers eram "*de BV Nederland*" e "*meer markt, minder overheid*".

115 IRWIN, Neil. *The Alchemists: Three Central Bankers and a World on Fire*. Nova York: Penguin Press, 2013, p. 77.

116 PORTER, Eduardo. "A Tempting Rationale for Leaving the Euro". *The New York Times*, 15 de maio de 2012.

117 Algumas autoridades europeias, especialmente Jean-Claude Trichet, ex-presidente do Banco Central Europeu, descrevem Mundell como uma influência intelectual importante sobre a criação do euro. Também Mundell argumentou que ele próprio merece o crédito. Veja, por exemplo, VANE, Howard R.; MULHEARN, Chris. "Interview with Robert A. Mundell". *Journal of Economic Perspectives* 20, nº 4, outono de 2006, pp. 89-110.

118 "The Euro's Arrival at a Glance". BBC, 3 de janeiro de 2002.

119 Jacques de Larosière, presidente do Banco da França na época do Tratado de Maastricht, ressaltou que o novo banco central era um avanço no status quo. "Hoje sou presidente de um banco central que decidiu, junto com sua nação, seguir completamente a política monetária alemã sem votação", disse ele a um jornalista. "Pelo menos, como parte de um banco central europeu, terei um voto." Veja ROWEN, Hobart. "Of European Unity". *The Washington Post*, 25 de outubro de 1990.

120 Em um artigo muito citado de 2000, Andrew Rose estimou que o compartilhamento de uma moeda poderia triplicar o volume de comércio entre os participantes. Estudos da zona do euro em geral encontram efeitos menores mas ainda assim significativos. O estudo da África é particularmente

perspicaz porque a relação entre esses países e a Europa não tinha mudado, exceto pela decisão de usar o euro. Veja FRANKEL, Jeffrey. "The Estimated Effects of the Euro on Trade", 2008, Departamento Nacional de Pesquisas Econômicas.

121 O sucesso da Alemanha como exportadora para os outros países da zona do euro foi construído com base na notável disciplina do país em restringir o crescimento de salários e consumo, de fato protelando os benefícios de seu sucesso econômico.

122 HARBERGER, Arnold. "Sense and Economics: An Oral History with Arnold Harberger", entrevista realizada por Paul Burnett em 2015 e 2016, Centro de História Oral, Biblioteca Bancraft, Universidade da Califórnia, Berkeley.

123 IRWIN, Neil. "Finland Shows Why Many Europeans Think Americans Are Wrong About the Euro". *The New York Times*, 20 de julho de 2015.

CAPÍTULO 9. FABRICADO NO CHILE

1 HITCH, Charles J. "The Uses of Economics", 17 de novembro de 1960, Rand Corporation.
2 A prestação de assistência técnica à América Latina, principalmente nas áreas de agricultura, geologia, aviação e bem-estar infantil, foi iniciada pelo presidente Franklin Roosevelt e expandida por Truman e Eisenhower. "Precisamos embarcar em um novo e ousado programa para disponibilizar os benefícios de nossos avanços científicos e progresso industrial para a melhoria e o crescimento de áreas subdesenvolvidas", declarou Truman em seu discurso de posse em 1949. "Mais da metade da população mundial está vivendo em condições próximas à miséria. Sua alimentação é inadequada. Essas pessoas são acometidas por doenças. Sua vida econômica é primitiva e estagnada. Sua pobreza é uma deficiência e uma ameaça tanto para elas mesmas quanto para áreas mais prósperas. Pela primeira vez na história, a humanidade possui o conhecimento e as habilidades para aliviar o sofrimento dessas pessoas. Os Estados Unidos desempenham um papel proeminente entre as nações no desenvolvimento de técnicas industriais e científicas. Os recursos materiais de que dispomos para usar na assistência a outros povos são limitados. Mas nossos recursos imponderáveis em conhecimento técnico estão constantemente crescendo e são inexauríveis."
3 VALDÉS, Juan Gabriel. *Pinochet's Economists: The Chicago School in Chile*. Cambridge: Cambridge University Press, 1995, p. 110.
4 Idem.
5 Idem, p. 113.
6 SCHULTZ, Theodore W. "Human Wealth and Economic Growth". *The Humanist*, nº 2, p. 1959, pp. 71-81.
7 VALDÉS, Juan Gabriel. *Pinochet's Economists: The Chicago School in Chile*. Cambridge: Cambridge University Press, 1995, p. 88.
8 MONTECINOS, Verónica. "Economics: The Chilean Story". In: MONTECINOS, Verónica; MARKOFF, John. (orgs). *Economists in the Americas*. Cheltenham: Edward Elgar, 2009, pp. 167-168.
9 VALDÉS, Juan Gabriel. *Pinochet's Economists: The Chicago School in Chile*. Cambridge: Cambridge University Press, 1995, p. 116.
10 Os maiores depósitos de nitrato de sódio – também conhecido como salitre do Chile – do mundo são encontrados no norte do Chile. Era um ingrediente-chave tanto para a fabricação de fertilizantes quanto de explosivos até que a Alemanha começou a produzir salitre sintético em quantidades comerciais durante a Primeira Guerra Mundial. Na década de 1940, o cobre ultrapassou os nitratos como principal produto de exportação do Chile.
11 GREGORIO, José de. "Economic Growth in Chile: Evidence, Sources and Prospects", novembro de 2004, Banco Central do Chile.
12 O sufrágio universal é um fenômeno relativamente recente. De início, as repúblicas, incluindo os Estados Unidos, limitavam o voto a uma elite minoritária de homens brancos proprietários de

terras e alfabetizados. No Chile, o eleitorado se expandiu de cerca de 15% da população para cerca de 30% de 1958 a 1970. Veja VALDÉS, Juan Gabriel. *Pinochet's Economists: The Chicago School in Chile*. Cambridge: Cambridge University Press, 1995, p. 243.

13 LIST, Friedrich. *Sistema nacional de economia política*. São Paulo: Nova Cultural, 1989.
14 Há uma discordância considerável entre os economistas sobre os benefícios da proteção de indústrias jovens. A visão convencional é a de que os Estados Unidos prosperaram a despeito de suas políticas protecionistas, uma história contada pelo historiador do comércio Douglas Irwin em *Clashing over Commerce: A History of U.S. Trade Policy* (Chicago: University of Chicago Press, 2017). Outros encaram a estratégia de Hamilton como um fator importante na ascensão dos Estados Unidos, inclusive o economista sul-coreano Ha-Joon Chang em *Maus samaritanos: O mito do livre-comércio e a história secreta do capitalismo* (Rio de Janeiro: Campus, 2009).
15 HARBERGER, Arnold. "Interview with Arnold Harberger", realizada por David Levy, *The Region*, Federal Reserve Bank de Mineápolis, 1º de março de 1999. A visão que Harberger tinha da economia como uma ciência aplicada era compartilhada por Friedman. Ao ser perguntado sobre o que distinguia a abordagem econômica de Chicago naqueles anos, Friedman respondeu: "A diferença fundamental entre Chicago naquela época e, digamos, Harvard era que em Chicago a economia era um assunto sério a ser usado na discussão de problemas reais e era possível obter conhecimento e respostas a partir dela. Para Harvard, a economia era uma disciplina intelectual equiparada à matemática, fascinante de se explorar mas impossível de servir de base para conclusões." Veja HAMMOND, J. Daniel. "An Interview with Milton Friedman on Methodology". In: SAMUELS, W. J.; BIDDLE, J. (orgs.). *Research in the History of Economic Thought and Methodology*. Greenwich: JAI Press, 1992.
16 MONTES, Leonidas. "Friedman's Two Visits to Chile in Context", 2015, Universidade de Richmond, Instituto de Verão para o Estudo da História da Economia.
17 Entrevista com Rolf Lüders, 26 de junho de 2018.
18 VALDÉS, Juan Gabriel. *Pinochet's Economists: The Chicago School in Chile*. Cambridge: Cambridge University Press, 1995, p. 140.
19 Idem, p. 169.
20 *Chicago Boys* (documentário), dirigido por Carola Fuentes e Rafael Valdeavellano, 2015.
21 Idem.
22 Os Estados Unidos, por exemplo, tentaram cortar o acesso do governo Allende ao crédito, inclusive pressionando os bancos americanos. Mas o governo chileno conseguiu encontrar novos credores na Europa Ocidental.
23 *Chicago Boys* (documentário), dirigido por Carola Fuentes e Rafael Valdeavellano, 2015.
24 O almirante José Toribio Merino, chefe da Marinha chilena, estimulou a criação do "tijolo" e de início era o membro da junta mais simpático aos Chicago Boys. Ele disse, em uma entrevista em 1992, que batalhou para obter o apoio de Pinochet e do general da Aeronáutica Gustavo Leigh. "A intenção original de Pinochet e Leigh, contra minha opinião, era manter uma economia controlada pelo Estado", disse ele. A cena aparece em *Chicago Boys*.
25 MUÑOZ, Heraldo. *The Dictator's Shadow*. Nova York: Basic Books, 2008, pp. 67-68.
26 Lüders me disse, em uma entrevista em 26 de junho de 2018, que ele ouvira esta explicação de Pinochet: "Eu o ouvi dizendo uma vez: 'Se você olhar para a nossa história, nós tentamos uma economia mista no governo Alessandri, mas não deu certo, depois tentamos os democratas cristãos, um monte de reformas, mas o mesmo aconteceu, então tentamos o socialismo.'"
27 A carta é reimpressa na autobiografia de Friedman. Veja FRIEDMAN, Milton; FRIEDMAN, Rose. *Two Lucky People*. Chicago: University of Chicago Press, 1998, p. 592.
28 "A Draconian Cure for Chile's Economic Ills?". *Business Week*, 12 de janeiro de 1976.
29 COLLIER, Simon; SATER, William F. *A History of Chile, 1808–2002*. Cambridge: Cambridge University Press, 2012, loc. no e-book 3.176.
30 "Dr. Julius Klein, an Economist, 74". *The New York Times*, 16 de junho de 1961.

31 Lüders, que ajudou a organizar a viagem de Friedman, disse que não acha que Friedman teve uma influência importante sobre Pinochet, porque, na opinião dele, o general já decidira adotar *El Ladrillo* como política econômica do país. Essa opinião é compartilhada por alguns historiadores chilenos que estudaram o episódio.

32 O governo Ford estava ciente de que a ditadura militar no Chile, juntamente com regimes em outras nações sul-americanas, estava colaborando com planos de assassinar adversários políticos. O Departamento de Estado preparou uma advertência a esses regimes, mas, em 16 de setembro, cinco dias antes do assassinato de Letelier, o secretário de Estado, Henry Kissinger, decidiu que ela não deveria ser enviada. Veja KORNBLUH, Peter. *The Pinochet File: A Declassified Dossier on Atrocity and Accountability*. Nova York: New Press, 2004.

33 *Chicago Boys* (documentário), dirigido por Carola Fuentes e Rafael Valdeavellano, 2015.

34 Relatos do Chile com frequência citam um relatório da Liga das Nações que concluiu que o país foi atingido com mais força pela Grande Depressão do que qualquer outro. Os melhores dados disponíveis sugerem que a afirmação é um exagero. Veja ALBERS, Thilo; UEBELE, Martin. "The Global Impact of the Great Depression", 2015, London School of Economics, Documento de Trabalho de História Econômica 218.

35 Entrevista com Patricia Arancibia Clavel, 25 de junho de 2018. Veja também CLAVEL, Patricia Arancibia; PÁEZ, Francisco Balart. *Sergio de Castro: El arquitecto del model económico chileno*. Santiago: Editorial Biblioteca Americana, 2007.

36 MUÑOZ, Heraldo. *The Dictator's Shadow*. Nova York: Basic Books, 2008, p. 72.

37 As exportações aumentaram de 1,8 bilhão de dólares em 1975 para 6 bilhões de dólares em 1980. As importações mais do que dobraram também. Veja SILVA, Patricio. "Technocrats and Politics in Chile: From the Chicago Boys to the CIEPLAN Monks". *Journal of Latin American Studies* 23, nº 2, 1991.

38 HIRSCHMAN, Albert O. "The Political Economy of Latin American Development", 1986, Centro de Estudos EUA-México, 12.

39 DE ONIS, Juan. "Chile's Open-Door Economic Policy Admits a Flood of Luxury Goods, While Millions Live Hand to Mouth". *The New York Times*, 10 de setembro de 1977.

40 PERERA, Victor. "Law and Order in Chile". *The New York Times*, 13 de abril de 1975.

41 DWORKIN, Peter. "Chile's Brave New World". *Fortune*, 2 de novembro de 1981.

42 HAYEK, Friedrich, Carta ao editor, *The Times*, 11 de julho de 1978.

43 MADDISON, Angus. *The World Economy: A Millennial Perspective*. Paris: Centro de Desenvolvimento da OCDE, 2001, pp. 284-291.

44 O livre fluxo de capital era a norma nas décadas antes da Grande Depressão. Keynes fez a observação em um memorando datado de 8 de setembro de 1941, esboçando suas ideias sobre a regulação financeira no pós-guerra. Veja *The Collected Writings of John Maynard Keynes*. Cambridge: Cambridge University Press, 1980, 25, p. 26. Três anos depois, as opiniões de Keynes foram apresentadas no âmbito da ordem monetária do pós-guerra e ele disse à Câmara dos Lordes: "O que costumava ser uma heresia agora é endossado como ortodoxo."

45 Carta de Milton Friedman para Barry Goldwater, 12 de dezembro de 1960, Documentos de Milton Friedman, caixa 27, pasta 24, Arquivos da Hoover Institution, Stanford, Califórnia.

46 DALE JR., Edwin L. "U.S. Terminates Curb on Lending Dollars Abroad". *The New York Times*, 30 de janeiro de 1974.

47 CAMPBELL, John. *Margaret Thatcher*, vol. 1, *The Grocer's Daughter*. Londres: Jonathan Cape, 2000, p. 366.

48 DORNBUSCH, Rudiger et al. "Our LDC Debts". In: FELDSTEIN, Martin (org.). *The United States in the World Economy*. Chicago: University of Chicago Press, 1988, p. 166.

49 DIEHL, Jackson. "Fall of the 'Piranhas'". *The Washington Post*, 17 de abril de 1983.

50 Andre Gunder Frank, um judeu alemão que imigrou para os Estados Unidos após a Segunda Guerra Mundial, fez doutorado em economia na Universidade de Chicago, tendo Friedman como orientador, e depois se tornou professor de economia com tendências esquerdistas na Universidade

do Chile. Ele conta sobre o tiroteio em "An Open Letter About Chile to Arnold Harberger and Milton Friedman", 6 de agosto de 1974. Aguirre também se lembrou do incidente.

51 De 1983 a 1985, o Chile recebeu uma média anual de 714 milhões de dólares em ajuda financeira de instituições internacionais, equivalente a cerca de 4% do PIB. Veja WILLIAMSON, John (org.). *The Political Economy of Policy Reform*. Washington, D. C.: Institute for International Economics, 1994, p. 566.

52 Judith Teichman conclui que o FMI e o Banco Mundial foram especialmente doutrinários no caso do Chile. "A relutância de alguns membros da diretoria do Banco Mundial em conceder empréstimos para o Chile por causa de sua situação problemática em relação aos direitos humanos reforçou a capacidade do banco e do FMI de garantir a ortodoxia. Os funcionários mais graduados do banco estavam dispostos a arriscar a degradação pública que o envolvimento com o Chile poderia acarretar somente se o acordo com o país fosse impecável em termos de política econômica." Veja TEICHMAN, Judith A. *The Politics of Freeing Markets in Latin America*. Chapel Hill: University of North Carolina Press, 2001, p. 81.

53 ABDELAL, Rawi. *Capital Rules: The Construction of Global Finance*. Cambridge: Harvard University Press, 2007.

54 Ludwig Erhard, o arquiteto da recuperação da Alemanha no pós-guerra, opunha-se fortemente a controles do capital. "Erhard tinha visto na Europa, e especialmente na Alemanha, durante as décadas de 1930 e 1940, o que poderia acontecer quando controles do capital permitiam que os governos manipulassem suas moedas para fins políticos", contou Hans Tietmeyer, ex-presidente do Bundesbank, a Rawi Abdelal. Veja ABDELAL, Rawi. *Capital Rules: The Construction of Global Finance*. Cambridge: Harvard University Press, 2007, p. 49.

55 CAMDESSUS, Michel. "Drawing Lessons from the Mexican Crisis", Washington, D. C., 22 de maio de 1995. Disponível em: imf.org/en/News/Articles/2015/09/28/04/53/spmds9508.

56 "As economias desenvolvidas que tomaram empréstimos mais pesados do exterior não cresceram mais rapidamente do que as que não dependiam tanto do setor financeiro internacional", escreveu o economista Eswar Prasad em um resumo de 2017 do estado do conhecimento. Veja PRASAD, Eswar. *Gaining Currency: The Rise of the Renminbi*. Nova York: Oxford University Press, 2017, p. 45. Quanto à desigualdade, o livre movimento de capitais pode muito bem estar exacerbando o problema ao contribuir para o crescimento do setor financeiro, bem como ao enfraquecer a tributação. Existem evidências gritantes de que a falta de controles do capital é o motivo pelo qual os países da OCDE – inclusive o Chile, que foi admitido no clube exclusivo em 2010 – estão encurralados em uma corrida para oferecer impostos mais baixos a empresas. Veja DEVEREUX, Michael P. *et al.* "Do Countries Compete over Corporate Tax Rates?". *Journal of Public Economics* 92, nº 5, junho de 2008, pp. 1.210-1.235.

57 O primeiro estudo sistemático dos efeitos do livre fluxo de capitais sobre a estabilidade financeira, publicado em 1998, foi escrito em coautoria com John Williamson, um economista mais conhecido por cunhar o termo "consenso de Washington" em 1989 para descrever o conjunto de políticas de livre mercado que os Estados Unidos regularmente prescreviam para nações em desenvolvimento com problemas econômicos. Williamson omitiu deliberadamente o livre fluxo de capitais de sua lista original. Ele e alguns outros importantes economistas do desenvolvimento nunca acolheram a ideia. Jagdish Bhagwati, um dos defensores mais enérgicos e inflexíveis do livre-comércio, é outro oponente de longa data do livre movimento de capitais. Veja WILLIAMSON, John; MAHAR, Molly. *A Survey of Financial Liberalization, Essays in International Finance*. Princeton: Departamento de Economia da Universidade Princeton, 1998.

58 REAGAN, Ronald. "Milton Friedman and Chile", 22 de dezembro de 1976. Veja SKINNER, Kiron K. *et al. Reagan's Path to Victory: The Shaping of Ronald Reagan's Vision; Selected Writings*. Nova York: Simon and Schuster, 2004, p. 98.

59 Os economistas, mesmo os que discordavam da política de Friedman, em geral o consideravam merecedor de ser premiado por seu trabalho acadêmico. Duas cartas se opondo à escolha de Fried-

man, escritas por agraciados em outras áreas, foram publicadas no *The New York Times* em 24 de outubro de 1976. A primeira foi assinada por George Wald e Linus Pauling; a segunda, por David Baltimore e S. E. Luria. Friedman inicialmente defendeu sua viagem ao Chile como um exemplo de sua boa vontade em oferecer aconselhamento econômico a qualquer um que quisesse ouvir, e, de fato, ele fez visitas semelhantes a ditaduras de direita no Brasil e na Espanha e de esquerda na China e na Iugoslávia. "A despeito da minha profunda discordância do sistema político autoritário do Chile", escreveu Friedman em uma coluna na *Newsweek* em 1976, logo após sua visita ao país, "não considero negativo que um economista preste aconselhamento econômico técnico ao governo chileno, assim como não consideraria negativo que um médico prestasse aconselhamento técnico médico ao governo chileno para ajudar a deter uma doença infecciosa." Posteriormente, Friedman também argumentou que, nos lugares onde as políticas de livre mercado se enraízam, a democracia tende a se seguir – e ele e seus apoiadores aproveitaram a virada do Chile para a democracia como uma defesa dessa filosofia. A ideia de que o capitalismo leva à democracia ficou bem popular nas décadas de 1990 e 2000, quando era com frequência apresentada como uma justificativa para o envolvimento ocidental com a China.

60   FORAN, John. *Taking Power: On the Origins of Third World Revolution*. Cambridge: Cambridge University Press, 2005, p. 180.
61   SCHOENBERGER, Karl. "Berkeley-Trained Group Plays Key Role". *Los Angeles Times*, 1º de junho de 1992.
62   O programa, chamado Treinamento Avançado em Economia, foi lançado no segundo mandato de Reagan e durou cerca de uma década. Veja HARBERGER, Arnold. "Sense and Economics: An Oral History with Arnold Harberger", entrevista realizada por Paul Burnett em 2015 e 2016, Centro de História Oral, Biblioteca Bancroft, Universidade da Califórnia, Berkeley.
63   Carta de Margaret Thatcher a Friedrich Hayek, 17 de fevereiro de 1982, Fundação Margaret Thatcher. Disponível em: margaretthatcher.org.
64   MADDISON, Angus. *The World Economy: A Millennial Perspective*. Paris: Centro de Desenvolvimento da OCDE, 2001.
65   A observação de Bardón no original em espanhol foi: "*Si las ventajas comparativas determinan que Chile solo tiene ventajas comparativas en la producción de melones, bueno, entonces tendremos que producir melones, y nada más.*" Veja DE VYLDER, Stefan. "Chile 1973–84: Auge, Consolidación y Crisis Del Modelo Neoliberal". *Ibero-Americana* 15, nºs 1-2, 1985, pp. 5-49.
66   Em 1987, 29% da população chilena tinha uma renda inferior a 3,20 dólares ao dia. Em 2013, esse percentual era de 3%, de acordo com os dados mais recentes do Banco Mundial.
67   BONANNO, Alessandro; CAVALCANTI, Joseph. "Globalization and the Time-Space Reorganization", 2011, Emerald Group, p. 185.
68   A empresa, Nutreco, demitiu 55 das 560 trabalhadoras da fábrica "por motivo de perda de confiança". Veja COX, Sarah K. "Diminishing Returns: An Investigation into the Five Multinational Corporations That Control British Columbia's Salmon Farming Industry", 2004, Coastal Alliance for Aquaculture Reform, p. 51.
69   O Chile investe significativamente menos em pesquisa e desenvolvimento do que outros países com recursos econômicos comparáveis, de acordo com dados da OCDE. Os chilenos detêm relativamente poucas patentes, uma medida importante de inovação.
70   Entrevista com Patricio Meller, 26 de junho de 2018.
71   FACCHINI, Alice; LAVILLE, Sandra. "Chilean Villagers Claim British Appetite for Avocados Is Draining Region Dry". *The Guardian*, 17 de maio de 2018.
72   Esse trecho tem por base dados da OCDE de 2017. No entanto, as medidas da desigualdade são imprecisas. A qualidade dos dados varia com o tempo e entre os países e há variabilidade na metodologia.
73   O Banco Central do Chile calculou que o gasto público, medido como parcela do PIB, é cerca de 5% inferior "ao nível que seria esperado para um país com a renda per capita do Chile". O banco

concluiu que isso era uma evidência de que o tamanho do governo não estava impedindo o crescimento econômico. A conclusão oposta parece pelo menos igualmente viável. Veja GREGORIO, José de. "Economic Growth in Chile: Evidence, Sources and Prospects", novembro de 2004, Banco Central do Chile.

74 O PIB per capita de Cuba em 1990 foi de 2.707 dólares, de acordo com dados do Banco Mundial; o PIB per capita do Chile em 1990 foi de 2.501 dólares.
75 Entrevista com Alejandro Foxley, 21 de junho de 2018.
76 "Interview with Ricardo Lagos". *The Commanding Heights*, PBS, 19 de janeiro de 2002.
77 Idem.
78 DONOSO, Enrique. "Desigualdad en mortalidad infantil entre las comunas de la provincia de Santiago". *Revista Médica de Chile* 132, 2004, pp. 461-466.
79 Chen Yizi, um economista chinês e consultor do governo que visitou o Chile no início da década de 1980, ficou profundamente impressionado com o governo tecnocrata do país. Ele se lembra em tom de aprovação de que Pinochet tinha dito: "Quem quer que tenha feito doutorado em uma universidade europeia ou americana famosa pode ser ministro." A citação pode ser apócrifa – não consegui achar uma fonte original –, mas certamente capta a admiração de Pinochet por burocratas. Veja GEWIRTZ, Julian. *Unlikely Partners: Chinese Reformers, Western Economists, and the Making of Global China*. Cambridge: Harvard University Press, 2017, p. 199.
80 PIÑERA, José. "How the Power of Ideas Can Transform a Country", 2001, JosePinera.org.
81 BONNEFOY, Pascale. "With Pensions Like This, Chileans Wonder How They'll Ever Retire". *The New York Times*, 11 de setembro de 2016.
82 Os piores massacres foram realizados pelo Kuomintang antes de Chiang chegar à ilha. A partir de 28 de fevereiro de 1947, o governo reagiu a protestos atirando em milhares de taiwaneses, inclusive alvejando líderes políticos. Em certo momento, o governo jogou panfletos, assinados por Chiang e prometendo leniência, nas montanhas para onde o povo tinha fugido. Muitos dos que voltaram foram mortos. As estimativas do número de mortos começam em 10 mil.
83 A comparação é do produto interno bruto dividido pela população e ajustado pelo poder de compra. Apesar de os cálculos do poder de compra serem imprecisos, o conceito é importante: assim como o dólar vale mais na cidade de Buffalo do que na de Nova York, da mesma forma o custo de vida varia conforme o país. Os dados decenais de 1950 até 1990 foram coletados na obra de Maddison *The World Economy*. Os dados decenais de 1980 até 2010 foram retirados de publicações do Fundo Monetário Internacional. Apesar das diferenças metodológicas, os resultados são bem semelhantes. Os números mais recentes do FMI, para 2017, mostram que a proporção de 2 para 1 mantém-se firme.
84 As comparações são entre 1952, o primeiro ano em que há dados disponíveis, e 2014, o mais recente. Veja *2016 Taiwan Statistical Data Book*, Conselho de Desenvolvimento Nacional, República da China.
85 Alan P. L. Liu examinou o histórico de 44 importantes autoridades responsáveis por políticas econômicas durante as três primeiras décadas do regime do Kuomintang e descobriu que 21 eram formados em engenharia, ao passo que 15 eram formados em ciências sociais, incluindo economia. Além disso, os economistas tendiam a trabalhar para os engenheiros. "Dos 14 ministros para Assuntos Econômicos na República da China de 1949 a 1985, 10 eram formados em engenharia." Veja LIU, Alan P. L. *Phoenix and the Lame Lion: Modernization in Taiwan and Mainland China, 1950–1980*. Stanford: Hoover Institution, 1987.
86 A observação é atribuída a K. T. Li, ministro da Economia na década de 1960. Ele era um físico de formação. Veja ROBINS, Fred. "Taiwan's Economic Success". In: SHERIDAN, Kyoko (org.). *Emerging Economic Systems in Asia*. St. Leonards: Allen and Unwin, 1998, p. 52.
87 O Japão assumiu o controle de Taiwan em 1895 pelo Tratado de Shimonoseki depois de derrotar a China na península coreana. Os japoneses fizeram investimentos significativos em infraestrutura, mas o progresso foi substancialmente perdido durante a Segunda Guerra Mundial. A produtividade agrícola tinha praticamente dobrado durante as três primeiras décadas do século XX. Em

1945, quando a China reclamou o controle da ilha, a produtividade tinha voltado ao nível de 1910. Veja KUO, Tai-chun; MYERS, Ramon H. *Taiwan's Economic Transformation: Leadership, Property Rights and Institutional Change, 1949-1965*. Londres: Routledge, 2012.

88 LI, Kuo-Ting. *The Evolution of Policy Behind Taiwan's Development Success*. Singapura: World Scientific, 1995, p. 68.

89 GWYNNE, Robert N.; KLAK, Thomas; SHAW; Denis J. B. *Alternative Capitalisms: Geographies of Emerging Regions*. Abingdon: Routledge, 2014, p. 99.

90 O economista americano Wolf Ladejinsky fugiu da União Soviética em 1921 para escapar do comunismo e depois dedicou a vida a combatê-lo. Veja STUWELL, Joe. *How Asia Works*. Londres: Profile, 2013, p. 67.

91 Para uma versão mais detalhada desse argumento, veja STUWELL, Joe. *How Asia Works*. Londres: Profile, 2013. Entre outras evidências, Stuwell cita um estudo sobre o crescimento econômico entre 1960 e 1992 que identificou apenas uns poucos países que sustentaram um forte crescimento econômico a despeito de padrões concentrados de latifúndios: o Brasil, que desde então começou a declinar, e Israel. O estudo é de DEININGER, Klaus; SQUIRE, Lyn. "New Ways of Looking at Old Issues: Inequality and Growth". *Journal of Development Economics* 57, nº 2 (1998).

92 Também é verdade que um agricultor americano produzia oito vezes mais alimentos que um agricultor taiwanês. Taiwan estava se beneficiando de mão de obra abundante, e os Estados Unidos, de terras abundantes. Veja LI, Kuo-Ting. *The Evolution of Policy Behind Taiwan's Development Success*. Singapura: World Scientific, 1995, p. 223.

93 Os detalhes foram retirados principalmente do esboço biográfico de Yin feito por Alan Liu. Veja LIU, Alan P. L. *Phoenix and the Lame Lion: Modernization in Taiwan and Mainland China, 1950-1980*. Stanford, Califórnia: Hoover Institution, 1987.

94 Esse "imposto do arroz", que o governo monetizava ao vender o arroz a preço de mercado, foi a maior fonte de receita do governo até 1963. Outro aspecto interessante desse episódio inicial é que os Estados Unidos em 1952 forçaram Taiwan a adotar a fixação do preço marginal da eletricidade. A ideia, pregada por Alfred Kahn, entre outros, era a de que as empresas de serviços públicos deveriam cobrar mais pela eletricidade quando os custos de geração aumentassem durante períodos de demanda alta, como nos dias quentes de verão, e menos durante os períodos de demanda baixa, como à noite, quando os custos de geração declinavam. A ideia ficou popular entre os economistas, mas foi pouco utilizada nos Estados Unidos. Veja KUO, Tai-chun; MYERS, Ramon H. *Taiwan's Economic Transformation: Leadership, Property Rights and Institutional Change, 1949-1965*. Londres: Routledge, 2012, pp. 45-48.

95 LI, Kuo-Ting. *The Evolution of Policy Behind Taiwan's Development Success*. Singapura: World Scientific, 1995, p. 269.

96 Os economistas S. C. Tsiang e T. C. Liu tinham se conhecido em Pequim quando eram estudantes na década de 1940 e depois se estabeleceram nos Estados Unidos, onde trabalharam juntos no FMI e na Universidade Cornell. Foram amigos de uma vida toda e colaboradores – Tsiang sendo o pensador mais original e Liu, melhor escritor e orador. Para um relato da relação e do trabalho dos dois, veja SHEA, Jia-dong. "The Liu-Tsiang Proposals for Economic Reform in Taiwan: A Retrospective". In: THORBECKE, Erik; WAN JR., Henry (orgs.). *Taiwan's Development Experience: Lessons on Roles of Government and Market*. Boston: Kluwer, 1999. Um detalhe interessante é que Liu foi para os Estados Unidos para estudar engenharia ferroviária.

97 A ajuda militar americana foi ainda mais substancial, garantindo a sobrevivência do regime de Chiang. Um sinal da profundidade da influência dos Estados Unidos é que o Kuomintang costumava realizar reuniões em inglês em benefício dos consultores americanos. Veja JACOBY, Neil H. *U.S. Aid to Taiwan*. Nova York: Praeger, 1966, p. 38.

98 KUO, SHIRLEY W. Y. "Government Policy in the Taiwanese Development Process: The Past 50 Years". In: THORBECKE, Erik; WAN JR., Henry (orgs.). *Taiwan's Development Experience: Lessons on Roles of Government and Market*. Boston: Kluwer, 1999, p. 118. O governo de fato adotou

um conselho essencial dos professores de Cornell Tsiang e Liu. A sabedoria convencional então sustentava que nações em desenvolvimento deveriam conter as taxas de juros para estimular o investimento e minimizar a inflação. Tsiang há muito defendia a abordagem oposta, insistindo que taxas de juros mais altas atingiriam melhor os dois objetivos. O primeiro-ministro da Economia de Taiwan – um engenheiro químico – adotou a sugestão, instruindo os bancos a oferecer taxas altas em cadernetas de poupança. A inflação foi de cerca de 500% ao ano de 1946 a 1948, saltando para 3.000% ao ano em 1949. Depois que a política foi introduzida em março de 1950, a parcela da oferta de moeda mantida em contas de poupança aumentou de 0,5% para 44% em 1952 e a inflação desacelerou. Mesmo enquanto Friedman estava desenvolvendo sua famosa teoria de que os governos precisavam controlar a inflação focando na oferta de moeda, os engenheiros de Taiwan estavam controlando a inflação reduzindo a velocidade. Veja KUO, SHIRLEY W. Y. "Government Policy in the Taiwanese Development Process: The Past 50 Years". In: THORBECKE, Erik; WAN JR., Henry (orgs.). *Taiwan's Development Experience: Lessons on Roles of Government and Market*. Boston: Kluwer, 1999, p. 48. Yin retomou a política de taxas altas em 1960. Os taiwaneses pouparam 4,6% do total da renda nacional em 1952. Em 1963, o percentual foi de 11,6% – mais alto que os níveis de poupança nos Estados Unidos ou no Reino Unido. Em 1973, o nível de poupança foi de 29,6%. Os recursos foram empregados de volta no desenvolvimento de Taiwan, permitindo que o país minimizasse sua dependência de empréstimos estrangeiros. A independência, por sua vez, isolou Taiwan das crises financeiras que atingiram outras nações em desenvolvimento conforme investidores impetuosos injetavam e retiravam recursos. Veja TSIANG, S. C. "Foreign Trade and Investment as Boosters for Take-Off: The Experience of Taiwan". In: DUTTA, M. (org.). *Studies in United States–Asia Economic Relations*. Durham: Acorn Press, 1984, p. 381.

99 KUO, SHIRLEY W. Y. "Government Policy in the Taiwanese Development Process: The Past 50 Years". In: THORBECKE, Erik; WAN JR., Henry (orgs.). *Taiwan's Development Experience: Lessons on Roles of Government and Market*. Boston: Kluwer, 1999, p. 98.
100 Os Estados Unidos continuaram a pressionar por reformas de mercado. Uma condição para a ajuda financeira foi a criação de um mercado de ações. A Bolsa de Valores de Taiwan foi inaugurada em 9 de fevereiro de 1962. Para saber mais detalhes sobre o plano quadrienal, veja CHANG, David W. "U.S. Aid and Economic Progress in Taiwan". *Asian Survey* 5, nº 3, 1965, pp. 152-160.
101 LI, Kuo-Ting. *The Evolution of Policy Behind Taiwan's Development Success*. Singapura: World Scientific, 1995, p. 243.
102 Nas fases iniciais da ascensão econômica de Taiwan, o mercado interno se manteve como impulsionador predominante do crescimento. A contribuição das exportações em relação ao crescimento total foi de 22,5% no fim da década de 1950, 35% na primeira metade da década de 1960, 46% na segunda metade e, por fim, 68% na primeira metade da década de 1970. Veja SHEA, Jia-dong. "The Liu-Tsiang Proposals for Economic Reform in Taiwan: A Retrospective". In: THORBECKE, Erik; WAN JR., Henry (orgs.). *Taiwan's Development Experience: Lessons on Roles of Government and Market*. Boston: Kluwer, 1999.
103 Sou muito grato a Chris Horton pelo exemplo de Chu Chen.
104 Embora Friedman tenha emitido essa opinião sem muito aprofundamento, ela foi amplamente compartilhada por pesquisadores contemporâneos que tinham estudado Taiwan com mais atenção. Veja FRIEDMAN, Milton. "Election Perspective". *Newsweek*, 10 de novembro de 1980.
105 K. T. Li, por exemplo, escreve em sua autobiografia que Taiwan controlou a inflação na década de 1960 mantendo uma mão firme no crescimento da oferta de moeda. De fato, a oferta de moeda se expandiu em 23% de 1952 até 1961 e em 20,9% de 1962 até 1972. Durante o primeiro período, a inflação ficou em média em 12,3% ao ano. Durante o segundo período, ficou em média em 2,9% ao ano. Veja LUNDBERG, Erik. "Monetary Policies". In: GALESON, Walter (org.). *Economic Growth and Structural Change in Taiwan: The Postwar Experience of the Republic of China*. Ithaca: Cornell University Press, 1979, p. 271. A diferença óbvia foi a adoção de altas taxas de juros por Taiwan – um controlador da velocidade e não da quantidade.

106 A parcela das importações sujeitas a uma tarifa de pelo menos 30% foi de 53,4% em 1955 e 60% em 1973. Ela só foi começar a cair significativamente no início da década de 1980. Alguns pesquisadores argumentam que Taiwan aliviou outros tipos de restrição às importações durante os anos 1970, mas os índices tarifários já bastam para qualificar as alegações de livre-comércio.

107 Em *Evolution of Policy Behind Taiwan's Development Success*, Li estima a parcela da produção industrial de empresas estatais em 57% em 1953, 38% em 1966, 20% em 1976, 15% em 1986 e 10% em 1991.

108 K. T. Li, vice de Yin, foi mais feliz na apresentação da questão: "O que nós, como formuladores de políticas, fizemos em Taiwan foi ajudar várias partes da economia primeiro a começar, depois a andar, e então deixamos seguir por conta própria." Veja ROBINS, Fred. "Taiwan's Economic Success". In: SHERIDAN, Kyoko (org.). *Emerging Economic Systems in Asia*. St. Leonards: Allen and Unwin, 1998, p. 52.

109 YUEH, Jean. "Sun Yun-suan: The Architect of Taiwan's Science and Technology Industry". *Taiwan Today*, 31 de julho de 2009.

110 "The Industrial Heritage in Taiwan", 2009, Ministério de Assuntos Econômicos, República da China, Taipé. O economista Dani Rodrik estimou que as nações em desenvolvimento avançam para a fronteira tecnológica na fabricação a uma taxa de cerca de 3% ao ano, independentemente da política. Isso sugere que Taiwan estava mais próxima da vanguarda do que a maioria pensava na época.

111 Não há uma única fórmula replicável para o desenvolvimento econômico. As condições variam e os detalhes têm importância. O governo brasileiro enviou cientistas para a RCA ao mesmo tempo que Taiwan, mas o Brasil não teve sucesso na criação de uma indústria de semicondutores.

112 KRISTOF, Nicholas D. "Taiwan's Embarrassment of Riches". *The New York Times*, 21 de dezembro de 1986.

113 Uma medida de desigualdade econômica é a razão do quintil de renda mais alto pelo quintil de renda mais baixo. Esse número caiu de 20,5 em 1952 para 4,4 no início da década de 1980. Desde então aumentou para cerca de 6, o que continua a ser mais baixo do que o encontrado na maior parte do mundo desenvolvido. Nos Estados Unidos, a razão era 8,5 em 2016. No Chile, era 10.

114 HIRSH, Michael. *Capital Offense*. Hoboken: John Wiley, 2010, p. 117. Summers estava reagindo a um relatório interno de 1991 criticando a abordagem do Banco Mundial ao desenvolvimento econômico. O relatório, encomendado por insistência do Japão, documentou o sucesso da administração ativa no Extremo Oriente.

Uma ressalva mais recente é de maior interesse. O economista Dani Rodrik observa que a automação está reduzindo a mão de obra exigida mesmo para a indústria básica. Assim, os países que se industrializaram em meados do século, como Taiwan, viram com frequência o emprego na manufatura atingir um pico acima dos 30% da força de trabalho total. Mais recentemente, contudo, o emprego na manufatura atingiu um pico de apenas 16% no Brasil e 20% no México – e pode ser que não atinja esses níveis na próxima geração de debutantes na indústria. "Não é implausível", escreveu Rodrik em um livro de 2017, *Straight Talk on Trade*, "que os tigres econômicos do Leste Asiático sejam os últimos países a vivenciar a industrialização da forma como a história econômica nos acostumou a ver."

115 Friedman disse a um entrevistador em 1978: "Taiwan prosperou não por causa do planejamento governamental, mas a despeito dele." Jagdish Bhagwati apresentou o mesmo argumento ao falar do crescimento da Coreia do Sul.

116 Entrevista com Stephen Su, 24 de julho de 2018.

117 O gasto dos Estados Unidos com pesquisa e desenvolvimento permaneceu estável enquanto parcela do PIB, mas os recursos estão vindo cada vez mais do setor privado. A parcela pública do gasto com P&D declinou de 65% em 1963 para 29% em 2003. Para a citação, veja MAZZUCATO, Mariana. *O Estado empreendedor*. São Paulo: Portfolio-Penguin, 2014.

CAPÍTULO 10. PEIXES DE PAPEL

1. SIMONS, Henry C. *A Positive Program for Laissez Faire: Some Proposals for a Liberal Economic Policy*. Chicago: University of Chicago Press, 1934, p. 16.
2. Esses exemplos foram retirados da edição de terça-feira, 23 de junho de 1970, do *The New York Times*, que incluiu anúncios de mais de 12 diferentes bancos oferecendo brindes.
3. Os reguladores elevaram a taxa mais alta sobre depósitos bancários de 2,5% no início da década de 1960 para 7,5% no fim da década, mas isso não foi o bastante. Em todos os anos após 1966, o retorno real sobre títulos do Tesouro para três meses foi mais elevado do que a taxa mais alta sobre depósitos bancários.
4. "Grassroots Hearings on Economic Problems", Comissão do Senado para Serviços Bancários e Moeda, 1º de dezembro de 1969, pp. 373-378.
5. Em 1970, por exemplo, os reguladores tinham feito uma exceção emergencial aos tetos das taxas após o fracasso da Estrada de Ferro Penn Central. Preocupados que outras empresas pudessem ter dificuldade de acesso a mercados de crédito de curto prazo, os reguladores permitiram que os bancos oferecessem taxas de juros mais altas sobre grandes depósitos, basicamente criando um processo de intermediação alternativo para empresas acessarem financiamento. A medida continuou a ser utilizada depois que a crise passou.
6. Uma característica marcante dessas contas é que o preço das ações era fixado exatamente em 1 dólar, fomentando a ilusão de valor estável. Os fundos do mercado monetário aumentaram de quase nada em 1978 para 200 bilhões de dólares – ou 15% de todos os depósitos em dólar – em 1982.
7. O Merrill Lynch introduziu sua *"cash management account"* (unindo conta de investimentos, cartão de débito e linha de crédito) em 1977, permitindo aos investidores em um fundo mútuo do mercado monetário preencher o que eram basicamente cheques. O CEO, Donald Regan, tornou-se secretário do Tesouro no governo Reagan – e, nessa função, um importante defensor da desregulação. Para a ascensão do crédito ao consumidor, veja NOCERA, Joe. *A Piece of the Action: How the Middle Class Joined the Money Class*. Nova York: Simon and Schuster, 1995.
8. Os detalhes sobre o Citicorp e a Dakota do Sul foram retirados principalmente de dois relatos: BENNETT, Robert A. "Inside Citicorp". *The New York Times*, 29 de maio de 1983; WHITNEY, Stu. "What Really Happened to Land Citibank". *Argus Leader*, (S.D.), 4 de abril de 2015.
9. Nos primórdios do setor de cartões de crédito, os bancos enviavam cartões pelo correio para clientes potenciais – não formulários de proposta, mas os próprios cartões – e depois tentavam cobrar de quem mordia a isca. Em 1969, um habitante de Iowa que tinha recebido um cartão do First National Bank of Omaha processou o banco argumentando que era ilegal que a empresa de Nebraska cobrasse taxas mais altas do que as permitidas pelas leis de Iowa. Quando o processo chegou à Suprema Corte em 1978, ele tinha sido juntado a um processo semelhante instaurado em Minnesota. O banco de Omaha contratou Robert Bork como advogado de defesa. Sua missão era simples e direta. A lei era clara, e o tribunal decidiu por unanimidade que os bancos com licenças nacionais poderiam conceder empréstimos legalmente às taxas vigentes em seus estados de registro. Defensores do consumidor disseram que o Congresso não previra o advento de cartões de crédito ao redigir a lei. Uma coisa era dizer que um banco sediado em Omaha poderia oferecer empréstimos a qualquer pessoa que entrasse pela porta e outra bem diferente era dizer que ele poderia enviar empréstimos às pessoas que viviam em outros estados. Isso significaria o fim efetivo das leis de usura. O ministro William Brennan, relator do caso, disse que essa era uma questão para ser tratada no Congresso. Mas nunca foi. Veja *Marquette Nat. Bank of Minneapolis contra First of Omaha Service Corp.*, 439 U.S. 299, 1978.
10. Bill Janklow, governador na época, lembrou-se de que, em 1979, só havia sete licenças para construção emitidas na maior cidade do estado porque os bancos se recusavam a emprestar mesmo à mais alta taxa legal. Veja a entrevista com Bill Janklow em "The Secret History of the Credit Card". *Frontline*, PBS, 23 de novembro de 2004.

11   ELLIS, Diane. "The Effect of Consumer Interest Rate Deregulation on Credit Card Volumes, Charge--Offs and the Personal Bankruptcy Rate", março de 1998, Federal Deposit Insurance Corporation, nº 98-105.
12   KRIPPNER, Gretta R. *Capitalizing on Crisis: The Political Origins of the Rise of Finance.* Cambridge: Harvard University Press, 2012, p. 80.
13   COWAN, Edward. "How Regan Sees the Budget". *The New York Times*, 18 de outubro de 1981.
14   A universidade construiu o banco de dados com financiamento do Merrill Lynch. Foi o primeiro banco desse tipo. Eugene Fama, em outras palavras, estava no lugar certo no momento certo. O artigo original de Fama, "The Behavior of Stock Market Prices" (O comportamento dos preços no mercado de ações), foi publicado no *Journal of Business* em 1965. Cinco anos depois, ele apresentou a hipótese dos mercados eficientes em um artigo que sintetizava vários estudos semelhantes. Veja FAMA, Eugene F. "Efficient Capital Markets: A Review of Theory and Empirical Work". *Journal of Finance* 25, nº 2, 1970.
15   A teoria dizia que ninguém, por mais inteligente que fosse, poderia prever movimentos futuros de preços de ações com base em informações já existentes. O movimento seria determinado pelo que aconteceria em seguida. O economista Benoit Mandelbrot comparou mercados a um homem bêbado em um campo aberto: ele pode cambalear em qualquer direção; pode voltar atrás nos próprios passos. A única informação útil a respeito de onde acabaria era onde ele estava no início. A teoria de fato é apresentada em três formulações cada vez mais fortes. A versão mais fraca diz que movimentos de preços passados não podem ser usados para prever movimentos futuros. A segunda estende esse princípio para todas as informações públicas. A terceira inclui informações não públicas. Especialmente em sua forma mais forte, a teoria teve várias implicações importantes. Ela sugeria que as pessoas deveriam comprar fundos indexados em vez de tentar vencer o mercado. De uma forma um pouco contraintuitiva, também implicava que os mercados estavam sujeitos a um tipo de ordem natural. A distribuição de eventos aleatórios é surpreendentemente ordenada: ela parece uma curva em forma de sino. E isso, por sua vez, sugeria que os riscos poderiam ser quantificados e gerenciados. Porém, os mercados nem sempre são eficientes. Isso foi demonstrado repetidas vezes em uma ampla variedade de formas interessantes. Por exemplo, a aquisição de informações exige tempo e energia. Isso por si só significa que os mercados não podem ser perfeitamente eficientes, o que Sanford Grossman e Joseph Stiglitz apontaram em 1975. Até mesmo Fama por fim admitiu que sua teoria era imprecisa, apesar de ainda ter valor como regra geral. Porém Fama nao foi tão longe quanto alguns. Mesmo depois da crise de 2009, ele achava difícil aceitar que os preços tinham estado muito errados. A fé verdadeira suporta os baques da experiência. "Eu nem sei o que significa uma bolha", disse ele a John Cassidy, da *The New Yorker*, em 2010.
16   Os derivativos de crédito também podem ser apostas em eventos intermediários, como mudanças na classificação de crédito ou em alguma outra mensuração da probabilidade de eventual inadimplência. Para saber mais sobre a história do mercado de derivativos de crédito, veja TETT, Gillian. *O ouro dos tolos.* Rio de Janeiro: Campus, 2009.
17   MORGENSON, Gretchen. "Credit Default Swap Market Under Scrutiny". *The New York Times*, 10 de agosto de 2008.
18   WELLS, Rob. "New York Fed President Warns About Swaps Market". Associated Press, 30 de janeiro de 1992.
19   Paul Volcker era na época o presidente do Group of Thirty (Grupo dos Trinta), a associação que emitiu o relatório sobre derivativos. Ele escreveu em sua autobiografia que insistiu em moderar as conclusões do documento. O produto final, contudo, ainda assim foi incisivo: "Este estudo não conclui que sejam necessárias quaisquer mudanças fundamentais na estrutura regulatória atual, como a regulação separada desta atividade." Veja Global Derivatives Study Group. "Derivatives: Practices and Principles", julho de 1993, G-30, Washington, D. C. O episódio inclina a balança a favor da reputação de Volcker como adversário da desregulação financeira.

20   TETT, Gillian. *O ouro dos tolos*. Rio de Janeiro: Campus, 2009.
21   SFORZA, Teri. "We're Out! Orange County Pays Final Bankruptcy Bill". *Orange County Register*, 30 de junho de 2017.
22   PARTNOY, Frank. *Infectious Greed: How Deceit and Risk Corrupted the Financial Markets*. Londres: Profile, 2010, p. 55.
23   VOLCKER, Paul; HARPER, Christine. *Keeping at It: The Quest for Sound Money and Good Government*. Nova York: PublicAffairs, 2018, p. 238.
24   GREENSPAN, Alan. "Testimony Before the Telecommunications and Finance Subcommittee of the House Energy and Commerce Committee: Impact of Derivatives on Financial Markets", 25 de maio de 1994.
25   Ao testemunhar no Congresso em 1994, Corrigan alegou não apenas que o setor tinha feito progressos significativos como também que sua famosa advertência de dois anos antes tinha desempenhado um papel importante. "A minha frase 'Espero que isto soe como uma advertência, porque de fato é' foi útil para centrar a atenção, apesar de não estarmos fora de perigo", disse ele. Veja HANSELL, Saul. "Panel Is Told Derivatives Are No Cause for Alarm". *The New York Times*, 11 de maio de 1994. Newman, então subsecretário do Tesouro para finanças internas, escreveu ao presidente da Comissão de Serviços Financeiros da Câmara, deputado Henry Gonzalez, em 16 de setembro de 1994, para sugerir que a comissão deveria "adiar indefinidamente" qualquer ação sobre derivativos porque "o governo não identificou a necessidade de uma legislação relativa a derivativos dessa vez". Em setembro do mesmo ano, ele foi trabalhar no Bankers Trust como vice-presidente sênior. Veja HUME, Lynn Stevens. "House Banking Panel Shelves Derivatives Bill at Urging of Treasury, Committee Members". *The Bond Buyer*, 20 de setembro de 1994.
26   Brickell fez os comentários em *The Charlie Rose Show*, PBS, 27 de fevereiro de 1995.
27   BERKE, Richard L. "Tough Texan: Phil Gramm". *The New York Times*, 19 de fevereiro de 1995.
28   ROBERTS, Steven V. "Phil Gramm's Crusade Against the Deficit". *The New York Times*, 30 de março de 1986.
29   TUMULTY, Karen. "Gramm's Politics of Controversy". *Los Angeles Times*, 13 de novembro de 1985.
30   LARDNER, George. "Phil Gramm: Risk-Taking Striver Sometimes Stumbles". *The Washington Post*, 7 de fevereiro de 1996.
31   TUMULTY, Karen. "Gramm's Politics of Controversy". *Los Angeles Times*, 13 de novembro de 1985.
32   HERSHEY JR., Robert D. "Wendy Lee Gramm: That Other Gramm of Power and Sway". *The New York Times*, 26 de fevereiro de 1986.
33   HAVEMANN, Judith. "Wendy Gramm: Czarina of Federal Rules, Information and Statistics". *The Washington Post*, 7 de abril de 1986.
34   GRAMM, Wendy Lee. "In Defense of Derivatives". *The Wall Street Journal*, 8 de setembro de 1993.
35   ROIG-FRANZIA, Manuel. "Credit Crisis Cassandra". *The Washington Post*, 26 de maio de 2009.
36   Entrevista com Brooksley Born em "The Warning", *Frontline*, PBS, 20 de outubro de 2009.
37   ROIG-FRANZIA, Manuel. "Credit Crisis Cassandra". *The Washington Post*, 26 de maio de 2009. Havia uma diferença significativa entre as opiniões de Greenspan e Rubin. Nas palavras de um assessor, "Greenspan estava dizendo que não deveríamos fazer isso. Rubin estava dizendo que não poderíamos fazer isso". Para uma retrospectiva sobre o debate, veja SCHEIBER, Noam. *The Escape Artists: How Obama's Team Fumbled the Recovery*. Nova York: Simon and Schuster, 2012.
38   "Over-the-Counter Derivatives", Comissão de Agricultura, Nutrição e Silvicultura do Senado, 30 de julho de 1998.
39   FOX, Justin. *The Myth of the Rational Market*. Nova York: HarperCollins, 2009, p. 197. Summers também pode reivindicar os créditos por talvez o segundo melhor show de convencimento de uma plateia aos mercados eficientes: uma apresentação em 1984 na qual ele descreveu a teoria financeira como algo similar à crença de que o mercado de ketchup operava sob regras diferentes do resto do mundo. Ele chamou a teoria de "economia do ketchup". Veja SUMMERS, Lawrence H. "On Economics and Finance". *Journal of Finance* 40, nº 3, julho de 1985.

40 "Hedge Fund Operations", Comissão de Serviços Bancários e Financeiros da Câmara, 1º de outubro de 1998.

41 Anos mais tarde, o presidente Clinton disse que errara em confiar no mercado. "Às vezes pessoas com muito dinheiro tomam decisões idiotas", disse ele à ABC News em abril de 2010. Em outras palavras, ele deveria ter ouvido o professor Summers em vez de o secretário Summers.

42 TETT, Gillian. *O ouro dos tolos*. Rio de Janeiro: Campus, 2009.

43 "Hedge Fund Operations", Comissão de Serviços Bancários e Financeiros da Câmara, 1º de outubro de 1998.

44 REDWOOD, John. "Tilting at Castles", 11 de junho de 1984. Disponível em: nationalarchives.gov.uk/documents/prem-19-1199-part.pdf. A *think tank* foi criada pelo primeiro-ministro Harold Wilson, do Partido Trabalhista, em 1974. O primeiro dirigente foi um economista da London School of Economics. Os consultores econômicos de Thatcher eram um grupo mais eclético, em parte porque não havia equivalente acadêmico para a Universidade de Chicago no Reino Unido. Redwood tinha um doutorado em filosofia.

45 GNEEZY, Uri; RUSTICHINI, Aldo. "A Fine Is a Price". *Journal of Legal Studies* 29, janeiro de 2000.

46 REED, John. "We Were Wrong About Universal Banking". *The Financial Times*, 11 de novembro de 2015.

47 PICKARD, Jim; THOMPSON, Barney. "Thatcher Policy Fight over 'Big Bang' Laid Bare". *The Financial Times*, 30 de dezembro de 2014. Em relação à opinião de Redwood, basta dizer que as pessoas são tão prudentes em relação ao dinheiro quanto Redwood era em relação às pessoas. É interessante notar que a concorrência de preços acabou exigindo um aparato regulatório maior do que controles de preços, enfatizando que mercados mais complexos exigem uma regulação mais complexa. De acordo com um levantamento, a proporção entre reguladores e banqueiros aumentou de 1 para 11 mil em 1979 para 1 para 300 em 2010. Segundo as evidências, é claro, os reguladores ainda tinham seu número muito reduzido. Veja BOOTH, Philip. "Thatcher: The Myth of Deregulation", maio de 2015, Instituto de Assuntos Econômicos.

48 As empresas britânicas não conseguiram resistir. Elas eram relativamente pequenas e não tinham um ponto de apoio em mercados globais. Quando um "casamenteiro" tentou convencer os parceiros de uma empresa britânica a voar para Nova York para encontrar potenciais pretendentes, ficou sabendo que um dos parceiros não tinha passaporte porque nunca pensara em viajar para lugar algum. FORTSON, Danny. "The Day Big Bang Blasted the Old Boys into Oblivion". *The Independent*, Londres, 29 de outubro de 2006.

49 No primeiro ano depois do Big Bang, um quarto dos 300 membros do mercado de títulos mobiliários caiu em mãos estrangeiras.

50 TANNDAL, Julia; WALDENSTROM, Daniel. "Does Financial Deregulation Boost Top Incomes? Evidence from the Big Bang". *Economica* 85, nº 338, 2018.

51 EISINGER, Jesse. "London Banks, Falling Down". *Portfolio*, 1º de agosto de 2008.

52 O aumento dos lucros financeiros nos Estados Unidos foi ainda mais espetacular, de cerca de 15% de todos os lucros corporativos no início da década de 1980 para cerca de 40% na véspera da crise financeira. Para conhecer as estatísticas do Reino Unido, veja DEVEREUX, Michael P. *et al.* "Why Has the UK Corporation Tax Raised So Much Revenue?", fevereiro de 2004, Instituto de Estudos Fiscais.

53 A desregulação aumentou em cerca de 20% a parcela da renda detida pelos 10% mais ricos da população britânica. A desregulação financeira no Japão na década de 1990 gerou um resultado semelhante. A venda de empresas britânicas para investidores estrangeiros proporcionou uma sorte inesperada para os banqueiros de Londres, e isso foi apenas um gostinho. O efeito posterior sobre a desigualdade de renda foi quase o mesmo que cortar a alíquota do imposto de renda mais alta em 30%. Veja TANNDAL, Julia; WALDENSTROM, Daniel. "Does Financial Deregulation Boost Top Incomes? Evidence from the Big Bang". *Economica* 85, nº 338, 2018, pp. 232-265.

54 APPELBAUM, Binyamin. "As Subprime Lending Crisis Unfolded, Watchdog Fed Didn't Bother Barking". *The Washington Post*, 27 de setembro de 2009.

55 Essa expressão é o título de um artigo de 1947 de Tjalling Koopmans, um economista holandês naturalizado americano que foi uma figura importante do casamento da matemática com a economia. Koopmans e Friedman entraram para o corpo docente de Chicago no mesmo período e se tornaram rivais amargos. Koopmans recebeu o Prêmio Nobel de Economia em 1975, um ano antes de Friedman.
56 CASSIDY, John. "The Fountainhead". *The New Yorker*, 24 de abril de 2000.
57 Entrevista com Alice Rivlin, 27 de setembro de 2018.
58 Entrevista com Alan Greenspan, 14 de março de 2008.
59 GOLDEN, Soma. "Why Greenspan Said 'Yes'". *The New York Times*, 28 de julho de 1974.
60 A citação e outros detalhes sobre os discursos foram retirados de MALLABY, Sebastian. *The Man Who Knew: The Life and Times of Alan Greenspan*. Nova York: Penguin Press, 2016, p. 90.
61 MALLABY, Sebastian. *The Man Who Knew: The Life and Times of Alan Greenspan*. Nova York: Penguin Press, 2016, p. 4.
62 GREENSPAN, Alan. "Antritrust". In: RAND, Ayn (org.). *Capitalism: The Unknown Ideal*. Nova York: Signet, 1965, p. 55. Ele continuava: "Qualquer que seja o dano que as leis antitruste tenham causado à nossa economia, quaisquer que sejam as distorções da estrutura do capital do país que elas tenham criado, isso é menos desastroso que o fato de que o objetivo efetivo, o intento oculto e a prática real das leis antitruste nos Estados Unidos levaram à condenação dos membros produtivos e eficientes da nossa sociedade por serem produtivos e eficientes."
63 HIRSH, Michael. *Capital Offense*. Hoboken: John Wiley, 2010, p. 77.
64 GOLDEN, Soma. "Why Greenspan Said 'Yes'". *The New York Times*, 28 de julho de 1974.
65 Kim Phillips-Fein defende em *Fear City* (Nova York: Macmillan, 2017) que a crise financeira de Nova York foi um momento definidor na ascensão do conservadorismo econômico, ajudando a cristalizar a visão de que o governo tinha exagerado.
66 Volcker escreveu em sua autobiografia que James Baker, então secretário do Tesouro, "achava que eu iria desacelerar o impulso rumo à liberação dos bancos" da regulação. Baker também estava frustrado com a forma como Volcker estava lidando com a política monetária. No verão de 1984, Reagan convocou Volcker para uma reunião em que Baker instruiu o Fed a não elevar as taxas de juros antes da eleição. Volcker, aturdido, saiu sem responder. Dois anos depois, Baker pressionou Volcker a apoiar uma reavaliação das taxas de câmbio pedindo que segurasse as taxas de juros. Volcker mais uma vez se recusou a cooperar e Baker deve ter esperado que Greenspan se mostrasse mais flexível. Essa era certamente a esperança do presidente George H. W. Bush quando concedeu a Greenspan um segundo mandato em 1991. Na ocasião, Greenspan baixou as taxas de juros tarde demais para reanimar a economia de uma recessão que provavelmente custou a Bush um segundo mandato como presidente. Bush disse: "Eu o redesignei e ele me desapontou."
67 MALLABY, Sebastian. *The Man Who Knew: The Life and Times of Alan Greenspan*. Nova York: Penguin Press, 2016, p. 724.
68 NASH, Nathaniel C. "Treasury Now Favors Creation of Huge Banks". *The New York Times*, 7 de junho de 1987.
69 NASH, Nathaniel C. "Greenspan's Lincoln Savings Regret". *The New York Times*, 20 de novembro de 1989.
70 "Hearing on the Nomination of Alan Greenspan", Comissão do Senado do Setor Bancário, 21 de julho de 1987, p. 48.
71 GREENSPAN, Alan. "Remarks Before the Economic Club of New York", 20 de junho de 1995.
72 Greenspan ofereceu uma expressão particularmente memorável de sua visão de mundo quando o jornal suíço *Tages-Anzeiger* lhe perguntou em 2007 o que achava da eleição presidencial americana, que se avizinhava. Greenspan respondeu: "Somos afortunados pelo fato de que, graças à globalização, as decisões de políticas nos Estados Unidos vêm sendo em grande parte substituídas por forças de mercado globais. Excetuando-se a questão da segurança nacional, faz pouca diferença quem será o próximo presidente. O mundo é governado por forças de mercado." Veja também GREENSPAN, Alan. *A era da turbulência: Aventuras em um novo mundo*. Rio de Janeiro: Campus, 2008.

73 GRAMLICH, Edward. "Booms and Busts: The Case of Subprime Mortgages". Simpósio de Política Econômica, Federal Reserve Bank de Kansas City, 31 de agosto de 2007. Gramlich, sofrendo de leucemia, estava debilitado demais para fazer seu discurso no simpósio anual do Fed em Jackson Hole, Wyoming. Em vez disso, suas observações foram lidas em voz alta. Ele morreu na semana seguinte. Gramlich sempre foi retratado como a profetiza Cassandra do Fed, mas ele votou pela política regulatória de não intervenção em 1998 como membro do conselho diretor do Fed. Em 2000, disse a Greenspan em uma reunião privada que achava que a decisão deveria ser reconsiderada. Mas não insistiu na questão. Em 2007, depois que o *The Wall Street Journal* informou sobre a reunião, Gramlich mandou um bilhete para Greenspan que dizia em um trecho: "O que aconteceu foi um pequeno incidente e, como acho que você sabe, se eu tivesse sentido isso fortemente na época, teria feito um grande alarde."

74 APPELBAUM, Binyamin; MUNN, Lisa Hammersly; MELLNIK, Ted. "Sold a Nightmare". *The Charlotte Observer*, 18 de março de 2007.

75 As primeiras ondas de execuções de hipotecas se concentraram em mutuários *subprime*, mas um estudo de 2015 calculou que duas vezes mais mutuários de primeira linha acabaram perdendo suas casas. Os devedores *subprime* nunca constituíram mais do que cerca de um quinto do mercado e houve fraude em todo tipo de empréstimo. Veja FERREIRA, Fernando; GYOURKO, Joseph. "A New Look at the U.S. Foreclosure Crisis: Panel Data Evidence of Prime and Subprime Borrowers from 1997 to 2012", junho de 2015, Departamento Nacional de Pesquisas Econômicas, Documento de Trabalho 21.261.

76 MULLAINATHAN, Sendhil; SHAFIR, Eldar. *Escassez: Uma nova forma de pensar a falta de recursos na vida das pessoas e nas organizações*. Rio de Janeiro: Best Business, 2016.

77 BERNANKE, Ben S. *The Courage to Act*. Nova York: Norton, 2015, loc. no e-book 1.547.

78 HUDSON, Mike. "IndyMac: What Went Wrong?", 30 de junho de 2008, Centro para Empréstimos Responsáveis.

79 Entrevista com Greenspan.

80 GREENSPAN, Alan. "Testimony Before the Joint Economic Committee, June 9, 2005", Comitê Econômico Conjunto.

81 Segundo estimativas, o fluxo de entrada de poupanças globais reduziu as taxas de juros nos Estados Unidos em um ponto percentual total. Para obter mais informações sobre a interação dos desequilíbrios comerciais com a crise financeira, veja OBSTFELD, Maurice; ROGOFF, Kenneth. "Global Imbalances and the Financial Crisis: Products of Common Causes", novembro de 2009. Disponível em: eml.berkeley.edu/~obstfeld/santabarbara.pdf.

82 Grande parte do dinheiro veio da Ásia. Em seu livro intitulado *Crashed*, Adam Tooze documenta que a Europa desempenhou um papel substancial também. Alguns economistas argumentam que o Fed poderia ter limitado a bolha do crédito aumentando as taxas de juros de forma mais acentuada e rápida. Apesar de eu não descartar esse argumento totalmente, o Fed tentou aumentar as taxas e isso não afetou os custos de concessão de empréstimos. A falha na regulação, na minha opinião, foi muito mais consequente que o nível exato das taxas de juros. Para saber mais sobre o ponto de vista oposto, veja a biografia de Greenspan escrita por Mallaby, *The Man Who Knew*.

83 "General Discussion: Has Financial Development Made the World Riskier?". Simpósio de Política Econômica, Federal Reserve Bank de Kansas City, 27 de agosto de 2005. Disponível em: kansascityfed.org/publicat/sympos/2005/pdf/GD5_2005.pdf. O incidente não recebeu atenção da mídia na época. O primeiro relato, publicado no *The Wall Street Journal* em 2009, citava Summers chamando Rajan de "sonolento". Felizmente para a posteridade, a reunião foi gravada e transcrita.

84 A companhia aérea se fundiu com uma companhia aérea estatal em 1973 e foi renomeada Icelandair.

85 Os ingleses tomaram posse da Islândia em 1940 depois que a Dinamarca foi conquistada pela Alemanha, então passaram a defesa da ilha para os Estados Unidos, que construíram uma grande base aérea que permaneceu em funcionamento contínuo até o início do século XXI. O investimento americano em infraestrutura e os empregos na base constituem um quarto filão da economia.

86 LEWIS, Michael. "Wall Street on the Tundra". *Vanity Fair*, abril de 2009.
87 Os dados são das estatísticas oficiais da Islândia. Os anos de referência para comparação são 1993 e 2013. Veja SKARPHÉÐINSSON, Kristján. "Fishing Rights in Iceland". Organização das Nações Unidas para a Alimentação e a Agricultura, Fórum Global sobre Direitos dos Usuários, Siam Reap, Camboja, março de 2015. Veja também GISSURARSON, Hannes. "Overfishing: The Icelandic Solution", junho de 2000, Instituto de Assuntos Econômicos.
88 ODDSSON, David. "Iceland's Economic Performance" (discurso no Instituto Empresarial Americano, Washington, D. C., 14 de junho de 2004). Disponível em: aei.org/publication/icelands-economic-performance.
89 O banco central da Islândia recebeu instruções para se concentrar na moderação da inflação. O banco precisava de um modelo para determinar o montante de dinheiro em circulação, então tomou emprestado o do Canadá. Um modelo é uma máquina: você faz as configurações, introduz alguns dados e prevê o futuro. Os canadenses calibravam sua máquina usando dados históricos do Canadá e dos Estados Unidos. Os islandeses acrescentaram o Reino Unido e a zona do euro. A economia islandesa era bem diferente das outras quatro referências. O resultado foi um modelo confiavelmente errado. Veja BAGUS, Philipp; HOWDEN, David. "Deep Freeze: Iceland's Economic Collapse", 2011, Mises Institute.
90 THORVALDSSON, Ármann. *Frozen Assets: How I Lived Iceland's Boom and Bust*. Hoboken: John Wiley, 2009. A Kaupthing utilmente projetou alguns dos primeiros *swaps* de câmbio da Islândia, como a negociação entre uma empresa pesqueira islandesa que vendia os peixes em países estrangeiros e queria coroas islandesas, e a Shell, que vendia seu petróleo na Islândia e queria se ver livre de suas coroas islandesas. Menos utilmente, a Kaupthing introduziu o "*greenmail*", a prática de comprar uma participação minoritária em uma empresa de capital aberto e depois ameaçar vendê-la para interesses hostis.
91 "Iceland: Selected Issues", Relatório de País do Fundo Monetário Internacional, abril de 2012, Fundo Monetário Internacional.
92 Estatísticas da Islândia. Veja statice.is/statistics/business-sectors/transport/vehicles.
93 MAGNÚSSON, Gylfi. "What's the Lesson of Iceland's Collapse?", *Yale Insights*, 22 de maio de 2009.
94 EINARSSON, Níels. "When Fishing Rights Go Up Against Human Rights". In: DURRENBERGER, E. Paul; PALSSON, Gisli (orgs.). *Gambling Debt: Iceland's Rise and Fall in the Global Economy*. Boulder: University Press of Colorado, 2015, p. 157.
95 Jón Ásgeir Jóhannesson, o dono da estátua, disse que conseguiu a guitarra no Hard Rock Cafe, o que não constitui uma explicação convincente. Veja CAPELL, Kerry. "The Icelander Who Wants Saks". *Bloomberg*, 31 de janeiro de 2008.
96 STURLUSON, Snorri. *The Prose Edda*. Berkeley: University of California Press, 2012, p. 55.
97 MIXA, Már Wolfgang. "A Day in the Life of an Icelandic Banker". In: DURRENBERGER, E. Paul; PALSSON, Gisli (orgs.). *Gambling Debt: Iceland's Rise and Fall in the Global Economy*. Boulder: University Press of Colorado, 2015, p. 34.
98 BENEDIKTSDÓTTIR, Sigríður et al. "The Rise, Fall, and Resurrection of Iceland: A Postmortem Analysis of the 2008 Financial Crisis". Documentos Brookings sobre Atividade Financeira, outono de 2017, Brookings Institution.
99 GYLFASON, Thorvaldur. "Iceland: How Could This Happen?", 20 de fevereiro de 2014, Documentos de trabalho CESifo, série 4605.
100 DURRENBERGER, E. Paul; PALSSON, Gisli (orgs.). *Gambling Debt: Iceland's Rise and Fall in the Global Economy*. Boulder: University Press of Colorado, 2015, p. xxxvii. A Islândia garantiu apenas os depósitos domésticos. Quando os bancos faliram, o dinheiro desapareceu. Os governos britânico e holandês entraram em cena para cobrir prejuízos e, por fim – após uma briga prolongada –, foram parcialmente reembolsados pela Islândia.
101 EWING, Jack. "Landesbank Losses May Bring Change to German Banking". *The New York Times*, 11 de janeiro de 2010.

102   TETT, Gillian. *O ouro dos tolos*. Rio de Janeiro: Campus, 2009.
103   Para uma visão geral sobre o papel problemático do setor financeiro na economia moderna, veja FOROOHAR, Rana. *Makers and Takers: How Wall Street Destroyed Main Street*. Nova York: Crown Business, 2017. Veja também CECCHETTI, Stephen G.; KHARROUBI, Enisse. "Why Does Financial Sector Growth Crowd Out Real Economic Growth?", fevereiro de 2015, Documento de trabalho do Banco de Compensações Internacionais 490.
104   Os economistas consideram o turismo estrangeiro um produto de exportação: um país está vendendo mercadorias e serviços para compradores estrangeiros, mesmo que esses serviços sejam consumidos internamente. De maneira semelhante, a formação educacional para estudantes estrangeiros é uma grande fonte de receita de exportação para os Estados Unidos e outros países desenvolvidos. Pesquisas econômicas recentes concluíram que desvalorizações cambiais têm um impacto relativamente fraco sobre os volumes de exportações, porque grande parte do comércio internacional é precificada em dólares. Consequentemente, a desvalorização aumenta a lucratividade dos exportadores mais do que o volume de exportações. A notável exceção é o turismo, que é mais frequentemente denominado em moeda local. Veja CASAS, Camila *et al*. "Dominant Currency Paradigm", dezembro de 2016, Departamento Nacional de Pesquisas Econômicas, Documento de trabalho 22.943.

CONCLUSÃO

1   HELLER, Walter W. *The Economy: Old Myths and New Realities*. Nova York: Norton, 1976, p. 197.
2   BERNANKE, Ben S. "Remarks at a Conference to Honor Milton Friedman", 8 de novembro de 2002.
3   Em uma entrevista de 2005, Friedman contou a um biógrafo que queria que se escrevesse em sua lápide: "A inflação está em toda parte e é sempre um fenômeno monetário." Veja EBENSTEIN, Lanny. *Milton Friedman*. Nova York: St. Martin's, 2007, p. 233.
4   Os comentários de Summers em 2001, na íntegra, foram: "A ideia de que um grande programa de gastos é a forma de estimular a economia ou a ideia de que a forma de se aperfeiçoar em alta tecnologia é o governo controlar os setores de tecnologia, ideias desse tipo estão basicamente ultrapassadas porque foram refutadas." Veja *The Commanding Heights*, PBS, 24 de abril de 2001. Para saber sobre os comentários de 2009, veja EIZENSTAT, Stuart. *President Carter: The White House Years*. Nova York: St. Martin's, 2018, p. 285.
5   A adoção das prescrições keynesianas esteve longe de ser total. O estímulo foi menor do que o sugerido por alguns dos consultores de Obama. Além disso, o governo decidiu não gastar bilhões de dólares destinados a ajudar os proprietários de imóveis a evitar a execução das hipotecas. Para saber mais sobre o processo de tomada de decisões do governo, veja SCHREIBER, Noam. *The Escape Artists: How Obama's Team Fumbled the Recovery*. Nova York: Simon and Schuster, 2012.
6   ALESINA, Alberto F.; ARDAGNA, Silvia. "Large Changes in Fiscal Policy: Taxes Versus Spending", outubro de 2009, Departamento Nacional de Pesquisas Econômicas, Documento de trabalho 15.438. Alesina e Ardagna se formaram na faculdade de economia da Universidade Bocconi, em Milão, fundada pelo economista e político conservador Luigi Einaudi, que foi presidente da Itália de 1948 a 1955. A faculdade ficou associada à teoria econômica de que a redução do déficit poderia estimular o crescimento econômico.
7   REINHART, Carmen M.; ROGOFF, Kenneth S. "Growth in a Time of Debt", janeiro de 2010, Departamento Nacional de Pesquisas Econômicas, Documento de trabalho 15.639.
8   O erro foi descoberto por Thomas Herndon, um estudante de pós-graduação da Universidade de Massachusetts em Amherst que estava fazendo um trabalho acadêmico: a tarefa era escolher um artigo publicado na área de economia e tentar replicar os resultados. Herndon e dois de seus professores publicaram um artigo no segundo trimestre de 2013 apontando o erro no estudo de Reinhart e Rogoff. Uma controvérsia furiosa se seguiu, em grande parte sobre a importância do

erro. No mínimo, fica claro que o patamar de 90% não tem importância especial. Veja HERNDON, Thomas; ASH, Michael; POLLIN, Robert. "Does High Public Debt Consistently Stifle Economic Growth? A Critique of Reinhart and Rogoff", Universidade de Massachusetts, Amherst, 15 de abril de 2013. Disponível em: peri.umass.edu/fileadmin/pdf/working_papers/working_papers_301-350/WP322.pdf.
9   COY, Peter. "Keynes vs. Alesina". *Business Week*, 30 de junho de 2010.
10 HETHERINGTON, Peter. "Outspoken Mayor Hits Out at Local Government Cuts". *The Guardian*, 19 de janeiro de 2011. George Osborne, que logo depois se tornou ministro das Finanças de Cameron, disse em um discurso de 2010 que ele acreditava que a crise tivesse sido causada pelo setor privado. Segundo ele, era necessário austeridade para evitar uma próxima crise. Para embasar a sua opinião, ele citou Rogoff, de Harvard: "Então, embora a dívida do setor privado tenha sido a causa desta crise, a dívida do setor público provavelmente será a causa da próxima. Como o próprio Rogoff disse, 'não há dúvida de que a vulnerabilidade mais significativa ao emergirmos da recessão é a dívida pública crescente. É muito provável que ela dispare a próxima crise conforme o tamanho dos governos se expande demais.'"
11 GREENSPAN, Alan. *O mapa e o território*. São Paulo: Portfolio-Penguin, 2013.
12 Em uma entrevista de 2018, Greenspan me disse que desde então tinha concluído que manter uma inflação de 2%, a meta declarada do Fed, era economicamente benéfico.
13 As partes históricas dessa seção foram retiradas de GEWIRTZ, Julian. *Unlikely Partners: Chinese Reformers, Western Economists, and the Making of Global China*. Cambridge: Harvard University Press, 2017, e dos relatos de Friedman sobre suas viagens à China.
14 GEWIRTZ, Julian. *Unlikely Partners: Chinese Reformers, Western Economists, and the Making of Global China*. Cambridge: Harvard University Press, 2017, p. 138.
15 Idem, p. 148.
16 A conta das condenações veio da Sigtarp, uma pequena agência federal criada para investigar atos ilícitos durante e depois da crise. Alguns casos não relacionados às investigações da Sigtarp também resultaram em condenações criminais. Veja Sigtarp, "Quarterly Report to Congress", 30 de outubro de 2018.
17 "SunTrust Mortgage Agrees to $320 Million Settlement", 3 de julho de 2014, Departamento de Justiça.
18 "Oversight of the U.S. Department of Justice", Comitê Judiciário do Senado, 3 de março de 2013.
19 FUNKE, Manuel *et al*. "Going to Extremes: Politics After Financial Crises, 1870–2014". *European Economic Review* 88, setembro de 2016, pp. 227-260.
20 VERNER, Emil; GYONYOSI, Gyozo. "Financial Crisis, Creditor-Debtor Conflict and Political Extremism", novembro de 2018. Disponível em: ssrn.com/abstract=3289741. Um estudo visando especialmente a ascensão do Partido Jobbik de extrema-direita na Hungria desde a crise de 2008 descobriu que o apoio aumentou mais drasticamente entre os húngaros que contraíram empréstimos em moedas estrangeiras e depois enfrentaram serviços da dívida muito maiores quando a moeda húngara despencou.
21 WOLFF, Michael. "Ringside with Steve Bannon at Trump Tower as the President-Elect's Strategist Plots 'An Entirely New Political Movement'". *Hollywood Reporter*, 18 de novembro de 2016.
22 Os dados foram extraídos do Departamento de Análise de Política Econômica dos Países Baixos, que mantém alguns dos melhores dados sobre fluxos comerciais globais. Os holandeses levam o comércio a sério há muito tempo.
23 SCHWARTZ, Nelson D. "Trump Sealed Carrier Deal with Mix of Threat and Incentive". *The New York Times*, 1º de dezembro de 2016.
24 WOODWARD, Bob. *Medo: Trump na Casa Branca*. São Paulo: Todavia, 2018.
25 A taxa de desemprego entre homens de 16 a 65 anos em Galesburg era de 53% em 2016, de acordo com o Departamento do Censo dos Estados Unidos. Excluindo aqueles entre 16 e 19 anos que não estavam nem trabalhando nem procurando trabalho, a taxa era de 56%. Para saber mais sobre Galesburg, veja BROUGHTON, Chad. *Boom, Bust, Exodus: The Rust Belt, the Maquilas, and a Tale of Two Cities*. Nova York: Oxford University Press, 2015.

26 William A. Strauss, economista do Federal Reserve Bank de Chicago, calculou que, em média, o que precisava de mil trabalhadores para produzir em 1950 precisava de apenas 183 trabalhadores em 2010. Ademais, a atividade industrial nos Estados Unidos se voltou para produtos que requerem mais tecnologia e menos mão de obra. Uma parcela crescente dos operários restantes nos Estados Unidos tem diploma de ensino superior. O resultado é que o valor da produção industrial dos Estados Unidos continuou a crescer durante a década de 2000 mesmo com o declínio do emprego. A Grande Recessão, contudo, reduziu a produção também. Em 2017, a produção industrial dos Estados Unidos continuava um pouco abaixo do ápice pré-recessão.

27 JACKSON, Derrick Z. "Income Gap Mentality". *Boston Globe*, 19 de abril de 2006.

28 A edição de 1989 do livro-texto de economia de Paul Samuelson dizia que tanto os sindicatos quanto as leis de salário-mínimo causavam desemprego. Essa não foi uma visão polêmica. Um editorial do *The New York Times* de 1987 defendeu o fim das leis de salário-mínimo, citando "praticamente um consenso entre os economistas de que o salário-mínimo é uma ideia cuja hora tinha passado". Uma das primeiras tentativas de estudo dos efeitos reais de leis de salário-mínimo, publicada em 1994 pelos economistas de Princeton David Card e Alan B. Krueger, descobriu que um aumento em 1992 do salário-mínimo de Nova Jersey não tinha gerado um aumento mensurável no desemprego. Foi uma heresia e a resposta foi apropriadamente acalorada. O vencedor do Prêmio Nobel James Buchanan escreveu no *The Wall Street Journal* que permitir que evidências contradigam a teoria era uma desgraça. Por via das dúvidas, ele descreveu seus adversários ideológicos como "um bando de prostitutas tietes". Veja SCHLEFER, Jonathan. *The Assumptions Economists Make*. Cambridge: Harvard University Press, 2012, p. 4.

29 A ideia de que os salários são determinados por costume social foi proposta por alguns dos primeiros economistas, principalmente David Ricardo, e permanece, a meu ver, a teoria mais convincente de determinação de salários. Para o argumento de que políticas trabalhistas são um importante impulsionador de estagnação de salários, veja LEVY, Frank S.; TEMIN, Peter. "Inequality and Institutions in 20th Century America", 2007, Departamento de Economia do MIT, Documento de trabalho 07-17.

30 As projeções, feitas pelo Escritório de Estatísticas de Emprego, são para o período entre 2016 e 2026. As cinco ocupações constituem: cuidadores pessoais, enfermeiros diplomados, cuidadores em *home care*, técnicos de enfermagem e auxiliares de enfermagem.

31 KUHN, Moritz; SCHULARICK, Moritz; STEINS, Ulrike I. "Income and Wealth Inequality in America, 1949–2016", junho de 2018, Instituto do Crescimento Inclusivo e Oportunidades, Federal Reserve Bank de Mineápolis, Documento de Trabalho 9.

32 STIGLER, George. *Five Lectures on Economic Problems*. Londres: Longmans, Green, 1949.

33 Os economistas há muito tempo vêm assumindo a existência de um *trade-off* entre desigualdade e crescimento. A teoria-padrão era que o crescimento aumentava a desigualdade. O estudo da OCDE sugere que a relação não é tão direta assim. Veja CINGANO, Federico. "Trends in Income Inequality and Its Impact on Economic Growth", 2014, Documento de trabalho nas áreas Social, Emprego e Migração da OCDE 163. O Fundo Monetário Internacional chegou à mesma conclusão: veja "Fostering Inclusive Growth" (apresentação do staff do FMI para a Cúpula dos Líderes do G-20, 7-8 de julho de 2017). Disponível em: imf.org/external/np/g20/pdf/2017/062617.pdf.

34 Pesquisa Nacional de Caracterização Socioeconômica (CASEN), 2017. Disponível em: observatorio.ministeriodesarrollosocial.gob.cl/casen-multidimensional/casen/docs/Resultados_educacion_casen_2017.pdf.

35 O crescimento da renda real da família média nos Estados Unidos foi 32,2% de 1975 até 2006, em comparação com 27,1% na França no mesmo período. Excluindo-se o percentil mais alto, contudo, o crescimento da renda foi 17,9% nos Estados Unidos e 26,4% na França. Veja ATKINSON, Anthony B.; PIKETTY, Thomas; SAEZ, Emmanuel. "Top Incomes in the Long Run of History". *Journal of Economic Literature* 49, nº 1, 2011.

36 POLANYI, Karl. *A grande transformação: As origens de nossa época* [1944]. Rio de Janeiro: Campus, 2012.

37 IANCHOVICHINA, E.; MOTTAGHI, L.; DEVARAJAN, S. *Inequality, Crisis, and Conflict in the Arab World: Middle East and North Africa.* (MENA) Economic Monitor. Washington, D. C.: World Bank Group, 2015.
38 SEN, Amartya. *Desenvolvimento como liberdade.* São Paulo: Companhia de Bolso, 2015.
39 KNIGHT, Frank H. *Selected Essays by Frank H. Knight, vol. 2, Laissez Faire: Pro and Com.* EMMETT, Ross B. (org.). Chicago: University of Chicago Press, 1999, p. 14.
40 BRITTAN, Samuel. "The Economic Contradictions of Democracy". *British Journal of Political Science* 5, nº 2, 1975, pp. 129-159.
41 THALER, Richard H. "Anomalies: The Ultimatum Game". *Journal of Economic Perspectives* 2, nº 4, 1988, pp. 195-206.
42 FRIEDMAN, Milton. *Capitalismo e liberdade.* Rio de Janeiro: LTC, 2014.

CONHEÇA ALGUNS DESTAQUES DE NOSSO CATÁLOGO

- Augusto Cury: Você é insubstituível (2,8 milhões de livros vendidos), Nunca desista de seus sonhos (2,7 milhões de livros vendidos) e O médico da emoção
- Dale Carnegie: Como fazer amigos e influenciar pessoas (16 milhões de livros vendidos) e Como evitar preocupações e começar a viver
- Brené Brown: A coragem de ser imperfeito – Como aceitar a própria vulnerabilidade e vencer a vergonha (600 mil livros vendidos)
- T. Harv Eker: Os segredos da mente milionária (2 milhões de livros vendidos)
- Gustavo Cerbasi: Casais inteligentes enriquecem juntos (1,2 milhão de livros vendidos) e Como organizar sua vida financeira
- Greg McKeown: Essencialismo – A disciplinada busca por menos (400 mil livros vendidos) e Sem esforço – Torne mais fácil o que é mais importante
- Haemin Sunim: As coisas que você só vê quando desacelera (450 mil livros vendidos) e Amor pelas coisas imperfeitas
- Ana Claudia Quintana Arantes: A morte é um dia que vale a pena viver (400 mil livros vendidos) e Pra vida toda valer a pena viver
- Ichiro Kishimi e Fumitake Koga: A coragem de não agradar – Como se libertar da opinião dos outros (200 mil livros vendidos)
- Simon Sinek: Comece pelo porquê (200 mil livros vendidos) e O jogo infinito
- Robert B. Cialdini: As armas da persuasão (350 mil livros vendidos)
- Eckhart Tolle: O poder do agora (1,2 milhão de livros vendidos)
- Edith Eva Eger: A bailarina de Auschwitz (600 mil livros vendidos)
- Cristina Núñez Pereira e Rafael R. Valcárcel: Emocionário – Um guia lúdico para lidar com as emoções (800 mil livros vendidos)
- Nizan Guanaes e Arthur Guerra: Você aguenta ser feliz? – Como cuidar da saúde mental e física para ter qualidade de vida
- Suhas Kshirsagar: Mude seus horários, mude sua vida – Como usar o relógio biológico para perder peso, reduzir o estresse e ter mais saúde e energia

sextante.com.br